大学赤本シリーズ

431

早稲田大学

文学部

教学社

は　し　が　き

おかげさまで，大学入試の「赤本」は，今年で創刊70周年を迎えました。

これまで，入試問題や資料をご提供いただいた大学関係者各位，掲載許可をいただいた著作権者の皆様，各科目の解答や対策の執筆にあたられた先生方，そして，赤本を使用してくださったすべての読者の皆様に，厚く御礼を申し上げます。

以下に，創刊初期の「赤本」のはしがきを引用します。これからも引き続き，受験生の目標の達成や，夢の実現を応援してまいります。

本書を活用して，入試本番では持てる力を存分に発揮されることを心より願っています。

編者しるす

＊　＊　＊

学問の塔にあこがれのまなざしをもって，それぞれの志望する大学の門をたたかんとしている受験生諸君！　人間として生まれてきた私たちは，自己の欲するままに，美しく，強く，そして何よりも人間らしく生きることをねがっている。しかし，一朝一夕にして，この純粋なのぞみが達せられることはない。私たちの行く手には，絶えずさまざまな試練がまちかまえている。この試練を克服していくところに，私たちのねがう真に人間的な世界がはじめて開かれてくるのである。

人生最初の最大の試練として，諸君の眼前に大学入試がある。この大学入試は，精神的にも身体的にも，大きな苦痛を感ぜしめるであろう。あるスポーツに熟達するには，たゆみなき，はげしい練習を積み重ねることが必要であるように，私たちは，計画的・持続的な努力を払うことによって，この試練を克服し，次の一歩を踏みだすことができる。厳しい試練を経たのちに，はじめて満足すべき成果を獲得できるのである。

本書は最近の入学試験の問題に，それぞれ解答を付し，さらに問題をふかく分析することによって，その大学独特の傾向や対策をさぐろうとした。本書を一般の参考書とあわせて使用し，まとはずれのない，効果的な受験勉強をされるよう期待したい。

（昭和35年版「赤本」はしがきより）

挑む人の、いちばんの味方

赤本創刊70周年

1954年に大学入試の過去問題集を刊行してから70年。赤本は大学に入りたいと思う受験生を応援しつづけてきました。これからも，苦しいとき落ち込むときにそばで支える存在でいたいと思います。

そして，勉強をすること，自分で道を決めること，努力が実ること，これらの喜びを読者の皆さんが感じることができるよう，伴走をつづけます。

そもそも赤本とは…

受験生のための大学入試の過去問題集！

70年の歴史を誇る赤本は，500点を超える刊行点数で全都道府県の370大学以上を網羅しており，過去問の代名詞として受験生の必須アイテムとなっています。

なぜ受験に過去問が必要なのか？

大学入試は大学によって問題形式や頻出分野が大きく異なるからです。

赤本の掲載内容

傾向と対策

これまでの出題内容から，問題の「**傾向**」を分析し，来年度の入試に向けて具体的な「**対策**」の方法を紹介しています。

問題編・解答編

- 年度ごとに問題とその解答を掲載しています。
- 「**問題編**」ではその年度の試験概要を確認したうえで，実際に出題された過去問に取り組むことができます。
- 「**解答編**」には高校・予備校の先生方による解答が載っています。

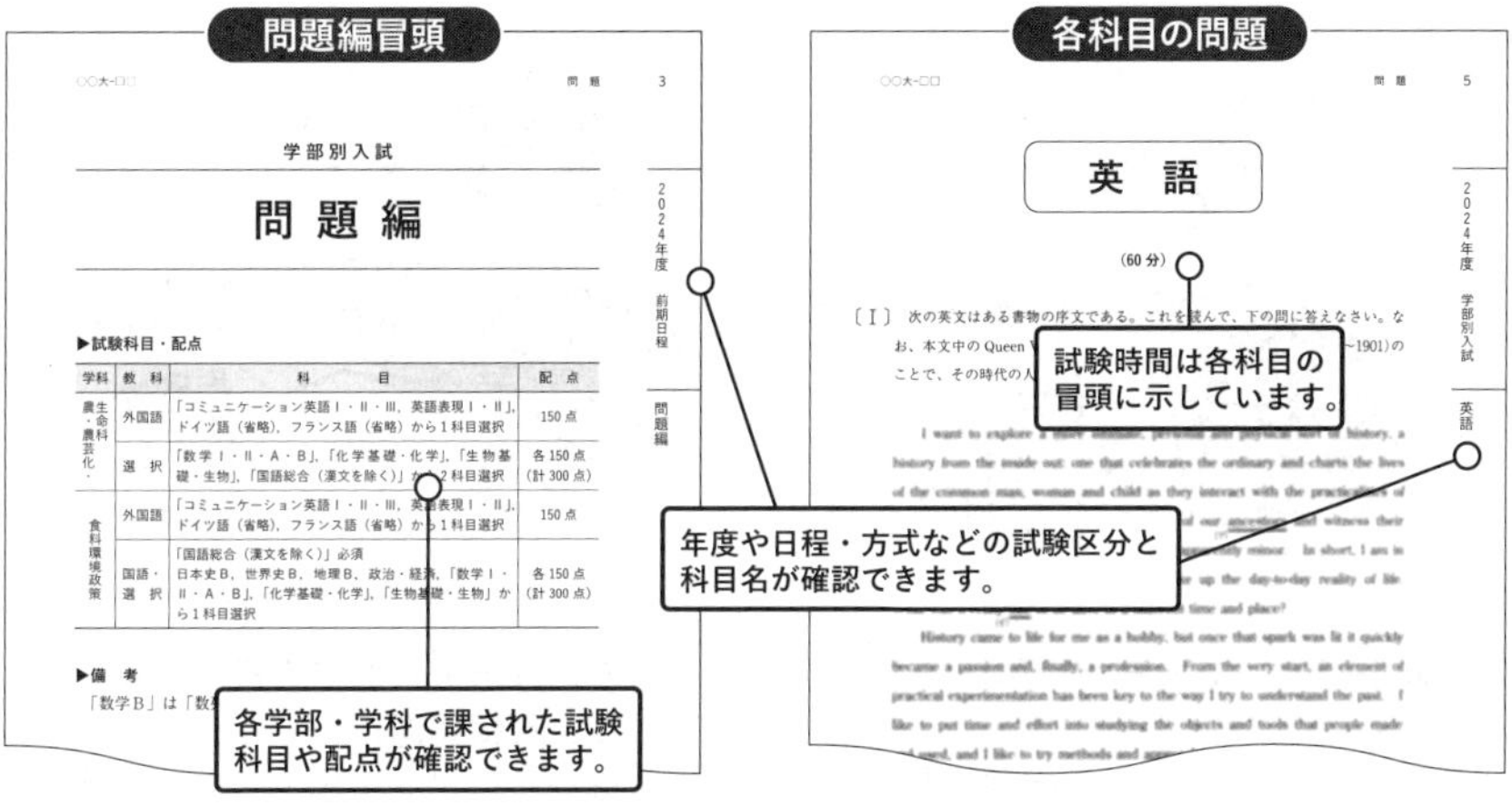

他にも，大学の基本情報や，先輩受験生の合格体験記，在学生からのメッセージなどが載っていることがあります。

掲載内容について

著作権上の理由やその他編集上の都合により問題や解答の一部を割愛している場合があります。なお，指定校推薦入試，社会人入試，編入学試験，帰国生入試などの特別入試，英語以外の外国語科目，商業・工業科目は，原則として掲載しておりません。また試験科目は変更される場合がありますので，あらかじめご了承ください。

受験勉強は

過去問に始まり，

STEP 1

なにはともあれ

まずは解いてみる

しずかに…
今，自分の心と
向き合ってるんだから
ムーン
それは
問題を解いて
からだホン!

過去問は，**できるだけ早いうちに解く**のがオススメ！
実際に解くことで，**出題の傾向，問題のレベル，今の自分の実力**がつかめます。

STEP 2

じっくり具体的に

弱点を分析する

分析の結果だけど
英・数・国が苦手みたい
スリー
必須科目だホン
頑張るホン

間違いは自分の弱点を教えてくれる**貴重な情報源。**
弱点から自己分析することで，**今の自分に足りない力や苦手な分野**が見えてくるはず！

合格者があかす 赤本の使い方

傾向と対策を熟読
(Fさん／国立大合格)

大学の出題傾向を調べるために，赤本に載っている「傾向と対策」を熟読しました。

繰り返し解く
(Tさん／国立大合格)

１周目は問題のレベル確認，２周目は苦手や頻出分野の確認に，３周目は合格点を目指して，と過去問は繰り返し解くことが大切です。

過去問に終わる。

STEP 3

志望校にあわせて

苦手分野の重点対策

明日からはみんなで頑張るよ！
参考書も！ 問題集も！
よろしくね！
呼んだ？
なにを!?
どこから!?
グッ
グッ

参考書や問題集を活用して，苦手分野の**重点対策**をしていきます。**過去問を指針**に，合格へ向けた具体的な学習計画を立てましょう！

STEP 1▶2▶3

サイクルが大事！

実践を繰り返す

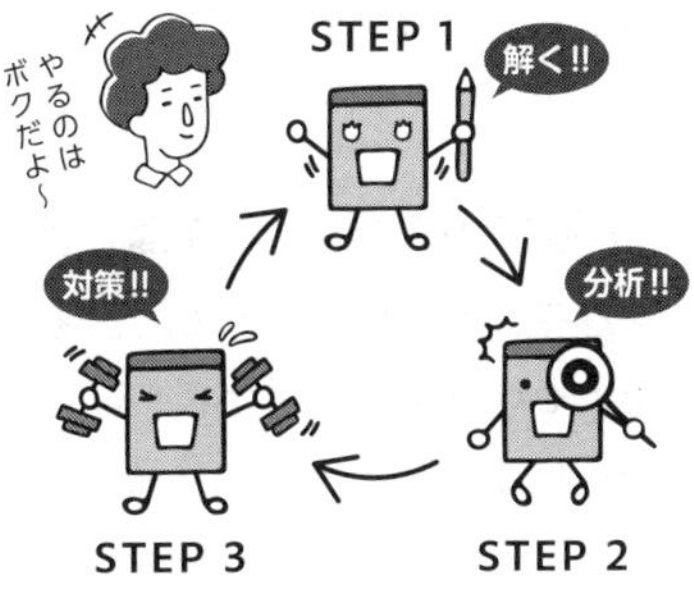
やるのはボクだよ～
STEP 1
解く!!
分析!!
対策!!
STEP 3
STEP 2

STEP 1～3を繰り返し，実力アップにつなげましょう！
出題形式に慣れることや，**時間配分を考えること**も大切です。

目標点を決める

（Yさん／私立大合格）

赤本によっては合格者最低点が載っているので，それを見て目標点を決めるのもよいです。

時間配分を確認

（Kさん／私立大学合格）

赤本は時間配分や解く順番を決めるために使いました。

添削してもらう

（Sさん／私立大学合格）

記述式の問題は先生に添削してもらうことで自分の弱点に気づけると思います。

新課程入試 Q&A

2022 年度から新しい学習指導要領（新課程）での授業が始まり，2025 年度の入試は，新課程に基づいて行われる最初の入試となります。ここでは，赤本での新課程入試の対策について，よくある疑問にお答えします。

Q1. 赤本は新課程入試の対策に使えますか？

A. もちろん使えます！

旧課程入試の過去問が新課程入試の対策に役に立つのか疑問に思う人もいるかもしれませんが，心配することはありません。旧課程入試の過去問が役立つのには次のような理由があります。

● 学習する内容はそれほど変わらない

新課程は旧課程と比べて科目名を中心とした変更はありますが，学習する内容そのものはそれほど大きく変わっていません。また，多くの大学で，既卒生が不利にならないよう「経過措置」がとられます (Q３参照)。したがって，出題内容が大きく変更されることは少ないとみられます。

● 大学ごとに出題の特徴がある

これまでに課程が変わったときも，各大学の出題の特徴は大きく変わらないことがほとんどでした。入試問題は各大学のアドミッション・ポリシーに沿って出題されており，過去問にはその特徴がよく表れています。過去問を研究してその大学に特有の傾向をつかめば，最適な対策をとることができます。

出題の特徴の例	・英作文問題の出題の有無 ・論述問題の出題（字数制限の有無や長さ） ・計算過程の記述の有無

新課程入試の対策も，赤本で過去問に取り組むところから始めましょう。

Q2. 赤本を使う上での注意点はありますか？

A. 志望大学の入試科目を確認しましょう。

過去問を解く前に，過去の出題科目（問題編冒頭の表）と 2025 年度の募集要項とを比べて，課される内容に変更がないかを確認しましょう。ポイントは以下のとおりです。科目名が変わっていても，実際は旧課程の内容とほとんど同様のものもあります。

英語・国語	科目名は変更されているが，実質的には変更なし。 ▶▶ **ただし，リスニングや古文・漢文の有無は要確認。**
地歴	科目名が変更され，「歴史総合」「地理総合」が新設。 ▶▶ **新設科目の有無に注意。ただし，「経過措置」（Q３参照）により内容は大きく変わらないことも多い。**
公民	「現代社会」が廃止され，「公共」が新設。 ▶▶ **「公共」は実質的には「現代社会」と大きく変わらない。**
数学	科目が再編され，「数学 C」が新設。 ▶▶ **「数学」全体としての内容は大きく変わらないが，出題科目と単元の変更に注意。**
理科	科目名も学習内容も大きな変更なし。

数学については，科目名だけでなく，どの単元が含まれているかも確認が必要です。例えば，出題科目が次のように変わったとします。

旧課程	「数学Ⅰ・数学Ⅱ・数学 A・数学 B（数列・ベクトル）」
新課程	「数学Ⅰ・数学Ⅱ・数学 A・**数学 B（数列）・数学 C（ベクトル）**」

この場合，新課程では「数学C」が増えていますが，単元は「ベクトル」のみのため，実質的には旧課程とほぼ同じであり，過去問をそのまま役立てることができます。

Q3. 「経過措置」とは何ですか？

A. 既卒の旧課程履修者への対応です。

多くの大学では，既卒の旧課程履修者が不利にならないように，出題において「経過措置」が実施されます。措置の有無や内容は大学によって異なるので，募集要項や大学のウェブサイトなどで確認しておきましょう。

◯旧課程履修者への経過措置の例

- 旧課程履修者にも配慮した出題を行う。
- 新・旧課程の共通の範囲から出題する。
- 新課程と旧課程の共通の内容を出題し，共通範囲のみでの出題が困難な場合は，旧課程の範囲からの問題を用意し，選択解答とする。

例えば，地歴の出題科目が次のように変わったとします。

旧課程	「日本史 B」「世界史 B」から１科目選択
新課程	「**歴史総合**，日本史探究」「**歴史総合**，世界史探究」から１科目選択※ ※旧課程履修者に不利益が生じることのないように配慮する。

「歴史総合」は新課程で新設された科目で，旧課程履修者には見慣れないものですが，上記のような経過措置がとられた場合，新課程入試でも旧課程と同様の学習内容で受験することができます。

要チェックだホン

新課程の情報は WEB もチェック！
より詳しい解説が赤本ウェブサイトで見られます。
https://akahon.net/shinkatei/

科目名が変更される教科・科目

	旧課程	新課程
国語	国語総合 国語表現 現代文A 現代文B 古典A 古典B	現代の国語 言語文化 論理国語 文学国語 国語表現 古典探究
地歴	日本史A 日本史B 世界史A 世界史B 地理A 地理B	歴史総合 日本史探究 世界史探究 地理総合 地理探究
公民	現代社会 倫理 政治・経済	公共 倫理 政治・経済
数学	数学Ⅰ 数学Ⅱ 数学Ⅲ 数学A 数学B 数学活用	数学Ⅰ 数学Ⅱ 数学Ⅲ 数学A 数学B 数学C
外国語	コミュニケーション英語基礎 コミュニケーション英語Ⅰ コミュニケーション英語Ⅱ コミュニケーション英語Ⅲ 英語表現Ⅰ 英語表現Ⅱ 英語会話	英語コミュニケーションⅠ 英語コミュニケーションⅡ 英語コミュニケーションⅢ 論理・表現Ⅰ 論理・表現Ⅱ 論理・表現Ⅲ
情報	社会と情報 情報の科学	情報Ⅰ 情報Ⅱ

目　次

解答編

※問題編は別冊

2021 年度

2020 年度

UNIVERSITY GUIDE

大学情報

基本情報

沿革

1882（明治 15）　大隈重信が東京専門学校を開校

1902（明治 35）　早稲田大学と改称

1904（明治 37）　専門学校令による大学となる

1920（大正　9）　大学令による大学となり，政治経済学部・法学部・文学部・商学部・理工学部を設置

1922（大正 11）早慶ラグビー定期戦開始。アインシュタイン来校

1927（昭和　2）大隈講堂落成

1949（昭和 24）　新制早稲田大学 11 学部（政治経済学部・法学部・文学部・教育学部・商学部・理工学部〔各第一・第二／教育学部除く〕）発足

1962（昭和 37）米国司法長官ロバート・ケネディ来校

1966（昭和 41）　社会科学部を設置

1974（昭和 49）エジプト調査隊，マルカタ遺跡の発掘

1987（昭和 62）　人間科学部を設置

1993（平成　5）ビル・クリントン米国大統領来校

2003（平成 15）	スポーツ科学部を設置
2004（平成 16）	国際教養学部を設置
2007（平成 19）	創立 125 周年。第一・第二文学部を文化構想学部・文学部に，理工学部を基幹理工学部・創造理工学部・先進理工学部に改組再編
2009（平成 21）	社会科学部が昼間部に移行

シンボル

1906（明治 39）年に「弧形の稲葉の上に大学の二字を置く」という校章の原型が作られ，創立 125 周年を機に伝統のシンボルである校章・角帽・早稲田レッドをモチーフとし，現在の早稲田シンボルがデザインされました。

早稲田大学について

早稲田大学の教育の基本理念を示す文書としての教旨は，高田早苗，坪内逍遥，天野為之，市島謙吉，浮田和民，松平康国などにより草案が作成されました。その後，教旨は初代総長・大隈重信の校閲を経て 1913（大正２）年の創立 30 周年記念祝典において宣言され，今日の早稲田の校風を醸成するに至っています。

早稲田大学教旨

早稲田大学は学問の独立を全うし学問の活用を効し
模範国民を造就するを以て建学の本旨と為す

早稲田大学は**学問の独立**を本旨と為すを以て
之が自由討究を主とし
常に独創の研鑽に力め以て
世界の学問に裨補せん事を期す

早稲田大学は**学問の活用**を本旨と為すを以て
学理を学理として研究すると共に
之を実際に応用するの道を講し以て
時世の進運に資せん事を期す

早稲田大学は**模範国民の造就**を本旨と為すを以て
個性を尊重し　身家を発達し　国家社会を利済し
併せて広く世界に活動す可き人格を養成せん事を期す

教旨の概要

◎学問の独立

学問の独立は**在野精神**や**反骨の精神**などの校風と結び合います。早稲田大学は，自主独立の精神をもつ近代的国民の養成を理想とし，権力や時勢に左右されない科学的な教育・研究を行うことを掲げています。

◎学問の活用

歴史上，日本が近代国家をめざすため，学問は現実に活かしうるもの，すなわち近代化に貢献するものであることが求められました。これが学問の活用です。ただし，早稲田大学はこの学問の活用を安易な実用主義ではなく，**進取の精神**として教育の大きな柱の一つとしました。

◎模範国民の造就

早稲田大学は庶民の教育を主眼として創設されました。このことが反映された理念が模範国民の造就です。模範国民の造就は，グローバリゼーションが進展する現代にも通ずる理念であり，豊かな人間性をもった**地球市民の育成**と解釈されます。

早稲田大学校歌

作詞　相馬御風
作曲　東儀鉄笛

一、
都の西北　早稲田の森に
聳ゆる甍は　われらが母校
われらが日ごろの　抱負を知るや
進取の精神　学の独立
現世を忘れぬ　久遠の理想
かがやくわれらが　行手を見よや
わせだ　わせだ　わせだ　わせだ
わせだ　わせだ　わせだ

二、
東西古今の　文化のうしほ
一つに渦巻く　大島国の
大なる使命を　担ひて立てる
われらが行手は　窮り知らず
やがても久遠の　理想の影は
あまねく天下に　輝き布かん
わせだ　わせだ　わせだ　わせだ
わせだ　わせだ　わせだ

三、
あれ見よかしこの　常磐の森は
心のふるさと　われらが母校
集り散じて　人は変れど
仰ぐは同じき　理想の光
いざ声そろへて　空もとどろに
われらが母校の　名をばたたへん
わせだ　わせだ　わせだ　わせだ
わせだ　わせだ　わせだ

学部・学科の構成

（注）下記内容は 2024 年 4 月時点のもので，改組・新設等により変更される場合があります。

大　学

●政治経済学部　早稲田キャンパス

政治学科

経済学科

国際政治経済学科

●法学部　早稲田キャンパス

法律主専攻（司法・法律専門職，企業・渉外法務，国際・公共政策）

●教育学部　早稲田キャンパス

教育学科（教育学専攻〈教育学専修，生涯教育学専修，教育心理学専修〉，初等教育学専攻）

国語国文学科

英語英文学科

社会科（地理歴史専修，公共市民学専修）

理学科（生物学専修，地球科学専修）

数学科

複合文化学科

●商学部　早稲田キャンパス

経営トラック，会計トラック，マーケティングトラック，ファイナンストラック，保険・リスクマネジメントトラック，ビジネスエコノミクストラック

●社会科学部　早稲田キャンパス

社会科学科（『平和・国際協力』コース，『多文化社会・共生』コース，『サスティナビリティ』コース，『コミュニティ・社会デザイン』コース，『組織・社会イノベーション』コース）

●国際教養学部　早稲田キャンパス

国際教養学科

●**文化構想学部**　戸山キャンパス

文化構想学科（多元文化論系，複合文化論系，表象・メディア論系，文芸・ジャーナリズム論系，現代人間論系，社会構築論系）

●**文学部**　戸山キャンパス

文学科（哲学コース，東洋哲学コース，心理学コース，社会学コース，教育学コース，日本語日本文学コース，中国語中国文学コース，英文学コース，フランス語フランス文学コース，ドイツ語ドイツ文学コース，ロシア語ロシア文学コース，演劇映像コース，美術史コース，日本史コース，アジア史コース，西洋史コース，考古学コース，中東・イスラーム研究コース）

●**基幹理工学部**　西早稲田キャンパス

数学科
応用数理学科
機械科学・航空宇宙学科
電子物理システム学科
情報理工学科
情報通信学科
表現工学科

●**創造理工学部**　西早稲田キャンパス

建築学科
総合機械工学科
経営システム工学科
社会環境工学科
環境資源工学科
※学科を横断する組織として「社会文化領域」を設置。

●**先進理工学部**　西早稲田キャンパス

物理学科
応用物理学科
化学・生命化学科
応用化学科
生命医科学科
電気・情報生命工学科

●人間科学部　所沢キャンパス

人間環境科学科

健康福祉科学科

人間情報科学科

●スポーツ科学部　所沢キャンパス／一部の授業は東伏見キャンパス

スポーツ科学科（スポーツ医科学コース，健康スポーツコース，トレーナーコース，スポーツコーチングコース，スポーツビジネスコース，スポーツ文化コース）

（備考）学科・専攻・コース等に分属する年次はそれぞれ異なる。

大学院

政治学研究科 / 経済学研究科 / 法学研究科（法科大学院）/ 文学研究科 / 商学研究科 / 基幹理工学研究科 / 創造理工学研究科 / 先進理工学研究科 / 教育学研究科 / 人間科学研究科 / 社会科学研究科 / スポーツ科学研究科 / 国際コミュニケーション研究科 / アジア太平洋研究科 / 日本語教育研究科 / 情報生産システム研究科 / 会計研究科 / 環境・エネルギー研究科 / 経営管理研究科（WBS）

教育の特徴

早稲田大学には，各学部の講義やカリキュラムのほか，グローバルエデュケーションセンター（GEC）により設置された科目や教育プログラムもあります。GEC の設置科目はすべて学部・学年を問わず自由に履修でき，国内外の幅広く多様な分野で活躍するための「第二の強み」を作ることができます。GEC の教育プログラムは 4 つに大別されます。

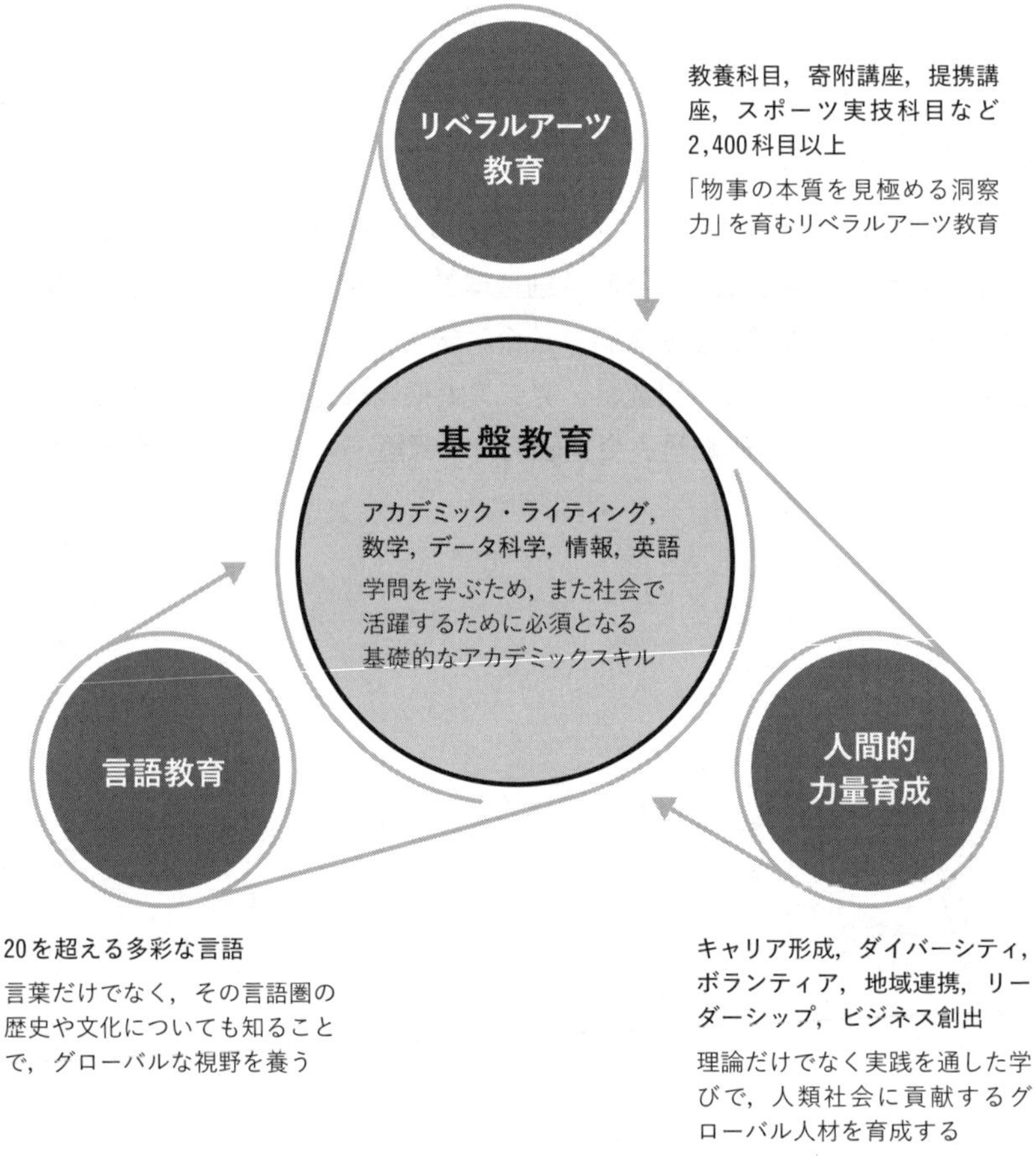
リベラルアーツ教育
教養科目，寄附講座，提携講座，スポーツ実技科目など 2,400 科目以上
「物事の本質を見極める洞察力」を育むリベラルアーツ教育
基盤教育
アカデミック・ライティング，数学，データ科学，情報，英語
学問を学ぶため，また社会で活躍するために必須となる基礎的なアカデミックスキル
言語教育
20 を超える多彩な言語
言葉だけでなく，その言語圏の歴史や文化についても知ることで，グローバルな視野を養う
人間的力量育成
キャリア形成，ダイバーシティ，ボランティア，地域連携，リーダーシップ，ビジネス創出
理論だけでなく実践を通した学びで，人類社会に貢献するグローバル人材を育成する

イベント情報

早稲田大学は，高校生・受験生に向けた情報発信の機会として，全国各地においてイベントを実施しています。

◎キャンパスツアー

キャンパスの雰囲気を体感できるイベントです。在学生ならではの声や説明を聞くことができ，モチベーション UP につながります。

対面型ツアー／オンライン型ツアー

◎オープンキャンパス

例年 7 ～ 8 月頃に東京をはじめ，仙台・大阪・広島・福岡にて実施されています。学生団体によるパフォーマンスも必見です。

◎進学相談会・説明会

全国 100 カ所近くで開催されています。

受験生応援サイト「DISCOVER WASEDA」

講義体験や詳細な学部・学科紹介，キャンパスライフ，施設紹介，合格体験記といった様々な動画コンテンツが掲載されています。

DISCOVER WASEDA
https://discover.w.waseda.jp ▶

奨学金情報

奨学金には，大学が独自に設置しているものから，公的団体・民間団体が設置しているものまで多くの種類が存在します。そのうち，早稲田大学が独自に設置している学内奨学金は約 150 種類に上り，すべて卒業後に返還する必要のない給付型の奨学金です。申請の時期や条件はそれぞれ異なりますが，ここでは，入学前に特に知っておきたい早稲田大学の学内奨学金を取り上げます。（本書編集時点の情報です。）

◎めざせ！ 都の西北奨学金 入学前

首都圏の一都三県（東京都・埼玉県・千葉県・神奈川県）以外の国内高校・中等教育学校出身者を対象とした奨学金です。採用候補者数は 1200 人と学内の奨学金の中でも最大で選考結果は入学前に通知されます。

給付額⇨**年額 45〜70 万円**　収入・所得条件⇨**1,000 万円未満**※

※給与・年金収入のみの場合。

◎大隈記念奨学金 入学前 入学後

入学試験の成績，または入学後の学業成績を考慮して学部ごとに選考・給付されます。公募を経て選考される一部の学部を除き，基本的には事前申請が不要な奨学金です。

給付額⇨**年額 40 万円（原則）**　収入・所得条件⇨**なし**

◎早稲田の栄光奨学金 入学後

入学後に海外留学を目指す学生を支援する制度で，留学出願前に選考から発表まで行われます。留学センターが募集する，大学間協定によるプログラムで半期以上留学する学生が対象です。

給付額⇨**半期：50 万円，1 年以上：110 万円**　収入・所得条件⇨**800 万円未満**※

※給与・年金収入のみの場合。

その他の奨学金も含む詳細な情報は，
大学 Web サイト及びその中の奨学金情報誌を
ご確認ください。

大学ウェブサイト
（奨学金情報）
▼

入試データ

入学試験の名称・定義

〔凡例〕

●：必須　　—：不要　　▲：以下の注意事項を参照

※1 英語以外の外国語を選択する場合に必要
※2 数学を選択する場合に必要
※3 提出しなくても出願可能（提出しない場合は，加点なしの扱い）
※4 出願時に「スポーツ競技歴調査書」「スポーツ競技成績証明書」の提出が必要

一般選抜

早稲田大学の試験場において試験を受ける必要が**ある**入試。

学　部	入試制度	共通テスト	英語4技能テスト	大学での試験
政治経済学部	一般	●	—	●
法　学　部	一般	▲※1※2	—	●
教育学部*	一般（A方式）	▲※1	—	●
	一般（B方式）	▲※1	—	●
	一般（C方式）	●	—	●
	一般（D方式）	●	—	●
商　学　部	一般（地歴・公民型）	▲※1	—	●
	一般（数学型）	▲※1	—	●
	一般（英語4技能テスト利用型）	▲※1	●	●
社会科学部	一般	—	—	●
国際教養学部	一般	●	▲※3	●
文化構想学部	一般	▲※1	—	●
	一般（英語4技能テスト利用方式）	—	●	●
	一般（共通テスト利用方式）	●	—	●

（表つづく）

学　部	入試制度	共通テスト	英語4技能テスト	大学での試験
文学部	一般	▲※1	—	●
	一般（英語4技能テスト利用方式）	—	●	●
	一般（共通テスト利用方式）	●	—	●
基幹理工学部	一般	—	—	●
創造理工学部	一般	—	—	●
先進理工学部	一般	—	—	●
人間科学部	一般	—	—	●
	一般（共通テスト＋数学選抜方式）	●	—	●
スポーツ科学部	一般（共通テスト＋小論文方式）	●	—	●

＊教育学部の 2022・2021 年度については，下記の通りの実施であった。

学　部	入試制度	共通テスト	英語4技能スコア	大学での試験
教育学部	一般	—	—	●

大学入学共通テスト利用入試

早稲田大学の試験場において試験を受ける必要が**ない**入試。

学　部	入試制度	共通テスト	英語4技能テスト	大学での試験
政治経済学部	共テ利用（共通テストのみ方式）	●	—	—
法学部	共テ利用（共通テストのみ方式）	●	—	—
社会科学部	共テ利用（共通テストのみ方式）	●	—	—
人間科学部	共テ利用（共通テストのみ方式）	●	—	—
スポーツ科学部	共テ利用（共通テストのみ方式）	●	—	—
	共テ利用（共通テスト＋競技歴方式）	●※4	—	—

入試状況（競争率・合格最低点など）

◯基幹理工学部は学系単位の募集。各学系から進級できる学科は次の通り。

学系Ⅰ：数学科，応用数理学科

学系Ⅱ：応用数理学科，機械科学・航空宇宙学科，電子物理システム学科，情報理工学科，情報通信学科

学系Ⅲ：情報理工学科，情報通信学科，表現工学科

◯先進理工学部は第一志望学科の志願者数・合格者数を表記。合格最低点は，「第二志望学科」合格者の最低点を除く。

◯合格者数に補欠合格者は含まない。

◯競争率は受験者数÷合格者数で算出。ただし，共通テスト利用入試（共通テストのみ方式）の競争率は志願者数÷合格者数で算出。

◯合格最低点は正規・補欠合格者の最低総合点であり，基幹理工・創造理工・先進理工学部を除き，成績標準化後の点数となっている。成績標準化とは，受験する科目間で難易度による差が生じないように，個々の科目において得点を調整する仕組みのこと。

◯ 2022 年度以前の教育学部理学科地球科学専修志願者で，理科の地学選択者については，理学科 50 名のうち若干名を「地学選択者募集枠」として理科の他の科目選択者とは別枠で判定を行っている。合格最低点欄の〈　〉内は地学選択者募集枠の合格最低点を示す。

◯基幹理工学部・創造理工学部の「得意科目選考」の合格最低点は除く。

〈基準点について〉

◯教育学部：すべての科目に合格基準点が設けられており，基準点に満たない場合は不合格となる。また，以下の学科は，それぞれ次のような条件を特定科目の合格基準点としている。

国語国文学科⇨「国語」：国語国文学科の全受験者の平均点

英語英文学科⇨「英語」：英語英文学科の全受験者の平均点

数学科⇨「数学」：数学科の全受験者の平均点

◯商学部：英語 4 技能テスト利用型では，国語，地歴・公民または数学それぞれにおいて合格基準点が設けられており，基準点に満たない場合は不合格となる。

◯スポーツ科学部：小論文が基準点に満たない場合は不合格となる。

2024 年度一般選抜・共通テスト利用入試

大学ホームページ（2024 年 3 月 12 日付）より。
2024 年度合格最低点については本書編集段階では未公表のため，大学公表の資料でご確認ください。

学部・学科・専攻等					募集人員	志願者数	受験者数	合格者数	競争率
政治経済	一般	政治			100	1,005	846	294	2.9
		経済			140	1,269	995	318	3.1
		国際政治経済			60	402	327	148	2.2
	共通テスト	政治			15	401	—	133	3.0
		経済			25	1,672	—	606	2.8
		国際政治経済			10	293	—	103	2.8
法	一般				350	4,346	3,809	703	5.4
	共通テスト				100	2,044	—	567	3.6
教育	一般（A方式・B方式）	教育	教育学	教育学	95	1,008	934	100	9.3
				生涯教育学		1,123	1,046	76	13.8
				教育心理学		632	578	57	10.1
			初等教育学		20	355	333	30	11.1
		国語国文			80	1,308	1,226	179	6.8
		英語英文			80	1,379	1,269	318	4.0
		社会	地理歴史		140	1,712	1,609	207	7.8
			公共市民学			1,464	1,413	255	5.5
		理	地球科学		20	704	625	86	7.3
		数			45	841	757	132	5.7
		複合文化			40	924	865	110	7.9
	一般（C方式）	教育	教育学	教育学	20	22	19	5	3.8
				生涯教育学		41	35	15	2.3
				教育心理学		22	19	9	2.1
			初等教育学		5	9	7	3	2.3
		国語国文			15	61	54	15	3.6
		英語英文			15	106	92	42	2.2
		社会	地理歴史		25	52	47	22	2.1
			公共市民学			38	35	16	2.2

（表つづく）

学部・学科・専攻等			募集人員	志願者数	受験者数	合格者数	競争率
教育	一般(C方式)	理 生物学	15	235	116	51	2.3
		理 地球科学	5	41	34	13	2.6
		数	10	127	71	38	1.9
		複合文化	10	87	72	12	6.0
	一般(D方式)	理 生物学	10	160	145	31	4.7
商	一般	地歴・公民型	355	7,730	7,039	695	10.1
		数学型	150	2,752	2,329	400	5.8
		英語4技能テスト利用型	30	412	359	76	4.7
社会科学	一般		450	8,864	7,833	869	9.0
	共通テスト		50	1,384	—	361	3.8
国際教養	一般		175	1,352	1,229	380	3.2
文化構想	一般	一般	370	6,898	6,618	783	8.5
		英語4技能テスト利用方式	70	2,410	2,355	339	6.9
		共通テスト利用方式	35	1,123	993	206	4.8
文	一般	一般	340	7,755	7,330	860	8.5
		英語4技能テスト利用方式	50	2,375	2,307	326	7.1
		共通テスト利用方式	25	1,057	873	191	4.6
基幹理工	一般	学系Ⅰ	45	581	524	189	2.8
		学系Ⅱ	210	2,822	2,534	703	3.6
		学系Ⅲ	65	1,128	1,032	205	5.0
創造理工	一般	建築	80	763	675	176	3.8
		総合機械工	80	1,029	931	217	4.3
		経営システム工	70	660	594	148	4.0
		社会環境工	50	452	412	113	3.6
		環境資源工	35	370	338	94	3.6
先進理工	一般	物理	30	798	735	195	3.8
		応用物理	55	457	422	134	3.1
		化学・生命化	35	391	355	103	3.4
		応用化	75	1,196	1,097	303	3.6
		生命医科	30	827	724	148	4.9
		電気・情報生命工	75	517	465	133	3.5

（表つづく）

学部・学科・専攻等				募集人員	志願者数	受験者数	合格者数	競争率
人間科学	一般	一般	人間環境科	115	2,180	1,973	320	6.2
			健康福祉科	125	2,124	1,977	296	6.7
			人間情報科	100	1,528	1,358	200	6.8
		数学選抜方式	人間環境科	15	236	223	59	3.8
			健康福祉科	15	162	153	44	3.5
			人間情報科	15	258	242	70	3.5
	共通テスト		人間環境科	5	452	—	102	4.4
			健康福祉科	5	233	—	77	3.0
			人間情報科	5	352	—	99	3.6
スポーツ科学	一般			150	1,090	914	303	3.0
	共通テスト	共通テストのみ方式		50	460	—	93	4.9
		競技歴方式		50	359	—	141	2.5

2023年度一般選抜・共通テスト利用入試

学部・学科・専攻等				募集人員	志願者数	受験者数	合格者数	競争率	合格最低点／満点
政治経済	一般	政治		100	824	708	260	2.7	151.5/200
		経済		140	1,481	1,192	322	3.7	159.0/200
		国際政治経済		60	561	462	131	3.5	158.5/200
	共通テスト	政治		15	358	—	103	3.5	—
		経済		25	1,632	—	467	3.5	
		国際政治経済		10	353	—	111	3.2	
法	一般			350	4,780	4,269	811	5.3	90.25/150
	共通テスト			100	1,836	—	510	3.6	—
教育	一般（A方式・B方式）	教育	教育学 教育学	95	942	867	112	7.7	93.682/150
			教育学 生涯教育学		687	655	114	5.7	90.002/150
			教育学 教育心理学		722	677	64	10.6	94.023/150
			初等教育学	20	632	590	40	14.8	92.795/150
		国語国文		80	1,194	1,120	199	5.6	106.451/150
		英語英文		80	1,642	1,520	328	4.6	107.858/150
		社会	地理歴史	140	1,929	1,827	217	8.4	97.546/150
			公共市民学		1,771	1,686	248	6.8	94.899/150
		理	地球科学	20	670	597	94	6.4	89.272/150
		数		45	903	806	149	5.4	122.042/150
		複合文化		40	1,216	1,130	129	8.8	117.045/150
	一般（C方式）	教育	教育学 教育学	20	35	27	9	3.0	173.200/240
			教育学 生涯教育学		21	21	10	2.1	155.700/240
			教育学 教育心理学		15	15	6	2.5	167.000/240
			初等教育学	5	13	13	2	6.5	170.200/240
		国語国文		15	66	60	17	3.5	185.500/240
		英語英文		15	78	66	32	2.1	168.200/240
		社会	地理歴史	25	61	58	26	2.2	175.400/240
			公共市民学		57	51	20	2.6	182.000/240

(表つづく)

学部・学科・専攻等				募集人員	志願者数	受験者数	合格者数	競争率	合格最低点／満点
教育	一般（C方式）	理	生物学	15	199	129	76	1.7	148.000/240
			地球科学	5	36	35	10	3.5	176.700/240
		数		10	91	74	27	2.7	121.500/240
		複合文化		10	45	41	22	1.9	163.700/240
	一般（D方式）	理	生物学	10	204	191	51	3.7	150.300/240
商	一般	地歴・公民型		355	7,949	7,286	656	11.1	131.6/200
		数学型		150	2,490	2,129	370	5.8	109.05/180
		英語4技能テスト利用型		30	279	246	63	3.9	127/205
社会科学	一般			450	8,862	7,855	826	9.5	78.92/130
	共通テスト			50	1,329	—	355	3.7	—
国際教養	一般			175	1,357	1,222	304	4.0	142.8/200
文化構想	一般	一般		370	7,353	7,049	736	9.6	131.7/200
		英語4技能テスト利用方式		70	2,694	2,622	355	7.4	85/125
		共通テスト利用方式		35	1,164	992	217	4.6	146/200
文	一般	一般		340	7,592	7,110	840	8.5	129.8/200
		英語4技能テスト利用方式		50	2,429	2,339	332	7.0	85/125
		共通テスト利用方式		25	1,115	875	203	4.3	146/200
基幹理工	一般	学系Ⅰ		45	509	463	177	2.6	190/360
		学系Ⅱ		210	3,048	2,796	640	4.4	206/360
		学系Ⅲ		65	1,079	993	194	5.1	199/360
創造理工	一般	建築		80	768	697	169	4.1	196/400
		総合機械工		80	988	909	267	3.4	179/360
		経営システム工		70	629	584	154	3.8	191/360
		社会環境工		50	507	452	129	3.5	184/360
		環境資源工		35	280	259	90	2.9	180/360
先進理工	一般	物理		30	738	668	145	4.6	205/360
		応用物理		55	565	517	119	4.3	188/360
		化学・生命化		35	379	345	119	2.9	194/360
		応用化		75	1,060	962	325	3.0	195/360
		生命医科		30	736	637	170	3.7	196/360
		電気・情報生命工		75	557	509	147	3.5	188/360

（表つづく）

学部・学科・専攻等				募集人員	志願者数	受験者数	合格者数	競争率	合格最低点／満点
人間科学	一般	一般	人間環境科	115	1,977	1,794	283	6.3	87.40/150
			健康福祉科	125	2,038	1,865	273	6.8	85.72/150
			人間情報科	100	1,951	1,761	221	8.0	86.92/150
		数学選抜方式	人間環境科	15	166	161	66	2.4	276.7/500
			健康福祉科	15	204	194	46	4.2	282.2/500
			人間情報科	15	240	232	74	3.1	296.0/500
	共通テスト		人間環境科	5	343	—	90	3.8	—
			健康福祉科	5	366	—	92	4.0	
			人間情報科	5	387	—	92	4.2	
スポーツ科学	一般			150	972	804	257	3.1	159.9/250
	共通テスト	共通テストのみ方式		50	455	—	92	4.9	—
		競技歴方式		50	270	—	143	1.9	—

（備考）合格最低点欄の「—」は非公表を示す。

2022年度一般選抜・共通テスト利用入試

学部・学科・専攻等				募集人員	志願者数	受験者数	合格者数	競争率	合格最低点／満点
政治経済	一般	政治		100	908	781	252	3.1	152/200
		経済		140	1,470	1,170	312	3.8	155/200
		国際政治経済		60	523	424	133	3.2	155.5/200
	共通テスト	政治		15	297	—	85	3.5	—
		経済		25	1,365	—	466	2.9	
		国際政治経済		10	309	—	89	3.5	
法	一般			350	4,709	4,136	754	5.5	89.895/150
	共通テスト			100	1,942	—	550	3.5	—
教育	一般	教育	教育学 教育学	100	950	889	106	8.4	95.160/150
			教育学 生涯教育学		1,286	1,221	94	13.0	96.741/150
			教育学 教育心理学		691	623	65	9.6	95.679/150
			初等教育学	20	444	408	39	10.5	93.047/150
		国語国文		80	1,389	1,312	190	6.9	106.903/150
		英語英文		80	2,020	1,871	340	5.5	110.163/150
		社会	地理歴史	145	2,057	1,929	228	8.5	97.443/150
			公共市民学		2,100	2,002	275	7.3	96.009/150
		理	生物学	50	554	503	122	4.1	85.250/150
			地球科学		687	610	98	6.2	86.571/150〈83.250〉
		数		45	903	818	178	4.6	120/150
		複合文化		40	1,427	1,326	150	8.8	114.255/150
商	一般	地歴・公民型		355	8,230	7,601	694	11.0	130.6/200
		数学型		150	2,648	2,276	366	6.2	109.4/180
		英語4技能テスト利用型		30	899	774	80	9.7	133.7/205
社会科学	一般			450	9,166	8,082	823	9.8	89.451/130
	共通テスト			50	1,132	—	305	3.7	—
国際教養	一般			175	1,521	1,387	342	4.1	151.1/200
文化構想	一般	一般		370	7,755	7,443	832	8.9	134/200
		英語4技能テスト利用方式		70	3,004	2,929	375	7.8	85.5/125
		共通テスト利用方式		35	1,183	957	203	4.7	142.5/200

（表つづく）

学部・学科・専攻等				募集人員	志願者数	受験者数	合格者数	競争率	合格最低点／満点
文	一般	一般		340	8,070	7,532	741	10.2	131.9/200
文	一般	英語4技能テスト利用方式		50	2,646	2,545	332	7.7	86.5/125
文	一般	共通テスト利用方式		25	1,130	862	170	5.1	148/200
基幹理工	一般	学系Ⅰ		45	615	559	142	3.9	178/360
基幹理工	一般	学系Ⅱ		210	2,962	2,675	673	4.0	181/360
基幹理工	一般	学系Ⅲ		65	967	886	165	5.4	176/360
創造理工	一般	建築		80	759	684	151	4.5	185/400
創造理工	一般	総合機械工		80	968	875	240	3.6	161/360
創造理工	一般	経営システム工		70	682	623	158	3.9	178/360
創造理工	一般	社会環境工		50	464	416	133	3.1	163/360
創造理工	一般	環境資源工		35	239	222	62	3.6	163/360
先進理工	一般	物理		30	697	643	162	4.0	196/360
先進理工	一般	応用物理		55	471	432	143	3.0	176/360
先進理工	一般	化学・生命化		35	437	388	120	3.2	175/360
先進理工	一般	応用化		75	1,173	1,059	259	4.1	180/360
先進理工	一般	生命医科		30	695	589	146	4.0	186/360
先進理工	一般	電気・情報生命工		75	594	543	138	3.9	172/360
人間科学	一般	一般	人間環境科	115	1,845	1,671	242	6.9	88.5/150
人間科学	一般	一般	健康福祉科	125	1,923	1,757	266	6.6	85.5/150
人間科学	一般	一般	人間情報科	100	1,921	1,715	252	6.8	87/150
人間科学	一般	数学選抜方式	人間環境科	15	135	126	48	2.6	306.1/500
人間科学	一般	数学選抜方式	健康福祉科	15	111	106	41	2.6	293.5/500
人間科学	一般	数学選抜方式	人間情報科	15	239	227	75	3.0	321.9/500
人間科学	共通テスト		人間環境科	5	266	—	85	3.1	—
人間科学	共通テスト		健康福祉科	5	198	—	77	2.6	
人間科学	共通テスト		人間情報科	5	273	—	98	2.8	
スポーツ科学	一般			150	988	847	223	3.8	163/250
スポーツ科学	共通テスト	共通テストのみ方式		50	475	—	109	4.4	—
スポーツ科学	共通テスト	競技歴方式		50	331	—	119	2.8	—

（備考）合格最低点欄の「—」は非公表を示す。

2021 年度一般選抜・共通テスト利用入試

学部・学科・専攻等			募集人員	志願者数	受験者数	合格者数	競争率	合格最低点／満点
政治経済	一般	政治	100	870	738	261	2.8	148/200
		経済	140	2,137	1,725	331	5.2	156/200
		国際政治経済	60	488	387	138	2.8	151/200
	共通テスト	政治	15	382	—	104	3.7	—
		経済	25	1,478	—	418	3.5	
		国際政治経済	10	314	—	113	2.8	
法	一般		350	4,797	4,262	738	5.8	90.295/150
	共通テスト		100	2,187	—	487	4.5	—
教育	一般	教育　教育学　教育学	100	1,440	1,345	77	17.5	97.688/150
		教育　教育学　生涯教育学		876	835	76	11.0	93.818/150
		教育　教育学　教育心理学		521	484	59	8.2	95.653/150
		教育　初等教育学	20	378	344	30	11.5	92.096/150
		国語国文	80	1,260	1,195	166	7.2	107.224/150
		英語英文	80	1,959	1,834	290	6.3	110.955/150
		社会　地理歴史	145	2,089	1,974	214	9.2	97.496/150
		社会　公共市民学		1,630	1,558	244	6.4	95.140/150
		理　生物学	50	454	395	89	4.4	86.245/150
		理　地球科学		676	612	112	5.5	87.495/150〈84.495〉
		数	45	823	739	173	4.3	118.962/150
		複合文化	40	933	880	142	6.2	112.554/150
商	一般	地歴・公民型	355	8,537	7,980	681	11.7	131.35/200
		数学型	150	2,518	2,205	419	5.3	107.60/180
		英語 4 技能テスト利用型	30	250	214	66	3.2	120.05/205
社会科学	一般		450	8,773	7,883	739	10.7	78.62/130
	共通テスト		50	1,485	—	214	6.9	—
国際教養	一般		175	1,622	1,498	330	4.5	155.94/200
文化構想	一般	一般	430	7,551	7,273	702	10.4	130.6/200
		英語 4 技能テスト利用方式	70	2,585	2,532	340	7.4	85/125
		共通テスト利用方式	35	1,348	1,146	172	6.7	149.5/200

（表つづく）

学部・学科・専攻等				募集人員	志願者数	受験者数	合格者数	競争率	合格最低点／満点
文	一般	一般		390	7,814	7,374	715	10.3	130.8/200
		英語4技能テスト利用方式		50	2,321	2,239	243	9.2	87.5/125
		共通テスト利用方式		25	1,281	1,037	162	6.4	150/200
基幹理工	一般	学系I		45	444	403	150	2.7	198/360
		学系II		210	2,937	2,689	576	4.7	219/360
		学系III		65	908	823	169	4.9	213/360
創造理工	一般	建築		80	686	634	141	4.5	218/400
		総合機械工		80	874	806	215	3.7	192/360
		経営システム工		70	721	662	146	4.5	206/360
		社会環境工		50	394	374	106	3.5	202/360
		環境資源工		35	273	260	67	3.9	202/360
先進理工	一般	物理		30	713	661	139	4.8	229/360
		応用物理		55	402	370	125	3.0	210/360
		化学・生命化		35	392	359	116	3.1	206/360
		応用化		75	1,123	1,029	308	3.3	209/360
		生命医科		30	829	716	132	5.4	219/360
		電気・情報生命工		75	573	524	154	3.4	198/360
人間科学	一般	一般	人間環境科	115	1,916	1,745	190	9.2	87.620/150
			健康福祉科	125	2,043	1,894	244	7.8	85.601/150
			人間情報科	100	1,407	1,270	161	7.9	85.616/150
		数学選抜方式	人間環境科	15	189	182	43	4.2	—
			健康福祉科	15	137	134	36	3.7	—
			人間情報科	15	196	186	51	3.6	—
	共通テスト		人間環境科	5	421	—	77	5.5	
			健康福祉科	5	296	—	76	3.9	—
			人間情報科	5	370	—	72	5.1	
スポーツ科学	一般			150	842	686	195	3.5	159.7/250
	共通テスト	共通テストのみ方式		50	482	—	96	5.0	—
		競技歴方式		50	314	—	122	2.6	—

（備考）合格最低点欄の「—」は非公表を示す。

募集要項の入手方法

一般選抜・大学入学共通テスト利用入試の出願方法は「WEB 出願」です。詳細情報につきましては，入学センター Web サイトにて 11 月上旬公開予定の入学試験要項をご確認ください。

問い合わせ先

早稲田大学 入学センター
〒169-8050 東京都新宿区西早稲田 1－6－1
TEL (03)3203-4331(直)
MAIL nyusi@list.waseda.jp
Web サイト https://www.waseda.jp/inst/admission/

大学所在地

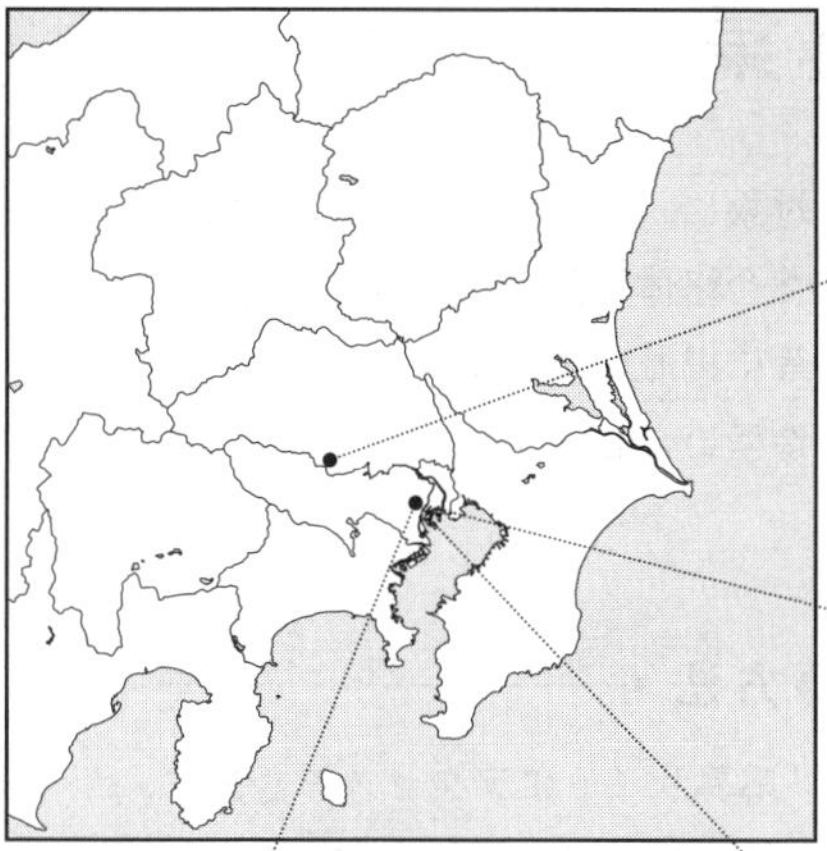

所沢キャンパス

西早稲田キャンパス

早稲田キャンパス

戸山キャンパス

早稲田キャンパス	〒169-8050	東京都新宿区西早稲田 1－6－1
戸山キャンパス	〒162-8644	東京都新宿区戸山 1－24－1
西早稲田キャンパス	〒169-8555	東京都新宿区大久保 3－4－1
所沢キャンパス	〒359-1192	埼玉県所沢市三ヶ島 2－579－15

**早稲田大学を
空から
見てみよう！**

各キャンパスの
空撮映像はこちら ▶

気になること、聞いてみました！

在学生メッセージ

大学ってどんなところ？　大学生活ってどんな感じ？
ちょっと気になることを，在学生に聞いてみました。

以下の内容は 2020～2023 年度入学生のアンケート回答に基づくものです。ここで触れられている内容は今後変更となる場合もありますのでご注意ください。

メッセージを書いてくれた先輩　［政治経済学部］M.K. さん　［法学部］W.S. さん
［文化構想学部］K.M. さん　［教育学部］S.T. さん
［商学部］W.S. さん　［国際教養学部］M.G. さん
［文学部］H.K. さん　N.M. さん　［人間科学部］R.T. さん

大学生になったと実感！

自分のための勉強ができるようになったこと。高校生のときは定期テストや受験のための勉強しかしていなかったのですが，大学に入ってからは自分の好きな勉強を自分のためにできるようになり，とても充実しています。（W.S. さん／法）

自分で自由に履修を組めることです。高校生までと違い，必修の授業以外は興味のある授業を自分で選べます。履修登録はかなり手こずりましたが，自分の興味や関心と照らし合わせながらオリジナルの時間割を考えるのはとても楽しいです。（N.M. さん／文）

高校生の頃は親が管理するようなことも，大学生になるとすべて自分で管理するようになり，社会に出たなと実感した。また，高校生までの狭いコミュニティとまったく異なるところがある。早稲田大学は１つの小さな世界のようなところで，キャンパス内やキャンパス周辺を歩いているだけで日本語以外の言語が必ず耳に飛び込んでくる。そのような環境にずっと触れるため，考え方や世界の見方がいい意味ですべて変わった。今まで生きてきた自分の中で一番好きな自分に出会えるところが大学だと思う。（K.M. さん／文化構想）

大学生活に必要なもの

軽くて使いやすいパソコンです。毎日授業がありパソコンを持ち歩くので，とにかく軽いものが良い！ Windows か Mac かは学部・学科で指定されていないのであれば好きなほうを選んで良いと思います！ iPhone とつなぐことができるので私は Mac がお気に入りです！（S.T. さん／教育）

大学生になって一番必要だと感じたものは自己管理能力です。特に，私の通う国際教養学部は必修授業が少なく，同じ授業を受けている友達が少ないため，どの授業でどのような課題が出ているかなど，しっかりと自分自身で把握しておかなければ単位を落としかねません。私は今までスケジュール帳を使うことはあまりなかったのですが，大学生になり，授業の情報やバイト，友達との約束などをまとめて管理することが必要不可欠となったので，スケジュールアプリを使い始め，とても重宝しています。（M.G. さん／国際教養）

この授業がおもしろい！

英会話の授業です。学生が英語力別に分けられ，ランダムに 3，4 人のグループを組まれます。1 グループにつき 1 人の講師がついて，100 分間英語だけで会話をします。文法を間違えたときや何と言っていいかわからないとき，会話に詰まったときなどに講師が手助けしてくれます。最初は私には難しすぎると思っていましたが，意外と英語が話せるようになり楽しかったです。また，少人数のためグループでも仲良くなれて，一緒に昼

ご飯を食べていました。（M.K. さん／政治経済）

ジェンダー論の授業が興味深かったです。高校までは，科目として習うことがありませんでしたが，「ジェンダーとは何か」という基本的な問いから，社会で起きている問題（ジェンダーレストイレは必要か，など）についてのディスカッションを通して，他の学生の考え方を知ることができました。（H.K. さん／文）

心理学概論です。心理学の歴史と研究方法の特徴を学んだ後に，心は発達的にどのように形成されるのか，人が環境についての情報を入手するための心の働き，欲求や願望の充足を求めるときの心の動き方，経験を蓄積し利用する心の仕組み，困難な場面に直面したときの心の動き方と心の使い方などについて学ぶ授業です。もともと心理学に興味はあったのですが，この授業を通してより一層心理学に対する興味・関心が深まりました。（R.T. さん／人間科学）

大学の学びで困ったこと＆対処法

大学の課題はレポート形式になっていることが多く，疑問提起が抽象的で答え方に困ることがあります。同じ授業を履修している学生に話しかけてコミュニティを作っておくことで，課題の意味を話し合ったり考えを深め合ったりできます。（H.K. さん／文）

レポートの締め切りやテストの日程などのスケジュール管理が大変だったことです。スケジュールが自分で把握できていないとテスト期間に悲惨なことになります。私はテストやレポートについての連絡を教授から受け取ったらすぐにスマホのカレンダーアプリに登録するようにしています。（N.M. さん／文）

部活・サークル活動

国際交流のサークルに入っています。人数が多いため，自分の都合が合う日程でイベントに参加することができます。また，海外からの留学生と英語や他の言語で交流したり，同じような興味をもつ日本人学生とも交流したり，と新たな出会いがたくさんあります。（H.K. さん／文）

受験生に向けて早稲田を紹介する雑誌を出版したり，学園祭で受験生の相談に乗ったりするサークルに入っています。活動は週に 1 回ですが，他の日でもサークルの友達と遊んだりご飯を食べに行ったりすることが多いです。みんなで早慶戦を見に行ったり，合宿でスキーをするなどイベントも充実しています。（N.M. さん／文）

私は現在，特撮評議会というサークルに入っています。主な活動内容は，基本的に週に 2 回，歴代の特撮作品を視聴することです。仮面ライダーやスーパー戦隊をはじめとした様々な特撮作品を視聴しています。また，夏休みには静岡県の別荘を貸し切って特撮作品を見まくる合宿を行います。特撮好きの人にとってはうってつけのサークルだと思うので，特撮に興味のある人はぜひ来てください!!（R.T. さん／人間科学）

交友関係は？

語学の授業ではクラスがあり，いつも近くの席に座るような友達が自然とできました。クラス会をしたり，ご飯に行ったりして，より仲が深まりました。（W.S. さん／法）

入学前の学科のオリエンテーションの後，一緒にご飯を食べに行って仲良くなりました。他にも授業ごとに仲の良い友達を作っておくと，授業が楽しみになり，また重い課題が出た際に協力できるのでおススメです。「隣いいですか？」「何年生ですか？」「学部どちらですか？」等なんでもいいので勇気をもって話しかけてみましょう！ 仲の良い友達が欲しいと

みんな思っているはず！（S.T. さん／教育）

いま「これ」を頑張っています

アフリカにインターンシップに行く予定なので，英語力を伸ばすために外国人ゲストが多く訪れるホテルや飲食店で働いています。また，日本のことをもっとよく知りたいので国内を夜行バスで旅行しています。車中泊の弾丸旅行なので少し大変ですが，安価で旅行できることが最大の魅力です。体力的にも今しかできないことだと思うので楽しみます！（M.K. さん／政治経済）

英語とスペイン語の勉強です。複合文化学科では第二外国語ではなく専門外国語という位置付けで英語以外の外国語を学びます。体育の授業で留学生と仲良くなったことで，自分も留学したいという思いが強まりました。まだ行き先を決められていないので英語とスペイン語の両方に力を入れて取り組んでいます！（S.T. さん／教育）

塾講師のアルバイトを頑張っています。授業準備は大変ですが，自分の受験の経験を活かしながらどのように教えたらわかりやすいかを考えるのは楽しいです。保護者への電話がけなどもするので社会に出る前の良い勉強になっています。（N.M. さん／文）

普段の生活で気をつけていることや心掛けていること

スキマ時間の活用です。大学生は自由な時間が多いため油を売ってしまいがちになります。空きコマや移動時間は話題の本や興味のある分野の専門書を読んだり英語の勉強をしたりして，少し進化した自分になれるようにしています！　もちろん空き時間が合う友達とご飯に行ったり，新宿にショッピングに出かけたりもします！　せっかくのスキマ時間は何かで充実させることを目標に，１人でスマホを触ってばかりで時間が経ってしま

うことがないように気をつけています。（S.T. さん／教育）

無理に周りに合わせる必要など一切ない。自分らしく自分の考えを貫くように心掛けている。また，勉学と遊びは完全に切り離して考えている。遊ぶときは遊ぶ，学ぶときは学ぶ。そう考えることで自分のモチベーションを日々高めている。（K.M. さん／文化構想）

おススメ・お気に入りスポット

早稲田大学周辺のご飯屋さんがとても気に入っています。学生割引があったり，スタンプラリーを行ったりしているので楽しいです。また，授業終わりに友達と気軽に行けるのでとても便利です。（W.S. さん／法）

文キャンの食堂です。授業の後，空きコマに友達と行ってゆっくり課題を進めたり，おしゃべりしたりできます。テラス席は太陽光が入るように天井がガラスになっているため開放感があります。お昼時にはとっても混むため，早い時間帯や，お昼時を過ぎた時間帯に使うのがおススメです。（H.K. さん／文）

大隈庭園という早稲田キャンパスの隣にある庭園が気に入っています。天気が良い日はポカポカしてとても気持ちが良いです。空きコマに少しお昼寝をしたり，そこでご飯を食べることもできます。（N.M. さん／文）

入学してよかった！

いろいろな授業，いろいろな人に恵まれているところが好きです。早稲田大学の卒業生に声をかけていただいて，アフリカでインターンシップをすることにもなりました。授業の選択肢も多く，乗馬の授業や国際協力の授業，法学部や文学部の授業，教員免許取得のための授業など，様々な授業があります。選択肢が多すぎて最初は戸惑うこともあるかと思いますが，どんな人でも自分らしく楽しむことができる環境が整っているところが私にとっては早稲田大学の一番好きなところです。(M.K. さん／政治経済)

全国各地から学生が集まり，海外からの留学生も多いため，多様性に満ちあふれているところです。様々なバックグラウンドをもつ人たちと話していく中で，多角的な視点から物事を捉えることができるようになります。また，自分よりもレベルの高い友人たちと切磋琢磨することで，これまでに味わったことのないような緊張感，そして充実感を得られます。(W.S. さん／商)

高校生のときに「これ」をやっておけばよかった

学校行事に積極的に参加することです。大学では，クラス全員で何かを行う，ということはなくなります。そのため，学校行事を高校生のうちに全力で楽しむことが重要だと思います。大学に入ったときに後悔がないような高校生時代を送ってほしいです。(H.K. さん／文)

英語を話す力を養うことだと思います。高校では大学受験を突破するための英語力を鍛えていましたが，大学生になると，もちろんそれらの力も重要なのですが，少人数制の英語の授業などで英語を使ってコミュニケーションを取ることが多くなるため，英語を話す力のほうが求められます。私は高校時代，スピーキングのトレーニングをあまりしなかったので，英会話の授業で詰まってしまうことがしばしばありました。高校生のときに英語を話す力をつけるための訓練をしていれば，より円滑に英会話を進められていたのではないかと感じました。(R.T. さん／人間科学)

合格体験記

みごと合格を手にした先輩に，入試突破のためのカギを伺いました。入試までの限られた時間を有効に活用するために，ぜひ役立ててください。

（注）ここでの内容は，先輩方が受験された当時のものです。2025 年度入試では当てはまらないこともありますのでご注意ください。

・アドバイスをお寄せいただいた先輩・

Message

Y.A. さん 文学部
一般 2023 年度合格，東京都出身

合格の最大のポイントは無理をし過ぎないことだと思います。もちろん多少の無理は受験に必要ですが，度を越したものは逆に身を滅ぼします。やる気が出ない日は早めに寝てもよいし，何日かサボってしまってもよいです。受験は寝る間も惜しんで勉強している人だけが合格するわけではありません。一度肩の力を抜いて自分の身体を大切にしてあげてください。

その他の合格大学 早稲田大（教育），慶應義塾大（文），上智大（文），明治大（文〈共通テスト利用〉），立教大（文〈共通テスト利用〉），中央大（文〈共通テスト利用〉）

Message

S.O. さん　文学部
一般 2023 年度合格，千葉県出身

受験において大切なのは，効率です。与えられた問題集をだらだらとこなすのではなく，「本当にこれは自分にとって必要なのか？」ということを考え続け，短い時間の中で自分に最適な勉強を課すことが必要になります。得意なことを繰り返し行ってモチベーションを高めるのも大切ですが，やはり苦手な箇所に向き合い，そこをひたすら埋めていくという作業が，効率を高める上で最も大切だと思います。

その他の合格大学　早稲田大（文化構想，教育，国際教養），慶應義塾大（文），上智大（文），立教大（文）

Message

H.K. さん　文学部
一般 2023 年度合格，千葉県出身

合格の最大のポイントは，ゴールを早く明確に設定したことです。入試問題にはそれぞれの大学の特徴が大きく反映されるため，早い段階で志望校を決定すればするほど，志望校にあった勉強方法で進めることができます。基礎学力を養成し，過去問を通じて大学の傾向をつかみ，地道な努力を続けていけば，実力は確実に伸びていきます。みなさんが，それぞれの志望校に合格されることを心より応援しています！

その他の合格大学　早稲田大（文化構想），上智大（文），立教大（文），明治大（文〈共通テスト利用〉）

N.M. さん　文学部
一般 2023 年度合格，千葉県出身

試験中たとえどんなことがあっても，絶対にペンを置かないと決めたことが合格の最大のポイントでした。受験は最後まで何があるかわかりません。自分の力を信じて精一杯頑張ってください。

その他の合格大学　早稲田大（社会科，教育），立教大（異文化コミュニケーション，文〈いずれも共通テスト利用〉），明治大（国際日本），日本女子大（文〈共通テスト利用〉）

入試なんでもQ&A

受験生のみなさんからよく寄せられる，
入試に関する疑問・質問に答えていただきました。

Q 赤本の効果的な使い方を教えてください。

A 私は赤本を「志望校対策問題集」として使っていました。直前期はひたすら赤本を解いて，どういった問題が出やすいのか，自分はどこがわかっていないのかをあぶり出していました。赤本でわからなかった単語や問題は，忘れないためにも，どこかに書いておくのがオススメです。専用のノートを作るのもいいですが，私は自分がよく使う参考書に直接書き込んでいました。また，赤本は何年分も解いていると同じような問題に出合うことがあります。実際に本番でも過去問と類似した問題が出ました。（Y.A. さん）

A まず高校3年生の夏休みに一度，志望度の高い大学の赤本を解き，どのような問題が出ているか，論述方式なのかマークシート方式なのかを確認しました。このとき1年分解くだけではあまり傾向がつかめないので，2，3年分解いてみてもよいかもしれません。また，過去問は古いものだと傾向が変わってしまっているかもしれないため，最新年度から解くことをおすすめします。解けなくても問題ありません。例えば，日本史ではどの時代から多く出題される傾向があるのかなどに注目してみるとよいと思います。（N.M. さん）

Q スランプに陥ったときに，どのように抜け出しましたか？

A スランプのときは無理に勉強しませんでした。今日は無理だなと思ったら好きなことをして休んで，その代わり次の日からは切り替えて勉強するようにしました。ダラダラ勉強するよりもそのほうが結果的に効率が良いです。あとは基礎に戻ったり，１回解いたことのある問題を解いたりしました。解けなければ自分のできていない部分がわかるし，解ければ自信につながるので一石二鳥です。スランプのときは新しい知識を取り入れるよりも，復習に力を注ぐことをオススメします。（Y.A. さん）

Q どのように学習計画を立て，受験勉強を進めていましたか？

A 勉強の計画は１週間単位で立てていました。その日にやるべき勉強をざっと箇条書きにし，終わったものはペンでバツをつけていきました。その日やり終えられなかったものは，次の日に終わらせるようにしました。細かすぎる計画を立てると，計画通りにいかなかったときにイライラしてしまうため，私にはこの方法が向いていたと思います。また，その週に強化するべき分野を決めていました。例えば，「今週は日本史の正誤問題を極める！」「今週は英語の要約の練習をいっぱいする！」などです。（N.M. さん）

Q 早稲田大学文学部を攻略するうえで，特に重要な科目は何ですか？

A 英語です。配点も高いうえに，皆が点数を取ってくるからです。早稲田の英語はとにかく単語が難しくて読みづらいです。なので，まずは単語をやってください。私の場合は単語帳１冊では足りなかったので，もう１冊購入しました。それでも知らない単語は絶対に出てくるので，そういったものは単語帳にメモしておくと忘れません。さらに，早稲田の英語は量も多いので速読も身につける必要があります。一朝一夕で身につく能力ではないので，定期的に長文に触れておくことをオススメします。その際，解いたらそのままにするのではなく，文構造も把握するようにしましょう。コピーするなどして書き込んでいくのが良いと思います。

（Y.A. さん）

Q 苦手な科目はどのように克服しましたか？

A 英語が苦手でした。文学部の英語は速く正確に読まなければなりませんが，スピードを重視すると内容が頭に入らず，苦労しました。速く読めても理解できていないと戻って読まなくてはならず，結局読むのが遅くなります。わからないまま強引に読むと，致命的な勘違いに気づかないこともあります。じれったくても「1文1文，理解してから先に進む」ということを徹底しました。どうしても話に入り込めなかったり，意味がわからなくなってしまったりしたときは，日本語に訳して無理やり読んでいました。意外とこれで理解できることがあるのでおすすめです。

（S.O. さん）

A 私は世界史が苦手でした。文化構想学部の問題では，直前期でも6割を切ってしまうこともありました。世界史を克服するためにしたことは過去問研究です。早稲田大学では同じような問題が繰り返し出されることも多いので，世界史の点数を上げるために，過去問をたくさん解き，傾向の把握に努めました。また，設問文で太文字になっていない「2つ選べ」や「すべて選べ」は見落としがちなので，そのようなところで点数を落とさないために，過去問を解く際にも線を引きながら解答するなど，注意するようにしました。

（H.K. さん）

Q 時間をうまく使うためにしていた工夫があれば，教えてください。

A 疲れたときは無理に勉強を進めようとせず，一度休憩しておやつを食べたり仮眠を取ったりするようにしていました。そうすることでリフレッシュしたら，また良い気分で机に向かうことができます。気が進まないときに勉強してもうまくいかないため，自分にはこの方法が向いていました。勉強で大事なのは時間や量だけではないはずなので，友達がたくさん勉強しているのをみて焦ったりする必要はありません。また，私は通学時間が長かったため，電車内では必ず一問一答や英単語などの軽い勉強をやっていました。　（N.M. さん）

Q 併願をするうえで重視したことは何ですか？
また，注意すべき点があれば教えてください。

A 受験は本当に体力を使います。あまり外出や運動をしない受験生にとっては，移動だけでもかなりの負担です。私は 2 日以上連続して受験することがないように受験校や日程を調整しました。連続で受けすぎると，初日に何かあった場合，すべての受験が総崩れになる恐れがあります。体調やメンタルを立て直す日が 1 日でもあるのとないのとでは，コンディションが大きく変わってくると思います。また，第一志望校よりも先に併願校を受験しておくと，受験の雰囲気や段取りに慣れることができます。　（S.O. さん）

Q 試験当日の試験場の雰囲気はどのようなものでしたか？
緊張のほぐし方，交通事情，注意点等があれば教えてください。

A 早めの時間に行ったのですが，東京メトロ東西線で早稲田駅に着いた時点で，道は早稲田を受ける学生でいっぱいでした。とにかく人が多く，私が試験を受けた 15 号館の教室は特にたくさん人を収容していた印象を受けました。周囲を気にしていると雰囲気に圧倒されてどんどん不安になるため，問題を解くときは自分の解答用紙だけに集中するようにしました。トイレには行列が発生するため，余裕をもって早めに行くことが大切です。外にもトイレはありましたが，案外そこでも並ぶので，絶対に防寒具を着用して行ってください。　（S.O. さん）

Q 受験生のときの失敗談や後悔していることを教えてください。

A 一度スマホを見ると，なかなかやめられなかったことです。スマホを見るときは何も考えなくてよいので，ストレスがたまるとひたすら動画を見てしまい，後から「時間を無駄にした」と後悔して自己嫌悪に陥るという繰り返しでした。思いきって電源を切り，勉強部屋ではない場所に置くことで解決しました。スマホを見てはいけないけれど今日は疲れているからちょっとならいいか，と葛藤する時間がもったいなく，早く遠ざけてしまえばよかったと思います。　(S.O. さん)

A 私は 10 月頃に周りの雰囲気がピリピリしてきたことに気持ちが焦り，朝ごはんを食べる時間からお風呂に入る時間まで全部を勉強に充てていた結果，ついに勉強机に向かっても体が動かなくなってしまいました。その後，少し勉強から離れて休んだら治ったのですが，自分では大丈夫だと思っていても，思っているよりも体や脳は疲れています。1 日のうちで自分の好きなことをする時間を設けたり，周りの雰囲気にのまれずに自分は自分だと割り切ってペースを速めすぎないことが大事だと思います。　(H.K. さん)

Q 普段の生活のなかで気をつけていたことを教えてください。

A 勉強のためにご飯を抜いたりする受験生もいるかもしれませんが，私はどんなときでもご飯は必ず 3 食食べ，温かい湯船にしっかり浸かりました。私の睡眠時間は平均して 5 ～ 6 時間ほどだったのですが，日中頭を働かせるためには 8 時間ほど睡眠を取ってもよかったなと後悔しています。受験直前期は，特別なことをする必要はなく，普段通り過ごすことを心がけてください。前日は緊張して眠れないこともあるので，早めに布団に入るとよいと思います。　(N.M. さん)

Q 受験生へアドバイスをお願いします。

A たとえ結果がどうであれ，1つの目標に向かって努力した経験は一生の宝になります。一緒に一生懸命頑張れる友達を見つけてください。辛いことも多いと思いますが，あまり溜め込まないようにし，何より自分の心と体を大切にしてください。受験は実力だけでなくどうしても運が絡んでしまうこともあります。もし思い通りにいかなくても落ち込む必要は全くなく，次に進むステップにしましょう。受験生の皆さんを心から応援しています。 (N.M. さん)

科目別攻略アドバイス

みごと入試を突破された先輩に，独自の攻略法や
おすすめの参考書・問題集を，科目ごとに紹介していただきました。

英 語

早稲田大学の英語は文章量が多いため速読力が求められます。また大きな特徴として，空所補充問題が出ます。この問題は前後の文章の内容理解や文構造の把握が必要になります。たくさん問題を解くことで，この形式にも慣れていくことができると思います。 (H.K. さん)

おすすめ参考書 『ポレポレ英文読解プロセス 50』（代々木ライブラリー）

『大学入試問題集　関正生の英語長文ポラリス（3　発展レベル）**』**（KADOKAWA）

日本史

とにかく教科書を読むこと。試験は教科書をベースに作られているので細部まで読むことが大切。また，日本史のような暗記教科は忘れていってしまうので，一問一答集を使って定期的に復習をするのがオススメ。

(Y.A. さん)

おすすめ参考書　『日本史B一問一答』（ナガセ）

早稲田大学文学部の日本史は，基本的な問題が多いです。教科書で太字になっている単語は必ず漢字で書けるようにしておきましょう。

(N.M. さん)

おすすめ参考書　『日本史標準問題精講』（旺文社）

世界史

早稲田大学の文学部・文化構想学部では，他学部に比べ文化史が多く出ます。そのため，資料集や参考書を活用して，絵画などは視覚的にも作品と作者名を結びつけられるようにできるといいです。　(H.K. さん)

おすすめ参考書　『世界史用語集』（山川出版社）

『世界史年代ワンフレーズ new』（パレード）

国　語

現代文は，選択肢の吟味を尽くすこと。古文・漢文は，音読しながら訳すことで力がつきます。　(S.O. さん)

おすすめ参考書　『入試現代文へのアクセス』シリーズ（河合出版）

『最強の古文 読解と演習 50』（Z 会）

TREND & STEPS

傾向と対策

科目ごとに問題の「傾向」を分析し，具体的にどのような「対策」をすればよいか紹介しています。まずは出題内容をまとめた分析表を見て，試験の概要を把握しましょう。

注　意

「傾向と対策」で示している，出題科目・出題範囲・試験時間等については，2024 年度までに実施された入試の内容に基づいています。2025 年度入試の選抜方法については，各大学が発表する学生募集要項を必ずご確認ください。

来年度の変更点

2025 年度入試について，以下の通りに変更される予定である（本書編集時点）。

- 一般選抜および一般選抜（共通テスト利用方式）における外国語の選択科目について，「ドイツ語」「フランス語」「中国語」「韓国語」（大学入学共通テストの当該科目を受験）を廃止する。
- 大学入学共通テストで課す科目について，「情報Ⅰ」も選択可能とする。

英　語

年度	番号	項目	内容
2024 ◑	〔1〕	読解	選択：空所補充
	〔2〕	読解	選択：内容説明，主題
	〔3〕	読解	選択：空所補充
	〔4〕	会話文	選択：空所補充
	〔5〕	英作文	記述：要約（書き出し指定：4～10 語）
2023 ◑	〔1〕	読解	選択：空所補充
	〔2〕	読解	選択：内容説明，内容真偽，主題
	〔3〕	読解	選択：空所補充
	〔4〕	会話文	選択：空所補充
	〔5〕	英作文	記述：要約（書き出し指定：4～10 語）
2022 ◑	〔1〕	読解	選択：空所補充
	〔2〕	読解	選択：内容説明，内容真偽
	〔3〕	読解	選択：空所補充
	〔4〕	会話文	選択：空所補充
	〔5〕	英作文	記述：要約（書き出し指定：4～10 語）
2021 ◑	〔1〕	読解	選択：空所補充
	〔2〕	読解	選択：内容説明，内容真偽
	〔3〕	読解	選択：空所補充
	〔4〕	会話文	選択：空所補充
	〔5〕	英作文	記述：要約（書き出し指定：4～10 語）
2020 ◑	〔1〕	読解	選択：空所補充
	〔2〕	読解	選択：内容真偽，内容説明，主題
	〔3〕	読解	選択：空所補充
	〔4〕	会話文	選択：空所補充
	〔5〕	英作文	記述：要約（書き出し指定：4～10 語）

（注）●印は全問，◑印は一部マークシート法採用であることを表す。

読解英文の主題

年度	番号	類別	主題	語数
2024	〔1〕(A)	社会論	スポーツの持つ影響力	約 260 語
	(B)	文化論	ローマ人視点から見たゲルマニアの部族	約 280 語
	〔2〕(A)	科学論	水中哺乳類の半球睡眠	約 160 語
	(B)	文学論	ジョン＝デューイの伝記	約 280 語
	(C)	文学論	美的かつ個人的な領域：日記について，そしてなぜ我々は作家を価値があると考えるのか	約 510 語
	〔3〕	文化論	多言語主義の歴史	約 720 語
2023	〔1〕(A)	社会論	アメリカで育った黒人の父親が子どもに送るメッセージ	約 280 語
	(B)	文化論	サンスクリットの発見が人文科学に与えた影響	約 270 語
	〔2〕(A)	文化論	広まる多言語使用	約 190 語
	(B)	文化論	カーライルの消長盛衰	約 240 語
	(C)	科学論	学習と直観との関係	約 520 語
	〔3〕	社会論	異人種間結婚を求めたラヴィング夫婦への最高裁判決	約 750 語
2022	〔1〕(A)	教育論	子供の好奇心を生み出す教育方法	約 330 語
	(B)	文学論	文学作品における語の役割	約 270 語
	〔2〕(A)	教育論	南アフリカの歴史教育のあり方	約 150 語
	(B)	社会論	社会的な協調に根ざす道徳	約 250 語
	(C)	文化論	愛情表現と対人距離の世代間のギャップ	約 490 語
	〔3〕	歴　史	戦国時代が終わり武士の身分を捨て農村に根づいた一族	約 750 語
2021	〔1〕(A)	文化論	個人と伝統	約 240 語
	(B)	歴史論	カルタゴとローマの争い	約 270 語
	〔2〕(A)	社会論	ソーシャルネットワークと感情伝染	約 180 語
	(B)	社会論	ペストとシェークスピア	約 270 語
	(C)	科学論	脳の驚異的な能力とそのエネルギー消費量	約 520 語
	〔3〕	社会論	自己利益追求の経済学と見えざる手	約 790 語
2020	〔1〕(A)	芸術論	デッサンという芸術	約 270 語
	(B)	社会論	上海の並木と歴史	約 250 語
	〔2〕(A)	文化論	江戸時代の平民文化	約 220 語
	(B)	歴　史	植民地時代のインドの英語	約 330 語
	(C)	社会論	物事がいかに広範囲に組織的に広がるか	約 530 語
	〔3〕	社会論	憧れと恐れの対象となるアメリカ	約 710 語

傾向　読解力重視，量に負けない速読力が必要　英作文は英文の要約

01　基本情報

試験時間：90 分。

大問構成：読解問題 3 題，会話文問題 1 題，要約英作文問題 1 題の計 5 題。

解答形式：英作文は記述式，他はすべてマークシート法による選択式。例年，設問や選択肢を含め全文英文による出題である。

02　出題内容

① 〔1〕～〔3〕：読解問題

〔1〕は 2 つの英文からなる読解問題で，いずれも文の流れから空所に語句を入れるもの。選択肢は各 4 個。主に構文読解力を試す問題であるが，語彙や語法の知識もあわせて必要とされることがこの大問の特徴である。〔2〕は，3 つの英文の内容に関する設問に答えるもので，内容一致英文の完成や内容真偽，主題が問われている。速読による要点把握と特定の情報把握を求める問題で，文章全体の流れを理解し，該当箇所を特定することが必要である。〔3〕は，長文の 7 つの空所に補う英文を 8 個の選択肢から選ぶ問題。空所は各段落に散らばっているので，各段落の要旨をつかむことができれば，それに関連する補充文を選ぶことができる。中には前後の英文と指示語の関係などに注目すれば解答しやすくなるものもある。

② 〔4〕：会話文問題

会話文の空所補充問題。日常会話でよくある状況，頻出表現が取り上げられることが多い。

③ 〔5〕：英作文

短めの英文の内容を要約する問題で，要約文の冒頭はすでに書かれてあり，それに続けて 4 ～10 語の英文を付け加える形となっている。さらに，「本文中の 3 語以上の連続した語句を使ってはいけない」という条件が加えられている。また，「自分の言葉で」という指示があるので，問題文中の語句をつなぎ合わせた解答は許されないと考えるべきだろう。

03 難易度と時間配分

〔1〕は，選択肢に難しい語が多く，やや難レベルである。〔2〕は，設問の選択肢中の英文も含めるとかなり分量が多い。英文・選択肢ともに標準的で，比較的取り組みやすい問題と，語彙・表現ともに難しく，高度な読解力が必要な問題が混在している。しかし，枝葉末節を問うような設問はなく，選択肢も素直なものが多いので，重要な内容が読み取れていれば正解できる。〔3〕の英文は，具体的な事柄や人物に関するものであり，取り組みやすいと思われる。長文であるうえに空所に文を補いながら読むことが求められるので，各段落の要旨を押さえながら読むパラグラフリーディングに慣れておく必要がある。〔4〕の会話文には慣用的な口語表現も出題されているが，場面設定が明確で，紛らわしい選択肢も少ないので特に問題はない。〔5〕の英作文（要約）問題は，文学部の出題で一番の難問である。語数が4～10語と少ない分，本文の内容を正しく理解したうえで端的にまとめる必要がある。「自分の言葉で」と指示されているので，高度でなくても，英語で自由に自分の考えを表現する能力が求められている。

90分で異なる形式・長さの英文を8つ読まなくてはならないので，効果的な時間配分を考えておきたい。

対策

01 多読と精読を併用した読解力の強化

カギとなるのはやはり速読力である。速読力を身につけるためには多読と精読の練習を併用する必要がある。目的が速読力だからといって「なんとなくわかった」というレベルの多読だけを続けていては，入試までの限られた期間に正確な速読力を身につけることはできない。精読練習としては，教科書よりやや難しい入試問題の英文で，文法や構文，指示語，接続詞などの連結語句に注意しながら，完全に理解できるまで取り組むような学習が必要である。『英文読解の透視図』（研究社）や『大学入試 ひと目でわかる英文読解』（教学社）など，文構造が丁寧に解説されている参考書を使用するとよいだろう。

ただし，精読練習や英文和訳ばかりしていると，どんな英文を見ても，日本語に訳さなければ読むことができないという癖がつきかねない。ある程度読解力がついた段階で，多読・速読に取り組むことも必要である。『早稲田の英語』（教学社）などを使い，文学部のレベルと傾向に合った評論文を練習素材として，試験本番を想定して時間を計り，わからない単語は文脈から意味を類推しながら読む練習を重ねるとよい。未知の単語の意味の推測力も多読により身につく。そして，その推測力を含めた文脈理解力が空所補充問題では求められている。また，多くの英文を読むことによって，環境問題や異文化理解などの頻出テーマや最新のトピックなどに関する知識や関連する語彙表現などが蓄えられ，同様の内容の英文を読む際には背景知識に助けられていっそう速く正確に読めるようになる。頻出ジャンルに関して最低限必要な知識をまとめたトピック・ジャンル別の長文問題集（評論中心のもの）を１冊仕上げておくのもよいだろう。

02 語彙力の強化

速読に欠かせないのが語彙力である。難しい内容の英文も単語の力と背景知識があれば何とか大意をつかむことができるからである。もちろん，未知の単語の意味を推測しながら読むこともあるが，その場合，単語のだいたいの意味がわかっているときと比べて読む速さは格段に遅くなってしまう。語彙力の不足は致命的である。

語彙力増強には，単語集を用いた学習と多読による学習を並行して行うとよい。単語集を早い時期に１冊仕上げ，その中で覚えた単語に多読で実際に何回か出会い定着させていくことほど有効な学習はない。逆に多読の中でわからなかった単語を単語集で再確認するのも有効である。

読解問題の中で出題されている空所補充問題には，語彙力があればすぐに正解できるものもあり，限られた試験時間の有効利用にもつながる。また，会話文問題は，近年に関してはあまり難しい語彙・表現は出題されていないことが多い。語彙力の強化によって，このような問題で確実に得点できるようにしたい。

03 要約力・英作文力の強化

要約力を身につけるためには，英文を読む際に，その段落の要旨が何であるのかを常に意識して読むこと，つまりパラグラフリーディングを心がけることが必要である。読み終わったあと，英文から目を離して，その段落の内容を日本語や英語で要約してみる練習が有効である。

文学部の英作文は和文英訳問題ではないが，英文を理解し日本語で考えた要約を「自分の言葉で」英語にするうえで実際に必要となるのは，和文英訳の力であるといえる。和文英訳練習では，実際に解答してから模範解答と比べてみることで，日本語に引きずられない自然な英文を書けるようになる。その中で，英語になりにくい日本語の表現を，まずは英語にしやすい日本語に「和文和訳」してから英訳する，という感覚も身につくだろう。それを補う意味で基本例文集を暗記するのもよいが，当然のことながら英文が書けるようになるためには実際に手を動かして英文をたくさん書くことが必要である。

04 過去問を用いた実戦練習を

文学部の問題は出題形式・内容ともにほぼ変化が見られない。入試直前の本番さながらの演習はもちろん大切だが，過去問をできるだけたくさん利用し，早い時期から定期的に実戦練習をしておこう。そうすれば自分の実力の伸びと同時に不足している力もはっきりし，無駄のない学習が可能になる。また，同じ出題形式である文化構想学部の過去問を用いて練習するのも効果的だろう。

Check!

早稲田「英語」におすすめの参考書

✓『英文読解の透視図』（研究社）
✓『大学入試 ひと目でわかる英文読解』（教学社）
✓『早稲田の英語』（教学社）

赤本チャンネルで早稲田特別講座を公開中

実力派講師による傾向分析・解説・勉強法をチェック →

日本史

年度	番号	内容		形式
2024 ◑	〔1〕	中国史書による弥生～古墳時代の日本		選択・記述
	〔2〕	『続日本紀』―加墾禁止令	⊘史料	記述・選択
	〔3〕	中世の経済		記述・選択・正誤
	〔4〕	外国人が見た幕末の日本		選択・記述
	〔5〕	近現代の政治家		選択・記述
	〔6〕	日本絵画史の流れにおける女性表現	⊘視覚資料	選択・記述
2023 ◑	〔1〕	モースの事績		記述・選択
	〔2〕	桓武天皇の事績	⊘史料	選択・記述
	〔3〕	承久の乱	⊘史料	記述・選択・正誤・配列
	〔4〕	徳川家斉の時代		選択・記述
	〔5〕	雑誌の歴史		記述・選択
	〔6〕	近世の長崎と西洋文化	⊘視覚資料	記述・選択
2022 ◑	〔1〕	旧石器～古墳時代の特徴		記述・選択
	〔2〕	古代の文字文化	⊘史料	選択・記述
	〔3〕	中世の一揆	⊘史料	記述・選択・正誤
	〔4〕	江戸時代の絵画		選択・記述
	〔5〕	山県有朋の生涯		記述・選択
	〔6〕	風俗画の歴史	⊘視覚資料	記述・選択
2021 ◑	〔1〕	旧石器～古墳時代の交易		選択・記述
	〔2〕	古代の都城	⊘地図	記述・選択
	〔3〕	中世の武士の変遷		記述・選択・正誤
	〔4〕	鎖国下の情報と学問の関係		選択・記述
	〔5〕	原敬の生涯		記述・選択
	〔6〕	文化遺産の喪失	⊘視覚資料	選択・記述

2020 ◑	〔1〕	旧石器～古墳時代の木製品	記述・選択
	〔2〕	天武朝～嵯峨朝までの律令の制定と変遷	記述・選択
	〔3〕	中世の政争と戦争	選択・記述・配列・正誤
	〔4〕	江戸時代の旅	記述・選択
	〔5〕	近代の国際平和	記述・選択
	〔6〕	絵画の歴史　⊘視覚資料	選択・記述

（注）●印は全問，◑印は一部マークシート法採用であることを表す。

傾向　原始・江戸時代，美術史は必出！

01　基本情報

試験時間：60分。

大問構成：大問6題。解答個数は50個前後。

解答形式：マークシート法による選択式と記述式の併用。記述式は全体の3分の1程度を占める年度が多く，歴史用語や人名などの語句記述が求められており，「漢字○字で」といった字数指定のあるものもある。正文・誤文選択問題には解答を2つ選ばせるものもある。年度によって配列問題や正誤問題が出題されている。

なお，2025年度は出題科目が「日本史探究」となる予定である（本書編集時点）。

02　出題内容

①　時代別

原始・古代から近現代にかけて広く出題されているが，大問単位で必出の時代がある。原始時代は例年〔1〕で出題されており，難問も多い。2023年度は大森貝塚を発見したモースの事績をテーマとして主に明治の文化が問われ，2024年度は中国史書から見る弥生～古墳時代の内容が問われた。また，江戸時代は例年〔4〕で出題されている。2024年度は幕末の内容だったので時代区分でいうと近代からの出題であった。近代を扱う〔5〕では，2021 年度は「原敬の生涯」，2022 年度は「山県有朋の生涯」と 2 年連続で特定の人物の生涯を扱った問題が出題され，2024 年度は近現代の政治家のあだ名などをテーマにした出題であった。今後も注意したいところである。その一方，戦後史のまとまった出題は少ないが，2021 年度〔6〕では文化財保護法，2023 年度〔5〕では高度経済成長期の正文選択問題や日本列島改造論・京都議定書が出題された。

②　分野別

政治史・外交史・文化史などが幅広く出題されている。特に文化史の比重は大きく，例年〔6〕の大問 1 題分は美術史の出題である。年度によっては文化史をテーマにした大問が 2 ～ 3 題出題されることもあり，視覚資料（美術作品などの写真）の利用が多いのが特徴である。2020 年度は「絵画の歴史」として雪舟の「秋冬山水図」，2021 年度は「文化遺産の喪失」として興福寺仏頭，2022 年度は「風俗画の歴史」に関連させて九代目市川団十郎の銅像が出題された。2024 年度は絵葉書を利用して「浅草」を連想させる出題であった。

史料はリード文や選択肢の中に一部が引用される程度で，近年は本格的な出題が少なくなっていたが，2023 年度は大問 2 題で出題され，2024 年度も〔2〕で出題された。文章の史料以外では，2021 年度に藤原京と平城京の条坊制の地図を使用した問題が出題された。

03　難易度と時間配分

全体的に基礎的な問題で構成されているが，選択問題の中には判断に迷う詳細な知識を必要とするものが含まれている。特に〔1〕で出題される原始時代は例年難問が多いので要注意である。難問には消去法などで対処したい。記述問題は字数が指定されているものが多く，解答が導きやすくなっているので得点源になるであろう。問題の難易をすばやく見極め，解答しやすい問題から着実に解答していくこと。正文・誤文選択問題や一部の難問に十分な時間を割けるよう，時間配分を工夫したい。

対策

01 基礎事項の徹底

教科書のレベルを超える問題もあるが，８割以上は基本的な事項からの出題である。まずはこれらの問題で失点せずに確実に得点を確保することが第一の課題となる。教科書を有効に活用しながら，用語集などで基本的な知識を身につけることを徹底しよう。時代・分野ともに幅広く出題されているので，戦後史を含めて不得意な時代や分野をつくらないようにしたい。また，記述問題では漢字表記が求められるので，日頃から正しく書くよう心がけること。まずは『山川一問一答 日本史』（山川出版社）や『時代と流れで覚える！ 日本史Ｂ用語』（文英堂）などの問題集に取り組もう。

02 発展的学習

合格を確実なものとするために，難問とされるものもある程度は解答できるようにしておきたい。そのためには正文・誤文選択問題への対処が必要である。これらの問題では細部の知識を問われる場合も多いので，単純に語句を暗記するだけの学習に陥らないよう配慮し，過去問などをこなすことで，正文・誤文選択問題の傾向をつかんでおこう。教科書を用いた学習においても，欄外の脚注，写真（とその説明文）など，狙われるポイントを意識しながら学習を進めていきたい。さらに記述問題においても意表をつく語句や難度の高い問題が出題されることがあるので，歴史的名辞についても広くマスターしておくこと。『日本史用語集』（山川出版社）などの用語集で意味を確実に理解しておくことはもちろん，一問一答式の問題集を活用して知識を確認しておこう。

03 文化史の克服と図説の有効活用

文学部において文化史は必出で，特に〔６〕では例年美術史が出題され，視覚資料が利用されている。作品名・作者名を問われることもあるので注意したい。仏像・建築物・絵画などの美術作品は，図説などを用いて写真を確認しながらの学習が有効である。その際には作品の解説にも目を通しておくこと。

なお，塾や予備校の季節講座などでは文化史の講座が設けられることが多く，文化史だけをまとめたテキストを使用して短期間に整理するので，利用するのも一策であろう。

04 史料問題対策

本格的な史料問題は少ないものの，リード文や選択肢の中に部分的に史料が引用されていることがある。また，史料文の内容を想起しながら正文・誤文を判断しなければならない問題も多い。2022 年度は，稲荷山古墳出土鉄剣銘の史料内容を知らないと判断できない設問がみられた。日頃から史料集を用意し，通史学習と並行して史料文を熟読する習慣をつけよう。その他に，系図や地図にも必ず目を通しておこう。『日本史史料問題集』（山川出版社）など市販の史料問題集でトレーニングを積んでおくのも有効な対策となる。

05 過去問で正文・誤文選択問題を克服しよう

合格のカギを握るのは正文・誤文選択問題である。詳細かつ難解な内容で工夫が凝らされている。とはいえ，基礎的知識をベースに消去法で正答を導き出せるので，まずは教科書レベルの内容をしっかり学習しておくこと。そしてできるだけ早く過去問に挑戦することが大切である。過去問に当たり，基礎的知識をベースに正文・誤文を見抜く力と技を養っておきたい。本シリーズの早稲田大学他学部の過去問や，『早稲田の日本史』（教学社）などを活用するとよいであろう。

世界史

年度	番号	内容	形式
2024 ◑	〔1〕	古代エジプト	選択・記述
	〔2〕	東アジアにおける歴史史料	選択・配列・記述
	〔3〕	十字軍	選択・記述
	〔4〕	イタリア戦争と第一次世界大戦	選択・記述・配列
	〔5〕	イェルサレムの歴史　✓**地図・史料**	選択・記述
	〔6〕	造形芸術に見える戦いの記録　✓**視覚資料**	選択・記述
2023 ◑	〔1〕	古代のオリエントとギリシア	選択・記述
	〔2〕	東アジア文化圏の成立	記述・配列・選択
	〔3〕	イスラーム世界の文化・科学技術	選択・記述
	〔4〕	中・近世キリスト教史	選択・記述・配列
	〔5〕	歴代中華帝国の宗教政策	選択・記述
	〔6〕	フランス革命とナポレオン	記述・選択
	〔7〕	聖像の歴史　✓**視覚資料**	記述・選択
2022 ◑	〔1〕	アレクサンドロス大王とヘレニズム時代	記述・選択
	〔2〕	「枢軸時代」の思想	選択・配列・記述
	〔3〕	ノルマン人の大移動	選択・配列・記述
	〔4〕	「中国」概念の変遷	選択・記述
	〔5〕	テューダー朝期のイギリス	選択・配列・記述
	〔6〕	ルイ 14 世の治世	選択・記述
	〔7〕	アメリカ合衆国の中東政策	記述・選択
	〔8〕	第二次世界大戦	選択・配列・記述
	〔9〕	「ミュージアム」成立の歴史的背景　✓**視覚資料**	記述・選択

2021 ◑	〔1〕	古代メソポタミア	選択・記述
	〔2〕	中国の元号	選択・記述
	〔3〕	中世ヨーロッパの変容	選択・記述
	〔4〕	ヨーロッパ人のアジアへの来訪とイエズス会	選択・記述
	〔5〕	宗教改革と宗教戦争	選択・記述
	〔6〕	ビスマルク外交	選択・配列・記述
	〔7〕	第二次世界大戦時の米英と戦後国際体制の構築	選択・配列・記述
	〔8〕	聖ソフィア聖堂 ✓視覚資料	記　述
	〔9〕	ドルイド教と西洋美術 ✓視覚資料	選　択
2020 ◑	〔1〕	ユダヤ教の成立	記述・選択
	〔2〕	隋・唐王朝	選択・記述
	〔3〕	唐末～宋の変革期	選択・記述
	〔4〕	西欧中世の自治都市	選択・記述
	〔5〕	フランス革命前の政治・社会体制	記述・選択
	〔6〕	第一次世界大戦後のイギリスの植民地	選択・配列・記述
	〔7〕	冷戦と戦後のドイツ	選択・記述・配列
	〔8〕	戦争や革命で破壊された美術作品やモニュメント ✓視覚資料	記述・選択

（注）●印は全問，◑印は一部マークシート法採用であることを表す。

傾向　正確な歴史理解が必要 視覚資料を使った出題に注意

01 基本情報

試験時間：60 分。

大問構成：例年，大問 8 ～ 9 題，総設問数は 35～45 問前後で推移していたが，2024 年度は大問 6 題，総設問数は 44 問であった。

解答形式：マークシート法による選択式と記述式の併用。記述式の割合は年度によって変化するが，おおむね全体の 3 分の 1 程度となることが多い（2024 年度は 44 問中 11 問）。記述式では，以前は使用語句指定の論述問題が 1 問出題されていたが，2020 年度以降は出題されていない。選択式では，正文・誤文選択問題や配列問題がよく出題されている。

なお，2025 年度は出題科目が「世界史探究」となる予定である（本書編集時点)。

02 出題内容

① 地域別

欧米地域・アジア地域がほぼ半々で出題されているが，年度によってはやや変動がある。アジア地域では中国史が必出だが，西アジア・インド・東南アジアなどからも少なからず出題されているので注意したい。例年〔1〕で古代オリエント史に関する出題が続いている。欧米地域は西ヨーロッパが中心だが，過去には小問でラテンアメリカ史も出題されており，こうした地域にも気を配るべきだろう。

② 時代別

先史時代から第二次世界大戦後まで幅広い時代から出題されている。全体として近現代からの出題は他大学・他学部に比べて少ないが，2020年度には〔7〕で戦後の本格的な問題が出題された。また，他大学ではあまり出題されない先史時代がたびたび出題されているので注意が必要である。

③ 分野別

政治史が中心であるが，美術作品の写真を使った美術史や建築史を中心に，文化史が出題されている。2020年度は〔8〕で，2021・2022年度は〔9〕で，2023年度は〔7〕で4枚の美術作品の写真から選択する問題が出題された。

03 難易度と時間配分

概して言えば，文学部の正文・誤文選択問題は他学部に比べて判別しやすいものが多い。ただし近年，数は多くないものの，正誤判定がかなり難しい設問もみられるようになった。記述問題に関しても，解答語句だけをみると年度によって難問がある。また，出題される時代や地域は幅広く，美術作品の写真を使った視覚資料問題への対策も欠かせない。総合的で正確な歴史理解が求められているため，問題全体としてのレベルは高いと言える。まずは，精密な教科書学習で対処できる問題が大部分であることを認識し，それらの問題を取りこぼさないようにする対策を優先すべきだろう。

出題形式や難易度の変化にも柔軟に対応できるよう，難しい問題は後回しにするなど，時間配分を意識したい。

対策

01 まずは教科書の完全理解

高校の教科書のレベルを超えた問題もみられるが，数は多くないので，分厚い参考書を読破して詳細な人名まですべて覚えていくような学習は必要ない。しかし，過去には先史時代が出題されたり，冷戦やヨーロッパの統合など第二次世界大戦後からも出題されている。そのため，教科書の人類の誕生を含む先史時代から最後まで手を抜かずに仕上げることが肝要だろう。ハイレベルな戦いとなるので，教科書で対応可能な問題は落とさないようにしたい。また，記述問題があるため，中国史や朝鮮史の漢字は正しく書けるようにしておこう。

02 用語集・問題集の併用

文学部の問題は，解答すべき語句が教科書レベルでも，それを導き出すためには正確な歴史理解が求められる。正文・誤文選択問題では，歴史上の諸事件・戦争・文化的な事業などに関して，「何年に，誰が，何をした」だけではなく，それが「なぜ起こったのか」，あるいは「どのような結果をもたらしたのか」を理解しておく必要がある。教科書だけでなく『世界史用語集』（山川出版社）などの用語集や『体系世界史』（教学社）などの問題集も利用し，満遍なく学習をすすめたい。

03 視覚資料問題への意識を高めよう

教科書に掲載されている美術作品や建築物の写真に対して，本文と同じくらい注意深く接する必要がある。さらに併用している図説などでより多くの写真に接し，特徴などを言語化しながら意識的に覚えておこう。美術作品・建築物など文化史関連の写真では特に，その説明文も要注意である。

04 論述対策

2020 年度以降は出題されていないが，2019 年度までは論述問題が出題されていた。重要語句に関して，用語集の説明文を参考にしながら文章をまとめたり，重要事項の原因や影響，例えば審査法はなぜ制定され，なぜ廃止運動が起きたのか，といったことなどをまとめる練習をしておくとよい。このような練習は，論述以外の形式の設問への対策としても有効である。

05 他学部の過去問演習

早稲田大学の出題形式に慣れたい，他学部の問題も含めて徹底的に対策したいという人には，過去 11 年分の良問を精選した『早稲田の世界史』（教学社）がおすすめである。小問ごとに難易度を示しているので，難問を見きわめる訓練もできる。合格を意識した実戦的な演習に役立つだろう。比較的問題形式が似ている文化構想学部や社会科学部，あるいは法学部の過去問にも積極的に当たっておこう。瑣末な知識にこだわる必要はないが，出題のコンセプト，設問での独特の言い回しなどは早稲田大学特有のものがあるので，多くの問題を演習して学習の指針とするとよい。

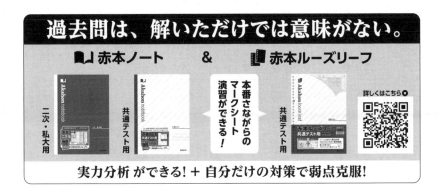

国　語

年度	番号	種　類	内　容
2024 ◑	〔1〕	現　代　文	選択：空所補充，内容説明，文整序，主旨
	〔2〕	現　代　文	選択：欠文挿入箇所，空所補充，内容説明，内容真偽 記述：書き取り
	〔3〕	古　　文	選択：内容説明，和歌解釈，口語訳，文法 記述：和歌修辞
	〔4〕	漢　　文	選択：内容説明，口語訳，書き下し文 記述：語意，訓点
2023 ◑	〔1〕	現　代　文	選択：内容説明，空所補充，主旨 記述：内容説明，書き取り
	〔2〕	現　代　文	選択：内容説明，空所補充，主旨
	〔3〕	古　　文	選択：文法，口語訳，敬語，和歌修辞，空所補充，内容説明，内容真偽
	〔4〕	漢　　文	選択：漢詩の知識，口語訳 記述：語意，復文
2022 ◑	〔1〕	現　代　文	選択：内容説明，空所補充，欠文挿入箇所，内容真偽
	〔2〕	現　代　文	選択：空所補充，内容説明，主旨，内容真偽 記述：空所補充，書き取り
	〔3〕	古　　文	選択：内容説明，敬語，口語訳，表現効果，空所補充，内容真偽 記述：空所補充
	〔4〕	漢　　文	選択：口語訳，内容説明，訓点 記述：書き下し文
2021 ◑	〔1〕	現　代　文	選択：空所補充，内容説明，欠文挿入箇所，内容真偽 記述：空所補充，書き取り
	〔2〕	現　代　文	選択：内容説明，空所補充，内容真偽 記述：空所補充
	〔3〕	古　　文	選択：文法，口語訳，内容説明，和歌修辞，敬語，内容真偽，文学史
	〔4〕	漢　　文	選択：語意，訓点，口語訳，主旨

2020 ◑	〔1〕	現代文	選択：空所補充，内容説明，文整序，内容真偽 記述：空所補充
	〔2〕	現代文	選択：空所補充，内容説明，書き取り 記述：箇所指摘，主旨（100字）
	〔3〕	古文	選択：口語訳，文学史，空所補充，敬語，人物指摘，和歌解釈 記述：語意
	〔4〕	漢文	選択：書き下し文，空所補充，口語訳，訓点

（注）●印は全問，◑印は一部マークシート法採用であることを表す。

出典内容一覧

年度	番号	類別	出典
2024	〔1〕	評論	「裁判官は感情に動かされてはならないのか？」橋本祐子
	〔2〕	随筆	「『野の果て』の世界」田中優子
	〔3〕	歌論	「袖中抄」顕昭
	〔4〕	史伝， 注釈	「資治通鑑」司馬光 注釈　胡三省
2023	〔1〕	評論	「AIにおける可謬性と可傷性」大屋雄裕
	〔2〕	評論	「ジェンダー」西條玲奈
	〔3〕	日記	「和泉式部日記」
	〔4〕	文章	「木屑録」夏目漱石
2022	〔1〕	評論	「カレル・チャペック『ロボット』」加藤尚武
	〔2〕	評論	「音楽の危機」岡田暁生
	〔3〕	物語	「住吉物語」
	〔4〕	文章	「朱子文集」朱熹
2021	〔1〕	評論	「恋愛の社会学」谷本奈穂
	〔2〕	評論	「ホモ・オルナートゥス」鶴岡真弓
	〔3〕	物語	「別本八重葎」
	〔4〕	随筆	「陸九淵集」陸九淵
2020	〔1〕	評論	「自己撞着化する監視社会」朝田佳尚
	〔2〕	評論	「坪内稔典の俳句の授業」坪内稔典
	〔3〕	歌集	「伊勢集」
	〔4〕	随筆	「邵氏聞見録」邵伯温

傾向　現代文は硬質な評論文からの出題 古文・漢文は量・質ともに充実

01　基本情報

試験時間：90 分。

大問構成：現代文 2 題，古文・漢文各 1 題の，計 4 題。

解答形式：マークシート法による選択式と記述式の併用。記述式は書き取りと空所補充と箇所指摘がほとんどであるが，字数指定のある説明問題（2020 年度），漢文の書き下し文（2022 年度），書き下し文を白文に戻す「復文」（2023 年度），訓点（2024 年度）などが出題されることもある。

02　出題内容

①　本文

現代文：評論を中心に随筆からも出題されている。社会・文化論や文学・芸術分野，思想・哲学系など，幅広い文章が選ばれており，今の時代ならではの内容がテーマの文章が多い。専門性の高い文章も積極的に出題されている（例えば 2021 年度〔2〕）。

古文：中古・中世の作品がよく出題されている。2018～2020 年度に 3 年連続して歌集が出題されるなど，全般的に，和歌に関係する文章が選ばれる傾向にある。2024 年度も和歌に用いられる語の用法を分析した歌論書からの出題で，従来の傾向を踏襲している。

漢文：思想，随筆，小説，漢詩，史伝など，さまざまなジャンルから出題されている。

②　設問内容

現代文：漢字の書き取りが必出で，記述式であることが多い（2019・2020 年度は選択式）。読解問題では，傍線部の内容を問うもの，理由を問うものが出されている。前者は傍線部周辺の部分的な読解で解けるが，後者は全体の論旨展開を把握しなければならず，難しい。内容真偽は比較的解きやすく，選択に迷う微妙な選択肢は少ない。論旨展開の理解が問われる空所補充・欠文挿入箇所も出題されている。語句レベルの空所補充は，論旨・文脈のキーワードとなる語句と，論旨の展開・連接を示す接続語や副詞などを選ぶもので，形式は箇所指摘と選択肢からの選別とがある。指定の一文を数カ所の空所のうちどこに補充するかを選ぶ欠文挿入箇所は，指示語・接続語・前後の部分の同一語句などに着目し，既述の内容から導かれる筆者の論旨を理解して補充する問題となっている。文整序にも注意しておきたい。

古文：具体的な内容（状況・心情・人物関係など）を補足しての口語訳，内容説明，会話主・動作主などの人物指摘，敬語，空所補充，和歌解釈，和歌修辞，文法，文学史，古典常識など，典型的な問題が幅広く出題されている。文法は，助詞・助動詞の識別・補充，活用形などが出されている。文学史は有名な作品の成立時期に関するものが中心である。

漢文：訓点，口語訳などが中心で，そのほかに，語句・用字・句形に着目した読解など，漢文学習の基本的な問題の応用力を問う設問が出されている。2023 年度のように漢詩に関する設問が出ることもある。例年設問数は少なめだが，問題文は質・量ともに充実している。

03　難易度と時間配分

現代文は，硬質の長文評論が出題され，論旨・文脈の的確な把握力が要求される。古文は，文章読解に苦労する。漢文は，訓読に関する正確な理解が求められている。難問が交じることがあったり，紛らわしい選択肢があったりすることもあるが，設問自体はほぼ標準的なものが多い。しかし，全体的に本文読解に時間がかかることが多く，設問にたどり着くまでに苦労する。平均的な入試国語の問題よりもやや難というところである。

現代文が出題の半分以上を占めるので，集中力を切らさないよう，またできるだけ現代文に多くの時間がとれるよう時間配分を考えたい。

対策

01 現代文

〔問題文読解のために〕

文学・芸術・文化・社会科学分野の，用語・論旨の展開などの点で読みごたえがある長文の評論・随筆を読み慣れておく必要がある。新書・選書・文庫のほか，新聞の文化・学芸欄の評論もよい読解材料である。個性的・独創的な論旨・論法，表現をもつ文章に注意しよう。ここ数年話題になっているような「現代的な」テーマの文章も要注意である。それらの文章について，指示語・接続語に注意しながら正確に文脈をたどり，一般論・他者の説と筆者の説との読み分け・相互関係，同義語句・対比語句をチェックしながら論旨の要点・展開・構成をつかむなど，評論読解の基本作業を着実に積み重ねよう。速読速解にできるだけ近づくように努力する必要がある。筆者の判断が述べられているキーセンテンス，比喩表現などについては，他の部分の叙述・趣旨と結びつけながら，論拠や具体的な内容をわかりやすく説明してみる練習も効果的である。

〔解答のポイント〕

(1)　選択肢の微妙な表現の細かい差異の判別などは，マークシート用の問題集などでの演習を心がけたい。その際，単に正解を得てよしとするのではなく，正・誤それぞれの理由を本文の叙述と結びつけて自分で説明できるようにしないと，実力をつける練習とはならない。

(2)　哲学・文芸・社会科学などの基礎用語も確実に理解しておく。これらの語彙の習得は，本来日常の読書を通して行われるものだが，満遍なくというわけにはなかなかいかないので，『大学入試 現代文キーワード500』（桐原書店），『高校生のための評論文キーワード 100』（ちくま新書）などの用語集を用いて能率アップを図ろう。学校で用いている単語集があるのなら，それを十二分に活用していこう。

(3)　詩・短歌・俳句などの韻文も，代表的な作者・作品，その鑑賞文に接して，基本的な知識・読解法を習得しておくこと。

(4)　欠文挿入箇所などの問題や内容説明の記述問題を念頭において，段落ごとの要旨や，論旨展開などのメモをとるといった作業も有効である。

02 古　文

〔問題文読解のために〕

どんな文章を読んでも，できるだけ速く全体の場面・状況のイメージを把握する読解練習を積む必要がある。人物関係の絡んだもの，ストーリー性のあるもの，和歌などが含まれているものなどに注意して，頻出の設問内容・形式に適応した文章の多読・精読をしていこう。中古・中世の代表的な物語・日記などについては，特に作者を中心とした時代背景や作者自身の生涯，作品の内容など，文学史的知識を豊富に蓄えておくとよい。また，近年出題されていないが，近世の文章にも積極的に当たり，慣れておきたい。

〔解答のポイント〕

(1)　語意，慣用句，品詞の識別は，辞書・テキストの用例を暗記するくらい徹底的に学習しておく。形容詞・形容動詞については，類義語の微妙な語義・用法の差異まで理解しておきたい。学校で使っている単語集があれば，それを繰り返し学習していこう。なければ『読んで見て聞いて覚える 重要古文単語315　四訂版』（桐原書店）や『出る順に学ぶ 頻出古文単語400［改訂版］』（Z会）などが参考になる。

(2)　文法の知識は，敬語を含め広範囲にわたって押さえておこう。口語訳の選別，文脈の理解などでは，助詞・助動詞・副詞・敬語の正確な知識が応用できるかどうかに左右される場合が多い。これも，学校で使っている文法書があれば，それを繰り返し勉強していこう。なければ『必携古典文法ハンドブック』（Z会）などが参考になる。

(3)　衣食住などの生活習慣に関する知識も，場面理解のうえで助けになっている点から考えて，見逃せない必修事項である。『大学入試 知らなきゃ解けない古文常識・和歌』（教学社）などを利用して学習していこう。

(4)　和歌の演習にも注意を払いたい。過去には俳諧や一般的な和歌にさらに五字の句を挿入した和歌がみられた。このようなイレギュラーな形式が出されても慌てないように，修辞法や和歌解釈について『大学入試 知らなきゃ解けない古文常識・和歌』（教学社）などを用いて基礎をしっかり固めておく必要がある。

(5) 指示内容・人物の心情の具体的把握，接続語などの用法の読み取りの練習も怠らないようにしよう。

03 漢　文

〔問題文読解のために〕

読解力の基本を十分に養い，どのような文章が出されても応用がきくようにしておきたい。設問数が少ないので，どこを問われてもよいように万全の対策を講じておくこと。

〔解答のポイント〕

(1) 書き下し文・訓点問題は，句形・句法・用字法の習得ができていれば5割以上の得点は確保できるはず。再読文字のほか，比較・比喩・仮定・反語・倒置・使役・疑問・抑揚・感嘆など，基本的な句形・用字を軸に，しっかり学習しておこう。学校で使っている副読本があれば，それを繰り返し勉強していこう。なければ『句形演習 新・漢文の基本ノート』（日栄社）などが基本を固めていくのに役立つ。

(2) 筆者の考え，人物の心情・言動，全文の内容を問う設問については，日常の学習でも，古文読解と同様，語句の意味や表現・描写など細かい点に注意して，深い読み取りを心がけたい。漢文学習での，読む漢文の量は総じて不足しがちである。できるだけ多くの文章に当たり，句法・用字の具体的な用例に慣れるとともに，語意などの知識も増やしたい。

(3) 基本的な漢文学史についての知識も整理しておく。特に儒家・道家・法家といった思想および思想家について一通り整理し，またその文章にも親しんでおこう。学校で使っている国語便覧や世界史や倫理の教科書・資料集を利用するとよい。

(4) 漢詩が出題されたときに備えて，漢詩の形式・押韻などのルール，代表的な詩人についての知識なども整理しておこう。学校で使っている国語便覧を利用するとよい。

04 漢字・文学史・国語一般常識

漢字の書き取りは必ず出されると考えて，問題集のほか，日常の読書・新聞なども練習材料として丁寧に準備しておこう。また，同音異義語にはよく注意すること。ここ最近は出題されていないが，読みの設問が出たときに備えて，余裕があれば難読語の読み方なども確認しておきたい。学校で使用しているものがあればそれを反復練習していけば十分だが，それがなければ漢字の専門家である著者（円満字二郎）による『語彙力をつける入試漢字 2600』（筑摩書房）などがおもしろい。文学史は，上古から現代まで，事項的なものを中心に正確に整理しておくとよい。作者名・作品名は正しく表記できるようにする。1から学ぼうというのであれば，『原色新日本文学史［増補版］』（文英堂），古典の大学受験に特化するのであれば『大学入試 でるとこ古典文学史』（河合出版）などが役に立つ。そのほか，月・時刻・方位の古名，修辞，季語など，いわゆる国語一般常識とされるものについても，『大学入試 知らなきゃ解けない古文常識・和歌』（教学社）などを利用して学習しておきたい。

05 記述問題への対策

前述したように，2020 年度は現代文で記述式の説明問題が出題された。過去には古文で同様の問題が出題されている。2021 年度以降は出題されていないが，早稲田大学の他学部の動向を考えると，今後，記述式による説明問題が課されることも十分予想できる。難関校過去問シリーズ『早稲田の国語』（教学社）を利用して，早稲田大学の他学部（例えば法学部）の記述問題にも挑戦しておくとよいだろう。問題文の要約練習も効果的である。

早稲田「国語」におすすめの参考書

- ✓『大学入試 現代文キーワード 500』(桐原書店)
- ✓『高校生のための評論文キーワード 100』(ちくま新書)
- ✓『読んで見て聞いて覚える 重要古文単語 315 四訂版』(桐原書店)
- ✓『出る順に学ぶ 頻出古文単語 400［改訂版］』(Z 会)
- ✓『必携 古典文法ハンドブック』(Z 会)
- ✓『大学入試 知らなきゃ解けない古文常識・和歌』(教学社)
- ✓『句形演習 新・漢文の基本ノート』(日栄社)
- ✓『語彙力をつける 入試漢字 2600』(筑摩書房)
- ✓『原色 新日本文学史［増補版］』(文英堂)
- ✓『大学入試 でるとこ古典文学史』(河合出版)
- ✓『早稲田の国語』(教学社)

2024
年度

解答編

一般選抜・一般選抜（英語４技能テスト利用方式）・一般選抜（共通テスト利用方式）

解答編

英語

I 解答 **(A) 1**―(b)　**2**―(d)　**3**―(b)　**4**―(c)　**5**―(c)　**6**―(a)　**7**―(c)

(B) 8―(a)　**9**―(a)　**10**―(b)　**11**―(d)　**12**―(c)　**13**―(c)　**14**―(c)

全訳

(A)《スポーツの持つ影響力》

1　スポーツとは，単に誰が試合に勝つか負けるかに関するものではない。試合の場で起こる出来事は，実際の身体的なスポーツ体験の限界を構成するかもしれないが，スポーツが持つ影響ははるかに広範囲で感じられるものである。例えば，1950年，ブラジルはその年のサッカーワールドカップの開催国であり，優勝の本命であった。彼らは決勝でウルグアイと20万人のサポーターの前で対戦した。ウルグアイは残り11分で勝ち越しゴールを決め，２対１で勝利し，ホームの観客を呆然とさせた。ブラジル人が受けた敗北の衝撃を説明しようとするにあたり，作家のネルソン＝ロドリゲスは「どんな国にも取り返しのつかない大惨事があり，それはヒロシマのようなものだ。我々にとっての大惨事，我々のヒロシマは，1950年にウルグアイに敗北したことであった」と述べた。この例えは，ブラジル人のプライドに対する心理的影響を捉えようとするものであるが，人的被害という観点から見れば馬鹿げている。ロドリゲスは，無神経ではあるが，以下のようなことを主張しようとしていた。すなわち，これらの機会においてスポーツが人々の生活に深く影響を与え，国民意識のもろさを露呈させる可能性がある，ということだ。

[2] 学童，観客，選手，あるいは単にメディアの消費者として，我々は皆毎日スポーツに触れている。現代スポーツの起源にうたわれた倫理的価値，現代のスポーツ団体とメディアによるフェアプレーとスポーツマンシップの絶え間ない美化を考えると，我々がプレーし，観戦する試合は「よい」ものであるとされている。しかし，スポーツは常に暗い側面を持っている。社会に見られる多くの悪は，歴史的にスポーツの中やその周辺で現れ，そしてメディアの注目を考慮しながら拡大してきたのである。

(B) 《ローマ人視点から見たゲルマニアの部族》

[1] ローマの歴史家タキトゥス（西暦 56 年～117 年）は，「ゲルマニアとその部族」と題されたエッセイで，北方のローマの敵について綿密な描写を残している。ローマ人が北の隣人をどのように見ていたかを示す優れた指標として，このエッセイはゲルマニアの蛮族をある種の高貴な野蛮人として描いた――戦いにおいては勇敢だが生活における上等な文物に関してはまったく評価せず，宗教的な習慣を持ってはいるが高度な思考はできず，汚くて臭いが親切で誠実な部族，というように。

[2] 現代の歴史家は，野蛮人に関するローマ人の見方を「歴史を持っていたのではなく，単に自然史の流れの一部として存在しただけの」人々であると表現した。つまり，「文明化された」ギリシャ人やローマ人とは異なり，いわばサルや類人猿とまったく同じように，野蛮人は歴史を作ったのではなく，歴史が彼らにたまたま生じたということだ。こうした野蛮人に関する描写は，2,000 年以上にわたって概ね変わらないままであった。

[3] 長きにわたってゲルマニアの野蛮人についてなされてきたもう一つの誤りは，野蛮人は皆同じであるという仮定に基づいて，すべての部族を一括りにする傾向があったことである。タキトゥスとその同年代の人々も，さらに言えば我々現代人も，北欧の部族が実際には多くの類似点を持ちながらも，宗教的行為，社会的慣習，葬儀，政治的慣行の点で一定の違いを維持していたにもかかわらず，野蛮人のことを単独の集団であると語る傾向があるのだ。

[4] 民族移動時代（西暦 300 年～700 年）の直前およびその期間中，この時期は北方部族がローマ帝国の内外に侵入していく真っただ中の時期を示しているが，部族間の分裂はさらに鮮明になった。様々な部族がローマ帝国に対して異なる目標を持っていたが，ゴート族はローマ人との和平の実現

と帝国への受け入れを強く望んだという点で，他の部族より突出していたのである。

解説

(A)　**1．** 空所直後にある「実際の身体的なスポーツ体験の限界」が目的語になる動詞を考えると，(b)の constitute「～を構成する」が正解。後の the impact of sport is felt far wider「スポーツの影響ははるかに広く感じられる」という表現と対句的な表現を完成させる。(a)の「～に帰する」，(c)の「～を分配する」，(d)の「～を汚染する」はいずれも文意に合わない。

2． 空所直後の the home crowd は，ワールドカップの開催国であるブラジルの観衆であると考えられる。優勝候補であった自国のチームをウルグアイのチームが試合時間残りわずかな時点で決勝ゴールを決めることで彼らをどうしたかを考えれば，(d)の stun「驚愕させる」が正解。stun *A* into silence で「*A* を（驚きで）呆然とさせる」の意となる。(a)の「～を落ち着かせる」，(b)の「～を応援する」，(c)の「降り注ぐ」はいずれも文意に合わない。

3． 空所直後に注目。作家のネルソン＝ロドリゲスが「ブラジル人が受けた敗北の衝撃」をどうしようとしたかを考える。noted 以下で述べられている内容は，敗北の衝撃を広島の原爆に喩えて述べたもの。(b)の explain「説明する」がもっとも文脈に合う。(a)の「～を評価する」，(c)の「～を解決する」，(d)の「～を転送する」は文意に合わない。

4． 空所前方の文にある「ヒロシマ」は irredeemable catastrophe「取り返しのつかない大惨事」の比喩として引用されている。しかし，広島の原爆投下は多数の死者が出た大惨事であり，一方のブラジルの敗北はそのようなものではない。したがって，「人的被害の観点からは」サッカーの試合での敗北と戦争は比べものにならないと考え，(c)の ridiculous「馬鹿げている」を選ぶのが正解である。(a)の「完全な」，(b)の「固定された」，(d)の「できない」は文意に合わない。

5． 空所前にある sport が主語であると考えると，「スポーツが人々の生活に影響を与えうる」とあるので，副詞としては(c)の profoundly「深く」がもっとも適切である。ワールドカップでの敗北がブラジル人に与えた心理的衝撃について，その程度が甚だしいものであったことをブラジル人作家による著述などを引き合いに出して説明する流れからも(c)と決まる。(a)

の「ほとんど～ない」，(b)の「勇敢に」，(d)の「賢く」はいずれも不適。

6. 空所を含む文の後半 the games we … be ‘good’ things「我々が興じ鑑賞する試合は『よい』ものだと思われている」という節に対し，空所を含む節の内容が前提として機能していることがわかる。(a)の Given は，文頭に Given＋名詞の形で用いることで「～を考慮に入れると」の意となり，これが正解である。(b)～(d)の過去分詞はいずれも文意に合わない。

7. 空所直後の have been magnified の主語は最終段最終文冒頭の Many of the ills apparent in society であり，「社会に見られる多くの悪が拡大してきた」の意となる。カンマで区切られた considering the media … の箇所は，挿入句であり，社会に見られる悪の拡大に対するメディアの影響に言及するもの。空欄には(c)の focus「焦点，注目」を入れ，「メディアの注目を考えながら」とするのがもっとも適当である。(a)の「社会」，(b)の「分配，配布」，(d)の「観測所，天文台」はいずれも文意に合わない。

(B)　**8.** 空所直前の but に注目する。その前に「宗教的な習慣を持つ」とあるので，その対比となるよう(a)の incapable を入れ，「より高度な思考はできない」とするのが正解。incapable of ～ で「～ができない」の意となる。当該箇所は noble savage「高貴な野蛮」という撞着語法表現を受けて，その内容を具体的に説明するもの。「～はできるが…はできない」という対句的な表現が列挙されていることを理解する。(b)の「実際に」，(d)の「独創的な」は空所直後の of とつながらない。(c) instead of ～ は「～の代わりに」の意となり，文意に合わない。

9. 文脈から，空所直後にある「『歴史を持っていたのではなく，単に自然史の流れの一部として存在しただけの』人々」は，空所直前の barbarian「野蛮人」の説明であると考えられる。したがって，(a)の as を入れるのが正解。それ以外の前置詞では文意に合わない。

10. 空所の前に「野蛮人が歴史を作ったのではない」とあるのがヒント。「歴史が彼ら（野蛮人）に」どうしたのかを考え，(b)の happened「起こった，偶然に生じた」を選ぶのがもっとも適当である。(a)の「～に近づく」，(c)の「～を導く」，(d)の「～を購読する」は文意に合わない。

11. 空所直後の that は同格を表す。that 以下の「野蛮人は皆同じだ」という内容は，on という前置詞から，to group all tribes together「すべての部族を一括りにする」という判断の前提となっていると推察できる。(d)

の assumption を選び，「野蛮人はすべて同じであったという仮定」とするのが正解である。(a)の「アクセント」，(b)の「議題」，(c)の「発表」は文意に合わない。

12. 空所 11 を含む文で述べられているように，「野蛮人はすべて同じであった」という仮定に基づき，タキトゥスたちが野蛮人たちをどのような集団であると言っていたのかを考えるとよい。(c)の single を入れ，「単独の集団」とするのが正解。(a)の「同じ」，(b)の「２番目の」は文意に合わない。(d)は「唯一の」の意であるが，空所後に northern European tribes とあるように複数の部族に言及しているため，「唯一の集団」と捉えるのは不自然である。

13. 空所後の文に「様々な部族がローマ帝国に対して異なる目標を持っていた」とあることから，(c)の sharper を入れて「部族間の分裂はさらに鮮明になった」とするのが適当。(a)の「明るく」，(b)の「速く」，(d)の「賢く」は文意に合わない。

14. 空所前に the Goths「ゴート族」という具体的な部族名が出ているのがヒント。様々な部族がある中でゴート族の説明を行っていることから，(c)の rest「残り」を入れ「ゴート族は他の部族より突出していた」とするのが正解。(a)の「客」，(b)の「巣」，(d)の「西」は文意に合わない。rest を「休息」と思い込んでしまうと答えが出ないので注意すること。

語句・構文

(A)　(第１段) not simply「単に～というだけではない」 the host nation「開催国」 hot favourite「(大会の) 本命」 irredeemable「取り返しのつかない」 catastrophe「大惨事」 in terms of～「～の点から言えば」 the human cost「犠牲者，人的損失」 make the point「主張する」 that 以下は make the point の目的語となる that 節。in moments such as these が意味のまとまりであり，「このような機会において」の意。these はブラジルがワールドカップ決勝でウルグアイに敗れたことや，それがブラジル国民に与えた心理的影響を指す。expose「～を露呈する」 frailty「脆さ，弱さ」

(第２段) spectator「観客」 ethical「倫理的な」 enshrine「祭る，述べる」 constant「一定の，変わらない」 valorization「価値設定」 contemporary「現代の」 be supposed to be～「～ということになっている」 apparent

in ～「～によく表れている」 manifest「現れる」 magnify「拡大する」
(B) **(第1段)** tribe「部族」 painstaking「念入りな」 indicator「指標」 portray「～を描く」 barbarian「野蛮人」 a sort of～「一種の～」 savage「野蛮人」 unappreciative「評価しない」 the finer things in life は通常「贅沢」などと訳すが，ここでは美術や文学などの文物を指す。ゲルマン人がギリシャ人やローマ人と比べ，文化的に遅れていたことを意味している。hospitable「もてなしのよい」
(第2段) That is,「つまり」 as it does to は it が history，does が happens を指す。to の後には them が省略されている。say,「例えば」 depiction「描写」 intact「無傷の，失われていない」 for more than two millennia「2,000年以上も」

(第3段) contemporary「同年代の人」 by extension「ひいては，さらに言えば」 speak of *A* as *B*「*A* のことを *B* だと言う」 when は譲歩を表し，「～しているにもかかわらず」の意。burial「埋葬，土葬」 rite「儀式」

(第4段) prior to～「～に先だって」 the height of～「～の真っただ中」 incursion「侵入」 regarding「～に関して」 stand out from～「～より突出している」 attain「～を達成する」

II　解答

(A) **15**—(d)　**16**—(b)
(B) **17**—(c)　**18**—(c)　**19**—(d)
(C) **20**—(b)　**21**—(a)　**22**—(b)　**23**—(d)　**24**—(a)

全訳

(A)　《水中哺乳類の半球睡眠》

[1]　一部の哺乳類（クジラ，イルカ，アシカ，オットセイ）は，脳の片方の半球が休眠し，もう片半球が覚醒した状態で眠っている。これは片半球性徐波睡眠（USWS）と呼ばれ，人間や他の哺乳類が示す両半球性徐波睡眠（BSWS）とは対照的である。クジラとイルカは USWS しか示さない。北方に生息するアシカとオットセイは，水棲と陸棲の動物だ。これらの動物は水中ではクジラと同様に USWS を行うが，陸上では USWS と BSWS の両方を行う。クジラが人間のように急速眼球運動（REM）睡眠を行うかどうかは不明であるが，アシカとオットセイは陸上で REM 睡眠を行い，

それはUSWSとBSWSの両方で常に発生していることがわかっている。一部の鳥類もUSWSを行っているが，USWSに関連する神経化学物質はアシカでしか測定されていない。USWSの進化的基盤は不明である。片半球性睡眠の発見が睡眠研究にとって恩恵であるのは，それが睡眠覚醒調節の神経回路モデルを実験的に分析するまたとない機会を与えてくれるからである。

(B)　《ジョン＝デューイの伝記》

1　すべての伝記は，その対象を解釈したものである。最高の伝記作家は，物語が提供できるあらゆる表現手段を駆使して説明を構成する。彼らはある人物の生涯における事実を的確に提示することに関心を持っているが，それ以上に重要なのは，その対象の生涯に本をできる限り近づけられるように，形式，表現方法，考え方，視点を考案することにも関心を持っている。それが十分に行われれば，その本はまさにそれが描写している男性または女性に近づいたものになれるのだ。

2　伝記作家はその生涯の第2の著者，あるいはその編集者である。ジョン＝デューイの伝記は，その著者がデューイを彼が生きた通りに，またどのように生きたのかを説明するよう強く求める。デューイの人生を主に占めていたものは思考であったため，彼の伝記作家はデューイの思考について書くだけでなく，デューイとともに思考の過程にまで向き合い，調べなければならないのだ。デューイが思考する人生に入っていった入り口は，彼の感情を通じてであった。彼は思考する機械ではなく，精力的な考える人間であった。彼を描く伝記作家は，自身の語りの中で，デューイの強い感情からなる活動の連続を伝えて初めてうまくいくのである。

3　デューイは一人の人物であった。しかし，彼は自身の内なる能力と彼の生きた時代と場所が持つ可能性の両方によって提供されるチャンスを得られるよう，多くの顔を用意していた。哲学者にとっては，彼は非常に博学で専門内容に優れた哲学者であった。その分野の専門家であろうと悩める親であろうと，教育問題に関わる人々にとっては，彼は新しい学習に関する一流の提唱者であった。市民にとっては，彼は自由主義の理念を掲げた強力な論客であると同時に，アメリカの政治，公共事業，公共政策の熾烈な争いにおける調停者であり，当事者であった。デューイは何ら苦労することなく，これらのあらゆる役割から他の役割へと移行したのである。

(C)《美的かつ個人的な領域：日記について，そしてなぜ我々は作家を価値があると考えるのか》

1　私が8歳の時，母は鍵付きの日記を私に与えた。私はそれをとても大切にした。この美しく作られたノートが外国からの輸入品ではなくトルコ製であったということは，それ自体興味深いことだ。何しろ，歴史家たちが時々好んで私たちに思い出させてくれるように，イスラム世界では日記をつける習慣がないからである。この問題に多くの注意を払う人は他に誰もいない。ヨーロッパ中心主義の歴史家はこのことを欠点とみなしており，個人的な領域が縮小されていることを表し，社会的圧力が個人の表現を抑圧しているのだと言っている。

2　しかし，いくつかの出版された注釈付き文章が示しているように，日記は西洋の影響を受けていないイスラム世界の多くで使用されていた可能性が高い。その著者たちは，これらの日記を記憶の一助として保持していたのだろう。彼らは後世の人々に向けて書いていたわけではないだろう。日記に注釈をつけたり出版したりする伝統がなかったため，ほとんどの日記は後に意図的にまたは偶然に破棄されてしまったのだろう。出版するために日記をつけるという考えは，ある種の自己意識を巧みに用いることと疑似的なプライバシーを示唆している。一方で，それは個人的な領域の概念を広げ，その結果として作家と出版社の力を拡大する。アンドレ＝ジッドは，この慣行が提供する可能性を最初に利用した人物の一人であった。

3　1947年，ジッドはノーベル文学賞を受賞した。この決定は意外な結果ではなかった。78歳のジッドは，フランスがまだ世界文学の中心とみなされていた時代に，存命中のもっとも偉大なフランス人作家としてもてはやされ，名声の絶頂にいたからである。

4　ジッドの有名な『日記』は，彼がエッセイストの奔放さをもってすべての思考を注ぎ込んだものであり，それによって私たちは彼の孤独な世界へと簡単に入り込み，彼の恐れや疑念，とりとめのない思考を共有することができる。彼のもっとも私的かつ個人的な思考を記録したこれらのメモをジッドは彼の出版社に渡し，その記録は彼がまだ生きている間に出版された。それは現代でもっとも有名な日記ではないかもしれないが，もっとも高く評価されている。その最初の巻には，彼がバルカン戦争後の1914年に訪れたトルコについての，怒りと嘲笑と侮辱に満ちた意見が含まれている。

5　ジッドがバルカン戦争後に訪れたイスタンブールとトルコへの旅行に関する説明，そしてトルコ人への嫌悪を，全世代のトルコ人作家がジッドに対して抱いている賞賛と矛盾するものであるとみなす必要はあるのだろうか？　私たちは彼らの言葉，彼らの価値観，そして彼らの文学的力量ゆえに作家を賞賛するのであって，私たち自身や私たちの国，あるいは私たちが暮らしている文化を彼らが認めてくれているから称賛するのではないのだ。ドストエフスキーは，新聞に連載された『作家の日記』で，彼が初めてのフランス旅行で目にしたものを記述している。彼はフランス人の偽善について延々と語り，彼らの崇高な価値がお金によって侵食されていると主張した。しかし，これらの言葉を読んだ後でも，ジッドはドストエフスキーを賞賛することも彼に関する輝かしい本を書くことも阻まれることはなかった。狭い愛国心に引きこもるのを拒むことで，私のお気に入りのトルコ人作家たち（彼らもまたフランス嫌いのドストエフスキーの崇拝者であった）は，私が世界文学共和国の人間の姿勢と呼ぶものを示したのである。

解説

(A)　**15.**「本文によると，USWS とは…」

(a)「一部の哺乳類の睡眠方法を模倣することで睡眠の質を改善する方法である」

(b)「睡眠波が遅い時に，一部の哺乳類において生じる睡眠覚醒サイクルの一部である」

(c)「一部の哺乳類で見られる神経化学物質によって引き起こされる睡眠障害である」

(d)「脳の半分が覚醒している状態で一部の哺乳類が眠る方法である」

第 1 文（Some mammals …）に「一部の哺乳類は，脳の片半球が睡眠中の間にもう片半球が覚醒した状態で眠っている」とあり，続く第 2 文（This is referred …）に「これは片半球性徐波睡眠（USWS）と呼ばれる」とあるので，(d)が正解である。他の選択肢はいずれも本文内容に不一致。

16.「本文によると，…」

(a)「人間は一晩中 USWS と BSWS を交互に繰り返す」

(b)「USWSを示す哺乳類は海やその周辺に生息する傾向がある」

(c)「科学者はクジラやイルカのUSWSのメカニズムを完全に明らかにしている」

(d)「アシカの近縁種と考えられる鳥にもUSWSが見られる」

第3文（Whales and dolphins show …），第5文（While in water …）に「クジラとイルカはUSWSのみを示す」「北方に生息するアシカとオットセイは水中ではクジラと同様にUSWSを行う」とあることから，(b)が正解。他の選択肢はいずれも本文内容に不一致。

(B)　17.「本文によると，伝記は…が重要であると筆者は強く思っている」

(a)「その対象に関する文書化された事実に限定されること」

(b)「その対象に関する事実をより広い聴衆に伝えることに焦点をあてること」

(c)「表現方法と感情にその対象の人生と視点を反映させること」

(d)「伝記作家の忠実な表現として機能すること」

第1段第3文（They are concerned …）に「さらに重要なこととして，その対象の生涯に本ができる限り近づける形式，表現方法，考え方，視点を考案すること」とあるので，(c)が正解。(a)・(b)は本文で言及されていない。(d)は伝記が伝記作家自身を表現するものとなるため不適。

18.「本文によると，デューイの伝記作家は…べきである」

(a)「デューイの生涯と行動を客観的に反映する」

(b)「デューイが説いたように生きるよう努める」

(c)「デューイの感情的な性格に共感する」

(d)「デューイがそうしたように，情熱を持たずに考える」

第2段最終文（His biographer can succeed …）に「彼の伝記作家は，自分もデューイの強い感情からなる活動の連続を彼自身の物語の中で伝えて初めてうまくいく」とあるので，(c)が正解。(b)に注意すること。第2段第2文（A biography of John Dewey …）にあるように，伝記作家に求められるのは「デューイを彼が生きた通りに説明し，そして彼がどのように生きたのかを説明する」ことであり，伝記作家本人がデューイのように生きるべきだとは書かれていない。

19.「本文によると，ジョン＝デューイは…」

(a)「教育者であるというよりも優れた哲学者であった」

(b)「才能があり，二面性のある人物であった」
(c)「政治に無関心であった」
(d)「生活の複数の分野に精通していた」

最終段第3～5文（For philosophers, ～ for liberal causes.）にかけて，デューイが持つ複数の立場について説明されている。その内容は哲学・教育・政治と多岐にわたっていることから，(d)が正解。(a)は教育者と哲学者を比較しているわけではないため不適。(b)は「二面性」については本文に書かれていないため不適。(c)は第5文（For the citizenry, …）に「アメリカの政治における当事者であった」とあることから不適。

(C)　20.「作者が母親から受け取った日記がトルコ製であったことが興味深いのはなぜか？」
(a)「母親は彼が作家になりたいことを知っており，常に協力的であったから」
(b)「日記を書くことは伝統的にイスラムの分野とみなされていないから」
(c)「作者は代わりのプレゼントとして小説や別の本を受け取りたかったから」
(d)「第二次世界大戦の終結後にトルコで紙不足があったから」

第1段第4文（After all, …）に「イスラム世界では日記をつける習慣がない」とあるので，(b)が正解。それ以外の選択肢は本文に書かれていない。文頭の After all は前文で述べられた内容の理由を表し，「何といっても～だから」の意となる。「結局」の意で覚えている受験生が多いと思うが，それだけだと間違うので注意すること。

21.「過去のトルコ人作家たちが日記を書くことに関心がないと考えられている理由は…」
(a)「彼らにとって日記は出来事を思い出すための道具であり，回覧するための文書ではなかったから」
(b)「多くの人が指導者に反対しており，死刑を恐れていたから」
(c)「彼らは後世のために書いており，最終的には日記が出版されると知っていたから」
(d)「彼らは自分たちの宗教的な疑念について書いており，非信者とみなされたくなかったから」

第2段第2文（Their authors would have …）に「その著者たちは，

これらの日記を記憶の一助として保持していた」とあることから，(a)が正解となる。(b)と(d)は本文に記述がないため不適。(c)は同段第３文（They would not have …）に「彼らは後世の人々に向けて書いていたわけではない」とあるため不適。

22.「最終的に出版されることを念頭に置いて日記を書く行為は，何を伴うか？」

(a)「著者にとってより多忙なスケジュールとなり，日記を書くために毎日時間を費やす必要がある」

(b)「書く時は見せかけのプライバシーであるが，いったん出版されると個人の領域が拡大される」

(c)「出版業界がフィクションよりもプライベートな記述の出版に興味を持つようになる」

(d)「自分が秘密にしている意見が知られるようになる作家になることで，政治的意識が低下する」

第２段第５・６文（The idea of keeping … writers and publishers.）に「出版するために日記をつけるという考えは，ある種の自己意識を巧みに用いて疑似的なプライバシーを作り出す」「それは個人的な領域の概念を広げる」とあることから，(b)が正解。(a)・(c)・(d)の内容はいずれも本文に書かれていないため不適。

23.「著者は…ということを示すために，ジッドの『日記』に関連してドストエフスキーを取り上げている」

(a)「ドストエフスキーの『作家の日記』は，ジッドの『日記』よりも完全なフランスのイメージを提供している」

(b)「ジッドは重要な小説家ではなかったので，彼のトルコに関する意見は重要ではなかった」

(c)「ロシアの文化は西洋の文化とは別であり，それを批評する独自の能力がある」

(d)「私たちは著者の個人的な嫌悪や偏見と関係なく，著者の作品を評価できる」

最終段第２文（We admire writers …）に「私たちは彼らの言葉，彼らの価値観，そして彼らの文学的力量ゆえに作家を賞賛する」とあり，ドストエフスキーに関する記述はその具体例だと考えればよい。同段第３文

(In his *Diary of a Writer,* …) を見ると,「彼はフランス人の偽善について延々と語った」「彼らの崇高な価値がお金によって侵食されていると主張した」とあるため,ドストエフスキーはフランスに対して否定的な意識を持っていたことが読み取れる。一方で続く第 4 文 (But having read …) には「ジッドはドストエフスキーを賞賛することも彼に関する輝かしい本を書くことも阻まれることはなかった」とある。これらの内容から,ドストエフスキーが持っていたフランスに対する批判意識とは関係なく,ジッドはドストエフスキーを称賛していたことがわかる。以上の内容から,(d)が正解であると判断できる。他の選択肢はいずれも本文中に記述がない。

24.「上記の文章にとってよい表題はどれか?」

(a)「美的かつ個人的な領域:日記について,そしてなぜ我々は作家を価値があると考えるのか」

(b)「ドストエフスキー対ジッド:現地文化を称える旅行」

(c)「喪失と発見:イスラム世界の日記」

(d)「許すことも忘れることもない:賞賛された作家の問題意見」

本文で書かれているのは,本来個人的な内容であるはずの日記が出版を通じて個人の領域を超え,作家の評価とともに広く社会に影響を与えるものとなりうるということである。この内容に最適な表題としては,(a)が正解。(b)〜(d)はいずれも本文内容の一部にしか言及しておらず,文章全体の表題としては不適である。

語句・構文

(A) mammal「哺乳類」 fur seal「アシカ」 sea lion「オットセイ」 hemisphere「半球」 referred to as ～「～と呼ばれている」 unihemispheric slow-wave sleep (USWS)「片半球性徐波睡眠」 contrast with ～「～とは対照的である」 bihemispheric slow-wave sleep (BSWS)「両半球性徐波睡眠」 aquatic「水生の」 terrestrial「陸生の」 rapid eye movement (REM) sleep「急速眼球運動(レム)睡眠」 whereas「～である一方で」 bilateral「両面がある,両側性の」 neurochemical「神経化学物質」 boon「恩恵」 empirically「実験的に,経験的に」 neural circuit model「神経回路モデル」 regulation「制御,調節」

(B) **(第 1 段)** biography「伝記」 biographer「伝記作家」 account「話,説明」 make use of ～「～を利用する」 narrative「物語」 judicious「公

正な」 devise「～を考案する」 form「形式」 style「表現」 attitude「考え方」 perspective「視点」 come to paralleling～「～に匹敵する，～に類似する」

(第2段) as and how he lived は as he lived and how he lived であり，「彼が生きてきた通りに，そして彼がどのように生きたか」の意。occupation「職業」 inquire「調べる」 not *A* but *B*「*A* ではなく *B*」 vibrant「活気のある」 only if～「～する場合に限り，～して初めて」 continuous「連続した」

(第3段) immensely「非常に」 learned は動詞ではなく「博学な，教養のある」の意を持つ形容詞。immensely から brilliant までが直前の名詞 philosopher を後置修飾している。engaged with～「～に従事する，～に関わる」 whether *A* or *B*「*A* であろうと *B* であろうと」 anguished「苦悩に満ちた」 exponent「提唱者」 citizenry「市民」 advocate「調停者」 combatant「参加者，当事者」 rough-and-tumble「乱闘騒ぎ」 controversialist「論客」 liberal causes「自由主義の理念」 effortlessly「苦もなく」

(C) **(第1段)** treasure「大切にする」 in and of itself「本質的に」 Eurocentric「ヨーロッパ中心主義の」 see *A* as *B*「*A* を *B* とみなす」 shortcoming「欠点」 sphere「範囲」 reflecting と suggesting は The Eurocentric historian を意味上の主語にとる分詞構文。stamp out～「～を抑圧する」

(第2段) unmarked by Western influence「西洋の影響によってマークされていない」→「影響を受けていない」 annotated「注釈付きの」 aid「助け」 posterity「後世，後世の人々」 deliberately「意図的に」 accidentally「偶然に」 artificc「巧妙さ，策略」 pseudo「偽物の，疑似の」 in so *doing*「そうすることで，その結果」 exploit「～を利用する」 afford「～を提供する」

(第3段) come as a surprise「意外な結果になる」 at the height of～「～の絶頂にある」 fame「名声」 hailed as～「～としてもてはやされる」

(第4段) celebrated「有名な，著名な」 allows は Gide's celebrated *Journal* を主語にとる動詞。into which から abandon までが，Gide's celebrated *Journal* を先行詞にとる継続用法の関係代名詞節として挿入されている。pour *A* into *B*「*A* を *B* に注ぎ込む」 abandon は所有格 essayist's に続くことから，名詞で「自由奔放」の意。uncertainty「不確かさ」 meandering「とりとめのない」 regarded「評価された」 derisive「嘲笑的な」 insulting「侮辱的な，無礼な」 the Balkan War「バルカン戦争」

（第 5 段） dislike「嫌悪」 as contradicting の as は，see *A* as *B*「*A* を *B* とみなす」を導く。*A* にあたる部分が Gide's account … of the Turks と長いので注意すること。contradict「矛盾する」 admiration「称賛」 prowess「優れた能力」 approve of～「～を認める」 serialize「連載する」 talk at length of～「～について延々と語る」 hypocrisy「偽善」 claiming は he を意味上の主語にとる分詞構文。sublime「崇高な」 erode「侵食する」 prevented from *doing*「～することを阻まれる」 retreat into～「～に引きこもる」 patriotism「愛国心」 admirer「崇拝者」

Ⅲ 解答

25―(e)　**26**―(b)　**27**―(h)　**28**―(a)　**29**―(g)　**30**―(d)　**31**―(f)

全訳

《多言語主義の歴史》

1　多言語主義は，今も昔も大部分の人々にとって当たり前の社会生活の一部である。現代の多言語話者は，一つの言語が複数の言語よりも有益だと信じる人々を驚きの目で見る。彼らは，一つの言語だけで生きるような非常に孤立した存在をほとんど想像できないし，単一言語話者が，程度の差はあれ自分たち自身と同じような人と話すことで満足できているということもほとんど信じないのだ。

2　英語は（これまでもそうであったが）数多くある言語の中の一つである。英語圏コミュニティ内における他言語への熱意の浮き沈みは，英語の歴史にとって深い文化的重要性を持つ物語だ。しかし，重要なのは言語的分断の両方の立場である。イギリスでは，「海外」は時に忌むべきものであり，時には恐ろしいものとみなされてきた――オックスフォード英語辞典に引用された 19 世紀のある小説家は「例の野蛮な海外」と書いている。しか

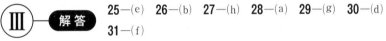

し，不信感と疑念は英語話者だけの専有物ではない。英語は，それを母語として習得しなかった人々によってそう見られているように，驚くほど多様な表現で特徴づけられている。「重要でない」「侵略的」「力を与える」「破壊的」などが，英語を説明するために使われた言葉の中にあるのだ。

③　過去には，２つ以上の言語を有することが社会的価値を高めた。例えば聖書には，イエスの弟子が突然エルサレムを訪れる多くの人々（とエルサレム住民）の言語を流暢に話せるようになったという，紀元１世紀に起こった言語の奇跡が語られている。それには15言語以上が関わっていた。驚きなのは，奇跡的に流暢になった人々の話が明瞭であったことであり，それはその多言語都市では普通であったたどたどしい近似言語やピジン接触言語よりも明らかに改良されたものであったことである。この話が歴史的というよりは比喩的なものであるとみなされたとしても，それは言語の多様性がまったく当たり前である文化を想定していることになる。11世紀，ハンガリー国王イシュトヴァーンが彼の後継者に助言したように，「外国人や賓客の有用性は非常に大きいため，彼らは王室の装飾品の中で６番目に重要な位置を与えられうる。」 さらに彼は「言語と慣習が単一化された国は脆く弱い」と付け加えた。イシュトヴァーン王の視点は，英語が西ゲルマン地方における複数の方言の中で独自の言語として現れた時代の政治思想では一般的であったようだ。ベーダは，『イングランド教会史』の冒頭で，８世紀ブリテン地方の言語の豊かさを述べ，５つの言語が使用されているという事実を称賛した。つい最近まで，言語は多ければ多いほどいいというのが通説であった。

④　旧来型の言語史は，しばしば「国」語を，あたかもそれがある種のダーウィン的な淘汰過程による単一の（そして成功を収めた）結果であるかのように見ようと努めてきた。このような見方は，国家的「標準」の不可避的な台頭によって一掃され受け継がれた範囲を除いて，言語の豊かさや多様性を無視するものだ。最近では，それに代わる手法としてコミュニティの「生態」への取り組みが，過去の時代や場所に生きたすべての人々が行っていた言語生活の事実を記述することの価値を明らかにしている。２つ（あるいはそれ以上）の言語間で生活している人々は，お互いに「適応」し，そこから新しい言語アイデンティティを生み出す。21世紀の社会も，以前の時代の社会とそれほど変わりはない。マンチェスターやマイアミ，

ケープタウンやキャンベラでは多くの言語が用いられているが，同様の状況が中世のコルチェスターやルネサンス期のカーディフのようなはるかに小さな共同社会でも優に見られる。これらの共同体のすべてにおいて，言語（および方言）間の積極的な相互作用が新しい表現形式を生み出した。過去は現在と類似することが多いと認識するには，我々はこの融和の過程を証だてるものを過去に遡って探す必要があるのだ。

5　文字による記録が一般的になる前，ブリテン諸島の初期の歴史において，言語間でいったいどのようなバランスがとられていたのかを見極めるのは難しい。地名は，しばしば生じた言語の階層化の様相を今でも証明してくれる。例えば，ロンドンはその歴史を英語からラテン語の「ロンドニウム」に遡り，さらにそれ自体もケルト人の個人名または部族名であった「ロンディノス」に立脚しているとされている。複雑な多言語主義が，アングロサクソンのイングランドで普及していたのだ。古英語ではすでに，2つの言語間に立つ翻訳者の重要な社会的役割を表すものとして，wealhstod という単語があった。中英語でも，多言語主義は依然としてブリテンの言語使用に関する重大な事実であった（ただし，ノルマン征服の後，そのような多言語主義を形作る個々の言語の構成は決定的に変わったのである）。

解説

25. 空所直後の第1段第3文（They can hardly imagine …）に「彼らは一つの言語だけで生きるような非常に孤立した存在をほとんど想像できない」とあるので，「現代の多言語話者は一つの言語が複数の言語よりも有益だと信じる人々を驚きの目で見る」と述べている(e)が正解。

26. 第2段第5文（Mistrust and suspicion …）に「不信感と疑念は英語話者だけの専有物ではない」とあることから，続く内容には英語話者以外の状況が語られるはずである。したがって，「英語を母語として習得しなかった人々」に言及している(b)が正解。

27. 第3段第1文（In the past, …）に「過去には2つ以上の言語を有することが社会的価値を高めた」とあり，空所に続く第3文（This involved …）に「それには15言語以上が関わっていた」とあることから，空所には複数の言語を話せる事例を入れるのが適当である。「イエスの弟子が突然エルサレムを訪れる多くの人々（とエルサレム住民）の言語を流暢に話せるようになった」という内容が述べられている(h)が正解。

28. 空所直後の第3段第7文（Moreover, he added …）の he に注目する。「彼は『言語と慣習が単一化された国は脆く弱い』と付け加えた」とあることから，空所の記述には何らかの発言を伴う男性が登場するはずである。また，続く第8文（Stephen's view …）に Stephen's view とあることから，「ハンガリー国王イシュトヴァーン」という人物が出てくる(a)が正解。

29. 空所直後の第4段第2文（This view ignores …）の This が何を指すかを考える。「この視点は言語の豊かさや言語の多様性を無視している」とあることから，言語の多様性と対立する内容が書かれているものを選ぶ。「あたかもそれが何らかのダーウィン淘汰の過程の単一（そして成功を収めた）結果であるかのように」と述べられている(g)が正解。

30. 第4段第5文（Twenty-first-century society …）に「21世紀の社会も，以前の時代の社会とそれほど変わりはない」とあり，続く第6文（The many languages …）では現在と過去の具体的な都市名を挙げ，言語の多様性の類似点について説明している。これらの内容のまとめとして，「過去は現在と類似することが多いと認識することで，我々はこの適応過程の証拠を過去に遡って探す必要がある」という，過去と現在の比較の観点が提示されている(d)が正解。

31. 空所直後の最終段第6文（In Middle English too, …）がヒント。「中英語でも」とあることから，Old English「古英語」に言及している(f)が正解となる。また，同段第4文（Complex multilingualism …）で「複雑な多言語主義が，アングロサクソンのイングランドで普及していた」とあるので，多言語主義的状況が実際に存在していたことを証だてる根拠を，歴史を追って提示するという流れを押さえる。

語句・構文

(第1段) multilingualism「多言語主義」 isolated「孤立した」 existence「存在」 monolingual「単一言語話者」 identical「同じ，同一の」 more or less「程度の差はあれ」

(第2段) ebb and flow「干満，浮き沈み」 enthusiasm「熱意」 anglophone「英語圏の」 profound「深い」 both sides「(対立する) 両方の立場」 linguistic divide「言語的分断」 repugnant「不快な，忌まわしい」 quote「～を引用する」 mistrust「不信感」 suspicion「疑念」 exclusive「独

占的な」 property「所有物」 a mother tongue「母国語」 characterize「～を特徴づける」 astonishing「驚くべき」 invasive「侵略的な」

（第 3 段） heightened「増大した」 accrue「生じる」 possession「所有」 involve「～に関わる」 no fewer than～「～以上」 clarity「明瞭さ」 miraculously「奇跡的に」 startling「驚くべき」 halting「たどたどしい」 approximation「近似，類似」 pidgin「ピジン言語」 metaphorical「比喩的な」 presume「～と推定する，～と想定する」 Stephen of Hungary「ハンガリー国王イシュトヴァーン」 counsel「助言する」 successor「後継者」 utility「有用性」 royal「王室の」 ornament「装飾品」 unify「～を統一する，～を単一化する」 fragile「壊れやすい」 commonplace「ありふれたこと」 emerge「現れる」 distinct「独特の」 cluster「群れ，集団」 dialect「方言」 that は the fact との同格関係を表す。prevailing「優勢な，支配的な」

（第 4 段） old-fashioned「古風な，時代遅れの」 endeavour「努める」 triumphant「勝利・成功を収めた」 Darwinian「ダーウィンの」 Darwinian process of selection は「生物は自然選択によって進化してきた」というダーウィンの進化論を引き合いに出すことで，言語も自然選択の中で変化してきたことを説明している。abundance「多数」 insofar as～「～する限りにおいて」 sweep up～「～を引き入れる，～を取り込む」 carry forward「進展させる，繰り越す」 inevitable「避けられない」 rise「台頭」 approach「取り組み」 ecology「生態」 demonstrate「～を明らかにする」 interface「境界」 People at the interface of two (or more) languages は「複数の言語間で生活している人々」の意。accommodate「適応する」 settlement「定住地，共同社会」 medieval「中世の」 renaissance「ルネサンス」 dynamic「動的な」 interaction「相互作用」 backwards「後ろに」

（第 5 段） discern「識別する，見分ける」 be struck～「～がとられる」 the British Isles「ブリテン諸島」 attest「～が正しいと証明する」 layering「階層化」 trace「～をたどる」 be supposed to～「～するとされている」 be based on～「～に基づく」 prevalent「広く行き渡った」 component「構成要素」 decisively「決定的に」

Ⅳ 解答

32―(j) **33**―(m) **34**―(k) **35**―(l) **36**―(g) **37**―(h) **38**―(a)

全訳

《男性と幽霊の会話》

男性：おやおや！　もしかしてあの世からの幽霊かい？

幽霊：いかにも。

男性：じゃあ，こんな夜更けに何してるのか話してもらおうか？

幽霊：散歩には最高の夜だと思わないかい？　君だってそれが理由でここを歩いてるんだろう？

男性：僕は存在の本質について深く考えるための，１人きりになれる静かな場所を探しているんだ。

幽霊：それなら邪魔しちゃ悪いね。僕は教会へ戻るとしよう。

男性：いや，よく考えたら君の洞察力から何か得られるかもしれないな。もうちょっと一緒にいてくれないかい？

幽霊：ご希望通りに。それで，存在のどんな面が一番疑問なんだい？

男性：運命や星々や，それが僕たちの未来に与える影響，こういう話の全部さ。

幽霊：全部無意味だね！　常に変わる偶然の状況と，自由意志の気まぐれな働きの組み合わせで未来が決まってるだけさ。それ以上でも以下でもないね。

男性：それで，僕はただそれを信じるべきなの？　それとも何か確かな証拠でもあるのかい？

幽霊：おいおい，僕は幽霊だろ？　色々なことについて超自然的な理解があるんだから。

男性：じゃあそれを証明してくれよ。

幽霊：そうだな，たまたまだけど僕は君が98歳まで生きることを知ってるんだ。選択の余地はないぜ。

男性：矛盾してるよ！　それだったらやっぱり僕が心配してた通り，運命が未来を支配してるんじゃないか。

幽霊：そうかもしれないな，結局のところは。

解説

32. 空所前で男性は「…を探している」と言っており，その目的は後方にある「存在の本質について考えるため」である。よって，空所に入る名詞としては，(j)の solitude「孤独」が正解。ここでは「1人きりで考えることのできる静かな場所」を指す。

33. 直前の幽霊の発言で，幽霊が教会に戻ろうとしたのを受けて，男性は「君の洞察力から何か得られるかもしれない」と言っている。さらに，その直後で「もう少しいてほしい」と述べていることから，男性が幽霊を引き留めようとしている文脈を作ればよい。空所には(m)を入れ，come to think of it「よく考えると」とすれば流れに合う。

34. 空所前に of fate, of destiny とあることから，「運命」と関わりの深い名詞を探す。「運命」の象徴としてよく用いられる(k)の stars「星」が正解。(c)の astrology「占星術，星占い」を選ぶ者もいるかもしれないが，この場合（一般的な話題として占星術を引き合いに出す場合）は定冠詞は不要。

35. 空所後に「それとも何か確かな証拠があるのか？」とあることから，男性は幽霊の発言を疑っていることがわかる。(l)の take your word「あなたの言葉を信じる」を入れるのが正解。

36. 空所が主語 I の直後にあることから，空所には動詞が入ることがわかる。(g)の happen を入れ，「たまたま知っている」とするのが文意に合う。

37. 空所前の「それはまさに私が恐れていたのと同じである」とコロンで続く箇所であることから，後ろはその具体的な内容が入る。幽霊が一旦は運命論を否定しながらも再び男性の寿命に関する運命論的な話題を出してきたことに対するリアクションなので，運命論について言及する内容にすればよい。(h)の presides が正解。preside over ～ は「～を主宰する，～を統括する」の意で，ここでは「運命が私たちの未来を支配している」といった文脈で用いられている。

38. 幽霊は5回目の発言で「未来は常に変わる偶然の状況と，自由意志の気まぐれな働きの組み合わせで決まる」と述べる一方，7回目の発言では「私はあなたが98歳まで生きることを知っている」「選択の余地はない」と述べている。この2つに対して，男性は最後の発言で「矛盾している」と指摘しており，幽霊も最後の発言でそれを認めている。よって，(a)の after all「結局のところ」が正解。

語句・構文

（男性の 1 回目の発言） Good heavens!「おやおや！　なんてこった！」（驚きを表す感嘆詞）

（男性の 2 回目の発言） pray tell「どうぞ話してください」

（幽霊の 2 回目の発言） stroll「散歩」

（男性の 3 回目の発言） contemplate「熟考する」

（幽霊の 3 回目の発言） get in your way「邪魔をする」 retire to～「～に引っ込む」

（男性の 4 回目の発言） insight「洞察力」

（幽霊の 4 回目の発言） puzzle「～を悩ませる」

（幽霊の 5 回目の発言） fickle「気まぐれな」 operation「働き」

（男性の 6 回目の発言） have you～？はややフォーマルな口語表現。Do you have～？の意。conclusive「確かな」

（幽霊の 6 回目の発言） possess「～を持っている」 supernatural「超自然的な」

V 解答

〈解答例 1〉（Despite some negative views about diversity, in reality）it brings people together and makes communities stronger.（4～10 語）
〈解答例 2〉（Despite some negative views about diversity, in reality）it enriches educational opportunities and achieves equality.（4～10 語）

解説

難問。設問の指示は「以下の文章を読んで，別の解答用紙にある解答欄に自分自身の言葉で英語の要約を完成させなさい。要約の書き出しは与えられており，4～10 語でそれを完成させなければならない。本文中の 3 語以上の連続した語句を使ってはいけない」となっている。文章の内容は，「多様性に対しては否定的な見解があるものの，多様性は実際には社会の一体性と強化に寄与している。高等教育における多様性への反対意見に反して，例えば白人や上流階級，男性の学生など，以前は特権を享受していたグループに実質的な不利がないことを示している。具体的にはウェズリアン大学を例にとり，多様性が学生の数を増やし，誰もが平等な機会を得ることを助ける方法を明らかにしている」というものである。与えられた書き出しが「多様性に対するいくつかの否定的な見方にもかかわらず，実際には」となっているため，多様性が社会に与えているプラスの影響について言及すればよいだろう。

〈解答例 1〉では it brings people together and makes communities stronger とし，「多様性が人々を団結させ，共同体をより強いものにする」とした。〈解答例 2〉では，本文で述べられている教育の平等という視点に注目し，it enriches educational opportunities and achieves equality「多様性は教育の機会を豊かにし，平等を達成する」とした。

与えられている文章の和訳：多様性は，時としてそれに相応しくない評価を受けることがある。ある種の人々は，この用語が単に差異を意味するに過ぎず，したがって，我々自身を多様であると呼ぶことは，自らを分断し，共同体を弱体化させることであると主張する。特に民主主義において，多様性がどれほど強く一体性も示していることに我々が気づかないとは，なんと不幸なことであろうか。我々がアメリカ人を多様であると呼ぶ時は，彼らが全員アメリカ人であり，その範疇の中で平等な一員だと言っていることになるのだ。民主主義と同様に，多様性は統一された背景，つまり，個々の違いが発展しそれらを育む共同体を繁栄させ強化することのできる意味と行動を共有した社会を確立することを我々に促す。しかし，高等教育において多様性に反対する者はしばしば，それが資格のある個人から機会を奪い，単により資格の低い者のために場所を空けることになるだけだと主張する。だが事実はこの主張に反して，アメリカの高等教育が通常より多くの学生を入学させることによって新規参入者を受け入れてきたことを証明している。その結果，以前は不釣り合いに特権を享受していた者たち――白人，上流階級，男子学生――は，実質的な不利を被ることはなかったのだ。例えば，20 世紀の終わりにアメリカ合衆国のエリート教育機関であるウェズリアン大学では，1956 年当時よりも多くの白人男子学生がいた。1990 年代，そのような統計に愕然とした学生もいたが，それはその大学が近年多様性に取り組んでいることを彼らがよく知らなかったからではない。学生の多くはその取り組みが理由で応募していたのだから。むしろ，その大学への入学が彼らの親には手の届かないものであったかもしれないという可能性を，彼らは一度も考えたことがなかったのである。

語句・構文

nothing more than ～「～に過ぎない」 fail to *do*「～しそこなう，～できない」 note「～に気がつく」 insistently「強情に，しつこく」 point to ～「～を指し示す」 unity「結束，一体性」 category「カテゴリー，範疇」 a community of meaning and action「意味と行動のコミュニティ」とは，共通の目的や価値観などを共有し，それに基づいて行動する人々が集まる共同体の意。thrive「繁栄する」 nurture「～を育てる，～を育成する」 opponent「反対者」 deny *A* to *B*「*B* に *A* を与えない」 deserving「資格のある」 make room for ～「～に場所を空ける」 qualified「資格のある」 contradict「～に矛盾する，～に相反する」 accommodate「～を受け入れる」 newcomer「新人，新規参入者」 enroll「～を登録する，～を入学させる」 disproportionately「不釣り合いに」 privileged「特権を持った」 be stunned「愕然とする」 out of reach「手が届かない」

講評

2024 年度も問題の形式・構成に変化はなし。例年通り読解問題 3 題，会話文問題 1 題，英語での要約問題 1 題の計 5 題が出題されている。どの問題も専門性・抽象性が高い内容が多く，受験生にとってはかなり難解であると思われる。

Ⅰは 2 つの英文の空所補充問題で，基本的な語彙や文法を問う問題から内容を理解した上で正しい文脈判断を要する問題まで出題されている。(A)は 1950 年のサッカーワールドカップでのブラジルの敗戦を例に挙げ，スポーツの社会的および心理的影響について述べた英文である。一部選択肢に難解な単語があるが，文脈から消去法で選ぶことができるため，全体的な内容は標準的である。(B)は歴史家タキトゥスの著書を取り上げ，ローマ人から見たゲルマニアの部族に関して述べられた英文である。専門的な内容ではあるが，選択肢に難解な単語は少なく比較的スムーズに解ける問題と思われる。内容理解もそれほど難しくない。

Ⅱは 3 つの英文が出題され，どの英文も内容説明問題が中心となっている。一部，全体のまとめとして表題を答えさせる問題も出題された。

(A)は水生哺乳類の睡眠に関する英文で，専門用語が多く一見難解である。一方で設問は基本的な内容理解が問われており，解答は比較的容易であろう。(B)は伝記の執筆に関する英文で，本文，選択肢ともに語彙が難しいものがいくつか見られた。設問は各段に連動しており，それぞれの内容をしっかり理解した上で答える必要がある。(C)は日記文学に関する英文であり，内容が抽象的かつ語彙も難解なものが多く，本文理解に苦しむ箇所があったと思われる。設問は標準的で答えやすい問題もあったため，難解な表現部分の理解に時間をかけ過ぎないことが必要だろう。

Ⅲは多言語主義の歴史について，英語を中心に展開した文章。空所に補充する英文がやや長いが，代名詞や前後の流れなどに注目すれば比較的選びやすい選択肢が多い。選択肢と本文の長さに圧倒されず，落ち着いて取り組めば十分得点できる問題である。

Ⅳは男性と幽霊が会話をするという非現実的な場面設定であった。やや難解な口語表現が一部見られたのに加えて，選択肢にも紛らわしいものがありやや難しかった。空所に対して選択肢がかなり多いため，空所の前後関係から適切な品詞を判断した上で選択肢を絞っていく必要がある。

Ⅴは，与えられた書き出しに続けて英文の要約を完成させる問題である。求められるのが要約であり，本文から3語以上連続で抜き出して解答してはいけないという条件もあるため，全体を理解した上で要点をつかむ必要がある。また書くべき内容が4～10語と絞られている分，本文のどこに焦点をあてて書くべきかの判断が難しい。解答すべき分量は少ないが，かなりの英作文力が問われる難問である。

以上の内容を90分という試験時間で解く必要があり，時間的にはほぼ余裕がない。速読力・語彙力はもちろんのこと，難解な箇所があってもあまり考え込み過ぎず，解ける問題を確実に処理していく力が求められる。

日本史

Ⅰ 解答

1－オ　**2**－イ　**3**－エ　**4**．狗奴国　**5**－ウ
6．高句麗　**7**－ア

解説

《中国史書による弥生～古墳時代の日本》

1．オ．誤文。「新羅」が誤り。楽浪郡は313年に高句麗によって滅ぼされた。楽浪郡は前108年に前漢の武帝が衛氏朝鮮を滅ぼして真番郡・臨屯郡・玄菟郡とともに設置した朝鮮半島支配の前進拠点。現在の平壌付近にあった。

エ．正文。帯方郡は後漢末に公孫氏が楽浪郡の南部を割いて設置した。現在のソウル付近で後に魏が領有して朝鮮支配の拠点とした。

2．難問。イが正解。「漢委奴国王印」のつまみは「蛇鈕」である。文献上の漢の印制では「亀鈕」であるべきものが「蛇鈕」であったことから金印偽物説の論拠にもなった。

3．エ．誤文。「牛・馬」が誤り。犂や馬鍬を引かせて土を掘り起こす牛馬耕が普及したのは中世からである。「魏志」倭人伝にも「その地には牛馬虎豹羊鵲なし」とある。牛・馬の骨の発見例は少なく水田農耕に利用したとは考えにくい。

ア．正文。「男子は大小となく，皆黥面文身す」とある。

イ．正文。婦人は「貫頭衣」を着て，男性は腰巻のようなものを巻いていたと考えられている。

ウ．正文。「倭の地は温暖，冬夏生菜を食す」とある。

エ．正文。「土を封じて冢を作る」とある。

4．やや難。狗奴国は邪馬台国の南方にあった小国。卑《ひ》弥《み》弓《こ》呼《こ》という男子を王とし，邪馬台国と交戦していた。

5．ウが正解。「出現期最大の前方後円墳」がヒント。箸墓古墳は奈良県桜井市にある全長約280メートルの最古級の巨大前方後円墳である。『日本書紀』に伝える「倭《やまと》迹《と》迹《と》日《ひ》百《もも》襲《そ》姫命《ひめのみこと》」の墓といわれ，この女性が卑弥呼との説もあり，邪馬台国近畿説の論拠となっている。

6.「吉林省集安市に残る好太王碑」がヒント。高句麗は紀元前１世紀ごろに中国東北部から朝鮮北部に建国されたツングース系の騎馬民族国家。第19代の王である好太王（広開土王）のときに全盛期を迎え，391〜404年にわたり倭と交戦したことが好太王碑に記されている。なお，好太王碑は子の長寿王によって都の丸都城（中国吉林省集安市）に414年に建てられた。

7. アが正解。稲荷山古墳（埼玉県）出土の鉄剣には金象嵌《ぞうがん》で115文字の銘文が刻まれ，雄略天皇を示す「ワカタケル大王」や，作製された「辛亥年（471年）」，宮都の「斯鬼《しき》宮（奈良県磯城《しき》地方）」などの地名も見られ，最古級の漢字使用例として重要である。なお，ウ．江田船山古墳出土（熊本県）の「鉄刀」にも「ワカタケル大王」の名が刻まれているので覚えておこう。

Ⅱ　解答　**1.** 称徳天皇　**2.** 墾田永年私財法　**3**－オ　**4**－エ
5－ウ・エ　**6**－イ

解説

《加墾禁止令》

1. 史料は765年に出された加墾禁止令である。「勅」は天皇の命令であり，このときの天皇は称徳天皇である。孝謙太上天皇が藤原仲麻呂の乱（恵美押勝の乱）後に淳仁天皇を廃位，重祚して称徳天皇となった。道鏡を重用して仏教政策を推し進めた。

2.「天平十五年の格」は743年の墾田永年私財法である。史料文に，墾田は永久に私有の財産とし，三世一身法（723年）で定めたような期限は設けない，と法令名の通りのことが述べられている。加墾禁止令では行き過ぎた開墾を抑制するため，寺院などを除いて開墾を禁止した。

3. オ．正文。加墾禁止令では寺院の開墾はそのまま認められ，「当土の百姓」（現地の人々）も「一二町」程度の開墾は認められた。

4. エ．正文。史料の加墾禁止令が発令されたのは，称徳天皇に重用された道鏡が太政大臣禅師となって権勢をふるった時代である。有力者の開墾を禁止する一方で，寺院に開墾を認めているのは仏教界への配慮である。同時に西大寺建立や百万塔陀羅尼の作製などの仏教政策を推し進めた。

5. ウ．誤文。「紀伝体」が誤り。『続日本紀』は『日本書紀』にはじまる六国史の2番目である。六国史は正史として編年体で編纂された。

エ．誤文。難問。「桓武天皇の治世のおわりまで」が誤り。『続日本紀』は文武天皇から桓武天皇10年までを記した歴史書。奈良時代の法令などを知ることができる好史料。なお，桓武天皇11年からは『日本後紀』（～淳和天皇）に記されている。

6．イ．正文。〈史料〉が下された前年は764年で藤原仲麻呂の乱が起こった年である。淳仁天皇は藤原仲麻呂に擁立されて天皇となったが，仲麻呂が敗れると淡路に流され，その地で没したため「淡路廃帝」といわれた。

ア．藤原広嗣の乱（740年）は聖武天皇の時代。ウ．橘奈良麻呂の変（757年）は孝謙天皇の時代。エ．和気清麻呂が宇佐八幡に派遣（769年）されたのは称徳天皇の時代。オ．紫香楽宮から平城京へ還都（745年）したのは聖武天皇の時代。

Ⅲ 解答

1．為替　**2．**神人　**3**－イ　**4**－エ　**5**－オ　**6**－イ　**7**－イ

解説

《中世の経済》

1．「金銭輸送を手形に代える」がヒント。為替の際に使用する手形を割符という。為替を扱う業者を替銭屋（割符屋）といい，有力商人が兼業することが多かった。

2．神人《じにん》は神社の下級神職で寄人《よりうど》ともいう。神事・雑役に従事し，商業的特権を得て座を組織する者もいた。石清水八幡宮の大山崎油座神人，祇園社の綿座神人，北野社の麹座神人などが有名である。

3．イが正解。絹織物は丹後のほか加賀なども有名。ア．河内の名産は鍋や酒。杉原紙は播磨の名産。ウ．尾張は瀬戸焼など陶器が名産。刀は備前の名産。オ．摂津の名産は酒。そうめんは播磨や奈良の名産。

4．難問。エ．正文。大山崎の油座は美濃のほか，畿内・尾張・阿波などの10カ国余りの荏胡麻購入と油販売の独占権を有していた。

ア．誤文。「幕府を本所」が誤り。灯炉供御人《とうろくごにん》とは武器・農具・鍋・釜などを製造する金属加工業者の鋳物師のことである。彼らは蔵人所を本所として座を結成した。

イ．誤文。「京都周辺に限られた」が誤り。灯炉供御人は朝廷の保護下に

関税を免除され，鍋・釜などの日常品を全国的に売り歩いた。

ウ．誤文。「北野社を本所」が誤り。大山崎の油座は石清水八幡宮を本所とした。

オ．誤文。「麹座」が誤り。祇園社は綿座の本所である。麹座の本所は北野社。

5． オ．誤文。「金閣の造営にも利用」が誤り。分一銭は債務者が徳政令発布の代償として，また債権者が徳政除外を求めて，債務額・債権額の10分の1ないしは5分の1を幕府に納入する手数料。幕府の重要財源となったが，分一銭徴収の分一徳政令は1454年の享徳の徳政一揆を初めとするので，金閣の造営（1397年）は終わっているため誤りとなる。

ア．正文。御料所を管理する奉公衆は将軍を護衛する室町幕府の直轄軍でもあった。

イ．正文。公方御倉は将軍の財産を管理する土倉のこと。政所の支配下にあった。

ウ．正文。納銭方は政所の配下で有力な酒屋や土倉で構成された組織である。

エ．正文。室町幕府は五山の禅寺を保護する代わりに，その荘園を直轄地に準ずる扱いとして課税した。また五山の僧侶は住職任命の際，公文銭を幕府に納入した。

6． イが正解。

X．正文。第1回遣明船は1401年に足利義満が派遣した。

Y．誤文。「明の皇帝へ日本の暦を贈った」が誤り。足利義満の朝貢に対し，明の皇帝は大統暦を贈った。

Z．正文。1411年に4代将軍足利義持が遣明船の派遣を中止したが，6代将軍足利義教が1432年に再開した。

7． イ．正文。宣徳通宝は明の5代皇帝宣徳帝が1433年に鋳造した銅銭。洪武通宝や永楽通宝とともに大量に輸入され国内で使用された。

ア．誤文。「宋銭は使用されなくなった」が誤り。日明貿易で輸入された明銭が主流になるが，それまでの宋銭や元銭なども使用された。

ウ．誤文。「日本国内ではつくられなかった」が誤り。私鋳銭は明銭などの輸入銭に対し，日本国内で偽造された悪銭である。

エ．誤文。「精銭のみ使用を認めた」が誤り。室町幕府や戦国大名が発令した撰銭令では，精銭（明銭）と私鋳銭との交換率なども定め，ある程度の私鋳銭の使用も認めていた。

オ．誤文。「幕府は関銭の徴収権を独占」が誤り。関所は幕府だけではなく，有力な寺社や公家も交通の要地に設けて関銭を徴収した。

Ⅳ　解答

1―イ　**2**．領事裁判権　**3**―オ　**4**―エ　**5**―ウ
6―ア　**7**．ヒュースケン　**8**．生麦

解説

《外国人が見た幕末の日本》

1．イ．正文。フィルモアはアメリカの第13代大統領。ペリーに国書を託し，アメリカ捕鯨船・難破船の保護，石炭・薪水・食料補給のための開港を求めた。

ア．誤文。「前年」が誤り。オランダ国王（ウィレム2世）から開国を勧告されたのは1844年である。

ウ．誤文。「ラクスマン」が誤り。ロシア使節はプチャーチンである。ラクスマンの来航（根室）は1792年である。

エ．誤文。蛮書和解御用を設けたのは「開国後」ではなく1811年である。

オ．誤文。「ペリー来航を受けて」が誤り。近藤重蔵の択捉島探索は1798年である。

2．領事裁判権は治外法権の一つ。日本は国家三大権の一つである司法権を侵害された。外国人（亜墨利加人）が罪を犯した場合に在住国ではなく，本国領事（亜墨利加コンシュル裁断所）により本国の法（亜墨利加の法度）によって裁判を受ける権利。

3．オ．正文。ケンペルは1690年にオランダ商館医として来日したドイツ人。帰国後，『日本誌』を著した。日本の政治体制・宗教・歴史，また長崎の出入国管理体制など，さらに地理・気象・鉱物・動植物など多岐にわたって記載されている。

ア．誤文。「生糸や絹織物」は輸入品。「銅や海産物」は輸出品である。

イ．誤文。「島原の乱（島原・天草一揆）」は1637年に勃発。「元和の大殉教」は1622年である。

ウ．誤文。「出島にはオランダ商館」のみ。「唐人屋敷」は長崎郊外の十善寺村に置かれた。

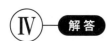

エ．誤文。幕府が長崎を通じて貿易を独占したのはオランダ・中国のみ。幕府は朝鮮との貿易独占権を対馬藩宗氏に与え，また琉球については薩摩藩島津氏の支配を認め，薩摩藩は琉球の朝貢貿易の利益を吸い上げた。

4． エ．誤文。「高橋至時」ではなく，子の高橋景保である。高橋景保は国禁の日本地図をオランダ商館医シーボルトに渡したため処罰された（シーボルト事件，1828 年）。なお，高橋至時は幕府天文方となり寛政暦をつくったことで有名。

5． ウ．誤文。「ロシア」が誤り。正しくはオランダ。イギリス公使オールコックは駐日外交団の重鎮として強硬な外交を展開し，四国艦隊下関砲撃事件（1864 年）を主導した。日本滞在記『大君の都』は幕末期の日本を知る好史料。

エ．正文。高輪の東禅寺に置かれていたイギリス公使館は 1861 年に水戸脱藩士たちによって焼打ちされた（東禅寺事件）。

オ．正文。東禅寺事件の後，品川御殿山に建築中のイギリス公使館が高杉晋作ら攘夷派の藩士によって襲撃された（1862 年のイギリス公使館焼打ち事件）。

6． アが正解。下線部 f は大老井伊直弼が暗殺された桜田門外の変。1860 年の出来事で，同年には貿易統制を目的とした五品江戸廻送令が発令された。

イ．誤り。「八月十八日の政変」は 1863 年。

ウ．誤り。「坂下門外の変」は 1862 年。

エ．誤り。「ええじゃないか」が起きたのは 1867 年。

オ．誤り。「禁門の変」は 1864 年。

7． ヒュースケンはアメリカ公使館の通訳官として活躍したオランダ人。アメリカ総領事ハリスに従い来日し，日米修好通商条約の交渉などに尽力したが，麻布のアメリカ公使館（善福寺）に帰る途中に攘夷派の浪人に殺害された（1860 年）。

8．「横浜近郊」「薩摩藩の島津久光の行列」から生麦事件（1862 年）とわかる。生麦村（現横浜市鶴見区）で起こった攘夷事件。騎馬のイギリス人を無礼討ちにしたため，翌年の薩英戦争の原因となった。

V　解答　**1**ーイ　**2.** シーメンス　**3**ーア　**4**ーエ　**5**ーイ　**6.** 非立憲　**7.** 林銑十郎　**8**ーウ　**9.** 西園寺公望　**10.** 吉田茂　**11**ーイ

解説

《近現代の政治家》

1. イが正解。立憲同志会は桂太郎首相が第一次護憲運動に対抗するため，立憲国民党の脱党者らを中心に結成を宣言し，桂の死後，加藤高明を総裁として正式に組織された（1913年）。後にア．憲政会（1916年），さらに立憲民政党（1927年）と改称した。

2.「山本権兵衛内閣（第1次）」が退陣した原因はシーメンス（ジーメンス）事件（1914年）である。シーメンスはドイツの軍需会社。海軍首脳部との贈収賄が発覚した汚職事件。

3. ア．正文。清浦奎吾は貴族院や枢密院に勢力を持つ山県有朋系の官僚政治家。枢密院議長であった清浦奎吾は陸・海・外を除く全大臣を貴族院で占めて組閣。特権内閣と非難されて第二次護憲運動を招き，政友本党を頼りに総選挙にのぞんだが敗れて総辞職した。

イ．誤文。やや難。「枢密院議長に就くことはなかった」が誤り。1922年に枢密院議長となった。

ウ．誤文。難問。1898年から台湾総督に就任した児玉源太郎の説明である。

エ．誤文。難問。平田東助の説明である。

オ．誤文。後藤新平の説明である。

4. エ．誤文。「友愛会が設立された」のは1912年である。米騒動は社会運動に大きな影響を与え，労使協調の友愛会は1919年に闘争主義を掲げて大日本労働総同盟友愛会と改称し，さらに1921年に日本労働総同盟に拡大発展した。

5. イ．正文。寺内正毅内閣がシベリア出兵を決定すると，米の投機的買占めが横行して米騒動を誘発した。

ア．誤文。「伊藤博文」は1909年に暗殺されている。寺内正毅は長州軍閥で元老の山県有朋の推挙により内閣を成立させた。

ウ．誤文。伊藤博文の説明。寺内正毅は韓国併合条約締結後，朝鮮総督府設置にともない，初代朝鮮総督となった。

エ．誤文。斎藤実の説明である。

オ．誤文。上原勇作の説明である。

6．「大正デモクラシーの潮流に逆行」がヒント。大正期は美濃部達吉の天皇機関説や吉野作造の民本主義などの影響から憲法の規定に基づいて政治を行う立憲主義が潮流となっていた。寺内正毅は長州陸軍閥で官僚出身者だけの超然内閣を組織し，専断的な姿勢が立憲主義に逆行していたため，「ビリケン」と音を合わせて「非立憲」内閣と呼ばれた。

7．「広田弘毅内閣の後を受け」がヒント。林銑十郎内閣は広田弘毅内閣総辞職の後，宇垣一成が組閣に失敗したため成立（1937年2月)。「祭政一致」を声明し，戦時経済を掲げて財界と軍部の調整をはかり「軍財抱合」といわれた。「食い逃げ解散」後の総選挙で大敗し4カ月で退陣した。

8．ウが正解。元老は天皇の最高顧問で明治国家建設に功労のあった長老たちをいう。明治後期から太平洋戦争直前まで存在した。大日本帝国憲法に規定のない非公式な立場であるが，後継首相の推薦や政策に関与するなど影響力は絶大であった。主な元老は伊藤博文・山県有朋・松方正義・井上馨・西郷従道・大山巌・西園寺公望・桂太郎（加えない説もあり）である。木戸孝允は1877年に亡くなっているので元老ではない。

9．「最後の元老」がヒント。西園寺公望はフランス留学経験があり自由主義的な性格を持つ公家出身の政治家。伊藤博文の後を受けて立憲政友会の総裁に就任，明治末期には桂太郎と政権を交代しあう桂園時代を築いた。大正末期から昭和初期には「最後の元老」として政党内閣制を支持して憲政の常道を実現させたが，太平洋戦争前の1940年に死去した。

10．「5次にわたって内閣を組織」「ワンマン宰相」がヒント。吉田茂は1946～54年まで日本自由党・民主自由党・自由党の総裁として5次にわたり内閣を組織した。1951年に首相・全権としてサンフランシスコ平和条約と日米安全保障条約を調印し，主権回復と日米安保体制の基礎を築いた。一方で傲慢な性格もあってジャーナリズムから「ワンマン宰相」と呼ばれた。

11．イが正解。1955年にアジア＝アフリカ会議（バンドン会議）が開催された。インドネシアのバンドンで日本を含めアジア・アフリカ29カ国が集結し，民族の独立や世界平和の擁護など平和十原則を宣言した。

ア．日ソ共同宣言の調印は1956年。

ウ．インドシナ休戦協定（ジュネーヴ休戦協定）の成立は1954年。
エ．日米行政協定の締結は1952年。
オ．MSA協定の締結は1954年。

Ⅵ　解答

1－オ　**2**．悲田院　**3**－イ・ウ　**4**－ウ　**5**－イ
6．モガ　**7**－ア

解説

《日本絵画史の流れにおける女性表現》

1．難問。オが正解。「駱駝に乗った異国風俗の楽人をデザイン」しているのは螺《ら》鈿《でん》紫《し》檀《たんの》五《ご》弦《げん》琵《び》琶《わ》である。正倉院宝物の中でも有名な作品で，撥《ばち》を受ける部分に駱駝に乗る異国風の人が螺鈿であらわされている。また通常琵琶は4弦であるが，5弦の琵琶で現存する世界最古のものである。

2．「光明皇后」「施薬院」がヒント。悲田院は施薬院とともに723年に興福寺に設けられ，730年に平城京の左・右京にそれぞれ設けられた。

3．やや難。イ．誤文。「18世紀」が誤り。菱川師宣は17世紀に活動した。

ウ．誤文。「白い着物」が誤り。『見返り美人図』の女性は赤い着物をまとっている。

なお，ア．菱川師宣は安房出身，オ．『見返り美人図』は版画ではなく肉筆画なので注意しよう。

4．ウが正解。Bは「錦絵の開祖」なので鈴木春信，Cは「大首絵の美人画」なので喜多川歌麿である。なお，東洲斎写楽は喜多川歌麿と同時期に活躍した浮世絵師。大首絵の力士絵や役者絵に傑作を残した。

5．イが正解。白馬会の黒田清輝の作品はイ．「湖畔」とエ．「読書」である。「水辺で憩う日本女性」を描いたのは「湖畔」で，浴衣がけで団扇を持ってたたずむ女性は夫人となる人物。外光派の明るい色調に背景の湖畔とモデルが巧みな構成で描かれ，清々として涼しい心地を感じさせる秀作である。なお，「読書」は部屋の片隅で読書する女性を明るい色調で描いた作品。ア．「海の幸」は青木繁，ウ．「天平の面影」は藤島武二，オ．「ゆあみ」は新海竹太郎の作品。

6．「カタカナ2字」なのでモダンガールの略称で「モガ」が正解。アメリカ風の流行の先端を行く女性のこと。短髪・洋装で銀座などを闊歩して

盛り場のダンスホールやカフェを楽しんだ。なお，男性をモボ（モダンボーイ）という。

7. やや難。アが正解。「盛り場」や図1の客寄せの幟などから東京随一の繁華街「浅草」を想起しよう。浅草は浅草寺の門前町として栄えていたが，特に六区は娯楽街として落語や活動写真などの興行で賑わい，関東大震災後は東京最大の盛り場となった。また，1927年にアジア最初の地下鉄（「東洋唯一の地下鉄道」）として東京地下鉄道会社が上野～浅草間2.2kmを開通させた。なお，浅草はサラリーマンや職人などが集う民衆娯楽の新天地であったが，イ．銀座はモダンガールらが闊歩する近代モダニズムを象徴する繁華街であった。また，エ．新宿は関東大震災後の復興により，買い物と娯楽の民衆市場として賑わった新しい盛り場である。

講評

2024年度は，解答個数が48個で2023年度に比べ減少した。難易度は，2019年度以降やや平易となり，2022・2023年度は標準化したが，2024年度はやや易化した。

Ⅰ　例年通り原始中心の出題で，弥生～古墳時代までの「倭」に関連した問題。『漢書』地理志，『後漢書』東夷伝，「魏志」倭人伝，好太王碑，『宋書』倭国伝など馴染みのある中国史書に関連させた問題で構成されている。記述式では4．「狗奴国」はやや難問。選択式の2．「蛇鈕」も難問。1の楽浪郡に関連する内容，3の「魏志」倭人伝に記されている内容を正答できるかがポイントである。

Ⅱ　加墾禁止令を利用した問題。基礎的内容で構成されているので完答したい問題である。記述式の1・2は平易。選択式の5はエを誤文と見抜けるかがポイントである。6もミスなく正答したい。

Ⅲ　中世の経済をテーマにした標準的な問題。記述式の2．「神人」は正答しておきたいところ。選択式の3の特産地と名産の組合せは難問ではないが正答できるかが勝負どころである。4．「灯炉供御人」の内容は難問である。5や7が正答できるかがポイントである。

Ⅳ　ロバート＝フォーチュンから見た幕末の情勢を扱った問題。内容はケンペルやシーボルトなど江戸時代に来日した外国人にも触れられている。記述式の2・7・8はいずれも平易。選択式も判断しやすい問題が多いので完答を期待したい。5．四国艦隊下関砲撃事件の4カ国を覚えているかがポイントである。

Ⅴ　メディアがつけた近現代の政治家のあだ名などをテーマにしたユニークな問題。内容は標準的なので高得点を期待したい。記述式は6．「非立憲」，7．「林銑十郎」を正答できるかがポイント。選択式の3・5は人物の業績や特徴をしっかり押さえていないと苦戦する。また11は年代が隣接しているものが多く，西暦を覚えていないと迷ってしまう。

Ⅵ　早稲田大学定番の美術史の問題。日本絵画史における女性表現をテーマに奈良時代～近代を扱った問題。記述式の2．「悲田院」，6．「モガ」は平易なので正答しておきたい。選択式1・3・5を正答するには，図説などで作品や注釈をよく見ておく必要がある。7は選択肢のほとんどが「盛り場（繁華街）」なのでやや難問。日本最初の地下鉄の知識があるかがポイント。

世界史

Ⅰ 解答

設問 1． ウ　**設問 2．** ウ　**設問 3．** ア
設問 4． アメンホテプ4世

解説

《古代エジプト》

設問 1． ア．誤文。都が下エジプトのメンフィスに置かれ，クフ王のピラミッドなどを盛んに造営したのは古王国時代。

イ．誤文。ヒッタイトとの地中海東岸地方の主導権を巡る争いであるカデシュの戦いは新王国時代のラメス2世の時。

エ．誤文。前22世紀前半の第6王朝の滅亡が古王国時代の終焉の時とされる。

設問 2． ア．死海文書は，20世紀中頃に死海沿岸地方で発見された古代のユダヤ教や原始キリスト教に関する写本群の総称である。

イ．パピルスは古代エジプトでつくられた一種の紙である。

エ．『出エジプト記』は，虐げられていたヘブライ人たちがモーセに率いられてエジプトから脱出したエピソードなどが含まれる『旧約聖書』の一部である。

設問 3． 正解のルクソール以外はナイル下流域の下エジプトにある。

設問 4． アメンホテプ4世は，ラーとテーベの都市神であったアモンが融合したアモン＝ラーが信仰の中心であった状況から，アトン神のみを信仰する一神教を創始して，都もメンフィスとテーベの間にあるテル＝エル＝アマルナに遷都した。

Ⅱ 解答

設問 1． ウ　**設問 2．** ウ　**設問 3．** イ　**設問 4．** ウ
設問 5． ウ　**設問 6．** ア　**設問 7．** エ
設問 8． 金日成　**設問 9．** 楽浪　**設問10．** エ　**設問11．** ウ

解説

《東アジアにおける歴史史料》

設問 1． 現在最古とされる化石人類はチャドで発見されたサヘラントロプ

スで，約 700 万年前のものとされる。

設問 2． 殷代は前 16～前 11 世紀頃とされるので，これとほぼ同じ頃（前 1600～前 1200 年頃）とされるミケーネ文明の滅亡を選びたい。

ア．ペロポネソス戦争は前 5 世紀後半のこと。

イ．ジャイナ教の創始者ヴァルダマーナは前 6 世紀中頃から前 5 世紀前半の人物とされる。

エ．テオティワカン文明は前 1 世紀～後 6 世紀頃にメキシコ高原を中心に栄えた文明である。

設問 3． ア．鄭玄は後漢代に訓詁学を大成した儒学者である。

ウ．班固は，前漢から王莽までの歴史を『漢書』にまとめた歴史家である。なお，『漢書』を完成させたのは，妹の班昭である。

エ．甘英は，後漢の西域都護であった班超の部下として，1 世紀末に大秦国方面に派遣された使者である。

設問 4． やや難。イ．冒頓単于は前漢の高祖との戦いである白登山の戦い（前 200 年）が知られている。→エ．呉楚七国の乱（前 154 年）は，前漢第 6 代皇帝の景帝に対する反乱である。→ウ．匈奴対策として，西域に張騫を派遣し，大月氏などとの同盟を画策したのは，前漢第 7 代皇帝武帝の即位直後の前 139 年のことである。→ア．塩鉄の専売（前 119 年）も前漢武帝の施策である。武帝の度重なる外征によって財政が悪化したことで，財政再建策としてまず塩と鉄の専売を行い，その後，酒も専売品に加えた。

設問 5． 蘇秦・張儀とも，戦国時代に外交策を説いた縦横家である。蘇秦は秦に対抗する六国連合を，張儀は秦との個別同盟を主張した。

設問 6． イ．仁義礼智信は「五常」と総称され，儒学で言うところの常に守るべき道徳を指す。

ウ．兼愛は孔子の言う愛を差別愛と批判した墨子の説いた無差別の愛のこと。

エ．性善説は儒家の孟子の主張。

設問 7． 南越は，秦滅亡後の混乱の中で，中国南部からベトナム北部にかけての地域に趙佗が建てた国である。やがて前漢の武帝によって滅ぼされ，南海郡など南海 9 郡が設置された。

設問 8． 1948 年，北緯 38 度で分断された朝鮮半島の北部には金日成を初代首相として朝鮮民主主義人民共和国が，南部には李承晩を初代大統領として大韓民国が成立した。

設問9． 現在の平壌には，衛氏朝鮮の都である王険城や，楽浪郡治が置かれたほか，5世紀前半以降，高句麗の都も置かれた。

設問10． 大月氏は，前2世紀にバクトリア地方に建国された国家である。もとは月氏と称され，中国の西北辺境に位置していたが，匈奴などの圧迫によって西走し，バクトリア地方に入ってバクトリア王国を滅ぼした。

設問11． 陳寿は『三国志』を著した西晋の歴史家である。魏を正統として三国時代の歴史を記述した。この『三国志』の一部に古代の日本について記録した『魏志』倭人伝がある。

Ⅲ　解答

設問1． ア　**設問2．** ブランデンブルク　**設問3．** ウ
設問4． ア　**設問5．** ウ　**設問6．** イ
設問7． マムルーク

解説

《十字軍》

設問1． イ．誤文。9世紀，リューリクに率いられたノルマン人の一派であるルーシは，ノヴゴロド国を建てた。モスクワ大公国の成立は14世紀前半のこととされる。

ウ．誤文。9世紀のイングランド王で，デーン人の侵入を撃退したことで知られるアルフレッド大王は，アングロ＝サクソン人である。

エ．誤文。5世紀前半，北アフリカに建国し，6世紀前半にユスティニアヌス帝によって滅ぼされたヴァンダル王国は，ゲルマン人の国家である。

設問2． 12世紀前半に成立したブランデンブルク辺境伯領は，15世紀前半からホーエンツォレルン家が継承した。

設問3． 難問。空欄に入るのは，第1回十字軍を布告した教皇であるウルバヌス2世（在位1088～1099年）である。

ア．誤文。聖ベルナールが十字軍の勧説を行ったのは，12世紀半ばの第2回十字軍でのこと。

イ．誤文。パリ大学を認可したのはインノケンティウス3世とされている。

エ．誤文。皇帝ハインリヒ4世と叙任権闘争で争い，教皇権の優位を主張したのはグレゴリウス7世である。

設問4． やや難。イ．誤文。第4回十字軍の際に協力したのはヴェネツィ

ア商人である。ジェノヴァは第4回十字軍には関与しなかった。
ウ．誤文。ラテン帝国の初代皇帝となったのは，フランドル伯ボードワンであった。
エ．誤文。ラテン帝国は，1261年にビザンツ帝国の亡命政権のひとつであったニケア帝国のミハイル8世によって滅ぼされた。バヤジット1世は，14世紀末にニコポリスの戦いでキリスト教徒連合軍を破ったが，その後1402年，西進してきたティムールにアンカラの戦いで敗れ，捕虜となったオスマン帝国のスルタンである。
設問5． ウ．誤文。万人司祭主義はプロテスタントに見られる考え方である。
設問6． フランスの西半部を治める大諸侯であったアンジュー伯アンリは，1154年，イングランドにプランタジネット朝を創始し，ヘンリ2世として即位したが，十字軍には参加していない。アのルイ7世は第2回十字軍（1147～49年），ウのリチャード1世は第3回十字軍（1189～92年），エのルイ9世は，第6回（1248～54年）・第7回（1270年）の十字軍に参加している。
設問7． 13世紀半ば，エジプトに成立したマムルーク朝は，建国当初は不安定であったが，やがて支配の安定とともに周辺へと勢力を拡大した。1291年には，十字軍最後の拠点であった地中海東岸のアッコンを陥落させた。これが十字軍国家イェルサレム王国の滅亡となり，十字軍運動の終焉となった。

Ⅳ　解答　**設問1．** イ　**設問2．** ア　**設問3．** ウ　**設問4．** イ
設問5． カトー＝カンブレジ　**設問6．** ウ
設問7． イ　**設問8．** キール　**設問9．** エ　**設問10．** イ　**設問11．** ア

解説

《イタリア戦争と第一次世界大戦》

設問1． ア．シャルル7世は，百年戦争期，敗北寸前のフランスがジャンヌ＝ダルクの登場もあって形勢を逆転させ，王権強化への道筋をつけた際のフランス王である。
ウ．シャルル9世は，ユグノー戦争開戦時のフランス王である。母后カトリーヌ＝ド＝メディシスの影響のもとにサンバルテルミの虐殺を起こした。

エ．シャルル 10 世は，王政復古期のフランス王である。ルイ 18 世の死後に即位し反動政治をすすめたため，七月革命が起こり，イギリスに亡命した。

設問 2． ア．誤文。サンタ＝マリア大聖堂のドーム設計者はブルネレスキである。ブラマンテは，ローマのサン＝ピエトロ大聖堂のドーム設計者である。

設問 3． ア．誤文。ファン＝アイク兄弟は，フランドルの画家である。

イ．誤文。ホルバインはドイツに生まれ，後にイギリスの宮廷画家となった。肖像画家としては「エラスムス像」，「ヘンリ 8 世像」などを残している。

エ．誤文。農民の生活などをさかんに描いたブリューゲルは，フランドルの画家である。

設問 4． ア．誤文。アカデミー＝フランセーズを創設したのは，ルイ 13 世の宰相であったリシュリューである。

ウ．誤文。スペイン王であったカルロス 1 世が 1519 年の皇帝選挙でフランソワ 1 世を破り，神聖ローマ皇帝カール 5 世となった。

エ．誤文。1555 年にアウクスブルクの宗教和議でルター派とカトリック勢力の対立を収拾させた次の年，カール 5 世は引退し，息子をスペイン王に，弟を神聖ローマ皇帝とした。

設問 5． フランス王アンリ 2 世，スペイン王フェリペ 2 世，イングランド王エリザベス 1 世によって結ばれたカトー＝カンブレジ条約では，イタリア戦争の講和条約として，フランスがイタリアに対する権利を放棄したが，イングランドが百年戦争後も保持していたカレーを回復した。ハプスブルク家はミラノ・ナポリ・シチリアなどを獲得し，フランスに対する優位を確定させた。

設問 6． サライェヴォ事件が起こったのは 1914 年のこと。サライェヴォを含むボスニア・ヘルツェゴヴィナは，1908 年，青年トルコ革命に乗じて，オーストリアが併合していた。

設問 7． イタリアは，普仏戦争の際に教皇領を併合したが，南チロルやトリエステ，ダルマティアなど，イタリア系住民が多いとされた地域は回収できず，「未回収のイタリア」として残った。1915 年，ロンドン秘密条約でこれらの地域の獲得を約束されたことで，イタリアは第一次世界大戦に連合国として参戦することとなった。

設問8． キール軍港はユトランド半島の付け根のバルト海側にあるドイツの軍港である。第一次世界大戦の末期に出撃を命じられた水兵たちが反乱を起こしたことから，労働者や兵士の評議会組織であるレーテが市の権限を掌握した。これが全国に波及し，ドイツ革命となった。

設問9． 1917年，ロシア二月革命によってニコライ2世が退位してロマノフ朝が崩壊したが，新しく組織された臨時政府も第一次世界大戦を継続したため，亡命先のスイスから帰国したレーニンが「四月テーゼ」を発表し，「すべての権力をソヴィエトへ」と訴えた。その後，十月革命でケレンスキー率いる臨時政府を打倒すると，全ロシア＝ソヴィエト会議で無併合・無償金・民族自決を訴えた「平和に関する布告」と，地主の土地を没収して土地の私的所有廃止を宣言する「土地に関する布告」を発表した。

設問10． ア．誤文。アメリカ合衆国は，第一次世界大戦中，連合国に対して物資や資金を提供し，戦前の債務国から債権国となった。

ウ．誤文。この時のアメリカ大統領は，ハーディング→クーリッジ→フーヴァー。3人とも共和党であったので，「共和党の20年代」とも称されている。

エ．誤文。アメリカ合衆国では，1920年に女性参政権が実現した。

設問11． イ．誤文。インドネシアでスカルノが結成したのは，インドネシア国民党である。

ウ．誤文。インド国民会議の結成は，1885年のこと。

エ．誤文。1930年，イギリスからの完全独立を訴え，タキン党が結成されたのは，ビルマである。

V　解答

設問1． イ　**設問2．** エ　**設問3．** ウ
設問4． 塩の行進　**設問5．** ワクフ

解説

《イェルサレムの歴史》

設問1． 各選択肢の空欄Dとして記されている人物について，ハールーン＝アッラシードはアッバース朝最盛期のカリフ，アッバース1世はサファヴィー朝最盛期の君主，アブド＝アッラフマーン3世は後ウマイヤ朝最盛期のカリフ，ガザン＝ハンはイル＝ハン国の君主である。

設問2．アラブ・ムスリム勢力がイェルサレムの統治を開始したのは7世紀の正統カリフ時代のことで，エの隋の滅亡・唐の建国が618年である。アは1526年で，同年のモハーチの戦いで敗れたハンガリーはオスマン帝国に征服された。イのガズナ朝の滅亡は1187年，ウのキプチャク＝ハン国の成立は1243年だが，正統カリフ時代にイェルサレムを制圧したことを知っていれば，細かい年号を知らずとも解答できたであろう。

設問3．やや難。ウ．誤文。1827年のナヴァリノの海戦は，ペロポネソス半島南西岸のナヴァリノ沖で，イギリス・フランス・ロシアの連合艦隊がオスマン帝国・エジプトの艦隊を破った戦いである。これによってギリシア独立への道が開けた。

設問4．やや難。設問文の「パレスチナ委任統治を行った」という表現から空欄Fにはイギリスが入る。「イギリスの植民地支配に対する民族運動を他地域で展開」，「1930年に組織した」，「当時の専売制に対する運動」から，この人物はガンディーで，運動の名称は「塩の行進」となる。

設問5．ワクフは，イスラーム社会で見られる財産寄進制度のひとつである。私有財産の所有者がその用益権を放棄することで，私財からの収益をモスクやマドラサなどの維持管理にあてることができる。

Ⅵ　解答

設問1．イ　設問2．ウ　設問3．ポンペイ
設問4．ヘースティングズ　設問5．エ　設問6．イ

解説

《造形芸術に見える戦いの記録》

設問1・設問2．前333年，地中海北東端付近のイッソスで，マケドニアのアレクサンドロス大王と，アケメネス朝ペルシアのダレイオス3世が戦った。ダレイオス3世は敗走し，アレクサンドロス大王がエジプトを征服した後，メソポタミア北部のアルベラの戦いで再びダレイオス3世を破ると，やがて前330年にダレイオス3世は部下に暗殺され，アケメネス朝は滅亡した。

設問3．やや難。このモザイク画は，『博物誌』の著者としても知られるプリニウスが事故死した79年のウェスウィウス火山の噴火によって埋没したポンペイの遺跡で，1831年に発見された。

設問4．1066年，イングランドのアングロ＝サクソン王家の後継争いに

便乗したノルマンディー公ウィリアムがイングランド最南部のヘースティングズでハロルド２世のイングランド軍を破った。これがヘースティングズの戦いである。この結果，ウィリアムはウィリアム１世として即位し，ノルマン朝を建てた（ノルマン＝コンクェスト）。

設問５． やや難。「バイユーのタペストリ」の様式までは覚えていないであろうし，高校世界史の範疇で「自由で奔放な造形」の表現から正解を導くのは難しいであろう。ここでは「11世紀末」という記述から11世紀をその時代とするエのロマネスクを選びたい。ロマネスクに続くゴシック様式は12世紀頃に北フランスから広がったとされる。

設問６． ア．ガレオン船は，大航海時代以降にスペインやポルトガルで用いられた大型帆船である。特にメキシコのアカプルコとフィリピンのマニラを結ぶ航路でよく用いられた。

ウ．キャラック（ナウ）船は大航海時代の前期に主に用いられた帆船である。コロンブスやマゼランの航海にも用いられた。

エ．ジャンク船は，10世紀頃から中国で建造された大型帆船で，南シナ海交易などで広く用いられた。

講評

Ⅰ　早稲田大学文学部ではおなじみの古代エジプトに関する大問である。正文選択問題，語句選択問題，空所補充問題とも標準的なレベルであり，この大問はとりこぼしたくない。

Ⅱ　先史時代から三国時代にかけての時代についてのリード文から，空所補充問題を中心とした大問である。設問４の配列問題で，前漢武帝の事績が２つあり，一見難しく思えるが，外征などによる財政悪化から財政再建策の流れが理解できていれば解答できたであろう。設問７と設問11で差がついたかもしれない。

Ⅲ　十字軍に関するリード文から，正文（誤文）選択問題を中心とした大問である。ウルバヌス２世の事績を選ぶ設問３は難しいだろう。第４回十字軍に関する正文選択問題の設問４，十字軍に参加しなかった王を選ぶ設問６は消去法で対処したい。

Ⅳ　イタリア戦争と第一次世界大戦に関する２つのリード文から，正文

(誤文) 選択問題を中心とした大問である。ルネサンス期などの文化史に関する設問が3つあり，単純な作者―作品のつながりのみで判断する選択肢だけではないため，詳細に詰めていく必要があったが，全体で見ると早稲田大学としては標準的。

V　イェルサレムの概略図を使用したリード文や，空所補充の組合せ問題の設問1，史料問題の設問4があり，共通テストでも見られるようになった形式の大問である。設問3の誤文選択問題がやや細かく，設問4もやや難問である。

Ⅵ　こちらも早稲田大学文学部おなじみの図版を使用した西洋文化史からの出題。資料集などでもよく収録されている「アレクサンダー＝モザイク」の出土場所を問う設問3は選択問題ではなかったためやや厳しい。「バイユーのタペストリ」の様式を問う設問5は，時期から判断するしかないだろう。

の政治経済学部と二〇一六年度の商学部に同じ出典から出題されている。和歌の数は二〇一三年度よりも減っているが、和歌そのものについて深く理解する必要があり、注も限られているため、本文自体が難しい。特に最終段落の意味を試験時間内で細部まで正確に読み解けた受験生はほとんどいなかっただろう。ただし選択肢を絞りこむ上では細部の読解はそれほど支障にはならない。全体としての難度は高め。

　四は、史書『資治通鑑』からの出題で、そこに後代の注釈者の書いた文章が添えられて、両者を見比べながら読み進めていく形になっている。解きやすい設問もあるが、問二十五は単純な反対語ではないので、正解を探すのが難しい。二つの文章を見比べなければならない問二十六と問三十は解くのに時間がかかるやや難しい問題である。

『資治通鑑音注』『通鑑釈文辨誤（釈文弁誤）』という精度の高い注釈書を著した。

蘇子由《そしゆう》（一〇三九〜一一一二年）
中国北宋の文人・官僚で、蘇軾《そしょく》（蘇東坡《そとうば》）の三歳下の弟である蘇轍《そてつ》のこと。唐宋八大家の一人に数えられる名文家である。問三十にある「以《テ》レ智《ヲ》遇《ヘバ》レ智《ニ》、則《チ》其《ノ》智不レ足《ラ》レ恃《ムニ》」は、魏呉蜀の三国が争った三国時代を論じた「三国論」の冒頭部分にある一節で、〈皆臆病で勇者が一人だけであればその勇者が勝つが、勇者が何人もいる場合は勇は役に立たない。智も同様で、こちらが賢く他も賢ければ智は頼りにならない〉という文脈で登場する。

講評

現代文二題・古文一題・漢文一題の計四題の出題で、二〇二三年度と大問構成は同じ。試験時間は九〇分で、設問は選択式と記述式が混在している。分量が多く、選択肢に紛らわしいものがあり、やや難のレベルである。

現代文は、ともに二〇二三年に発表された文章からの出題で、本文の長さ、設問数、設問レベルに変化はなかった。

一は、裁判官のあり方についての文章である。問一と問二の空所補充は、本文を読みながら入る言葉をあらかじめ予想することで解ける。問四の空所補充と文整序を融合させた設問も、あらかじめ文の順番をある程度決めておけば解きやすい。内容説明と主旨の設問もあまり迷わない。法学部のような内容で難しそうに見えて、標準的な出題である。

二は、染織家志村ふくみの新著を紹介するために書かれた文章。選択式の設問であってもいきなり選択肢を見るのではなく、ある程度解答の方向性を決めてから選択肢を見る必要があるが、この大問の場合、内容説明の選択肢の表現が本文どおりになっていないことがあるため、選ぶのにやや時間がかかる。読みやすそうな文章に見えて、一よりも難しい。

三は、平安時代の歌学者顕昭の『袖中抄』からの出題。歌論という比較的珍しい分野からの出題だが、二〇一二年度

［本文の登場人物］

桓温（三一二〜三七三年）

中国、東晋の将軍、政治家。長江中流域の長官として三四六〜三四七年に四川省の成漢国を討滅し、さらに三五四年には長安近辺まで侵攻した。本文に書かれているのはこのときのエピソードである。こののち、三五六年には洛陽の奪回に成功し、この武勲を背景にして東晋の実権を握ったが、三六五年に洛陽を前燕に奪われ、さらに三六九年の北伐の際に枋頭《ほうとう》で前燕に敗れた（胡三省の注にある「燕を伐ちて、枋頭に至りし」はこのことである）。そのあとは名声も落ち、「中原出兵の成功によって朝廷内の反対勢力を押さえて帝位を譲り受ける」という野望を達成しないまま亡くなった。

王猛（三二五〜三七五年）

五胡十六国の前秦の丞相。北海郡劇県の人。世を避けて華山に隠居した。本文にある桓温を訪問した際に桓温から仕官を求められたが断った。のちに前秦の皇帝、苻堅《ふけん》に仕えて前秦の富国強兵に尽くし、前秦の華北統一（三七六年）に貢献したが、それを目にすることなく前年三七五年に亡くなっている。王猛は亡くなる前に苻堅に対して南伐して東晋と戦うことをしないようにいいのこしたが、苻堅はそれを聞かず、三七八年に南伐を開始し、その結果、前秦は三九四年に滅亡した。

［出典と筆者］

『資治通鑑《しじつがん》』

中国北宋の司馬光（一〇一九〜一〇八六年）が編纂し、一〇八四年に完成した歴史書。紀元前四〇三年の韓・魏・趙の自立による戦国時代の始まりから、九五九年の北宋建国の前年に至るまでの一三六二年間を編年体で記した。全二九四巻。

胡三省（一二三〇〜一三〇二年）

南宋末期から元初期の歴史家・政治家。南宋がモンゴル（元）に滅ぼされると、隠居して『資治通鑑』研究に没頭し、ハのように「冀」を「ねがはくは〜んことを」の形で読んで〝どうか〜してほしい（ものだ）〟と願望を表す用法もあるが、注釈を書いた文章の中に入れるのは不自然である。〝様子を遠くからうかがって、力に心がすくんで、国が中から壊れていく異変を願う〟という意味になるニが正解である。

問三十　やや難。傍線部6は逐語訳すると〝知恵をもって知恵に出会うと、その知恵は頼りにならない〟となる。〈知恵のあるXがその知恵を頼りに知恵のあるYに向き合ったとき、Xの持っている知恵は役に立たない〉ということをいっている。この文章で、XとYにあたるのは「桓温」と「王猛」である。（A）の文章で桓温の問いかけに対する王猛の回答を聞いて「温黙然《トシテ》、無《シ》二以《テ》応《ズル》一。徐《ロニ》曰《ク》、江東《ニハ》無《キ》二卿《ノ》比《ハ》一也（＝〝桓温は黙って応えることはなかった。ゆっくりということには、江東にはあなたに匹敵するような人はいない〟）」と「王猛」に感服している。さらに（B）の文章では「猛《ハ》蓋《シ》指二出《セシナラン》温之心事《ヲ》一。……此《レ》温《ノ》所三以無《キ》二以《テ》応《フル》一也」と、桓温が秦を伐とうとする真の意図を、灞水を渡ろうとしないことを手がかりに王猛が見抜いたため、桓温は王猛の回答を聞いても何も応えなかった、と述べている。桓温が王猛の優秀さを認めたのである。X＝桓温、Y＝王猛として、〈桓温の智は王猛の智を前にすると役には立たなかった〉という内容に即してまとめている選択肢はロだけである。

参考

［本文の時代背景］

三国志で有名な魏・呉・蜀の三国分立の時代を魏の武将司馬炎《しばえん》が統一して晋の国を建てたのが二六五年。そのあと北方の諸民族の力が強まり、その一つの匈奴《きょうど》が晋を滅ぼす（三一六年）と、他民族も華北（中国の北部、特に黄河中・下流域）に侵入し、五胡十六国（華北に興亡した五胡＝五つの異民族および漢人の建てた王朝の総称）の時代となった。一方、晋の一族は江南（長江中・下流域）に逃れて東晋を建て（三一七年）、華北の諸国と対抗した。本文の前書きにある永和十年とは西暦三五四年。華北には西に前秦、東に前燕、江南には東晋があり、それぞれ勢力の拡大をうかがっていた。

身のことは無関係なのでイは間違い。戦う相手の中に王猛がいるわけではないのでホも的外れ。ロの「皆殺し」、ハの「運が尽きる」ということはこの部分からは読み取れない。

問二十七　「咫《し》」は周代の長さの単位で、一咫は約十八センチメートル。「尺」も長さの単位で、一尺は二二・五センチメートル。ここから「咫尺」で〝距離がきわめて近い〟という意味を表す。「度」は（B）の文章では「渡」の字が使われている。〝渡る〟ことである。「灞水」は川の名前。「而」の部分は逆接の接続詞として理解していくとうまくつながる。逐語訳すると〝今長安のすぐ近くまできているのに、灞水を渡らない〟となる。イが最も適切である。「度」＝「渡」としているものがイとホ。ホは「咫尺」の意味が全く違っている。

問二十八　すでに付されている一、二点の箇所は「こうみやうをもつて」と読む箇所である。最初にある「但」はそのまま「ただ」と読んでおけばいいので、「かうとうをちんぷくせんとほつするのみ」にどう返り点をつけていくかを考えていく。「江東」→「鎮服」→「欲」の順に返っていくのだが、「鎮服」が二字の熟語になっている。そしてすでに「鎮」と「服」の間に「｜」が付されている。「鎮服」の返り点は｜のところにつけるということに注意したい。そして通常ならば一、二、三と打っておけばいいのだが、すでに一、二点が付されているため、「上、中、下」をつけることになる。したがって、「江東」→「鎮服」→「欲」の部分には「上、中、下」をつけて、「但欲下以二功名一鎮中服江東上」となる。

問二十九　前後からおおよその意味を読み取った上で考えていく。傍線部5の後に「逼《レドモ》二其《ノ》国都《ニ》一……無《シ》二内変一。故《ニ》持-重《シテ》以《テ》待《ツ》レ之《ヲ》」とある。「内変（＝国内で起こった変事・異変）」は傍線部5の「内潰之変（＝〝中から壊れていく異変〟）」と同じことなので、傍線部5の直後は〈桓温が敵国の都に近づいてもすぐには攻めずに、敵の国の中で異変や混乱が発生することを待っている〉という内容である。また傍線部5のはじめにある「冀」に「ねがふ」という読み方があるので、この語を〝そうなってほしいと思う〟という意味にとれば、傍線部5とそのあとで〈桓温が内潰の変を願ってそれが起こることを待っている〉という流れになる。「内潰之変」→「冀」の流れで読んでいるのはニ。

ども、而れども敵に内変無し。故《ことさら》に持重して以て之を待つ。情見《あら》はれ勢屈《つ》き、敵因《よ》りて之に乗ず。故に敗に至る。蘇子由の所謂《いはゆる》智を以て智に遭へば、則ち其の智恃むに足らずとは此れなり。

解説

問二十五　傍線部1「軽」を含む部分は〝人はみな王猛のことを軽く見ていた・軽んじていた〟という意味なので、〈重んじる〉という方向で使われている漢字一字の語を探していけばよいが、すぐわかるような形では出ていない。王猛と桓温とが「当世之務（＝〝今の世でしなければならない事柄〟）」について「談」じたあとに、桓温が王猛に対して「吾奉《ジ》二……何《ゾ》也」と、「当世之務」とは異なる内容の問いを発していることに注目する。そしてその前には「温異《トシ》レ之《ヲ》」とある。桓温が王猛のことを〈普通とは違って奇妙だ〉と思ったら、このような大切なことを問いかけたりはしない。〈普通とはいい意味で違っている〉と考えたから「当世之務」とは別の問を発したのである。つまり「異」は〈優れている〉という意味で使われていると考えられる。「異」が正解である。

問二十六　やや難。（A）の文章では傍線部2に対する回答は「公不《シテ》レ遠《シトセ》二数千里《ヲ》一……未《ダ》レ知《ラ》二公心《ノヲ》一」と、〈長安の近くにまできていながら灞水を渡らないため、民衆が桓温の気持ちに気づいていないから〉となっている。しかし（B）の文章では、「温之伐《ツハ》レ秦《ヲ》……恢二‐復《スルニ》境土《ヲ》一」と、〈桓温は悪事をはたらく者を倒して民衆を救い、かつて晋の国が失った中原の地を取り戻そうとしていたわけではなく、東晋の宮廷内の実権を握ろうとしていた〉と考え、続けて「不《ンバ》レ然《ラ》……径《チニ》攻《メ》中長安《ヲ》上（＝〝そうでなければ（＝罪をなす者を伐ち、民衆に同情を寄せて、領土を取り戻そうという気持ちを持っていた、というならば）、どうして灞水を渡ってすぐに長安を攻めなかったのか〟）」という問いを発している。このことをかみくだいていうと、〈本当に悪事をはたらく者を倒して民衆を救おうという気持ちを持っていれば、すぐに灞水を渡って長安に向かうだろうし、そのような桓温の動きが見えたら、長安近くの民衆や関中の貴族や豪族たちが桓温の気持ちに気づいてこれに呼応することもあるだろう。しかし、桓温は灞水を渡ろうとしない。もともと桓温の中に民衆を救おうという気持ちがないからである〉となる。この内容を述べているのはニだけである。王猛自る。そうでなければ、どうして灞水を渡ってすぐに長安を攻めなかったのか。これが桓温の応えることのなかった理由である。しかしながら私が考えるに、桓温が兵力を用いて秦を伐って灞水のほとりにたどり着き、（またあとには）燕を伐って枋頭《ほうとう》にたどり着いたのは、みな、勝ちに乗じて兵を進め、その国の都に迫ったのであり、それなのに用心して大事をとって、様子をうかがい、最後には負けてしまうのである。思うに桓温は悪知恵にたけた英雄である。勝ちに乗じて兵を進め、その国の都に迫って、（そののち）様子を遠くからうかがって（相手が）敵の力に心がすくんで、国が中から壊れていく異変を願うのである。その国の都に迫っていくのだが、しかし敵に国内の異変はない。ことさらに用心して、相手の国の異変を待つ。（そのうちに）実情が表に現れ、勢いはそこなわれ、敵はその結果この事態を利用することになる。そのため敗れてしまうのである。蘇子由のいうところの、知恵をもって知恵に出会うと、その知恵は頼りにならないというのはこのことである。

読み　（A）　北海の王猛は、少《わか》くして学を好む。倜儻《てきとう》にして大志有り。細務《さいむ》を屑《いさぎよ》しとせず。人は皆之を軽んず。猛、悠然として自得す。華陰に隠居す。桓温の関に入るを聞き、褐を被《き》て之に詣《いた》る。蝨《しらみ》を捫《もん》して当世の務めを談ずること、旁《かたは》らに人無きがごとし。温之を異とし、問ふて曰く、吾天子の命を奉じ、鋭兵十万を将《ひき》ゐて、百姓《ひゃくせい》の為に、残賊を除く。而《しか》るに三秦の豪傑、未だ至る者有らざるは、何ぞや。猛曰はく、公数千里を遠しとせずして、深く敵境に入る。今長安は咫尺《しせき》なり、而るに灞水《はすい》を度《わた》らず。百姓未だ公の心を知らず。所以《ゆゑん》に至らず。温黙然として、以て応ずる無し。徐《おもむ》ろに曰く、江東には卿《けい》の比は無きなり。

（B）　猛は蓋《けだ》し温の心事を指出せしならん。以為《おも》へらく、温の秦を伐つは、但だ功名を以て江東を鎮服せんと欲するのみ。真に心を罪を伐ち民を弔ひ、境土を恢復《かいふく》するに有《たも》つに非ざればなり。然《しか》らずんば何を以てか灞水を渡りて径《ただ》ちに長安を攻めざる。此れ温の以て応ふる無き所以なり。然れども余が観るに、桓温の兵を用ゐ、秦を伐ちて灞上に至り、燕を伐ちて、枋頭に至りしは、皆勝に乗じて兵を進め、其の国都に逼《せま》り、乃《すなは》ち持重観望して、卒《つひ》に以て敗を取るなり。蓋し温は奸雄《かんゆう》なり。勝に乗じて兵を進め、其の国都に逼り、其の風を望み威を畏れ内潰《ないくわい》の変有らんことを冀《ねが》ふなり。其の国都に逼れ

問二十八　但欲下以二功名一鎮中服江東上

問二十九　ニ

問三十　ロ

全訳

（A）北海の王猛は、若いころから学問を好んでいた。才気がひときわ優れており大きな志《こころざし》を持っていた。細々とした務めを大切なことだと考えなかった。人はみな王猛を軽んじていた。（しかし）王猛は悠然とかまえ、自分の状態に満足していた。華陰（＝華山の北側にある地名）で隠居生活を送っていた。（そのころ）桓温が（兵を進めて）関中に入ってきたことを知り、褐《かつ》（＝身分の低い者の着る、粗末な衣服）を着て桓温（の陣）を訪問した。虱《しらみ》をひねりつぶしながら（「捫蝨《もんしつ》」＝はばかることがないという意の言葉の語源）今の世においてしなければならない事柄について話し合ったが、そのときそばに人がいないかのように（気ままに）ふるまった。桓温は王猛を優れた者だと思い、たずねて言うことには、私は天子の命令をいただき、えりぬきの兵隊を十万率いて、民衆たちのために、世を害するものを取り除いてきた。しかしながら関中の地にいる貴族や豪族たちが、まだ私のところにやってこないというのは、どういうわけか。王猛が（答えて）いうことには、あなたは数千里の距離を遠いとは思わず、敵の領土に深く入ってきています。今（前秦の都である）長安までわずかの距離にまでやってきていながら、灞水《はすい》（＝長安の近くを流れて渭水《いすい》に注ぐ川の名前）を渡っていません。（だから）民衆はあなたの気持ちがまだわからないのです。そのため（ここにだれも）やってこないのです。桓温は黙って（これに）応えることはなかった。（そして）ゆっくりということには、江東（＝長江下流の南岸の地。今の江蘇省南部および浙江省北部に相当する。ここでは東晋の支配する地域）にはあなたに匹敵するような（優れた）人はいない。

（B）王猛は、思うに、桓温の心の中で思っていたことを指し示したのであろう。思うに、桓温が秦を伐つというのは、ただ、手柄を立てて名を挙げることで江東（＝ここは暗に東晋の宮廷を指している）を鎮圧して従えようとしただけである。本当に罪をなす者を伐ち、民衆に同情を寄せて、領土を取り戻そうという気持ちを持っていたわけではないからである。

ハ、XとYからわかるように、『古今和歌集』は『伊勢物語』を「そのまま用いてはいない」。最後の段落に「されば、古今には、おほくは……かきかへずみゆるに」と、〈『伊勢物語』の歌の詞書を『古今和歌集』では多くの場合、書き換えたりせずに収録しているように見えるのだが〉とした上で、この歌においては書き換えられていることが述べられている。

ニ、「業平の用いた表現」が「歌人たちに影響を与えた」というのはありそうなことではあるが、本文には書かれていない。また「孝善や兼盛という同時代の歌人たち」とあるが、業平は九世紀の人、兼盛は十世紀の人、孝善は十一世紀の人といわれ、「同時代」ではない。

以上より、ハが最も適切である。

参考

顕昭《けんしょう》（一一三〇？～一二〇九年？）

平安時代末期～鎌倉時代初期の歌僧・歌学者。博覧強記で考証注釈に長じ、『古今和歌集』より『詞花集』までの勅撰和歌集の抄注などを残している。本文の出典となった『袖中抄《しゅうちゅうしょう》』は、文治年間（一一八五～一一九〇年）ごろの成立とされ、『万葉集』以来の約三〇〇の難解な歌語を選び、百数十に及ぶ和・漢・仏書を駆使して綿密に考証して、語義を詳細に解説していた書である。それまでの歌学書の間違いを正している部分もあり、後世の歌人に広く利用された。

四

出典

（A）司馬光『資治通鑑』〈巻九十九　晋紀二十一　穆帝《ぼくてい》永和十年〉

（B）胡三省《こさんせい》の（A）に対する注釈

解答

問二十五　異

問二十六　ニ

問二十七　イ

詞、連用形であれば完了の助動詞「ぬ」の未然形＋推量・意志の助動詞「む」の終止形となる。直前に体言などのそれ以外の語がきていたら係助詞「なむ」の結びの部分が省略されている可能性も考えなければならないが、ここは直前がラ変動詞「はべり」の連用形になっているので、完了の助動詞「ぬ」の未然形＋推量・意志の助動詞「む」の終止形。ここでは、〝～するのがよい・すべきだ〟という意味で、全体で〝書いているべきでしょう〟という意味になる。前に連体形で結ぶ係助詞はないので、「む」が連体形である可能性は排除できる。傍線部6全体は、「かき」「て」「はべり」「な」「む」と品詞分解でき、「て」が連用形接続の接続助詞なので、「かき」はカ行四段活用動詞「かく」の連用形。まとめると「動詞の連用形」「接続助詞」「動詞の連用形」「助動詞の未然形」「助動詞の終止形」となるので、イ～ハは見出せるが、ニ～ヘを見出すことはできない。正解はニ・ホ・ヘである。

問二十三　傍線部7は〝のちの時代になってこのようなことを申すとは、何となく恐ろしいことである〟という意味である。「末代にかかることまうす」のは筆者顕昭であり、「かかること」の指している内容は「このうたのことばこそよしなけれ。……よしなし、よしなし」という批判である。『伊勢物語』はすばらしい作品であるのに、この歌の詞書だけはいただけない。貫之が『古今和歌集』の詞書に書いたように、細々とした雑事は省略して書くべきだった、と顕昭は非難したのである。ただそうはいいつつも、そのような自分の非難を「そらおそろしきこと」ともいっている。「まうす」という謙譲語が使われている点にも注目すると、ニの「顕昭の謙遜」が最も適切である。

問二十四　イ、「『古今集』は勅撰の歌集」はそのとおりだが、本文には書かれていない。また『良玉集』のことは（2）の歌を導くためにのみ使われていて、『古今和歌集』との比較については書かれていないので、不適。
ロ、『土佐日記』のことは「土佐日記にいはく、……はるばるなりとかけり」ということしか書かれていないので、「『土佐日記』は紀貫之の著作」はそのとおりだが、本文には書かれていない。『土佐日記』が『古今集』より早くに成立していた」については、本文に書かれていない上に、『古今和歌集』は九〇五年（または九一四年ごろ）成立、『土佐日記』は九三五年ごろ成立なので、事実に反してもいる。

「葦」の縁語である。「節《よ》」は、和歌では「世《よ》」「代《よ》」「夜《よ》」との掛詞としてしばしば用いられ、「下句が述べている文脈」では、上句の葦の比喩を受けて、「世」「代」「夜」のいずれかを意味していると考えられる。この歌が恋の歌であれば「多くの夜」という意味もありそうだが、これは恋の歌ではない。恋の歌であれば、同じく葦の縁語である「ふし（節・伏し）」または「かりね（刈り根・仮寝）」なども一緒に使われるはずである。この歌の「きみ」は、帝あるいは主君のことを意味する。「多くの世（代）を」という形で、「きみ」の長寿や繁栄を祈る意味を込めているのである。

問二十一　**4**、「このことば」は、直前の文に「また、このうた、ことばは、古今に、『めの、……やれる』なり」とあるので、歌の前に書かれる「詞書」のことをいっている。逐語訳すると〝この詞書は詳しくない〟となるので、ロとニは除外できる。ハの「この説明」は詞書で詠歌事情が「説明」されることもあるので間違いとはいいきれないが、〈詳しくない〉ことと「事情が全く理解できない」こととは同じではない。「このことば」を「『古今集』の詞書」とし、「くはしからず」をそのまま「詳細ではない」としたイが正確であり、最も適切である。

5、直後に「まださやうのわざもならはざりければ」とある。「さやうのわざ」は「うへのきぬをあらひて、てづから張りけり（＝〝上着を洗って、自分自身の手で張る作業をした〟）」を指していて、「ならはざりければ」にある「ならは（ならふ）」は〝慣れる〟という意味なので、この部分は〈女が夫の服を洗って皺をのばそうとしたが、あまり慣れていなかったため破いてしまった〉ということをいっている。「こころざし」は〝心の働き・動き〟のことをいうが、ここは〝失敗しないように心を集中する・気を配る〟という意味に考えるのがいいだろう。「いたす」は「す」の謙譲語として使われることもあるが、他に敬語が使われていないので、ここだけ謙譲語と見るのは不自然である。心の働きを表す言葉とともに用いて〝誠意を尽くす・努める〟という意味を表す用法があるので、〝失敗しないように心を尽くして努めたが〟という意味ととらえ、「誠心誠意やってみたけれど」としているニが最も適切である。

問二十二　傍線部6の最後にある「なむ」は、直前が未然形であれば「〜してほしい」という他に対する願望を示す終助歌事情も荒唐無稽」にも根拠がない。ロの「教長を尊敬してはいた」「禁欲的であるべき」などは書かれていない。ニは、「紫は……春に角のように芽吹く植物」とあるが、注にある『古今和歌集』の古歌にそのようなことは書かれていない。

問十九 「すまのうら」は「須磨の浦」で兵庫県にある地名。「なぎたる」は「凪ぎたる」で、「たる」は存続の助動詞「たり」の連体形なので〝風や波がおさまっている〟という意味。「めもはるに」は（1）の歌の後にあるように「めもはるか」の意味で〝目も届くかぎりはるかに〟という意味だが、「はる」の部分は「春」の意味を掛け、「霞」の縁語としていることにも注意しておきたい。下句は「あまのつりぶね」が「かすみにまよふ」さまを描写している。「あまのつりぶね」は「海人の釣り船」で、「あま」とは〝漁師〟のこと。「まよふ」は「迷ふ」で、〝物事が入り混じる、区別がつかなくなってしまう〟という意味もあり、その場合、釣り船が霞に紛れていくさまを描いていることになる。春霞は風情あるものという、和歌の世界の前提を知っているかどうかがカギである。選択肢を見ていくと、イの「舟が出漁できない」、ロの「思いがけない難儀」、ハの「舟人の心細さ」はいずれも春霞をマイナスのイメージで解釈しているので除外できる。〈霞む海に浮かぶ釣り船を描いた叙景歌〉ととらえて「見えなくなってしまう」という意味で解釈しているニが最も適切である。なお、この歌は『新古今和歌集』では「まよふ」ではなく「まがふ（＝〝見分けがつかない〟）」となっていて、その場合は明らかにニとなる。

問二十 （3）の歌の直後に「これ、このこころなり」とある。ここにある「こころ」とは歌論によく用いられる〝歌の意味・趣向・意図〟の意味であり、「つのくにの……」の歌と（3）の歌にある「あしのめもはる」は、同じ「はるばるとあるあしはらの、つのぐみわたりたるやうに（＝〝広々と広がっている葦の原の草木の新芽が、あたり一面、角のように生え出ているように〟）」という意味である、と筆者は考えている。つまり、「つのくにの……」の歌では、〝葦が茂るように〟「しげきわがこひ」、（3）の歌では、同じく〝葦が茂るように〟「おほくのよ」と、比喩を用いて導いている。上句から導かれる意味では、「おほくのよ」の「よ」は「節《よ》」（＝竹や葦などの節《ふし》と節《ふし》の間のこと）で、ものである。だから、『古今和歌集』では、多くの場合は、この物語の歌を入れるにあたっては、（物語にある）詞書をも書き換えず（そのまま『古今和歌集』の詞書に）見えるが、この歌の詞書に限っては（『伊勢物語』の内容は）風情がない。自分の妻の妹が、年末に、夫の上着を自分で引っ張って破いてしまい泣いているということ、（これは）風情がない、風情がない。（このような俗っぽいことを書くのではなく）ただ、「妻の妹のもとへ、深緑色の上着を贈るということで詠んだ」と、書いているべきでしょう。（つまり）『古今和歌集』の詞書に、（編者である紀）貫之が（「めの、おととをもてはべりけるひとに、うへのきぬおくるとて、業平朝臣のよみてやれる」と）書いているのと同様である。（『伊勢物語』のようなすばらしい物語に対して）のちの時代になって（私などが）このようなことを申すとは、何となく恐ろしいことである。

解説

問十八　教長の解釈については「教長卿いはく」で始まる段落に書かれている。そこでは「めもはるに」は「くさきのめぐむ（＝〝草木が芽を出すこと〟）」であり、「むらさき」が「四位の袍（＝男子の正装である衣冠束帯の上着）」を表す色であるということから「よろこび」、つまり〈四位に昇進したことを祝う気持ちを表している〉と解釈している。「めぐむ」が掛詞になっていて、「芽ぐむ」と「恵《めぐ》む」の二つの意味があると考えてもいるのだろう。これに対する顕昭の解釈は「私にいはく」以降、本文の最後まで書かれている。まず「私にいはく」の段落で顕昭は、『土佐日記』の「まつばらめもはるばるなり」を根拠に、「むらさきの」の歌の「めもはる」は「めぐむ」の意味ではないとする。そして『古今和歌集』『伊勢物語』を引用したあと、「今いはく」の段落で、まず「むらさきのいろこき」を「ふかきゆかり（＝〝深い縁〟）」のことだとして、「四位の袍にいひかくべからず」と、「四位」と「いひかくべからず（＝〝掛けていってはならない〟）」と教長を否定して、「緑衫《ろうさう》のうへのきぬをやるといへり」と〈六位の官人が着用する深緑色の袍を贈った〉と書いていることを指摘する。以上の内容をまとめたハが最も適切である。イは「顕昭は物語には信が置けないとの立場を取り」の部分が、顕昭は『伊勢物語』を根拠に歌を解釈しているので誤り。「『古今集』の詠教長卿がいうことには、「むらさきのいろこき」という歌について、「めもはるに」とは、草木が芽を出すことを言っている。昇進に関連させている。四位（の位）などになったのか。「むらさきのいろこきとき」とは、四位の袍《ほう》（＝男子の正装である衣冠束帯の上着）を、昔は紫色に染めていた（ことによる）のだ。

私が考えるに、この歌が、「野なる草木」といっており、（『奥義抄』や兼盛が）「葦の芽もはる」というのであれば、（「めもはる」とは）「芽を出す」（という意味だ）ともいっていいだろうが、（『土佐日記』に）「松原めもはるばるなり」と書いているので、その「芽を出す」の意味は、ありえない。

また、この歌は、詞書は、『古今和歌集』に「自分の妻の、妹を妻としています人に、（束帯の）上着を贈るということで、業平朝臣《なりひらのあそん》が詠んで送った（歌）」とある。この詞書は、詳細ではない。

『伊勢物語』にいうことには、「昔、姉妹が、二人いた。一人は身分の高い夫、もう一人は身分の低い夫で貧しい者と結婚していた。身分の低い男を夫としていた女が、十二月の末に、（新年の準備のため夫の）上着を洗って、（召使いもいないほど貧しいので）自分自身の手で引っ張ってのばし皺《しわ》をとった。（一生懸命）心を尽くして努めたのだが、まだそのような（身分の低い者がやるような）作業にも慣れていなかったので、上着の肩（の部分）を、引っ張って破いてしまった。どうしようもなくて、ただ泣いていた。これを、例の身分の高い男が聞いて、とても気の毒に思ったので、たいそう小綺麗な（六位の官人が着用する）深緑色の（束帯の）上着を、ほんのわずかのあいだに、見つけてきて贈ったということで（詠んだ歌）。「むらさきの（いろこきときはめもはるにのなるくさきぞわかれざりける）」、（この歌は）「むらさきのひともとゆゑに武蔵野のくさはみながらあはれとぞみる」（＝〝紫の草が一本あるただそれだけで、武蔵野の草はすべて心ひかれるものに思えてくるのです〟）の歌意（をふまえて詠んだ歌）であろう」。

今（私が）考えるに、「むらさきのいろこきとき」というのは、「深い縁」といっているのである。四位の上着（の紫色）に掛けていってはならない。（『伊勢物語』では）深緑色の上着を贈ったといっている。（四位ではなく）六位の（官人が着用する）上着である。そもそも『伊勢物語』の書き方や、言葉づかいなどは、考えも及ばぬほどの（すばらしい）

問二十二　ニ・ホ・ヘ

問二十三　ニ

問二十四　ハ

全訳

　紫草の（葉の緑の）色が濃いときには、目も届くかぎりはるか遠くまで、野に生えている草木は（みな紫草と）区別がつかないものですよ

顕昭（＝私）がいうことには、「めもはるに」とは、「目も届くかぎりはるか遠くまで」ということである。

『土佐日記』にいうことには、「松原が目の届くかぎりはるか遠くまで続いている」と書いていた。

『良玉集』にある、孝善の歌にいうことには、

　須磨の浦が凪《な》いでいる朝は、目も届くかぎりはるか遠くまで、春の霞にまぎれて海人《あま》の釣り船がいき来しているよ

『奥義抄』にいうことには、

　摂津の国の難波（の潟）の葦の芽も出て、はるか遠くまで生い茂っている、そのようにすき間もなくはてしない私の恋をあの人は知っているのだろうか

この歌は、広々と広がっている葦の原の草木の新芽が、あたり一面、角のように生え出ているように、私の恋はすき間もなくはてしないと詠んでいる。それを、葦の芽が出る様子によそえているのである。

　兼盛の歌にいうことには、

難波江《なにわえ》（＝大阪湾の旧淀川の河口のあたり。難波の潟も同じ場所を指している）に茂っている葦が芽を出し、多くの節を持ってはるか遠くにまで広がっていくように、（これから）多くの年を重ねていくことをあなたが恵まれますようにと思います

この歌もこの趣向である。

よって、本文の内容に最も合致するものはホである。

問十六 イ、「修辞的な表現を駆使」「世界の多くの人々に」ということは書かれていない。

ロ、「深い学識」のことは書かれていない。また「日本の古典文学」のことをいっているのは筆者であって、志村ふくみの文章にそのことは登場しない。

ハ、傍線部Aの次文の「そこにある言葉の一つ一つの力が、この世の向こう側に、自分を引き込むようであった」や傍線部Cの前文の「さらにそこで志村さんは……見えない世界からのメッセージであることを、随所で語っておられた」から導ける内容である。

ニ、「染織の歴史」の事例は出ていない。

ホ、「染織についての豊富な知識を未来に伝承する」ということは書かれていない。

よって、最も適切なものはハである。

問十七 **1**、〝十分に満足すること〟という意味である。普通は「堪能」と書くが、「湛能」「堪納」という書き方もあるので、これも正解となる。

2、〝姿・様子が変わること〟という意味。「貌」の字の形は間違いやすいので一点一画正確に書くことを心がけたい。

三

出典 顕昭《けんしょう》『袖中抄《しゅうちゅうしょう》』〈巻第廿《にじゅう》 メモハル〉

解答

問十八 ハ

問十九 ニ

問二十 世〔代〕

問二十一 **4**―イ **5**―ニ

「見えない世界」を「向こう側の世界」と言い換えたイが最も適切である。

問十四　[Ⅱ]の直前の文にあるように、「色」に「名前がつけられる」のは「同じ色と違う色が分類できるから」である。しかし、「同じ色が存在しない」ことで筆者は色名を[Ⅱ]、さらには「不正確であるし、実体がない」というのである。[Ⅱ]には〈「分類」してはいるが「不正確で」「実体がない」〉ということを表す言葉が入ると考えられる。イの「感受性」、ロの「色彩」は「分類」になっていない。[Ⅱ]を含む部分で「色名」のことを否定的に述べたあとで「では色名に意味はないのか」と問い、その結果出てくるものが「一つの情緒的な世界をかもし出すこと」である。ホの「かもされる意味」はこのことをいっているので[Ⅱ]に入れるのは文脈に合わない。ハの「思考」は「分類」に通じなくはないが、「色名」は「思考」ではない。〝物事の基準となる目印〟という意味の「指標」という語を用いて〈基準をもとに「分類」する〉という流れをつくり、「不正確」を「おおまかな」と言い換えたニが最も適切である。

問十五　イ、最終段落に「同じ色と違う色が分類できるから色には名前がつけられる」とある。「実際の色が存在しない凝った色名を作って」ということは書かれていない。

ロ、傍線部Cや最後から二つ目の段落の「不覚にも私は『色名』というものに……実体があると思っていた」などから、選択肢の前半は誤りとは言えないが、「色名と色の対応は永続的なものではない」とまでは本文に書かれていない。

ハ、「色名」のことは最後の二段落に書かれているが、「多彩な色合いを正確に表現するため」や「色名の体系化を図り」ということは書かれていない。

ニ、色名について「自然の情景を具体的に想起させる表現が選ばれてきた」とは書かれていない。

ホ、最後の二段落にある「江戸時代に生まれた……実際に数えてみると……江戸人の鋭い感性に感心していたのである」や「自然界においては『同じ色』など実在しないのである」から導ける内容になっている。

は除外できる。「自然界の一つ一つの命」のことを言っているので、イの「生命の法則」、ハの「自然の不思議な力」は内容が広がりすぎている。ニは傍線部Aの前に「管理された『自然を楽しむ』という気分とは全く異なる自然に向き合っていた」とあるので迷うが、ロと比べたとき、ロは「自然界の一つ一つの命」に対して「さまざまな動植物……命の営み」、「とことん関わる」に対して「徹底的に向き合う」とそれぞれ同義置換が成立している。しかし、ニの「厳しい環境に立ち向かう命の輝き」にはロのような対応関係は見られないので、ロが最も適切と考えられる。

問十二　傍線部Bに続けて「色であり、糸であり……さまざまな植物・生物であり、その背後にある水と空気と土、つまり風土である」とある。続く第十一段落には傍線部Bの内容を「『いのちを纏《まと》う——色・織・きものの思想』……の『序』を書いた時」に気づいたと書かれていて、「これらの言葉は、色や自然が『主体』である。……」と実際の文章が引用されている。傍線部Bは〈「志村さんが染色を語るとき、主語は志村さんではな」く「色や自然」「風土」である〉という内容で、これをまとめている選択肢はニである。ロの「『自然の理』に促されて」、ホの「宗教的な自然の力」は本文には述べられていない。イとハは傍線部の内容から逸脱している。

問十三　傍線部Cの直前の文に「色が……見えない世界からのメッセージである」とある。「見えない世界」という共通点から考えて、傍線部Cにある「人間も同じである」は〈人間と色が同じ〉ということである。そして傍線部Cに続く部分に「色と人は、同じく『空』なのであり、……全てのつながりの中で存在している」とある。ここでいう「色」が、第十段落の「木々や葉や花や実や虫など、色や糸が出現するさまざまな植物・生物」より「植物」「生物」つまりは「自然」（第十一段落）に通じるものであることも見落とさないようにしたい。「人間」と「色」＝「植物」「生物」「自然」が「同じ」であることの説明になっていないハとニは除外できる。ロの「見えない世界からのメッセージを受け止めることができる能力」、ホの「可視の世界……生活を営んでいる」は本文に書かれていない。第五段落にある「この世の向こう側」を第六段落で「日常に接する目に見える自然界であるだけでなく、志村ふくみの言葉で言うところの……」と説明していることから、「この世の向こう側」とは「見えない世界」に通じると考えられる。

日本の古典文学には、色が多くのものをもたらした
＊

問九　欠文補充問題では、補う文の特徴を見極めることが大切である。この設問の場合は、補う文が「さらに言えば」で始まっている。また、「『自然の理』である」という述語に対する主語がない。ここより、〈AはBである。さらに言えばAは「自然の理」である〉という形を導くことができるので、あらかじめ与えられている〔イ〕～〔ト〕の直前部分を見て、①「『自然の理』である」に対応する主語Aがあるか、②「さらに言えば」で「『自然の理』である」につながっていくようなBがあるかどうかを検討していく。主語Aとして「志村さんが染色を語るとき」の「主語は」があり、「風土」→「さらに言えば」→「自然の理」という形で、「自然の理」に対応するBを用意できる〔ホ〕が最も適切である。

問十　［Ｉ］を含む文のはじめにある「それ」は筆者が毎朝歩く「近くの小高い丘にある林道」を指している。そしてこの「林道」を「［Ｉ］ではあるが……行政の管理する公の林道」と述べている。続く第五段落に「『野の果て』の言葉……そんなことを思い巡らしていた。私は『野の果て』を読みながら、そういう管理された『自然を楽しむ』という気分とは全く異なる自然に向き合っていたのである」とあり、ここにある「そういう管理された『自然を楽しむ』という気分」が［Ｉ］を含む一節を指している。「管理された」にあたる言葉は［Ｉ］のあとに「行政の管理する」という形で書かれているので、［Ｉ］にはハの「自然」が適切である。

問十一　傍線部Aはその直前にある「自然を見る、愛でる、その美しさをタンノウする」ことと「次元が異なる」こととされている。それは「この世の向こう側に、自分を引き込むよう」なものである。そのことを続く第六段落では「日常に接する目に見える自然界であるだけでなく……色の背後にある『植物の生命』である。……この世の『背後』なのである」と述べている。ここにある「色の背後にある『植物の生命』」が傍線部Aの「自然界の一つ一つの命」に対応している。〈染色〉の話題は第七段落から始まるので、ここで〈染色〉と結びつけてとらえる必要はないためホ

然界において同じ色は実在しないが、どんな色の名を冠しても、一つの情緒的な世界をかもし出すことができたと志村さんは書いている。日本の古典文学には、色が多くのものをもたらしたのである。

解説

染色家（染織家）志村ふくみの自選随筆集の紹介として、岩波書店の月刊ＰＲ誌『図書』に掲載された、江戸文化の研究者として著名な田中優子の文章の前半部分からの出題である。文章中に登場する文章はすべて『野の果て』に収録されているが、第十一段落に引用されている文章は、志村ふくみと鶴見和子の対談『いのちを纏う』に収録された筆者自身による序文である。

本文を以下のように整理する。一〜十四は形式段落の番号である。引用は一つの段落とは数えないものとする。

●一〜六
『野の果て』
　人が自然界の中で自分の命をつなげる必要に迫られたときの読み方
　管理された「自然を楽しむ」という気分とは全く異なる自然に向き合っていた
　この世の向こう側（＝この世の「背後」）に自分を引き込む

●七〜十二
「一色一生」……「藍が」その身を志村さんに委ねている
「かめのぞき」……藍が命として生き、寿命をまっとうする
　　↓
　志村さんが染色を語るとき、主語は風土
　色…人間の思考の領域を超える　見えない世界からのメッセージ
　見えない世界から出現してそこに戻っていくのは人間も同じ
　色と人は同じく「空」
　光も闇も含めた全てのつながりの中で存在している

●十三〜十四
「色」を表す言葉　色名やその表現→一つの情緒的な世界をかもし出す

のソロモンの主張を紹介した「つまり、正義は、例えば……」以降に述べられている。

ロとニで迷うかもしれないが、ロは根拠が不十分である。本文の内容でまとめたニが最も合致している。

二

出典　田中優子「『野の果て』の世界」（『図書』二〇二三年七月号　岩波書店）

解答

問九　〔ホ〕
問十　ハ
問十一　ロ
問十二　ニ
問十三　イ
問十四　ニ
問十五　ホ
問十六　ハ
問十七　**1**、堪能〔湛能・堪納〕　**2**、変貌

要旨

志村ふくみさんの『野の果て』を読んでいると、「自然に親しむ」という気分とは全く異なる自然に向き合って、言葉の一つ一つの力によってこの世の向こう側に引き込まれるように思えてくる。志村さんが染色を語るとき、主語は志村さんではなく風土である。志村さんは色が人間の思考の領域を超えていること、見えない世界からのメッセージであることを語っておられたが、見えない世界から出現してそこに戻っていくのは人間も同じである。光も闇も含めた全てのつながりの中で存在しているのだということを、私は志村さんの書を読むたびに思い起こし感じ取る。また色名やその表現。自

とである。ロには「感情」のことが出ていない。ニにある「非合理で衝動的な一面を自覚する」ということは述べられていない。ハには「感情」も「文学的想像力」のこともふれられてはいるが、「法律の条文を解釈するのに役立つ」という内容は本文にはない。傍線部を含む段落は「このように」という形でここまでの内容を受ける形で始まっている。そして「良き裁判官に求められる特質」として、直前の段落に「多角的なパースペクティヴによる想像力」が挙げられている。イは「他者の経験に関する描写を読むこと」を「文学的想像力」の言い換えとし、「感情」さらには「多角的なパースペクティヴ」にもふれている。イが最も適切である。

問八　イ、第三段落に「裁判官が……『等しいものを等しく扱う』ための拠り所となるのが、その良心（内心の良識と道徳観）であるとされる」とあるので、合致しない。

ロ、筆者は、ソロモンの主張を援用して「正義」（第四段落）、デル・マールの主張を援用して「同情」（傍線部3のある段落）が必要となることを指摘し、傍線部5のある段落で「良き裁判官に求められる特質の多くは感情に関わるものである」としている。そして最後の段落では「『裁判官は感情に動かされてはならない』という台本は……書き換えられるかもしれない」としている。「裁判官は感情に動かされてはならない」という命題は、もしかしたら「公平な正義の執行を妨げている」かもしれないが、本文にはそこまでは書かれていない。また「法に関する文化的な『台本』」＝「裁判官は感情に動かされてはならない」という台本を「破棄し」というところまでは書かれていない。

ハ、筆者は傍線部4のある段落で「多角的なパースペクティヴによる想像力は……裁判官に求められる特質（技能）の一つとも言えるだろう」といっている。

ニ、筆者は傍線部3の次段落の具体例の中で「もちろん……複数のパースペクティヴを用いて、個別的・具体的な経験から彼らのニーズ、関心、価値観を構築しなければならない」と述べている。傍線部4を含む段落で「多角的なパースペクティヴによる想像力は……裁判官に求められる特質（技能）の一つとも言えるだろう」ともいっている。「法的な公平さと不可分な正義感覚」のことは、第三段落の「つまり、裁判官が各種の圧力に……」以降や第四段落の順になるが、設問は三番目の［G］に入るものをたずねているので、ホが正解。

問五　傍線部3は「なぜ多角的なパースペクティヴによる想像力が法的判断の質にとって重要となるのか」という問いかけになっている。答えはあとに書かれているはずである。デル・マールは DeShaney 事件のことを例にあげ、続く段落で「もちろん、ジョシュアの……複数のパースペクティヴを用いて……価値観を構築しなければならない。そうすることで……結果として法的判断の質を高めることになる」と述べている。さらに次の傍線部4を含む段落では「このように」とここまでの内容を受けて「すべての当事者のニーズ……公平な裁判の原理を、さらに徹底させる試みとして捉えることができる」と述べている。〈裁判の公平性〉を指摘したハが最も適切である。イの「複雑な利害関係」「介入」は出ていない。ロは「被害者の権利を保証する」ことに限定してしまっている点が、「ジョシュアのパースペクティヴのみを重視すると偏りが生じるため……複数のパースペクティヴを用いて」とあるのに合わない。ニの「経験的な判断を避ける」ということは書かれていない。

問六　傍線部4の直前にある「こうした想像力を拡張させる同情」は「多角的なパースペクティヴによる想像力を用いて理解しようとすること」であり、「『別の側の意見も聞かれるべき』という公平な裁判の原理を、さらに徹底させる」ことにつながるものである。傍線部4にある「不偏」とは〝偏らないこと、公平であること〟という意味なので、まさに合致している。「……脅威というよりも、むしろ不偏性の条件」という部分は〈……を脅かして妨げるものではなく……行うために必要となるものである〉のように言い換えておけばよいだろう。「不偏」を〈公平〉と結びつけているのはロとハ。ロの「採用されるべきだ」は「条件」の言い換えになっておらず、「脅威」の説明もない。「脅威」を「阻害する要因」、「条件」を「前提」と言い換えたハが最も適切である。

問七　傍線部5にある「法と文学」研究については、傍線部5を含む段落に書かれている。傍線部の直前の流れを見ていくと、「良き裁判官に求められる特質の多くは感情に関わる」→「だからこそ、こうした特質を身につけるためには文学的想像力が有用である」となっている。〈感情に関わる特質を身につけるために文学的想像力が有用〉というこ内容をふまえたものにはなっていない。

問三 傍線部1にある「こうした感情」は「正義」という「人々が現実に抱く感情」を指している。これを正しくふまえているものは「正義感覚は各人の現実的な感情に立脚している」と述べたロだけである。「涵養《かんよう》」は〝水が自然にしみこむように、少しずつ養い育てること〟という意味だが、ロはそれも「養い育む」と正しく言い換えている。ハの「矯正」（＝〝欠点などを正しく改めさせること〟）、ニの「探究」は「涵養」の言い換えの部分も誤っている。

問四 空所補充と文整序とを組み合わせた設問。①〜⑤のプロセスを通して「同情」という「認知的かつ評価的な、他者に向けられた感情」（傍線部2の前段落）の生まれる過程が説明されている。イ〜ホを表現の特徴を手がかりにわかる範囲で並べかえておくと考えやすくなる。「相手」がいないと何も始まらないので、ハの「ある人の存在に気がつき関心を持つ」が出発点となる。よって、[E]にはハが入る。また、ロに「パースペクティヴについて再び想像する」とあるので、少なくともロはニ「相手の状況やパースペクティヴについて想像する」のあとにくる。「パースペクティヴ」という語が設問文に述べられているように「法的な文脈における特定の立場と視点からのものの見方」という意味であることもおさえておきたい。ここまで考えたところで、本文の空欄の前後の検討を始める。[F]のあとに「相手が苦しんでいるかもしれないと認識し始める」とある。〈苦しみを認識する〉ためには相手を見る必要があるので、ここでニの「相手の状況やパースペクティヴについて想像する」ことが必要となる。[G]のあとには「だが、……相手の苦しみと同じ苦しみを感じているとは想定することはできない」とある。[G]には〝（とりあえず）相手の苦しみを感じている〟という意味の言葉が入ると考えられる。「同じ苦しみを感じているとは想定することはできない」ということを「何かを感じる」と表現したホが適切である。[H]のあとに「……感じることと、……想像することとの間を行きつ戻りつする」とある。「行きつ戻りつ」とは〝同じところを何度も行ったり戻ったりすること〟なので、「再び」という語を含むロが適切。残った[I]にイを入れてみる。[I]のあとには「悲しみ」についての説明があるので、「悲しみ」という語を含むイを入れても矛盾は生じない。ハ→ニ→ホ→ロ→イ掲げている」を指しているので、[A]には「正義の女神《ユスティティア》の像は片手に天秤を掲げている」の意味する内容が入ると考えられる。同じ段落の一文目にウルピアヌスの言葉として「正義」の定義が紹介され、その言葉の最後に「法が命じるところ」として「各人に各人のものをあたえること」とある。そしてこれが「等しいものを等しく扱う」につながると述べられている。「天秤」とは〝支点を中心に回転する棒の両端に皿をつるし、一方に測ろうとするものを、他方に分銅をのせて水平にすることで、質量を測定する器械〟のことなので、「等しいものを等しく扱う」ことに通じる比喩になっている。以上より[A]には「等しいものを等しく扱う」に近い意味の「公平」が入ると考えられる。

[B]には「正義感覚ないし法感情」と「密接不可分な関係」にある「裁判官」の持っているものが入る。[B]を含む文のはじめが「そうであれば」となっていて、「そう」は直前の「裁判官が……その良心（内心の良識と道徳観）であるとされる」を指している。「良心」が最も適切である。

[C]を含む一節の内容を「つまり」で言い換えて「正義は……人々が現実に抱く感情なのであり」と述べている。「[C]的な原理」ではなく「人々が現実に抱く感情」ということなので、「人々が現実に抱く感情」とは対照的な意味を持つ語が[C]には入ると考えられる。選択肢の中では「抽象」が最も近い。

よって、正解はAが「公平」、Bが「良心」、Cが「抽象」の組み合わせとなっているイということになる。

問二　[D]の直前にある「このような批判」は、「正義感覚は感情にほかならない」という主張に対してなされる「情動主義に陥っているとの批判」を指している。ソロモンはこれを「誤った感情理解に基づいている」と批判しているが、その「誤った感情理解」の内容が[D]に入る言葉である。[D]のあとにはソロモンが〈感情〉を「自分の置かれた状況……評価的な判断」「本質的には……合理的なもの」と考えていることが述べられている。[D]に入るのはこれと対照的な内容である。「合理的」と逆の「非合理」という語を含み、「判断」という理性に基づく行為とは対照的な「衝動的」「気まぐれ」という語を用いて説明したロが最も適切である。残りの選択肢はどれも以上の

↓裁判官が共感したり同情したりすることは偏った判断を招くものとして認められない

← 法的判断が行われる過程において、裁判官の共感や同情は排除されるべきものなのだろうか

〈デル・マール〉

同情…認知的かつ評価的な、他者に向けられた感情

　重層的、段階的で、往復的な動態的プロセス

← 同情を感じることは法的判断の質を向上させる

法的判断の質は裁判官がどの程度多角的なパースペクティヴによる想像力を用いることができるか否かに左右される

← なぜ多角的なパースペクティヴによる想像が法的判断の質にとって重要になるのか

具体的な経験についての想像が法的概念をどのように適用すべきかを探るのに役立つ

個別的、具体的な経験からニーズ、関心、価値観を構築する

裁判の争点を明らかにし、法的概念を適切に適用する

当事者に対して大きな敬意を示す

「別の側の意見も聞かれるべき」という公平な裁判の原理をさらに徹底させる試み　不偏性

← 多角的なパースペクティヴによる想像力

　「当事者の声に耳を傾ける」という裁判官に求められる特質（技能）の一つ

●十六～十七

良き裁判官に求められる特質の多くは感情に関わる↓文学的想像力が有用

感情は非合理で衝動的なものではない

「良き裁判官は、感情的知性も十分に備えていなければならない」

＊

問一　A　の前に「そのことが示すように」とある。「そのこと」はその直前にある「正義の女神《ユスティティア》の像は片手に天秤を

そのためには文学的想像力が有用である。現実の裁判官に求められるものは自分の感情のみならず、他者の感情についても認識し理解し管理する感情的知性である。

解説

雑誌『現代思想』二〇二三年八月号の特集「裁判官とは何か——家庭から国家まで…法と社会のはざまから問う」に寄せられた法哲学者橋本祐子の文章からの出題。問題文はその全体を取り上げているが、途中何カ所かの省略がある。本文を以下のように整理する。一～十七は形式段落の番号で、［E］～［I］を含む部分は直前第十段落の一部とみなし、段落とは数えない。

●一

感情は裁判官の公平な裁きを妨げるもの　排除すべき

↓

［本当に裁判官は感情に動かされてはならないのだろうか］

●二～五

法と正義は不可分の関係にある

　等しいものを等しく扱う

　裁判官の良心（内心の良識と道徳観）が拠り所

↓

〈ソロモンの議論〉

正義：個人の徳の問題　人々が現実に抱く感情

感情：自分の置かれた状況、自分や他の人々についての評価的な判断　本質的に合理的

●六

〈ソロモン〉

　ネガティブな感情を重視

●七～十五

感情に動かされない裁判官を理想とする

国語

一

出典　橋本祐子「裁判官は感情に動かされてはならないのか？――『法と感情』研究を手がかりに」（『現代思想』二〇二三年八月号　青土社）

解答

問一　イ

問二　ロ

問三　ロ

問四　ホ

問五　ハ

問六　ハ

問七　イ

問八　ニ

要旨

感情は裁判官の公平な裁きを妨げるもので排除すべきとされるのは本当だろうか。法と正義は不可分の関係にあり、正義感覚は裁判官の良心と密接不可分な関係にある。ソロモンは正義を個人の徳の問題としてとらえ、感情は道徳的基準に訴える評価的判断であり、合理的なものであると考えた。デル・マールは同情に着目し、同情を、認知的かつ評価的な、他者に向けられた感情であるとし、同情を感じることで多角的なパースペクティヴによる想像力を用いることが可能になり、法的判断の質を向上させると主張する。このように良き裁判官に求められるものの多くは感情に関わるものであり、

· memo ·

2023年度

解答編

解答編

英語

I **解答** (A) 1 —(d) 2 —(b) 3 —(b) 4 —(a) 5 —(a) 6 —(b) 7 —(b)

(B) 8 —(c) 9 —(a) 10—(d) 11—(a) 12—(c) 13—(d) 14—(d)

◆全 訳◆

(A) ≪アメリカで育った黒人の父親が子どもに送るメッセージ≫

私がふと思ったのは，私は確かに誰か他の人の国にいるのだが，当然ながら自分はその国でもよそ者であるということだった。アメリカでは，私は方程式の一部であった――たとえそれが好ましい一部ではなかったとしても。私は平日の昼日中に23番通りで警察が呼び止める人間であった。私はただの父親ではなく，黒人の少年の父親であった。私はただの配偶者ではなく，黒人女性の夫であり，黒人の愛情の重い意味を背負わされた象徴であった。しかし，パリのその公園に座っていると，初めて私は異邦人となり，船乗りとなった――足を置く土地がなく，人とのつながりがなかった。そして，私は以前このような独特の孤独感を感じたことがなかったことを――自分が他の誰かの夢からそれほど離れていると感じたことがなかったことを残念に思った。今，私は世代にわたりつながっている鎖のさらなる重さを感じた――私の身体は歴史や政策によってある区域に閉じ込められていたのだ。私たちの中にはそこから抜け出す者もいる。しかし，ゲームは不正のサイコロを使って行われる。私は，もっと多くのことを知っていればよかったのに，そして，もっと早くそれを知っていたらよかったのにと思った。その夜，十代の若者がセーヌ川近くの小道に集まりあらゆる十代らしいことをするのを見つめていたことを覚えている。そして，それが私の人生であったらどれほどよかったか，恐怖と切り離された過去があればどれほどよかったかと考えたことを覚えている。私には自分の自由になる過去や記憶がなかった。しかし，私にはお前がいたんだ。

私たちはその夏にパリに戻ってきた。それはお母さんがその街を気に入っていたからであり，私もフランス語が非常に好きだったからであり，何よりもお前のためだったからである。

(B)　≪サンスクリットの発見が人文科学に与えた影響≫

サンスクリット語とその文学の発見は，私たちの歴史意識の発展において，そして，すべての人文科学の発展において，決定的な出来事であった。その重要性と影響力において，それは自然科学の分野においてコペルニクスの体系によって引き起こされた偉大な知的革命に比しうるかもしれない。コペルニクスの仮説は宇宙の秩序に対する概念を逆転した。地球はもう宇宙の中心ではなくなり，地球は「無数にある星の中の1つの星」になった。自然科学の世界での地球を中心とした概念は放棄された。同じような意味で，サンスクリット文学を知ることで，ギリシャ・ローマの古代の世界に真実で唯一の中心を見いだす，人間の文化に対する概念を終わらせてしまった。これ以降，ギリシャ・ローマの世界はただの一地方，人間の文化の世界における小さな一地域としか見なされなくなった。歴史哲学は新しくより大きな基礎の上に築き上げられなければならなかった。ヘーゲルは，ギリシャ語とサンスクリット語の共通の起源の発見を新世界の発見と呼んだ。19世紀の比較文法の研究者は同じ観点から自分の仕事を見ていた。彼らはそれだけで人間の文明の歴史を理解する扉を開くことができる呪文を発見したと確信していた。比較言語学は，これまで暗闇に覆われていた人類の神話的で神話作りをする時代を，科学的調査という明るい光の中に導き，文献に基づく歴史の境界線の内側に引き入れている。以前は漠然とした雲しか見えなかったのだが，今では明確な形態と輪郭を発見しうるほど威力のある望遠鏡を，それは私たちに持たせたのである。

◀解　説▶

◆(A)　▶1．空所後方の文に「私は平日の昼日中に23番通りで警察が呼び止める人間であった」とあるので，著者はアメリカでは望ましい扱いを受けていなかったことがわかる。よって，(d)の relish「好む」が正解。(a)の「消費する」，(b)の「発見する」，(c)の「嫌う」は文意に合わない。

▶2．空所前方の the police 以下の文は the one を修飾する接触節で，the one は空所の動詞の目的語になっている。警察が路上で人に対してする行為を考えれば，(b)の stop「呼び止める」が正解。

▶ 3．空所後方にある landless「足を置く土地がなく」が連想させる人物は，(b)の sailor「船乗り」である。(a)の「消費者」，(c)の「買い物客」，(d)の traitor「反逆者」は文意に合わない。disconnected「人とのつながりがない」は alien「異邦人」を連想させる。

▶ 4．空所後方の文に「そこから抜け出す者もいる」とあるので，(a)の confine「閉じ込める」が正解。confine *A* to *B*「*A* を *B* に閉じ込める」(b)の「対比する」，(c)の divide「分ける」，(d)の「苦労して得る」は文意に合わない。

▶ 5．空所後方に to 不定詞があるので，不定詞の意味上の主語を表す(a)が正解。love for *A* to *do*「*A* が～するのを願う」

▶ 6．空所直前の in を伴って慣用句を作るのは(b)である。in hand「自由に使える」 他の選択肢は in を伴う慣用句はない。

▶ 7．空所直前に定冠詞 the があることに注目する。空所前方にある「パリに戻ってきた」私の理由を述べているので，最適なのは(b)の language である。the language＝French「フランス語」 (a)の「関心」，(d)の「家賃」は文意に合わない。(c)を入れると the person「その人」となり，特定の 1 人の人を指すことになるので，不適。

◆(B)　▶ 8．空所前方の文に「自然科学の分野においてコペルニクスの体系によって引き起こされた偉大な知的革命」とあり，空所後方の文には「地球はもう宇宙の中心ではない」とあるので，(c)の reverse「逆転する」が正解。(a)の repeat「繰り返す」，(b)の retain「保持する」，(d)の revolt「不快にする」は文意に合わない。

▶ 9．空所前方の文に「地球は『無数にある星の中の 1 つの星』になった」とあるので，「地球を中心とした概念」はなくなっていったと考えられる。よって，(a)の discard「放棄する」が正解。(b)の discern「見つける」，(c)の discipline「懲戒する」，(d)の discover「発見する」は文意に合わない。

▶10．空所前方の文に「ギリシャ・ローマを中心とする考え方は終わった」とあるので，「ギリシャ・ローマの世界」=「一地方」となる。よって，(d)の be regarded as ～「～と見なされる」が正解。(a)の do と(c)の make には as を伴う用法はない。(b)の look は be looked on as ～「～と見なされる」の構文で使われるので，不可。

▶11. 空所の含まれる文は「歴史哲学は新しくより大きな～の上に築き上げられなければならなかった」という意味なので，適切なのは(a)の basis「基礎」である。(b)と(d)は larger が修飾するには不適切。(c)は意味が文意に合わない。

▶12. 空所前方には「新世界の発見」というヘーゲルの考え方が示され，空所後方には「人間の文明の歴史を理解する扉を開くことができる呪文」という比較文法の研究者の考え方が示されている。両者は同じ見方をしていると思われるので，(c)の light「観点」が正解。

▶13. 空所前方に「科学的調査という明るい光の中に」とあり，空所以降はそれと同じ内容を表すと考えられる。よって，「文献に基づく歴史の境界線の内側に」の意味になる(d)が正解。bring *A* within the boundaries「*A* を境界線の内側に引き入れる」

▶14. 空所後方に「以前は漠然とした雲しか見えなかったのだが，今では明確な形態と輪郭を発見しうる」とあるので，(d)の telescope「望遠鏡」が正解。(a)の「マイクロホン」，(b)の「顕微鏡」，(c)の「電話」は文意に合わない。

●語句・構文●

(A) （第1段）It occurs to *A* that～「～が *A* の心に思い浮かぶ」 in some necessary way「当然ながら」 not *A* but *B*「*A* ではなくて *B* で」 spouse「配偶者」 freighted「重い意味を背負わされた」 for the first time「初めて」 alien「異邦人」 sorry は2つの that 節を従える。feel *oneself*～「自分が～と感じる」 generational「世代間をつなげている」 make it out「抜け出す」 loaded dice「不正なサイコロ」 I wished I had known「(仮定法過去完了）～を知っていたらよかったのにと思った」 remember *doing*「～したことを覚えている」 watch *A doing*「*A* が～しているのを見つめる」 teenage「十代らしい」 how much I would have loved「(仮定法過去完了：実現しなかったことを願う）どれほど願ったことか」 apart from～「～から切り離された」

（第2段）above all「何よりも」

(B) crucial「決定的な」 evolution「発展」 cultural science「人文科学」 be compared to～「～に比しうる」 bring about～「～を引き起こす」 brought about 以下は intellectual revolution を修飾。hypothesis「仮説」

order「秩序」 no longer「もう～ない」 geocentric「地球を中心とした」 physical「自然科学の」 acquaintance with～「～を知ること」 make an end to～「～を終わらせる」 classical「ギリシャ・ローマの」 antiquity「古代」 Greco-Roman「ギリシャ・ローマの」 call *A B*「*A* を *B* と呼ぶ」 student「研究者」 be convinced that～「～と確信する」 magic word「呪文」 alone「それだけで」 comparative philology「比較言語学」 mythological「神話的な」 mythopoeic「神話作りの」 bring *A* into the bright light「*A* を明るい光の中へ導く」 hitherto「これまでは」 documentary「文献に基づく」 place *A* in *one's* hands「～に *A* を持たせる」 such～that…「…ほどの～」 where「～だが,」 nebulous「漠然とした」

Ⅱ　解答

(A)15―(d)　16―(d)
(B)17―(c)　18―(a)　19―(a)
(C)20―(c)　21―(c)　22―(c)　23―(a)　24―(c)

◆全　訳◆

(A)　≪広まる多言語使用≫

多言語使用は，ヨーロッパとアメリカ大陸のスペイン語のように，言語が国家，大陸，文化の境界を越えて渡ることである。都市部に住む 35 歳以下のヨーロッパ人の 3 分の 1 は移民出身であり，これは言語が流入することを意味する。多言語使用は私たちの周りのいたる所に存在する，それは，イギリス人の言語学者 M. A. K. ハリデーの言葉を借りれば，ひとえに「言語は人間社会の創造者であり創造物である」からである。言語を通して，人々は，道路標識や落書き，校庭での何気ない会話，祈りや政治演説やポップスにおいて意味をやり取りすることができる。人々は日常生活でこうしたことを行い，様々な社会的環境や会話に応じて，自分の話すスタイル，言語，方言を替えて使う。2012 年の時点で，欧州連合には 23 の「公用語」と 3 つの業務用言語があり，4,000 人の翻訳者と通訳者にとっては 2 言語の組み合わせが 253 もある。アメリカ合衆国には，スペインよりスペイン語を話す人がたくさんいる。スペイン語は母国語として話す人の数では世界で 2 位を占める。また，多言語使用には書き言葉の体系や手話も含まれる。世界の 300 の聴覚障害者用手話には，異なった文法と語彙がある。ISL（アイルランドの手話），KSL（韓国の手話），ASL（アメリカの手話）の手話者はお互いに理解ができない。

(B)　≪カーライルの消長盛衰≫

トーマス＝カーライルはビクトリア朝時代の「予言者」の中で最初で最も偉大な人物であった。彼の著作の文体と想像力は 1830 年代の若い知識人を眩惑し，1840 年代までには彼の社会批判の規模と急進さが良心の呵責を感じる世代の知的巨人達の一部を虜にしていた。チャールズ＝ディケンズ，ウィリアム＝メイクピース＝サッカレー，エリザベス＝ギャスケル，ロバート＝ブラウニング，アルフレッド＝テニスンのような著名な人物によって，彼は偉大な道徳的指導者であると公言されていたが，彼らは皆カーライルの予言的な呪文に取り憑かれていたのである。

しかしながら，こうした役割は長続きすることはなかった。イギリスが 1840 年代の経済恐慌から抜け出したときに，民主主義に対するカーライルの悪意に満ちた攻撃と彼の悲観的な予言は新時代の自由主義的な楽天主義と対立した。道徳的な指導者を求める彼の要請は「英雄崇拝」への妄想へと展開していった。彼はもはや普通の男女を長い間耐えていて酷使されている存在とは見なさずに，貪欲で無能であり，独裁者の冷酷で容赦のない規律だけによって改善されうる存在と見なした。

A.L. ルケーンはこの並外れた男の消長盛衰を検討する。この男の才能は同時代の人々によって認められていたが，それ以後は定義するのが難しいと判明している。ルケーンはカーライルの偉大さは著しく道徳的な世代の必要性を言葉で表明する能力にあったと説明し，カーライルとその信奉者達の間で大きくなっていく相違を辿り，彼らは最終的には，同時代の人アーサー＝ヒュー＝クラフの言葉を借りれば，「カーライルは私たちを荒野に連れてきた——そして私たちをそこに置き去りにした」と感じるようになったと説明する。

(C)　≪学習と直観との関係≫

直観を支える情報はどのように「記憶に保存」されるのだろうか。ある種の直観は非常に短時間で身につく。私たちは先祖からいつ恐れるべきかを学ぶ優れた能力を受け継いでいる。実際に，1つの経験だけで，長期にわたる嫌悪と恐怖を植え付けるのには十分であることが多い。私たちの多くは，たった1度怪しげな料理でお腹を壊した記憶があると，それだけで何となくそのレストランにもう１度行く気にはならないだろう。私たちは皆，不快な出来事が起こった場所に近づくと緊張する，たとえそのようなことが再び起こると予想する理由が全くないときでも。私の場合，そのような場所の１つがサンフランシスコ空港に通じる出口で，そこで数年前まさに激怒している運転手が高速道路から私をつけてきて，窓を開けて，私に卑猥な言葉を浴びせかけたのだ。彼の憎しみを引き起こしたものが何であるかは全くわからなかったが，空港へ行く途中でその地点に近づくといつでも彼の声を思い出す。

この空港事件の私の記憶は自覚しているもので，それはそれに伴って起こる感情について完全に説明する。しかしながら，多くの場合，引き金となる出来事の記憶を自覚していないのだが，ある特定の場所に来たときや，誰かが特定の言い回しを使ったときに，不安を感じるかもしれない。それに続いて不快な経験が起これば，後知恵で，その不安を直観と言うだろう。感情を伴うこのような学習方法はパブロフの有名な条件付け実験で起こることと密接に関連していて，その実験では犬はベルの音を餌が出てくる合図だと認識するようになった。パブロフの犬が身につけたのは期待を学習することと言えるだろう。恐怖を学習するのはもっと容易になされる。

また，恐怖は経験よりも言葉によって――実際に，いとも容易に――学習することができる。危険に対する「第六感」を持っている消防士には，自分がかかわっていない火事について話し合ったり考えたりして，手がかりは何か，そしてどう反応すべきかを頭の中で予行演習をする機会がきっとたくさんあったであろう。私が経験から覚えているのと同様に，戦闘経験のない若い小隊長は狭い峡谷を通って軍隊を率いている間は緊張するだろう，それは彼がそうした地形が待ち伏せ場所に好都合であると考えるようにと教えられていたからだ。学習には反復はほとんど必要ない。

感情を伴う学習は短時間でできるが，私たちが「専門的技術」だと考えるものはたいてい発達させるのに長い時間を要する。ハイレベルなチェス，プロのバスケットボール，消火活動のような複雑な仕事における専門的技術の習得が複雑で時間がかかるのは，そうした分野の専門的技術は単一のスキルではなくむしろ小さなスキルの大きな集合体であるからだ。チェスが好例である。熟練のプレーヤーは一目で複雑な駒の配置を理解することができるが，そうしたレベルの能力を発達させるのには何年もかかる。チェスの名手の研究によって，最高レベルの腕前に達するには，少なくとも1万時間のひたむきな練習（1日5時間チェスをプレーして約6年）が必要とされることがわかっている。極度の集中を要するそうした時間の間に，真剣なチェスプレーヤーは何千もの配置に精通していくのだが，その配置のそれぞれがお互いに攻撃や防御をすることができる，関連する駒の配列から成り立っている

◀解　説▶

◆(A)　▶15.「次の選択肢のうちで本文に根拠がないものはどれか」

(a)「多言語使用は多くの社会に存在する特徴である」

(b)「多言語使用は人間の文化で見られる多様性を反映している」

(c)「『多言語使用』という言葉は手話にも当てはまる」

(d)「書き言葉と多言語使用の間には関係がない」

第9文（Multilingualism also encompasses …）に「多言語使用には書き言葉の体系や手話も含まれる」とあるので，(d)が根拠がなく正解である。(a)と(b)は第3文（Multilingualism is everywhere …）と一致。(c)は第9文と一致。

▶16.「本文によれば，アイルランドの手話，韓国の手話，アメリカの手話は…」

(a)「異なっているが，手話者はお互いに理解することができる」

(b)「基本的には同じだが，小さな違いがある」

(c)「非常に似ているので，国境を越えて理解される」

(d)「非常に異なっており，手話者はお互いに理解ができない」

最終2文（The world's 300 deaf sign languages …）に「世界の300の手話には異なった文法と語彙があり，その手話者はお互いに理解ができない」とあるので，(d)が正解。他の選択肢はいずれも同文に不一致。

◆(B)　▶17.「本文によれば，トーマス＝カーライルが「予言者」と呼ばれた理由は…」

(a)「彼が自由主義の新しい時代がやって来ると予言したから」

(b)「彼がビクトリア朝時代のイングランドの問題に対して宗教による改善策を作ったから」

(c)「当時の危機の原因を究明する彼の能力が同時代の人々を魅了したから」

(d)「彼の著作の文体が非常に独特だったので英語では前例がなかったから」

第1段第2文（The style and imagination …）後半に「彼の社会批判の規模と急進さが良心の呵責を感じる世代の知的巨人達の一部を虜にしていた」とあるので，(c)が正解。(a)と(b)は本文中に記述がない。(d)の後半部分の記述は本文中にない。

▶18.「本文によれば，真実なのは次のどれか」

(a)「カーライルは道徳が絶対的な権威者によって施行されなければならないと考えるようになった」

(b)「カーライルは新時代において一般民衆の擁護者であった」

(c)「カーライルの才能は19世前半以降明確に把握されている」

(d)「カーライルには予言者としての役割があったので，彼は楽天的な意見を述べることができなかった」

第2段第3文（His call for moral leadership …）のコロン以下に「彼は普通の男女を…独裁者の冷酷で容赦のない規律だけによって改善されうると見なした」とあるので，(a)が正解。(b)は同文に不一致。(c)は第3段第1文（A.L. Le Quesne examines …）に不一致。(d)は本文中に記述がない。

▶19.「本文によれば，アーサー＝ヒュー＝クラフはカーライルが…と感じた」

(a)「社会の不道徳な状態を道徳的に回復させるという希望を同時代の人々に与えることができなかった」

(b)「ビクトリア朝時代の人々に社会の俗悪な現実を気づかせ，なんとかしてそこから彼らを救い出すことができた」

(c)「実際には，信奉者に社会的な問題を自分でよく考えることがいかに重要かを語った」

(d)「ビクトリア朝時代の社会に不朽のメッセージを残した非常に偉大で予言的な人である」

第3段第2文（He explains how Carlyle's greatness …）の最後に，アーサー＝ヒュー＝クラフの言葉として「カーライルは私たちを荒野に連れてきた――そして私たちをそこに置き去りにした」とある。この比喩から，カーライルは人々がよくない状態にあることを指摘しながら，そこから抜け出す方法を示すことができなかったということが推測できる。さらに，第２段第３文（His call for moral leadership …）にある「道徳的な指導者を求める彼の要請」などの内容から考えて，(a)が正解と判断できる。他の選択肢はいずれも本文中に記述がない。

◆(C)　▶20.「著者の主張によると，恐怖感は…学習できる」

(a)「パブロフの犬の実験で証明されたように」

(b)「が，期待が学習できるほど容易ではない」

(c)「言葉や経験によって」

(d)「繰り返される悪い経験を通してのみ」

第３段第１文（Fear can also be learned …）に「恐怖は経験よりも言葉によって学習することができる」とあり，恐怖は言葉と経験の両方を通して学習できるので，(c)が正解。(a)は第２段第５文（What Pavlov's dogs learned …）に，(b)は同段第５・６文に不一致。(d)は第３段第４文（Little repetition is needed for learning.）に不一致。

▶21.「空港近くでの運転手との著者の不快な経験…」

(a)「によって，彼は『運転中の激怒』を示すようになった」

(b)「によって，彼は理由はわからないがその場所の近くでは不安を感じた」

(c)「によって，彼はそこを通るたびに不安になる」

(d)「を彼が克服するのに数年かかった」

第１段第８文（I never knew …）に「空港へ行く途中でその地点に近づくといつでも彼の声を思い出す」とあるので，(c)が正解。(a)は本文中に記述がない。(b)は第２段第１文（My memory of the airport incident is conscious …）に不一致。(d)は第１段第８文（I never knew …）に不一致。

▶22.「狭い峡谷を通って軍隊を率いている間に緊張している，戦闘経験のない若い小隊長は…」

(a)「もとから備わった特に優れた危機感を持っている」

(b)「勇気がないので，不安になっている」

(c)「無意識のうちに訓練に反応している」

(d)「自分の直観にもっと確信を持てば，緊張が少なくなるだろう」

第３段第３文（As I remember from experience, …）後半に「彼がそうした地形が待ち伏せ場所に好都合であると考えるようにと教えられていた」とあるので，(c)が正解。他の選択肢はいずれも本文中に記述がない。

▶23. 「感情を伴う学習は…」

(a)「いわゆる直観の発生源となりうる」

(b)「個人的な経験を通してだけ起こりうる」

(c)「分析が必要な学習と比べると時間がかかる」

(d)「高度な知力を要するスキルで中心的な役割を果たす」

第2段第3文（In hindsight, you will label …）に「続いて不快な経験が起これば，その不安を直観と言うだろう」とあるので，(a)が正解。(b)は第3段第1文（Fear can also be learned …）に不一致。(c)は第4段第1文（Emotional learning may be quick, …）に不一致。(d)は本文中に記述がない。

▶24. 「本文の表題として最適なのは次のどれか」

(a)「繰り返される実験の応用」

(b)「プロのチェスプレーヤーにとっての記憶トレーニング」

(c)「学習と直観との関係」

(d)「感情を伴う学習の欠点」

第1段第1文（How does the information …）に「直観を支える情報はどのように『記憶に保存』されるのだろうか」と本文のテーマが示されている。第1～3段では，短時間で学習される「恐怖」が説明され，第4段では学習に時間がかかる「専門的技術」が挙げられている。よって，(c)が正解。

●語句・構文●

(A)　multilingualism「多言語使用」 urban Europe「都市部のヨーロッパ人」 migrant background「移民出身」 inflow「流入」 everywhere around us「私たちの周りのいたる所に」 just because ～「ひとえに～だから」 in the words of ～「～の言葉を借りれば」 exchange「やり取りする」 meanings の後に in で始まる語句が3つある。street sign「道路標識」 casual「何気ない」 alternating 以下は分詞構文。alternate「替えて使う」 according to ～「～に応じて」 official language「公用語」 working language「業務用言語」 interpreter「通訳者」 rank「～（順位など）を占める，～に位置する」 encompass「含む」 unintelligible「理解ができない」

(B)（第1段）Victorian「ビクトリア朝時代の」 dazzle「眩惑させる」 intellectual「知識人」 the best mind「知的巨人」 conscience-stricken「良心の呵責を感じる」 be proclaimed to be ～「～であると公言される」 fall under ～「～に取り憑かれる」

（第2段）was not to *do*「(運命を表して）～することはなかった」 emerge from ～「～から抜け出す」 clash with ～「～と対立する」 call for ～「～を求める要請」 develop into ～「～へと展開していく」 see *A* as *B*「*A* を *B* と見なす」*B* に該当する部分が2つある。not *A* but *B*「*A* ではなく *B* で」 long-suffering「長い間耐えている」 much-abused「酷使されている」 shiftless「無能で」 redeemable「改善されうる」 iron「冷酷な」 despot「独裁者」

（第3段）rise and fall「消長盛衰」 contemporary「同時代の人」 prove「～だと判明する」 He（＝Le Quesne）は explains と traces の主語であり，illustrating 以下の分詞構文の動作主である。lie in ～「～にある」 voice「言葉で表明する」 divergence「相違」 come to *do*「～するようになる」 lead *A* out into *B*「*A* を *B* に連れ出す」 leave「置き去りにする」

(C)（第1段）inherit from *A* *B*「*A* から *B* を受け継ぐ」 when to be afraid「いつ恐れるべきか」 aversion「嫌悪」 visceral「内臓を冒す，お腹を壊した」 that 以下は関係代名詞節で先行詞は the visceral memory である。leave *A* *B*「*A* を *B* にしておく→*A* は *B* のままである」 tense up「緊張する」 expect *A* to *do*「*A* が～すると予想する」 where は継続用法の関係副詞。in the throes of ～「～の真っ最中の」 road rage「(運転中の）激怒」 roll down *A*「*A* を開ける」 hurl *A* at *B*「*B* に *A* を浴びせる」 obscenity「卑猥な言葉」

（第2段）conscious「自覚した」 come with ～「～に伴って起こる」 turn of phrase「言い回し」 triggering「引き金となる」 in hindsight「後知恵で」 label *A* *B*「*A* を *B* と言う」 *A* be followed by *B*「*A* に続いて *B* が起こる」 be related to ～「～と関連している」 in which 以下は継続用法の関係詞節。recognize *A* as *B*「*A* を *B* として認識する」 be described as ～「～と言われる」

（第 3 段） occasions「機会」を to discuss 以下と to rehearse 以下の 2 つの to 不定詞が修飾。be involved in～「～にかかわる」 platoon commander「小隊長」 ravine「峡谷」 identify *A* as *B*「*A* を *B* だと考える」 terrain「地形」 favor「～に好都合である」 ambush「待ち伏せ場所」
（第 4 段） consider *A* as *B*「*A* を *B* だと考える」 domain「分野」 not *A* but *B*「*A* ではなくて *B* で」 position「駒の配置」 at a glance「一目で」 it takes *A* to *do*「～するのに *A* がかかる」 *A* show that～「*A* によって，～がわかっている」 become familiar with～「～に精通する」 configuration「配置」 consist of～「～から成り立っている」 each consisting は分詞構文。threaten「襲う，攻撃する」

III 解答

25―(d)　26―(h)　27―(e)　28―(a)　29―(g)　30―(c)　31―(f)

◆全　訳◆

≪異人種間結婚を求めたラヴィング夫婦への最高裁判決≫

米国最高裁判所が今までに決めた中で最も重要な判例について話したいと思う。1967 年に，「ラヴィング対ヴァージニア州」と題されて，その訴訟は全員一致の判決をもたらした。

2008 年 5 月，『ニューヨーク・タイムズ』の死亡記事は，画期的な訴訟の共同原告であるミルドレッド＝ラヴィングの死亡を伝えた。ミルドレッドは財産や知的教養のある女性ではなかった。彼女には学位も全くなかった。しかし，彼女には生まれつき人を思いやる心と立派な勇気が備わっており，彼女が夫リチャード＝ラヴィングと共に追い求めた訴訟はアメリカを変えた。

私が法学部の 2 年生だった 1958 年に，ミルドレッド＝ジーターとリチャード＝ラヴィングは結婚するためにヴァージニア州キャロライン郡からワシントン D.C. へと車で移動していた。彼らはヴァージニア州では結婚できなかったのだが，そこで彼らは育ち，出会い，恋におちて，家庭を築きたいと思っていた。その理由：リチャードは白人で，ミルドレッドはアフリカ系アメリカ人とアメリカ先住民の混血の家系であり，ヴァージニア州の法律は（当時では他の 15 州の法律も）異人種間の結婚を禁止していた。ミルドレッドが後で詳述しているように，その2人には「政治的な声明を出したり，戦いを始めたりする」気持ちはなかった。彼らは「ただ恋をして結婚をしたいと思っていただけ」であった。

ラヴィング夫婦は，D.C.で結婚した後，ヴァージニア州セントラル・ポイントの家に戻り，寝室の壁に結婚証明書を貼っておいた。家に戻って5週間が経ったとき，「郡保安官と2人の保安官代理が匿名の密告に基づいて行動し，午前2時に夫婦の寝室に飛び込み，彼らの目を懐中電灯で照らし」，「一緒に眠っているこの女性は誰ですか」とリチャードに詰問した。リチャードが壁に貼られた結婚証明書を指さすと，保安官は「それはここでは役に立たないよ」と答えて，ラヴィング夫婦を刑務所に連れていった。リチャードはその後その夜を拘留されて過ごした。有色人種の配偶者ミルドレッドはその夜と次の5昼夜を刑務所で過ごした。

怯えていて，弁護士が付き添わないまま，ラヴィング夫婦は裁判官の前に出頭し，ヴァージニア州の人種統合法に違反しているという告訴に対して申し立てをした。彼らへの判決は懲役1年で，それはラヴィング夫婦が「州を離れて25年間一緒にヴァージニア州に戻らない」という条件で，裁判官が執行を猶予する期間であった。「全能の神は白人，黒人，黄色人種，マレー人，北米先住民を創造し，彼らを別々の大陸に置いた。彼が人種を分け隔てたという事実は彼が人種が混ざるのを意図していなかったことを示す」と判決を下す裁判官は宣言した。

彼らの家族が数世代にわたって暮らしてきた地域社会から追い出されて，ミルドレッドとリチャードのラヴィング夫婦は全力を尽くしてD.C.の住民としてなんとか暮らしていた。数年後，公民権運動，特にワシントン大行進に鼓舞されて，ミルドレッドはロバート＝ケネディ司法長官に手紙を書いた。ケネディは返事をよこし，ミルドレッドが全米市民自由連合と連絡を取るように提案した。彼女は連絡を取り，ヴァージニア州のACLUボランティア弁護士（バーナード＝コーエンとフィリップ＝ハーシュコップ）の助けを借りて，ラヴィング夫婦は州に対して訴訟を起こし，自分たちの有罪判決を取り消して彼らの結婚に対するヴァージニア州からの認可を得ることを求めた。

1963年に始められた彼らの異議申し立ては最高裁判所まで進んで，そこでは1967年6月12日にアール＝ウォレン裁判長が全員一致の裁判所の判決理由を公表した。異人種間の結婚に対するヴァージニア州の法律は憲法違反である。「人種的な分類という理由だけで結婚の自由を制限することが，平等保護条項の中心的意味に反するのは疑いの余地がない」と，裁判長は統合裁判のために書いた。さらにその上に，裁判所はヴァージニア州の異人種間の結婚禁止令は「適正な手続きをせずにラヴィング夫婦から自由を奪った」と付け加えた。

1967 年の新聞は法律で支えられたアメリカのアパルトヘイトを終わらせた判例にどのように反応したのだろうか？　全面的な称賛というわけではなかった。『ニューヨーク・タイムズ』の社説は次のように論評した：若年層（それは 1960 年代の若年層を意味した）が気づくことを編集者は望む；彼らが「法律に対する抵抗の意思表示としての人種間の結婚」，つまり，「愛情よりも反抗に根ざした」カップルになることをもう選ばないことを。『ロサンゼルス・タイムズ』は，「当然ながら，異人種間の結婚という考えを奨励すると受け取られる意見には何の根拠もない」と，述べた。『ワシントン・ポスト』は，ミルドレッド＝ラヴィングを勇気ある女性ではなく，「魅力的でほっそりした 27 歳の黒人」と評した。

画期的な判決への情熱を抑えた初めての反応から 40 年後に，ミルドレッド＝ラヴィングは次のように書いた。「私は長生きをしたので大きな変化を目にすることができました。以前の世代の恐怖と偏見は崩れ去り，今日の若者は人が人を愛すれば彼らには結婚する権利があることを知っています」　異人種間の結婚禁止令を最後に削除した州は 2000 年のアラバマ州であった。今日，430 万の異人種間夫婦が合衆国で暮らしている。

◀解　説▶

▶25. 第 2 段第 2 文（Mildred was not a woman …）に「ミルドレッドは財産や知的教養のある女性ではなかった」とあるので，「学位もなかった」ことを述べている(d)が正解。

▶26. 第 3 段第 3 文（The reason: Richard was white, …）に「ヴァージニア州の法律は異人種間の結婚を禁止していた」とあるので，ヴァージニア州では結婚できないことに言及している(h)が正解。

▶27. 第 4 段第 2 文（Five weeks after their return, …）に「家に戻って 5 週間が経ったとき」とあるので，夫婦が自宅に戻ったことを述べている(e)が正解。

▶28. 第5段第2文（Their sentence, a year in jail, …）から，ラヴィング夫婦は「25年間ヴァージニア州に戻らないという条件で，執行猶予付き1年」の判決を受けたことがわかる。夫婦はヴァージニア州以外で暮らしていると推測できるので，D.C. で暮らしていることに言及している(a)が正解。

▶29. 第7段第1文（Their challenge, commenced in 1963, …）に，最高裁で「異人種間の結婚に対するヴァージニア州の法律は憲法違反である」という判決が出たことが述べられているので，同じ内容に言及している(g)が正解。

▶30. 第8段第3～5文（A *New York Times* editorial commented …）に，異人種間の結婚禁止令を違憲とする最高裁判決に対する新聞各社の論評が述べられているが，いずれもその判決に全面的に賛成するものではない。よって，(c)が正解。

▶31. 第9段第1文（Forty years after the muted zeal …）で，ミルドレッドが「私は長生きをしたので大きな変化を目にすることができた」と述べているので，その変化に言及している(f)が正解。

●語句・構文●

(第1段) case「判例，訴訟」 Supreme Court「最高裁判所」 Titled「～と題されて」は過去分詞を使った分詞構文。yield「もたらす」 unanimous「全員一致の」

(第2段) obituary「死亡記事」 co-plaintiff「共同原告」 landmark「画期的な」 means「財産」 be endowed with ～「生まれつき～が備わっている」 caring「人を思いやる」 exemplary「立派な」

(第3段) of *A* descent「*A* の家系で」 interracial「異人種間の」 have no mind to *do*「～する気がない」 make a statement「声明を出す」

(第4段) act on ～「～に基づいて行動する」 anonymous tip「匿名の密告」 burst into ～「～に飛び込む」 flashing light「懐中電灯」 demand of *A*「*A* に詰問する」 no good「役に立たない」 cart *A* off to *B*「*A* を *B* に連れていく」 lock up「拘留する」

(第5段) uncounseled「弁護士が付き添わないで」 appear「出頭する」 enter a plea「申し立てをする」 charges of *doing*「～しているという告訴」 sentence「判決，判決を下す」 suspend「執行を猶予する」

provided that～「～という条件で」 the fact that～「（同格）～という事実」 intend for *A* to *do*「*A* が～するのを意図する」

（第6段）banish「追い出す」 Banished は過去分詞を使った分詞構文。manage as～「～として何とか暮らす」 as best *one* can「全力を尽くして」 inspire「鼓舞する」 inspired は過去分詞を使った分詞構文。suggesting も分詞構文。with the aid of～「～の助けを借りて」 seeking は分詞構文。vacate「取り消す」 conviction「有罪判決」 recognition「認可」

（第7段）work *one's* way「進む」 up to～「～まで」 holding「判決理由」 unconstitutional「憲法違反の」 there can be no doubt that～「～には疑いの余地がない」 for good measure「さらにその上に」 deprive *A* of *B*「*A* から *B* を奪う」

（第8段）greet「反応する」 law-backed「法律で支えられた」 unreserved「全面的な」 wise up「気づく」 racially mixed「人種間の」 rooted in～「～に根ざした」 there is nothing in～「～には何の根拠もない」 lend encouragement to～「～を奨励する」 be taken as～「～と受け取られる」 describe *A* as *B*「*A* を *B* と評する」

（第9段）muted「抑制された」 live long enough to *do*「長生きをして～できる」 give way「崩れ去る」

Ⅳ　解答

32―(b)　33―(g)　34―(l)　35―(e)　36―(a)　37―(f)　38―(h)

◆全　訳◆

≪インド出身の留学生同士の会話≫

サンジェーヴ：やあ，調子はどう？　僕はサンジェーヴ。新しく来た同寮生だよ。インド出身なんだ。君もインド出身だそうだね。インドのどのあたりにいたの？

マニーシャー：はじめまして，サンジェーヴ。私はマニーシャーだよ。西ベンガルの出身なんだ。

サンジェーヴ：西ベンガルか。僕はそこに行って，ヒンズー教最大の祝祭の1つであるドゥルガー・プージャを祝うことを夢見ているんだけど。

マニーシャー：昨年，私は帰郷して親類に会い，その祝祭を祝ったよ。

サンジェーヴ：それはすばらしい。君はカーリーガート・カーリー寺院に行ったかい？

マニーシャー：その寺院に行かなかったら，ドゥルガー・プージャは完全にはならないよ。

サンジェーヴ：プージャは寺院の僧侶であるパンディットの礼拝と一緒に行われるんだ。そのような聖地を訪ねられたらうれしいだろうな。

マニーシャー：ところで，ドゥルガー・プージャがユネスコによって遺産登録を受けたのを知っているかな。

サンジェーヴ：へえ，本当かい！　それは知らなかった。

マニーシャー：ドゥルガー・プージャはお祭り以上のものだよ。みんなを1つにする感情なんだ。

サンジェーヴ：寺院を見て神聖なプージャの一部になれたらいいな。

マニーシャー：きっとあなたはドゥルガー・プージャを楽しめるよ。

サンジェーヴ：その通りだね。おや！　授業に遅れそうだ。もう行かなきゃ。

マニーシャー：じゃあね。また後で。

◀解　説▶

▶32. 空所前方でサンジェーヴが「君もインド出身だそうだね」といっているので，インドのどの地域の出身かを尋ねている。よって，(b)の belong to～「～の一員である，～に住む」が正解。

▶33. 空所直前に主語のIがあるので空所には述語動詞が入る。空所直後に動名詞 going が続くので，(g)の dream of「～することを夢見る」が正解。

▶34. サンジェーヴは2回目の発言で「ヒンズー教最大の祝祭の1つであるドゥルガー・プージャを祝うことを夢見ている」と言っているので，マニーシャーの「その祝祭を祝った」という発言には称賛を表すはずである。よって，(l)の That's great「それはすばらしい」が正解。

▶35. 空所後方に「寺院の僧侶」があり，僧侶が行う行為を考えると，(e)の devotion「礼拝」が正解。

▶36. 空所前方に has been があるので現在完了の進行形か受動態が使わ

れる。空所後方には「遺産登録」があり，それにふさわしい動詞は，(a)の accord「(地位・権利などを）与える」である。

▶37. 空所後方の「プージャ」はサンジェーヴの２回目の発言に「ヒンズー教最大の祝祭」とあるので，それを修飾する形容詞は(f)の divine「神聖な」である。

▶38. 空所後方に「もう行かなきゃ」とあるので，授業に遅れそうになっている。よって，(h)の getting が正解。

●語句・構文●

（サンジェーヴの１回目の発言）how's it going?「調子はどう？」

dormmate「同寮生」

（マニーシャーの２回目の発言）relatives「親類」

（マニーシャーの５回目の発言）much more than ～「～以上のもの」 it ＝Durga Puja　that は関係代名詞。

（サンジェーヴの６回目の発言）I wish ～「(仮定法過去）～であればいいのに」

（マニーシャーの６回目の発言）I am sure ～「きっと～」

V 解答

〈解答例１〉（The unresolved issue for Freud seems to be）the contradiction arising from using two conflicting concepts of reality.（４～10 語）

〈解答例２〉（The unresolved issue for Freud seems to be）the inconsistency between his theory and his method of treatment.（４～10 語）

◀解　説▶

設問の指示は「以下の文章を読んで，別の解答用紙にある解答欄に自分自身の言葉で英語の要約を完成させなさい。要約の書き出しは与えられており，４～10 語で完成させなければならない。本文中の３語以上の連続した語句を使ってはいけない」となっている。文章の内容は，「精神に対する概念が２つ存在する。１つは，精神が選択と評価によって現実を創造し，その現実には順応性があり創造に従うというものである。もう１つは，精神はまったく固定され静的な現実を取り扱うというものである。フロイトは後者を主張しながら，彼が治療する神経症患者には前者を納得させようとしている。そこに大きな矛盾点がある」というものである。この矛盾点を中心にして，書き進めていくとよいだろう。

〈解答例１〉は「(フロイトにとって未解決の問題は）現実に対する２つの相反する概念を使うことから生じる矛盾（であると思われる)」，〈解答例２〉は「(フロイトにとって未解決の問題は）その理論と治療法の矛盾（であると思われる)」という意味である。

与えられている文章の和訳：精神分析学の創始者であるフロイトにとって，現実と幻想の両極端があると言えるのかもしれない。現実は敬意を表す言葉であり，そこに存在するものを意味する。幻想は軽蔑を表す言葉であり，そこに存在しないものへの反応を意味する。本質的にフロイトの見解と呼ばれるものは，良かれ悪しかれ，精神が選択と評価によって現実を創造するのを促進することを前提としている。この見解では，現実は順応性があり創造に従わなければならない。それは静的なものではなく，むしろ独自の条件によって取り扱われる一連の状況である。しかし，精神についてはこの概念に加えて，もう１つの概念が存在し，それは患者を治療するときのフロイトの仮定から生じるものである。この見解では，精神はまったく固定され静的な現実，つまり，全体として「与えられている」現実であって「把握されている」現実ではないものを取り扱う。私たちがどのように社会を経験するかを議論するときに，フロイトはこの２番目の見解を主張した，もっとも彼がなぜそうしなければならなかったかを理解するのは容易ではないが。というのは，彼が神経症患者に納得させたいと思う現実は，結局，「把握された」現実であって「与えられた」現実ではないからである。それは社会生活と価値の現実であり，人間の精神と意志によって考えられ維持されている。恋愛，道徳，名誉，尊敬――これらは創造された現実の構成要素である。たとえば，芸術や音楽を幻想と呼ぶつもりなら，私たちは自我の大部分の活動と満足を幻想と呼ばなければならない。もちろん，フロイトはそれらをそのように呼びたいとはまったく思っていない。

●語句・構文●

psychoanalysis「精神分析学」 honorific「敬意を表す」 pejorative「軽蔑を表す」 assume that ～「～ことを前提としている」 for good as well as bad「良かれ悪しかれ」 help *do*「～するのを促進する」 malleable「順応性のある」 subject to ～「～に従わなければならない」 static「静

的な」 a series of～「一連の～」 deal with～「～を取り扱う」 terms「条件」 beside 以下の文は倒置形で，another conception が主語，stands が動詞である。beside～「～に加えて」 arise from～「～から生じる」 fixed「固定した」 one＝a reality　take「理解する，把握する」 insist on～「～を主張する」 although it is not easy …の it は形式主語で to see 以下を指す。reconcile *A* to *B*「*A* に *B* を納得させる」 neurotic patient「神経症患者」 conceive「考える，思いつく」 be to *do*「(意図)～するつもりである」

❖講　評

2023 年度も問題の形式・構成に変化はなく，例年通り読解問題 3 題，会話文問題 1 題，英語での要約問題 1 題の計 5 題の出題である。受験生にとっては未知の語句が多く読みづらいと思われる。

Ⅰは 2 つの英文の空所補充問題で，文法的な問題とともに，読み取った内容に基づいて文脈上適切な内容を完成させる問題も多く含まれている。(A)はアメリカで育った黒人の父親が自分の子どもにメッセージを送る英文である。語彙レベルは高くないが，語り口調で話題の転換が多いので，理解が少し難しいところがある。選択肢にも難度の高い語彙や文法的構文が含まれる。文脈の正確な把握が必要である。(B)はサンスクリット語とその文学の発見が人文科学にコペルニクス的転回をもたらしたことを述べた英文である。本文中に少し難しい単語があるが，比較的読みやすい英文で，内容理解も難しくない。選択肢にも紛らわしいものは少ない。

Ⅱは 3 つの英文の内容説明問題と内容真偽問題が中心となっている。(A)は多言語使用の広まりを扱った簡明な英文で，選択肢を選ぶのも容易である。(B)はカーライルの主張が歴史上で浮沈する状況を扱った英文で，語彙のレベルは少し高い。段落毎に設問が設定されているので，該当箇所を見つけるのはそれほど難しくない。(C)は感情を伴う学習と専門的技術の学習の違いおよび両者と直観との関係を扱ったもので，やや長めだが比較的読みやすいものである。選択肢にも難しい語彙はないが，紛らわしい選択肢もある。

Ⅲは米国で異人種間結婚禁止令と戦い最高裁で勝訴を勝ち取った夫婦

を扱った英文で，英文量はやや多いが，語彙・内容も標準的で読みやすいものである。空所前後の文脈に気を配り，時系列や代名詞などの指示語に注目するとよい。比較的解きやすい問題となっているので，高得点を期待したいところである。

Ⅳは会話文の空所補充問題で，7つの空所に13の選択肢から選んで補充する形式である。インド出身の留学生同士の会話で，インドの祝祭が中心テーマになっている。内容はわかりやすいが，中心テーマに対する理解を必要とする設問もある。入るべき品詞や文脈に着目すると，選択肢を絞れる。

Ⅴは短めの英文を自分の言葉で要約し，与えられた書き出しに続けて英文を完成させる問題である。題材となっている英文が非常に抽象的で難解なので，要点を把握しづらい。概念が2つあることに着目して要約するとよい。要約に使える語数に制限があるので，相当の作文力が要求される。

90分という試験時間に対して，分量がかなり多く難解な素材も含まれるので，時間的な余裕はないと思われる。速読力とともに迅速に問題を処理していく力が求められる。

日本史

I　解答

1．大森　2．縄文土器　3．進化論
4．東京専門学校　5－イ　6－オ　7－ア

◀解　説▶

≪モースの事績≫

▶1．「モース」がヒント。大森貝塚は東京都（大田区～品川区）の縄文時代の遺跡。縄文後期の土器や石器・骨角器などが出土し，日本考古学発祥の地となった。

▶2．「cord marked pottery」がヒント。モースが「ひもの印のついた陶器」と名付けたものを，後に植物病理学者で考古学にも詳しい白井光太郎が論文で「縄紋土器」という語を使い，やがて「紋」が「文」になって今日に至った。

▶3．モースはアメリカの動物学者。1877年に東京大学に御雇外国人として招かれ，ダーウィンの進化論を講義した。進化論の解釈は社会学にも転用され，加藤弘之らの社会有機体説に影響を与えた。

▶4．東京専門学校は早稲田大学の前身。明治14年の政変で下野した大隈重信が1882年に自由主義的な在野の人材育成や学問の独立を掲げて創立。1902年に早稲田大学と改称し，大学令（1918年）に基づいて1920年に私立大学となった。

▶5．イが正解。大隈重信は肥前藩（佐賀藩）出身。幕末動乱期には尊王攘夷派として国事に奔走し，明治政府が成立すると，参議・大蔵卿として活躍した。

▶6．オが正解。モースが偶然，大森貝塚を発見したことを記した日本滞在記は『Japan day by day』（『日本その日その日』）である。ア．『日本史』は16世紀後半に来日したイエズス会宣教師フロイスの著作。イ．『東洋美術史綱』はフェノロサの著書。ウ．『考古説略』はシーボルト（鳴滝塾をつくったシーボルトの子）の著作。エ．『菊と刀』はベネディクト（アメリカの人類学者）の著作。

▶7．アが正解。やや難問。消去法で対処しよう。「物理学の米国人教師」

がヒント。T.メンデンホールはモースの推薦で東京大学に招かれ物理学を講義した。

イ．E.ナウマンはドイツ人の地質学者。糸魚川―静岡構造線（フォッサマグナ）などの断層があることを指摘，またナウマン象の研究者としても知られている。

ウ．W.S.クラークは札幌農学校の教頭として内村鑑三らを育てたアメリカの教育者。

エ．J.ヘボンはローマ字の普及に尽力したアメリカの宣教師。

オ．G.フルベッキはオランダ生まれのアメリカ人宣教師。明治政府の顧問として活躍，大隈重信に提出した意見書が岩倉使節団派遣の契機となったことで有名。

II　解答

1―エ　2―オ　3．長岡京　4―イ　5．桓武天皇
6―ア・オ　7―ウ

◀解　説▶

≪桓武天皇の事績≫

▶１．エが正解。「延暦 11 年（792）」から史料は桓武天皇の時代と判断できる。その「皇太子」だから後に即位する平城天皇となる。ア．嵯峨天皇は平城天皇の弟でその次に即位する。

▶２．オ．正文。難問。「崇道天皇」は早良親王のこと。桓武天皇の弟で皇太子であったが，785 年藤原種継暗殺事件の首謀者として淡路国に流され，途中絶食して亡くなり，同地に葬られた。その後，皇室の凶事や疫病の流行などが怨霊の仕業と恐れられ，800 年に崇道天皇の尊号が贈られた。

▶３．「延暦 11 年（792）」がヒント。794 年が平安京遷都なので長岡京と判断できる。山背国長岡京は淀川水系による物資輸送の便に恵まれており，また山背国は桓武天皇の母方にあたる渡来系氏族の拠点であった。

▶４．イ．正文。史料ⅱは徳政論争（相論）と呼ばれているもので，天皇の御前で「徳政（よい政治）はいかにあるべきか」を議論させたもの。その内容は蝦夷征討と平安京造営の二大事業の是非を問うものであった。

▶５．「軍事と造作」が蝦夷征討と平安京造営とわかれば判断できる。桓武天皇は律令制の再建を掲げ，国家の威信をかけて二大事業（蝦夷征討・平安京造営）に取り組んだが，造営工事や度重なる遠征は国家財政を圧迫

し，民衆を疲弊させた。

▶ 6．ア・オ．正文。「緒嗣の議を善しとして，即ち停廃に従う」がヒント。徳政論争（相論）の結果，桓武天皇はア「藤原緒嗣の意見」を採用し，オ「軍事と造作の停止」を決断した。そのため平安京は未完の都城となり，低湿地が多い右京（西京）は整備されることなく早くに荒廃した。また東北地方はその後も反乱が続き，811 年嵯峨天皇が文室綿麻呂を派遣してようやく鎮定した。なお，イ．「菅野真道の意見」はエ．「軍事と造作の継続」であったが取り入れられなかった。

▶ 7．ウ．正文。難問。「延暦 24 年（805）」の前年（804 年）に最澄と空海が遣唐使として中国に渡った。

ア．胆沢城の建設は 802 年。

イ．勘解由使が設置されたのは 797 年。

エ．雑徭の期間が半減されたのは 757 年および 795 年。

オ．健児が置かれたのは 792 年。

III 解答

1．京都大番役　2 ―エ・オ　3．吉田兼倶　4 ―ウ
5 ―エ　6．九条道家〔藤原道家〕　7 ―ア・エ

◀解　説▶

≪承久の乱≫

▶ 1．京都大番役は，御家人が負担した内裏や院の御所を警固する義務。承久の乱後は六波羅探題が統括した。

▶ 2．エ・オが正文。やや難問。「八幡太郎」が源義家とわかれば，「伊予入道」は義家の父・源頼義と推測できる。オ．源頼義は義家とともに陸奥の豪族安倍氏を倒した（前九年合戦）。エ．源義家は出羽の豪族清原氏の内紛に介入し鎮定した（後三年合戦）。

▶ 3．吉田兼倶は室町時代後期の神道家。伊勢神道の影響を受け，反本地垂迹説の立場で神を中心に儒教・仏教を取り入れて体系づけた（唯一神道）。

▶ 4．ウが正解。X．誤文。「大規模な野菜畑」が誤り。草戸千軒は瀬戸内海水運で栄えた港町である。1673 年芦田川の洪水によって水没した。

Y．誤文。「食用油」が誤り。荏胡麻はシソ科の一年草で種子から油がとれ，主に灯油として利用された。

Z．正文。室町時代に畿内の先進地域で 1 年の内に稲・麦・蕎麦の三種類を季節に応じて栽培した。1420 年に来日した朝鮮使節宋希璟の『老松堂日本行録』に三毛作の記録がある。

▶ 5．エが正解。X．永仁の徳政令を発したのは 1297 年。Y．後醍醐天皇が即位したのは 1318 年。Z．霜月騒動の説明で 1285 年である。

▶ 6．難問。九条道家は承久の乱前後，関東申次として朝幕間で重きをなした公卿である。九条兼実の孫で摂政・関白なども歴任，子・頼経は鎌倉幕府 4 代将軍となった（摂家将軍）。後に京都五山第 4 位となる東福寺を創建したことも覚えておこう。

▶ 7．ア．正文。史料 i の「二品」，史料 ii の「二品禅尼」はともに尼将軍といわれた北条政子。史料 i・ii ともに承久の乱に際して北条政子が御家人の結束を促した演説である。

エ．正文。史料 i の「故右大将軍」は源頼朝。史料 ii では源氏の祖先として「伊予入道・八幡太郎」（源頼義・義家父子）にも言及している。

イ．誤文。難問。『吾妻鏡』が『六代勝事記』より「成立も古い」が誤り。『六代勝事記』は高倉・安徳・後鳥羽・土御門・順徳，承久の乱後に即位した後堀河天皇の六代の時代に起こった出来事を記した歴史物語。著者・成立年は不明だが，引退した貴族が承久の乱直後に書いたと推測されている。一方，『吾妻鏡』は 1180 年源頼政の挙兵から 1266 年までの鎌倉幕府の事績を日記の体裁で記録した歴史書。作者・成立年は不明だが，14 世紀初頭に成立したとされている。

ウ．誤文。難問。「史料 i」と「史料 ii」が逆。史料 i『吾妻鏡』の方が後に成立しているので，先に成立した史料 ii『六代勝事記』を参考に書かれた可能性が高い。

オ．誤文。「北条義時の横暴が非難されている」が誤り。史料 ii からは読み取れない。また『六代勝事記』は後鳥羽上皇の承久の乱や院政を批判する内容になっている。

Ⅳ 解答

1－ア　2．島津斉彬　3－イ　4．文化　5－オ
6－ア　7－ウ　8．三方領知替え

◀解　説▶

≪徳川家斉の時代≫

▶1．ア．正文。天明の飢饉（1782～87年）は1782年からはじまった冷害に翌年の浅間山の大噴火が重なった大凶作。
イ．誤文。享保の飢饉（1732年）の説明文である。
ウ．誤文。「東北地方への大量の米を廻送」「餓死者は数万人でおさまった」が誤り。天明の飢饉は特に東北地方の被害が甚大で仙台藩だけで30万人の餓死者を出したという。
エ．誤文。「郡内一揆」（1836年）が起こった原因は天保の飢饉（1833～39年）である。
オ．誤文。関東取締出役の設置は1805年，11代将軍徳川家斉の時代で天明の飢饉とは無関係である。
▶2．「薩摩藩11代藩主」「集成館」「一橋慶喜を推した人物」がヒント。島津斉彬は幕末に殖産興業・海防強化など藩政改革につとめ，ペリー来航以来幕政に参与し，将軍継嗣問題では一橋派に属した。
▶3．イ．誤文。「養父」が誤り。閑院宮典仁親王は光格天皇の実父である。
ア．正文。「太上天皇」とは天皇譲位後の称号。持統天皇を初めとし，平安初期から太上天皇の尊号は譲位後新帝の詔で贈られるようになった。
ウ・エ．正文。松平定信は，皇位についていなかった実父閑院宮典仁親王に尊号を贈ることは天皇の私情により君臣の名分が乱れるとして反対した。
オ．正文。尊号一件により朝幕間の関係が悪化，また，事件をめぐって松平定信と11代将軍徳川家斉の対立もあって，定信失脚の一因となった。
▶4．難問。徳川家斉の時代を「文化・文政時代」ということ，また「文化の薪水給与令（撫恤令）」を知っていれば解答できる。冷淡な態度で追い返されたレザノフは部下に命じて1806年樺太を，1807年択捉を襲撃させた（「文化」露寇事件）。憂慮した幕府は1806年文化の薪水給与令（撫恤令）を出し，1807年には松前奉行を設置して蝦夷地全島を直轄とした。
▶5．オ．正文。適塾（適々斎塾）は緒方洪庵が1838年大坂に開いた蘭学塾。大村益次郎のほか，福沢諭吉，橋本左内らを輩出したことで有名。

ア．誤文。「日新館」は会津藩の藩校。長州藩の藩校は明倫館である。

イ．誤文。「江戸」が誤り。懐徳堂は大坂の町人塾。

ウ．誤文。「明倫館」が誤り。会津藩の保科正之が設立したのは稽古堂。後に日新館と改称した（1799年）。

エ．誤文。「閑谷学校」は岡山藩の郷校（庶民対象）である。岡山藩の藩校は花畠教場。

▶6．アが正解。①と②が正しい。③『柳子新論』は山県大弐（尊王論者）の著書である。会沢正志斎（安）の著書は『新論』。④『弘道館記述義』は藤田幽谷の子・藤田東湖の著書。⑤『海国兵談』は林子平の著書。本多利明の著書は『経世秘策』『西域物語』などが有名。

▶7．ウ．誤文。「宇和島藩」ではなく佐賀藩である。やや難問であるが，長崎警備なので地理的条件から北九州の藩を想定すれば「宇和島藩」（愛媛県）ではないと判断できる。鎖国体制が確立された寛永年間に福岡藩と佐賀藩が毎年交代で長崎湾の警備を担当することになった。

▶8．三方領知（地）替えとは，1840年に武蔵川越藩松平家の財政難を救うため豊かな出羽庄内藩に，庄内藩酒井家を越後長岡藩に，長岡藩牧野家を川越藩に転封させようとした政策。しかし領民の反対一揆などで翌年撤回した。

V　解答

1．明六雑誌　2－ア・エ　3－エ　4－ア・オ　5．太陽　6－ウ　7－ア　8．日本列島改造論　9－ア　10－イ・オ　11．京都議定書

◀解　説▶

≪雑誌の歴史≫

▶1．「森有礼，西村茂樹…らの組織した団体」がヒント。1873年に結成された明六社は，翌年『明六雑誌』を発行して欧米の政治・文化などを宣伝・紹介，啓蒙思想の普及に貢献した。

▶2．ア・エが正解。「1874年（明治7）」をヒントにこの時期の自由民権運動の弾圧法規を思い出そう。1874年に発表された民撰議院設立建白書を契機に自由民権運動が高揚すると，政府は1875年新聞紙条例と讒謗律を制定し，反政府の言論取締りを強化した。『明六雑誌』は反政府的ではなかったが，自由民権運動の論説も掲載していたため，法令の適用を危

惧して 1875 年 11 月に廃刊となった。

▶ 3．エ．誤文。難問。「天賦人権論を否定」が誤り。馬場辰猪は『天賦人権論』などの著書で民権思想の普及に努めた。民権「運動に批判的な」立場に立った代表的人物は加藤弘之である。時期尚早を唱え，急進的な大井憲太郎らと民撰議院論争を展開した。また加藤は後に『人権新説』（1882 年）を著して天賦人権論を否定した。

ア．正文。「副島種臣」（佐賀藩）は民撰議院設立建白書に名を連ねたが，その後の民権運動には関わらなかったので注意しよう。

イ．正文。民撰議院設立建白書を発表した後に愛国公党は消滅し，メンバーだった板垣退助は郷里の高知で片岡健吉らと立志社を結成した。

ウ．正文。「五日市憲法草案」（1881 年「日本帝国憲法」）は市民の学習会をもとに千葉卓三郎が起草，詳細な人権規定を盛り込んだ私擬憲法。

オ．正文。難問。「楠瀬喜多」は高知県の女性民権運動家。立志社の演説会は欠かさず傍聴し，河野広中らとも交友するようになって「民権ばあさん」と呼ばれた。

▶ 4．ア．正文。難問。『女学雑誌』（1885～1904 年）は明治中期の女性専門雑誌。「巌本善治」が主宰し，キリスト教の色彩を帯びながら女権拡張などを啓蒙した。

イ．誤文。「政治結社」が誤り。青鞜社は文学者団体である。

ウ．誤文。やや難問。「女性が就労する職種は増えなかった」が誤り。「大正期」に女性就業者が増え，「職業婦人」といわれたことを思い出そう。なお，『主婦之友』（1917 年創刊）は，一般家庭の主婦を対象に実用的な生活記事に重点を置いて人気を博した婦人雑誌である。

エ．誤文。難問。「改造社」「婦人参政権獲得運動の機関誌」が誤り。『婦人公論』は 1916 年に中央公論社から創刊された婦人啓蒙雑誌。女性の知的向上を目標に自立と解放を提唱した。

オ．正文。難問。『婦人公論』で展開された母性保護論争とは，経済的・精神的に自立できていない女性は子供を産む資格はないと主張する与謝野晶子と，女性が社会的存在になるためには子供を産むことが必要だと主張する平塚らいてうらの対立論争。

▶ 5．「博文館」がヒントだがやや難。リード文の『国民之友』『日本人』などから関連する雑誌名を想起しよう。『太陽』（1895～1928 年）は明治

・大正期の総合雑誌。主幹の高山樗牛が日本主義を唱えていた明治30年代が全盛期。著名な政治家・学者・評論家・小説家などが寄稿し，最大の総合雑誌として大正初期まで人気を博した。

▶6．ウ．正文。やや難。「憲政の本義を説いて其有終の美を済すの途を論ず」で吉野作造は天皇制を前提にしつつも，憲法の枠内で民衆の意向による民衆の幸福のための政治を行うことを説いた（民本主義）。

ア．誤文。「民主主義」には主権在民の観念があるのでこの原則は採用せずに区別した。

イ．誤文。「主権の所在は国家にある」が誤り。あえて主権の所在を問わず，主権の運用についてその理念を規定した。

エ．誤文。「君主国」の日本であっても政権運用の決定は民衆の意向によるべきことを主張し，そのために政党内閣を実現すべきと説いた。

オ．誤文。アに同じ。「主権在民」と区別して民本主義を唱えた。

▶7．ア．正文。1892年第2回総選挙における内務大臣品川弥二郎の大選挙干渉などを思い出そう。

イ．誤文。「留守政府」が誤り。大久保利通は岩倉使節団の副使である。帰国後，1873年11月に内務省を設置し自ら初代内務卿となった。

ウ．誤文。「大隈重信」が誤り。日本最初の政党内閣である第1次大隈重信内閣の内務大臣は板垣退助である。

エ．誤文。「第一次大戦後」が誤り。内務省が中心となった地方改良運動は日露戦争後の1909年から開始された。

オ．誤文。「天皇機関説問題に対応」するため政府（内閣）は国体明徴声明を行った。また，『国体の本義』（1937年）を発行したのは内務省ではなく文部省である。

▶8．「金銭スキャンダルで退陣」がヒント。政治資金調達をめぐる金脈問題を追及されて退陣した田中角栄首相を思い出そう。「日本列島改造論」は工業地域の地方分散を進め，新幹線と高速道路によるネットワークの充実を目指す経済政策である。しかし国土開発のための公共投資の拡大は，土地投機による地価高騰を促してインフレを誘発，石油ショックと相まって狂乱物価を発生させた。

▶9．ア．正文。池田勇人首相は安保闘争（岸信介内閣）の反省から「寛容と忍耐」を唱えて革新勢力との対立を避け，「国民所得倍増計画」のスローガンを掲げ高度経済成長を促進した。

イ．誤文。佐藤栄作は首相時の 1967 年に提示した非核三原則（「作らず」「持たず」「持ち込ませず」）を理由に 1974 年ノーベル平和賞を受賞した。しかしその裏で「核持ち込みに関する米国との密約」がなされていた。

ウ．誤文。創価学会を母体とする公明党が連立与党となったのは 1993 年細川護熙内閣以降なので高度経済成長期（1955～73 年頃）ではない。近年は自民党との連立与党が定着している。

エ．誤文。「米の作付面積を増加させる政策」が誤り。高度経済成長期には化学肥料・農薬・農業機械の普及によって生産が向上したため，米の供給過剰などが問題となり，1970 年より減反政策（作付け制限）を始めた。

オ．1990 年代前半の説明である。「日本新党」は 1992 年に結成され，93 年に党首・細川護熙が首班となって非自民連立内閣を組織して 55 年体制を終焉させた。なお，「新進党」（1994 年）は日本新党・公明党の一部・新生党などが合流した政党。自民党に対抗する二大政党をめざした。

▶10. イ・オが正解。やや難。手塚治虫の作品はア・ウ・エのほか，『ジャングル大帝』『火の鳥』『ブラック・ジャック』などがあり，『鉄腕アトム』は 1963 年からテレビ放送され，30 分テレビアニメシリーズの先駆となった。

イ．『のらくろ』は戦時下に人気を博した田河水泡の漫画。擬人化した犬の軍隊生活をユーモアを交えて描いた作品で，『少年倶楽部』に 1931～41 年まで連載された。

オ．『冒険ダン吉』は『のらくろ』とともに人気を博した島田啓三の漫画。戦時下の南進政策に呼応した作品で，主人公ダン吉が南洋の島で活躍する話。『少年倶楽部』に 1933～39 年まで連載された。

▶11. やや難問。京都議定書は 1997 年京都で開催された気候変動枠組条約締約国会議で採択された文書。160 以上の国と地域の代表が集まり具体的な削減目標を示した。

Ⅵ　解答

1．唐人屋敷　2－ウ　3－オ　4－エ　5．円山応挙
6－イ　7－ア

◀解　説▶

≪近世の長崎と西洋文化≫

▶1．鎖国下の長崎で外国人居住地があったのはオランダ人の出島と中国人の唐人屋敷だけなので，木版画から判断して唐人屋敷とわかる。唐人屋敷は密貿易の防止を目的として長崎郊外の十善寺村に設けられた。

▶2．ウ．誤文。蘭学者の大槻玄沢の説明である。江戸に蘭学塾の芝蘭堂を開き，蘭学入門書の『蘭学階梯』を著した。

▶3．オが正解。山脇東洋は日本最初の解剖図録『蔵志』（1759 年）を著した医学者。漢代の医学への復古を説いた古医方の権威である。『解体新書』の翻訳はエ．前野良沢を中心に，ウ．杉田玄白，イ．桂川甫周や中川淳庵らも関わった。ア．小田野直武は『解体新書』の図版を描いた西洋画家である。

▶4．エが正解。「調所広郷」をヒントに薩摩藩主の名を選べばよい。島津重豪は薩摩藩 8 代目の藩主。11 代将軍徳川家斉の舅でもある。藩校造士館を創設して蘭学を導入，またシーボルトと交流するなど蘭癖大名の 1 人として知られている。その開明的な積極政策が財政難を招くと，理財に明るい調所広郷を登用して藩政改革をおこなった。

▶5．『雪松図屛風』『保津川図屛風』がヒント。円山応挙は狩野派を学び，西洋画の遠近法や陰影法を取り入れた写実的な画法を確立した（円山派）。特にその作風は合理性を求める工芸都市・京都の町衆に支持された。

▶6．イ．正文。司馬江漢は日本で最初の銅版画を製作した洋画家。平賀源内と交わり，蘭書の知識を得て 1783 年銅版画を製作した。代表作に「三囲池図」「不忍池図」などがある。

ア．誤文。亜欧堂田善の説明。白河藩主松平定信の御用絵師として活躍，定信の命で西洋画や銅版画を研究し，『浅間山図屛風』（肉筆西洋画）など力作を描いた。なお，須賀川（現在の福島県）は田善の故郷。

ウ．誤文。渡辺崋山の説明。三河田原藩の家老で蘭学者・文人画家でもある。長崎から取り寄せた西洋画から学んだ画法で「鷹見泉石像」を描いた。

エ．誤文。葛飾北斎の説明。江戸後期の浮世絵師で狩野派・土佐派とともに司馬江漢の西洋画なども研究し，独自の画法を確立した。『富嶽三十六

景』中の「神奈川沖浪裏」や「凱風快晴」が有名。

オ．誤文。高橋由一の説明。幕末から明治初期の洋画家。長崎ではなく横浜に住むワーグマン（イギリスの画家）に油絵の技法を学んだ。代表作に「鮭」「花魁」がある。

▶ 7．アが正解。「和藤内（鄭成功）」がヒント。『国性爺合戦』は近松門左衛門の時代物浄瑠璃の代表作。平戸生まれの母をもつ鄭成功が明の再興をはかるという筋書き。史実に基づいた脚本で大成功をおさめ，17 カ月間興行した。なお，イ．『心中天網島』，ウ．『曽根崎心中』，オ．『冥途の飛脚』は同じく近松門左衛門の世話物の浄瑠璃。エ．『本朝廿四孝』は近松半二中心の合作浄瑠璃である。

❖講　評

2023 年度は，解答個数が 53 個で例年と比べて微増した。また，記述式が 18 個で例年より増加した。近年難度は上昇傾向にあったが，2019 年度以降やや平易となり，2022 年度はやや標準化し，2023 年度はそれを踏襲したようである。

Ⅰ　例年は原始を中心にした出題であったが，2023 年度は大森貝塚を発見したモースの事績を軸にした問題。内容は明治時代の文化史が中心となっている。例年難問が多いが，全体的に平易となった。記述式はすべて平易なので全問正解できるかがポイント。選択式では 6 のモースの著書『日本その日その日』はやや難問。7．T.メンデンホールも難問だが消去法で対処できるかが勝負どころ。

Ⅱ　桓武天皇の時代の出来事をテーマにした問題。史料ⅰは早良親王の怨霊，史料ⅱは徳政論争（相論）の内容である。史料ⅰは初見史料だろうが，「崇道天皇」を早良親王と判断できるかがポイントである。記述式の 3・5 は平易。選択式の 1，正文選択問題の 2 が正答できるかが勝負どころ。史料ⅱに関連する問題は 7 は難問だがそれ以外は定番なので，ミスなく正答したい。

Ⅲ　承久の乱における尼将軍政子の演説の 2 つの史料を使用した問題。史料ⅰは頻出の『吾妻鏡』。史料ⅱは初見史料の『六代勝事記』である。記述式の 1・3 は基礎的知識。6．九条道家は難問。正文選択問題の 2 は推測できれば正答できる。7 も正文をしっかり見抜ければ解答できるが，誤文イ・ウの判断が難しい。正誤法の4，配列法の5をミスなく正答できるかが勝負どころ。

Ⅳ　徳川家斉の文化・文政時代をテーマにした問題。内容は寛政の改革から幕末に及んでいる。記述式の2．島津斉「彬」は漢字のミスに注意したい。4．文化は難問。「文化・文政時代」や「文化の薪水給与令(撫恤令)」を想起して解答できるかがポイント。8．三方領知替えは漢字をしっかり書いて正答しておきたい。誤文選択問題の3・7などをクリアできるかが勝負どころである。

Ⅴ　雑誌の歴史をテーマにした近現代史の問題。記述式は基礎的知識で解答できるが，5．『太陽』はリード文から関連する雑誌名が想起できるかがポイント。8．日本列島改造論，11．京都議定書を正答できるかが勝負どころである。正文選択問題の4は女性雑誌の詳細な知識がないと厳しいが，消去法で対処できるかがポイントである。選択式の10は作品名から手塚治虫のイメージと合わないもの，また戦時中のイメージを連想させるものを選択できるかがポイントである。

Ⅵ　早稲田大学定番の美術史の問題で近世の長崎をテーマに洋学や洋画の知識が問われている。記述式の1．唐人屋敷，5．円山応挙は基礎的知識なので正答しておきたい。選択式の3・4・7も平易なので，正文・誤文選択問題の2・6をクリアできれば完答も期待できる。

世界史

I 解答

設問1．エ　設問2．エ　設問3．アマルナ文書
設問4．アクロポリス　設問5．イ

◀解　説▶

≪古代のオリエントとギリシア≫

▶設問1．やや難。メソポタミア南部におけるシュメール人の都市国家といえばウル・ウルク・ラガシュが浮かぶが，図説などに掲載されている「ウルのスタンダード」からウルと判断したい。

▶設問2．エ．正文。

ア．誤文。中王国期や新王国期のおもな都は，上エジプトのテーベである。古代エジプトで，下エジプトに置かれた都は，古王国期のメンフィスである。

イ．誤文。中部エジプトのアマルナは，アメンホテプ4世の宗教改革にともない，写実的なアマルナ美術としても名を遺したが，アメンホテプ4世の治世が終わると放棄された。

ウ．誤文。前13世紀前半，ヒッタイトとカデシュで戦った際の新王国の王はラメス2世である。

▶設問3．やや難。テル＝エル＝アマルナの王宮跡から発見されたアマルナ文書は，新王国期のヒッタイトやミタンニ，バビロニアなどの諸王と交換した書簡などの外交文書である。当時の国際語であるアッカド語の楔形文字で記録されている。

▶設問4．アクロポリスは，ギリシア語で「城山」を意味する語で，古代ギリシアのポリスにおいて，ポリスの守護神をはじめとする神々の神殿が建設される場所であり，公金の保管場所であった。戦争時には防衛の拠点として機能した。

▶設問5．イが正解。タレントゥムは現在の南イタリアのタラント。アのメディオラヌムは現在の北イタリアのミラノ，ウのビザンティウムは現在のトルコのイスタンブル，エのマッサリアは現在の南フランスのマルセイユである。

Ⅱ　解答

設問1．南京　設問2．ア　設問3．ウ　設問4．エ
設問5．ウ　設問6．揚州

◀解　説▶

≪東アジア文化圏の成立≫

▶設問1．三国の呉が都としたのは建業であるが，設問に「現在の地名」とあるので，解答は南京となる。呉では建業であったが，東晋以降の南朝では，建康と改称されている。

▶設問2．陶淵明，王羲之，顧愷之はともに東晋で活躍した人物であり，年代整序は一見難しく映るが，設問の指定が「四番目」であるため，梁の武帝の皇太子であった昭明太子が「四番目」とわかる。

▶設問3．ウ．誤文。遣渤海使は8世紀前半から9世紀初めまで，遣新羅使は7世紀後半から8世紀後半まで派遣されており，交流は行われている。

▶設問4．エ．誤文。董仲舒は前漢武帝に仕え，儒教の官学化や五経博士の設置などを建策した儒学者である。後漢で訓詁学の発展に寄与したことで知られるのは，鄭玄である。

▶設問5．ウ．誤文。黄巣の乱は875～884年に起こっている。

▶設問6．やや難。揚州のある江蘇省はあまり「中国東南」とは表現しないが，広州・泉州以外で外国人居留地である蕃坊が置かれたこと，「煬帝の終焉の地」であること（用語集の煬帝の項目には記載されている）から判断せざるを得ない。

Ⅲ　解答

設問1．エ　設問2．シチリア　設問3．エ
設問4．カーリミー商人　設問5．スーフィー

◀解　説▶

≪イスラーム世界の文化・科学技術≫

▶設問1．エ．誤文。ムラービト朝が破った内陸アフリカの国はガーナ王国である。ベニン王国は13世紀頃から19世紀にかけてギニア湾沿いに繁栄した王国である。

▶設問2．ノルマン系のルッジェーロ2世は12世紀前半に教皇の承認を得て，シチリアの王号を認められた。イスラーム世界とヨーロッパ世界の「接触の拠点」として，都パレルモの宮廷には，ノルマン人だけでなく，アラブ人，ギリシア人なども多く，12世紀ルネサンスの中心地となった。

▶設問3．エ．誤文。ガザーリーはニザーミーヤ学院の教授をつとめたスンナ派神学の大成者で，シーア派を批判した人物である。

▶設問4．カーリミー商人は，アイユーブ朝などの保護を受けながら，アラビア半島南西端のアデンとエジプトのカイロやアレクサンドリアを結ぶ紅海交易を掌握し，香辛料や絹織物などの東方の物産をイタリア商人などに販売する交易を行っていた。しかし，ペストの流行やマムルーク朝の商業統制により急速に衰退した。

▶設問5．スーフィーはアッラーとの精神的合一を求め，清貧生活の中で修行に励んだイスラーム神秘主義者のことである。設問3の選択肢に登場したガザーリーによって神秘主義はイスラーム神学の中に位置づけられた。

Ⅳ 解答

設問1．ウ　設問2．シトー　設問3．カラコルム
設問4．ア　設問5．エ　設問6．ウ　設問7．エ
設問8．イ

◀解　説▶

≪中・近世キリスト教史≫

▶設問1．ウ．誤文。751年，教皇ザカリアスの承認を受けた小ピピンがカロリング朝を創始した後，承認に対する見返りとしてランゴバルド人を討ち，ラヴェンナ地方などを教皇に献上した。これが教皇領の起源とされる。

▶設問2．空欄前後の「ブルゴーニュ地方」の「修道院」という表現からまずクリュニー修道院が浮かぶが，これは10世紀初め頃の創建である。11世紀末創建のシトー修道院は，やがてシトー修道会となり，12世紀以降大開墾運動の中心となった。

▶設問3．教皇インノケンティウス4世が派遣したプラノ＝カルピニ，フランス王ルイ9世が派遣したルブルックがカラコルムに至った。それぞれモンゴル帝国のハーンはグユク，モンケの時代である。

▶設問4．やや難。エのジャンヌ＝ダルクは百年戦争の終盤オルレアンの戦い（1428年）に登場したので明らかに四番目とわかるが，アのジャックリーの乱（1358年），イの黒死病の大流行（1348年頃），ウのクレシーの戦い（1346年）は年代的にも近く，判断が難しい。ジャックリーの乱やワット＝タイラーの乱（1381年）がペスト大流行後の14世紀後半であ

ったことを知っていれば，正解にたどり着けたかもしれない。
▶設問 5．下線部 E の神学者はウィクリフのこと。
エ．正文。
ア．誤文。聖書の原典は，『旧約』がヘブライ語，『新約』がコイネー（共通ギリシア語）である。ウィクリフが英訳したのは，4 世紀から 5 世紀にかけてヒエロニムスがラテン語訳したとされる『ウルガタ聖書』である。
イ．誤文。「アダムが耕しイヴが紡いだとき，誰が貴族だったのか」と民衆に説教したのは，ワット＝タイラーの乱の思想的指導者とされるジョン＝ボールである。
ウ．誤文。コンスタンツ公会議に召喚され，異端として火刑に処せられたのは，ベーメンのフスである。フスの死後，ベーメンではフスの信奉者を中心に反カトリックのフス戦争が起こった。
▶設問 6．やや難。ウ．正文。
ア．誤文。グーテンベルクは 15 世紀後半に死去しており，ルターが「九十五カ条の論題」を発表した 1517 年には存在していない。
イ．誤文。マインツ出身のグーテンベルクは，一時期シュトラスブルク（ストラスブール）に移りこの時期に活版印刷機を発明したとされるが，その後マインツに戻って印刷業を開業した。ロンドンに渡ったという記録はない。
エ．誤文。グーテンベルクの『四十二行聖書』はラテン語訳聖書であるため，民衆が読めるものではなかった。また，大量印刷されたわけでもない。
▶設問 7．エ．誤文。地動説を提唱した『天球回転論』を書いたのはポーランドのコペルニクスである。エラスムスは『愚神礼賛』を書き，教会風刺をしたネーデルラント出身の人文主義者である。
▶設問 8．アの南懐仁はフェルビースト，イの利瑪竇はマテオ＝リッチ，ウの郎世寧はカスティリオーネ，エの湯若望はアダム＝シャールそれぞれの中国名である。エウクレイデスの『幾何学原本』を漢訳し，『幾何原本』を発表したのは，イの利瑪竇である。アの南懐仁は天文観測や大砲の鋳造にあたった。ウの郎世寧は，西洋画の技法を伝えただけでなく，北京郊外の円明園の設計にも参加した。エの湯若望は，明末，徐光啓とともに『崇禎暦書』を完成したが，明滅亡後は清に仕え，『崇禎暦書』をもとにした「時憲暦」の作成に尽力した。

V 解答

設問１．ウ　設問２．王重陽　設問３．ア
設問４．ハイドゥ　設問５．エ　設問６．顧炎武

◀解　説▶

≪歴代中華帝国の宗教政策≫

▶設問１．やや難。アのベゼクリク千仏洞は新疆ウイグル自治区の石窟寺院である。７～８世紀頃に制作された壁画が多く残されている。イの雲崗石窟は山西省大同郊外の石窟寺院である。北魏の太武帝による廃仏が終わった後，孝文帝が洛陽に遷都するまで造営された。エの天竜山石窟は，山西省太原郊外にある石窟寺院である。東魏から隋唐期にかけて造営された。

▶設問２．王重陽は，金代に禅宗の影響を受けつつ，儒・仏・道の三教を調和させ，全真教を創始した。全真教は金代から元代にかけて隆盛した。

▶設問３．正解は元末の紅巾の乱（1351～66年），清中期の白蓮教徒の乱（1796～1804年）の中心となったアの白蓮教である。イの正一教，ウの真大道教，エの太一教はそれぞれ道教の一派である。

▶設問４．13世紀後半，フビライが第５代のハーンとして即位すると，トゥルイ家でフビライの末弟であったアリクブケが反乱を起こしたがやがて降伏した。しかしその後，オゴダイの孫であるハイドゥが中央アジアで自立し，フビライに不満を持つ勢力を結集し反旗を翻した（ハイドゥの乱：1266～1301年)。フビライに敵対したという表現だけならアリクブケとハイドゥどちらにも当てはまるが,「オゴダイ＝ハーンの孫」と限定されているので，解答はハイドゥとなる。

▶設問５．「カトリックの宣教師が問題視」という表現から，典礼問題を想起したい。この場合の「典礼」とは祖先祭祀や孔子崇拝といった伝統儀礼を指す言葉である。

▶設問６．明末清初の抗清闘争に参加した知識人といえば，ともに考証学者である黄宗羲と顧炎武が浮かぶが,『日知録』が挙げられているので，解答は顧炎武となる。

Ⅵ 解答

設問1．テルミドール　設問2．エ　設問3．エ
設問4．ウ　設問5．バブーフ　設問6．イ
設問7．エジプト　設問8．ア

◀解　説▶

≪フランス革命とナポレオン≫

▶設問1．フランス革命期には，ロベスピエール派が倒されたテルミドール9日のクーデタ（1794年），ナポレオンが総裁政府を打倒し，自ら第一統領となって統領政府を建てたブリュメール18日のクーデタがある。

▶設問2．エ．誤文。教会財産の国有化や聖職者基本法の制定は，フイヤン派が指導的役割を果たした国民議会期の施策である。

▶設問3．ブリッソはジロンド派の指導者である。ルイ16世のヴァレンヌ逃亡事件をきっかけに国王の廃位運動を行った。その後，オーストリアとの開戦論を主張したが，国民公会期に処刑された。アのエベールはジャコバン派，イのラ＝ファイエットはフイヤン派，ウのシェイエスは第三身分出身の聖職者で，フランス革命直前にパンフレット『第三身分とは何か』を著した人物である。

▶設問4．ウ．誤文。1793年憲法は，人民主権や男子普通選挙が盛り込まれた民主的な憲法であったが，革命や革命戦争の激化の中で，平和回復まで施行を停止された。

▶設問5．バブーフは1796年に私有財産の廃止や革命独裁を企て，総裁政府を打倒しようとしたが，事前に発覚し，逮捕，処刑された。武装革命による国家転覆を企てたこの事件は，19世紀の革命運動に大きな影響を与えたとされる。

▶設問6．イ．誤文。マイソール戦争（1767～99年：4度）はイギリス東インド会社とマイソール王国が南インドで戦った戦争である。これに勝利したイギリスは南インドの植民地化をすすめた。

▶設問7．ナポレオンは総裁政府の命でエジプト遠征を行ったが，1798年のアブキール湾の戦いでナポレオンのフランス艦隊は，ネルソン率いるイギリス艦隊に大敗した。その後，第2回対仏大同盟が結ばれると，ナポレオンは急遽フランスに帰国し，ブリュメール18日のクーデタをおこし，統領政府を建てた。

▶設問8．選択肢にあるのはすべてナポレオンの事績であるが，「第一帝

政を開始するまでにおこなった政策」という限定があるので，統領政府期まで（1804 年以前）の政策や軍事行動を想起すればよい。イの大陸封鎖令は，1806 年のベルリン勅令，1807 年のミラノ勅令を指しており，皇帝即位後。ウのティルジット条約（1807 年）は，1806 年のイエナ＝アウエルシュテットの戦いなどでナポレオン軍がプロイセンとロシアを相次いで破ったことを受けて結ばれたものである。これも皇帝即位後。ちなみに，この条約で，ワルシャワ大公国やウェストファリア王国が創設され，プロイセンの国土は半減された。エのアウステルリッツの戦い（1805 年），ロシア遠征（1812 年），ワーテルローの戦い（1815 年）はすべて皇帝即位後。

Ⅶ **解答**　設問１．モーセ　設問２．ウ　設問３．イ　設問４．ウ

◀解　説▶

≪聖像の歴史≫

▶設問１．『旧約聖書』の「出エジプト記」によれば，モーセは，前 13 世紀頃エジプトにいたヘブライ人を率いてエジプトを脱出，その途上，シナイ山で神から「十戒」を受け取ったとされる。

▶設問２．正解はウである。シナイ半島の聖カタリナ修道院にあるイコン「全能者ハリストス」であるが，名前は知らなくとも，教科書や図説などにはビザンツ帝国などのページにユスティニアヌス帝のイコンなどが掲載されており，モザイク画の形式で描かれたウを選びたい。ちなみに，アはクレタ島出身のスペイン画家エル＝グレコの「悔悛するマグダラのマリア」，イはドイツ＝ルネサンス期の画家デューラーの自画像，エはスペイン・バロック期を代表する画家ベラスケスの「十字架上のキリスト」である。

▶設問３．クシャーナ朝は，イラン系のクシャーン人が建てた王朝である。国内を横断するシルク＝ロードによって東西交易で発展し，そこで東西文化の融合もみられ，仏像の製作もその文化の一環とされる。

▶設問４．正解はウである。教科書や図説に掲載されているガンダーラ美術の仏像の特徴である彫りの深い顔，ウェーブのかかった頭髪，等間隔で伸びる衣の襞などから，ギリシア的要素を含むヘレニズム文化の影響を感じたい。アは頭上に多くの顔が並んでおり，ガンダーラ美術の仏像にはな

い特徴を示している。イは古代ローマのトーガを着用しており，髪型が明らかに仏像ではないので除外できる。エはウェーブのかかった頭髪や衣の襞などが見当たらず，除外できる。

出典追記：ア：奈良国立博物館

出典追記：ウ：早稲田大学會津八一記念博物館

❖講　評

Ⅰ　古代のオリエント世界とギリシア世界について問うた大問である。「ウル」と「アマルナ文書」を問うた設問1と設問3は差がつく設問となったであろう。設問1は「ウルのスタンダード」を知っていれば解けたか。設問3の「アマルナ文書」は教科書や用語集にも記載がないが，アマルナから類推できたかもしれない。この「アマルナ文書」は，ここ10年で見ると文学部では出題されていないが，教育学部や人間科学部で出題されている。他学部の過去問を解いていくことも有効な対策となる。

Ⅱ　三国時代から隋唐にかけての東アジア文化圏の成立に関する大問である。受験生を悩ますことが多い年代整序が設問2で出ているが，よく考えれば難しい問題ではない。「揚州」を問う設問6はやや難しいが，それ以外は完答したい。

Ⅲ　イスラーム世界の文化や科学技術がヨーロッパに与えた影響について述べたリード文をもとに，主にイスラーム世界について問うた大問である。いずれも基本的なものなので，ここも確実に加点したい。

Ⅳ　主に中・近世キリスト教に関する内容を問うている。正誤判定問題が多く，少し時間がかかるかもしれない。「シトー」を問う設問2は，よく使われる「大開墾運動」がヒントに登場しておらず，11世紀末という時期とブルゴーニュ地方という場所から導かねばならなかったので，差がつくポイントになったはず。ちなみに早稲田大学文学部では，2019年に正誤判定問題の選択肢中に「シトー修道会」が登場している。あとは，設問4の年代整序問題と，設問6のグーテンベルクに関する正誤判定問題が少し細かい知識を要求したため，難しかっただろう。

Ⅴ　歴代中華帝国の宗教政策に関するリード文から，明末清初までの宗教関連の知識を問うた大問である。語句選択問題は教科書レベルを超えた選択肢が多くみられ，消去法に頼ると難しく感じただろうが，正解の語句はそこまで細かいものではないので，確実な知識を持っていれば得点できただろう。

Ⅵ　フランス革命とナポレオンに関する内容を問うた大問である。設問２・設問３は，受験生があまり意識していない内容であったので難しかったかもしれないが，フランス革命期の政体の変遷とその具体的政策，そしてフイヤン，ジロンド，ジャコバン派の区別ができていれば消去法でも解答できる。残りの選択問題も一筋縄ではいかない問題が並んでいるが，用語集の内容まで理解を深めておくことができていれば，加点につながったであろう。

Ⅶ　東西世界の「聖像」に関するリード文から，文学部おなじみの視覚資料を用いた美術史を主に問うた大問である。設問２と設問４の絵画・仏像を選ぶ問題は，普段から教科書や図説中の芸術作品などの特徴をとらえる努力を必要とするが，設問１と設問３の空欄補充問題は易しいため確実に得点したい。

ていた。問十八Bの「使役」はやや難しい。問二十一と問二十二はいずれも和歌に関する設問。問二十二の空所補充は、よく出てくる地名との「掛詞」の関係を知っていないと迷う。

四は、近代日本を代表する文豪夏目漱石の漢詩文という、きわめて珍しい出典からの出題で、漢詩と文章の組み合わせという形になった。明治時代の日本で書かれた漢文ではあるが、漱石の持つ漢詩文の素養が漢詩や文章のあちらこちらに見られる興味深い本文であった。設問は、内容が読み取れていれば十分に対応できるものである。漢詩の空欄補充も、漢詩の押韻の知識によって正解を導ける。書き下し文の設問は二〇二三年度は出題されなかったが、書き下し文を白文に戻す「復文」の設問が出た点が新しい。

❖講　評

現代文二題と古文一題・漢文一題の計四題の出題で、二〇二二年度と大問構成は同じ。試験時間は九〇分で、設問は選択式と記述式が混在している。難易度は大きくは変わっていないが、分量が多く、一部紛らわしい選択肢もあるので、時間が足りなくなる可能性があり、やや難のレベルである。

現代文は、現代的なテーマを扱った評論が二題で、二〇二二年度よりも本文がやや長くなっているが、文章自体の難易度はほぼ同じで、設問数・設問レベルともに大きな変化はなかった。

一は、ＡＩと法の関係を論じた複数の筆者による本からの出題。前半がＡＩに法の適用は可能か否か、後半がＡＩとは違って従いそこねることのある人間の持つ「創造的誤謬」、という二つの内容から構成されている。二〇二二年度もロボットと人間の関係や人間の存在理由について述べた評論だったので、同傾向の文章の出題が続いたことになる。設問は傍線部の前後に注目することで答えの方向性がつかめるものがほとんどである。選択肢も問四の空所補充が悩ましいくらいで、あとの設問はそれほど迷うことはない。ただ問二の内容説明の説明文の空欄を本文の言葉を抜き出して埋めていく設問は、該当箇所を探しあてるのに苦労する。問八の書き取りは二〇二三年度も記述式であった。標準的なレベルのものなので、取りこぼさないようにしたい。

二は、ジェンダーの問題を取り上げた文章からの出題。設問は大問一同様、傍線部の前後で答えの方向性をつかんで選択肢を検討していけば、それほど迷わない。ただ問十四の空所補充は「記号」「規範」といった、評論に頻出の単語の意味を正確に知っていないと迷う。問十六は本文では明記されていない内容を敷衍《ふえん》して考えさせるおもしろい設問。

三は、『和泉式部日記』からの出題。本文自体は二〇二二年度に比べると短くなっているが、和歌が本文だけで十一首、注を加えると全部で十二首になるため、文章が短くなっても読解の苦労はほとんど変わっていない。文学史の設問は二〇二三年度もなかったが、文学史の学習をとおして『和泉式部日記』の内容を学んでいれば、解答の助けになったであろう。設問は、文章の流れがつかめていれば迷うことは少ない。問十八で助動詞、問二十で敬語がそれぞれ問われになっているということである）。「不堪神往」という語順になる。

B、傍線部を含む段落のはじめにある「余、長ズ二於大都紅塵之中ニ一。無シ下一丘一水ノ足ル二以テ壮トスルニレ観者ヲ上。」は、〈町の中で育って本物の自然の雄大さに触れることがなかった〉ということを言っている。このような漱石が「毎ニレ見ル二古人ノ所ノレ描ク山水幅ノ、……一」と、〈昔の画家たちが自然を描いた掛け軸の描写や色使い〉を見たときのことを述べたのが傍線部4である。「堪へず」は〝がまんできない・おさえられない〟。この文章に宗教的な色彩はないので、「神」はgodの意味ではなく、「しん」と読んで〝精神・心〟の意味である。全体は、絵を見たときのことなので〝心が絵の方に行くことをおさえられない〟となる。これに近いのはイである。「絵」のことに触れていないハ・ニ・ホはまちがい。自分が絵を書いているわけではないので「絵の完成」としているロも文章の内容に合わない。

▼問二十九　傍線部5にある「而ル後ニ」は〝その後〟。前問で見たように、絵の中の自然にひかれていた漱石が、「及ビテレ遊ブニ二于房総ニ一、得テ下……尽クスコトヲ中風水離合之変ヲ上」と〈房総を旅して実際の自然の姿に触れた〉あとのことを描いたのが傍線部5である。「意始メテ降レリ」の「意」は〝考え・思い〟で、逐語訳すると〝思いがはじめて降りてきた〟となる。「而ル後ニ」の意味を取り違えているハとニは除外できる。イ「落ち込んだ」、ロ「後悔の念」はここからは読み取れない。「長い間の思いがやっと晴れた」と〈思いが降りてきた結果〉を述べたホが最も適切である。〈町で育って自然を絵の中でしか知らなかった漱石がはじめて本物の自然に触れた際の感動〉を述べているのである。本文はこのあと、この時の思いを述べた七言絶句が続くが、問題文では省略されている。

参考　「木屑録《ぼくせつろく》」は明治二十二年、第一高等中学校の生徒であった夏目漱石が、喀血《かっけつ》して故郷松山で静養している親友正岡子規に宛てた、漢文で書かれた文章で、その内容は夏休みに友人たちと旅した房総旅行の見聞記である。東京に戻ってこれを読んだ子規は「『木屑録』評」という、漢文で書かれた批評を漱石に送っている。

◀解　説▶

▼問二十五　「君子」は〝徳の備わった人・人格のすぐれている人〟という意味で、ここは「興津」の「清秀穏雅」な景色をたとえていった表現である。この文章の中で漱石は「興津」と「保田」の景色を比較しているので、「君子」の対義語は「興津」と対比されている「保田」の景色を述べた言葉の中にあると考えられる。漱石は「保田」の景色のことを詩の前にある文章で「険奇巉峭」とし、続けて「酷ダ似タリ㆓奸雄ニ㆒」と述べている。「奸雄」とは〝悪知恵に長けた英雄〟という意味で、「君子」の対義語としてはややずれている感もあるが、本文で景色を描写するにあたって用いられた比喩として対照的な位置を占めており、「二字の漢語」という条件も満たしている。

▼問二十六　漱石が作った七言絶句の承句の末尾に [2] はある。漢詩の句の終わりに空欄があるときは、やみくもに選択肢を見るのではなく、押韻のきまりを意識して考えることが大切である。七言絶句は起句・承句・結句で韻を踏むというきまりがある。起句は「天 ten」、結句は「辺 hen」と、ともに -en の末尾をもっている。選択肢の中で、この -en の末尾をもつ文字は、ホ「然 zen」しかない。補うと「悠然」という熟語になり、意味のうえでも問題はない。ホが正解である。

▼問二十七　「決㆑眥」は「眥《まなじり》を決して」と読む。「眥を決する」は怒ったり決意したりする際に用いられることが多いが、ここにはそのような要素はない。単純に〝大きく目を見開く〟ということである。この意味を含むのはニだけである。「西方」を〝西の方に向かって〟としていることにも問題はない。ニが正解である。

▼問二十八　A、漢文の文の基本構造は〈主語＋述語＋目的語／補語〉という形をとる。傍線部4は「神の往くに堪えず」と「神の」という主語に対して「往く」という述語がある。「神往」という順序がまずできあがる。解答用紙の冒頭に印刷されている「不」は「ず」と読む返読文字なので、「堪へず」の部分は「不堪」となる。最後に、この二つをどのように組み合わせるか、であるが、「往く」のあとに「に」という送り仮名がある。「ヲニトがあったら返って読む」というルールに基づいて「に」のある「神往」の部分を「不堪」のあとに置く（「神往」が「堪」の目的語

かった。東の海に房総に遊び、山頂近くを雲が取り巻いたり離れたりする姿を堪能し、風によって海面が荒れたり穏やかになったりする姿を満喫して、そうしてそのあとに気持ちがやっと落ち着いたのであった。

読み　興津《おきつ》の景は、清秀穏雅《せいしうをんが》にして、君子の風《ふう》有り。保田《ほた》の勝《しよう》は、険奇巉峭《けんきざんせう》にして、酷《はなは》だ奸雄《かんゆう》に似たり。君子は奇特《きとく》人を驚かす者無し。故に婦女も狎《な》れて近づくべし。奸雄は変幻不測卓然《へんげんふそくたくぜん》として群《ぐん》せざる者に非《あら》ずんば、其の怪奇峭曲《せうきよく》の態《たい》を喜ぶこと能《あた》はざるなり。嘗試《こころみ》に二絶を作りて之を較《くら》べて曰く、

風穏やかに波平《たひら》かなり七月の天
韶光《せうくわう》夏に入りて自《おのづか》ら悠然たり
雲を出づる帆影白千点《はんえいはく》
総《す》べて水天髣髴《はうふつ》の辺《へん》に在り

西方《せいはう》眥《まなじり》を決して茫茫《ばうばう》たるを望めば
幾丈《いくぢやう》の巨濤乱塘《きよたうらんたう》を拍《う》つ
水尽《つ》きて孤帆天際《こはんてんさい》に去り
長風《ちやうふう》吹き満つ太平洋

余、大都紅塵《たいとこうぢん》の中に長《ちやう》ず。一丘一水《いつきういつすい》の以て観《くわん》を壮《さう》とするに足る者無し。古人の描《ゑが》く所の山水幅《さんすいふく》の、丹碧攅簇《たんぺきさんそう》し、翠赭交《すゐしやかう》錯《さく》せるを見るごとに、神《しん》の往《ゆ》くに堪《た》へず。東海に房総に遊ぶに及びて、山雲吐呑《とどん》の状を窮《きは》め、風水離合の変を尽くすことを得て、而《しか》る後に意始めて降《くだ》れり。

◆全　訳◆

興津の景色は、清らかで抜きん出ており、穏やかで上品であって、君子（＝徳の備わった人）の風情がある。（それに対して）保田の（すぐれた）景色は、険しく奇抜で岩山が起伏して鋭く切り立っていて、奸雄（＝悪知恵に長けた英雄）にとてもよく似ている。君子は心がけやおこないがすぐれていて人を動揺させるようなことはない。だから女性も慣れ親しんで近くに行くことができる。（一方）奸雄はあっという間に変わって測り知ることができず他よりもひときわすぐれた孤高の者でなければ、その変わっていて先が尖っていたりくねくねとまがっていたりする様子を楽しむことはできない。試しに二首の絶句を作り両者を比べていうことには、

風は穏やかで波は静かである、七月の空（の下）
うららかな（春の）陽射しは夏になり、自然とゆったりとのどかになる
雲から出てくるかのような船の姿が、たくさんの白い斑点となって（水面に浮かび）
すべてのものは遠く海と空との境がぼんやりとかすむあたりにある

西の方向に向かって大きくその目を見開いて、果てしなく広がる海を望むと
何丈もの（高さの）波が、入りくんだ海岸に打ち寄せる
水の見えなくなる水平線のかなたへと向かうたった一艘の船が、空の果てへと去って行き
遠くから吹いてくる風があたりを満たす、太平洋（の上）を

私は、大都市の土ぼこりの中で育った。山も川も見ていて壮大と十分に思わせるようなものはどこにもなかった。昔の人の描いた自然の風景の掛け軸が、（土や木、あるいは紅葉の色や草や葉の緑を彩色する）赤や青（の絵の具）が密集したり、緑や赤（の絵の具）が入り混じっていたりしているのを見るたびに、心が奪われていくのをおさえることができな

とは書かれていない。「罪」の中身も「好色（＝〝異性を好むこと〟）」ではないし、それを「歌」に詠むこともしていない。「罪」の中身は本文には明記されていないが、最終文に「げにさぞあらむかし、とおぼせど、例のほど経《へ》ぬ」と、「宮」は〈「女」の心細さや嘆きをわかりながら、何もしないでいる〉。「宮」が「女」のもとにやって来ないことを、「女」は「罪」と言っていると考えられる。

参考　『和泉式部日記』は恋多き女性として知られる和泉式部の、冷泉院の皇子敦道《あつみち》親王（帥《そち》の宮《みや》）との恋を描いた日記で、長保五（一〇〇三）年四月の恋の始まりから、その年十二月の宮廷入り、そして翌年一月の帥宮の妃が屋敷を出ていくところまでのことが記されている。本文は二人の気持ちがいよいよ高まっていくがまだ決定的にはなっていない八月の記事である。

二人の関係は帥の宮が寛弘四（一〇〇七）年に二十六歳で亡くなるまで続いた。その後、和泉式部は、中宮となった娘のもとに才媛をそろえようとする藤原道長の考えもあってのことか、中宮彰子のもとに出仕し、同じく彰子のもとにいた紫式部や赤染衛門（『栄花物語』の作者ともいわれている人物）とともに数年間過ごしていくことになる。

四

出典　夏目漱石「木屑録《ぼくせつろく》」（『定本漱石全集第十八巻漢詩文』岩波書店）

解答

問二十五　奸雄

問二十六　ホ

問二十七　ニ

問二十八　A、（不）堪神往　B―イ

問二十九　ホ

ておきながら、「女」が早々に自分から山を出てしまった〉とまとめることができるので、この内容が含まれていないイは除外できる。ニにある「説得したところ、……あっさりと応じた」は、「女」が自分から山を出ているので、あてはまらない。ロとハはともに〈「女」が山から出て都に帰ってきた〉ことを述べているが、傍線部5を含む歌に「法《のり》の山路《やまぢ》に入りさして」とある。「入りさして」は〝入りかけて途中でやめる〟という意味の動詞「入りさす」に接続助詞「て」がついた言葉で、「女」が〈修行を途中でやめてしまったこと〉をいっているので、この内容を述べたハの方がこの時の歌の作者である「宮」の気持ちに即しているといえる。ハが正解である。

▼問二十四　イ、第二段落「仏の御前《おまへ》にはあらで」が「常に仏の御前にいたわけではなかったが」にあたり、「まめやかに仏を念じたてまつるほどに」が「心をこめて祈り続けた」にあたるが、「髪を下ろし」、つまり出家したということは書かれていない。

ロ、第三段落にある「宮」から「女」にあてた手紙に「などかくなむ、……心うく」と、〈石山寺に籠もることを前もって知らされておらず、自分が置いていかれたとつらく感じていること〉はあるが、「できれば一緒に行きたかった」とまでは書かれていない。よって「気持ちをおさえられなかった」は本文とずれる内容になる。

ハ、波線部cの前後に注目する。傍線部3の「あふみぢは」の歌と「山ながら」の歌を「女」は「宮」に返したが、「女」は石山寺、「宮」は都と、二人のいる場所は遠く離れている。あたかも歌のやりとりがその場でおこなわれているかのような書き方になっているが、実際は時間差があって、歌を添えた手紙は「童」の手によって運ばれている。この時も、二首の歌の書かれた「女」からの最初の手紙が「童」の手によって「宮」のもとに運ばれ、それを見た「宮」が「童」に「苦しくとも行け」と述べて、「とふ人、とか。……」で始まる手紙を持たせたのである。よって本文の内容に合致しているといえる。

ニ、「晦日方《つごもりがた》」で始まる最後の段落に「女」と「宮」との歌のやりとりがあり、その前に「日ごろの罪もゆるしきこえぬべし」という「女」の思いは述べられているが、「宮」が〈自分の「罪を許してくれるようにと請う」〉というこ

↓打出《うちで》の浜↓琵琶湖（＝あふみのうみ）↓石山寺というルートで移動するが、ここに見られる地名をこの二首の歌は詠み込んだやりとりになっている。イの「あふみぢ」に「逢《あ》ふ道《みち》」と「近江路《あふみぢ》」が掛けられているという説明は、注にあるように石山寺は現在の滋賀県にあり、滋賀県のことをかつて近江《あふみ》といっていたことに合致している。ハも「あふみ」に地名の「近江」と「逢ふ身」を掛けているとする説明は、イと同じで、歌の内容から考えてもおかしなところはない。ニの「うち出て」に地名の「打出」と〝出る〟という意味の「うち出て」が掛けられているという説明も、〈自分に逢うために山を出てください〉という歌の内容にかなっている。ロの「とふ」が〝手紙をよこす〟という意味の「問ふ」であるというのは、「宮」から手紙が来ているので特に問題はないが、「とふ」に〝関を飛び越える〟という意の「飛ぶ」の意味が掛けられているとすると、「とふ人はだれ」という句が〝（逢坂の）関を飛び越えてここまでやって来たのはだれですか〟という意味を持つことになる。しかし「宮」は実際に「女」をたずねてはおらず、文章内容と矛盾する。よって適切でないものはロである。

▼問二十二　X を含む歌は、その直前にあるように「女」が歌の中で「とふ人やたれ」と言ってきたことを「あさましの御もの言ひや（＝〝あきれたおっしゃりようですね〟）」と感じた「宮」の歌である。四句目の「おぼめくばかり」は〝そらとぼけるくらい〟という意味で、とぼけて忘れたふうを装っている「女」をとがめる意味になっている。これを踏まえて上の句の意味を X を除いて考えていくと、〝たずねていく甲斐もなく〟となる。たずねるのは「女」に逢うためなので、X には「逢う（あふ）」の音を含むイ「あふさか山」が「最も適切」である。「かひ」という語も、「甲斐」のほかに、〝山と山との間の狭いところ・谷〟という意味をもち「山」の縁語として用いられる「峡《かひ》」の意味が掛けられている。このことも「あふさか山」が正解といえる裏づけになる。

▼問二十三　傍線部5は〝驚きあきれる〟という意味の形容詞「あさまし」の終止形に、詠嘆の終助詞「や」がついた形で、〝あきれたものよ〟という意味になる。傍線部5を含む歌の直前に「かかるほどに、出でにけり。『さそひみよ、とありしを、急ぎ出でたまひにければなむ」とあり、ここに「あさましや」の理由が述べられている。〈自分を誘っ

の行為である。よって波線部bは「宮」に対する敬意である。

c、「聞こえ」は「言ふ」の謙譲語にあたる言葉で、直前にある「山ながら……」の歌は「おぼろけに思ひたまへ入りにしかば」と述べる「女」が詠んだ歌で、「宮」の歌に対するものである。よって波線部c「聞こえ」は「女」の行為であり、謙譲語の場合、敬意の対象はその行為の向かう先にいる人物なので、「宮」に対する敬意となる。

d、傍線部4の歌には、『古今和歌集』にある古歌を踏まえた「うきたびごとに」というやや皮肉っぽい言葉が添えられている。〈山がたとえつらかったとしても山から下りて打出浜を見るつもりはない〉と主張する「女」の歌をうけて、〈つらいことがあるたびに身を投げていると深い谷も浅くなってしまいますよ〉という言葉を添えて、X を含む歌と傍線部4の歌を「宮」が返したのである。よって波線部dにある「のたまはせ」は「宮」の行為であり、波線部dは「宮」に対する敬意となる。

e、波線部eは「かかるほどに、出でにけり」に始まる段落にある。この地の文には敬語が使われていないが、本文の地の文で敬語が用いられているのは「宮」と第二段落の「仏を念じたてまつる」にある「仏」だけである。「女」に対しては用いられていない。「出でにけり」は山から出た「女」の行為を示している。それに続けて書かれている「さそひみよ、とありしを、急ぎ出でたまひにければなむ」は、「さそひみよ」という「女」の歌にあった言葉を踏まえて、〈「私を誘いに来てください」とまで言っていたのにあっさりと「女」が山から出たことに驚く〉「宮」の言葉である。「急ぎ出でたまひ」は「女」の行為。「宮」が自分の言葉の中で、「女」に対して尊敬語を用いているのである。よって波線部eは「女」に対する敬意。

以上より、abcdが「宮」に対する敬意であるのに対し、eだけが「女」に対する敬意ということになる。よってホが正解である。

▼問二十一　傍線部3は、都にいるときはご無沙汰であったのに、都を離れて石山寺にこもった途端に手紙を寄こす「宮」に対する「女」の歌。傍線部4は「女」に対する「宮」の歌。注にもあるように、石山寺へは、都→逢坂《あふさか》の関

すると〝なぜこれこれとおっしゃらなかったのでしょうか〟となる。傍線部1は「女」が石山寺に行ってしまったことを知った「宮」が送った手紙の中にある一節なので、「かく（＝〝これこれ〟）」は〈大切なことを言ってくれなかった「女」を責める〉内容になるはずである。それは〈石山寺に行ってしまったこと〉なのでイが最も適切である。あとのものはすべて「かく」の内容が違う。

2、「だに」は軽いものをあげて他を類推させる意味で〝……でさえ〟と言い換えることができる。「おぼつかなく」は形容詞「おぼつかなし」の連用形で、〝対象がはっきりせずつかみどころがない〟がもともとの意味。ここは石山寺という都からやや距離のあるところにいる自分に手紙を書いて送った「宮」のことを「女」が考えている場面なので、〈近く〉、具体的には同じ京の都の中にいたとき、「宮」が「女」に対してどのように接していたかを考えて「おぼつかなく」の意味を特定していく。〝あてにならない〟〝疎遠である〟のような意味が適切である。「なしたまふ」の「なし」は〝あえて……する〟という意味の「なす」の連用形。以上より傍線部2の意味として「最も適切」なものはニである。イとロは〈近く〉の意味を取り違えている。またイ・ロ・ハすべて、「なす」の意味を正しくとらえていない。〈疎遠にしているのだから離れた場所に行ったらさらに疎遠になるかと思えば「いつお帰りになるのですか」などと聞いてくる「宮」のことを「女」は「をかしく」思っているのである。（『和泉式部日記』の書かれた平安時代の「をかし」は『枕草子』に代表されるように〝心ひかれる〟という意味で使われることが多かったので、〔全訳〕は〈滑稽〉の意味の「おかしくて」ではなく「うれしくて」としている。）

▼問二十　a、前問の2の〔解説〕でも少し触れたが、「関越えて……心づかひを　いつか出でさせたまふ」と「たづねたまへる」のは「宮」の行為である。波線部a「たまへ」は尊敬の意味の補助動詞「たまふ」の已然形。尊敬語は動作の主体に対する敬意を示す言葉なので、波線部aは「宮」に対する敬意である。

b、傍線部3にある「女」の返歌に続けて「いつか、とのたまはせたるは」とある。「いつか」というのは傍線部2の前にある「いつか出でさせたまふ」のことであり、この言葉を言ったのは「宮」なので、「のたまはせ」は「宮」

▲解　説▼

▼問十八　A、助動詞「なる」は「なり」の連体形だが、「なり」には終止形（ラ変型の活用をする語の場合は連体形）に接続する〈伝聞・推定〉の意味と、体言や連体形に接続する〈断定〉の意味がある。二重傍線部Aの上にある「おはします」はサ行四段活用の動詞なので、終止形と連体形が同じ形となる。ここは意味から判断するしかない。二重傍線部Aを含む「一日《ひとひ》まかりてさぶらひしかば、石山になむこのごろおはしますなる」は、「童」の言葉でその内容は〈「女」のところに行ったが、「女」は今石山寺にいらっしゃる〉というものである。実際「女」の家に行っているので、いないことを自分の目で確かめることはできるが、石山にいるということまでは行っただけではわかりようがない。「女」の家に行ってそのような話を聞いてきたと考えるのが妥当である。よってト「断定」ではなくチ「伝聞」である。

B、二重傍線部B「すれ」はあとに「ば」が続いているので、使役または尊敬の助動詞「す」の已然形である。ここも前問同様、接続では判断できないので、意味から考える。二重傍線部Bを含む「申さすれば」の主語は「童」なので、「すれ」を尊敬にとると、「童」に対する尊敬語ということになってしまう。「童」に対して敬語を使っている箇所は本文にはないので、ハ「使役」である。「童」は二重傍線部Aを含む報告を、「宮」に直接おこなったわけではなく、間に人を介して伝えたのである。

C、係り結びもなくあとに「。」があるので、二重傍線部Cの「ぬ」は終止形である。終止形で「ぬ」の形をとるのは、完了の助動詞「ぬ」しかない。完了の助動詞「ぬ」は連用形に接続するが、直前の「暮れ」はラ行下二段活用動詞「暮る」の連用形で、齟齬《そご》はない。ロ「完了」が正解である。

▼問十九　1、傍線部1の中にある「のたまはせ」に注目する。この語は「言ふ」の尊敬語である下二段活用動詞「のたまはす」の未然形である。そして言った言葉が傍線部1の中の「かく」の部分である。「など」は〝なぜ〟、「ざり」は打消の助動詞「ず」の連用形、「けむ」は過去推量の助動詞「けむ」の連体形（「など」と呼応している）。逐語訳

たい、とお思いになるが、どうしてそのようなことができようか（、できるはずがない）。

　こうしているうちに、（女は山を）出て（都に帰って）きてしまった。（このことを知った宮は）「誘ってみてください、と歌にあった（のでその気になっていました）のに、早々に（山を）出てしまわれたので、

　あきれてしまいました。（あなたは）仏道のために山に入られたというのに途中でやめてしまい、都に戻るようにと
　いったいだれが誘ったのでしょうか」

お返事は、このようにだけ（詠んで送った）。

　（仏のいらっしゃる）山を出て、暗い俗世の道に戻ってきました。今一度（あなたに）お会いすることのため

（八月の）終わりのころに、風がひどく吹いて、野分《のわき》（＝秋、二百十日ころに吹く激しい風）めいた風が吹いて雨など（も）降るときに、いつもよりもなんとなく心細くてもの思いにふけっていると、（宮からの）お便りがある。いつものように時節（＝野分の折の心細さ）をわきまえたご様子で（お便りの中でお見舞いを）おっしゃっているので、最近（ご無沙汰となっている宮）の罪もお許し申し上げてもいいかと思う。

　（お目にかかれないことを）嘆きながら秋のお空をもの思いにふけって眺めていますと、雲の動きも速く風も激しく
　　吹いています（まるで私の心のように）

（宮への）お返事（の歌）

　秋の風はほんの少し吹くだけでも悲しく思いますのに、空が急に暗くなっていく（今日のような）日（の気持ち）は
　　言いようがありません

（宮は女の歌を見て）まったくそのとおりだろうな、とお思いになるのだが、いつものように（会うことのないまま）日が過ぎていった。

りをくださる人はどなたでしょう

いつ（そちらをお出になりますか）、とおっしゃっていましたね。（私は）いい加減に思い申し上げたわけではなく（この山に）入ったのですから（＝いい加減な気持ちでこの山に入ったのではございませんから）、（石山寺のある）山にこもったまま、つらいことはつらいとしても、都へ帰ろうとして、いつ打出《うちで》の浜を見ようと思うでしょうか、そんなことを思うことは決してありません」

と（お返事）申し上げたところ、（宮は童に）「ご苦労だが（もう一度）行ってこい」とおっしゃって、「便りをくださる人（はどなたでしょう）、とか（おっしゃるとは）。あきれたおっしゃりようですね。

あなたを訪ねて逢坂山を越えて会いにいく、そのかいもなく、空とぼけて（便りをくださる人はどなたでしょうと）おっしゃるほどに（私のことを）忘れてしまっていいものでしょうか（、いいはずがありません）。

ああそうそう、（打出浜といえば）

つらいことのためひたすら家（＝石山寺）に引きこもろうと思っているとしても、私に会うために打出浜に出て来て

近江の海を見てください

つらいことがあるたびに（身を投げていると深い谷も浅くなってしまう）、と言うでしょう」と（宮が便りの中で）おっしゃったので、ただ次のように、

逢坂の関のある山のようにはせきとめることのできない（私の）涙が近江の海（の水）となって流れ出ていることでしょう（涙という形で私はもう山から出ています、だから私の身が山から出ることはないでしょう）

とだけお返事をして、その端に、

私の（山にこもる）決意のほども試してみましょう。ためしに、さあ都に（帰ろう）と（ここまで）やって来て私を

誘ってみてください

（と書き添えた。）（これをご覧になった宮は）（自分が本当に行くとは女が）思ってもいないだろうところに、訪ねていき

◆全　訳◆

こうしているうちに八月にもなったので、所在のない思いもまぎらわそう、と思って、石山（寺）に参詣して七日間ほど（そこに）いよう、と思って参詣した。

（帥《そち》の）宮は、（便りを出さないことが）長くなってしまったことだ、とお思いになって、お便りをお送りにな（ろうとす）るのだが、童《わらわ》（＝小舎人童《こどねりわらわ》・貴人に仕えて身辺の雑用をつとめる召使いの少年）が、「先日この屋敷を退出して（あの方のもとに）参りましたが、石山（寺）にこのところいらっしゃるということです」と（人づてに）申し上げさせると、「それでは、今日は（日も）暮れた。明日の早朝に行け」とおっしゃって、お便りをお書きになって、（童に）お与えになって、（そのお便りを持って童が）石山（寺）に行ったところ、（女は）仏の御前にはいなくて、住み慣れた場所（＝都）ばかりが恋しく思われて、このような外出（＝参詣）をするというのも（宮と出会う前とは）すっかり変わってしまったわが身のありさまよ、と思うにつけ、たいそうもの悲しくて、心をこめて仏をお祈り申し上げていると、高欄（＝欄干・手すり）の下の方に人の気配がするので、不思議に思って見下ろしたところ、この童（がいたの）である。

うれしくも思いがけないところにやって来たので、「どうしたの」と（侍女に）たずねさせると、（童が）（宮からの）お便りを差し出したのも、いつもよりも急いで開けて見てみると、「（仏の道に）とても信心深くお入りになったのですね。どうしてこれこれなんです、ともおっしゃ（ってくださ）らなかったのでしょうか。（私のことを仏の道の）妨げになる者とまではお思いになっていないのでしょうが、（私を）置いていかれたことが、とてもつらく（思います）」とあって、

「（逢坂の）関を越えて今日（私が）便りを送るとあなたはご存じでしたか、（あなたへの）思いが絶えることのない
　（私のこの）心づかいを（おわかりになってください）

いつそちらをお出になりますか」とある。（同じ都で）近くにいてさえ、ひどく疎遠にされたりなさるのに、このようにわざわざ便りをくださったりなさるのが、うれしくて、

「近江にいる私に会うための道は（もう）お忘れになったようだと思っておりましたのに、（逢坂の）関を越えてお便

ない。筆者は〈ジェンダーフリー（＝社会的・文化的に形成された性差別の克服を目指す考え）〉の立場から、たとえば第七段落にあるように、「そもそも男女という二つのジェンダーで衣服を分類する必要はあるだろうか」と述べている。

ハ、「着用する衣服によって形成される自己像は虚像に過ぎない」とはいっていない。たとえば第十段落にあるように色によって規定される「男児」「女児」というジェンダーは、問題をはらんでいるかもしれないが、「虚像」とはいえない。

ニ、「ファッション」が「ファッション業界に支えられて」いるとは書かれていない。また、傍線部7のように「ファッション業界」が果たすべき役割について述べてはいるが、「ファッションに投影されたジェンダー規範やその不正義を正す責任はこの業界にある」と、すべての責任がファッション業界にあるようなことはいっていない。

よって、「本文の趣旨と合致する最も適切なもの」はイである。

三

出典　『和泉式部日記』

解答

問十八　A―チ　B―ハ　C―ロ

問十九　1―イ　2―ニ

問二十　ホ

問二十一　ロ

問二十二　イ

問二十三　ハ

問二十四　ハ

入れるのが適切である。以上より、組み合わせとして最も適切なものはニである。

▼問十五　傍線部6にある「社会的な次元」への「影響」には、直前に「各自がどのようなジェンダー規範に従わざるを得ないか」「その規範を維持したり変化させたいか」とあるようにいろいろな形があるが、イとニには「従わざるを得ない」も「維持」も「変化」も明記されていない。ロとハは迷う。ハの「パンプスを履く」ことで「現在のジェンダー規範を維持させたい」というのは考えられることではある。しかし、「強い主張」とまでいえるかどうかはわからず、「ジェンダー規範に従わざるを得ない」という可能性もありうるので、決め手に欠ける。一方ロは「スカートを男性が着用すべきではない」「男性として扱われる以上スカートの着用は避けるべきだ」と〈スカート→男性ではない〉ということのみ書かれているので、「スカートを着用すること」は「ジェンダー規範を変化させよう」ということにつながる行為といえる。よってロが最も適切である。

▼問十六　傍線部7を含む段落で筆者は「個人の衣服の着用」が「ジェンダー規範の是認や否定を表すこともあれば、安全な社会生活を送る手段の場合もある」と述べている。そのうえで「ジェンダー規範の維持や変更を決定するのは、組織や行政の力は個人よりも大きな影響をもつ」と「組織や行政」の力を重視している。傍線部7にある「ファッション業界」も「組織」の一つであり、「男女二分された学校や職場の制服や小売店の設計」という点で衣服に関する「ジェンダー規範」にかかわっている。イとロはこのことをまとめているので、理由としては適切である。ハの前半は「莫大な利益」ということまでは書かれていないにしてもおおむね正しいが、後半にある「規範は産業システムを支える」ということは本文にはまったく触れられていない。ニも「ファッション業界」が「ジェンダー規範そのものを実質的に決定している」とまではいっていない。よって、ハまたはニが正解となる。

▼問十七　イ、「男女二元論」のことは第六段落、「不正義」のことは第九段落、「変えていく可能性」については最終段落に、それぞれ書かれている。

ロ、「女性に対する抑圧」のことは第二～四段落に書かれているが、「今後は現状を維持すれば良い」とは書かれていの内容と合致しない。ニ、傍線部に続く内容を見ると「体格」もまったくの無関係とはいえないが、それだけでは「こうした」という指示語の指す内容を正確にとらえているとはいいがたい。

▼問十三　「ニーズ」とは〝必要・要求〟。傍線部を含む一節は「トランスジェンダーの男性や……存在するのであり、生理用ショーツを……手に取りやすいデザインで製造販売することは、現実的なニーズから生じる」となっている。要するに〈トランスジェンダーの男性やノンバイナリーの人でも手に取りやすい生理用ショーツが求められている〉ということである。「売り場」を問題にしているイは合致しない。「既存の女性ジェンダー観を変容させたい」としているニは、この文脈における「ニーズ」の説明にはなっていない。「ジェンダーアイデンティティに合致する男性らしい身体的特徴を強調した下着」としているロは、この部分の趣旨の逆である。「どんなジェンダーの人でも手に取りやすいデザイン」を「異なるジェンダーアイデンティティとも抵触しない」と言い換えたハが最も適切である。

▼問十四　選択肢にある「規範」とは〝行動や判断の基準・手本〟、「記号」は〝文字や言語など、一定の事柄を指し示すために用いる知覚の対象物〟。[C]は、「個人の衣服の着用が……[C]との関わりは不可避である」という構文になっており、次の文が、「その選択（＝衣服の選択）は、ジェンダー規範の是認や否定を表すこともあれば、安全な社会生活を送る手段の場合もある」となっている。ほぼ同じ内容の繰り返しと考えられるので、[C]には「ジェンダー規範」が入る。文の流れ上、[A]と[B]に同じものが入ることはありえないが、どう入れるかはかなり悩ましい。まず[A]の部分に注目すると、「[A]としての衣服は……ジェンダー規範と関連する」という構文になっており、その具体例として「ピンクは女の子の色」「パンプスは女性らしい靴」「スカートを男性が着用すべきではない」ということが挙げられている。〈ピンク（の服）→女の子〉〈パンプス→女性〉〈スカート→男性ではなく女性〉と〈衣服がジェンダーを表すもの〉として機能している、ということなので、「[A]としての衣服」は〈ジェンダーを表すものとしての衣服〉という意味になると考えられるので、〈表すもの〉という意味の「ジェンダー記号」が[A]には入る。一方[B]は「に合致する」にもうまくつながるので「ジェンダー規範」を

となる。さらに、問九で考察した傍線部1を含む第四段落の一文目をもとに、

③「美の神話」という抑圧。

を付け加えることができる。以上の三点を選択肢と照らし合わせていくと、イは①を、ハは②を、ニは③を述べていることがわかる。ロの「個人の多様な身体に美しさを認める動き」や「美的規範に対抗するだけの力はなく」などは傍線部2前後の文脈を逸脱している。よって本文の内容と合致していないものはロである。

▼問十一　傍線部3に続く文に「ファッションは虚飾や女性と結びつきやすく、それ自体価値が低く、道徳的に好ましくないとする言説は少なくない」とあり、そのことを述べた例としてルソーの『エミール』の一節が紹介されている。そこには「ファッションに夢中になるのは男性に依存しなければ生存できない『二級市民』である女性のふるまい」と書かれている。この内容に基づいてまとめてあるイが理由として最も適切である。ロ「生きていく上で必要不可欠な範疇を超えた贅沢品」、ハ「異性の関心を引きつけるため、男性は…利用する」、ニ「男性を食いものにする不道徳な行為」は、いずれもこの部分には書かれていない内容である。

▼問十二　「周縁化」とは〝中心ではなく縁・端にあるものとみなしていくこと〟。第六段落を見ると、「こうした周縁化」は、〈「男性優位の社会システム」の中で、「女性とみなされる人」だけではなく、「トランスジェンダーの人びと、またノンバイナリーなアイデンティティを持つ人たち」が、社会の中心ではなく周縁に位置づけられていく状況〉を指している。「加担する」とは〝力を貸す〟意で、傍線部全体は〈「衣服の設計において規範的な女性的身体や男性的身体が前提されること」が「周縁化」の状況をつくることに一役買っている〉という意味のことをいっている。選択肢は「周縁化」をそのまま使っており、「加担する」も言い換えられていないので、主に「こうした」という指示語が正しく置き換えられているかどうかを見ていけばよい。「トランスジェンダー」「ノンバイナリー」を「身体やアイデンティティが標準にあてはまらない人」と言い換えたハが最も近い。イ「女性を周縁化」だけでは「こうした」という指示語を正しくとらえているとはいえない。ロ「あらゆるジェンダー」の中には、〈男性〉も含まれるので、文章

ファッション業界がジェンダー規範とどう向きあうかがさらに重要になる

＊

▼問九　傍線部1は「ファッションと女性の抑圧の関係」についての言及である。「特定のアイテムを排除すれば解決するという単純なものではない」といっているので、〈ではどうなのか〉という、傍線部自体には述べられていない〈これに続く内容〉を本文から読み取っていけばよい。続く一節に「『体に負担のない装いが望ましい』というもっともらしい主張も、新たな美しさの規範として人の選択や行動の抑圧につながるかもしれないのだ」とある。傍線部1にある「特定のアイテム」とは、具体的には直前にある「コルセットやハイヒール」のことで、「身体に有害でリスクが大きい」ものの例として第三段落に登場する。つまり、〈「身体に有害」なものを排除して「体に負担のない装い」を導入しても、それが「新たな美しさの規範」として女性を縛る〉ということである。さらに「女性たちはおよそ到達不可能な『美しい容姿』の基準を満たせという抑圧にさらされている」というナオミ・ウルフの言葉を示したあと、「個人が自分の身体や装いを監視し、検討しつづけることを強いられる」としている。これらの〈有害なものを排除しても「新たな美しさの規範」があらわれ、理想を追いつづけることが求められる〉という内容に即しているのは、ニである。他はすべてこの内容に触れていないので、説明として適切とはいえない。

▼問十　傍線部2にある「ファッションのもつ女性の抑圧という負の側面」については第二〜四段落に書かれている。その内容を第三段落にある「こうした抑圧は身体を拘束するだけでなく、女性に対する非難や侮蔑につながる」に注目して整理すると、

①「コルセットやハイヒール」のような「身体を拘束」して、「自由な身体活動を制限するもの」。
「胸元のゆったりしたブラウスやミニスカート」のような「身ぶりに関する規範」のため、「自由な動きが取りづらくなる」もの。

②「リスクのある危険な装いをする女性は愚かだ」という「非難や侮蔑」。

特定のアイテムを排除すれば解決するわけではない
「美しい容姿」の基準を満たせという抑圧にさらされている

●五
(2) ファッションという風俗や文化そのものが不当に低く評価される

●六～七
(3) フェミニズム…男女二元論を男性優位社会を構成する要素のひとつとして批判
トランスジェンダー・ノンバイナリーなアイデンティティーを持つ人たちを周縁化
男女別の異なる衣服を着用する習慣が周縁化に加担する

男女という二つのジェンダーで衣服を分類する必要はあるのか

●八
ファッションにおけるジェンダー不正義
(1) 特定のジェンダーの人にのみ不便やリスクをともなう装いを課す規範
(2) ファッションを楽しむ文化が女性的とみなされるがゆえに生じる過小評価
(3) 衣服を男性用あるいは女性用に二分する男女二元論

[人が衣服を身につけることとジェンダー規範の関わり]

●九
不正義の問題は、制度や慣習、政策決定といった政治的または社会的次元に属する
個人が服を着る行為や他人の装いを判断する行為も社会のジェンダー規範やそこにひそむ不正義に影響

●十～十一
ジェンダー規範
身につけるアイテムによって他人から割り当てられるジェンダーが左右される
衣服を選ぶという日常的な行為↓社会的な次元に影響を与える

●十二
ジェンダー規範の維持や変更
← 組織や行政の力が大きな影響をもつ

◆要　旨◆

ジェンダー不正義とは、不当に特定のジェンダーに属するまたは属さない人が利益を奪われたり危害を被りやすい社会制度や慣習のことをいう。ファッションにおけるジェンダー不正義には、特定のジェンダーの人にのみ不便やリスクをともなう装いを課す規範、ファッションを楽しむ文化が女性的とみなされるがゆえに生じる過小評価、衣服を男性用あるいは女性用に二分する男女二元論などがある。不正義の問題は、一般に制度や慣習、政策決定といった政治的または社会的次元に属するものである。ジェンダー規範の維持や変更を決定するのは、個人よりも組織や行政の力が大きな影響をもつ。その意味で、ファッション業界がジェンダー規範とどう向きあうかはさらに重要になる。

▲解　説▼

二〇二二年に出版された本からの出題である。移りかわりの激しいファッションは、従来、学問の対象とみなされることは少なかったが、二十世紀の末になって状況が変わり、いまでは学問としてのファッション研究が盛んに行われている。日本におけるそのきっかけを作ったのが、『モードの迷宮』（中央公論社・ちくま学芸文庫）や『ちぐはぐな身体——ファッションって何？』（ちくま文庫）を書いた哲学者の鷲田清一である。本文は分析哲学を専門とする筆者による、第1部「理論編——過去から現在にわたるファッションのとらえ方」の6「ジェンダー」の後半部分である（一部省略がある）。出典にある見出し（太字）に基づき、前半と後半とに分けて本文を整理していく。一～十二は形式段落の番号である。

[ファッションにおけるジェンダー不正義——女性の拘束とバイナリーな衣服]

●一

ファッション　特定のジェンダーを表す記号
　　社会の中にあるジェンダー不正義を反映する人工物

●二～四

フェミニズム…ジェンダー不正義を是正する政治運動や思想

（1）特定の装いが女性の抑圧や従属的な地位に加担する

↓

「挑戦者たち」という言葉や、「自らの行為が事後的に準正《じゅんせい》（＝〝正しい基準とすること〟、法律用語として〝婚姻関係にない父母から生まれた子が嫡出子としての身分を取得すること〟という意味もある）されること、行為の時点では評価されていないが……」などから、〈その時点では認められていないこと〉がうかがえる。「賭ける」がここは適切である。

二

出典　西條玲奈「ジェンダー」（蘆田裕史・藤嶋陽子・宮脇千絵編著『クリティカル・ワード　ファッションスタディーズ　私と社会と衣服の関係』〈第1部　理論編――過去から現在にわたるファッションのとらえ方〉フィルムアート社）

解答

問九　ニ
問十　ロ
問十一　イ
問十二　ハ
問十三　ハ
問十四　ニ
問十五　ロ
問十六※　ハ　または　ニ
問十七　イ

※問十六については、選択肢に正解として扱うことができるものが複数あったことから、そのいずれを選択した場合も得点を与える措置が取られたことが大学から公表されている。

半も特に問題はないので、正解となる。イ「一貫性を持たせる必要がある」、ロ「人間の生命を軽視する」、ハ「指示を与えた人間の感情や情動にも責任がある」はすべて「このような」の指す内容には含まれていない。

▼問六　「誤謬《ごびゅう》」とは〝あやまり・まちがい〟という意味。どのような「誤謬」かについては、傍線部に続けて「たとえば」とあって、「アレクサンダー・フレミングによるペニシリンの発見」「印象派」の絵画、続く段落の「日本語の口語文法」などの具体例が挙げられている。そして最終段落で「このように、われわれの意図的・非意図的な従いそこねのなかから現存する価値の多くがもたらされている」とまとめられている。傍線部5「創造的誤謬」とは〈「価値」を生み出す「従いそこね」〉である。のことである。この内容を述べているのはイだけである。ロ「従いそこねを生じさせる原因として修正される」、ハ「人々の判断を誤らせる」、ニ「予測自体の修正によって既存の規範内に収まってしまう」はいずれも「創造的誤謬」の説明になっていない。

▼問七　イ、最終段落にあるように「創発」の可能性を持つものは「ロボットやＡＩ」ではなく、「われわれの意図的・非意図的な従いそこね」である。

ロ、選択肢の前半は第一～三段落や、第六段落にある「行為指導性」から導かれる内容であり、後半は第七段落にある「人々が規範に従いそこねる」ということを踏まえている。よって本文の主旨に合致する。

ハ、第十九・二十段落にある「イギリスで発生したミニョネット号事件」の例を見ると、「人間が人間を殺害することに対しては、一切の例外を認めることなく処罰の対象とすべきである」とまではいえそうにない。

ニ、第二段落に「動物にはこのような予期能力がないので……学習させるしかない」とあるので、「法に基づく事前規制は人間以外の動物に対しても有効」とはいえない。

▼問八　Ａ、〝それとなく気づかせること〟という意味である。

Ｂ、「遭難し救命ボートの上で残された」と続いているので、この「センパク」は〝船〟のことである。

Ｃ、「かける」には同訓異字が数多くあるので、文脈を正しくとらえていく必要がある。傍線部Ｃを含む一文にある

▼問四　一つ目の［a］のあとに「を持たない動物」とある。直前に「冒頭で挙げたように」とあるように、「動物」のことは本文の冒頭部分である第一～三段落にしか出てこない。二つ目の［a］のあとに「を持たないＡＩやロボットに対して、法はやはり意味を持たないのではないだろうか」とあるが、第三段落には「法を通じた事前規制は……自律的主体に対してしか意味を持たない」と述べられている。また、第二段落に「このようなことをしても動物が一定の行為……意味はない」とあるが、これは〈動物は「事前」ではなく「事後に処罰することを通じて学習させるしかない」〉ためである。以上の内容を合わせ考えていくと、〈動物は自律的主体と認めることはできない〉という内容を導くことができるので、この「自律的主体」にあたる内容が［a］に入る。ロ「自律性」とハ「主体性」が「自律的主体」を分解した形になっていて迷う。ロ「自律性」は〝自分の行動を自分の立てた規律に従って正しく規制する性質〟、ハ「主体性」は〝自分の意志・判断によって、みずから責任をもって行動する態度や性質〟であるが、第三段落の「自律的主体」の直前に「結果を予期し自らの行動をコントロールすることのできる」とある。「コントロール」に近いのは〈正しく規制する〉ということまで含まれている「自律性」。ロ「自律性」が最も適切である。

▼問五　傍線部4「このような前提」が、〈「ＡＩ・ロボットの責任問題」を考えていく〉際の「前提」であることをおさえたうえで、「このような」という指示語が指している直前の第十六段落を見なおしていく。そこには「ＡＩ・ロボットの責任問題」について「ＡＩやロボットに対して、法はやはり意味を持たないのではないだろうか」「われわれが規範を投げかけるのは……指示の作り主たる我ら人間に対してなのではないだろうか」という筆者の考えが述べられている。そしてその前には「判断過程に不透明性・間接性がなく、何を考慮してどのように判断すべきかを命じればその通りに行為するだろうという意味においては」とある。即ち〈「命じればその通りに行為する」から、ロボットに対して責任を問うのではなく、「指示の作り主たる我ら人間」に対して責任を問う〉ということである。よって〈「ＡＩ・ロボット」が「命じればその通りに行為する」こと〉が傍線部4にある「このような前提」の指す内容である。この内容を含んでいるのはニの「ＡＩやロボットは与えられた指示を忠実に実行するため」だけである。ニは後

無で人間と動物とを区別しているのであって、「理性」の有無で区別してはいない。第三段落の内容をもとに②を説明し、「事前に」という言葉で「予期能力」を表しているハが理由として最も適切である。

▼問二　前問にもあったが、「行為指導性」とは第二段落にあるように「特定の行為を人々に行なわせようとしたり、逆にさせないようにする」、人間の行動に関わる「法制度」の「性格」のことである。第六段落の傍線部2を含む部分は〈行為指導性が実在するのならば、「処罰の予告」・「一定の制裁」は不要ではないか〉と疑問を投げかける形になっている。しかし人には「規範に従いそこねる」（第七段落）ことがある。そのため「制裁を予告することで……変えてしまおうとする一方、……実際に処罰を科すことで、他の人々への戒めにしよう」とするのである。続く第八段落はこれを「いずれにせよ」という言葉を用いて「法」の問題に転換して「法は、それが人間の判断や行動に……狙うしかないということを前提としている」とまとめている。このなかに「人間の判断や行為に直接的に介入」という言葉がある。設問で与えられた説明は〈行為指導性→法が［X］すること〉と「法」という語を主語にした説明を求める形になっているので、ちょうど十五字の「人間の判断や行為に直接的に介入」を入れれば文もつながり、また〝特定の行為を人びとに行わせよう〟という「行為指導性」の説明の言い換えにもなる。「人間の判断や行為に直接的に介入」が最も適切である。

▼問三　傍線部3の直前に「このように」という指示語がある。同じ段落の前に書かれている「差別を学習したＡＩがただちにそれを実行に移している」「ヒトの場合であればしばしば生じるようなさまざまな配慮やためらいは存在しない」「学習結果はＡＩの行動を直接的に規定しており、ヒトのような従いそこねの可能性はここにも存在しない」などを指しており、これらをまとめて傍線部3のようにいったのである。この内容をまとめているのはイだけである。ロの「従いそこねること」はＡＩにはない行動パターンである。ハ「内面を意図的に排除し」、ニ「バイアスを排除するため」は本文には書かれていない内容である。

ＡＩ…サイコパスを超えた異なる人類
（＝内面における良心・感情や他者への共感を欠く）
←
●十六〜十七
自律性を持たないＡＩやロボットに対して法は意味を持たない
規範は、ＡＩやロボットが従うだろう指示の作り主である人間に対して投げかけられる

3　従いそこねの意味

●十八〜二十
人間の行為は常に人々の予測をはみ出していく
●二十一〜二十三
意図的・非意図的な従いそこねのなかから現存する価値の多くがもたらされている
そこに順接的、単調な傾向の予測を大きく歪めるジャンプの可能性が存在する

＊

▼問一　傍線部1にある「考えない」とは、「この制度を正当なもの、意味のあるもの」とは「考えない」ということであり、「この制度」とは「動物裁判」のことを指している。つまり設問は〈「動物裁判」が正当なもの、意味のあるものだと「考えない」とすれば、それはなぜか〉という問いかけの理由として考えられる事柄をたずねているのである。問いかけの答えは、そのあとにあるはずなので、続く第二段落の内容を見ていくと、①「科学的な合理性がない」、②「このようなことをしても動物が一定の行為……見込みがない以上、意味はない」とあり、さらに②の内容が「特定の行為を人々に行なわせようとしたり、逆にさせないようにする」「行為指導性」という法制度の性格をあげて「動物にはこのような予期能力（＝一定の行為が処罰されるだろうという予測）がないので……学習させるしかない」と補足されている。続く第三段落でも②の内容は「同じヒトに属していても……無意味だということになる」「法を通じた事前規制は……自律的主体に対してしか意味を持たない」と述べられている。イとロには①も②もない。ニは第三段落の内容に通じるようにも見えるが、「理性を持たない動物」とは書かれていない。本文は「予期能力」の有

ている。そこに順接的、単調な傾向の予測を大きく歪めるジャンプの可能性が存在することを重視する必要がある。

◀解　説▶

ＡＩ時代に、個人・社会・法がどのように変わっていくのかを、法哲学者を中心に六人の専門家がそれぞれの専門分野に基づき考察した、二〇二〇年に出版された本からの出題で、本文はその第３章にあたる「ＡＩにおける可謬《かびゅう》性と可傷性」の第１節から第３節の途中までである（一部省略がある）。出典にある節の切れ目をもとに、本文を以下のように整理していく。一～二十三は形式段落の番号である。

1　法の機能と限界

●一～三

法を通じた事前規制は、結果を予期し自らの行動をコントロールできる自律的主体に対してしか意味を持たない

●四～五

理性に基づいて自律的に行為することのできる存在だから人間は〈人〉として根元的な自由を認められる

↓

ＡＩやロボットはこの構図のなかでどのように位置付けられるか

●六～八

人間…規範に従いそこねる

法……人間の判断や行為に直接的に介入できない

2　超人類・亜人類・異人類

●九～十二

ＡＩやロボット…従いそこねの問題は生じない

何を学習するかが予測しにくい

データに偏りが含まれていれば忠実に学習してしまう

｝学習結果はＡＩの行動を直接的に規定する

ＡＩは人間とは根本的に異なった規範への反応構造を持っている

●十三～十五

多くの人間は外面に表示される行動や表情と内心のあいだに一貫性が維持されていることを信じている

国語

一

出典　大屋雄裕《たけひろ》「ＡＩにおける可謬性と可傷性」（宇佐美誠編『ＡＩで変わる法と社会——近未来を深く考えるために』岩波書店）

解答

問一　ハ

問二　人間の判断や行為に直接的に介入

問三　イ

問四　ロ

問五　ニ

問六　イ

問七　ロ

問八　Ａ、示唆　Ｂ、船舶　Ｃ、賭

◆要　旨◆

理性に基づいて自律的に行為することができる存在だから人間は〈人〉として根元的な自由を認められるが、その一方で人間には従いそこねの可能性もある。ＡＩやロボットには、従いそこねの問題はないが、何を学習するかが予測しにくいうえに、データに偏りが含まれていたとしても忠実に学習してそれを実行に移していく。ＡＩは人間とは根本的に異なった規範への反応構造を持つ、人間とは異なる人類であり、自律性を持たないため法による規制は意味を持たない。人間の行為は常に人々の予測をはみ出していて、意図的・非意図的な従いそこねのなかから現存する価値の多くがもたらされ

2022年度

解答編

解答編

英語

I　**解答**　(A) 1—(b)　2—(d)　3—(c)　4—(c)　5—(c)　6—(b)　7—(a)

(B) 8—(d)　9—(a)　10—(d)　11—(b)　12—(a)　13—(c)　14—(d)

◆全　訳◆

(A)　≪子供の好奇心を生み出す教育方法≫

リチャード＝ファインマンは，幼年期に父がファインマンをゆくゆくは偉大な科学者に変えるのに役立つ知的な手段をどのように彼に与えたかを語る。父はファインマンの関心を，絶えず羽をつついたりつくろったりしながら歩き回っているある鳥に向けさせ，なぜ鳥がそうすると思うかと少年に尋ねた。「えーと，たぶん鳥は飛んでいる時に，羽を乱すから，羽を整えるためにつついているんだ」と，ファインマンは答えた。父はこの仮説を検証する簡単な方法を提案した。ファインマンの推測が正しいなら，ちょうど地上に降りた鳥のほうが地面を歩いていた鳥よりもはるかに多く羽をつつく（羽をつくろう）と人は予想するだろうと。彼らは数羽の鳥を観察して，見分けられる違いはまったくなく，それは彼の仮説を否定していると結論を下した。正解を求められて，父は鳥が羽のタンパク質を食べるシラミに悩まされていると説明した。シラミの脚にある何か，ろうのような物質を食べるダニがいる，そして，今度は，ダニが排出する砂糖のような物質に生息するバクテリアもいる。「だから，いいかい，食べ物の発生源があるところにはどこでも，それを見つける何らかの種類の生命がいるんだ」

この話はいくつかの面ですばらしい。第一に，父はファインマンに観察と驚きに対する喜びを教えた。第二に，父は，興味をそそる現象を指摘しそれについて質問することによって，世界に関する好奇心を生み出した。第三に，父は，すぐに答えを与えるのではなく，検証を提案してファインマンの好奇心を呼び起こした。最後に，父は細かいことを言うと不正確な答えを与えていた――実際は，鳥は，ほこりと寄生虫を取り除き，羽をきちんと整え，腺から分泌された油を塗るために，羽をつくろう――が，それは全体としては正しかった。また，彼の父は，一方では認識に関する好奇心の発育を促しながら，生命，その過程，その自然の食物源への依存というずっと大きな全体像を少し見せるために，鳥が羽をつくろうというこのありふれた例を使ったのである。

(B)　≪文学作品における語の役割≫

交響曲を純粋に音楽的に鑑賞することと，交響曲を主にあるいはもっぱら感情や視覚的な映像と同じように聞こえない（したがって音楽的ではない）ものに対する出発点とする視聴者が鑑賞することは，容易に対比することができる。しかし，同じような意味で，文学作品を純粋に文学的に鑑賞することはありえない。あらゆる文学作品は語の連続であり，まさに音は心を音以上のものに導くので，音（つまり文字に匹敵する同等物）は語である。それこそが語であることが意味することである。音楽的な音を通して，そしてそれを超えて，聞こえない音楽的ではないものに精神的に導かれることは，音楽を扱う間違った方法かもしれない。しかし，同様に語を通して，そして語を超えて言語的でもなく文学的でもないものに導かれることは，読書の間違った方法ではない。それはただ読書というよりほかはない。そうでなければ，知らない言語で書かれた本のページ上に視線を走らせる時も，私たちは読書をしていると言うだろうし，フランス語を学んでいないのにフランスの詩人を読むことができるだろう。交響曲の最初の調べは音楽そのものだけに注意を求める。イーリアスの最初の語は私たちの心を怒りに向ける，その詩と文学の範囲をすっかり超えて私たちが知っているものに。「詩は意味をもつのではなくただ存在しているだけでよい」と言う人々とそれを否定する人々の間の問題を解決しようとして，私はこの執筆をしているのではない。詩について何が真実であろうとも，詩の中の語は意味をもたなければならない――それらは私たちに何かを伝えなければならない――のはまったく明らかである。ただ「存在」し「意味」をもたなければ，語はとても語とは言えないだろう。

◀解　説▶

◆(A)　▶1．空所後方にある「ファインマンを偉大な科学者に変える」という内容と合う(b)の eventually「ゆくゆくは」が正解。(a)の「その代わりに」,(c)の「必要もないのに」,(d)の「繰り返して」は文意に合わない。

▶ 2．空所の前後で「ちょうど地上に降りた鳥」と「地面を歩いていた鳥」が比較されている。第 1 段第 3 文（Feynman answered, …）のファインマンの答えが正しければ，前者のほうが後者よりも羽をつつくことが多くなると考えられる。よって，(d)の「もっと多く」が正解。空所直前の much は比較級を強調して，「はるかに」の意味である。

▶ 3．空所後方に「彼の仮説を否定している」とあるので，「ちょうど地上に降りた鳥」と「地面を歩いていた鳥」には違いが見受けられなかったことになる。よって，否定の(c)が正解。

▶ 4．鳥→シラミ→ダニ→バクテリアと順番に説明しているので，(c)の in turn「今度は」が正解。(a)の「(～の) おかげで」,(b)の「例えば」,(d)の「わざと」は文意に合わない。

▶ 5．空所前方に「世界に関する好奇心を生み出した」とあるので，その内容に合う(c)の intriguing「興味をそそる」が正解。(a)の「無礼な」,(b)の「手に負えない」,(d)の「価値のある」は文意に合わない。

▶ 6．第 2 段第 5 文（Finally, his father …）のダッシュ（—）前では「父は細かいことを言うと不正確な答えを与えていた」とあり，ダッシュ後には「それは正しかった」とある。「細かいことを言うと」と対照的な表現である in principle「原則的には」が文脈に合うので(b)が正解。(a)の「存在」,(c)の「証明」は in を伴う慣用句はない。(d)の prospect は in を伴って「予想されて」という意味になるので文意に合わない。

▶ 7．空所の前後で「鳥が羽をつくろうという例」と「生命，その過程，その自然の食物源への依存という全体像」が比較されている。後者のほうが，スケールが大きいので，(a)が正解である。

◆(B)　▶ 8．空所後方に *A* with *B* の構文があり，「交響曲を純粋に音楽的に鑑賞すること」と「交響曲を音楽的ではないものの出発点とする視聴者が鑑賞すること」とが対照的になっている。よって，(d)の contrast〈*A* with *B*「*A* と *B* とを対比する」〉が正解である。(a)の conflict〈with ～「～と矛盾する」〉は自動詞なので不可。(b)の confront〈*A* with *B*「*A* に *B* を突きつける」〉は文意に合わない。(c)の contact「連絡を取る」は with を伴う構文はないので，不可。

▶9．空所はbecause以下の理由を強調すると考えられるので，(a)のprecisely「まさに」が正解。(b)の「まもなく」，(c)の「以前に」，(d)の「上手に」は文意に合わない。

▶10．空所を含む文の主語は「音楽的な音を通して，…聞こえない音楽的ではないものに精神的に導かれること」という音楽の鑑賞方法なので，(d)のtreating「扱う」が正解。(a)のappease「なだめる」，(b)のrecord「録音する」，(c)のrefine「洗練する」は文意に合わない。

▶11．第6文（But to be similarly carried…）に「…読書の間違った方法ではない」とあるので，「読書」であることを強調する語が入ると考えられる。よって，(b)のsimply「ただ～というよりほかはない」が正解。(a)の「ほとんど～ない」，(c)の「気まぐれな」，(d)の「言葉の」は文意に合わない。

▶12．第5文（To be carried mentally…）に「音楽的な音を通して，…音楽的ではないものに精神的に導かれることは，音楽を扱う間違った方法かもしれない」とあるので，音楽は音楽そのものを鑑賞することを要求するのである。よって，(a)のattention「注意」が正解。(b)の「協力」，(c)の「言及」，(d)の「保持」は文意に合わない。

▶13．空所前方に「…の間の問題を解決しようとして」とあるので，空所を含む部分はthose who sayとは相容れない内容になるはずである。よって，(c)のdeny「否定する」が正解。(a)の「明確にする」，(b)の「従わない」，(d)の「設計する」は文意に合わない。

▶14．空所を含む節は，主節のit is quite clear～とつながっている。空所には従属節の主語となり接続詞的な働きをする語が入る。よって，(d)の複合関係代名詞Whatever「何が～であろうとも」が正解。他の選択肢は接続詞的な働きがない。

●語句・構文●

(A)（第1段）how以下は間接疑問文。provide *A* with *B*「*A*に*B*を与える」 help *do*「～するのに役立つ」 turn *A* into *B*「*A*を*B*に変える」 draw *one's* attention to～「人の関心を～に向けさせる」 walking around pecking, … all the timeはbirdを修飾する。peckingとpreeningは同時並行を表す分詞構文。he thoughtは挿入。mess up～「～を乱す」 straighten *A* out「*A*を整える」 conjecture「推測」 birdsに続く2つの

that はいずれも関係代名詞。discernible「見分けられる」 which は継続用法の関係代名詞で前文の内容を指す。Asked for ～ は過去分詞を使った分詞構文。excrete「～を排出する」 everywhere「～するところにはどこでも」

（第2段） not giving ～ は否定の分詞構文。in details「細かいことを言うと」 目的を表す to 不定詞が3つ続く。align「そろえる」 in position「適当な位置に，きちんと」 distribute「塗る」 example of birds preening「鳥が羽をつくろうという例」 convey a glimpse of ～「～を少し見せる」 picture「全体像」 prompting 以下は同時並行を表す分詞構文。epistemic「認識の」

(B) appreciation of ～「～を鑑賞すること」 that＝the appreciation it＝a symphony so 以下は things を修飾。inaudible「聞こえない」 piece「作品」 sequence「連続」 graphic「文字の」 equivalent「～に匹敵するもの」 carry「導く」 what は関係代名詞。To be carried … inaudible and non-musical が文の主語。to be similarly … non-verbal and non-literary が文の主語。Otherwise「（仮定法の条件節の代わりに使って）そうでなければ」 let *one's* eyes travel over ～「～に視線を走らせる」 note「調べ」 nothing but＝only direct *A* to *B*「*A* を *B* に向ける」 be acquainted with ～「～を知っている」 it is quite clear that ～「（it は形式主語）～はまったく明らかである」 would not be は仮定法の帰結節。

II 解答

(A) 15―(d)　16―(d)
(B) 17―(c)　18―(c)　19―(b)
(C) 20―(b)　21―(d)　22―(d)　23―(d)　24―(a)

◆全　訳◆

(A) ≪南アフリカの歴史教育のあり方≫

ドイツでは，ホロコーストについて学ばずに高校を卒業する子供はいない。その事実だけではなく，そのやり方，その理由，その重大さを――それが意味することを。その結果，ドイツ人は，適切に認識し申し訳なく思いながら，大人になる。南アフリカでは，アパルトヘイトの残虐さがそのように教えられたことはない。私たちは分別や恥辱を教えられなかった。私たちにはアメリカで教えられるように歴史が教えられた。アメリカでは，人種差別の歴史がこのように教えられる。「奴隷制度があり，次に黒人差別政策があったが，次にマーティン＝ルーサー＝キング＝ジュニアが登場し，現在それは終わっている」 それは私たちの場合とも同じであった。「アパルトヘイトは悪かった。ネルソン＝マンデラは解放された。さあ，先に進もう」 それは事実だが，十分とは言えず，感情的，道徳的な側面はまったくない。教師には，その多くが白人だったが，次のような指令が与えられているかのようであった。「何をしようとも，子供を怒らせることはするな」

(B)　≪社会的な協調に根ざす道徳≫

現代の個人主義の社会では，争いが絶対的な権力によって外側の何らかの観点から解決されることはない。そうではなく，命令よりむしろ協調が集団行動の第一原則である。これは人間社会の歴史上の規範ではなかったかもしれないが，それは私たち自身の社会的な欲求が私たちを向かわせている状況であり，法律的に認められた合法性の基準として社会的な協調の広範囲な制度が出現したことは，啓蒙主義の多くの大切な遺産のひとつである。政府への自己同意によって政府に合法性を与える，主権を有する――つまり，自由な意志を持ち，道徳的に責任を持つ――個人という啓蒙主義の考え方は，日常の習慣を道徳的な存在として一般化したものである。専制政府の下でさえ，人々は約束を遵守し，契約を結び，履行しない人々には刑罰を科して，自分たちの争いを同意によって解決しようとする。契約は危険かもしれないし，シェークスピアの『ベニスの商人』のように契約を遵守する時に法律は融通がきかないかもしれない。しかし，その戯曲がとても多くの点で例証するように，政治的状況がどんなものであっても，同意によって関係を築き，これを達成する手段として個人の主権を尊重することは人間にとって当然である。

私が何をするべきかを自分自身に問う時に，別の人が私の行動を公平無私の目で観察する時に私の行動をどう思うかという考え方をする。道徳が自意識の強い行為者間で説明責任を行うことに根ざしているなら，それはまさに私たちが期待すべきことである。公平な他者が，私たちが皆，満たさなければならない基準を定めるのである。

(C)　≪愛情表現と対人距離の世代間のギャップ≫

世界の国と文化には愛情表現と対人距離について著しく異なる考え方が

ある。異なった国からの外交官が入ってきたり，立ち去ったり，横に寄って避けたりするので，国連のような国際会議の場所でのカクテルパーティーは昆虫がつがいとなる複雑な儀式に似ているかもしれない。アメリカ人が話し，歩き，踊る時，彼らは他の者からある一定の距離を保つ。イタリア人やブラジル人は，必要とする対人距離がより少ないので，そのような「人との間に距離を置くこと」を冷淡の表れと解釈するかもしれない。会話をしているペアでは，イタリア人やブラジル人は一般的に近づいてくるが，アメリカ人は「近い話し手」から「本能的に」後ろへ下がる。そのような身体的な動きは，本能ではなく，文化――特定の文化的伝統に長年触れることで刷り込まれた行動――を示している。しかしながら，文化に変化がないわけではない。通常，どの国にもさまざまな，さらには相反する文化的な価値観が含まれている。ひとつの例が，世代による多様性で，著名な人類学者マーガレット＝ミードはそれを「ジェネレーション・ギャップ」と言った。アメリカ人は，個人的な愛情表現やセクシャルハラスメントについての懸念という礼節に関して，世代間で著しい違いを示す。

ハグのような単純なものにもこのジェネレーション・ギャップの例を見ることができる。アメリカの学校ではたくさんのハグが行われ続けているので，若い人々はハグをタイプに分類している。たぶん最も一般的である友人に対する基本的なハグと，当然だが，力強いハグがある。ハイタッチで始まり，それからグータッチに移り，背中をたたいて抱擁が続くハグがある。握手と寄り掛かり合いがあり，背後からのハグがあり，最も新しく加わった３人タイプ――３人の女子と男子の組み合わせが同時に行うハグ――もある。少女たちを抱いている少女たち，少年たちを抱いている少女たち，互いに抱き合っている少年たち――最近では 10 代の若者が会ったり別れたりする時に，性と性的な関心とは関係なく，ハグがお気に入りの社交上の挨拶になっている。この習慣がどれくらい急速に広まっているかを表す証拠として，学生の中には人とうまくやるためにハグするという友達からのプレッシャーに苦情を言う者もいるほどである。そして，ハグすることを公然と禁止することができないと認識しているので，国内中の学校は，３秒ルールを課したり，廊下を渋滞させること，授業への遅刻を，ハグすることを制限する遠回りの方法として使ったりしている。

握手，ロータッチ，ハイタッチを使う可能性が高い世代で大人になった親たちは，密接な身体的接触に困惑することが多い。ある親が述べたように，「このような触れあいを目の当たりにするといつも，私はその習慣を知らずそのことばを話せない国にいる旅行者であるような気がします」もっとも，10代の若者にとっては，ハグすることはかっこいいのである。そして，ハグしないことは？「仮にだれかがだれかをハグしないか，だれもハグしないと，人々は彼らを少しだけ用心し彼らが変なのか独特であると考えるかもしれません」と，高校のある1年生が述べた。ハグすることを制限している学校は，人前での愛情表現に以前からある規則を発動して，学校の真剣な雰囲気を維持し望まれない接触，さらには痴漢行為を防ぐつもりであった。しかし，ハグすることに賛成の学生は，それが恋愛の，あるいは性的なジェスチャーではなく，単に彼らの世代の「こんにちは」にすぎないと言う。

◀解　説▶

◆(A)　▶15.「著者は南アフリカのアパルトヘイトに対する教育は…べきだと信じている」

(a)「それが生徒を動揺させるかもしれないので若い生徒に教える時は避けられる」

(b)「もっぱら歴史的な事実に焦点を当てる」

(c)「アメリカの人種差別に対する教育を手本にする」

(d)「もっとドイツのホロコーストに対する教育のようにする」

第1～3文（In Germany, no child … aware and apologetic.）で著者は「ドイツのホロコーストに対する教育」を称賛しており，後ろから2文目（Facts, but not many, …）では「南アフリカのアパルトヘイトに対する教育は十分とは言えない」と述べているので，(d)が正解。(a)，(b)，(c)はいずれも著者が批判している教育方法なので，不適切。

▶16.「次の選択肢のうちで本文に根拠がないものはどれか」

(a)「アパルトヘイトは悪かった」

(b)「南アフリカのアパルトヘイトに対する教育は不十分である」

(c)「感情的，道徳的な側面を理解しなければ，アパルトヘイトを十分に理解することはできない」

(d)「教師は授業でアパルトヘイトを扱う時は頭から決めてかかったり，怒ったり，罪の意識に苦しんだりすべきではない」

(a)は第9文（“Apartheid was bad.）と一致。(b)と(c)は後ろから2文目（Facts, but not many, …）と一致。(d)の後半は本文中に記述がないので，(d)が正解。

◆(B)　▶17.「本文によれば，啓蒙時代の後世に対する遺産を最もうまく説明しているのは次のどれか」

(a)「一連の取引と契約に基づいて，関係者全員が望むものを得られる道徳の規範」

(b)「人間が専制君主を含めて支配者に従うように促す洗練された一連の社会的な欲求」

(c)「人々が自分自身の自由意志で政府に従う限りにおいて，政府には合法性があるという信念」

(d)「自分自身の行動を公平無私の，したがって道徳的に柔軟な観点から観察する習慣」

「啓蒙時代の後世に対する遺産」については第1段第3文（This may not have been …）に「啓蒙主義の多くの大切な遺産のひとつである」と言及がある。それを具体的に説明しているのが同段第4文（The Enlightenment idea of the sovereign …）で，「政府への自己同意によって政府に合法性を与える，主権を有する個人」とある。この内容と一致するのは，(c)である。

▶18.「著者はシェークスピアの『ベニスの商人』の例をどのように…かを例証するために使っている」

(a)「専制的な政府は自由な道徳的行動を擁護する社会組織の自然な形態である」

(b)「人間は必然的に不正に勝利を収める社会的な欲望を与えられている」

(c)「お互いの尊重へと向かう人間の欲求はどんな状況でも作用している」

(d)「君主はその社会の道徳的な中心を代表する」

シェークスピアの『ベニスの商人』については第1段第6文（The bargains may be dangerous, …）に言及があり，それが例証する内容が同段第7文（But as that play illustrates …）に「政治的状況がどんなものであっても，同意によって関係を築き，これを達成する手段として個人の主権を尊重することは人間にとって当然である」と述べられている。この内容と一致するのは，(c)である。

▶19.「著者によると，道徳的な行動の規範は…に基づくべきである」
(a)「一定の行動がもたらす可能性のある恩恵に対する公平無私の評価」
(b)「社会の他の相手がどのように私たちを判断するかという評価」
(c)「道徳的な主権者の自由意志と協調したいという誠実な願望」
(d)「法律的な事柄に最も習熟した啓蒙時代の思想家の教え」
「道徳が基づくべきもの」については第 2 段第 2 文（If morality is rooted in …）に「自意識の強い行為者間の説明責任を行うこと」と述べられている。これを著者が具体的に解説しているのが同段第 1 文（When asking myself what *I* should do, …）の「別の人が私の行動を公平無私の目で観察する時に私の行動をどう思うか」である。この内容と一致するのは，(b)である。

◆(C) ▶20.「アメリカ人が従来から対人距離として必要とするものについて，本文はどのように述べているか」
(a)「アメリカ人は社交的な場所では最小限の身体的な距離を好む傾向がある」
(b)「ブラジル人やイタリア人と比較して，アメリカ人は自分と社交上の相手との距離を保つことを好む」
(c)「アメリカ生まれの人々は近い話し手から後ろへ下がる生まれながらの本能を持っていることが示されている」
(d)「『人との間に距離を置くこと』は現代アメリカの文化と社会で非常に尊重されている特性である」
第 1 段第 3・4 文（When Americans talk, … a sign of coldness.）に「アメリカ人…は他の者からある一定の距離を保つ」「イタリア人やブラジル人は，必要とする対人距離がより少ない」とあるので，(b)が正解。(a)は第 1 段第 3 文に不一致。(c)は第 1 段第 6 文（Such bodily movements illustrate …）に不一致。(d)は本文中に記述がないので，不一致となる。
▶21.「著者は文化と国についてどのように言っているか」
(a)「たいていの国々では文化は非常に均一だが，合衆国の文化はもっと多様である」
(b)「国の文化はずっと安定していて，時を経てもたいていの人々が考えている以上に変化が少ない」
(c)「小さい違いはあるものの，対人距離に関してすべての国々と文化で共有されている普遍的な基準がある」
(d)「どの国の文化でも，社会と文化において多種多様の異なる習慣がある」
第 1 段第 8 文（Any nation usually …）に「通常，どの国にもさまざまな，さらには相反する文化的な価値観がある」とあるので，(d)が正解。(a)は同文に不一致。(b)は第 1 段第 7 文（Culture, however, is not static.）に不一致。(c)は第 1 段第 1 文（The world's nations …）に不一致。
▶22.「アメリカ社会では個人的な愛情表現がこの数年間でどのように変化しているか」
(a)「アメリカ人は個人の愛情表現をいつも経験してきて，今日も過去とまったく変わらない」
(b)「多様性はアメリカでの重要な社会的価値で，これは愛情と友情の表現の多様性に反映されている」
(c)「アメリカの人々が過去よりもお互いに冷淡になっているという証拠がある」
(d)「今日の若い人々は社交的な触れあいで親や前の世代よりも体に触れるようになっている」
第 2 段第 5 文（Girls embracing girls, …）に「最近では 10 代の若者が会ったり別れたりする時に…ハグがお気に入りの社交上の挨拶になっている」とあるので，(d)が正解。(a)は第 1 段最終文（Americans exhibit significant generational differences …）に不一致。(b)と(c)は本文中に記述がない。
▶23.「本文は今日のアメリカの高校でのハグする習慣についてどのように述べているか」
(a)「少女は友人に対する最低限のハグを好むのだが，少年は力強いハグを好む」
(b)「ハグすることはますます恋愛表現の好ましい形態になっている」
(c)「学生が級友をハグするという友達からのプレッシャーを経験することは少なくなっている」
(d)「男子と女子のハグする習慣にはほとんど違いがないように思われる」
第 2 段第 5 文（Girls embracing girls, …）に男子と女子のさまざまなハグの仕方が書かれていて男女間に違いが見られないので，(d)が正解。(a)と

(b)は本文中に記述がない。(c)は第2段第6文（A measure of how rapidly …）に不一致。

▶24.「学校は若い人々のハグする習慣の変化にどのように対応しているか」

(a)「多くの学校が学生の間でハグする習慣を制限する対策を講じている」

(b)「アメリカ中の親と教師は教室でハグすることを歓迎し奨励している」

(c)「学校は学生にハグする代わりに握手をし，ハイタッチをするように勧めている」

(d)「教師たちはこうした変化が学校の雰囲気にどのように影響するかについて懸念を表明している」

第2段第7文（And schools across the nation, …）に「国内中の学校は，3秒ルールを課したり…制限する遠回りの方法として使ったりしている」とあるので，(a)が正解。(b)と(c)は本文中に記述がない。(d)の「学校の雰囲気」については第3段第6文（Schools that have limited …）に言及があるが，「教師たちは…懸念を表明している」という記述はないので，不一致となる。

●語句・構文●

(A)　no child ～ without *doing*「…せずに～する子供はいない」 gravity「重大さ」 aware「認識して」 apologetic「申し訳なく思い」 the way ～「～のように」 Jim Crow「黒人差別政策」 be done「終わっている」 move on「先に進む」 dimension「側面」 It was as if ～「～であるかのようだった」 many of whom は継続用法の関係代名詞。mandate「指令」 make *A* *B*「*A* を *B* にする」

(B)　(第1段) be settled by ～「～によって解決される」 them＝disputes　instead「そうではなく」 cooperation「協調」 *A* rather than *B*「*B* よりむしろ *A*」 collective action「集団行動」 This は前文の内容。norm「規範」 it＝This　impulse「欲求」 direct *A* to *B*「*A* を *B* に向かわせる」 the emergence of *A* as *B*「*A* が *B* として出現したこと」 legitimacy「合法性」 the Enlightenment「啓蒙主義，啓蒙運動」 sovereign「主権を有する」 culpable「責任を持つ」 confer *A* on *B*「*B* に *A* を与える」 a generalization *A* as *B*「*A* を *B* として一般化したもの」 under「～の下で」 upholding 以下は3つの分詞構文が続く。

uphold「遵守する」 bargain「契約」 impose *A* on *B*「*B* に *A* を課す」 default「履行しない」 it は to establish ～ と to respect ～ を指す形式主語。whatever は複合関係代名詞で「どんなものであっても」の意。sovereignty「主権」

（第２段） When asking ～ と when observing ～ は S be が省略された構文。entertain「（考えなどを）受け入れる」 the thought of ～「～という考え方」 disinterested「公平無私の」 be rooted in ～「～に根ざしている」 the practice of accountability「説明責任を行うこと」 agent「行為者」 impartial「公平な」 meet「満たす」

(C) （第１段） display of affection「愛情表現」 personal space「対人距離」 elaborate「複雑な」 insect mating ritual「昆虫がつがいとなる儀式」 sidestep「横に寄って避ける」 interpret *A* as *B*「*A* を *B* と解釈する」 standoffishness「人との間に距離を置くこと」 move in「近づいてくる」 programmed by ～「～によって刷り込まれた」 exposure「触れること」 static「変化しない」 generational「世代間の」 refer to *A* as *B*「*A* を *B* と言う」 propriety「礼節」 concern「懸念」

（第２段） there is *A* going on「*A* が行われ続けている」 so ～ that …「とても～なので…」 break down ～「～を分類する」 bear hug「力強いハグ」 high-five「ハイタッチ」 fist bump「グータッチ」 followed by ～「～が続く」 lean「寄り掛かり合い」 at once「同時に」 part「別れる」 regardless of ～「～と関係なく」 orientation「関心」 A measure of *A* is *B*「*A* を表す証拠として，*B* がある」 peer「友達」 fit in「人とうまくやる」 outright「完全に」 three-second rule「３秒ルール」 clogging「渋滞させること」 roundabout「遠回りの」

（第３段） low-five「ロータッチ」 be baffled by ～「～に困惑する」 Witnessing *A* makes me feel like ～「*A* を目の当たりにすると，私は～ような気がする」 hip「かっこいい」 If 文は仮定法過去の文。be wary of ～「～を用心する」 weird「変な」 invoke「発動する」 longstanding「以前からある」 groping「痴漢行為」 pro-「～に賛成の」

III 解答

25―(e)　26―(g)　27―(b)　28―(h)　29―(f)　30―(c)
31―(a)

◆全　訳◆

≪戦国時代が終わり武士の身分を捨て農村に根づいた一族≫

西洋の世界の大部分が1801年1月1日として知っている日は普通の真冬の1日，11月17日であった。日本の都市では，上品な女性が詰め物の入った何層にも重なった着物を着て，見張り役の人が火事を見つけようとして地平線を見つめ，行商人が通りで焼き芋を売っていた。農村地帯では，人々は，道具を修理し，縄を作り，冬の作物である青野菜と大根の世話をし，租税をどう納めようか心配していた。収穫の季節は終わっていて，すべての請求書が支払い期限を迎えていた。山岳地帯では小作農が材木を積み重ね，海岸沿いでは，たるを乾燥した海草でいっぱいにした。農村では，彼らは米や大豆の俵を集めていた。彼らが金銭を数えて渡すこともあった。日本の66藩のすべての小村が何かを支払う義務があった。地元の君主や将軍，徳川家斉への責務であった。その家斉は120万ものたくさんの人々がいる都市である江戸という大都市で自分の城から国土を統治していた。

冬の最も暗い期間に，何万枚もの日本の税金の請求書が書かれ押印され，刷毛と墨で複写され，配達人によって配られ，小作農の硬くなった手に渡されていた。請求書の1枚が最終的には右衛門という仏教徒の僧侶の手に渡されることになった。彼は，商家と歌舞伎座がある大都会の江戸から何日も歩いた所にある，石神という村に住んでいた。彼の小さい寺は越後地方の，険しい山のふもと，日本の雪国の中心地にあった。そこでは，わら葺き屋根の木造家屋，草で覆われた畑，水田に，冬がたいへんな勢いで到来していた。右衛門の隣人たちはすでにわら靴とかんじきを直し，屋根の梁を補強し，厚く編んだむしろでひ弱な植物を包み，葦で作った覆いを窓に掛けた。11月までに，雪は深さ数フィートになり，ほとんど毎日もっと多くの雪が降った。風が強まると，雪は畑を越えて吹雪いてきて，吹き寄せられて積み上がり，曲がった小道と村を横切る小さな用水路を見ることができなくなった

何世代もの間，右衛門の一族は石神村の農民にまじって暮らしてきた。彼らはかつて武士，つまり侍であった。彼ら自身の家系によると，彼らは偉大な将軍，武田信玄に仕えていたが，その将軍は甲斐の虎と呼ばれ，戦

略上の鋭い洞察力と曲がった金色の角が飾られたかぶとを含む一揃いの独特な甲冑で有名であった。日本の戦国時代の間，彼の軍隊は16世紀の最も残虐な戦いのいくつかを行い，その時は将軍たちは何十人の部下を，それから島国の支配を戦い取ろうとする時は何十万人もの部下を集め，戦場を荒々しく突進し，城を燃やした。それは小作農が村から追い払われ軍隊が野営地から野営地へと行進していく時代であった。国中で，人々の集団が揺さぶられ，配置し直された。ともかくも，軍隊が消耗し，うんざりして平和が始まった時，右衛門の先祖は最終的に越後地方の南部に至った。

16世紀の最後の数十年間で，将軍の先駆けである日本の新しい軍事的覇者は人々を武士と平民に分けた。侍一族のすべての当主は自分の運命を選ぶことを要求された。武士になりたいと思う人々は農業をあきらめ城下町の宿舎へ移らなければならなかったが，そこで彼らは君主を護る態勢に就くことになっていた。村に留まる人々は侍の地位を放棄し武器を引き渡すように命令された。侍になれば政府に務め，将軍や君主から俸禄を受け取るという特権があり，小作農になれば戦いに行くように求められることは決してないという保証があった。右衛門の先祖は後者の選択肢を選び，武器を捨て土地に留まった。

長年にわたって，右衛門一族の者は土地を耕し村長を務めた。彼らは争いを調停し，納税物品を集め，領地を管理する侍と話し合いをした。しかし，右衛門の先祖の一人が異なる道を選んだ。彼は彼の農耕の手引きから離れ，仏教の経典を勉強して，浄土真宗の僧侶に任命された。彼は檀家を集め，葬儀を行い，経文を唱え，彼の宗教の本質的な教義を教えた。それは阿弥陀仏の救済する力を信じる者はだれでも浄土という天国で生まれ変わり，苦しみという果てしない宿命的な循環から自由になるというものだった。彼は村の小さな寺，林泉寺を建立し，そこに右衛門とその一族がずっと暮らして，信徒の世話をし，出生と死亡の記録を取り続けた。

◀解　説▶

▶25. 第1段第4文（The harvest season had ended, …）に「すべての請求書が支払い期限を迎えていた」とあり，同段第5文（In the mountains, peasants piled up …）では山岳地帯と海岸沿いでの租税の納め方が説明されているので，空所は農村での租税の納め方が述べられている(e)が正解。

▶26. 第2段第3文（He lived in a village …）のHeが指す人物が空所には含まれており，同段第1文（In the darkest part of winter, …）の「税金の請求書」にも言及している(g)が正解。

▶27. 第2段第6文（Emon's neighbors had already mended …）には雪に対する備え，同段第8文（When the wind picked up, …）には雪の降り方が説明されているので，雪に言及している(b)が正解。

▶28. 第3段第3文（According to their own family history, …）に「彼らは武田信玄に仕えていた」とあるので，(h)が正解。

▶29. 第3段第4文（His armies had fought …）に戦国時代の武将の戦い方が述べられているので，戦国時代の説明がされている(f)が正解。

▶30. 第4段第1文（In the last decades of the sixteenth century, …）に「人々を武士と平民に分けた」とあり，同段第3・4文（Those who wanted to be warriors … in their weapons.）に「武士になりたいと思う人々」と「村に留まる人々」が説明されているので，どちらかを選択することに言及している(c)が正解。

▶31. 最終段第1文（Over the years, members of Emon's family …）には「右衛門一族は土地を耕し村長を務めた」とあるが，同段第4文（He set down his farming manuals, …）では「仏教の経典を勉強して，浄土真宗の僧侶に任命された」とあるので，従来とは異なる人生を歩んだことになる。よって，(a)が正解。

●語句・構文●

(第1段) layers of padded robes「詰め物の入った何層にも重なった着物」 scan「見つめる」 peddler「行商人」 tend「～の世話をする」 bill「請求書」 come due「支払い期限を迎える」 bale「俵」 count out「(金銭を) 数えて渡す」 hamlet「小村」 owe「支払う義務がある」 obligation「責務」 metropolis「大都市」 teeming「たくさんいる」

(第2段) tens of thousands of ～「何万もの～」 be passed through ～「～に渡される」 calloused「硬くなった」 end up in ～「最終的に～に至る」 thatched-roofed「わら葺き屋根の」 in full force「たいへんな勢いで」 reinforce「補強する」 pick up「(風が) 強くなる」 in drifts「吹き寄せられて」 make it impossible to *do*「～することができなくなる」 traverse「横切る」

（第 3 段） serve「仕える」 acumen「鋭い洞察力」 suit of armor「一揃いの甲冑」 crowned with ～「～が飾られた」 Warring States Period「戦国時代」 rampage through ～「～を突進する」 assembling 以下は分詞構文。archipelago「島国」 encampment「野営地」 redistribute「配置し直す」 weary「うんざりしている，飽き飽きしている」 set in「始まる」

（第 4 段） hegemon「覇者」 forerunner「先駆者，祖先」 sort *A* into *B*「*A* を *B* に分ける」 stand ready to *do*「～する態勢につく」 renounce「放棄する」 turn in ～「～を引き渡す」 serve in ～「～に務める」 the assurance that ～「～という保証」 lay down ～「～を捨てる」

（最終段） over the years「長年にわたって」 serve as ～「～を務める」 mediate「調停する」 set down ～「～から離れる」 scripture「経典」 become ordained as ～「～に任命される」 the True Pure Land sect「浄土真宗」 parishioner「檀家」 tenet「教義」 faith「宗教」 Amida Buddha「阿弥陀仏」 the Pure Land「浄土」 karmic「宿命的な」 flock「信徒」

Ⅳ　解答

32―(i)　33―(c)　34―(a)　35―(h)　36―(b)　37―(k)　38―(l)

◆全　訳◆

≪寮の居住アドバイザーと新規入寮者との会話≫

ジェン：こんにちは，調子はどう？　ジェンです。私はあなたの RA，寮の居住アドバイザーです。私の仕事は寮の生活をこの上なくすばらしいものにすることなので，何か私にできることがあれば知らせてください。引っ越してきてうまく落ち着いていますか？

ケイ　：はじめまして，ジェン。ケイです。ええ。自宅から離れて暮らすのは初めてなので，不安だったのですが，…

（火災報知機の大きな音で，中断される。）

ケイ　：いやだな，火事？　避難したほうがいいでしょうか？

ジェン：ええ，消防が来て警報を解除してくれるまで外で待たなければなりません。歩きながら話しましょう。でも，あまり心配しないでください。きっと，だれかがポップコーンを焦がしただけです。いつも起こっているんですよ。

ケイ　：ポップコーン？

ジェン：そう。電子レンジの適切な使い方や読み取る方法を知らない人々もいるのです。昨年は，とても多くの火災報知機の誤った警報があったので，今では真夜中過ぎにポップコーンを作ることを禁止する規則があるんですよ。

ケイ　：まあ，そんなに深刻なんですか？　私も注意したほうがいいですね。ポップコーンは大好きなんですが，家では今まで作ったことがないので。

ジェン：本当は，難しくないですよ。電子レンジ用のポップコーン1袋を作ると決めたら，袋の指示を読んでそれに従うだけでいいのです。できるまでしばらく待って，音がしなくなったら袋を取り出すだけ。とても簡単ですよ！――ちょっと，聞いて！　だれかがまさに「ごめんなさい，ポップコーン！」と叫びましたよ。ほら，疑いが確認されました。ポップコーンを焦がしただけですね。

ケイ　：ほら消防車がやって来ますね。時間がかからないことを願います。だって，グリルにバーガーを置きっ放しにしてきたから！

◀解　説▶

▶32. 空所前方でジェンが自分は「寮の居住アドバイザー」で，「何か私にできることがあれば知らせてください」と言っているので，新規入寮者に様子を聞いていると考えられる。よって，(i)が正解。settle in「引っ越してきて落ち着く」

▶33. 空所前方でケイは「火事？」と聞いているので，火事と関連する動詞を考える。よって，(c)の evacuate「避難する」が正解。

▶34. 空所前方に「消防が来る」とあり，空所後方に「きっと，だれかがポップコーンを焦がしただけです」とあるので，消防が火災報知機の誤作動を確認して，警報を解除すると予想される。よって，(a)が正解。give the all clear「警報を解除する」

▶35. 空所前方に「とても多くの火災報知機の誤った警報があった」とあるので，空所後方の「真夜中過ぎにポップコーンを作る」ことを禁止する規則ができたと考えられる。よって，(h)が正解。

▶36. 空所後方に「家では今まで作ったことがない」とあるので，ポップコーンを作る時は注意することになると考えられる。また，空所直後には動詞の原形があることから，(b)が正解。had better *do*「～したほうがいい」

▶37. 空所後方に「ポップコーンができるまで」とあるので，空所には「待つ」という意味の表現が入ると考えられる。よって，(k)が正解。stick around「(その場で) しばらく待つ」

▶38. ジェンは 2 回目の発言（Yeah, we have to …）で「きっと，だれかがポップコーンを焦がしただけです」と言っている。空所前方ではだれかが「ごめんなさい，ポップコーン！」と叫んでいるのが聞こえている。したがって，ジェンの誤報であるという疑いが確認されたことになる。よって，(l)が正解。suspicion「疑い」

●語句・構文●

（ジェンの 1 回目の発言）how's it going?「調子はどう？」 make *A B*「*A* を *B* にする」 as ～ as can be「この上なく～」 awesome「すばらしい」

（ケイの 1 回目の発言）it's *one's* first time *doing*「～するのは初めてである」

（ジェンの 2 回目の発言）all the time「いつも」

（ジェンの 3 回目の発言）so ～ that …「とても～なので…」 false fire alarms「火災報知機の誤った警報」 against「～を禁止して」

（ジェンの 4 回目の発言）as easy as that「とても簡単」

（ケイの 5 回目の発言）here comes ～「ほら～がやって来る」 take long「(長い) 時間がかかる」

V 解答

〈解答例 1〉（The effects of climate change are such that）natural disasters will happen more frequently and with greater severity.（4 ～10 語）

〈解答例 2〉（The effects of climate change are such that）we have little time left to cope with climate change.（4 ～10 語）

◀解　説▶

設問の指示は「以下の文章を読んで，別の解答用紙にある解答欄に自分自身の言葉で英語の要約を完成させなさい。要約の書き出しは与えられており，4 ～10 語で完成させなければならない。本文中の 3 語以上連続した語句を使ってはいけない」となっている。文章の内容は，「温暖化が急速に進み，それによる気候変動は異常気象を引き起こし，極端な気候が正常だと思えるほど悪化している。このまま何もせずに進めば，私たちは気候現象から復讐を受けることになるだろう」というものである。著者の主張の主眼は，「もっと多くの自然災害が激化して起こるだろう」「気候変動に対処する時間はあまりない」「考え方や行動を変えるべきだ」などになるだろう。これらの点を中心にして，書き進めていくとよいだろう。

〈解答例１〉は「自然災害がもっと頻繁にもっと激しく起こるだろう」，〈解答例２〉は「気候変動に対処するのに残されている時間はほとんどない」という意味である。

与えられている文章の和訳：状況はあなた方が考えているより悪い，いやはるかに悪い。気候変動はゆっくりであるということはおとぎ話にすぎず，気候変動がまったく起こっていないと語るおとぎ話と同じくらい有害である。

以前は，人間は未来を予測するために気候を観察していたが，今後は，その怒りの中に過去の復讐を見ることになるだろう。気温が３度温かくなった世界では，地球の生態系には多くの自然災害が沸き起こるので，私たちはまさにその災害を「気候」と呼び始めるだろう。手がつけられないほどの台風，竜巻，洪水，干ばつなど，そう遠くない昔に文明全体を破壊した気候現象にこの惑星はしばしば襲われている。最強のハリケーンがやって来ることはもっと多くなり，それらの特徴を言い表す新たな範疇を作らなければならないだろう。竜巻はずっと頻繁に起こり，破壊の痕跡は長く広くなるだろう。あられの固まりはサイズが４倍になるだろう。

初期の博物学者は「深い時間」について語ることが多かった――それは，あれやこれやの谷や岩礁海盆，自然の深遠なゆっくりさの，壮大なさまをじっと見つめながら持った認識であった。しかし，歴史が加速して進むと，物事の見方は変わる。私たちを待ち構えているのは，オーストラリア先住民がビクトリア朝時代の人類学者と話した時に，「ドリームタイム」とか「すべての時間」と語ったことと類似している。それは，現在の瞬間に，先祖，英雄，半神半人が叙事詩の舞台にひしめき合っていた調子外れの過去と遭遇するという半神話的な体験である。氷山が海に崩落していく映像を見て，すでにあなた方はそうだと感じている――歴史が一気に動く感じを。

そうなのである。2017年の夏は空前の極端な気候をもたらした。それから2018年の夏は記録破りだったので，2017年が驚くほど牧歌的に思えた。2040年になるまでには，2018年の夏はおそらく正常に思えるだろう。しかし，極端な気候は「正常」という問題ではない。それは絶えず悪化している気候現象の周辺から私たちに吠え返してくるものなのである。

●語句・構文●

（第1段）slowness「ゆっくりであること」 pernicious「有害な」 the one＝a fairy tale

（第2段）going forward「今後は」 see の目的語は the vengeance「復讐」 *A* boil with *B*「*A* には *B* が沸き起こる」 them＝natural disasters out-of-control「手に負えない」 assault「襲う」 that は climate events を先行詞とする関係代名詞。not so long ago「そう遠くない昔に」 describe「言い表す」 strike「起こる」 trail「痕跡」 quadruple「4倍になる」

（第3段）naturalist「博物学者」 perception「認識」 contemplating～は分詞構文。contemplate「じっと見つめる」 rock basin「岩礁海盆」 perspective「物事の見方」 lie in store「待ち構えている」 aboriginal Australian「オーストラリア先住民」 semi-mythical「半神話的な」 out-of-time「調子外れの」 demigod「半神半人」 crowd「～にひしめき合う」 epic「叙事詩の」 footage「映像」 all at once「一気に」

（最終段）unprecedented「空前の」 *A* make *B* *C*「*A* なので *B* は *C* である」 positively「驚くほど」 idyllic「牧歌的な」 roar back at～「～に吠え返す」 fringe「周辺」

❖講　評

2022年度も問題の形式・構成には変化はなく，例年通り読解問題3題，会話文問題1題，英語での要約問題1題の計5題の出題である。受験生にとっては未知の語句が多く読みづらいと思われる。

I は2つの英文の空所補充問題で，選択肢の一部に難しい語が含まれる。文法的な問題とともに，読み取った内容に基づいて文脈上適切な内容を完成させる問題も多く含まれている。(A)は父親が子供の好奇心を生み出そうとする教育方法を扱った具体的な内容の英文である。前後の文脈を正確に把握して解答する必要がある。(B)は文学の読み方を扱った文学論で，抽象度が高い難解な文章だが，文法的なアプローチで解ける問題も多く，紛らわしい選択肢は少ない。

Ⅱは3つの英文の内容説明問題と内容真偽問題が中心となっている。(A)は南アフリカの歴史教育のあり方を扱った簡明な英文で，選択肢も選ぶのは容易である。(B)は争いを社会的な協調によって解決するという道徳性を扱ったもので，やや抽象度が高く読解力が求められる英文であるが，設問の該当箇所を特定するのはそれほど難しくはない。(C)は世代間で愛情表現と対人距離が異なることを扱ったもので，やや長めだが比較的読みやすいものである。語彙レベルが標準的なので，高得点を得たいところである。

Ⅲは日本の戦国時代のある家系を扱った英文で，英文量がやや多いが一般的な日本史の知識があれば理解するのは難しくない。設問は長文に設けられた7つの空所に8つの選択肢から選んで補充する空所補充問題である。空所前後の文脈に気を配り，時系列や代名詞などの指示語に注目するとよいだろう。比較的解きやすい問題となっているので，高得点を期待したいところである。

Ⅳは会話文の空所補充問題で，7つの空所に13の選択肢から選んで補充する形式である。寮の居住アドバイザーと新規入寮者の対話という場面設定を素早く把握したい。内容はわかりやすいが，選択肢として一部に難しい表現や口語表現が用いられているので，簡単とは言えない。入るべき品詞や文脈に着目すると，選択肢を絞れる。

Ⅴは短めの英文を自分の言葉で要約し，与えられた書き出しに続けて英文を完成させる問題である。題材となっている英文にやや難解な箇所があり，要点が把握しづらい。著者の主張の主眼点に着目して要約するとよいだろう。要約に使える語数に制限があるので，相当の作文力が要求される。

90分という試験時間に対して，分量がかなり多く難解な素材も含まれるので，時間的な余裕はないと思われる。速読力とともに迅速に問題を処理していく力が求められる。

日本史

I　解答

1．移動　2．定住　3－イ・オ　4－ア　5－ア　6－エ

◀解　説▶

≪旧石器～古墳時代の特徴≫

▶1．旧石器時代の遺跡は生活の痕跡を残すものが少ないため，人々は「移動」性の強い生活を営んでいたと考えられる。彼らは10数人程度の小規模集団で岩陰や洞窟，またはテント式住居などに住んでいたと思われる。

▶2．縄文時代になると，狩猟・採集・漁労など自然資源の条件が整った場所を見つけ，数軒の竪穴住居が集まった環状集落が営まれて「定住」生活が始まった。

▶3．イ．誤文。「弥生時代に引き継がれて活用されたものも多い」が誤り。環状列石は多数の自然石を円形に配置した石造遺跡。墓地や祭祀的遺構と推定され，縄文中期～晩期に北海道や東北地方につくられた。代表的なものとして秋田県大湯遺跡を覚えておこう。また「盛土遺構」は環状に土を盛り上げた縄文時代の共同祭祀場と考えられている。

オ．誤文。「環状列石」と「盛土遺構」は祭祀場または墓地と推測されるので「日常生活も行われた」とは考えにくい。

▶4．ア．正文。四隅突出型墳丘墓は弥生時代後期に山陰から北陸にかけてつくられた墳丘墓の一種。方形の墳丘の四隅に突出部をもつのが特徴。代表的なものに鳥取県の妻木晩田《むきばんだ》遺跡がある。

イ．誤文。「前方後円墳」が誤り。弥生時代には加美遺跡（大阪市）のように「長方形の墳丘墓」が造営されたが，前方後円墳は古墳時代からである。「大阪平野周辺」に前方後円墳が登場するのは主に古墳時代中期である。

ウ．誤文。やや難問。方形周溝墓は「関東地方」にも存在する。この墓制は1964年，東京の宇津木遺跡で最初に発見された。低い墳丘の周りに溝を方形にめぐらした弥生時代の墓制で近畿を中心に次第に全国に拡大した。また土坑墓は土中に穴を掘って埋葬する墓。木棺墓とともに主流の墓制で

広範囲に分布する。

エ．誤文。やや難問。方形周溝墓は九州から「東北」まで広く分布するが「北海道」には見られない。稲作文化が北海道（続縄文文化）に伝播しなかったことを想起して判断しよう。

オ．誤文。「脈絡がなく」が誤り。弥生時代の墳丘墓は多量の副葬品が出土することから農耕共同体の首長層の墓と見られ，後世の豪族の首長を葬った古墳に関連するものと考えられる。

▶5．ア．誤文。「4世紀後半に初めて登場」が誤り。3世紀中頃（古墳出現期）の最大級の前方後円墳である奈良県の箸墓古墳を想起して判断しよう。

▶6．エ．誤文。「血縁関係を排除」が誤り。古墳時代のヤマト政権は大王家を中心に，政権を構成する豪族を血縁集団の「氏」として組織し，政治的地位を示す「姓」を与える氏姓制度で「官僚制」を整えた。

Ⅱ　解答

1―イ　2―イ　3―オ　4―オ　5―ア
6．勧学院　7．日本三代実録　8―ウ

◀解　説▶

≪古代の文字文化≫

▶1．イ．誤文。「帯方郡」が誤り。『漢書』地理志に記されている倭の使者が定期的に通じたのは楽浪郡である。楽浪郡は前108年に前漢の武帝が衛氏朝鮮を滅ぼして設置した朝鮮四郡の一つ。現在の朝鮮民主主義人民共和国の首都・平壌付近にあった。なお，帯方郡（現在のソウル付近）は3世紀初めに遼東半島の公孫氏によって楽浪郡南部を割いて新設され，後に華北を統一した魏が領有して朝鮮支配の拠点とした。邪馬台国の卑弥呼が魏に通交する際の中継地。

▶2．イ．正文。埼玉県稲荷山古墳出土の鉄剣銘に雄略天皇を示す「ワカタケル大王」の漢字が見られることから，5世紀にはヤマト王権が関東地方にまで及んでいたと推測でき，「天下」（一国の支配する権力）の形成が進んでいたことがわかる。なお，同類の熊本県江田船山古墳出土の鉄刀銘にも「ワカタケル大王」の漢字が見られ，大王の支配が九州から関東にまで及んでいたことがわかる。

ア．誤文。やや難問。「辛卯の年」（391年）が誤り。正しくは鉄剣が作られた「辛亥の年」(471 年，5 世紀後半）である。なお，「辛卯の年」(391 年）は高句麗好太王の碑文に記された倭の朝鮮進出の年である。

ウ．誤文。難問。「ヲワケ」はワカタケル大王に武官として仕えた豪族で鉄剣を作った人物。

エ．誤文。難問。「額田部臣」の字が確認できるのは岡田山 1 号墳出土刀（島根県，6 世紀後半）である。部民制や姓の実例を示す最古の資料である。

オ．誤文。『宋書』倭国伝の中の「倭王武の上表文」の内容。

▶ 3．オ．正文。百済は新羅や高句麗に対抗するため，建国以来日本との友好関係を深め，「易博士」「暦博士」「医博士」をはじめ仏教や儒教などの先進文化を伝えた。

ア．誤文。難問。「百済の観勒が暦法を伝えた」のは 602 年（来日）なので「 6 世紀」ではなく 7 世紀である。

イ．誤文。仏教を伝えたのは「義慈王」ではなく聖明王である。義慈王は百済最後の国王。660 年百済は唐・新羅の連合軍に滅ぼされ，王は唐軍に捕らえられ病死した。

ウ．誤文。「高句麗」が誤り。五経博士は百済の儒教を講じる教授（官職名）のこと。記紀に 6 世紀初め百済の五経博士の段楊《だんよう》爾《に》らが来日して儒教を伝えたとある。なお，五経とは『易経』『書経』『詩経』『春秋』『礼記』の儒教経典の総称。

エ．誤文。「王仁」は百済からの渡来人である。5 世紀前半の応神天皇の時代に来朝し『論語』『千字文』を伝えた。また西文氏の祖と伝えられている。

▶ 4．オ．正文。計帳は人頭税である庸・調を取るための台帳として毎年作成された。

ア．誤文。「治部省」が誤り。詔書の起草は中務省が担った。治部省は葬礼・陵墓・僧尼の管理や外交を担った。

イ．誤文。「身体的特徴が細かく記された」のは計帳である。毎年 6 月 30 日までに，各戸主から戸口の姓名・年齢・身体的特徴などを記した自己申告書（「手実」）を提出させ，これをもとに国司が国ごとに作成した。

ウ．誤文。「正丁になると」が誤り。口分田は 6 歳以上になると戸籍に基づいて班給された。正丁は 21～60 歳の成人男性のことである。

エ．誤文。「郡で管理」「中央には進上されなかった」が誤り。戸令によると計帳は国司がまとめ，太政官に送ることとされている。なお，戸籍については 3 通が書写されて 1 通が各国に 2 通が太政官（中務省と民部省）に送られた。

▶ 5．ア．正文。国学は国司の管理下にあって，主に郡司の子弟に官吏の教養として儒学を教授することを目的とした。

イ．誤文。やや難問。「儒教の経典はあまり重視されなかった」が誤り。大学での本科は儒教を学ぶ明経道であった。「法律に関する学び」として律令格式を研究する明法道，中国史書や漢文学を学ぶ紀伝道も重視された。

ウ．誤文。「一般庶民」が誤り。大学は式部省の大学寮の管轄下にあって，入学資格を持つ者は五位以上の貴族の子弟などであった。

エ．誤文。国学は「郡ごと」ではなく国ごとに設置された。

オ．誤文。大学は「国ごと」ではなく中央に設置された。

▶ 6．藤原冬嗣の創設した勧学院は大学別曹のうち最も整備されたもので，藤原北家台頭の下地となった。なお，橘氏の学館院，和気氏の弘文院，在原氏の奨学院なども覚えておこう。

▶ 7．六国史の最後は『日本三代実録』（901 年）である。醍醐天皇の時代に藤原時平や菅原道真らによって編集された。5 番目の『日本文徳天皇実録』に続く清和・陽成・光孝天皇 3 代 30 年間の歴史書である。

▶ 8．ウ．誤文。難問。木簡は租税の荷札や行政上の文書などが墨書された木片。689 年飛鳥浄御原令が施行され，律令制度が稼働した藤原京や平城京の跡から発見されることが多いが，静岡県伊場遺跡の五十戸一里制の実施を裏付ける木簡（681 年）など飛鳥浄御原令施行以前のものもある。

なお，ア．正文。難問。飛鳥池遺跡（奈良県）は 1998 年に富本銭が発見されたことで有名だが，同年に「天皇」と墨書された木簡も発見された。富本銭の鋳造は『日本書紀』の記事から天武朝と考えられているので，「天皇」号が天武朝から使用されたという説を裏付ける論拠になった。

イ・エ・オ．正文。

III 解答

1．土民　2．赤松　3－エ　4－エ　5－ウ　6－イ　7－オ

◀解　説▶

≪中世の一揆≫

▶1．史料は正長の土一揆（徳政一揆）の一節。「土民」は貴族らから見た土着の民という意味。惣村を母体に成長した一般農民や土豪に下級武士なども含む階層。「土一揆」は土民の一揆の略である。なお，『大乗院日記目録』の筆者の僧侶は興福寺関係の尋尊で一条兼良の子。史料は支配層の土一揆に対する衝撃を伝えている。

▶2．播磨の土一揆（1429 年）は播磨国守護の赤松満祐によって鎮定された。赤松氏は室町初期から播磨守護に任じられ，有力守護大名として四職家の一つとして活躍したが，赤松満祐が嘉吉の変の後に幕府軍と戦い敗死し，以後没落した。

▶3．エ．正文。嘉吉の土一揆（1441 年）は幕府に初めて徳政令を出させた土一揆である。この一揆は赤松満祐による 6 代将軍義教殺害（嘉吉の変）を契機に京都で発生，畿内近国で数万人が蜂起して「代始めの徳政」を要求した。幕府は播磨で赤松軍と交戦中であったため一揆鎮圧に苦戦し，土民の要求をのんで徳政令を出すにいたった。

ア．誤文。「結城合戦」は 1440 年。嘉吉の土一揆の前年の事件である。

イ．誤文。やや難問。「数千人」ではなく数万人。

ウ．誤文。分一徳政令は徳政令発布の代償として債務額などの 1 割（分一銭）を幕府に納めさせるもので，1454 年の享徳の徳政一揆で初めて発布された。

オ．誤文。「柳生の徳政碑文」に刻まれているのは，正長の土一揆（1428 年）の影響で負債がなくなった成果である。

▶4．エ．誤文。自検断は「貸借破棄」を意味する言葉ではない。地下検断ともいい，村民が罰則を決めて自ら警察権を行使して裁くこと。

▶5．ウ．正文。国人らは平等院で寄合を開き，南山城を支配するための国掟を定めた。

ア．誤文。山城の国一揆は応仁の乱（1467～77 年）終結後の 1485 年に起こったので西軍・東軍どちらにも属さない。

イ．誤文。「北山城」ではなく南山城の国人らが集結し，代表者 36 人の月

行事による自治を実現した。

エ．誤文。国人たちの自治的支配は伊勢氏の守護就任まで8年間（1485～93年）続いた。

オ．誤文。「細川氏」ではなく畠山氏。南山城地方の国人らは対立を続ける畠山義就と畠山政長両氏を退去させた。

▶6．イが正解。「百姓」は農民・土民を指す。加賀の一向一揆を起こした浄土真宗（一向宗）の門徒は惣村の農民（百姓）たちであった。国人らの指導のもと守護富樫政親を倒し，富樫泰高を名目上の守護として一国を支配するようになり，「百姓ノ持タル国」といわれた。

▶7．オが正解。

X．誤文。「石山本願寺」が誤り。法華一揆は1532年一向一揆の拠点であった山科本願寺を焼打ちにした。

Y．正文。

Z．誤文。天文法華の乱（1536年）は，宗論が原因で比叡山延暦寺の僧徒により京都の日蓮宗寺院が焼かれた事件。法華一揆側は壊滅的な打撃を受けて京都を追われた。

Ⅳ　解答

1－エ　2－ウ・オ　3．亜欧堂田善　4－ウ　5－イ　6－エ　7－エ

◀解　説▶

≪江戸時代の絵画≫

▶1．エ．正文。「桂離宮古書院」は寛永文化期の数寄屋造の代表的建物。

ア．誤文。本居宣長は京都で儒学や医学を学んだが，「鈴屋（自宅）を開き国学の普及に努めた」のは郷里の伊勢松坂である。

イ．誤文。織田信長の延暦寺焼打ち（1571年）を想起しよう。中心の根本中堂をはじめ「最澄建立当時の建物」はすべて焼き払われ，根本中堂は1642年に再建された。なお，「比叡山延暦寺」は近江国（滋賀県）に所在するので「京都の様子」からも誤りとなる。

ウ．誤文。難問。「清水寺本堂」は「建立当時の建物」ではない。清水寺は興福寺に所属していたため延暦寺との抗争で焼失を繰り返し，「本堂」（通称：清水の舞台）は1633年に再建されたものである。

オ．誤文。高瀬川を開削したのは河村瑞賢ではなく角倉了以である。

▶2．ウ・オ．正文。ウ．歌川広重（化政文化）の『名所江戸百景』の「大はしあたけの夕立」の説明。オ．歌川広重らの浮世絵はヨーロッパの印象派の画家に大きな影響を与えた。ゴッホの作品に「大はしあたけの夕立」を模写した「広重写しの橋」がある。

ア．誤文。歌川広重は幕末の 1858 年に死去。また「世相を批判する作品」も誤り。風景画家として人気を博し，『東海道五十三次』など旅情を誘う叙情的画風が特徴。

イ．誤文。葛飾北斎の説明である。

エ．誤文。主に宝暦・天明期の喜多川歌麿や東洲斎写楽の説明である。

▶3．やや難問。『浅間山図屛風』がヒント。亜欧堂田善は白河藩松平定信の御用絵師として活躍，文人画家の谷文晁に学び，後に定信の命で西洋画や銅版画を研究した。『浅間山図屛風』は写実的な肉筆西洋画の大作である。

▶4．ウ．正文。明暦の大火（1657 年）で江戸城も被災し，天守閣が焼失した。なお天守閣はその後も再建されていない。

ア．誤文。やや難問。徳川家康が将軍職を秀忠に譲り，駿府に移ったことを思い出そう。1616 年 4 月駿府城（静岡市）で亡くなった。

イ．誤文。「城下町の港（江戸湾）」が誤り。朱印船の多くは長崎から出航した。

エ．誤文。近松門左衛門は上方（京都・大坂）の浄瑠璃・歌舞伎の脚本家（元禄文化）。大坂の竹本座（竹本義太夫）の専属作家として『曽根崎心中』など名作を残した。

オ．誤文。やや難問。14 代将軍徳川家茂は 1866 年 7 月第 2 次長州征伐中に本陣の大坂城で病死した。

▶5．イ．誤文。やや難問。「藩校造士館を設立」したのは江戸時代後期の薩摩藩主島津重豪である。「島津忠義」は幕末の薩摩藩主，国父（後見役）として藩政を主導した島津久光の長男。

ア．正文。薩摩藩は琉球王国を支配したが中国王朝への朝貢は継続させた。

ウ．正文。「調所広郷」は島津重豪に登用され，黒砂糖の専売，借財の整理，琉球密貿易などで財政改革に成功した。

エ．正文。島津斉彬は幕末の薩摩藩主で久光の異母兄。反射炉などを含む洋式工場群（集成館）を設置し藩政改革に努めた。

オ．正文。島津久光が主導した文久の改革（1862年）の説明である。

▶6．エ．正文。曲亭（滝沢）馬琴は1767年生まれで1848年に死去した。文化史区分で化政文化期に活躍した読本作家。伊能忠敬は1800年に蝦夷地の測量を命じられ，以後全国を調査して『大日本沿海輿地全図』を作成した（1821年完成）。

ア．誤文。松尾芭蕉は元禄文化。

イ．誤文。「良寛」が誤り。『北越雪譜』を著したのは鈴木牧之（化政文化）。良寛は同時期の越後の歌人。

ウ．誤文。酒井田柿右衛門が有田焼の赤絵の技法を完成させたのは寛永文化期である。

オ．誤文。宮崎安貞が『農業全書』を刊行したのは1697年で元禄時代である。

▶7．エが正解。「イタリア」「江戸時代の日本を訪れた人物」がヒント。シドッチはイタリア人宣教師。1708年屋久島に潜入して捕らえられ，江戸小石川の切支丹屋敷に送られた。新井白石が尋問し『采覧異言』と『西洋紀聞』を著した。なお，アのキヨソネはイタリアの銅版画家で1875年明治政府の招きで来日し，紙幣や切手の製版や印刷を指導した。イのロッシュは幕末に江戸幕府を支援したフランスの駐日公使。ウのクルムス（ドイツ人）は『解体新書』の原本となった解剖学入門書『ターヘル・アナトミア』の著者。オのドン＝ロドリゴは江戸初期に上総に漂着したスペインのフィリピン総督。1610年田中勝介のノビスパン（メキシコ）派遣の契機となった人物である。

V　解答

1．山県有朋　2．奇兵隊　3－エ　4－オ
5．西南戦争　6－イ　7－エ　8－エ
9．美濃部達吉　10－オ　11－エ

◀解　説▶

≪山県有朋の生涯≫

▶1．「近代的な軍隊の整備確立」「市制・町村制」「府県制・郡制」「第2次内閣を組織」「政党嫌いをもって知られ」などがヒント。長州藩出身の軍人・政治家の山県有朋である。

▶2．奇兵隊は1863年に高杉晋作が組織した非正規軍。門閥に関係なく

農民・町人・下級武士らで組織された。四国艦隊下関砲撃事件・長州征伐（第 2 次）・戊辰戦争などで活躍した。その活躍は山県有朋が実現させた国民皆兵の徴兵制に影響を与えた。

▶ 3．エが正解。「1866 年」「長州征討（第 2 次）」以後の出来事は 1867 年 12 月 9 日の「小御所会議の開催」である。ア．薩英戦争は 1863 年。イ．四国艦隊下関砲撃事件は 1864 年。ウ．八月十八日の政変は 1863 年。オ．天誅組の変は 1863 年。

▶ 4．オ．誤文。「弾正台」が誤り。常備陸軍として設置されたのは鎮台である。1871 年に東京・大阪・鎮西（熊本）・東北（仙台）の 4 カ所に置かれ，1873 年徴兵令発布に伴って広島・名古屋にも置かれ 6 鎮台となった。なお，弾正台は律令官制にある役人の監察機関。明治時代の 1869 年に警察機関として復活したが，1871 年には廃止された。

▶ 5．「1877 年」がヒント。西南戦争は征韓論に敗れた西郷隆盛を中心に，鹿児島の不平士族が起こした反乱。不平士族最大級の反乱であったが，政府軍により鎮定され徴兵軍の実力が示された。

▶ 6．イが正解。モッセはドイツ人法学者。1886 年内閣および内務省の顧問として来日し，市制・町村制の原案を起草するなど山県有朋が目指す中央集権的な地方自治制度の確立に協力した。また伊藤博文の憲法制定に協力したことも覚えておこう。なお，アのロエスレルは御雇外国人として憲法制定に協力したドイツ人法学者。ウのグナイストは渡欧した伊藤博文に憲法理論を講義したベルリン大学の教授。モッセはその高弟。エのシュタインは渡欧した伊藤博文に憲法理論を講義したウィーン大学の教授。オのチェンバレン（イギリス人）は御雇外国人として教鞭をとりながら，日本語・文学・文化などを研究した日本学者。

▶ 7．エが正解。やや難問。枢密院の性格と相容れない人物を選択しよう。枢密院は天皇の最高諮問機関。藩閥官僚や軍人が多数を占め，政党政治などを抑制する機関でもあった。早稲田大学の創設者・大隈重信が言論界で人気があり，リベラルな面を持つ政治家であったことを思い出して選択しよう。なお，ウ．西園寺公望も自由主義的な性格を持つ公家出身の政治家だが，1900～03 年に枢密院議長を務めている。

▶ 8．エ．誤文。「戊申詔書を発布」「地方改良運動を展開」したのは第 2 次桂太郎内閣である。

▶ 9．美濃部達吉の天皇機関説は大正から昭和初期にかけて議会政治や政党内閣の論拠として受け入れられたが，ファシズムが台頭するなか，軍部や右翼から天皇を侮辱するものとして攻撃を受けた。1935 年に不敬罪として告訴され，貴族院議員を辞職，著書『憲法撮要』などが発禁となった。

▶10．オ．誤文。第 2 次西園寺公望内閣総辞職の原因となった 2 個師団増設問題の説明である。この後，桂太郎が「第 3 次内閣」を組織したが，第一次護憲運動（大正政変）により 53 日で総辞職した。

▶11．エが正解。「1922 年」に設立された団体は日本共産党である。また同年には全国水平社や日本農民組合も設立されている。なお，ア．社会主義研究会は 1898 年，イ．友愛会は 1912 年，ウ．新婦人協会は 1920 年，オ．日本社会主義同盟は 1920 年に設立されている。

Ⅵ　解答

1．洛陽　2－イ　3－ア　4．方広寺　5－イ
6－イ　7－ウ

◀解　説▶

≪風俗画の歴史≫

▶ 1．やや難問。空欄Ａは「洛中洛外図」が入る。『洛中洛外図屛風』の「洛」は京都のこと。京都にのぼることを「上洛」というように「中国古代の都」であった洛陽に因んでいる。洛陽は中国河南省西部の都市で後漢・魏・西晋などの都であった。

▶ 2．イが正解。史料文に「越前」とあるので朝倉氏と判断できる。なお，ア．浅井氏は近江北部の戦国大名である。朝倉・浅井両氏は織田信長に姉川の戦い（1570 年）で敗れ，後に滅亡した。

▶ 3．アが正解。「織田信長から越後の戦国大名上杉謙信へ贈られたもの」がヒント。織田信長の命で描かれた『洛中洛外図屛風』は狩野永徳の代表作。京都内外の様子が雄大な構図と緻密な表現で描かれ，図中には 2485 人もの人物が描き込まれている。

▶ 4．方広寺鐘銘事件を思い出そう。方広寺は豊臣秀吉が 1589 年京都に創建した寺院。その大仏殿建立を口実として刀狩令（1588 年）が出された。1596 年の大地震で倒壊し，子秀頼が再建したが，梵鐘の「国家安康」「君臣豊楽」の銘文が問題化して大坂の役の原因となった。

▶ 5．イが正解。難問。「徳川幕府の御用絵師」をヒントにア・イ・ウの

3つに絞り込んで解答しよう。住吉具慶（元禄文化）は江戸に出て幕府御用絵師となり，その子孫も代々幕府に仕えて住吉派を確立した。『洛中洛外図巻』が代表作である。ア．狩野探幽は狩野永徳の孫。幕府御用絵師として活躍し，代表作に『大徳寺方丈襖絵』がある。ウ．住吉如慶（寛永文化）は具慶の父で住吉派の祖。京都の土佐派に対して江戸の住吉派と呼ばれる大和絵の一派を形成した。エ．俵屋宗達（寛永文化）は京都の町衆出身の画家。『風神雷神図屏風』の作品で有名。オ．土佐光起（寛永文化）は戦国期以来途絶えていた宮廷絵所預となって伝統的な土佐派を再興した画家。

▶6．イが正解。難問。木地師は轆轤《ろくろ》を使って盆や椀などの木製日常品を作る職人で浮世絵とは無関係である。ア．絵師は浮世絵の下絵を製作する画家。ウ．摺師は木版を刷り上げる職人。エ．版元は出版業者。喜多川歌麿や東洲斎写楽をプロデュースした蔦屋重三郎が有名。オ．彫師は版木をつくる職人。

▶7．ウが正解。難問。「明治時代の歌舞伎界」「名優」から団菊左時代を想起し，九代目市川団十郎，五代目尾上菊五郎，初代市川左団次の中から選び出そう。「九代目市川団十郎」は文明開化の風潮に対応して活歴物（新しい歴史劇）を創始する一方，伝統的な歌舞伎も重視した。それが歌舞伎十八番（市川家が得意とする演目）の一つ「暫《しばらく》」である。「暫」は初代市川団十郎が初演，英雄の主人公が登場して「しばらく」と声をかけ，処刑される人々を救う荒事の代表的演目。

❖講　評

2022年度は，解答個数が48個で例年とほぼ同じであった。記述式は13個で例年を下回った。近年難易度は上昇傾向にあったが，2019年度以降やや平易となり，2022年度はそれよりやや標準化したようだ。

Ⅰ　例年通り原始を中心とした時代からの出題で旧石器〜古墳時代の特徴が問われている。例年通り選択肢の中には判断に迷うものもあるので注意しよう。記述式の1「移動」，2「定住」は歴史用語ではないので考えて解答できるかがポイント。正文・誤文選択問題の3・4には教科書や用語集に記載がないものがあるので選択肢を読み比べて判断できるかがポイントである。また5・6は誤文を見つけやすいので確実に正答しておきたい。

Ⅱ　古代の文字文化をテーマにした問題。古墳時代から平安中期までを範囲としている。律令制度や木簡など政治史の内容も含まれている。記述式の6「勧学院」，7『日本三代実録』は基礎的知識なのでミスは許されない。正文選択問題の2は稲荷山古墳出土鉄剣銘の史料内容を知らなければ苦戦する。3・4・5は誤文を見つけやすいので正答したいところ。誤文選択問題の1は平易，8は難問である。

Ⅲ　室町時代の一揆をテーマにした問題。記述式の1「土民」は史料文の空欄補充だが有名な部分である。また，2「赤松」も基礎的知識で解答できる。正文・誤文選択問題の3・4・5も誤文を見つけやすいのでミスなく解答してほしい。選択式の6「百姓」も史料の空欄補充であるが加賀の一向一揆を表現する常套句なので正答したい。正誤法の7「法華一揆」の問題を処理できるかがポイントである。

Ⅳ　江戸時代の絵画を中心とした問題。リード文は鳥瞰図やそれに因んで鳥などを扱いながら構成されている。記述式の3「亜欧堂田善」はやや難問である。漢字を正確に書けるかがポイント。正文選択問題の1・4は選択肢の中に詳細な知識が含まれているのでやや難問である。また6は文化史の区分を理解できているかがポイント。誤文選択問題の5「造士館」の創設者（島津重豪）を判断するのはやや難問。

Ⅴ　軍閥・藩閥政治家の領袖として絶大なる権力をふるった山県有朋没後100年を記念した問題。2021年度の原敬没後100年を記念した問題を踏襲している。山県有朋の生涯をめぐりながら政治史を中心に構成された問題。記述式の1・2・5・9は基礎的内容なので全問正答しておきたい。また誤文選択問題の4・8・10も平易なので全問正答できるかがポイント。選択式の7は西園寺公望と大隈重信で迷うところでやや難問である。

Ⅵ　早稲田大学定番の美術史の問題で「風俗画」をテーマにした問題。内容は近世～近代までを扱っている。記述式の1「洛陽」はやや難問。選択式の5・6・7はいずれも難問で選択肢からある程度絞り込んで解答できるかがポイントである。

世界史

I 解答

設問1．キュロス2世　設問2．ウ　設問3．エ
設問4．クレオパトラ　設問5．イ

◀解　説▶

≪アレクサンドロス大王とヘレニズム時代≫

▶設問1．リード文を読み進め，空欄Bにアレクサンドロス大王が入ることに気づけば，彼に征服されることから，空欄Aにはペルシアが入るとわかる。そこから，前550年にアケメネス朝ペルシアを創始した人物としてキュロス2世を思い浮かべたい。

▶設問2．ウ．前331年，メソポタミアのアルベラで，アレクサンドロス大王とダレイオス3世の軍勢が激突した。敗れたダレイオス3世は，やがてサトラップによって暗殺され，アケメネス朝は滅亡した。なお，アのイッソスの戦いは，前333年にアレクサンドロス大王がアナトリアでダレイオス3世の軍勢を破った戦いだが，アケメネス朝の滅亡にはいたっていない。

▶設問3．エ．部下の進言で東方遠征を断念したアレクサンドロス大王は，バビロンに凱旋したが，やがてこの地で没した。

▶設問4．空欄の後ろからこの王朝が前30年に滅亡したことがわかる。前31年，クレオパトラとアントニウスはアクティウムの海戦でオクタウィアヌスに敗れ，翌前30年，クレオパトラの自殺によってプトレマイオス朝エジプトは滅亡した。

▶設問5．Eの時代とはヘレニズム時代。イ．ピタゴラスは，前6世紀ごろに活躍したとされる古代ギリシアの自然哲学者・数学者である。万物の根源を「数」としたことや，ピタゴラスの定理の発見などで知られる。

II 解答

設問1．イ　設問2．ア　設問3．イ　設問4．イ
設問5．鳩摩羅什

◀解　説▶

≪「枢軸時代」の思想≫

▶設問1．やや難。イ．誤文。いわゆる四ヴェーダのうち，最古のものである『リグ＝ヴェーダ』は，前1000年頃までの前期ヴェーダ時代に成立した。残りの『サーマ＝ヴェーダ』『ヤジュル＝ヴェーダ』『アタルヴァ＝ヴェーダ』は，前600年頃までの後期ヴェーダ時代に成立した。

▶設問2．ア．誤文。仏教が成立したのは，北インドのガンジス川中流域にあったマガダ国とされる。

▶設問3．ウ．斉の桓公（在位前685～前643年）が覇者となったのは春秋時代のこと。

エ．前403年に晋が韓・魏・趙の三国に分裂した。

イ．蘇秦や張儀のような縦横家が活躍したのは戦国時代中期，前4世紀のことである。

ア．東周の滅亡は，秦が強大化し統一を目前にした前256年のこと。

以上から，3番目にあたるのは，イである。

▶設問4．イ．誤文。商鞅は，前4世紀，孝公に仕えて変法をおこない，秦の強大化に貢献した人物である。

▶設問5．亀茲から中国を訪れた僧といえば仏図澄と鳩摩羅什が想起されるが，鳩摩羅什が，5世紀に後秦の長安で仏典の漢訳に活躍した。後趙で重用され仏教の布教に貢献した仏図澄は4世紀初め頃に中国を訪れた。

III 解答

設問1．ニ　設問2．ロ
設問3．クヌート〔カヌート〕
設問4．ウラディミル1世　設問5．ニ

◀解　説▶

≪ノルマン人の大移動≫

▶設問1．ニ．正文。

イ．誤文。5世紀末，クローヴィスは三位一体説をとるアタナシウス派に改宗した。

ロ．誤文。イベリア半島には，8世紀半ば，ウマイヤ朝の子孫が後ウマイ

ヤ朝を建てた。後ウマイヤ朝は，10 世紀にファーティマ朝がカリフを称したことを受けて，同様にカリフを称した。

ハ．誤文。5 世紀後半，イタリア半島に建国したテオドリックは歴史家カッシオドルスや哲学者ボエティウスらローマ人を重用した。エウセビオスは，3 世紀後半から 4 世紀前半に活躍した教会史家である。

▶設問 2．イ．ノルマン人の首長ロロは，911 年に西フランク王シャルル 3 世からノルマンディー公に封じられた。

ニ．パリ伯ユーグ＝カペーがカペー朝を開いたのは 987 年のこと。

ロ．ロロの子孫にあたるノルマンディー公ウィリアムが，ノルマン＝コンクェストの結果，ノルマン朝を開きイングランド王となったのは 1066 年である。

ハ．第一回十字軍は 1096 年に始まった。

以上より，古い方から 3 番目にあたるのはロである。

▶設問 3．「11 世紀前半」「一時的に」「イングランドを支配」という空欄前後のヒントから，デーン朝を開いたクヌート〔カヌート〕が導ける。彼はデンマークやノルウェーも支配したため，「北海帝国」を成立させたといわれる。

▶設問 4．ウラディミル 1 世は，ビザンツ皇女を妻に迎えたことを機にギリシア正教に改宗，キエフ公国の国教とした。

▶設問 5．ニ．正文。

イ．誤文。ムスリムがキリスト教への改宗を強制され，モリスコと呼ばれて迫害を受け続けたのはイベリア半島である。

ロ．誤文。両シチリア王国は，王家はフランスやスペインの家系となったが，ビザンツ帝国の一部となった事実はない。

ハ．誤文。アリストテレスの文献に注釈をつけたことで知られるイブン＝ルシュドが活躍したのは，ムワッヒド朝。両シチリア王国の都であったシチリア島のパレルモでは，アラビア語やギリシア語の文献がラテン語に翻訳された。

Ⅳ　解答

設問1．ウ　設問2．エ　設問3．ウ　設問4．占城稲
設問5．澶淵の盟　設問6．里老人

◀解　説▶

≪「中国」概念の変遷≫

▶設問1．問題文中の「儒学の五つの経典のひとつとされる」という表記から，ウの『易』とわかる。

ア．誤り。『老子道徳経』は，老子の主著とされる書物で，道家に連なるものである。

イ．誤り。『楚辞』は，戦国時代の楚の国の詩文集である。

エ．誤り。『孟子』は，儒学の経典のひとつであるが，四書に分類される。

▶設問2．ツングース系とされる靺鞨人と，7世紀後半に滅亡した高句麗の遺民が，7世紀末に大祚栄によって統合されて震国を建てたのが渤海の始まりである。この渤海は926年に契丹によって滅ぼされた。

▶設問3．ウ．正しい。欧陽脩には，その他『新唐書』の著作もある。

ア．誤り。朱熹は宋学を大成した南宋の儒学者である。主著には『四書集注』がある。

イ．誤り。司馬光は王安石の新法に反対した旧法党の領袖であり，編年体の史書『資治通鑑』を編纂した。

エ．誤り。范仲淹は，「岳陽楼記」の名文で知られる北宋の政治家・文章家である。

▶設問4．占城稲は，インドシナ半島東部のチャンパー原産の稲である。北宋時代に長江下流域に導入されると，「蘇湖熟すれば天下足る」と称されるほど生産性が高まった。

▶設問5．1004年，遼が南下した際，宋との間で，宋を兄，遼を弟とし，宋が遼に対して歳幣を送ることなどを取り決めた。これが澶淵の盟である。

▶設問6．里老人は，里内の秩序維持や相互扶助だけでなく，朱元璋が民衆教化のために定めた六諭を唱えて里内を巡回する存在でもあった。

V **解答** 設問1．4　設問2．1　設問3．4　設問4．2
設問5．私拿捕

◀解　説▶

≪テューダー朝期のイギリス≫

▶設問1．4．正文。

1．誤文。1339年，母方の血統を理由に王位を要求し，フランスに侵入し，宣戦布告したのはエドワード3世である。

2．誤文。百年戦争初期，長弓を用いたのは主にイギリス軍である。フランス軍が主に用いたのは弩（クロスボウ）であった。

3．誤文。エドワード3世の子，エドワード黒太子はクレシーの戦いやポワティエの戦いなどで活躍した。

▶設問2．1．正文。

2．誤文。バラ戦争（1455～85年）開始時の国王ヘンリ6世は，ヨーク家ではなく，ランカスター家の出身である。

3．誤文。大憲章を遵守しないヘンリ3世に対して大貴族が起こしたシモン＝ド＝モンフォールの乱は，13世紀の出来事。

4．誤文。ウェールズがイングランドに併合されたのは，16世紀前半のヘンリ8世の治世期のこと。

▶設問3．1．国王至上法の施行は1534年。ヘンリ8世の治世期である。

3．エドワード6世による一般祈禱書の制定は1549年。

4．スペイン出身のキャサリンを母に持つメアリ1世が即位し，カトリック政策を採り始めたのは1553年のこと。

2．世界周航にも成功したことで知られる私拿捕船の船長のドレークが，アルマダの海戦でスペインの無敵艦隊と戦ったのが1588年のこと。

以上より，正解は4となる。

▶設問4．2．正文。

1．誤文。オランダ独立戦争に介入したイギリス王は，エリザベス1世である。

3．誤文。イギリス宗教改革のきっかけとなったのは，最初の妻であるキャサリンとの離婚問題であった。

4．誤文。イタリア戦争の講和条約であるカトー＝カンブレジ条約でカレーをフランスに返還した。その際のイギリス王は，エリザベス1世である。

▶設問 5．1588 年のアルマダ海戦で活躍したドレークやホーキンズは，もとは私拿捕船の船長であった。

VI 解答

設問 1．ハ　設問 2．ロ　設問 3．ファルツ
設問 4．フェリペ 5 世　設問 5．イ

◀解　説▶

≪ルイ 14 世の治世≫

▶設問 1．ハ．正文。

イ．誤文。カスティリャの王女イサベルと，アラゴンの王子フェルナンドの結婚により，スペイン王国が成立した。

ロ．誤文。ユグノー戦争は，カペー朝ではなく，ヴァロワ朝末期の 1562 年に始まった。

ニ．誤文。名誉革命後に王位についたのは，メアリ 3 世ではなくメアリ 2 世，ウィリアム 2 世ではなくウィリアム 3 世である。

▶設問 2．ロ．正文。

イ．誤文。1581 年にスペインからの独立を宣言したのは，ユトレヒト同盟を締結した北部の 7 州である。

ハ．誤文。スピノザが唱えたのは単子論ではなく，汎神論である。また，ギリシア出身の画家エル＝グレコは，主にスペインで活動した。

ニ．誤文。イギリス＝オランダ〔英蘭〕戦争は，1652～54 年，1665～67 年，1672～74 年と 17 世紀後半に 3 度おこなわれている。全般的にイギリス優勢であった。

▶設問 3．1688～97 年におこなわれたアウクスブルク同盟戦争は，神聖ローマ帝国内部のファルツ選帝侯領に対する継承権をめぐる戦争となったので，ファルツ戦争との別称がある。

▶設問 4．1700 年，カルロス 2 世が没したことでスペイン＝ハプスブルク家が断絶した。そこで，ルイ 14 世の孫にあたるフィリップがフェリペ 5 世として即位し，スペイン＝ブルボン朝が成立した。

▶設問 5．イ．正文。

ロ．誤文。スペインがイギリスからフロリダを獲得したのは，アメリカ独立戦争の講和条約である 1783 年のパリ条約においてである。

ハ．誤文。イギリスがフランスからミシシッピ川以東のルイジアナを獲得

したのは，七年戦争・フレンチ＝インディアン戦争の講和条約である1763年のパリ条約である。

ニ．誤文。ニューファンドランドは，ユトレヒト条約でフランスからイギリスに割譲された。

Ⅶ 解答

設問1．イタリア　設問2．モサデグ　設問3．ウ
設問4．エ　設問5．エ

◀解　説▶

≪アメリカ合衆国の中東政策≫

▶設問1．トリポリとキレナイカは，1911～12年にかけて起きたイタリア＝トルコ戦争の結果，イタリア領となった。

▶設問2．モサデグは，1951年，イランの首相としてイギリス系のアングロ＝イラニアン石油会社を接収するなど，石油の国有化をおこなった。しかし，石油の国際市場で孤立し財政難に陥り，1953年に国王パフレヴィー2世派がクーデタを起こすと失脚した。

▶設問3．ウ．誤文。イラン革命の時のアメリカ大統領はカーター（在任1977～81年)。イラン国王パフレヴィー2世がアメリカに亡命すると，イランとアメリカの関係が悪化し，テヘランのアメリカ大使館が占拠される事件が起こった。

▶設問4．エ．誤文。第2次アフガン戦争の結果，アフガニスタンを保護国化したのはイギリスである。

▶設問5．エ．誤文。2003年のイラク戦争にはアメリカのほか，イギリスやオーストラリアが参戦したが，フランスはドイツやロシアなどとともに開戦に反対の立場を示していた。

Ⅷ　解答

設問１．イ　設問２．ロ　設問３．ハ
設問４．大西洋憲章　設問５．ハ

◀解　説▶

≪第二次世界大戦≫

▶設問１．イ．正文。

ロ．誤文。汪兆銘は中国国民党の指導者のひとりであったが，1940 年，日本の傀儡政権である南京政府の主席となった。

ハ．誤文。タキン党は 1930 年に結成された反英組織「われらビルマ人協会」の別称である。

ニ．誤文。スペインで独裁政権を樹立したのは軍人出身のフランコである。経済学者出身のサラザールが独裁政権を樹立したのは，ポルトガルである。

▶設問２．ドイツによるデンマーク侵攻は 1940 年４月のこと。続いて，同年６月にパリを占領，その後，来たるべき対ソ戦の準備やイタリアへの支援を得て，1941 年４月にバルカン制圧をおこなった。同年６月には独ソ不可侵条約を破棄し，独ソ戦が始まった。ドイツ軍がソ連領内に侵攻していく中，1942 年の夏からスターリングラードの戦いが始まった。

▶設問３．スウェーデンは，第二次世界大戦では中立の立場をとった。

▶設問４．大西洋憲章は，1941 年８月，大西洋上のイギリス戦艦上で，イギリス首相のチャーチルとアメリカ大統領フランクリン＝ローズヴェルトが会談し発表した共同宣言である。

▶設問５．ハ．正文。

イ．誤文。イエスが批判したパリサイ派は律法の遵守を説いていた。

ロ．誤文。『ヴェニスの商人』を著したのはシェークスピアである。

ニ．誤文。1947 年，国連総会でパレスチナ分割案が決議されたが，ユダヤ人にとって有利な内容であったこともあり，ユダヤ人はこれを受け入れたが，アラブ人側はこれを受け入れず，やがて第１次中東戦争が勃発した。

Ⅸ 解答

設問1．フランソワ1世　設問2．ウ　設問3．イ
設問4．エ　設問5．エ

◀解　説▶

≪「ミュージアム」成立の歴史的背景≫

▶設問1．フランソワ1世は，イタリア戦争で神聖ローマ皇帝カール5世と争っていた。彼はイタリアへの侵入を機に，フランスにイタリア文化を導入し，レオナルド＝ダ＝ヴィンチをフランスに招くなど，フランス＝ルネサンスの発展に貢献した。

▶設問2．ア．誤り。「ヘントの祭壇画」は，フランドル画派の創始者とされるファン＝アイク兄弟の作品である。

イ．誤り。「四人の使徒」は，ドイツ＝ルネサンス期の画家デューラーの作品である。

エ．誤り。「最後の晩餐」は，ジョットなども描いているが，もっともよく知られているのはレオナルド＝ダ＝ヴィンチが描いた壁画である。

▶設問3．難問。アは「ラオコーン」である。製作時期は諸説あるが，ギリシア神話を題材としてつくられ，ローマで発見されたヘレニズム時代の彫刻である。ウは紀元前2世紀頃の作とされる「カピトリーノのヴィーナス像」である。エはイタリア・バロック期の代表的彫刻家ベルニーニの「アポロンとダフネ像」である。

▶設問4．アはミレーの「落穂拾い」，イはワトーの「シテール島への巡礼」，ウはレンブラントの「夜警」である。

▶設問5．エ．正文。

ア．誤文。プラグマティズムはデューイらが提唱した思想である。

イ．誤文。生産様式の矛盾が社会変動の原動力とするのはマルクスの唯物史観の考え方である。

ウ．誤文。「実存は本質に先立つ」は，実存主義のサルトルの人間観を示す言葉である。

❖講　評

Ⅰ　エジプトを中心としたアレクサンドロス大王関連の大問である。語句記述の解答も選択問題の選択肢も，用語集に記載されているレベルのものであり，できれば完答したい。ただ，記述問題は，空欄をそのま

ま埋めるものではなく，空欄を埋めた上での問いになっているので，そこには注意が必要。

Ⅱ　ヤスパースの述べる「枢軸時代」に関するリード文から，古代の思想について問うた大問である。基本的なものが問われているが，設問１のヴェーダの編纂時期を判断させる選択肢はやや難しい。

Ⅲ　ノルマン人の移動期に関する大問である。語句記述は基本的な問題で，配列問題も比較的判断しやすく，確実に解答したい。正文選択問題で少し細かい内容が判断に必要であったため，ここで差がつきそうである。

Ⅳ「中国」という概念についてのリード文から，宋代から明代に至る内容を問うた大問である。全体的に平易だが，設問３の選択肢「范仲淹」は受験生になじみのない人名であり，正解の「欧陽脩」と迷った受験生もいたと思われる。

Ⅴ　百年戦争からテューダー朝期にかけてのイギリスついて問うた大問である。難問ではないが，それぞれの王の事績について区別できていないと点数を落とす可能性があるだろう。

Ⅵ　ルイ 14 世の治世に関するリード文から，近世のヨーロッパ史を問うた大問である。設問１の選択肢中の「マリ＝テレーズ」は細かい知識であるが，他の選択肢中の誤りがわかりやすいものであるため，あせらなければ正答にはたどりつけたであろう。文化史に関する選択肢もあったが，正誤の判断は可能なものが多い。

Ⅶ　アメリカ合衆国の中東政策に関するリード文から近現代の西アジアを広く問うた大問である。受験生がおさえきれていないことが多い時代・地域であるが，設問５以外は確実に正答しておきたい。

Ⅷ　第二次世界大戦に関して問うた大問である。配列問題の設問２がやや難しいかと思われる。

Ⅸ「ミュージアム」の成立に関するリード文から，文学部おなじみの西洋美術史を問うた大問である。設問３以外は確実に正答しておきたい。設問３は，いわゆる「エルギン＝マーブル」の写真を答えさせるもので，受験生にとって既視感のある選択肢が「ラオコーン」だけであったと思われるため，判断に困った人も多かったのではないだろうか。

大体の内容は容易に読み取れる。設問では問二十七に書き下し文を書かせる記述式の設問があったが、漢文の語法の基本が身についていれば特に難しいものではない。その他、内容説明や訓点についての設問も、オーソドックスなものである。

一は、「コロナ時代を生きるための60冊」というテーマの雑誌に寄稿された文章からの出題で、カレル・チャペックの戯曲『ロボット』を用いて、ロボットと人間の関係や、人間の存在理由について述べている。工場の生産現場だけではなく日常生活にもロボットの存在が感じられるようになった今の時代ならではテーマであるが、文章の流れをつかむのがやや難しい。ただ設問は、全体の主旨を問う問八以外が部分読解の設問なので、傍線部や空欄の前後に注目することで、正解を導くことができる。問八だけは全体に目を配る必要があって、やや難しい。

二は、コロナ禍でライブやコンサートが中止に追いこまれ「生の音楽」が消えた時代の中で、近代市民社会とともに発展してきた文化としての音楽が今後どうなっていくのかを論じた新書からの出題である。ベートーヴェンの《第九》（交響曲第9番）が題材になっているが、この曲を知らなくても読解自体に困ることはない。設問は、傍線部の内容理解を問う設問を中心に、前後関係だけではなく、文章全体の主題をもとに考えていかなければならないものが多く含まれていて、レベルの高いものになっている。記述式の空所補充の問十三は、広い範囲から探す必要があるうえに、該当する言葉が経済学の専門用語であるため、難しい。問十六の内容真偽は、二つ残すところまでは容易だがその先が難しい。問十七の記述式の書き取りは、二問とも難度の高いものとなっている。

三は、『住吉物語』からの出題。本文は長く、和歌も含まれ、注は一切ないという見た目で圧倒される本文であるが、『住吉物語』が継子《ままこ》いじめの物語であるということを文学史の学習を通して知っていれば、理解の助けとなる。人物関係や物語の設定については、問十八を利用することで見当をつけることができる。その意味でも問十八は重要である。選択肢自体はそれほど難解なものではないので、本文全体をよく読んで、正しく内容をとらえていかなければならない。その他の設問は、問十八を通じて大まかな内容がつかめれば迷わせるようなものは少ない。和歌の中の空欄を補う問二十三も、選択肢の地名が正しく読めれば前後のつながりで正解を導くことができる。問二十一は、和歌の学習が行き届いているかどうかで差がつく設問で、やや難しい。問二十四は長い本文から該当箇所を探していくのがたいへんである。

四は、『朱子文集』からの出題。二〇二一年度と同じく思想系の評論からの出題である。本文に難解なところはなく、徒の疑問に十分に対応」しようとしていない。ハ「すぐに質問すること」はできていない。ニ「生徒同士」のことやホ「新たな疑問点を見つけ、より深く考える」ということは述べられていない。

▼問二十九　「将」は〈将《まさ》に……とす〉と読む再読文字。「相従」は「あひしたがひて」と読んで〝ともに・いっしょに……する〟という意味を表している。問題文の最初に「『論語』の読書会を開くに当たって、師である筆者が弟子たちに向けて書いたもの」と書かれている。読書会というものは、「論語之書」を読むだけではなく、それを用いて（→「以」）〈「学」んでいく〉ということまでが含まれるので、「将」は「相従学」までかかると考えられる。「相従学」までかかっていないイとロとハは除外できる。〈論語の本を読んで学ぶ〉のだから、「以」がかかるのは「論語之書」である。その後の「諸君」まで含むニは間違いである。よって正解はホ。「今将に論語の書を以て諸君と相従ひ学ばんとす」と読む。

参考　朱熹（一一三〇～一二〇〇年）は南宋の儒学者。十九歳で科挙の試験に合格し、官吏として働きながら学んだ、宋学（仏教や道教の影響を受けた新しい形の儒教）を大成した人物として知られ、後世、朱子と尊称され、その学は朱子学と呼ばれた。朱子学は儒学の正統とされ、江戸時代の儒学にも大きな影響を与えた。

『朱子文集』は、朱熹の詩・書簡・雑論などをまとめたもので、正集・続集・別集合わせて百二十一巻に及ぶ書である。問題文はこの後、「先人の説に基づいて聖人の志したことが何であるかを考え、さらには日常の行為として捉えていこうとすれば、自ずと理解できるようになる」と、〈自分で考えていくことの大切さ〉を述べる内容が続いていく。

❖講　評

現代文二題と古文一題・漢文一題の計四題の出題で、試験時間は九〇分。設問は選択式と記述式が混在している。分量が多く、一部紛らわしい選択肢もあるので、時間が足りなくなる可能性がある。難易度は、やや難のレベルである。

現代文は二題ともコロナ禍の時代を論じた評論。

るなり。古の所謂《いはゆる》道を伝へ業を授け惑ひを解く者は、此《か》くのごときのみ。後世師弟子の員を設けて、学校を立て以て之を群《あつ》む。師の講ずる所、弟子の問ひを待たざること有り、而《しか》して弟子の師に聴くこと、又其の心の疑ふ所に非《あら》ざるなり。汎《はん》然《ぜん》と相与《あひとも》にし、以て一時の文を具《そな》ふるのみ。学問の道、豈《あ》に此に止まらんや。秦漢より以て今に迄《いた》るまで、蓋《けだ》し千有余年、所謂師弟子なる者、皆此くのごとくなるに過ぎず。此れ聖人の緒言余旨の後世に白《あきら》かならざる所以《ゆゑん》にして、後世の風流習尚の古人に及ばざる所以なり。然《しか》れば則ち学者古人の至る所を求めんと欲すれば、其れ以て古人の為す所を務めざるべけんや。今将《まさ》に論語の書を以て諸君と相従ひ学ばんとす、而《しか》れば惟《ただ》今の所謂講なる者事とするに足らざるなり。是《ここ》を以て敢へて区区薄陋《はくろう》の聞く所を以て諸君に告げず。

▲解　説▼

▼問二十六　傍線部にある「措」は「おく」と読む動詞で、〃そのままにしておく〃という意味。「得」はその前に「問《ヒテ》レ之《ヲ》」とあるので、〃わかる・理解する〃という意味で考えていく。傍線部直前を含めて現代語訳すると〃疑問点があればすぐにたずね、質問してもわからなければそのままにしておかない〃となるので、〈そのままにしておかない〉という内容を具体的に言い換えたロが最も適切である。イは「質問」をした後の結果を言っていないので不十分。「質問」を実際にしているので、その前の段階で終わっているハとニとホも不適である。

▼問二十七　「如此」はレ点で返って「かくのごとし」と読んで〃このようである〃という意味になる。「而已」は全体で「のみ」と読んで、限定や強調の意味を表す。ここは〈強調〉の意味で考えておけばよい。この言葉が活用語に続く際には連体形に接続するので、「ごとし」の部分を「ごとき」と変えておくことがポイントとなる。

▼問二十八　「学校」については傍線部に続く文に「師之所レ講《ズル》……弟子之問《ヒヲ》一、而《シテ》弟子之聴《クコト》二……所レ疑《フ》也（＝〃師の講義は、弟子が質問してくることを待たずにおこなわれ、そして弟子が師から聞く内容も、またその心の中で疑問に感じているものではない〃）」とある。〈教える者は質問を受け付けることなく話を進め、その講義内容は教わる者が疑問に感じている内容とは異なっている〉ということである。この前半の内容をまとめたロが最も適切である。イ「生

四

出典 朱熹《しゅき》『朱子文集』〈六　雑著　二三、論語課会ノ説〉

解答

問二十六　ロ

問二十七　かくのごときのみ

問二十八　ロ

問二十九　ホ

◆全　訳◆

昔の学ぶ者は儒教の経典に心を集中し、一度下がって日常の行為として考え、疑問点があればすぐにたずね、質問してもわからなければそのままにしておかない。昔のいわゆる道を伝えて学問を与えて迷いを解決していく者とは、このようであった。後の世では師につく弟子の数を決め、学校を建てて弟子を（そこに）集めた。師の講義は、弟子が質問してくることを待たずにおこなわれ、そして弟子が師から聞く（講義）内容も、またその（＝弟子の）心の中で疑問に感じているものではない。（師と弟子が）ぼんやりといっしょにいて、その時代の流行の文章をそろえて（＝取り上げて）いるというだけである。学問の道というものが、どうしてこの形でとどまっていようか（、とどまっているはずがない）。秦漢の時代より今に至るまで、思うに千有余年、いわゆる師と弟子というものは、皆このようなものにすぎなかった。このことが聖人のわずかな言葉に隠された真意が後の世に理解されない理由であり、後の世の風潮や嗜好が昔の人に及ばない理由である。そうであるから学ぶ者が昔の人の到達した境地を求めようとするならば、昔の人のおこなったことに励まずにいられようか（、励まずにはいられない・励むしかない）。今これから論語の書を用いて諸君とともに学んでいこうと思う、だから今からのいわゆる講義というものは専念する（＝熱心に聞く）ほどのものではない。こういうわけで取るに足らない愚かで浅はかな私の聞いてきた事柄を諸君に話し聞かせることもしない。

読み　古《いにしへ》の学者は心を六芸の文に潜《ひそ》め、退きて諸《これ》を日用に考へ、疑ふこと有れば則ち問ひ、之を問ひて得ざれば措《お》かざの作者は誰で、どのような人物が改作にかかわったのかは、わからない。しかし多くの人の手が加わっていることにまちがいはなく、中世から近世にかけて、絵入りのものが作られたり、絵巻物にもなったりするなど、時代を超えて広く親しまれた物語である。

　内容は、実母に死に別れた主人公の「姫君」が、父「中納言」の再婚相手である「まま母」によって再三にわたる嫌がらせを受けるという〈継子《ままこ》いじめの物語〉である。しかし『落窪物語』のような使用人としての扱いを受けるというものではなく、縁談を邪魔されるというものになっているところに特徴がある。例えば本文にも登場する「少将」、この人物が男性側の中心人物で、もともとは姫君に思いを寄せていたのだが、まま母の策謀により、まま母の実の娘である「三の君」と結婚してしまう。この後、中納言が入内《じゅだい》を実現させようとした際にも、まま母はあらぬ噂を流して入内を中止へと追いこんでいく。内大臣の息子（この人物が本文にも登場する「兵衛」で、〈左《さ》兵衛《ひょうえ》督《のかみ》〉という役職についている）との縁談を知ると、女好きの老人に姫君を盗ませようとたくらむ。問題文は、そのことを知った姫君と侍従が、亡き母の乳母にあたる「住吉の尼君」に助けを求めた、その後に続く場面である。

　姫君と少将の関係に関連して、「御返事」という形で登場する姫君と少将とのやりとりについて書き添えておく。三の君を思い人と思って結婚した少将が真実を知り、姫君に何度も歌を送るも返事がもらえなかったが、姫君の入内が決まりかかった折に、たった一通だけ返歌を受け取った。「御返事」とはその歌のことを指しており、これは今回の姫君がいなくなったことに直接関係する〈縁談の妨害〉を、まま母がおこなう前の出来事である。つまり姫君がいなくなったことと、姫君の「御返事」は無関係なのだが、少将は関係があると、思いこんでいるのである。

ても、おぼさんやうに聞こえたまふべきにこそ（＝〝どうしたのか。母宮のことをお思いになっているのか。乳母のことを、会いたいと思い出しなさっているのか、それとも、兵衛のことを不愉快だとお思いになっているのか。とにかく、どんなことであっても、お思いになったままに申し上げなさらなければなりません〟）」とあり、その後に「親の思ふばかり、子は思はぬことの心憂さよ」という文が続いている。句読点を入れて二十一字なので、「二十字程度の一文」という条件も満たしている。これが正解となる。冒頭の三字の「親の思」を答える。

▼問二十五　イ、第三段落に「まま母ながらも、いづくをにくしとか見たまはん。あさまし（＝〝まま母であっても、どこを憎らしいとご覧になるのだろうか。あきれたことだ〟）」と言っている。「姫君をにくいと思っているのではないことを理解した」とは言えない。

ロ、第一段落で姫君は「母宮のことも……思ひはべらず（＝〝母宮のことも、また、乳母のことも思ってはおりません〟）」と言っている。よって中納言が「……恋しく思っていることを知り」ということはあてはまらない。

ハ、第五段落の［Ｉ］の直前に「中の君、三の君、……と、をのをの悲しみたまひけり（＝〝中の君と、三の君は、『妙に、この頃、つらそうにお思いなさっていたので。』『ここまでとは思いもしなかったことよ。』と、それぞれに悲しみなさった〟）」とある。以上から「うすうす気が付いていた」と言える。

ニ、第六段落の歌の後に「我には言ひたまふべきにこそ（＝〝私には言ってくださるべきであろうに〟）」とあるので、「自分に事情を打ち明けてくれなかったことを悔やんだ」というのはあてはまるが、「いかなることのありければにや」は「すっかり理解し」ということではなく、〝どんなことがあったからなのだろうか〟という意味なので、何が起こったかわからず動転しているさまを表している。

よって、「本文の内容と合致する最も適切なもの」はハである。

参考　『住吉物語』の原型は十世紀の後半にはできあがっていたと言われ、『源氏物語』や『枕草子』の中にもその名を見ることができる。ただ原型は散逸して残っておらず、後世の人によって改作されたものが現代に伝わっている。もともとめられているように読み取れる）。4・5・6で悩むところだが、具体的に書かれた5が適切である。よって正解はニである。

▼問二十二　姫君が屋敷を出た後に姫君を探し求める人々は、第五段落以降では「中納言」「中の君」「三の君」「まま母」「少将」。イ「尼君」は無関係である。[Ⅰ]に入る人物は、「あきれたる様して（＝″途方に暮れている様子をして″）」「泣くよしにて、にがみゐたり（＝″泣くふうを装って、不愉快な顔で座っていた″）」と、他の者とは異なり〈悲しんでいない〉ように描かれている。ハ「まま母」は第六段落でも同じように「『男などのもとに……よも隠れ果てたまはじ（＝″男などのところにいらっしゃったのでしょう。まさか死んでしまわれたりはしていないでしょう″）』「侍従に狂《くる》はかされて……知らで（＝″侍従にそそのかされて、まさかのふるまいなどをなさっているのも知らないで″）」のように、姫君を心配するどころか貶めるような発言をしている。よって正解はハ。ロ「少将」は問十八で見たように「姫君に思いを寄せていた」のだから、[Ⅰ]に続いて描かれる態度をとることはない。

▼問二十三　選択肢はすべて山の名前になっている。直前に「なき名のみ」とあるので、この言葉と山の名前が〈掛詞〉の形で続いていくと考えて、当てはめていけばよい。「なき名」とは″根拠のない噂・身に覚えのない評判″。〈噂〉や〈評判〉は〈たつ〉ものなので、この音を含むハ「竜田《たつた》の山」が最も適当である。イ「浅間《あさま》の山」、ロ「因幡《いなば》の山」、ニ「吉野《よしの》の山」では「なき名」にはつながらない。姫君はこの後〈「薄紅葉《うすもみじ》」が散ってなくなっていく〉ことを〈自分が屋敷からいなくなること〉に重ねて、思いを歌っている。「紅葉」と「竜田」のつながりからハを選ぶこともできるだろう。

▼問二十四　姫君の歌を見た父である中納言の言葉の中に[Ⅲ]はある。[Ⅲ]の直前には「いかなることのありければにや。我には言ひたまふべきにこそ（＝″どんなことがあったからなのだろうか。私には言ってくださるべきであろうに″）」と〈親に何も言わずにいなくなってしまった娘のことを嘆く〉内容がある。これと同じように〈自分には話してほしい〉と中納言が姫君に言っている場面が、第一段落に「いかに。母宮のことを……ともかくも、何事に

はない。なぜそのようなことをお思いになるのか〟）」などと言うことはありえない（ここにある「三条」とは今すすめている縁談が成立したときに「姫君」が移り住むことになる屋敷のある場所のことで、中納言は、姫君が結婚して家を出ていくことを悲しんでいると勘違いしているのである）。

7、傍線部7は〝私も劣らず〟という意味だが〈劣らず〉に続く内容が何であるかを考える必要がある。この言葉は、姫君がいなくなったことを悲しむ中納言に対してまま母が言った言葉で、「いたくな嘆きたまひそ（＝〝そんなにひどくお嘆きなさらないでください〟）」に続いているので、まま母が中納言と自分とを比べて、〈自分も劣ってはいない、あなたと同じである〉と言おうとしたのだと考えられる。ハが最も適切である。ニは逆の内容なのでまちがい。イ「あなたを思う気持ち」は書かれていない。「裏切られた」ということも書かれていないのでロも適切とは言えない。

▼問二十一　「心情を象徴しているもの」は、〈心情が託されて表現されているもの〉と読みかえることができる。2「櫛」と3「琴」は姫君が屋敷を出る際に持っていったというだけなので無関係。「嵐はげしき空に、数絶えぬ音を鳴き渡る雁も、折知り顔に聞こゆ（＝〝嵐の激しく吹く空に、数多くたえまなく声をあげながら飛んでいく雁も、いかにも時節を知っているかのように聞こえる〟）」に傍線部4と5があり、4「空」は〈激しい風が吹いている〉ことを表し、5「雁」は〈「折知り顔（＝〝時節を知っているような様子・自分が出る時期がやってきたというそぶり〟）」に鳴きながら飛んでいく〉。6「月」は、傍線部6を含む文が〝雲の切れ目からあらわれる月が、いつもよりも我が身を見舞ってくれているような気持ちがした〟と、月を擬人化して〈月が姫君を心配している〉ことを表現している。

4「空」は「嵐」から〈心の動揺〉を導くことができ、6「月」は〈心配されているという思い〉をそれぞれ導くことができる。5「雁」だが、古来雁の鳴き声は〈聞くと悲しくなるもの・寂しさをもたらすもの〉として特に和歌の中で広く歌われてきた。『源氏物語』〈少女〉巻で姫君が「雲居の雁も我ことや」とつぶやく場面が有名である。この場面でも、「出でて行きたまひけん心のうち、いかばかり悲しかりけん」という〈屋敷を出ていく姫君の悲しさ〉と〈雁の鳴き声〉とが重ね合わされている（「折知り顔」という表現には姫君の心を雁がわかっている、という内容もこ合う。一方、イ「侍女の侍従にそそのかされて」「父親の少将」、ハ「その娘たちから疎んぜられている」「従者の少将」、ニ「中納言から求婚されていた」「兄弟の少将」などは、先にまとめた人物関係と矛盾している。

▼問十九　波線部a「おはし（おはす）」、b「おぼす」、d「おはする（おはす）」、e「おはし（おはす）」は尊敬語なので、動作の主体と敬意の対象は一致する。c「聞こえ（聞こゆ）」は謙譲語で、行為の向かう相手が敬意の対象となる。aは中納言がやってきた際に「さりげなくて（＝〝何もないかのように〟）」ふるまう主人公である「姫君」を描いた場面で、「おはし」の主語は「姫君」。bは姫君に向けた中納言の言葉の中の一節で、「母宮のことをおぼすにや（＝〝母宮のことをお思いになっているのか〟）」という形になっているので、「おぼす」の主語は「姫君」。cは〝申し上げる〟という意味で、主語にあたるのはその前にある「母宮のことも、……かなしく。」という言葉を発した人物である。この言葉は中納言の言葉に対する返答になっているので、中納言に向けた「姫君」の言葉である。dは、姫君や侍従の行方を女房たちが探す場面である。dを含む一節の意味は〝それでは、中の君、三の君のところにいらっしゃるのだろうか〟で、主語は「姫君」。eは姫君の行方を探している場面での「まま母」の言葉であり、〝男などのところにいらっしゃったのでしょう〟と言われているのは姫君なので、主語は「姫君」。以上より、波線部の主語はすべて「姫君」であるが、尊敬語であるa・b・d・eが「姫君」に対する敬意を表しているのに対し、謙譲語であるcだけは「中納言」に対する敬意となっている。よって正解はcを選んだハである。

▼問二十　1、「ばかり」は〝だけ〟という限定の意味を表す副助詞で、傍線部1は〝今回だけ（だろう）〟という意味で、「見たてまつりはべらんずらん」と、〈（父である）中納言に会っておこう〉という意味の言葉が後に続いている。〈今回だけ〉とは〈次はない〉ということなので、そのことを言っているイが最も適切である。ロ「もう会う必要はない」のではなく、屋敷を出ていくため〈会えなくなる〉のである。ハ「重要で失敗は許されない」という内容はどこにも書かれていない。ニ〈中納言が最後の訪問にしたい〉と考えているのなら、「三条におはしますとも……何かはそのことをおぼす（＝〝三条にいらっしゃっても、私が生きているだろううちは、離れ離れになり申し上げるわけで

衛」とは、内裏を守ったり行幸の供をしたりする武官の役所のことで、そこに勤める人物を指すこともある）。

▼問十八　人物関係について整理してみる。「住吉の尼君」は主人公の「姫君」のもとを訪れた人物で、姫君が屋敷を抜け出す手助けをし、その後は行動を共にしている（このあと、姫君は尼君の住む、現在の大阪市にある「住吉」に行って、そこで過ごすことになる）。「侍従」は第一段落の最後の「侍従とともにぞ泣きゐたまへる」（＝〝（姫君は）侍従とともにずっと泣いていらっしゃった〟）や第二段落の「御車のしりには侍従乗りたり」（＝〝お車の後部には侍従が乗った〟）、第四段落の「姫君の御あとに臥したる」（＝〝姫君のお後ろで添い寝をしている〟）などから、「姫君」に仕えている人物（女性）だとわかる（侍従は亡くなった「乳母」の実の子で、「姫君」にとってはたった一人の心を許せる相手でもある）。そこにやってきた、「母宮」のことを口にし、さらには「親の思ふばかり、子は思はぬことの心憂さよ」と親と子の関係のことを言う「中納言」は、「姫君」の父であり、その妻が「まま母」、娘が「中の君」「三の君」ということになる（つまり中納言には「姫君」を含めて三人の娘がいる、ということである）。また、「まま母」という語からわかるように、「姫君」と「まま母」の間に血のつながりはない（この場面には明記されていないが、「中の君」「三の君」にとって「まま母」は実母である）。「姫君」と「中の君」「三の君」の関係は、第四段落に「中の君、三の君のもとにおはするにや」とあるように、姫君の行方を探している人がそこに行っている可能性を考えているし、第五段落の［Ⅰ］の直前の「をのをの悲しみたまひけり」などから、肉親としての良好な関係にあることがわかる。「少将」は、第四段落に「兵衛の佐」という女性に「侍従」を「尋ね」させている。「侍従」の主人である「姫君」とコンタクトを取ろうとしたのである。さらに第六段落に「少将は、『かかりければ、なさけある御返事をばしたまひてける。』と思ひ続けて（＝〝少将は、『このようであったので、心のこもったお返事をなさったのだ。』と思い続けて〟）」とあるように、姫君とやりとりをした過去がある。

以上をもとに選択肢を検討すると、ロが最も適切である。「少将は姫君に思いを寄せていた」というのも、〈文のやりとりをしていた〉ということや、姫君が去ったと知り「さめざめと泣きゐたまへり」（第六段落）ということにも

少将は、「このようであった（＝家を出ると決心をされていた）ので、心のこもったお返事をなさったのだ。」と思い続けて、離れの簀《す》の子（＝縁）のところで、さめざめと涙を流して泣いていらっしゃった。三の君が、あちらこちら見て歩いていらっしゃると、母屋《おもや》の御簾《みす》に結んだ薄い紙があった。なんとはなしに取って見ると、姫君の筆跡で、

あらぬ評判ばかりが立つので、竜田山の薄紅葉が散る（ように私はこの家を離れていきます）が、（そんな私を）この後だれが思い出してくれるでしょうか

とだけ書いていらっしゃったのだった。（三の君は）これをご覧になって、ますます悲しみがつのり、中納言にお見せ申し上げると、「どんなことがあったからなのだろうか。私には言ってくださるべきであろうに。親が（子のことを）思うほどには、子は（親のことを）思わないことのうらめしいことよ。」とおっしゃって、これ（＝姫君の書き置き）を顔におしあてて、うつむきなさった。まま母は、「男などのところにいらっしゃったのでしょう。まさか死んでしまわれたりはしていないでしょう。（そんなに）ひどくお嘆きなさらないでください。私も（あなたに）負けないくらい（悲しく思っています）。」などと言ったので、中納言は、「多くの子どもたちよりも、この姫君ほどの（かわいい）子が（ほかに）だれがいよう（、だれもいはしない、だれよりもこの姫君がかわいいのだ）。我が身にも代えてしまいたいほどであるが、意のままにはならぬこの世なので。」と、しきりにお気持ちを訴えなさるので、まま母が、「侍従にそそのかされて、まさかのふるまいなどをなさっているのも知らないで。」と、ぶつぶつ言っていたので、（中納言は）「ああいやだ。これは何ということだ。」とおっしゃって、嘆きなさった。

▲解　説▼

この場面に実際に登場する人物は、主人公の「姫君」「侍従」「住吉の尼君」「中納言」「中の君」「三の君」「まま母」「少将」「兵衛の佐《すけ》」であり、名のみ登場するのが、「母宮」「乳母」「兵衛」である。注がまったくないので、人物関係の読解がかなり難しい。問十八で解説するが、そこに出てこない人物について一言触れておくと、「母宮」と「乳母」はすでに亡くなっている。「兵衛」と「兵衛の佐」は別の人物で、前者は男性、後者は本文にあるように「女性」である（「兵

いきなさった（姫君の）心の内は、どれほど悲しかったことであろう。嵐の激しく吹く空に、数多くたえまなく声をあげながら飛んでいく雁も、いかにも時節を知っているかのように聞こえる。雲の切れ目からあらわれる月が、いつもよりも我が身を（心配して）見舞ってくれているような気持ちがした。

さて、尼君のもとに行って、繰り返し訴え、事細かに語ったところ、「ほんとうに（姫君が家を出ようと）決心なさるのももっとものことで（ございます）。今も昔も、本当ではない（＝血のつながらない）親子の姿の恐ろしいことよ。まま母であっても、（この姫君の）どこを憎らしいとご覧になるのだろうか。あきれたことだ。このようなつらい世の中だから、（私は）世を捨て（て尼になり）ましたのに。」と言って、墨染めの衣の袖をしぼるほど（に涙を流したの）であった。夜のうちに、淀に到着した。

少将は、その夜、離れに行って、兵衛の佐《すけ》という女に、侍従を探させると、何の気配もない。姫君のお後ろ（＝おそば・お足元近く）で添い寝をしているのかと（兵衛の佐は）几帳（の中）を見るが、姫君もいらっしゃらなかった。騒がしく声をあげて、人々（＝女房たち）に探させたけれども、（姫君が）お見えにならなかったので、「おかしい。」と思った。「それでは、中の君、三の君のところに（姫君は）いらっしゃるのだろうか。」と言うと、「軽い気持ちでお出かけになるような人ではない、どのようなときであっても。」と答えて、（皆で）探し合った。

夜が明けたので、（姫君が）いつもいらっしゃった場所を見ると、そばに置いてある寝具もなくて、片づけてしまった様子なので、とても悲しく思って、それぞれ声をひそめて泣いた。中納言に「これこれ（でした）。」と申し上げたところ、どうしていいかわからずあわてふためいて、大声をあげて泣き悲しみなさることは、他にたとえようもないほどである。中の君と、三の君は、「（姫君は）妙に、この頃、つらそうにお思いなさっていたので。」「ここまで（なさる）とは思いもしなかったことよ。」と、それぞれに悲しみなさった。まま母は、途方に暮れている様子をして、「侍従の実家に（いらっしゃるということがないか）、お探し申し上げよ。」と言って、中納言殿のそばで、泣くふうを装って、不愉快な顔で座っていた。

◆全　訳◆

そうこうしているうちに、住吉の尼君が、上京してきて、「このように（参上しました）。」と告げたので、（侍従は）「日が暮れるころに、人目につかない車をさし向けてください。」と、返事をして、その間に、（残しておくと）みっともない品々を、片づけてしまった。心の中は、どれほど悲しかったことであろう。ちょうどそのとき、（父である）中納言が、いらっしゃったので、（姫君は）何もないかのようにいらっしゃったが、「今回だけ（＝これが最後になる）（だろう）。（お顔を）拝見しておきましょう。」とお思いになったので、（どうしても）耐えられない思いも（表情に）あらわれて、（泣いているのを隠そうとして）顔にかけた髪のすき間から涙がこぼれ出てくるのを、（中納言は）ご覧になって、「どうしたのか。母宮のことをお思いになっているのか。乳母のことを、会いたいと思い出しなさっているのか、それとも、兵衛のことを不愉快だとお思いになっているのか。とにかく、どんなことであっても、お思いになったままに申し上げなさらなければなりません。親が（子のことを）思うほどには、子は（親のことを）思わないことのうらめしいことよ。（あなたのことを）どれほど、かわいいと思っていることでしょうか。髪の毛を一本ずつ（数えてください）と言われたとしても、断ることのないわが身であるというのに。」と、おっしゃったので、（姫君は）「母宮のことも、また、乳母のことも思ってはおりません。殿（＝父上）を拝見できないまま（これから長い）時間が過ぎていくこともあろうかと（思うと）、悲しく（なってくるのです）。」などと、言葉も十分に申し上げられないほどに、泣きながら申し上げなさるので、中納言は、お泣きになって、「三条にいらっしゃっても、私が生きているだろううちは、離れ離れになり申し上げるわけではない。なぜそのようなことをお思いになるのか。」とおっしゃって立ち去ろうとなさると、（姫君は）もう一度（父上を見よう）と、顔をあげてご覧になるが、涙で目が見えず心も消えてしまうほど（に動転しているの）であった。（姫君は）侍従とともにずっと泣いていらっしゃった。

夜が更けるころに、（尼君がさし向けた）車の音がしたので、（姫君は）櫛の箱と、お琴だけを、持ちなさった。お車の後部には侍従が乗った。頃は九月の二十日すぎのことなので、有明の月の光もしみじみと感じられるが、（屋敷を）出てれることになった。〈遜色〉の〈遜〉もその一つで、よって〈遜〉の字の〈しんにょう〉の点は二つが正解であるが、現在は実際に書くにあたっての混乱を避けるため、点一つも認められている。つまり、点は一つでも二つでも、どちらも正解となる。

2、〝たびたび繰り返されること〟という意味である。〈頻〉〈繁〉ともに画数が多いので一点一画を正確に書いていくこと。

参考　岡田暁生《あけお》（一九六〇年～）は、二〇二二年現在京都大学人文科学研究所の教授で、専攻は音楽学。モーツァルト、リヒャルト・シュトラウス、さらにはオペラと幅広い分野にわたる著作があり、大学入試にもよく取り上げられている。問題文の原典である『音楽の危機――《第九》が歌えなくなった日』のほか、中公新書から出版された『オペラの聴き方』『西洋音楽史』『音楽の聴き方』などが手にとりやすい一冊である。

三

出典　『住吉物語』〈上〉

解答

問十八　ロ

問十九　ハ

問二十　1―イ　7―ハ

問二十一　ニ

問二十二　ハ

問二十三　ハ

問二十四　親の思

問二十五　ハ

意志と目的を与える』ことに成功した」に合致する。「試金石」は〈この試合が彼の才能をはかる試金石となる〉という例文のように、〝物の価値や人の能力を判定する材料となるもの〟という意味なので、ロの後半の「コロナ禍を乗り越えた後の《第九》は一体感を取り戻す試金石となる」という表現は、《第九》が「一体感を取り戻す」ための判定材料となる〉ということを示す。しかし「一体感を取り戻す」ことについて筆者は、第十四段落に「《第九》再演」が「二百年前のベートーヴェンからの『今』への問い」だと言ってはいるが、その一方で、第十段落では「こんな『盛り上がる物語』の呪縛からいかにして脱するか」、第十三段落の最後で「コロナ禍は、《第九》的な物語が……乖離し始めていて、もうその最終段階……」と、コロナ禍における「《第九》的な物語」に対して懐疑的で、〈もう終わった存在〉と言ってもいいような姿勢を示している。この場合、「一体感を取り戻す」ことは無意味で、「一体感を取り戻す試金石」も不要のものとなってしまう。

ハ、「近代市民社会の理想は実現されず……ベートーヴェンを失望させた」ということは書かれていない。

ニ、「帝国主義的欲望は果てしない拡大を目指しており」は第六段落に近い表現があるが、それが「フランス革命の理念と乖離している」とは書かれていない。

イとロのどちらを選ぶか、かなり悩ましい。イ「テクノロジーの確立を前提」までは本文にはないが、ロは〈コロナ禍における《第九》のあり方を懐疑的に見る〉筆者の主張の方向性から逸れる内容になっている。本問の趣旨は本文との合致を問うことにあるので、方向性から逸れることの方を重く見て、イを「最も適切」とする。

▼問十七　1、「ソンショク」は〝他と比べて見劣りがすること〟という意味で、問題文のように〈ソンショクがない（＝〝見劣りしない〟）〉という形で用いることが多い。〈しんにょう〉の点は、もともとは二つあるのが正しかったが、第二次大戦後に制定された漢字使用の目安とする『当用漢字表』に含まれた漢字は、すべて点が一つに統一された。ただそこに含まれなかった〈しんにょう〉の漢字は、点が二つのまま残されて、その字体に基づいて活字やフォントが作られた。そのため、後に『常用漢字表』で追加された〈しんにょう〉の漢字については、点が二つのまま収めら

▼問十五　「《第九》的な物語」とは、「世界中の人々が抱き合うという友愛理念」（第二段落）、「近代市民社会の友愛理念の象徴」（第四段落）であり、「『右肩上がりの時間』という近代の物語」（第九段落・傍線部B）であるが、傍線部Cの直後にあるように「もはや社会の生々しい現実とどうしようもなく乖離し始めて」と筆者は考えている。イはこのことに触れていない。一方で、第九段落に「『最後は盛り上がって勝利に至る』というプロットは……呪縛している。ロック・コンサート……踏襲していないものはないといって過言ではない」とあり、「こんな『盛り上がる物語』の呪縛からいかにして脱するか。これこそコロナ後の時間論の喫緊の課題だ」（第十段落）とされるほどに、「根付いている」ことが読み取れる。このことをまとめたロが最も適切である。ハ「不可能性を予見」ということまでは書かれていない。また、〈現実と乖離したこと〉で、ニ〈「群衆を真の公衆へと作り変える」ことが「困難」〉になるかどうかも書かれていない。

▼問十六　イ、第十二段落の「彼（＝ベートーヴェン）は十九世紀の初めを生きた人であった。わたしたちが……近代市民社会が……とば口に立ったばかりの時代の子であった」はイの冒頭の「近代市民社会が誕生した時期に作曲された」に通じる内容である。また《第九》は「近代市民社会の友愛理念の象徴」（第四段落）であり、「わたしが《第九》で夢見た理想社会を君たちは嘘だったと思うか？」（第十四段落）とあるように、ベートーヴェンは〈《第九》に「理想社会」を託している〉ので、イの末尾の「当時における新たな社会の理想を象徴するもの」である。しかし、「近代テクノロジーの確立を前提として」に関しては、第四段落に「ベートーヴェンは遠い未来の超巨大空間で……すでに構想していた」、第八段落に「巨大イベント会場は現代における神殿である。それは……テクノロジー賛歌だ」とはあるが、それを「前提（＝〝あることが成り立つためのもとになる条件〟）として」いたとまで言えるかは判断に迷うため、いったん、保留する。

ロ、「近代音楽の使命は群衆を公衆とするような一体感を喚起するもの」は、第十三段落のパウル・ベッカーの言葉である「近代市民社会における音楽の使命が……一体感を喚起すること」「ベートーヴェンの交響曲は……『彼らに台をなす経済構造〉のことを言う。つまり「興行としての下部構造」とは、「興行」を成立させるための、さまざまな経済に関わる仕掛けのこと。具体的には第四段落に書かれている「オーケストラ団員、歌手」、さらには第五段落の会場を設営する「裏方技術者」、興行のための「マネージメント」に関与する者、スケジュール遂行のための「厳格な管理者」などによって形作られた仕組みのことである。一方、空欄の後にあるように、「コロナ禍」は「人々が集まって熱くなることを不可能にしてしまった」、そして「『何千人もが集まって一緒に盛り上がる』ことが難しくなるという状況」を作ってしまった。[Ⅲ]に「下部構造」を入れてみると、〈音楽の「下部構造」が、「コロナ禍」の「直撃」を受けて、「ビッグイベント向き音楽」が上演されなくなった〉という文章の流れができて、破綻なくつながる。空欄と同じ段落の第二文にある「資本主義」は悩むところだが、「音楽の資本主義を直撃し」では、「音楽」のどの部分に影響があったかということがわかりにくい。難解な言葉ではあるが、「下部構造」が最も適切である。

▼問十四　傍線部に続けて「《第九》をはじめとするベートーヴェンの交響曲……『最後は盛り上がって勝利に至る』というプロット」と書かれている。「プロット」とは〝小説の筋〟という意味なので、傍線部にある「物語」に通じ、「『最後は……プロット」が傍線部の言い換えになっていると考えられる。しかし、単に「勝利」だけでは、どのような「勝利」かがわからないので、正解を導き出すにはまだ十分とは言えない。「ベートーヴェンの交響曲」については、「『聴衆という……意志と目的を与える』ことに成功した」「ベートーヴェンは生まれたばかりの混沌とした社会に……『……勝利は待っている！』と呼びかけた」（第十三段落）、「わたしが《第九》で夢見た理想社会を君たちは嘘だったと思うか？」（第十四段落）と書かれている。ここにある内容を「人々が一致団結して理想の実現を目指して奮闘し、最終的に目的を成し遂げて」と言い換えたニが最も適切である。イは第十段落の「音楽やスポーツは……引きずり込むのである」に沿うのでやや迷うが、「一体感」にあたる内容を含まないため、ニの方が適切である。ロ「敵との戦いという形に単純化」は書かれていない。ハ「大規模な娯楽イベントを実現」はベートーヴェンの目指したものではない。

レッテルを貼られた」という状況にある。[Ⅱ]の直前にある「あからさまに」は、問十でも見たように〝包み隠すことなくはっきりと〟という意味なので、〈「感染リスクの高い行為」である「世界中の人々が抱き合うという友愛理念」が形だけで中身を伴わない、つまり名前だけで実現不能な理念になってしまったことが明白になった〉ということを、[Ⅱ]の前後で言っているのである。イ「視覚化」は〝目に見えない抽象的な事柄を見てわかるような形にして示すこと〟、ロ「記号化」は〝象徴としてとらえること〟、ハ「概念化」は〝概念としてとらえること〟、ニ「平準化」は〝均等にしていくこと〟。意味の点でも、「あからさまに」に続く言葉という点でも、最も適切なものはイ「視覚化」である。

▼問十二　＊印で始まる第三段落には「コロナ禍にあって、まさに《第九》が呼びかけたように……大声をあげた」出来事が、「人種差別に抗議する大規模デモ」であったことが述べられている。〈《第九》が呼びかけたこと〉とは、問十や問十一で見てきたように「世界中の人々が抱き合うという友愛理念」であるが、それを実行した目的が、「人種差別」という「友愛理念」とは正反対の現実に対する「抗議」であったという皮肉。そのような皮肉とも言える状況を言っている選択肢は、意見を「調整（＝〝具合の悪いところをなくしたり過不足をなくしたりしてちょうどいい状態を作ること〟）」しようとして「うまくいかず」、「いさかい（＝〝言い争い〟）」の場になってしまったという現実を述べたロである。残りの選択肢はどれも〈皮肉と言えるような相反する状況〉の例とは言えない。

▼問十三　[Ⅲ]は「ビッグイベント向き音楽の」に続いている。「ビッグイベント」については第五〜七段落に詳しく書かれている。第五段落のはじめが「こうした『ビッグイベント』」と指示語を伴った形になっているので、その前の第四段落も含めて、「ビッグイベント」のあり方を考えていく。「四字の語句を空欄より前の本文の中から抜き出して」という設問の指示が大きなヒントになる。今触れた第四〜七段落は「空欄より前」にあたるので、「四字の語句」に限定して、「音楽の」につながる言葉を探してみる。すると、第四段落に「興行としての下部構造」という言葉が見つかる。「下部構造」とはマルクス経済学の言葉で、〈社会に存在する政治・法律・思想・文化などの上部構造の土

「象徴性」、ハ「抽象性」では〈国家の枠を超えている〉という意味に通じない。ロ「象徴性」は〝知覚できない思想などを、それを連想させる具体的な事物などによって間接的に表現するという性質〟、ハ「抽象性」は〝具体的な事物から性質・共通性を引き出すことによって得られる一般的・観念的な性質〟であり〈国家の枠を超えている〉という文脈には合わない。よってニが最も適切である。

▼問十　傍線部にある「形而上」とは〝時間や空間を超越した、形をもたない、抽象的・観念的なもの〟という意味で、それを扱う学問が「形而上学」。そこでは現実的な世界を超越した物事の本質や根本原理が追究されていく。傍線部の「形而上学的な意味」を簡単に言い換えると〝根本的な意味〟ということになろう。傍線部の直後に「端的にいえば」とあって、傍線部が言い換えられていることに注目する。そこにある「《第九》が表象する理念の空洞化……［Ⅱ］する場にならざるを得まい」が、まさに傍線部にある「形而上学的な意味」にあたる。「《第九》が表象する理念」とは、同じ段落の後半にある「世界中の人々が抱き合うという友愛理念」である。そして「友愛理念」は、第四段落にある、《第九》の特徴を「近代市民社会の友愛理念の象徴」という表現につながる。また、「空洞化」とは〝形はあっても中身がなくなってしまうこと〟。以上から、「端的にいえば」以降をまとめると、〈近代市民社会の友愛理念が、形だけのものになったことがあからさまになってしまったということ〉となる。その内容に近い選択肢は、〈「近代市民社会の理想」の「実現が不可能」〉とまとめたハである。〝包み隠すことなくはっきりと〟という意味の「あからさまに」も「明らかになっている」と言い換えられている。筆者は「《第九》が表象する理念」を否定しているわけではないので、イの「理想論にすぎず」は言い過ぎである。ロは「《第九》が表象する理念」を正確にとらえていない。ニの「資本主義社会の発達によって失効」ということも、本文には書かれていない。

▼問十一　空欄直前の内容から、コロナ後に「《第九》を上演」することで「《第九》が表象する理念」を〈どうすることになるか〉にあたる語句が［Ⅱ］に入る。「《第九》が表象する理念」とは、問十で見たように「世界中の人々が抱き合うという友愛理念」であり、空欄と同じ段落の最後に「今やこの高邁な理念は……『感染リスクの高い行為』の

「近代市民社会の友愛理念の象徴」
　生々しい「興行としての下部構造」→今日のロック・コンサートやスポーツ祭典などの祖型
コロナ禍の上演不能に「近代社会のエンジン停止」という象徴的意味

(三)　九～十四
《第九》が体現している「右肩上がりの時間」という近代の物語自体の存立が根底から問われている
「勝利宣言型」の交響曲を書いて成功したのはベートーヴェンだけ
「聴衆というカオスのようなマスを公衆へと作り変え」、「彼らに意志と目的を与える」ことに成功した
生まれたばかりの混沌とした社会に「友愛で団結して明日を目指せ、勝利は待っている！」と呼びかけた
二百年もの長きにわたって効力を持ち続けることになる時間モデルを音楽で表現することに成功した
　↓
　コロナ禍
《第九》的な物語が社会の生々しい現実と乖離　その最終段階
　⇩
《第九》再演　二百年前のベートーヴェンからの「今」への問い
〈《第九》で夢見た理想社会を嘘だったと思うか？〉「なおこの理念をなんとか再建しようとするか？」

▼問九　[I] の後に逆接の接続詞「しかし」が続いている。[I] を含む文と「しかし」以降が対比されているということである。整理すると、

『フィンランディア』『ナブッコ』……国民国家の歌　強烈なナショナリズム　→　[I] は弱い
　→←　しかし
ベートーヴェンの《第九》　……国家を超えた人間賛歌

となって、〈国家の枠の中にいる〉〈国家の枠を超えている〉という対比が読み取れる。[I] には文脈上、〈国家の枠を超えている〉ことに通じる言葉が入るはずである。〝広くすべてのものにあてはまる性質〟という意味のニ「普遍性」が最も適切である。イ「独自性」は〈それぞれの国家の枠の中にいる〉ことに通じるので全く逆の内容。ロ

問十五　ロ
問十六　イ
問十七　1、遜色　2、頻繁

◆要　旨◆

ベートーヴェンの《第九》は、世界中の人々が抱き合うという国家を超えた人間賛歌であるとともに、生々しい「興行としての下部構造」という点でも「近代」そのものである。しかし、コロナ禍による上演不能が「近代社会のエンジン停止」という象徴的意味を帯び、《第九》が体現している「最後は盛り上がって勝利に至る」という近代の物語自体の存立が今日、根底から問われている。《第九》的な物語が社会の生々しい現実と乖離し始めており、その最終段階にまで来ている。《第九》の再演は、〈《第九》で夢見た理想社会を嘘だったと思うか？〉「なおこの理念をなんとか再建しようとするか？」という二百年前のベートーヴェンからの「今」への問いである。

▲解　説▼

年末恒例となっているベートーヴェンの交響曲第9番《第九》が、社会思想的にも経済活動としても《近代》を象徴するものであることを述べつつ、それがコロナ禍によって変貌していかざるをえなくなったことを述べている。

三つの部分に分けてとらえていく（原典の章立てと一致する）。一～十四は形式段落の番号である。

(一)　一～三
ベートーヴェンの《第九》　国家を超えた人間賛歌として機能
コロナ後の《第九》の再開　《第九》が表象する理念の空洞化をあからさまにする
=
世界中の人々が抱き合うという友愛理念の可聴化

(二)　四～八
《第九》　音楽における「近代」の本丸

殖」が「ロボットに引き継がれ」て「『生命の不滅』が告げられる」とある。ただし、筆者はそれを「壮大な悲劇」に対する「か細い一筋の希望」とは言っているが、「不滅の生命の担い手として希望を託されている」とまでは言っていない。生殖により生命が受け継がれていくことと、「不滅の生命」とは別物である。

ニ、最後から三つ目の段落に「地球全体としては経済成長よりも持続可能性の方が優先されなくてはならない」とあるように、筆者は〈「成長」よりも「持続可能性」〉ということを主張している。「持続的な成長」などということは言っていない。

以上より、「本文の趣旨と合致する」ものはロである。

参考　加藤尚武《ひさたけ》（一九三七年〜）は、京都大学名誉教授。公立鳥取環境大学の初代学長を務めた。専門はヘーゲル研究を中心とした哲学であるが、生命倫理や環境倫理に関する著述も多く、この分野の著述が大学入試にもよく取り上げられている。興味があれば『環境倫理学のすすめ』（丸善ライブラリー）、『脳死・クローン・遺伝子治療――バイオエシックスの練習問題』（PHP新書）、『戦争倫理学』（ちくま新書）などから読んでいくといいだろう。

二

出典　岡田暁生『音楽の危機――《第九》が歌えなくなった日』〈第四章　《第九》のリミット――凱歌の時間図式〉（中公新書）

解答

問九　ニ

問十　ハ

問十一　イ

問十二　ロ

問十三　下部構造

問十四　ニ

性》」について本文に書かれていない。ニ「人工領域」はロボットそのものが〈人工的〉なものなので、あてはまらない。

▼問七　欠文挿入問題の場合、まず欠文に見られる特徴をつかむこと。指示語や接続語のような、前後のつながりを示す言葉があるときには特に注意を払う。この設問の場合も、欠文の冒頭に「そのように軌道修正をしても」と「そのように」という指示語が使われている。入る箇所の前には「軌道修正」にあたる内容があるということである。また欠文の最後に「最終的な地球崩壊が近づく」とあるので、「地球崩壊」とつながる内容になっているかどうかも見極めるための材料になる。以上の条件をもとに［イ］～［ニ］の前を見ていく。［ハ］の前の段落の最後に「地球全体としては経済成長よりも持続可能性の方が優先されなくてはならない」と「軌道修正」に該当する内容があり、その前には「太陽系も消滅」「生態系の破壊」などと、「地球崩壊」についても書かれている。以上から最も適切な箇所は［ハ］である。［イ］と［ロ］の前には「軌道修正」について書かれていない。［ニ］の前にある〈移住計画〉は「地球崩壊が近づく」ことを防ぐための「軌道修正」ではないので不適。

▼問八　イ、第四段落にある事柄が「ロボットの導入可能性について検討すること」であっても、それが〈パンデミック対策に新たな知見をもたらす〉とも「差別という発想の根本的な是正につながりうる」とも書かれていない。

ロ、問四のニの選択肢で考察した内容を参考にする。ロの「代入型技術としてのロボットが……どこまで許容されるか」という問題については、同内容の問いである第五段落の「通常、社会的に許容されている業務を……すべて許容されるべきか」を手掛かりに、最後から二つ目の段落で、チャペックの「ヒトの存在理由を……愛に見出していた。その存在理由を捨てたヒトが滅亡して……」という、「愛」が「ヒトの存在理由」だという考え方が示されていることに注目する。第五段落の問いに対する答えを導く過程で「ヒトの存在理由」が浮かび上がっているので、「人間の存在理由を問い直す手掛かりとなりうる」と言える。

ハ、チャペックの戯曲について紹介した第九～十二段落に注目する。確かに「人類の滅亡」が起こり、「愛による生

▼問五　この設問も「適切でないもの」を選ぶ設問である。傍線部は『ロボット』の内容を紹介した部分にあるので、第九～十二段落に書かれている内容を中心に考えていく。まず、ここで問われているのは〈人間の滅亡〉の「要因」であることに注目する。「要因」であるためには〈人間の滅亡〉の前に起こっていなければならない。この観点から傍線部のある段落を見ていくと、〈人間の滅亡〉を述べた傍線部に続けて「ロボットも絶滅の危機にひんしている。しかし……結婚と生殖をはじめる」とある。ハの内容は〈人間の滅亡〉の後に起こったことになるので、〈人間の滅亡〉の「要因」にはあたらない。よって「適切でないもの」はハである。〈人間の滅亡〉に直接つながる内容は、第十段落の「人間の労働力が不要になったために、全世界的に人間の不妊が広がる」という部分なので、ロは適切であり、これが根本の要因と考えられる。イとニについては、〈人間の滅亡〉との直接的な関連を本文だけでは読み取ることは難しいが、イは第九段落に「有機物の化学処理によってつくられる」、ニは第十一段落に「ヘレナの頼みで……『ロボットに心を与えること』を実行していたことが判明する」と書かれている。いずれも〈人間の滅亡〉の前の出来事でもあり、「適切でない」と言い切れない。よって明らかに「適切でない」選択肢のハが正解。

▼問六　[b]には直前の「ロボット化が禁止される領域」を示す言葉が入る。「チャペックの『ロボット』から推測すれば」とはあるが、『ロボット』の内容を紹介している第九～十二段落に直接該当する内容がないので、[b]を含む段落の内容を中心に考えていく。二つ目の[b]の後に、「胎児」が「母体（子宮の持ち主）の声や……出生後に母体に対する愛情が形成されやすい」ために、「代理母ロボット」の設計に際しては「実母（……養育する人）の声や心拍の特徴を内装する」という「要求」がなされる可能性があることが述べられている。つまり、生まれた子が「代理母ロボット」を「実母」と勘違いして「愛情」を持ってしまい、「[b]の形成」が妨げられてしまうのである。以上から[b]に入る内容は「愛情」に関係することだと考えられる。正解はロ「家族愛」である。イ「生殖機能」というより〈愛情の形成〉への影響が危惧されているので、ロの方が適当。ハ「アイデンティティ（＝〝人が時間や場面を越えて一個の人格として存在し、自己を自己として確信する自我の統一をもっていること。自己同一

て代わる」と、「代入型技術」にあたる表現があり不適。よってニが最も適切である。ロは「社会的に許容されていない業務を可能にする技術」に限定されるものではない。ハは「独占」が本文に書かれていない。

▼問四　「適切でないもの」を選ぶという条件に注意する。また最初に、傍線部の「代入型技術」とは、「通常、社会的に許容されている業務を人間に代わって行う」（第六段落）技術であることを確認しておく。イは「技術」が「社会から拒絶され人々に排撃（＝〝退けようと非難・攻撃する〟）されて」とあるが、傍線部は『代入型技術』によって「人間そのものが……廃棄される」と言っているので、主体と客体が反対になっている（「排撃」されたのは、第七段落にあるように「無害の創発型技術」である「避雷針」である）。よってイが「適切でないもの」。ロの「人間が機械の代替物になってしまう」は傍線部の「人間そのものが部品として代入され」を言い換えた表現である。傍線部の前に「ロボットとは大量生産される労働者の暗喩である」とあるので、「労働者」を「ロボットのように」と表現したハは本文に合っている。「賦役を負わされ搾取される」という表現も、〈人間を人間として扱っていない〉という意味で、「人間」を「使用」し「廃棄」するという「代入型技術が引き起こす問題」の説明になっている。ニは本文に明記されていないので悩ましいが、第五段落と第八段落以降にあるチャペックの戯曲『ロボット』についての記述を参考に検討していく。第五段落に「……ロボットに移されるとき、人類の存在の根幹をおびやかす要因はないのか」「通常、社会的に許容されている業務を人間に代わって行うロボットは、すべて許容されるべきか」という筆者の問いに対しては、かつてチャペックが「すべて許容される」とは答えずに「性交によって子どもをつくる限り、献身的な愛が不可欠だ」と主張していたことに注目する。さらに、第十二段落に「愛する者のための……結婚と生殖をはじめる。人類は滅亡するが、愛による生殖はロボットに引き継がれる」とあり、最後から二つ目の段落に「チャペックは、ヒトの存在理由を……愛に見出していた。その存在理由を捨てたヒトが滅亡して、それを取り入れたロボットが地球に存続する」とある。つまりロボットが「代入型技術」として「愛による生殖」を行うことは、「ヒトの存在理由」を失わせるという論理である。以上の内容にニは合致する。

う意味の、いずれも〈仏教用語〉である。そのため、ここでの「あらゆる」は、〈宗教的な分野〉に限定して考えるべきであろう。イは〈宗教的な分野〉に言及していないので、あてはまらない。またハも「われわれの世界認識は」と一般化しすぎており該当しない。ニにある「『穢れ』をもたらす死と、それを浄化する生」という対比は本文では述べられていない。

▼問二　傍線部「現代的な解決」を行うべき課題とは、前段落にある「隔離の完成」である。第二・三段落で示される「世俗化以前の隔離」が「もっとも危険な汚染に関与する人々を差別する」というものであったところを、現代においてどう更新していくのかという点に着目する。傍線部直後に「死体搬送ロボット」、同段落末尾に「『穢れ』作業も……ロボット化の方向が進むだろう」とあり、この内容を言っているイが最も適切である。ロは「ロボット化」で「それらの作業（＝危険な作業）に従事してきた人々への負のイメージを払拭する」とは書かれていない。ハは「身分制に基づく構造的な差別を解消する」とまでは書かれていない。ニは「ロボットに任せることで」が誤り。これまでも「危険な汚染に関与する人々」により処理が行われてきた。

▼問三　[a] の直前には「それ」という指示語があり、「代入型技術への問いとは異質の問い」という部分を指している。直後にあるように、これは「創発型技術への問い」である。これを図式化すると、

代入型技術への問い＝通常、社会的に許容されている業務を人間に代わって行うロボットは、すべて許容されるべきか（空欄を含む段落）

↑↓

創発型技術への問い＝「[a]」

とできる。第七段落に「創発型技術の代表例」として「エジソンの蓄音機」を挙げ、「過去に存在しなかった」ものだと述べている。[a] にはこの「過去に存在しなかった」という内容を含む選択肢が入ると考えられる。イ「これまでにない革新的な技術」とニ「世界にまったく存在しなかった業務を行う技術」とが該当するが、イには「取っ

ロボット化が禁止される領域は、愛が関与する領域
　子宮のロボット化は当面不可能
　育児ロボットは現在の技術で可能　↓　実験心理学の方法では育児ロボットの安全性を確認することができない

(四) 十六〜十八
人間が今後一〇〇年間に経験する災害は人口の増加と関連している
人口の増加　↓　人工的な環境の増大　↓　原始の自然領域を押しつぶす　↓　未知のウイルス、パンデミック
パンデミック・食料不足・生活圏の水没・埋蔵資源の枯渇・生態系の破壊　↓　人口の減少　↓　人類は絶滅しない
人類の愚行死
↑生態系の破壊によって持続可能性が損なわれていることが判明しても、認識された破壊に向かって前進し続けている

(五) 十九〜二十
チャペック
ヒトの存在理由は自己犠牲の精神をもつ愛にある
存在理由を捨てたヒトが滅亡して、その存在理由を取り入れたロボットが地球に存続する物語を残す
地球外の生活可能な天体に移住する計画
ヒトの文化をロボットに託して移住させる　↓　ヒトの行う最後の挑戦

▼問一　傍線部前に「原始宗教が世俗の穢れから隔離した生活を作りだし」「(原始宗教の)『外部』にパンデミックがあった」とある。これと傍線部の内容を図式化すると、

原始宗教：世俗の穢れ（パンデミック）　　穢れから隔離した生活
　　　　　　　＝　　　　　　　　　　　　　　＝
傍線部：　穢土　　　　　　　　　　　　　　浄土

となる。「世俗の穢れ」から「隔離」するということは、「世俗の穢れ」と〈穢れていないもの〉とを「差別」することになる。この点をまとめたロが最も適切である。傍線部に「あらゆる二元論」とあるので一般的な内容が語られているように見えるが、「穢土《えど》」は〝煩悩《ぼんのう》のある世界・現世〟、「浄土」は〝仏が住む、欲望や苦しみのない世界〟とい

に託して地球外の生活可能な天体に移住させることが、ヒトの行う最後の挑戦になるかもしれない。

▲解　説▼

　新型コロナウイルスに世界中が巻き込まれた二〇二〇年に、思想の世界を中心とした著名人に、「コロナ時代を生きるための一冊」をあげてもらうという企画で出版された雑誌『現代思想』の臨時増刊号「総特集＝コロナ時代を生きるための60冊」。そこから、「ロボット」という語の語源となったチェコの作家カレル・チャペックの戯曲『ロボット（R.U.R.）』を、哲学者加藤尚武が取り上げた文章が出題された。途中一部省略があるものの、最初から最後までが取り上げられている。

　大きく五つの部分に分けてとらえていく。一～二十は形式段落の番号。

（一）一～七
パンデミック対処の根本は隔離と差別
世俗化以前の隔離
　もっとも危険な汚染に関与する人々を差別　→　隔離の完成
↓
現代的な解決：ロボット
　人類の存在の根幹をおびやかす要因はないのか
　通常、社会的に許容されている業務を人間に代わって行うロボットは、すべて許容されるべきか
⇩
「ロボット」という言葉を作ったチャペック
　「すべて許容される」という答えを出していない
（二）八～十二
チャペックの『ロボット』の紹介
　ロボットとは大量生産される労働者の暗喩
　人類は滅亡し、愛による生殖がロボットに引き継がれる
（三）十三～十五

国語

一

出典　加藤尚武「カレル・チャペック『ロボット』――ヒトはその存在を失う前に存在理由を失う」（『現代思想』二〇二〇年九月臨時増刊号　青土社）

解答

問一　ロ
問二　イ
問三　ニ
問四　イ
問五　ハ
問六　ロ
問七　ハ
問八　ロ

◆要　旨◆

パンデミック対処の根本は隔離と差別である。かつては危険な汚染に関与する人を差別することで隔離を完成させたが、現代的な解決は死体搬送のロボット化である。しかし、社会的に許容されている業務をロボットが行うことを、「ロボット」という言葉を作ったチャペックは「すべて許容される」とはしていない。彼の作品から推測すると、生殖のような愛の関与する領域においては禁止される。チャペックは、ヒトの存在理由を自己犠牲の精神をもつ愛にあるとして、その存在理由を捨てたヒトは滅亡し、それを取り入れたロボットが地球に存続するという物語を残した。ヒトの文化をロボット

2021年度

解答編

解答編

英語

I 解答 (A) 1 —(d)　2 —(c)　3 —(b)　4 —(a)　5 —(d)　6 —(d)　7 —(a)

(B) 8 —(b)　9 —(d)　10—(a)　11—(d)　12—(d)　13—(a)　14—(a)

◆全　訳◆

(A) ≪個人と伝統≫

私たち，私たちのすべては——物語作家であろうと，教師であろうと，歌手であろうと，学者であろうと，詩人であろうと，学芸員であろうと，画家であろうと，父母であろうと——自分たちが形成し，また形成し直す伝統の中で働いている個人である。私たちはみんな，現在の必要と未来の希望に応えるために過去の要素を使う。その過程で，私たちは伝統を自分自身のものにし，足跡を残す。これらは芸術，技術，コミュニケーション，上演，民俗学だと見なされるかもしれないが，同時に，それらはすべて自叙伝，つまり伝統の形成と再形成の過程で築き上げられた自己の反映なのである。個人と伝統との関係は文化の原動力にとって重要であり，人類のどの研究にも潜在的に含まれており，民俗学の現代研究では最も明白である。

解釈して一般論を導き出すために——結論を得るために——民俗学者は特定の個人から情報を集める。それは創造的な意志を持った個人の行動を通してのみ伝統は生じるからである。この出発点——個人に注目して行われる伝統の研究——は（どこかで始めなければならない）方法論的に必要であるばかりではなく，さらに重要なことには，哲学的な信念の問題でもある。人は伝統の中での個人の役割に関心があると表明することはできるが，この体系化は，伝統は不思議なほど客観的であり，自律的で，超有機体的であり，個人は単に擁護者，運搬人，多かれ少なかれ世話係や実践家であると誤解をして考える方向に安易に陥る可能性がある。特にフィールドワークの体験によって，私たちは伝統を実行に移す個人なしに伝統のようなものは存在しないと確信する。

(B)　≪カルタゴとローマの争い≫

ハンニバル（紀元前 247 頃-183）は，連続するローマ人との死にもの狂いの抗争の後で，戦士として名声を得たカルタゴの将軍であった。ローマとカルタゴは地中海の反対側でともに発展した。約 100 年にわたって，彼らはお互いに非常に悲惨な戦いを繰り広げた。最後にはローマが勝利を収め，その後すぐにカルタゴは完全に破壊された。2 国間のどの争いにも本当の理由はなかった。互いの敵意はただ対抗意識と自然発生的な憎しみであった。彼らは異なる言語を話し，起源が異なり，同じ海の反対側で暮らしていた。それで，こうした付随的な理由で，彼らはお互いを憎しみ合い破壊し合った。

カルタゴ人には聡明さ――ローマ人はそれをずるさと言っていた――と活気，進取の気性，富があった。一方，彼らのライバルは非凡な才能，勇気，強さが特徴で，それらが一定の冷静で不屈の意志と活力をもたらした。以来これらは，いつの時代でも，男性の心の中で，まさに Roman という語と強く結びついている。

古代では，国の発展は現在よりもはるかに遅かった。これらの 2 つのライバル帝国は，それぞれが両者を隔てている大きな海の自らの側で，丸々 500 年の間，両者が実際に衝突をするまで，ゆるやかな発展と拡大を続けた。しかしながら，ついに衝突が起きた。海軍の激しい小競り合いが連続して起きた後に，ローマ人はカルタゴの船隊を捕獲し，沈め，破壊し，追い散らした。それから，彼らは捕獲した船の船首（つまり，飾り付けをされた先頭部）を切り取って，ローマまでそれらを運び，記念柱を建設するのにそれらを使った。

◀解　説▶

◆(A)　▶1．空所直後に within があるので，空所には自動詞の現在分詞が入る。また，空所後方の関係代名詞 that 節に「自分たちが形成し，また形成し直す」とあるので，(d)の working「働いている」が正解。(a)の inherit「相続する」は他動詞なので，不可。(c)の portray「表現する」は意味が文意に合わない。

▶2．第 1 段第 4 文（These may be deemed …）の後半にある「自叙伝，

つまり伝統の形成と再形成の過程で築き上げられた自己の反映」から考えると，leave *one's* marks「足跡を残す」の意味になる(c)が最適である。(a)の「肖像」，(b)の「自己同一性」，(d)の「社会的地位」は文意に合わない。

▶3．空所を含む語句は，autobiography「自叙伝」の説明となっている。また，空所の後方に「伝統の形成と再形成」とあるので，(b)の forge「築き上げる」が正解。(a)の endanger「危険にさらす」，(c)の insinuate「巧みに植え付ける」，(d)の remark「述べる」は文意に合わない。

▶4．空所後方の culture と結びつく語を考えると，(a)の dynamic「原動力」が正解。(b)の「人々」，(c)の「住民」，(d)の「周辺」は文意に合わない。

▶5．空所前方にある individual「個人」と creative「創造的な」に合う語は，(d)の will「意志」である。(a)の「文化」，(b)の「有限性」，(c)の「特性」は文意に合わない。

▶6．第2段第1文（In order to interpret …）に，民俗学者が行う研究方法が示されているので，(d)の methodological「方法論的な」が正解。(a)の「伝記の」，(b)の「生物学の」，(c)の「文法の」は文意に合わない。

▶7．空所の後方に目的語と that 節があるので，可能な動詞は(a)の convince「確信させる」である。*A* convince *B* that～「*A* によって，*B* は～を確信する」 (b)は explain to *A* that～の構文で使われるので，不可。(c)と(d)は that 節を伴う用法はないので，不可。

◆(B)　▶8．空所直後に「戦士として」とある。戦士として得るものを考えると，(b)の distinction「名声，栄誉」が正解。(a)の「矛盾」，(c)の「追い立て」，(d)の「絶滅」は文意に合わない。

▶9．空所を含む文は「互いの敵意」の原因を挙げているので，それに適するのは(d)の rivalry「対抗意識」である。(a)の「理由」，(b)の「夢想」，(c)の「危険」は文意に合わない。

▶10．空所後方の these は前文（They spoke a different …）にある「異なる言語，異なる起源，同じ海の反対側に暮らすこと」を指しているが，これらは戦争を起こす理由としては中心的で大きなものではない。よって，(a)の incidental「付随的な」が正解。(b)の「分別のある」，(c)の「余分な」，(d)の「加虐的な」は文意に合わない。

▶11．第2段第2文（Their rivals, on …）前半にある「非凡な才能，勇気，強さ」から生じる resolution「意志」を考えると，(d)の unconquerable

「不屈の」が正解。(a)の「忌まわしい」，(b)の「訂正可能な」，(c)の「防御できる」は文意に合わない。

▶12. Roman は「(質素，勇気，正直などの）ローマ人気質」を表す。第2段第2文（Their rivals, on the other hand, …）の「冷静で不屈の意志と活力」はまさにこのローマ人気質を表している。よって，(d)の very「まさに～の」が正解。(a)の「実際の」，(b)の「最良の」，(c)の「正しい」は文意に合わない。

▶13. 第1段第7文（They spoke a different …）に「同じ海の反対側で暮らしていた」とあるので，戦いには船が使われたと推測できる。よって，(a)の naval「海軍の」が正解。(b)の「中立の」，(c)の「平行の」，(d)の「もっともらしい」は文意に合わない。

▶14. 最終段最終文（They then took …）は戦利品として船首をローマに持ち帰って戦勝記念として使ったことを表している。よって，(a)の commemorative「記念の」が正解。(b)の「見合った」，(c)の「商業の」，(d)の「伝達の」は文意に合わない。

●語句・構文●

(A)（第1段）curator「(博物館・図書館などの）管理者，学芸員」 re-shape「作り直す」 meet「～に応える」 make *A* *B*「*A* を *B* にする」 leaving は分詞構文。*A* be deemed *B*「*A* は *B* だと見なされる」 *A* as *done*「～された *A*」 be central to ～「～にとって重要である」 implicit「潜在的に含まれている」 explicit「明白な」

（第2段）be enacted「生じる」 not merely *A* but *B*「*A* ばかりではなく *B* も」 more significantly「さらに重要なことには」 philosophical conviction「哲学的な信念」 declare an interest「関心があると表明する」 slide into ～「～に陥る」 conception of *A* as *B*「*A* を *B* として考えること」 external「外界の，客観界の」 autonomous「自律的な」 superorganic「超有機体的」 bearer「擁護者」 steward「世話係」 practitioner「実践家」 enact「実行に移す」

(B)（第1段）Carthaginian「カルタゴの」 a series of ～「連続した～」 grow up「発展する」 wage a war against ～「～に対して戦いを行う」 most = very　whereupon「その後すぐに」 disagreement「争い」 spontaneous「自然発生的な」 devour「破壊する」

（第2段）sagacity「聡明さ」 activity「活気」 enterprise「進取の気性」 be characterized by ～「～が特徴である」 giving 以下は分詞構文。give rise to ～「～をもたらす」 be associated with ～「～と結びついている」

（第3段）divide「～を隔てる」 which divided them の先行詞は the great sea。full「丸々～」 come into collision「衝突する」 disperse「～を追い散らす」 which they had captured の先行詞は the ships。using 以下は分詞構文。

II 解答

(A)15―(d)　16―(d)
(B)17―(d)　18―(d)　19―(c)
(C)20―(d)　21―(a)　22―(b)　23―(d)　24―(b)

◆全　訳◆

(A)　≪ソーシャルネットワークと感情伝染≫

様々なグループの人々の間でつながる機会が非常に増加するにつれて，私たちが住んでいる世界は縮まっている。多くの同僚，家族，友人，見知らぬ人とグローバルにコミュニケーションを取れる能力の変化は，異なる考え方や世界観を持つ人々が実際お互いに生産的にかかわり合うことを必ずしも意味していない。銃規制や妊娠中絶など，合衆国の最新の話題となっている問題に対するアメリカ人の態度を最近分析したところ，ソーシャルメディアで「急速に拡散される」メッセージは，多くの場合，強い精神的な感情（例えば，怒りや嫌悪感）と結びついていることがわかった。研究者は55万人以上の人々によるツイッターのリツイートを調べて，グループ内での交流は大規模であるが，異なる政治グループに共感する人々の間の交流は希薄であることを発見した。この現象の背後にあるのは，人間の社会的な交流の重要な要素である――感情的な状態が人々の間で移ること，つまり「感情伝染」として知られる現象である。ソーシャルネットワークの大規模なデータを含む研究によって，肯定的な感情と否定的な感情の両方の転移が，直接対面の社会交流とオンラインでの社会交流の両方で起こる可能性があり，交流者間の（物理的と心理的との両方の）距離の程度によって左右されることがわかっている。

(B)　≪ペストとシェークスピア≫

1593 年に腺ペストがその劇場を閉鎖させた時にシェークスピアは詩作に取りかかったと長い間考えられてきた。その時に，彼は人気のある物語詩『ヴィーナスとアドーニス』を出版したのだが，その中で女神が「危険な年からの伝染病を追い出すために」美しい少年からのキスを請う。というのは彼女の主張によると「ペストは汝の息により追い払われる」からである。恋愛詩はペストによって拍車をかけられ，そして――誘惑的なファンタジーが上演される――ペストさえ治すようである。しかし，1606 年の別の劇場閉鎖によって，キングズ・メンの俳優であり株主であるシェークスピアは多くの劇作品を書き上げ，宮廷で賑やかなホリデーシーズンに演じられる新しい芝居の需要に応えることができたと，学者のジェームス＝シャピロは言う。シャピロによると，その年に，彼は最も賞賛される劇のいくつか――『リア王』，『マクベス』，『アントニーとクレオパトラ』を次々と創り出した。

腺ペストが特に若い人々を殺したことを考えると，それはまたシェークスピアの演劇的なライバル――17 世紀初頭の舞台を支配し，それ以前の競争相手より風刺的で政治的に少し危険な上演をやってのけた少年俳優の会社――をも一掃したかもしれない。主要な少年俳優の会社がつぶれた後，シェークスピアの会社は 1608 年に屋内のブラックフライアーズ劇場を引き継ぎ，新たに手にした市場占有率を利用して，より暗くて痛烈な上演をし始めた。ビジネスチャンスに加えて，ペストによって演劇で人の心を強く動かす比喩が豊富に提供された。シャピロが指摘するように，「神の表象」と呼ばれるペストとその沸き起こる痛みに言及することが，その時期からシェークスピアの原稿に現れる。『アントニーとクレオパトラ』では，ローマの兵士が自分の軍は「ペストのしるしが現れ出だしたようなもので／死が確実に訪れる場所」を進んで行くと心配する。

(C)　≪脳の驚異的な能力とそのエネルギー消費量≫

宇宙で最も並はずれてすばらしいものがあなたの頭の中にある。宇宙空間のいたるところへ行っても，耳と耳の間にある 3 ポンドのスポンジ状の物質ほどすばらしく複雑で高機能なものはとうていどこにも見つけられないだろう。

純粋に驚きの対象としては，人間の脳は見た目は非常にぱっとしない。

一つには，それは 75～80 パーセントが水で，残りはほとんど脂肪とタンパク質に分けられるからである。このような三つのありふれた物質が，思考，記憶，視覚，美術鑑賞，その他諸々を私たちに与えるように連携することができるのは，かなり驚くべきことである。仮に頭蓋骨から脳を取り出すと，それがどれほど柔らかいかにほぼ間違いなく驚くであろう。脳の固さは豆腐，柔らかいバター，わずかに加熱し過ぎたブラマンジェなど様々にたとえられている。

脳の大きなパラドックスは，あなたが世界について知っているすべてが，それ自体がその世界を見たことがない臓器によって，あなたに提供されているということである。脳は地下牢に入れられた囚人のように沈黙し暗闇に存在する。それには痛みを感じる受容体がなく，文字通り感覚がまったくない。それは暖かい日ざしやそよ風を一度も感じたことがない。脳にとって，世界はただモールス符号の打音のように電気パルスの流れにすぎないのである。そして，このようなただの特徴のない情報から，脳はあなたのために鮮明で立体的であり，感覚的に魅力的である世界を創り出す――まったく文字通り創り出すのである。あなたの脳はあなたである。他のものはすべて配管（＝循環系統）と足場（＝骨格）にすぎない。

まったく何もせずに，ただ静かにじっとしているが，脳はハッブル宇宙望遠鏡が 30 年間で処理するよりも多くの情報を 30 秒で次々と操作する。大きさが 1 立方ミリメートル――およそ砂粒の大きさ――のひとかけらの皮質は 2,000 テラバイトの情報を保持でき，それは予告編を含めて今までに制作されたすべての映画や，約 12 億部の 500 ページの本を格納できるほどなのである。要するに，人間の脳は約 200 エクサバイトの情報を保持できると見積もられていて，『ネイチャー・ニューロサイエンス』誌によると，それは「今日の世界の全デジタル・コンテンツ」におおよそ匹敵する。それが宇宙で最も並はずれたものでないなら，きっとまだ発見していない驚くべきことがあることになる。

脳は空腹な臓器と表現されることが多い。それは体重の 2 パーセントを構成するにすぎないが，エネルギーの 20 パーセントを使う。新生児ではそれは 65 パーセントにも達する。一部にはそういうわけで，赤ん坊はいつも眠っており――成長する脳が赤ん坊を疲れさせる――，多くの体脂肪を持っているのは，必要時にエネルギーの蓄えを使うためである。実際には筋肉はさらに多くのエネルギー――約 4 分の 1 ――を使うが，あなたには筋肉がたくさんあり，単位質量あたりでは，脳は臓器の中で断然一番費用がかかるのである。しかし，それは驚くほど効率的でもある。脳が 1 日あたりに必要とするのは約 400 カロリーだけである――これはブルーベリーマフィン一つで得られるのとほぼ同じである。試しにマフィン一つで 24 時間ラップトップを操作して，どれくらい結果を得られるかを確かめてみてください。

◀解　説▶

◆(A)　▶15.「本文によれば，研究者は…ということを発見した」

(a)「ツイッターを通じての交流は政治問題への思慮深い反応を呼び起こした」

(b)「ソーシャルメディアによって人々は異なるイデオロギーを持つ他の人々とかかわり合うことができた」

(c)「ソーシャルネットワークは異なる道徳観を持つグループ間の争いを減らした」

(d)「各グループ内で考えをやり取りすることはグループを超えた交流より重要だった」

第 4 文（Researchers examined Twitter …）に「グループ内での交流は大規模であるが，異なる政治グループに共感する人々の間の交流は希薄である」とあるので，(d)が正解。(a)と(c)は本文中に記述がない。(b)は第 2 文（This shift in …）に不一致。

▶16.「本文によれば，『感情伝染』は…」

(a)「相互コミュニケーションを通じて心ばかりでなく体にも影響を及ぼす」

(b)「人口密度が低い地域でより急速に広範囲にわたって伝染する」

(c)「人々の間に分裂した態度が形成されることにつながる」

(d)「人々が直接会わない時でさえ人々の間に広まる」

最終文（Research involving large-scale …）に「感情の転移が，直接対面の社会交流とオンラインでの社会交流の両方で起こる」とあるので，(d)が正解。(a)は「体にも影響を及ぼす」の部分が本文中に記述がない。(b)は本文中に記述がない。第 4 文（Researchers examined Twitter …）には「グループ内での交流は大規模であるが，異なる政治グループに共感する人々の間の交流は希薄である」とあるが，それによって，「人々の間に分裂した態度が形成される」というところまでは述べられていないので，(c)は不一致。

◆(B)　▶17.「本文によれば，次のどれが正しいか」

(a)「ペストの間に劇場が閉められることに，シェークスピアを含む多くの芸術家が抵抗した」

(b)「シェークスピアはペストの間に劇作品よりも詩をたくさん創作した」

(c)「ペストの間は劇作品への需要は通常よりも高まった」

(d)「ペストはシェークスピアに芸術家としての成功だけではなく財政での成功をもたらした」

「芸術家としての成功」が第1段第4文（But the scholar James Shapiro …）に，「財政での成功」が第2段第2文（Shakespeare's company took …）にそれぞれ述べられているので，(d)が正解。(a)は本文中に記述がない。(b)は第1段第4文（But the scholar James Shapiro …）と一致しない。(c)は第1段第2文（That's when he …）と一致しない。

▶18.「本文によれば，ペストの間に創作されたシェークスピアの作品は…」

(a)「ホリデーシーズンを祝った」

(b)「はじめて少年俳優を雇った」

(c)「主に恋愛詩に集中していた」

(d)「より論争を引き起こし深刻になる傾向があった」

第2段第2文（Shakespeare's company took …）に「より暗くて痛烈な上演」とあるので，(d)が正解。(a)と(c)は第1段第4文（But the scholar James Shapiro …）と一致しない。(b)は本文中に記述がない。

▶19.「下記の中で本文中で示されていないものはどれか」

(a)「劇での新しい比喩がペストによって創り出された」

(b)「シェークスピアはペストの間に最良の作品のいくつかを書いた」

(c)「ペストは他の会社よりもシェークスピアの会社に大きな影響を与えた」

(d)「ペストの間に劇場が生き残るビジネスチャンスが十分にあった」

(a)は第2段第3文（In addition to …）と一致。(b)は第1段最終文（According to Shapiro, …）と一致。(c)は第2段第1文（Given that the bubonic …）と一致しない。(d)は第2段第2文（Shakespeare's company took …）と一致。

◆(C) ▶20.「本文によれば，…」

(a)「人間の脳は複雑過ぎるので宇宙を旅行する時はあまり機能しない」

(b)「私たちが脳をスポンジにたとえるのは最もすばらしい体験である」

(c)「近頃，人間の脳によって発明された装置のおかげで，人は宇宙空間へ旅行をすることができる」

(d)「私たちは世界中で人間の脳よりすばらしい物体を発見することはできないだろう」

第1段第2文（You could travel through …）に「耳と耳の間にある3ポンドのスポンジ状の物質ほどすばらしく複雑で高機能なものはどこにも見つけられない」とあるので，(d)が正解。同文で脳を「スポンジ状の物質」と説明しているが，その体験がすばらしいという記述はないので，(b)は不一致となる。(a)と(c)は本文中に記述がない。

▶21.「人間の脳についてすばらしいことは，それが…という事実である」

(a)「少数のわずかな普通の素材から成るが，それは並外れたことをする」

(b)「それを頭蓋骨から取り出すことによって，計測できる」

(c)「水，脂肪，タンパク質を含む唯一の臓器である」

(d)「豆腐，バター，ブラマンジェのように安定したままである」

第2段第2・3文（It is, for one thing, …）に「脳が三つの素材から成る」ことと「それらが連携して脳がすばらしい働きをする」ことが述べられているので，(a)が正解。「脳を頭蓋骨から取り出す」のは仮定の話で，計測できるという記述はないので，(b)は不一致となる。「唯一の臓器」であるという記述はないので，(c)は不一致となる。第2段最終文（The consistency of the brain …）に「脳の固さを豆腐，バター，ブラマンジェにたとえる」記述はあるが，「安定したままである」とは述べられていないので，(d)は不一致となる。

▶22.「ここで述べられている人間の脳に関する矛盾は…ことである」

(a)「それがモールス符号を使って多くの情報をまとめ上げる」

(b)「それは私たちに様々な視覚映像を提供するが，それ自体は視覚を持っていない」

(c)「脳は確かなイメージを受け取るが，特徴のない情報を創り出す」

(d)「鮮明な世界を創り出すものは他のどこでも配管と足場として機能する」

第 3 段第 1 文（The great paradox …）に「その世界を見たことがない臓器によって，提供されている」とあるので，(b)が正解。モールス符号については，同段第 5 文（To your brain, …）に言及があるが，それによって「多くの情報をまとめ上げる」という記述はないので，(a)は不一致となる。(c)は同段第 6 文（And out of …）に不一致。(d)は本文中に記述がない。

▶23.「ハッブル宇宙望遠鏡はここでは…の例として述べられている」

(a)「私たちが宇宙で発見するはずのすばらしいもの」

(b)「情報を入れる比較的サイズが小さい容器」

(c)「砂粒ほどの小さい物体を捕らえることができるもの」

(d)「非常に多くの情報を処理できるもの」

第 4 段第 1 文（Just sitting quietly, …）の内容から，(d)が正解。

▶24.「本文は…を説明している」

(a)「あなたが空腹の時に脳がいかに能率的に働くか」

(b)「脳がそれ自身の大きさと比べるといかに多くのエネルギーを必要とするか」

(c)「一つのマフィンが太った赤ん坊になぜ十分な栄養分を提供しないか」

(d)「脳がなぜ移植するには非常に費用のかかる臓器なのか」

最終段第 2 文（It makes up …）に「脳は体重の 2 パーセントを構成するにすぎないが，エネルギーの 20 パーセントを使う」とあるので，(b)が正解。同段第 1 文（The brain is often …）に「脳は空腹な臓器と表現される」とあるが，人が空腹の時に「脳がいかに能率的に働く」という記述はないので，(a)は不一致となる。(c)と(d)は本文中に記述がない。

●語句・構文●

(A) with「～につれて」 increased chances of connections「つながる機会が増えること」 This shift in … family, friends and strangers が文の主語。not necessarily「必ずしも～ではない」 engage with ～「～とかかわり合う」 *A* reveal that ～「*A* によって～がわかる」 hot-topic「最新の話題となっている」 abortion「妊娠中絶」 go viral「急速に拡散する」 be associated with ～「～と結びつく」 主語 Researchers に examined と found の 2 つの述語動詞がある。sparse「希薄な」 identify with ～「～に共感する」 underlie「～の背後にある」 Underlying this phenomenon is … は倒置形の文。*A* show that ～「*A* によって～がわかる」 face-to-face と online が social interactions を修飾。depend on ～「～に左右される，～に依存する」

(B) （第1段）It's been thought that ～「～と考えられてきた」 turn to ～「～に取りかかる」 bubonic plague「腺ペスト」 That's when ～「その時に～」 in which は継続用法の前置詞＋関係代名詞。to drive infection from the dangerous year は目的を表す副詞的用法の to 不定詞。drive *A* from *B*「*A* を *B* から追い出す」 for は理由を表す接続詞。banish「追い払う」 be spurred by ～「～によって拍車をかけられる」 seductive「誘惑的な」 run「上演される」 *A* allow *B* to *do*「*A* によって *B* は～することができる」 The King's Men「キングズ・メン（シェークスピアが所属していた演劇会社）」 get *A* done「*A* を～してしまう」 meeting 以下は分詞構文。meet「～に応える」 busy「賑やかな」 churn out ～「～を次々と作り出す」

（第2段）given that ～「～ということを考えると」 decimate「～を殺す」 wipe out ～「～を一掃する」 who 以下の関係代名詞節の先行詞は companies。get away with ～「～をやってのける」 dicey「少し危険な」 production「上演」 take over ～「～を引き継ぐ」 edgy「痛烈な」 capitalize on ～「～を利用する」 market share「市場占有率」 in addition to ～「～に加えて」 powerful「人の心を強く動かす」 a stock of ～「豊富な～」 reference to ～「～に言及すること」 bubbling「沸き上がる」 surface「表面化する，現れる」 fear that ～「～と心配する」 fare「行く」 token'd「表象となる，象徴とされる」 pestilence「ペスト」

(C) （第1段）could（穏やかな命令）～ and …「～しても，…」 every inch of ～「～のいたるところ」 very possibly「（否定文で）どうしても」 high-functioning「高機能の」

（第2段）unprepossessing「見た目がぱっとしない」 with *A* *done*「（付帯状況）*A* が～されて」 mundane「ありふれた」 come together「連携する」 allow *A* *B*「*A* に *B* を与える」 and all the rest「その他諸々」 If you were to *do* は仮定法過去の文。lift *A* out of *B*「*B* から *A* を取り出す」 almost certainly「ほぼ間違いなく」 consistency「固さ」 be likened to ～「～にたとえられる」

(第 3 段) is の後の that 節は名詞節で，everything が主語で is provided が述語動詞。that has itself never … は関係代名詞節。dungeoned「地下牢に入れられた」 receptor「受容体」 Morse code「モールス符号」 neutral「特徴のない」 vibrant「鮮明な」 sensually engaging「感覚的に魅力的な」 plumbing「配管」 scaffolding「(建設現場の) 足場」 本文では，身体全体を建造物に見たて，plumbing は管を想起させる身体中を巡る血管・呼吸器官・神経伝達経路という意味で「循環系統」，scaffolding は身体を支える部分という意味で「骨格」を指している。

(第 4 段) sitting と doing は分詞構文。churn through ～「～を次々と操作する」 churn は元々「(バターを作るために攪乳機で) 激しくかき回す」という意味。そこから「激しくかき回すように考えを生み出す，ひねり出す」の意味が派生した。a morsel of ～「ひとかけらの～」 cortex「(脳の) 皮質」 store「格納する」 trailer「(映画などの) 予告編」 altogether「(文頭で) 要するに」 be estimated to *do*「～すると見積もられている」 in the order of ～「約～の」 roughly「おおよそ」 have *A* yet to *do*「まだ～していない *A* がある」

(最終段) be depicted as ～「～と表現される」 make up ～「～を構成する」 no less than ～「～も」 that's why ～「そういうわけで～」 all the time「いつも」 unit of matter「単位質量」 by far ～「(最上級を強調して) 断然～」 run「～を動かす，操作する」

III　解答

25—(h)　26—(c)　27—(a)　28—(b)　29—(g)　30—(e)　31—(d)

◆全　訳◆

≪自己利益追求の経済学と見えざる手≫

スコットランド人の哲学者アダム＝スミス（1723-90）は，思索に没頭するあまり時々自分がどこにいるかを忘れることで知られていた。まるで彼が何らかの新しい考えを検証しているかのように，彼が独り言を言って，その唇が動き，うなずいているのに彼の友人たちは気づいたものであった。ある朝，彼は目を覚まして，スコットランドの小さい町カーコーディーにある自宅の庭を，深く集中して歩きまわり始めた。ガウンだけを着て，彼は道へふらふらと歩き出し，歩き続けてとうとう 12 マイル離れた隣町に着いてしまった。日曜日礼拝のために鳴っている教会の鐘の音で，はじめて彼は我に返った。

彼には思索に没頭する十分な理由があった。彼は哲学者として名声を得ていた都会のざわめきから移ってきて，経済学史でまず間違いなく最も著名になる本を書いていた。その本によって，彼を近代経済学の父と呼ぶ者もいた。すがすがしい散歩と眠れない夜に勢いを与えられて，大著が 1776 年に出版され，『国富論』として知られている。

その中で，スミスは経済学の基本的な問題の一つを提示した。自己利益は良い社会と両立するのか？　これが何を意味するかを理解するために，社会の仕組みとサッカーチームの仕組みを比較してみよう。当然ながら，良いサッカーチームは良い選手を必要とする。良い選手はドリブルやシュートがうまいだけではない。彼らはチームとしてプレーする方法を知っている。ディフェンダーであれば，後ろにさがってゴールを守るし，アタッカーであれば，前に移動し点を取ろうとするなどである。まずいチームでは，選手は自分自身の栄誉だけに関心があり，自分で点を取りたいとだけ思うので，彼らは大きく広がってお互いが点を取るのを助け合うよりは，全員がボールを追いかけて突進する。その結果，ピッチは大混乱し，得点はほとんど取れない。

社会は一緒に働き一緒に取り引きする無数の人々から成るチームである。そうしたチームをうまく機能させるのに何が必要か？　経済学がサッカーに似ているなら，その場合，社会が必要とするのは人々がチームのために，社会全体のために働くことである。社会が必要としないのは，自分自身の栄誉のことばかり考えているサッカー選手のように，主に自分自身に――自分の自己利益に――関心のある人々である。例えば，パン屋は，できるだけ多くのお金を稼ごうとするのではなく，近所の人々が夕食に十分なパンを食べられるようにする。本当に必要だからではなく，友人が仕事を必要としていたので，肉屋は新しい店員を雇う。すべての人がお互いに親切にして，社会は調和のとれた場所になるだろう。

スミスはこれをひっくり返した。人々が自分の自己利益を求めて行動する時に社会がうまくいくと，彼は主張した。いつも親切でいようとするのではなく，自分にとって最良のことをすれば，結局はより多くの人々が利益を得るだろう。「私たちが夕食を期待するのは肉屋，醸造者，パン屋の慈善からではなく，自分自身の利益への関心からである」と，彼は言う。パン屋から夕食を手に入れられるのは，パン屋が親切な人々であるからではない。親切なパン屋もいれば，そうでないパン屋もいる。どちらにしてもあまり重要ではない。重要なことは，パンを手に入れられるのは，パン屋が金を儲けるためにパンを売ることで自分自身の自己利益を追求するからである，ということだ。同様に，パン屋が生計を立てられるのは，あなたがパンを買うことによって自分自身の自己利益を追求するからである。あなたはパン屋のことを気にかけていないし，パン屋もあなたのことを気にかけてはいない。たぶんお互いを知らないことさえあるだろう。人々がお互いに利益を得るのは，彼らが見知らぬ人を助けたいと思う善きサマリア人のようだからではなく，彼らが自分にとって最良のことをしているからである。結局，利己主義は無秩序よりむしろ社会的な調和につながる。

サッカーチームと経済の間にはもう一つの重要な違いがある。サッカーチームには選手をまとめる監督が必要である。監督がいわば選手たちの手をとって，ディフェンダーは後方に，ストライカーは前方に，などのように選手達をピッチの別々のエリアに連れて行くと考えてみよう。監督の手に導かれれば，チームはうまくプレーできる。しかし，経済では同じようなことをしてくれる人は誰もいない。パン屋にパンをいくつ焼けばよいか，醸造者にどんな種類のビールを作ればよいかを教えてくれる人は誰もいない。彼らは金儲けをさせてくれると彼らが考えるものに基づいて自分で決める。そのようにして社会はうまく機能している。監督の手が物事を整理しているに違いないかのように思えるが，それを見つけようとしても，それはないのである。その状況を表現するために，スミスは経済学で最も有名な句の一つを考え出した。社会がまるで「見えざる手」によって導かれていると，彼は言った。

◀解　説▶

▶25. 第 1 段第 3 文（One morning he …）に「彼は自宅の庭を歩きまわり始めた」とあり，同段最終文（He was only brought …）では「彼は我に返った」とあるので，どこかへ歩き続けたことを述べている(h)が正解である。

▶26. 第 2 段第 3 文（It led some …）の It が指すものが空所には含まれており，同段第 4 文（Fuelled by bracing …）では It が『国富論』であることが示される。よって，本に言及している(c)が正解である。

▶27. 第 4 段第 3 文（If economics is like …）に「社会が必要とすること」，同段第 4 文（What it doesn't …）には「社会が必要としない」が説明されている。その例として同段第 6 文（Butchers would take on …）には肉屋の行為が挙げられているので，もう一つの例であるパン屋の行為を示している(a)が正解である。For example もヒントになる。

▶28. 第 5 段第 1 文（Smith turned this upside down.）の this は前段の要旨である「人々が社会全体のために働くと社会は調和のとれた場所になる」を指している。「これをひっくり返した」わけだから，「自己利益を求める」ことを述べている(b)が正解である。

▶29. 第 5 段第 5 文（You get your dinner …）に「親切なパン屋」が出てくる。同段第 7 文（It doesn't really matter …）では「どちらにしてもあまり重要ではない」とあるので，「親切なパン屋」と「親切でないパン屋」がいると考えられる。よって，(g)が正解である。

▶30. 第 5 段最終文（In the end, …）に「利己主義が社会的な調和につながる」とあるので，「自分にとって最良のことをする」ことに言及している(e)が正解である。

▶31. 最終段第 5 文（But no one does …）に「経済ではサッカーチームの監督のように導いてくれる人は誰もいない」とあり，空所にはその例が示されるはずである。よって，パン屋と醸造者の例を挙げている(d)が正解である。No one もヒントになる。

●語句・構文●

（第 1 段）get lost in ～「～に没頭する」 he'd＝he would（過去の習慣） notice *A doing*「*A* が～しているのに気づく」 talk to *oneself*「独り言を言う」 *one's* head nods「うなずく」 test out ～「～を検証する」 in concentration「集中して」 Wearing only his dressing gown は分詞構文。until「そしてとうとう～」 be brought back to *one's* sense「我に返る」 only ～ by …「…ではじめて～」 Sunday service「日曜日礼拝」

（第 2 段）be caught up in ～「～に没頭する」 make *one's* name as ～「～として名声を得る」 arguably「まず間違いなく」 celebrated「著名な」 *A* lead *B* to *do*「*A* によって *B* は～する」 Fuelled by … sleepless nights は過去分詞を使った分詞構文。bracing「すがすがしい」 hefty

「大きくて重い」

（第３段） pose「～を提示する」 be compatible with ～「～と両立する」 compare *A* with *B*「*A* と *B* を比較する」 obviously「当然ながら」 care about ～「～に関心がある」 rush after ～「～を追いかけて突進する」

（第４段） millions of ～「無数の～」 it takes *A* to *do*「～するのに *A* を必要とする」 make *A* *do*「*A* に～させる」 for people は to work … の意味上の主語。in the interest of ～「～のために」 care for ～「～に関心がある」 obsessed with ～「～にとりつかれている，～のことばかり考えている」 instead of *doing*「～しようとするのではなく」 ensure (that) ～「（確実に）～できるようにする」 take on ～「～を雇う」 not because ～, but because …「～ではなく…なので」

（第５段） turn *A* upside down「*A* をひっくり返す」 *do*（命令文）～ and …「～すれば…」 benefit「利益を得る」 It is not *A* but *B* that ～「（強調構文）～なのは *A* ではなく *B* である」 expect *A* from *B*「*A* を *B* に期待する」 regard「関心」 some ～, some …「～もいれば，…もいる」 not really「あまり～ない」 matter「重要である」 either way「どちらにしても」 in turn「今度は逆に，同様に」 don't care about ～「～を気にかけない」

（最終段） think of *A* as *doing*「*A* が～していると見なす」 take *A* by the hand「*A* の手をとる」 *A* ensure that ～「*A* によって確実に～できる」 on the basis of ～「～に基づいて」 関係代名詞 what は will make に続く。there be *A* *doing*「*A* が～している」 come up with ～「～を考え出す」

Ⅳ 解答

32―(c) 33―(a) 34―(k) 35―(f) 36―(m) 37―(h) 38―(g)

◆全 訳◆

≪老いについての２人の男性の会話≫

ダイダロス：先日，私は年配の紳士に老齢の最大の恩恵は何であるかと尋ねました。老齢は，それが与えてくれる豊富な経験のおかげで，人に必然的に世界に対する余す所のない理解力を与えてくれると，彼は答えました。

ホッブス　：私は老人の言う通りだと思います。

ダイダロス：あなたは本当に確信していますか。

ホッブス　：あなたがそれとは反対の主張をしない限りでは。

ダイダロス：セミについて考えてみよう。土の下で大部分の年数を過ごして，セミはやっと出てきて，相手を探しながら1～2週間を過ごし，それからたちまち死んでしまいます。

ホッブス　：私はあなたの議論がわからないのですが。

ダイダロス：どの地方でもあらゆる年齢のすべてのセミが夏に土から出てきて，その後すぐに死んでしまいます。過去，現在，未来のすべてのセミの知識を集め，世界の自然に関してその知識に問い合わせたら，暑さ，緑の葉，夜の短さについて多くのことを聞き知るでしょう。

ホッブス　：ええ，そうだと思います。

ダイダロス：一方で，他の三つの季節については何も耳にしないでしょう。成虫のセミに言わせれば，世界は常夏一つから成り，他は何もないのです。そして，ホッブス君，私は我々人間はそうしたセミと異なってはいないと主張したいのです。人がどんなに歳を取っても，世界の，いわばただ唯一の季節，ほんの一部分だけを目にし，他は何もないのです。

ホッブス　：ああ，私は結局あなたが正しいと思います。

◀解　説▶

▶32. 空所後方で「世界に対する余す所のない理解力を与えてくれる」と答えているので，空所を含む語句はそれをもたらすものが述べられている。よって，(c)の by virtue of ～「～のおかげで」が正解。

▶33. ホッブスはダイダロスの1回目の発言に同意しているので，「その通りだ」の意味になる be right about that が使われていると考えられる。よって，(a)が正解。

▶34. ダイダロスの3回目の発言に「(セミは) たちまち死んでしまう」とあるので，(k)の soon thereafter「その後すぐに」が正解。

▶35. 空所を含む文は仮定法過去が使われていて，空所は took「集める」と and でつながっている。また，同文の帰結文には「聞き知る」とあるので，(f)の inquired of it「それに問い合わせたら」が正解。it は the knowledge of all cicadas, past, present, and future を指す。(b)の asked about は about の後に目的がないので，不自然である。

▶36. ダイダロスの4回目の発言にある「暑さ，緑の葉，夜の短さ」は夏を表している。それに対して，空所を含む文は「他の三つの季節」に言及している。したがって，「一方では」の意味になる On the other hand が考えられる。よって，(m)が正解。

▶37. 空所を含む文の後半に he sees … a single season「人はただ唯一の季節（＝夏）を目にする」とある。これは空所前方の文の「成虫のセミに言わせれば，世界は常夏一つから成る」と同じである。よって，(h)の not unlike「異なってはいない」が正解。

▶38. 空所直後の old は形容詞で grow の補語となっている。この old と結びつく語句としては，(g)の no matter how ～「どんなに～でも」が適当である。

●語句・構文●

(ダイダロスの1回目の発言) confer「～を与える」 endow *A* with *B*「*A* に *B* を与える」 exhaustive「余す所のない，完全な」

(ホッブスの1回目の発言) suspect (that) ～「～であると思う」

(ホッブスの2回目の発言) unless「～しない限りでは」 to the contrary「それとは反対に」

(ダイダロスの3回目の発言) Take「～について考えてみよう」 having spent the … beneath the soil は分詞構文。the majority of ～「大部分の～」 spend *A* *doing*「～しながら *A* を過ごす」 promptly「たちまち」 perish「死ぬ」

(ホッブスの3回目の発言) follow「～を理解する」

(ダイダロスの4回目の発言) clime「地方」 If you took 以下は仮定法過去の文。regarding「～に関して」 hear「聞き知る」

(ホッブスの4回目の発言) you would (hear a lot about heat, green leaves, and short nights).

(ダイダロスの5回目の発言) so far as *A* be concerned「*A* に関する限り，*A* に言わせれば」 consist of ～「～から成る」 as it were「いわば」 but＝only　sliver「細い破片，ほんの一部」

V **解答**　〈解答例 1〉(The author argues that slow-reading expands your knowledge because) it allows the knowledge acquisition process to start working.（4～10 語）

〈解答例 2〉(The author argues that slow-reading expands your knowledge because) you can relate new ideas to what you already know.（4～10 語）

◀解　説▶

設問の指示は「以下の文章を読んで，別の解答用紙にある解答欄に自分自身の言葉で英語の要約を完成させなさい。要約の書き出しは与えられており，4～10 語で完成させせなければならない。本文中の 3 語以上連続した語句を使ってはいけない」となっている。文章の内容は，「速読はテキストの要点をざっと読んで得るには適しているが，読書速度が上がるのにつれて理解が低下するので，遅読も必要である。遅読には，知識獲得する過程を活性化したり，新しい概念を既存の知識に関連づけるという利点がある」というものである。「遅読が知識を大幅に広げる」理由は本文の第 13・14 文（You have to read …）に述べられているので，その一部をパラフレーズ（易しく言い換えること）して解答を作成するとよいだろう。

activate *A*＝allow *A* to start working　　associate *A* with *B*＝relate *A* to *B*

〈解答例 1〉は「それによって，知識獲得プロセスが働き始める」，〈解答例 2〉「新しい考え方をすでに知っていることと関連づけることができる」という意味である。

与えられている文章の和訳：ごく普通の教育を受けた大人は 1 分あたりにだいたい 250～400 語を読む。速読者は 2 倍にし，3 倍にし，さらには自分の基本的な読書速度を大幅に増加させることを望む。次々と出される研究報告書によって，速読の努力をした結果，読書速度が上がるのにつれて，理解が低下することが結論づけられている。速読にはその使い方がある。ざっと読んでテキストの要点を得たいと思っている時には，それ（あなたができるなら）を使うのは賢明である。しかし，目標が知識を得ることである場合には，斜め読みをすることは道理にかなっていない。要するに，読書速度が上がるにつれて，理解は低下するということだ。結局，あなたは本当にただ拾い読みしているだけだということになるのだ。しかし，速読を非難する時に大部分の評論家が見落としているはるかに深刻で緊急の問題がある。学習の意図を持って読書することは単なる理解を得るよりはるかに多くのことが含まれる。理解は知識獲得とは同等ではない。あなたはメタ認知を使わなければならない。読む時の知識獲得を支援する過程を可能にし，活性化するために，ゆっくり読まなければならない。学ぶために読んでいるなら，内容に関心を持ち新しい概念をあなたの既存の知識に関連づける必要がある。その時初めて，新しい知識を心に沈着させることができ，将来この知識を利用できるのである。学ぶためにはこの作業をしなければならないし，「この作業」は正しく行われた正しい作業でなければならない。遅読は学者のためのものである。知識を大幅に広げたいと思うなら，飽くことを知らない遅読者になりなさい。

●語句・構文●

somewhere「だいたい」 aspire to *do*「～することを望む」 massively「大幅に」 *A* after *A*「次々と *A*」 *A* conclude that ～「*A* によって～が結論づけられる」 as「～するにつれて」 as a result of ～「～の結果」 effortful「努力を要する」 It は形式主語で to use it 以下を指す。skim「ざっと読む」 gist「要点」 it も形式主語で to skim-read 以下を指す。make sense「道理にかなう」 skim-read「斜め読みをする」 bottom line「最終結果，要するに」 get to the point「核心を突く，(～という) 点に至る」 at hand「緊急の」 関係代名詞 that の先行詞は issue。bash「非難する」 *A* involve *B*「*A* には *B* が含まれる」 be equivalent to ～「～と同等である」 metacognition「メタ認知（自分を客観的に認知し制御できる能力）」 activate「活性化する」 that は関係代名詞。as「～する時」 engage with ～「～に関心を持つ」 associate *A* with *B*「*A* と *B* を関連づける」 Only then「その時初めて（倒置形が続く）」 install「～を落ち着かせる」 slow-reading「遅読」 voracious「飽くことを知らない，食欲旺盛な」

❖講　評

2021 年度も問題の形式・構成には変化はなく，例年通り読解問題 3 題，会話文問題 1 題，英語での要約問題 1 題の計 5 題の出題である。受験生にとっては未知の語句が多く読みづらいと思われる。

Ⅰは２つの英文の空所補充問題で，選択肢に難しい語が多い。文法的な問題とともに，読み取った内容に基づいて文脈上適切な内容を完成させる問題も多く含まれている。(A)は個人と伝統の関係を扱ったもので，内容はやや抽象的で，選択肢に紛らわしいものが多い。(B)は古代の歴史を扱ったもので，標準的で比較的理解しやすい英文である。両者とも前後の文脈を正確に把握し文法項目に注意しながら正解を選ぶ必要がある。

Ⅱは３つの英文の内容説明問題と内容真偽問題が中心となっている。(A)は社会交流での感情伝染を扱った英文で，テーマはわかりやすいものである。場合分けをしっかりして解答したい。(B)はペストがシェークスピアに及ぼした影響を扱った英文で，時系列に沿って事象の把握が求められる。(C)は人間の脳の能力とそのエネルギー消費を扱った英文で，やや長め目だが比較的読みやすいものである。語彙レベルが標準的なので，高得点を得たいところである。

Ⅲは長文に設けられた７つの空所に８つの文から選んで補充する空所補充問題である。英文量がやや多くテーマは固い印象を受けるが，内容は平易で読みやすい。空所の前後関係に気を配り，時系列や代名詞などの指示語に注目するとよいだろう。比較的解きやすい問題となっているので，高得点を期待したいところである。

Ⅳは会話文の空所補充問題で，難易度は標準的である。寓話的な内容だが，テーマが「老い」とわかれば理解しやすい。文法面と内容面の両方から判断すれば，正解にたどり着くのは難しくない。

Ⅴは短めの英文を自分の言葉で要約し，与えられた書き出しに続けて英文を完成させる問題である。題材となっている英文の内容がやや難解で，まず英文の内容理解が必要である。解答に使える該当箇所を特定することも必要である。要約に使える語数に制限があるので，相当の作文力が要求される。

90 分という試験時間に対して，分量がかなり多くやや難解な素材も含まれるので，時間的な余裕はないと思われる。速読力とともに迅速に問題を処理していく力が求められる。

日本史

I 解答　1―イ　2―オ　3―イ　4．銅鐸　5―エ　6―イ

◀解　説▶

≪旧石器～古墳時代の交易≫

▶1．イ．正文。港川人は，沖縄県八重瀬町で発見された旧石器時代の新人段階の人骨で，完全な骨格が4体発見された。山下町洞人は沖縄県那覇市で発見された旧石器時代の新人段階の人骨で，日本最古のものである。

ア．誤文。「貝塚」は新石器時代（縄文時代）のゴミ捨て場なので，人骨が発見されても旧石器時代のものとはいえない。

ウ．誤文。沖縄県でも近年発見されたサキタリ洞遺跡など旧石器時代の遺跡はあるが，「旧石器を数多く出土」する例はない。

エ．誤文。やや難問。旧石器時代の日本列島は大陸と陸続きになることがあったので迷うところ。後期旧石器時代には沖縄本島と台湾は陸続きではなかったと考えられている。教科書の地図などで確認しておこう。

オ．誤文。浜北人は静岡県で発見された新人段階の人骨である。

▶2．オ．正文。貝塚は集落の一部にあり，集落と共に環状，馬蹄形に分布している。人骨が発見されることから，埋葬の場でもあった。

ア．誤文。石錘（網を沈める石器）が存在することから，網漁があったことが知られている。

イ．誤文。骨角器の「釣針」も見つかっている。

ウ．誤文。縄文海進が進んだ結果，東京湾は群馬県あたりまで入りくんでいたと考えられ，貝塚が多く存在する。

エ．誤文。弥生時代になり農耕社会が形成されたとはいえ，海岸部では漁労も行われていたので「まったくなくなってしまう」わけではない。

▶3．イ．誤文。難問。「多数出土」が誤り。北海道は寒冷なため木の実などの採集が少なく，貯蔵などに用いる土器を必要としなかったと考えられる。土器を伴う遺跡もあるが「多数出土」とはいえない。

ア．正文。難問。佐賀県腰岳は黒曜石の産地として覚えておこう。その黒

曜石は朝鮮半島や沖縄にも伝わっている。

ウ．正文。難問。北海道白滝の黒曜石は海峡を越えて青森県やサハリン（樺太）まで伝わっている。

エ．正文。難問。ヒスイは新潟県糸魚川市周辺（姫川流域）を原産地とする。縄文時代以降に装身具の材料として広範囲に持ち運ばれた石材で，青森県の三内丸山遺跡や北海道南部でも発見されている。

オ．正文。難問。秋田県槻木から産出するアスファルトは鏃などを柄に装着させる接着剤。産地は油田地帯の秋田や新潟県などで，青森県の三内丸山遺跡や北海道南部でも使用が確認されている。

▶4．銅鐸は朝鮮式小銅鐸という鈴を起源とし，近畿地方を中心に分布する釣鐘型の青銅製祭器。弥生前半は小型のものが多かったが，後半になると 1 m を越えて大型化した。

▶5．エが正解。奈良県天理市にある石上神宮は物部氏の氏神と伝えられる神社。七支刀は全長約 75 cm の鉄剣で，3 本の支刀が左右交互につけられ，61 字の金象嵌《きんぞうがん》の銘文に，369 年百済王が倭王のために作ったことが記されている。ヤマト政権と百済との関係を知る重要資料である。

▶6．イが正解。やや難問。「舶来品」（外国から来るもの）という語句を知っていれば判断できる。「舶載」も船にのせて運ぶという意味で，古墳時代の副葬品の鏡には中国からの舶載鏡が多い。なお，国産の鏡をウ「仿製鏡」という。前期古墳の副葬鏡である三角縁神獣鏡は，魏からの舶載鏡とも国産の仿製鏡ともいわれ，同じ鋳型でつくられたオ「同笵鏡《どうはんきょう》」が畿内を中心に関東から九州の古墳に分布している。

II　解答

1．耳成山　2―エ　3．朱雀大路　4．長屋王
5―ウ　6―エ　7．早良　8―ウ

◀解　説▶

≪古代の都城≫

▶1．やや難問。耳成山は藤原宮の北に位置する標高 140 m の大和三山の一つ。なお，藤原宮の西南に位置するのが標高 199 m の畝傍山，東に位置するのが標高 152 m の天香久山である。

▶2．エが正解。難問。大官大寺は，平城京遷都にともない移建されて大安寺となった。また本薬師寺（橿原市）は天武天皇が皇后（後の持統天

皇）の病気平癒を祈って創建したもので，平城遷都と共に現在地（奈良市）に移され，以後藤原京内のものを本薬師寺と呼んだ。なお，飛鳥寺は大官大寺の南で藤原京域の南東に位置する。

▶3．朱雀大路は，平城京の南端の羅城門から宮城（大内裏）の正門（朱雀門）に続く大路で，朱雀大路を境に東を左京，西を右京とした。なお，路幅は藤原京の 24 m に対し，平城京は約 72 m である。

▶4．地図④の場所と「左大臣にまでなった人物」がヒントだが，やや難問。奈良時代の政治家を思い出し解答しよう。長屋王は天武天皇の孫。藤原不比等の死後，721 年に右大臣となり，724 年聖武天皇の即位とともに左大臣となった。藤原四兄弟と対立し，729 年に謀叛の疑いをかけられ自殺した。その邸宅跡が左京三条二坊④の場所である。1980 年代以降の多量の木簡などの調査から長屋王邸跡であることがわかった。

▶5．ウが正解。やや難問。⑥は東の外京の外にあるので東大寺と判断できる。⑤は鑑真が創建した唐招提寺（右京五条二坊）の位置である。なお，西大寺は称徳天皇が創建した寺院で右京一条三坊にある。父聖武天皇の創建した東大寺とほぼ対称の平城宮の西側に位置する。

▶6．エ．正文。聖武天皇は 740 年の藤原広嗣の乱をきっかけに恭仁京に遷都し，744 年 2 月には難波宮，さらに近江の紫香楽宮に移ったが，翌年 5 月に平城京に帰還した。

ア．誤文。やや難問だが，元明天皇は 707 年に即位，710 年平城京遷都を行った。よって，平城京で即位した最初の天皇は次の元正天皇（元明の娘）となる。

イ．誤文。「藤原不比等」は 720 年に亡くなっている。天然痘の流行で 4 人の子が亡くなったのは 737 年である。

ウ．誤文。「平城京」が誤り。藤原広嗣の乱は大宰府で起こった。

オ．誤文。「3 人」が誤り。平城京を都とした天皇は元明・元正・聖武・孝謙・淳仁・称徳（孝謙の重祚）・光仁・桓武（781 年即位）の 7 人である。

▶7．早良親王は，桓武天皇の弟で皇太弟（皇太子）であったが，藤原種継暗殺事件の首謀者として淡路国に流される途中に絶食して亡くなった。その後，皇室に凶事が相次ぎ，疫病の流行もその怨霊の仕業と恐れられ，平安京遷都に影響を与えた。

▶8．ウ．正文。藤原緒嗣は藤原百川（式家）の子。805年の徳政相論で農民の負担となった軍事（蝦夷征伐）と造作（平安京造営）の中止を建議した。造営を停止された平安京は未完の都城となった。

ア．誤文。「北東」が誤り。平安京は平城京から見ると「北北西」の位置である。

イ．誤文。「藤原京モデルに戻した」が誤り。平安京に外京はないが京の北辺に接して宮が置かれるなど平城京モデルで造られている。藤原京は正方形の都城で中央に藤原宮（宮殿）が置かれる。この形式は藤原京だけである。

エ．誤文。「移転させた」が誤り。桓武天皇は奈良時代の仏教政治の弊害を断ち切るため，平城京の寺院を平安京に移転させなかった。

オ．誤文。「左京」と「右京」が逆さま。低湿地であった右京は早くから廃れ，左京は鴨川扇状地帯の立地が生活用水を得やすく，貴族の邸宅が集中して市街地が広がった。

Ⅲ　解答

1．館　2．犬追物　3―オ　4―イ　5―ア　6―ウ　7―オ

◀解　説▶

≪中世の武士の変遷≫

▶1．館は中世の武士の住宅。入口に矢倉を備え，周囲には土塁や堀をめぐらした。

▶2．犬追物は，犬を放して騎馬で追いかけながら射る武芸訓練。なお，笠懸は走る馬上から笠（板）の的を射る競技。流鏑馬は走る馬上から数枚の的を射る競技である。

▶3．オ．正文。惣領は武士の血縁集団における宗家（本家）の首長のこと。戦時の指揮をはじめ，平時の氏神の祭祀も義務であり権利であった。

ア．誤文。原則は「長子単独相続」ではなく分割相続である。

イ．誤文。庶子（惣領以外の一族）も分割相続で所領を持つので，幕府とは惣領を通じて主従関係を持つ御家人であった。

ウ．誤文。女性も分割相続で所領を持つので御家人になることもあった。

エ．誤文。女性も分割相続で所領を持つので地頭になる例もあった。

▶4．イ．正文。やや難問。鎌倉府は室町幕府の関東統治機関。管轄領域

は関東 8 カ国に伊豆・甲斐を加え，後に陸奥・出羽を加えて 12 カ国となった。室町幕府とほぼ同じ政治組織を持ち，管内の守護は鎌倉に邸宅を構え，鎌倉府に出仕した。

ア．誤文。在京するのは守護で，守護代は任国の統治を任された。

ウ．誤文。難問。奉公衆は将軍の直轄軍で，足利一門のほか「守護の一族」なども含めて編成された。

エ．誤文。「守護の家臣が主体」が誤り。在地の土豪である国人は，守護の家臣になる者がいる一方で，地域的な結合をつくりあげ，その支配に抵抗することもあった。一揆を形成する国人は守護の家臣以外の者が多い。

オ．誤文。「上下関係を示した」が誤り。国人一揆の一揆契状は構成員の平等性を示すため，円を描いて放射状に署名する傘連判《からかされんぱん》の方式で作成された。

▶ 5．アが正解。一条兼良の『樵談治要』は 9 代将軍足利義尚に提出した政治意見書。応仁の乱では無統制な足軽の乱暴狼藉が京都を荒廃させたとして，その取締りを強く訴えた。

▶ 6．ウ．正文。戦国大名は分国法を制定し，喧嘩両成敗などの規定で領国内の秩序を維持した。

ア．誤文。「悪銭の排除」は撰銭である。貫高制は年貢の収納高を銭で換算したもので，戦国大名は貫高を基準に家臣団に年貢と軍役を割りあてた。

イ．誤文。「寄子」ではなく寄親である。戦国大名は国人らの有力家臣を寄親とし，地侍などの下級家臣を寄子として配属させ，親子関係に擬制させた軍事組織をつくって統制した（寄親・寄子制）。

エ．誤文。戦国大名は領国の政治・経済拠点として城下町を建設し，有力家臣や商工業者を集住させた。

オ．誤文。「自己申告を却下」が誤り。戦国大名の検地は，家臣などから土地の面積や収入高を自己申告させる指出検地であった。指出とは所領の台帳・明細書のこと。

▶ 7．オが正解。

X．誤文。「大坂城」ではなく方広寺の大仏鋳造のためである。

Y．誤文。「認めた」が誤り。1591 年の身分統制令（人掃令）では武家奉公人・町人・百姓らの身分を固定化し，転業を認めなかった。

Z．正文。1592 年に再令された人掃令の説明である。

Ⅳ 解答

1－イ　2．風説書　3－ア・オ　4－オ
5．緒方洪庵　6．陽明　7－ア

◀解　説▶

≪鎖国下の情報と学問の関係≫

▶1．イ．正文。「鎖国」の語は志筑忠雄がケンペルの著書『日本誌』の一部を抄訳した「鎖国論」（1801年）に由来する。

ア．誤文。「オランダ人」「母国語」が誤り。ケンペルは17世紀末に日本に滞在したドイツ人医師。「鎖国」は『日本誌』（蘭訳本）にある幕府の出入国管理体制を志筑忠雄が短く表現した造語である。

ウ．誤文。『経済録』は太宰春台の経世書。

エ．誤文。「唯一の窓口」が誤り。鎖国下においてもオランダ・中国との長崎口，朝鮮との対馬口，琉球との薩摩口，蝦夷地との松前口があり，国外にむけた四つの窓口が開いていた。

オ．誤文。スペイン船の来航を全面禁止したのは1624年。1639年ポルトガル船の来航を禁止し，1641年平戸のオランダ商館を長崎の出島に移して鎖国が完成した。

▶2．オランダ風説書は，オランダ商館長が毎年入港するたびに提出した海外情報書。唐船風説書は長崎奉行が唐通事（在留中国人らの通訳官）に作成させた海外情報書である。いずれも幕府の重要な海外情報源となった。

▶3．ア．正文。オランダ船リーフデ号が1600年に豊後の臼杵に漂着，航海士ヤン＝ヨーステン（蘭）と水先案内人ウィリアム＝アダムズ（英）は徳川家康に招かれ，外交顧問となった。

オ．正文。ペリーは1853年浦賀に来航し，アメリカ大統領フィルモアの国書を幕府（12代家慶）に届け開国を求めた。

イ．誤文。やや難問。「アイヌ」が誤り。アイヌは参賀の礼で松前藩主に使者を派遣するが，幕府に対する使者の派遣はなかった。なお，琉球は薩摩藩に従い謝恩使や慶賀使を幕府に派遣した。

ウ．誤文。「漂流民送還のために松前を訪れ」が誤り。ゴローウニンはロシア海軍の軍人で，1811年国後島に上陸して捕らえられ箱館・松前に監禁された。

エ．誤文。「死罪」が誤り。シーボルトは，1828年帰国に際して国禁の日本地図を国外に持ち出そうとして発覚し，国外追放となった。

▶4．オ．正文。1844年のオランダ国王ウィレム2世の開国勧告の内容である。

ア．誤文。難問。「朝鮮王朝」が誤り。山鹿素行は『中朝事実』のなかで，中華の明が滅び女真族の清に王朝が交替したことにより，皇統の一貫性をもつ日本こそが「中華」（中朝）であると論じた。

イ．誤文。「琉球国書」が誤り。朝鮮通信使がもたらす朝鮮国書である。

ウ．誤文。「国後島・択捉島」「それらの間に海峡」が誤り。間宮林蔵は1808年に樺太とその対岸を調査して海峡を発見し，樺太が島であることを確認した。

エ．誤文。アヘン戦争の清国の敗北により，列強の軍事的脅威に震撼した幕府は異国船打払令を改め，天保の薪水給与令（1842年）を発して対外戦争の危機回避に努めた。また，アヘン戦争を契機とする海防論は大衆的な論議となったが，「攘夷の気運が昂揚」するのはペリー来航後。

▶5．緒方洪庵は大坂に適塾を開き，明治の啓蒙思想家福沢諭吉や近代兵制の基礎をつくった大村益次郎らを育てた。

▶6．「中江藤樹や熊沢蕃山」がヒント。陽明学は15世紀初期に明の王陽明が創始した儒学の一派。知識（知）は具体的実践（行）をともなわなければ成り立たないという「知行合一」を説いた。

▶7．アが正解。渋川春海は，平安以来約800年間使用されていた宣明暦に代え，元の授時暦などを参考に貞享暦を作成した。

V　解答

1．原敬　2―エ　3―ウ　4．陸奥宗光　5―ア
6．桂太郎　7―ウ　8―ウ　9―エ　10．尼港
11．平民宰相

◀解　説▶

≪原敬の生涯≫

▶1．リード文後半の「本格的な政党内閣を組織した」から，原敬とわかる。

▶2．エ．誤文。相楽総三の赤報隊は奥羽越列藩同盟とは無関係である。草莽隊（官軍の民間部隊）の一つで，官軍の先鋒として年貢半減令を掲げて東山道を進軍した。

ア．正文。難問。奥羽越列藩同盟は，仙台藩・米沢藩などを中心に東北・

北越地方の 31 藩の間で結成された反政府軍事同盟である。仙台藩の白石《しろいし》城に同盟の本部として公議府を設置して新政府に抵抗した。

イ．正文。難問。輪王寺宮能久《よしひさ》親王は徳川家の菩提寺・寛永寺の貫主（輪《りん》王寺宮《のうじのみや》）であったため，同盟の権威の象徴として擁立された。

ウ．正文。難問。越後長岡藩は局外中立を唱えたが，新政府軍に拒否されたため列藩同盟に加わり，新政府軍と戦い長岡城の激戦で敗北した。

オ．正文。会津若松城の戦いは東北戦争最後の戦い。少年の白虎隊の奮戦もむなしく敗れ，これを契機に列藩同盟も瓦解した。

▶3．ウ．正文。郵便報知新聞は 1872 年前島密によって創刊された。大隈重信との関係を深めて民権派の政論新聞となり，立憲改進党が結成されると矢野竜溪（社長）の主導で機関紙となった。

ア．誤文。日本最初の日刊新聞は 1870 年に創刊された横浜毎日新聞。

イ．誤文。民撰議院設立建白書を掲載したのは，イギリス人ブラックが創刊した『日新真事誌』である。

エ．誤文。硯友社は尾崎紅葉らがつくった文学結社。彼らが活動する場となったのは機関誌『我楽多文庫』である。

オ．誤文。福沢諭吉が創刊した新聞は『時事新報』（1882 年）である。

▶4．外相就任（第 2 次伊藤内閣）がヒント。陸奥宗光は第 2 次伊藤内閣の外相として 1894 年日英通商航海条約を締結し，領事裁判権の撤廃に成功，また 1895 年下関条約の全権として活躍した。

▶5．アが正解。「1900 年伊藤博文」がヒント。また，原敬の所属政党を覚えていれば判断できる。立憲政友会は伊藤博文が 1900 年憲政党（旧自由党）との連携をはかって組織した政党。

▶6．桂太郎は長州藩士で陸軍出身の政治家。明治後半から，西園寺公望と桂園時代を現出したが，第 3 次内閣を組織すると，「閥族打破・憲政擁護」を掲げた第一次護憲運動が起り，53 日で総辞職した（大正政変）。

▶7．ウ．誤文。原敬内閣は普通選挙の早期実現には反対で，1919 年の選挙法改正では納税資格を 10 円以上から 3 円以上に引き下げるにとどまった。また立憲政友会など大政党に有利な小選挙区制を採用し，翌年の総選挙で立憲政友会を圧勝させ，普通選挙を求める運動を抑圧した。

▶8．ウが正解。やや難問。産米増殖計画は 1920 年から行われた植民地朝鮮での米の増産計画。1918 年の米騒動は，増加した都市労働者層への安定した米穀供給の必要性を浮き彫りにした。その対策として朝鮮で米を増産させ，日本内地に移入させる態勢を整えた。なお，ア．ハーグ密使事件は1907年。イ．東洋拓殖会社の設立は1908年。エ．会社令の公布は1910年，朝鮮内外で会社を設立する際に朝鮮総督府の許可を必要とする法令。オ．土地調査事業の開始は1910年，1911年朝鮮土地収用令，1912年土地調査令によって本格的に進められた。

▶9．エが正解。難問。田《でん》健治郎は官僚出身で立憲政友会にも所属（後に離党）した政治家。1919年に文官として初めて台湾総督に就任し，地方自治制の実施や民法・商法の施行を推進した。

ア．児玉源太郎（陸軍）は4代目の台湾総督。民政局長に後藤新平を任用し鉄道建設や製糖業の育成などを推進した。

イ．樺山資紀（海軍）は初代台湾総督。

ウ．斎藤実（海軍）は1919年3代目の朝鮮総督。陸軍が主流の中で唯一海軍出身の総督で，武断政治を改め文化政治を推進した。

オ．加藤高明は外交官出身の政党政治家。憲政会総裁で第二次護憲運動後，護憲三派内閣を組織，憲政の常道の道を切り開いた。

▶10．「シベリア出兵」「1920年」がヒント。尼港事件はシベリア出兵の革命干渉と領土的野心の固執を露呈させた事件。黒竜江河口ニコラエフスク（尼港）を占領した日本軍がロシアのパルチザン（抗日ゲリラ部隊）に包囲され，推定700余名が殺害された。日本政府は賠償を請求し，その保障として北樺太を一時占領した。

▶11．原敬は衆議院に議席をもち，爵位をもたない初の首相だったので“平民宰相”として国民から迎えられた。「宰相」は総理大臣のこと。

Ⅵ　解答

1―イ　2．谷文晁　3―イ　4―ア　5―ウ
6．文化財保護法　7―オ

◀解　説▶

≪文化遺産の喪失≫

▶1．イが正解。キトラ古墳は奈良県高市郡明日香村に所在し，古墳時代終末期（7世紀末～8世紀初）の円墳。1983年以来，小型カメラなどによる内視調査が始まり，石室の壁に四方の守護神である，青竜（東），白虎（西），朱雀（南），玄武（北）の四神図や天文図が確認された。なお，

近隣の高松塚古墳の壁画には朱雀が描かれていない。

ア．上淀廃寺壁画（鳥取県淀江町）は白鳳文化期の壁画。「神将」や「菩薩」など彩色壁画が出土，同時期のウ．法隆寺金堂壁画に匹敵する貴重な壁画資料。

▶ 2．「漢字 3 字」がヒントだが難問。谷文晁は江戸時代後期の文人画家。狩野派や円山派を学び独自の一派を形成し，父が田安家の家臣であったことから松平定信（田安宗武の子）の近習となり，松平定信の海岸防備視察に随伴して描いた『公余探勝図』が有名。門下に田能村竹田や渡辺崋山がいる。

▶ 3．イが正解。フェノロサ（アメリカの思想家）は，1878 年来日して東京大学で哲学を講義した御雇外国人。日本美術に関心をもち，1887 年岡倉天心らと東京美術学校を設立して日本画復興の気運をつくった。また，秘仏として安置されていた法隆寺夢殿の救世観音像を開扉《かいひ》したことでも有名。

▶ 4．アが正解。難問。狩野長信がヒント。『花下遊楽図屛風』は貴人が花と踊りを楽しむ姿が描かれ，華やかな装いで踊る様子はかぶき踊りの影響をうかがわせる。桃山文化期の風俗を知るうえで貴重な絵画。

なお，イ．『高雄観楓図屛風』（桃山文化）は狩野元信の二男秀頼の作品。

ウ．『豊国祭礼図屛風』（桃山文化）は狩野内膳《ないぜん》の作品。

エ．『彦根屛風』（江戸初期）は作者不明。

オ．『洛中洛外図屛風』（桃山文化）は多数あるが，織田信長が狩野永徳に描かせ，上杉謙信に贈った作品が有名。

▶ 5．ウが正解。やや難問。御三家の一つ「尾張藩の初代藩主」は徳川家康の 9 男義直である。なお，エ．徳川頼宣は家康の 10 男で初代紀伊藩主。オ．徳川頼房は家康の 11 男で初代水戸藩主。その 3 男がア．徳川光圀である。イ．徳川宗勝は尾張藩の 8 代目の藩主。

▶ 6．文化財保護法は 1949 年 1 月に法隆寺金堂壁画が焼損したことを契機に 1950 年 5 月に制定された。なお，その 2 カ月後の 7 月には鹿苑寺金閣が放火により焼失した。

▶ 7．オが正解。図 1 は興福寺仏頭である。作品名がわかればＦ「興福寺」と判断できる。Ｅ「山田寺」（奈良県桜井市）は大化改新で右大臣となった蘇我石川麻呂が創建した寺院。

❖講　評

2021 年度は，解答個数が 47 個で 2020 年度より 1 個減ったが，例年とほぼ同じであった。記述式は 17 個でほぼ例年通りである。近年難易度は上昇傾向にあったが，2019 年度以降やや平易となり，2021 年度もそれを踏襲したようである。

Ⅰ　例年通り原始を中心とした時代からの出題で，2019 年度から引き続き旧石器～古墳時代の内容である。例年通り選択肢の中には判断に迷うものもあるので注意しよう。正文・誤文選択問題の 1・3 は教科書や用語集にも記載がないものが多く難問である。選択式の 6 も難問だが，「舶来品」（外国製）の語句などを想起できれば「舶載鏡」を選択できる。

Ⅱ　古代の都城をテーマにした問題。藤原京・平城京・平安京の特徴や関連する政治事項なども問われた。藤原京と平城京の条坊制の図版も利用されている。記述式の 1．耳成山，7．早良親王はやや難問だが正答したい。4．長屋王は，図版の位置と「左大臣」をヒントにして解答しなければならず，やや難問である。地図を使用した選択式の 2・5 は主要寺院の場所を認識できているかが勝負どころ。正文選択問題の 6・8 の選択肢にやや詳細な内容もあるが，基礎的知識で判断すれば正答できる。全体的にはやや難問であろう。

Ⅲ　鎌倉～戦国時代の武士の姿の変遷をテーマにした問題。記述式はいずれも平易。正文選択問題の 4 は，やや難問でイ・ウで迷うところ。その他は標準的なので正答したい。正誤法の 7 も誤文を見つけやすいので平易である。

Ⅳ　鎖国下における情報と学問というテーマで外交関連や文化史の内容で構成されている。記述式は平易なので全問ミスなく正答しよう。正文選択問題も誤文が見つけやすいので全問正答したいが，3．イのアイヌが幕府に使者を送ったかの判断が難しい。また，4．アの山鹿素行の『中朝事実』の内容も判断が難しく，誤文と判断できるかがポイントである。

Ⅴ　平民宰相で知られる原敬没後 100 年を記念した問題。原敬の生涯をめぐりながら政治史を中心に構成されている。記述式が多いがすべて基礎的内容なのでリード文をよく読みヒントを見つければ正答できる。誤文選択問題の 2．奥羽越列藩同盟に関する問題は，エの赤報隊の内容は誤文と見抜けるが，その他の正文が詳細な内容だけにやや難問である。また正文選択問題の3は郵便報知新聞に関する詳細な知識を要求しているが，消去法で対応できる。選択式の8はウとエで迷うところで難問である。1919年以降の出来事なので前年の米騒動を想起し，「米」をキーワードに関連事項を選び出せるかがポイントである。

Ⅵ　早稲田大学定番の美術史の問題で「文化遺産の喪失」をテーマにした問題。内容は古代～現代に渡っている。記述式の2．谷文晁は難問。「晁」を正確に漢字で書けるかがポイントである。選択式は4．『花下遊楽図屛風』，5．徳川義直（初代尾張藩主）は消去法では対応できないので難問である。

世界史

I　解答

設問1．エ　設問2．サルゴン1世　設問3．ウ
設問4．イ　設問5．スサ

◀解　説▶

≪古代メソポタミア≫

▶設問1．エ．シュメール人の民族系統は不明であるが，前3000年頃にはメソポタミア南部に都市国家を建設し，楔形文字や六十進法などを発明した。

▶設問2．問題文をよく読まないと「アッカド」と解答しそうになるので注意しよう。サルゴン1世はアッカド王国の創始者で，前24世紀頃シュメール人を征服し，初めてメソポタミア全土を統一した。

▶設問3．ウ．セム語系のアムル人は，前19世紀初めにバビロン第1王朝（古バビロニア）を建てた。

▶設問4．難問。イ．バビロン第1王朝の成立は前19世紀初め。エジプトの古王国は前27～前22世紀，中王国は前21～前18世紀，新王国は前16～前11世紀，末期王朝は前7～前4世紀（前11～前4世紀という説もある）なので，バビロン第1王朝が成立した頃は中王国時代にあたる。

▶設問5．やや難。スサはアケメネス朝の王都。ハンムラビ法典は，前12世紀にエラム人によってスサに持ち去られたと考えられている。

II　解答

設問1．イ　設問2．エ　設問3．ア　設問4．エ
設問5．武帝

◀解　説▶

≪中国の元号≫

▶設問1．イ．誤文。『春秋』は孔子の生国である魯の年代記。

▶設問2．エ．誤文。殷の存続期間は前16世紀頃～前11世紀頃だが，ヘシオドスは前700年頃の詩人。

▶設問3．ア．誤文。韓は「戦国の七雄」の一国だが，領有したのは中国中央部の山西省南部から河南省中部で海には面していない。したがって，

海塩業で栄えることはなかった。

▶設問 4．エ．誤文。『後漢書』では，甘英は安息（パルティア）を経て条支国（シリア）に到ったが，大海を前に渡航の困難さを知って帰国したと記されている。シリアは当時ローマ領であったが，大海は地中海と考えられており，「地中海を経て」という部分は誤りである。

▶設問 5．武帝は衛氏朝鮮・南越を滅ぼし，西域に進出して領土を拡大するとともに，内政では平準法・禁輸法の施行，塩・鉄・酒の専売，五銖銭の鋳造などを行うとともに，董仲舒の建言で儒学を官学とするなど，のちの中国王朝に大きな影響を与えた。

III　解答

設問 1．ロ　設問 2．ハ　設問 3．ブランデンブルク
設問 4．ロ　設問 5．イ　設問 6．ジャックリー

◀解　説▶

≪中世ヨーロッパの変容≫

▶設問 1．「このような商業活動」，つまり東方貿易で最も栄えた都市は「アドリア海の女王」とよばれたロ．ヴェネツィアである。ハ．ピサもイタリア北西部の港市で東方貿易によって栄えているが，ピサはイタリア中部と記されることも多く，そして「このような商業活動をとくに担った都市」となると，やはりヴェネツィアを選ぶべきであろう。

▶設問 2．ハ．誤文。マルコ＝ポーロは 1271 年，父と叔父に連れられて東方への旅に出ている。教皇の命で派遣されたわけではない。

▶設問 3．ブランデンブルクはドイツ北東部の地域で，1134 年スラヴ人に対する防衛のために最初の辺境伯領が設けられた。1415 年ホーエンツォレルン家が辺境伯となり，のちのプロイセンに発展していった。

▶設問 4．ロ．『デカメロン』はボッカチオによって書かれた。ペスト大流行の時，フィレンツェを逃れた男女 10 人が毎夜 1 話ずつ物語るという形式をとっている。

▶設問 5．「この時期」である 14 世紀の出来事が求められている。

イ．正文。

ロ．誤文。ワルド派は 12 世紀にフランスのリヨンの商人ワルドが始めたキリスト教の異端派。

ハ．誤文。カタリ派はマニ教の影響を受けたキリスト教の異端派で，12～

13世紀に南フランスなどで流行した。
ニ．誤文。ルターが「贖宥状」の発行を批判した九十五か条の論題は16世紀（1517年）の発表。
▶設問6．ジャックリーの乱は，1358年ギヨーム〔ギョーム〕＝カールを指導者に起こった農民反乱だが，国王・諸侯によって徹底的に弾圧された。

Ⅳ　解答

設問1．イ　設問2．ウ　設問3．典礼問題
設問4．徐光啓　設問5．ア　設問6．エ

◀解　説▶

≪ヨーロッパ人のアジアへの来訪とイエズス会≫
▶設問1．イ．カリカットはインド産綿織物キャラコの語源とされる。
▶設問2．ウ．王直は倭寇の頭目で，長崎県の五島などを拠点に中国沿岸を荒らし回ったが，1559年捕らえられて処刑された。
イの鄭芝竜はアの鄭成功の父で，中国・台湾・日本の貿易で活躍した人物。
エの顧憲成は明末に東林書院を再興し，東林派の指導者となった学者。
▶設問3．イエズス会の布教方針は，中国人信者に対して中国の伝統的な儀礼（典礼）への参加を認めるものであった。典礼とは孔子廟への参拝，祖先の墓参り（祖先崇拝）などで，イエズス会はそれらの典礼は「宗教行事ではなく，単なる慣習である」として認めていたが，後発のフランチェスコ派やドミニコ派はこの布教方針を批判し，教皇はイエズス会の布教方針を禁止した。これに対して康熙帝はイエズス会以外の布教活動を禁止し，続く雍正帝は1724年キリスト教布教を全面的に禁止した。
▶設問4．徐光啓は，マテオ＝リッチとともに数学書『幾何原本』，アダム＝シャールとともに西洋暦法による『崇禎暦書』を作成した。『農政全書』は古来の農業の諸説を総合し，西洋の技術なども加えて集大成したもの。
▶設問5．ア．『崇禎暦書』は前述のようにアダム＝シャールと徐光啓によって編纂された。
▶設問6．エ．フェルビースト（南懐仁）はベルギー出身。アダム＝シャール（湯若望）を欽天監（天文台）で補佐し，三藩の乱では大砲の鋳造で活躍した。

V 解答

設問1．ニ　設問2．ロ　設問3．ヴァロワ
設問4．ハ　設問5．1555　設問6．ニ　設問7．イ

◀解　説▶

≪宗教改革と宗教戦争≫

▶設問1．ニ．誤文。ルター派の領邦君主は自領内の教会を支配する領邦教会制を確立した。

▶設問2．ロ．シャルル9世は幼少で即位し，母カトリーヌ＝ド＝メディシスが摂政として実権を握り，新旧両派の対立を利用して王権の強化を図ったことがサンバルテルミの虐殺を招くことになった。

▶設問3．ヴァロワ朝は1328年カペー朝が断絶したことで始まった王朝。シャルル9世の弟のアンリ3世が死去したことでヴァロワ朝は断絶した。

▶設問4．ハ．誤文。アンリ4世の在位は1589～1610年。ケベックの建設は1608年だが，ルイジアナは1682年にミシシッピ川流域を探検したフランス人ラ＝サールがフランスによる領有を宣言して以後形成された植民地で，そのときのフランス王ルイ14世（位1643～1715年）にちなんでルイジアナと名付けられた。

▶設問5．アウクスブルクの和議によって，諸侯にルター派かカトリックかを選択する権利を与えられたが，諸侯が支配する地に居住する住民は諸侯が選んだ宗派を信仰しなくてはならず，個人の信仰が認められたわけではなかった。その結果「支配者の宗教がその地に行われる」ことになり，領邦教会制が確立した。

▶設問6．ニ．誤文。ウェストファリア条約で西ポンメルンなどに領土を拡大したのはスウェーデン。

▶設問7．イ．誤り。スペイン継承戦争の講和条約はユトレヒト条約（この他，ラシュタット条約もスペイン継承戦争の講和として結ばれている）。アーヘン条約は，オーストリア継承戦争の講和条約（1748年）が有名。

VI 解答

設問1．ハ　設問2．イ　設問3．イ　設問4．ロ
設問5．アドワ　設問6．ニ　設問7．ハ

◀解　説▶

≪ビスマルク外交≫

▶設問1．ハ．正文。

イ．誤文。黒旗軍を組織して抵抗したのは中国人の劉永福。阮福暎は 1802 年に阮朝を創始した。

ロ．誤文。フランスが清と結んだのは黄埔条約。望厦条約はアメリカが清と結んだ不平等条約。

ニ．誤文。サンディカリズムは「労働組合主義」と訳され，ゼネストなど労働組合の直接行動によって社会改革を実現しようとする考えで，この考えに立脚する労働総同盟は，フランス社会党に参加しなかった。

▶設問 2．イ．三帝同盟は 1873 年にドイツ・オーストリア・ロシアの間で結ばれた。ヴェネツィアは 1866 年プロイセン＝オーストリア戦争に乗じてイタリアがオーストリアから奪っていた。

▶設問 3．イ．第一次アフガン戦争の開始：1838 年→アイグン条約の締結：1858 年→アメリカ合衆国へのアラスカ売却：1867 年→露仏同盟の締結：1894 年の順。

▶設問 4．ロ．正文。

イ．誤文。ブルガリアがロシアの保護下に置かれたのはロシア・オスマン帝国間で結ばれたサン＝ステファノ条約（1878 年）。これにイギリス・オーストリアが異議を唱えたため，ビスマルクの調停で同年ベルリン会議が開かれ，その結果，ベルリン条約でブルガリアは自治国としてオスマン帝国の支配下に属することになった。

ハ．誤文。ベルリン会議でイギリスが獲得したのはキプロス島。

ニ．誤文。ベルリン会議でオーストリアは，ボスニア・ヘルツェゴヴィナの行政権を獲得し，その後，1908 年の青年トルコ革命の際，併合している。

▶設問 5．アドワはエチオピア北部の地。この戦いでイタリアは皇帝メネリク 2 世率いるエチオピア軍に大敗した。

▶設問 6．ニ．正文。

イ．誤文。社会主義者鎮圧法（1878 年）を制定したのはヴィルヘルム 1 世時代のビスマルク。ヴィルヘルム 2 世は 1890 年社会主義者鎮圧法を廃止している。

ロ．誤文。ヴィルヘルム 2 世が即位したのは 1888 年だが，ドイツがカメルーンを植民地化したのは 1884 年，南西アフリカ（現ナミビア）は 1885 年，東アフリカ（現タンザニアなど）は 1886 年でヴィルヘルム 1 世の時代。

ハ．誤文。1918 年のドイツ革命でヴィルヘルム 2 世はオランダに亡命した。

▶設問 7．ハ．正文。

イ．誤文。フランス，ロシア，ドイツによる三国干渉は日清戦争直後の 1895 年。

ロ．誤文。「1900 年代～1910 年代」の日本は，ロシアとの戦争（日露戦争）に勝利して，ロシアの租借地だった旅順・大連を獲得した。また，日本はドイツとの戦争（第一次世界大戦）に勝利して，ドイツの租借地だった膠州湾を占領している。

ニ．誤文。日英同盟（1902 年）は，南アフリカ戦争（1899～1902 年）での苦戦によって，イギリスが極東に派兵する余力がなくなったことを背景に結ばれた。

Ⅶ 解答

設問 1．ニ　設問 2．ロ　設問 3．イ

設問 4．ダンバートン＝オークス

設問 5．ブレトン＝ウッズ　設問 6．国際復興開発銀行〔世界銀行〕

◀解　説▶

≪第二次世界大戦時の米英と戦後国際体制の構築≫

▶設問 1．ニ．誤文。チャーチルは 1945 年総選挙に敗れて一時下野したが，1951 年再び首相となり，1955 年に引退している。

▶設問 2．ハ．朝鮮戦争：1950～53 年→ニ．第二次中東戦争：1956～57 年→ロ．湾岸戦争：1991 年→イ．イラク戦争：2003 年の順となるため，3 番目はロとなる。

▶設問 3．ロ．大西洋上会談：1941 年→イ．カイロ会談：1943 年→ニ．ヤルタ会談：1945 年 2 月→ハ．ポツダム会談：1945 年 7～8 月の順となるため，2 番目はイとなる。

▶設問 4．ダンバートン＝オークス会議で作られた国際連合憲章草案は，1945 年 2 月のヤルタ会談で一部修正を受け，同年 6 月のサンフランシスコ会議で承認され国際連合が発足した。

▶設問 5．ブレトン＝ウッズ会議によって，設問 6 の国際復興開発銀行の他に，為替レート安定化のために国際通貨基金（IMF）が設立された。こうして生まれた国際的な経済体制はブレトン＝ウッズ体制と呼ばれる。

▶設問 6．国際復興開発銀行は，略称 IBRD（International Bank for Reconstruction and Development）だが，設問は「漢字で記しなさい」となっているので注意したい。

Ⅷ　**解答**　ミナレット〔光塔〕

◀解　説▶

≪聖ソフィア聖堂≫

ミナレットはイスラーム教徒に祈りの時を告げるために建てられた塔。イスラーム教徒は 1 日 5 回メッカの方角に向かった礼拝が義務づけられており，呼びかけの言葉はアザーンと呼ばれる。

Ⅸ　**解答**　設問 1．d　設問 2．b　設問 3．a

◀解　説▶

≪ドルイド教と西洋美術≫

▶設問 1．d．ゴシック様式は 12 世紀頃北フランスから始まった美術・建築様式で，尖った高い塔，ステンドグラスなどを特徴とする。

▶設問 2．ピカソの作品は b の「泣く女」。ピカソはスペイン生まれの 20 世紀を代表する画家。

a はゴッホの「ひまわり」。ゴッホはオランダ出身の画家。c はマティスの「イカロス」。マティスはフランスの画家で原色を多用する画風から“野獣派”といわれる。d はアンディ＝ウォーホルの「マリリン＝モンロー」。ウォーホルはアメリカの画家で，ポップアートの旗手といわれる。

▶設問 3．a．シュールレアリスムは“超現実主義”と訳される。画家では「記憶の固執」などで知られるダリが最も有名。

b．不適。調和と形式美を重要視したのは 18 世紀末～19 世紀初めの古典主義。ナポレオンの宮廷画家だったダヴィドが代表。

c・d．不適。シュールレアリスムに影響を与えたのはオーストリアの精神病理学者フロイト。

❖講　評

Ⅰ　古代オリエント史からの大問だが，バビロン第1王朝滅亡時のエジプト中王国を選ぶ問題は年代関連問題としてはかなり難しい。また，ハンムラビ法典の発見場所のスサもやや細かい。

Ⅱ　中国の元号をテーマとした大問。5問中4問は誤文を選ぶ問題で，設問3の戦国時代の韓に関する誤りを見つける問題は，戦国七雄の大体の位置を理解していないと判定に迷うだろう。

Ⅲ　中世ヨーロッパの封建制解体期からの大問。設問5は14世紀のウィクリフが正解だが，ワルド派やカタリ派の選択肢があるので年代確定で悩む可能性があるだろう。

Ⅳ　イエズス会士をはじめアジアに来た西洋人に関する大問。設問2で問われた王直は消去法で対応できる。中国におけるイエズス会士の活動を人物ごとにしっかり整理できているかが問われた問題であった。

Ⅴ　宗教改革と宗教戦争をテーマとした標準的な出題。ルイジアナ植民地の形成がアンリ4世の時代でないことを選ぶ問題は迷ったかもしれないが，ルイジアナの語源（ルイの土地，という意味）を考えればわかるはず。

Ⅵ　ビスマルク外交に関する大問。7問中4問が正文選択問題，1問が配列問題で，解答に時間がかかると思われるが，教科書中心の精密な学習をしていれば十分対応できる問題である。

Ⅶ　第二次世界大戦中や戦後の米英関係や，戦後世界の構築に関する大問。設問2の配列問題では2003年のイラク戦争まで出題されている。3問の記述問題がポイントだが，大戦後からの問題では頻出の事項なので関連事項も含めて理解しておきたい。

Ⅷ　視覚資料（聖ソフィア聖堂）を使ってミナレット（光塔）を答える問題で，1問だけというのは初めてだが，視覚資料重視の姿勢が伺われる。

Ⅸ　西洋美術に関する問題で，4つの美術作品の視覚資料からピカソの作品を選ぶ問題では，現代美術のマティスやウォーホルの作品が使われている。20世紀の美術作品は教科書だけでは不足なので，図版類などで作者だけでなく作品の特徴も見ておきたい。

❖講　評

一　恋愛観の変化を論じた文章で、受験生には馴染みが深く、興味をもって読み進められるだろう。文章も平易である。設問は基本〜標準レベル。問七は「『結末』と『プロセス』の説明として最も適切なもの」とあるものの、「結末」について具体的に論じられているわけではなく、設問の意図がややつかみにくい。

二　シベリアの皮衣文化という珍しい事柄を論じた文章である。内容的に馴染みが薄いうえに術語的な語句が多いために、読解にやや苦労するだろう。設問は総じて標準レベルである。読解問題は正解の選択肢がわりとはっきりしているため、取り組みやすいだろう。むしろ空所補充問題の方が手こずるかもしれない。問十六は大学側が出題の不備を認めている。正解が二つ出るからと思われる。

三　『別本八重葎』という珍しい出典からの出題である。本文はやや長めで、意味の取りにくい箇所がいくつかあるけれども、リード文に説明があり、また和歌も一首なので、筋を理解するのに困難はないだろう。加えて『源氏物語』の中で末摘花がどのような女性として描かれているかを知っていたら、理解はよりスムーズにいくだろう。設問は総じて標準レベルである。問二十三の内容真偽は本文との適否を細かく吟味する必要がある。

四　『陸九淵集』というこれも珍しい出典からの出題である。一口で言えば友人論ということになる。やや抽象的で、論旨の飛んでいると思われる箇所があったり、文意の取りにくい箇所もいくつかあって手ごわい。設問は問二十五・問二十六が標準、問二十七・問二十八がやや難レベルである。

あっても」が不適となる。ロの「拒まなければならない」、ハの「拒めなくなってしまう」、ホの「相手から拒まれることはない」も不適。

▼問二十八 「毋友不如己者」という句が二度使われている。自分より劣る者を友人に選んではならないとは、逆に言えば自分と同等か自分以上の者を友人に選ぶべきだということである。そこで他に「友」を用いた箇所にあたると、「友者、所以相与切磋琢磨……」とあり、友人というものはお互いに切磋琢磨することが大切だと述べている。また「趨向之……不択也」と「彼其趨向之差、而吾与之友……」の二カ所で、友人の「趨向（＝傾向。向かうところ）」に気を配り、これが違っていたら自分を見失うという趣旨のことが述べられている（注参照）。すなわち「技能」や「徳器」を身につけたいという志を持ち、それに向かって一緒に努力できる者を友人に選ぶべきだというのが作者の友人論である。よって、ロの「趨向」が正解となる。他の選択肢はいずれも友人を選ぶ基準としては不適となる。

参考 陸九淵（一一三九～一一九二年）は南宋の思想家。金渓（現在の江西省）の人。字は子静。象山先生と称される。思想的に朱熹（朱子学の創始者）と激しく対立した。著書に『四書集注』『近思録』『朱子語録』などがある。『陸九淵集』は彼の全集である。全三十六巻。

朝夕遊処《てうせきいうしよ》の間、声薫気染《せいくんきせん》、波蕩風靡《はたうふうび》する者、豈《あに》大いに畏《おそ》るべからざらんや。子張《しちやう》氏に人に於いて何《なん》ぞ容《い》れざる所あらん、之を如何《いかん》ぞ其れ人を拒まんやの説有り、殆《ほとん》ど未《いま》だ夫《そ》の忠信を主とし、己に如かざる者を友とすること毋かれの義を知らざるなり。

▲解　説▼

▼問二十五　「斉」は「一斉」「均斉」の「斉」で、「ひとし」（形容詞）、「そろふ」（動詞）などと読む。直前に「不必（かならずしも～ず）」という部分否定の句形があり、〝必ずしも同じではない〟の意になる。その直前でも、人の才能や人徳には優劣・大小の差があると述べられている。よって、ロが正解となる。

▼問二十六　傍線部は『論語』「学而第一」にある孔子の言葉である。「毋（なかれ・なし）」は「勿」に同じで、ここは禁止の「勿れ」と読む。「不如」は「不若」に同じく「～にしかず」と読む比較の句形。「己《おのれ》」は〝自分〟の意の名詞。「己」→「如」→「不」とレ点で返って読むから、イとニに絞り、「己に如かざる者を友とすること毋かれ」と読むニを正解に選ぶ。イは「友（は）己に如かざる者とすること毋かれ」と読むことになり、意味が通じない。仮に通じるとしても、それなら語順からいって「友」は「毋」の上に来る。

▼問二十七　前半と後半を分けて考える。まず前半。「於（～において）」は前置詞で、ここは〝～に対して〟の意。「何（なんぞ）」は反語の副詞になる。「所」は下の用言を体言化する助詞。「容」は「いる」と読む動詞。「何所不容」で「何ぞ容れざる所あらん」と読み、〝どうして受け入れないことがあろうか、いや受け入れる〟の意になる。続いて後半。「如之何」は「如～何（～をいかんぞ）」の形になるが、間の「之《これ》」はここは単に語調を整えるための助詞として働いている。「其《それ》」も強調の助詞である。「拒」は「こばむ」と読む動詞。「之を如何ぞ其れ人を拒まんや」と読み、前半と同じく反語の形になる。〝どうして人を拒もうか、いや拒まない〟の意。よって、前半・後半ともにどんな人でも受け入れるという趣旨になり、子張は自分より劣る者を友人に選んではならないという孔子の教えを理解していないという直後の内容にうまく続くことになる。以上より、イが正解。ニは前半の「受け入れることができない人で

◆全　訳◆

人の才能には優劣があり、人徳の大きさにも大小があって、必ずしも同じではない。（しかし才能や人徳の）向かうところが極限に達すれば、（才能や人徳に）差はなくなる。（友人としては）その傾向が同じならよいが、違うならよくない。近づくか離れるか、善か悪かの判別、君子か小人かの区分が、ここにおいて決まる。友人というものは、お互いに切磋琢磨して善に進んでいくことによって、（共に）君子におさまるのである。その目指すところがもしもこのように同じでないなら、どうしてそのような人物を友人とすることができようか、いやできはしない。これが自分に劣る者を友人にしてはならないという（孔子の言葉の）意味である。非常に難しいことではないか、（相手の）傾向に気を配らなければならず、友人を選ばなければならないというのは。（しかし）耳にし目にすることや、考えの及ぶところは、変化してやまないとはいえ、しかし人の努力するところをよく見て、人の落ち着くところを求めれば、すべて最初に目指したところに結びついている。（中略）人の傾向が（自分と）違っていて、自分とその者が友人であるならば、常々付き合っている間に、相手の人となりや雰囲気に染まり、相手に翻弄されることを、どうして大いに恐れないでいられようか、いや恐れないではいられない。子張にどうして人を受け入れないことがあろうか、いや受け入れないわけはない、どうして人を拒んだりしようか、いや拒む必要はないという言葉があるが、おそらく忠実と信義に重きをおいて、自分より劣った者を友人にしてはならないという（孔子の言葉の）意味を（子張は）いまだ知らないのである。

読み　人の技能に優劣有り、徳器《とつき》に小大有り、必ずしも斉《ひと》しからざるなり。趨向《すうかう》の大端《だいたん》に至れば、則《すなは》ち以《もつ》て二有るべからず。此《これ》を同じくすれば則ち是《ぜ》、此を異《こと》にすれば則ち非《ひ》。向背《かうはい》の間、善悪の分、君子小人の別、是《ここ》に於《お》いて決す。友なる者は、相与《あひとも》に切磋琢磨して以て善に進む所以《ゆゑん》にして、君子の帰《き》と為《な》るなり。其の向かふ所苟《いやしく》も是《かく》のごとくならざれば、悪《いづく》んぞ之《これ》と友と為るべけんや。此己《これおのれ》に如《し》かざる者を友とすること毋《な》かれの意。甚しきかな、趨向の謹《つつし》まざるべからずして、友の択《えら》ばざるべからざるなり。耳目《じもく》の接する所、念慮《ねんりよ》の及ぶ所、万変窮《ばんぺんきは》まらずと雖《いへど》も、然《しか》れども其の経営を観《み》、其の帰宿《きしゆく》を要《もと》むれば、則ち挙《あげ》て其の初《はじめ》の向かふ所に係《かか》る。（中略）彼《かれ》其の趨向の差《たが》ひて、吾と之と友なれば、則ち其の

▼問二十三　イ、本文前半に「『さは今はかぎりなめり』など、例の心短き老人どもの、うちひそめく」とあるように、「もはや完全に忘れられてしまったと思う」のは姫君ではなく、老いた女房たちである。

ロ、「男君の来訪があると予告してくれた」以下が不適。三河の介は男君が邸の前を通り過ぎたと述べただけである。

ハ、「姫君方の様子が男君に伝えられた」以下が不適。男君は侍従の和歌を受け取っただけである。また「げに年もへぬるを……」とあるように、男君は姫君のことをすぐに思い出している。

ニ、「さる折しもよ……大殿油ふと消えにけり」に合致する。

▼問二十四　『源氏物語』は平安中期の物語である。ホも平安中期の歌物語であるが、『源氏物語』より前に成立している。イも平安中期の物語だが、『源氏物語』より後の成立になる。ロは平安後期の日記。ハは平安中期の日記で、『源氏物語』よりも後の成立。ニは平安後期の物語。

参考　『別本八重葎』は擬古物語。作者・成立時代ともに未詳である。原本には『八重葎』と記されているが、同じ題名の擬古物語が他にあるため、それと区別するために「別本」と冠せられるようになった。内容は『源氏物語』「蓬生」巻のパロディである。ごく短い。帰郷した光源氏を待ちわびる末摘花の元へ、光源氏が久しぶりに訪れるという設定は同じだが、実は末摘花も光源氏も正体は狐であった（本文中で犬が吠えたのもそのため）という奇妙奇天烈な物語である。

四

出典　陸九淵『陸九淵集』〈巻三十二　母友不如已者〉

解答

問二十五　ロ　　問二十六　ニ

問二十七　イ

問二十八　ロ

れよりおどろかさせたまはば……」と、光源氏を呼び止めるように勧めていることがわかる。それに対して末摘花は「人の御忘れ草をまかせきこえむ」と答えている。「忘れ草」は「萱草《かんぞう》」の古名で、（恋しい）人を忘れさせてくれる草ということになっている。「まかせ（まかす）」は〝任せる〟の意。「きこえ（きこゆ）」は謙譲の補助動詞。「む」は婉曲の助動詞。「めやすから（めやすし）」は〝見苦しくない〟の意。「め」は推量の助動詞「む」の已然形で、「こそ」の結びである。全体で、忘れ草のように人が忘れるに任せ申し上げるのが見苦しくないという趣旨になる。選択肢は「めやすし」の意に着眼して、「見苦しくない」とあるロと「安心につながる」とあるハに絞り（イ・ニは不適）、右の趣旨をふまえてロを選択すればよい。ハは「忘れないように努める」と、逆の説明をしている。

▼問二十　侍従が光源氏に詠みかけた和歌である。「小夜」の「小《さ》」は語調を整えたり意味を強調するための接頭語。「ふりにし」の「ふり」に「降り（＝時雨が降る）」と「古り（＝古びれる）」を掛ける。「里」は末摘花の邸をいう。「いとふ」は〝嫌う〟の意。「や」は疑問の係助詞。「月のかげ」は〝月の光〟。「とどめぬ」の「ぬ」は打消の助動詞「ず」の連体形で、「や」の結びとなる。この場の状況から判断して、「月のかげ」を光源氏にたとえて、この邸を素通りするのかと嘆き訴えていることがわかる。よって、ロが正解となる。

イ、縁語は用いられていない。「のろわれた地」も不適。

ハ、「時雨を姫君に降りかかる災厄に見立てて」「過酷」が不適。和歌の趣旨からはずれる。

ニ、序詞は用いられていない。「男君に見捨てられてきたつらさ」とあるのも和歌の趣旨に合わない。

▼問二十一　aは「思ひ」の尊敬語で、主語である姫君を敬う。b以下はすべて光源氏を敬う。bは「仕ふ」の謙譲語。

c・dは尊敬の補助動詞。eは謙譲の補助動詞。

▼問二十二　「あきれ（あきる）」は〝意外なことに驚いて途方にくれる〟の意。末摘花が突然胸が痛いと言い出して、女房たちが「いかさまにせん（＝どうしたものだろうか）」とうろたえる場面である。ロが正解。イは「冷静になろう」、ハは「原因を明らかにしよう」、ニは「驚いている」が不適。

▲解　説▼

「末摘花」は『源氏物語』の登場人物。皇族の出であるが、父親を早くに亡くして困窮する。古風で控え目で実直な性格の女性として描かれる。光源氏は彼女と一夜の関係を持ったものの、翌朝、彼女の顔を見て、その器量の悪さに失望する。しかし彼女を気の毒に思い、その後も生活の面倒を見るようになる。

▼問十七　A、「る」は存続の助動詞「り」の連体形である。直前の「あへ」が四段活用の補助動詞「あふ（合ふ）」の已然形（命令形）になる。「あへ」の「へ」がエ段であるから、「エ段＋り」の形とわかる。

B、「るる」は自発の助動詞「る」の連体形である。直前の「おぼし知ら（おぼし知る）」は「思ひ知る」の尊敬語で、末摘花が主語である。「る」は心の動きや心情を表す動詞に付くと、基本的に自発の意になる。

▼問十八　1、傍線部は末摘花に仕える人々（女房たち）の心情を描写した一節にある。文末の「やは」が反語の係助詞（終助詞）であるから、「名残なからんやは」を直訳すると、〝名残がないだろうか、いやあるだろう〟となる。これを「その片鱗までもなくなるということはまさかあるまい」と訳したハが正解となる。「あはれなり」は〝情愛が深い〟の意。「し」は過去の助動詞「き」の連体形。「心ざし」は〝愛情〟。「名残」は〝残り〟の意。「ん」は推量の助動詞。イは「名残」を「もったいない」と訳しており不適。ロの「〜ないか」、ニの「〜だろうか」は「やは」を疑問に訳している。

2、「ふりがたき（ふりがたし）」は〝昔のままに変わらない。忘れがたい〟の意（「ふり（ふる）」は〝古くなる〟の意）。「やつれ歩き」は〝目立たない姿でのお出かけ〟の意である（「やつれ（やつる）」は〝目立たない服装になる〟の意の自動詞。「やつす」はその他動詞である）。「かな」は詠嘆の終助詞。傍線部の直前で三河の介が光源氏が邸の前を通るところだと言っている点も考慮すれば、「お忍びの外出」とあるロが正解とわかる。イの「落ち着きなく」、ハの「見栄えのしない姿」、ニの「よろついていらっしゃる」はいずれも不適。

▼問十九　傍線部は末摘花の言葉の一部である。その直前に「姫君をそのかしきこゆれど」とあり、侍従が姫君に「こ

ちょうどそんなときであるよ、姫君が、御胸がひどく痛くなって、苦しみなさるので、（女房たちは）「どうしたものだろうか」と言って、途方に暮れている。

いつもは、そのように激しい御苦しみなども特にないのに、ひどくつらそうでいらっしゃるので、人々は、御胸を押さえるやら何やらと、うろたえ立ち騒ぐ。

あまり時間が経つのも恐れ多いので、侍従が膝をついて進み出て、ほんの少しもてなそうとしたとたん、灯火が突然消えてしまった。

そうこうするうちに、この老女房たちの中に、実家から通ってくる童女が、昼ごろ連れてきた犬で、下屋（＝召使などが住む建物）のそばで寝ていた犬が、灯火を見つけて、激しく吠えるので、お先払いの人々が恐れうろたえて、逃げ去ったり、御簾を頭からかぶったりする。

（犬の）夜の鳴き声がうるさいので、三河の介が強く制止しようとするけれど、（犬は）なおもわおんわおんと、とても大きな声で吠えかかって、この渡り廊下に近づいてくるので、（従者たちは）「あれっ」と言うやいなや、御車をむやみやたらに走らせて、みんな逃げていなくなってしまった。

語句　道もなきまで＝「わが宿は道もなきまで荒れにけりつれなき人を待つとせしまに（＝わが家は道もなくなるほどに庭に草が生えて荒れてしまった。つれないあの人を待っているあいだに）」（『古今和歌集』）の第二句を引く。

つれなしづく＝「づく」は〝～になってゆく。～の趣がある〟の意の接尾語。

肘笠＝「肘笠雨（＝にわか雨）」の略。「肘笠」は〝ひじを頭にかざして雨を防ぐこと〟。

けざやぐ＝態度などがはっきりする。目立つ。

うちふるまふものは＝「ものは」は〝～したとたん〟の意で、文末を「けり」で結ぶ。

らうらう＝「朗々（＝音声が高らかによく聞こえるさま）」か。あるいは擬声語か。

にお任せ申し上げてこそ見苦しくはないだろう。（自分に声をかけるとは）不愉快だし出しゃばっていると（光源氏が）お思いになるのが、耐えがたいこと」と（末摘花は）おっしゃって、ますますお顔を（袖の中に）引き込めていらっしゃるので、（侍従は）「遠くへ行き過ぎなさらないうちに（お声をかけよう）」と急いで、

夜の時雨が降って古びれてしまったこの里を嫌うというわけで、空をゆく月の光のようにあなた様も足をお止めにならないのでしょうか

と、三河の介を使って和歌を詠みかける。

御車は少し行き過ぎてしまったが、（三河の介は）追いついて、「大夫の君（＝惟光）はお供をしていらっしゃいますか。取り次ぎをお願いして申し上げたいことが（あります）」と言って、意向をうかがって、お伝え申し上げると、「なるほど昔（ご主人が）踏み分けてお通いになった浅茅が原（のある邸）だよ。ああ、どんなにますます荒れてしまっているだろうか」と思って、御車（の中の光源氏）に（侍従の和歌を）ご覧に入れる。「本当に何年も経ってしまったのに、今さらひじを笠がわりにするにわか雨（を防ぐの）に好都合だからといって、（雨に）かこつけて立ち寄るのはどうであろうか。きまりが悪くてそうもいかない（＝立ち寄りにくい）気がするが、あちらから進み寄って来たのも、普通と違って面白くもあるなあ」などとおっしゃって、御車を（邸の内へ）引き入れさせなさる。

（寝殿は）少し深く入った所なので、お先払いの人々が、指貫の裾を引き上げながら、草の露を踏み分けて進みかねている。月も（出ていなくて）暗いので、松明を数多くかざし申し上げて、南の渡り廊下に（車を）寄せる。

侍従は、本当に思い通りになったとともかくもうれしいものだから、きまり悪くてはずかしいけれど、きっぱりとした（よそよそしい）態度をとって円座（＝丸い敷物）を差し出すわけにもいかないので、御座所などをきちんと整えて、（光源氏を）お入れする。灯火を点けてさしあげたけれど、（光源氏は）衣服がよれよれになった姿もきまりが悪いと言って、屏風のすき間に寄り添っていらっしゃる。

ても）やはり次第に自然と理解なさるにつけても「道もなくなるほど」などと、人知れずもの思いにふけっていらっしゃるにちがいない。

（光源氏が）遠い所（＝須磨・明石）にいらっしゃった間は、（光源氏からお便りがないのも）もっともであると納得して（自分を）慰めていたけれども、（都に戻られてから便りのないまま）数年が積もっていくのも、改めて耐えがたくもの悲しいと思っているのに、「それではもう（光源氏とのご縁は）終わったようだ」などと、いつものように気の短い老女たちが、ひそひそ話すのを（末摘花は）お聞きになって、本当に（そうだ）とお思いになるにつけ、たいそう心細い。

十月十日あまり、時雨が降って、次第に木枯らしになってゆく風の様子が、（都に居ながら）まるで山里にいるような気持ちがして、もの寂しくてしみじみと悲しい。（末摘花は）ますます何によって心が紛れなさることがあろうか、いや紛れなさらないのであった。一日中ぼんやりとたいそう深くもの思いにふけって過ごしなさる。

そのうちに、大弐の甥で三河国の次官である者が、この（末摘花に仕える）侍従に言い寄って親しくなって、時々ここに通ってくるのだが、暗くなるころに入ってきて言うには、

「たった今権大納言殿（＝光源氏）が、このお邸のご門の前をお通りになる。まったくかつてと変わらないお忍びの外出であるな」などと言うので、（侍従は）それでは本当に（末摘花のことを）すっかりお忘れになったのだと思うにつけても、やはりあの「三輪の山」（の和歌のようには杉の木立が目印たり得なかったのだ）と思うと悲しくなるのだった。

けれども、（末摘花を）まったくお見捨てなさるというわけのものではなく、たまたま人目を忍んでお出かけなさるような事情もあるのかもしれない、（もしそうなら）かえって心の中にとどめて、素知らぬふりをするよりも、こちらから気づかせなさったら、（光源氏も）珍しく思って、そして心をお寄せになるかもしれないよなどと、さまざまに考えをめぐらせて、姫君（＝末摘花）に（光源氏に声をかけるように）お勧めするけれど、（末摘花は）ぜんぜん思いもかけなさらない。

「わが身は、このように（光源氏にとって）物の数ではない者なので、忘れ草のようにあの方が（私のことを）忘れるの

三

出典　『別本八重葎』

解答

問十七　A―ホ　B―ハ
問十八　1―ハ　2―ロ
問十九　ロ
問二十　ロ
問二十一　イ
問二十二　ロ
問二十三　ニ
問二十四　ホ

◆全　訳◆

いったいいつの日になったら、このようなこと（＝光源氏が都に復帰すること）を待ち受け申し上げたいと、（光源氏が都を離れてしまったのは）月の光が土の中に隠れてしまったような感じで、身分の高い人も低い人も、身の程に応じて、嘆き合っていたが、こうして再び（光源氏が都に）立ち戻りなさるので、この上ないこの世の喜びであると言い騒いでいるのを、自然と漏れ聞いて、

「そうはいっても、情愛の深かった（男君の）お気持ちが、その片鱗までもなくなるということはまさかあるまい」と、（末摘花に仕える）人々も（光源氏の来訪を）あてにし申し上げるけれど、（末摘花）自身もひそかに心の中で待っていらっしゃるのに、時が経っても、ちっともお便りもない。

いつもの御恥ずかしがり屋ゆえに、（光源氏が）恋しいよ、つらいよなどと、口に出して、人と語り合いなさることはないけれど、まことに頼りにならないのは（変わりやすい）人の心であるよと、そうは言っても（＝世間知らずとは言っ

箇所に拠って空欄に入る八字を探す。すると第十段落の「皮衣は、自然界と人間界が連続する分節されない世界を表し」が見つかる。この「分節されない世界」を入れればよい。他の候補として第八段落の「こうした反転作用」と右の「インターフェース」が見つかるが、前者は指示語「こうした」があるので適さない。後者は、皮そのものが「インターフェース」なので「伝えてきた」に続かない。

▼問十六　※問十六については、解答の有無・内容にかかわらず、受験生全員に得点を与えることとしたと大学から発表があった。

イ、第六段落の「西洋的な人間の世界……毛皮市場において高値で取引されました」などに合致する。

ロ、「皮衣が人間の自我を表象する皮膚と見なされる」が不適。第三段落の「皮膚は『（人間）の自我』として読み解かれます」の「皮膚」は人間の皮膚そのものを指している。

ハ、第十段落の「自然を完全に征服しようとする……戦利品のメタファー」に合致する。

ニ、第二段落の「魚皮は、シベリアにおいて人間界と自然界の交流・交換の接触面である」に合致する。

ホ、ニの解説の引用箇所や、第八段落の「（皮の反転作用は）現代の社会に生きているのだ」に合致する。

ヘ、「生を謳歌する（＝声をそろえて褒めたたえる）」が不適。本文に「生命的交流」や「生命循環」といった表現はあっても、「生を謳歌する」に類する表現はない。第六段落の「経済システムを謳歌した」とは「謳歌」を用いる前後の文脈が異なっている。

参考　鶴岡真弓（一九六八年～）は芸術文明史・ケルト芸術文化研究家。茨城県出身。早稲田大学文学部卒業。同大学院文学研究科修了。二〇二一年現在、多摩美術大学芸術人類学研究所所長、教授。著書に『ケルト／装飾的思考』『ケルト再生の思想――ハロウィンからの生命循環』『ケルトの想像力――歴史・神話・芸術』などがある。

落で「人間と動物の反転」と述べられ、人間と動物が皮を介して入れ替わるという先住民の神話として説明される。「誕生の皮脱ぎ」とはこの入れ替わりをいう。よって、この事情を「生死と彼我が入れ替わる」「皮を脱ぎ新たな生を得る」と説明したロが正解となる。イはこの「反転」を、自然界との断絶と再接続として説明しており不適となる。ハは「害獣」「高値」「富」とあるように、毛皮を商取引の対象とみなす近代ヨーロッパ人の立場をいったものなので不適。ニは「毛皮としての新たな生命を手に入れる」が不適。これもヨーロッパ人の考え方をいったものである。

▼問十三　空欄の直前で、先住民が皮衣に施した装飾は「（自然界と人間界の）交流を促し活動させる」と述べられる。この装飾に関して、直後の第十一段落で「渦巻の装飾を施すことによって生き還らせ、元の動物の生命時間以上の時間を付与する」「皮膚が、装飾によっていっそう輝くものとして生まれ変わる」と述べられる。よって、この事情を「生命的なものの増幅」と表現するニが入ることになる。イ「霊験的なものの黙契（＝暗黙の合意）」、ロ「感覚的なものの投影」、ハ「永続的なものの具現」はいずれも装飾の役割の説明として不適となる。

▼問十四　第十三段落に「文様とは何なのでしょうか」とあり、直後の第十四段落でその答えが示される。シベリア先住民が装飾する文様は呪的力をもつ、自然の縮減した抽象的な形象であるとして、生命の変化や死を循環させる護符（＝お守り）のような力をもつこと、すなわち天象や動植鉱物を再創造できることが指摘される。これが「そうした文様の力」である。よって、「自然の生命の連続的な営みを文様として表現する」「生死の循環を生み出す」と説明したイが正解となる。ロの「死ぬ運命を恐れた」「永遠の生命を得る」とは不老長寿のことをいったものだから、本文の内容からはずれる。ハの「その力を制御することができる」とは「自然を完全に征服しようとする西欧近代」（第十段落）の考え方をいったものだから不適となる。ニは、「護符」を生き物を殺傷する人間を自然界の逆襲から守ってくれるとして捉えており、これは近代ヨーロッパ人の考え方になるため不適となる。

▼問十五　最終段落は本文のまとめになっている。空欄の前後に「皮は」「伝えてきた」とあり、前の二文にも「インターフェース」「美的な交流面」とある。皮が自然界と人間界を結びつけるという論旨をふまえて、皮について述べた

こと、皮を交点として生きもの同士として交流することなどが説明される（第一～第四段落）。このように魚や獣の皮衣を介して、人間と自然が交流するというのである。よって、これを理由とみなせば、「互いの世界へ入り（＝交換）」「同じ命ある存在として交流している」と説明したイが正解となる。ロは「合体して一つの生命となり」が不適。書かれていない。ハは「動物の生命と同一化し」が不適。やはり書かれていない。「交流」と「同一化」は違う。ニは「贖罪の気持ち」「霊魂を慰めている」が不適。これも書かれていない。

▼問十　空欄の前文で、人間が動物の皮を纏うことで動物界＝自然界に参入できると述べられている。また同段落に「人間界と自然界の交流・交換の接触面」「自然界と人間界が……交流・交感・交換が可能となる」ともある。これらから、人間が動物の皮を通じて自然と触れ合うという趣旨がつかめるから、ハの「境界面」が入るとわかる。他の選肢はいずれも文脈的に不適となる。なお原文は「インターフェース／境界面」である。

▼問十一　二つの空欄の前後に「自然はまさに未分化なのであり……ドラマをみせる驚異である」とあるように、これは「先住の人々の思考」（前文）、彼らの自然観について述べたものである。またこの段落冒頭に「これは」とあるように、前段落の内容をふまえていることがわかる。そこで第四段落にヒントを求めると、「人間と動物の反転」「人間と動物の入れ替わり」「生きもの同士として交流し」が見つかる。したがって、この「ドラマ（＝劇的な出来事）」とは、人間と動物が互いに入れ替わることをいったものだとわかる。よって、「反転」と「循環」を組み合わせたニが入る。イの「混沌」、ロの「交感」は「ドラマ」と結びつかない。ハの「輪廻」は死んだ後に生まれ変わる意であるから、本文の文脈では入らない。

▼問十二　傍線部の「両義（＝二つの意味）」とは直前の「死の皮剝ぎ」と「誕生の皮脱ぎ」を指す。両者は「驚異の反転的価値をもっている」と述べられ、直後の段落でも「死と生を究極として起こるこうした反転作用」と繰り返される。まず「死の皮剝ぎ」については直前で「生命維持の皮を脱がされ殺傷される」と述べられ、前段落でロシア人がシベリアにやって来て、毛皮を取るために動物を殺傷したことが説明される。次に「反転」についてはすでに第四段

トポロジー＝位相幾何学。
ナナイ・ニヴフ＝シベリアに居住する先住民。
オーナメント＝装飾。装飾品。
インターフェース＝接触面。境界面。

◀解　説▶

本文はシベリア先住民の皮衣文化を論じたものである。全十六段落から成る。随所に省略箇所があるものの、第一～第五段落が「3　シベリア『生死の皮』のインターフェース」の一節であり、第六～第十六段落が「4　反転と生命循環」の一節である。これに基づいて全体を四区分して内容をまとめよう。

①　第一～第三段落（アムール川の人々は…）
シベリアの先住民にとって魚皮衣は人間界と自然界の交流・交換の接触面である

②　第四・第五段落（動物の領土では…）
人間と動物が交流し、反転する、その交点が皮である

③　第六～第十二段落（一六世紀、ウラル山脈の…）
皮衣は自然界と人間界が連続する分節されない世界であることを表す

④　第十三～第十六段落（ではこの装飾の…）
皮衣に施される装飾文様は生命と変化、死を循環させる力をもつ

▼問九　傍線部はアムール川の先住民にとっての魚皮衣の意味を述べたものである。これに続けて、彼らにとっては魚皮衣が人間界と自然界の交流・交換の接触面であること、人間と動物は中身は同じで皮を介して交流や交換が可能となる

規範と自己満足を超えて』がある。

二

出典　鶴岡真弓「『ホモ・オルナートゥス：飾るヒト』――分節されない皮膚」〈3　シベリア「生死の皮」のインターフェース　4　反転と生命循環〉（鶴岡真弓編『芸術人類学講義』ちくま新書）

解答

問九　イ

問十　ハ

問十一　ニ

問十二　ロ

問十三　ニ

問十四　イ

問十五　分節されない世界

問十六　解説参照

◆要　旨◆

シベリアの先住民たちが体に纏う皮衣は、人間界と自然界の交流・交換の接触面であり、この両世界が分節されない連続する世界であることを表している。この神話的思考は、毛皮を自然界から奪った戦利品として、権威と富のドレスとして捉える近代ヨーロッパ人の思考の対極にある。また先住民たちは皮衣に伝統の渦巻文様で装飾してきたが、その文様は大自然の生命や死を循環させる護符のような力をもつ形象（抽象）であり、大自然というマクロコスモスに対応するミクロコスモスである。元は一つの個体に属していた皮であるが、それが美的な交流面となって生き直すのだ。

語句　イヌイット＝カナダ北部に居住するエスキモー系先住民。

エディプス期＝人間の成長期における三～六歳ごろ。性的関心をもち始める時期とされる。

▼問七　傍線部の「これ」は直前の段落の「（恋愛物語の）目的は『プロセスを重視すること』……だと考えられる」を指す。「傍証」は〝間接的な証拠〟の意。「《挿話的モチーフ》」については以下で具体的に説明される。「恋愛対象と曖昧な関係を続けることで、恋愛のプロセスからなるべく多くの楽しさを引き出す」（同段落）、「『似た者同士』という安全な小宇宙で楽しむ」（最終段落）などと、プロセス重視の内実が記される。また「結末」については「人間関係を完全に決定づけず」「結果がすぐわかってしまうような……」（同段落）、「先のわからない」（最終段落）などとあるように、「結末」はわからないままに保留されることが指摘される。よって、「『結末』がはたしてどのようになったのかは述べていない」と説明したロが正解となる。イの「その『結末』の変化」は述べられていない。ハは、「物語が拡散して」は第十五段落の「拡散した物語」に合致するが、「完結させられなくなった」のではなく、「結果がすぐわかってしまうような確定した関係では、駆け引きという楽しみが少ない」（第十八段落）などとあるように、むしろ完結を拒むのである。ニの「楽しさが持つ意味」とは楽しさ自体が目的となることだと考えれば、「述べていない」とは言えない。

▼問八　イ、「近代以前からの」が不適。「ロマンティック・ラブ・イデオロギー」は近代に誕生したものである（第五段落）。

ロ、九〇年代以降は結末が重要視されないので不適となる（「結末が目的でない」第十四段落）。

ハ、七〇年代の雑誌記事はプロセスの魅力も強調していると説明しており不適。本文に書かれていない。

ニ、終わりから二段落目で、恋愛のプロセス重視に関連して「感覚的なものの類似」が「新たな魅力」として加わったことが説明されており合致する。

参考　谷本奈穂（一九七〇年～）は社会学者。大阪府生まれ。大阪大学人間科学部卒業。同大学院人間科学科博士課程修了。二〇二一年現在、関西大学総合情報学部教授。著書に『恋愛の社会学――「遊び」とロマンティック・ラブの変容』（二〇〇八年刊）、『美容整形と化粧の社会学――プラスティックな身体』、『美容整形というコミュニケーション――社会

▼問二　空欄の前に「『終わり』に到達するため」「終わりのための」などとある。これによってすでに「目的」が入るだろうと予想できる。実際に第十四段落に「結末は恋愛物語の目的だった」とある。

▼問三　1の「崩壊〔崩潰〕」は〝くずれること。こわれること〟。2の「焦る」は〝早くしなければと思っていらだつ。気がせく〟の意。「焦」には他に〝こげる、こがす〟の意もあり、熟語に「焦燥」「焦慮」「焦土」「焦点」などがある。

▼問四　空欄の直後で、一九七二年は四割を占めていたのに、九〇年では一割以下に下がったことが指摘されている。これをふまえて直前の二段落を見ると、前者では恋愛物語が結末（結婚もしくは別れ）を重要視していたのに、後者ではそれが弱体化したと述べられている。よって、空欄には一九七〇年代における恋愛観、すなわち恋愛→結婚願望が入ることになり、ハが正解となる。イ・ロは恋愛重要視となり不適。ニは恋愛と結婚を分離しているため不適となる。

▼問五　前問と関連する。傍線部直後の文に「それはかつて『恋愛』という言葉で意味していたものを指している」とあることから、傍線部の「恋愛」は一九七〇年代の恋愛観をいったものである。それが「死んだ」とは消失したということ。すなわちこれは二段落前の「恋愛物語での結末部分——結婚、別れ・失恋——は弱体化している」という表現をさらに押し進めたものである。よって、「『結婚』につながる『恋愛』や……近代的な『恋愛』は消失した」と説明したロが正解となる。イは「『結婚』や『性愛』と区別して、『恋愛』自体を本質と考える」が不適。第一段落の内容と矛盾する。ハは「性愛」を「恋愛」や「結婚」と結びつけると説明しており不適。結びつけるのは恋愛と結婚である。ニは「恋愛」を自由な恋愛の意味で捉えており不適。

▼問六　挿入する文は、直前の内容を言い換えたりまとめたりする接続詞「つまり」で始まり、「一九七〇年代の恋愛物語」について「結末部分が重要であるのだ」と結論づけている。そこで各空欄の直前を検討する。イは、「一九七〇年代の恋愛物語」（第十段落冒頭）の具体例となる記事の直後にある。その具体例では結婚してよかったという女性の言葉が最後に紹介されている。したがって、このイに挿入文が入って、具体例をまとめる形になることがわかる。ロ～ヘはいずれもその直前で九〇年代または二〇〇〇年代の恋愛物語について論じられているため不適となる。

係によって駆け引きを長く楽しみ、似た者同士という安全な小宇宙で楽しむことが目指されるのである。

▲解　説▼

本文は恋愛物語の時代的変化を論じた文章である。全二十段落から成るが、この変化に言及するのが第十一段落である。よって、これに基づいて全体を四区分して内容をまとめよう。

①　第一～第五段落（大越愛子は…）
近代になってロマンティック・ラブ・イデオロギーが流布した

②　第六～第十段落（また、恋愛物語というと…）
恋愛物語では結婚や別れといった結末が重要視された

③　第十一～第十七段落（しかし、一九九〇年代…）
一九九〇年代では恋愛物語の結末よりもプロセスを重視するようになった

④　第十八～第二十段落（これを傍証するために…）
新しい恋愛関係では曖昧な関係による駆け引きを長く楽しむことが目指される

▼問一　a、空欄には恋愛と結婚を結びつけるための「三つの戦略」（空欄前文）の一つ目が入る。直後の文に「例えば、結婚は結婚として維持しながら……スタイルである」とある。よって、「恋愛と結婚を分離する」（原文は「分離してしまう」）とあるホが入る。

b、空欄には「三つの戦略」の三つ目が入る。直後の文に「これこそがロマンティック・ラブ・イデオロギーと呼ばれる」とあり、その二文後に「矛盾する恋愛と結婚を結びつけて」とある。よって、ニが入る。原文は「恋愛と結婚をむしろ結びつける戦略」である。

国語

一

出典 谷本奈穂『恋愛の社会学――「遊び」とロマンティック・ラブの変容』〈第1章 恋愛の死と再生――恋愛物語の転回 2 「恋愛」の死――近代的恋愛の衰退 3 「恋愛」の再生――現代的恋愛の誕生〉（青弓社）

解答

問一 a―ホ b―ニ

問二 目的

問三 1、崩壊〔崩潰〕 2、焦

問四 ハ

問五 ロ

問六 イ

問七 ロ

問八 ニ

◆要 旨◆

近代社会になると、恋愛と結婚を結びつけて、恋愛の目的は結婚であるというロマンティック・ラブ・イデオロギーが流布した。日本でも一九七〇年代の恋愛物語では結婚や別れといった結末が重要視された。しかし一九九〇年代になると、結末よりもプロセスが重視された。恋愛対象と曖昧な関係を続けることで、プロセスから多くの楽しさを抽出することを目的とするようになった。新しい恋愛関係においては、対外的条件よりも感覚という個人的な条件を重要視し、曖昧な関

2020年度

解答編

解答編

英語

I **解答** (A) 1—(c)　2—(c)　3—(a)　4—(c)　5—(b)　6—(a)　7—(a)

(B) 8—(d)　9—(b)　10—(a)　11—(b)　12—(b)　13—(d)　14—(a)

◆全　訳◆

(A) ≪デッサンという芸術≫

ルネッサンス以来，デッサンという芸術は，単に他の表現手段に変えられる準備段階のスケッチの制作というよりむしろ，類いまれな生き生きとした経験だといっそう考えられるようになっている。巨匠の制作途中のデッサンは，アイデアと表現形式に対する芸術家の探究と試行を詳細に見せてくれる。というのは，それらがその後に十分に成熟した芸術的な概念を生み出した最初の衝動をしばしば示してくれるからである。今日，私たちはこうした習作から直接得られるものだけでなく，デッサン自体が露わにしてくれる個々の筆致に見とれる。そうした筆致は後に他の表現手段に置き換えられる時に隠されたり失われたりする可能性がある。

各世代は，デッサンのために新しい機能を考案したり，古いものを復活させたりする。例えば，現代の芸術家の中には，空間を区切る表現の豊かな仕切りを創作したり，空間的な関係を築くためにデッサンを使ったりする者もいる。他の芸術家にとっては，それは未知のものを探究して創作するのに役立つ。多くの芸術家がまだデッサンをより正式な作品の準備と見なしている一方で，それを単に黒と白の表現形式で制作することだと考える者もいる。実際，デッサンはこれらのすべてのもの，そしてそれ以上のもので，それらが個々に用いられたり組み合わされたりしているのかもしれない。各芸術家のビジョンが，デッサンが果たす機能とそれが取る方向性を決定する。

他の視覚による表現手段と比べると，デッサンは不思議な芸術である。

他の表現手段ではどれでも，材料や広範囲の準備に邪魔されずに，思考過程から非常に直接的にイメージまで行くことはできない。経験があれば，複雑なテクニックがなくても，直接的な方法で思考に磨きをかけることができる。周囲にある表現形式に直接的に反応していても，記憶にある表現形式に磨きをかけていても，新しい表現形式を考案していても，さらに複雑な関係を構想していようとも，デッサンはすべての考え方に対応することができる。

(B)　≪上海の並木と歴史≫

エターナル・ハピネス通りの長さは2マイルである。枝が入り組んだ樹木に葉がなくなる冬には，その大枝を通してものが見え，その都市の特徴である輪郭線を遠くに見ることができる。ジンマオタワー，上海ワールドフィナンシャルセンター，上海タワーなどである。3つの巨大物がお互いのブロックの中にそびえ立ち，それぞれがニューヨーク市のエンパイア・ステート・ビルディングより高いのである。

中国でこのように樹木が立ち並んでいる通りはほとんどなく，週末には地元の労働者の賑わいが中国の他の地域からの旅行者グループに取って代わられ，彼らは通り沿いで望遠レンズを大枝の列に向け，その異国風な美しさに見とれる。

ヨーロッパ人とアメリカ人がその都市を分割して外国の租借地とした19 世紀中頃に，フランス人がこうした樹木を植えたのだ。およそ1世紀後に，フランス人は立ち去ったが，樹木は残ったままであった。日本人は上海を爆撃し一時期その都市を占領したが，彼らも結局撤退し，樹木を無傷のままにしていった。それから毛の率いる共産主義者たちがやって来て，革命，階級闘争，数百万人の悲惨な死をもたらした。樹木は持ちこたえた。現在では，その通りは資本主義的な通りで，レストランやショップが並んでいる。歩道沿いに歩くと，閉じている門の隙間からヨーロッパ風の荒れ果てた家を時々偶然見かけることがあり，私はこの通りが目撃してきた絶え間なく揺れ動いてきた歴史に思いをはせる。ここでは，帝国が勃興し滅んだが，今また勃興している。唯一変わらないものが樹木である。

◀解　説▶

◆(A)　▶1．空所の後方に「他の表現手段に変えられる」とあるので，(c)の preliminary「準備段階の」が正解。(a)「絶え間のない」

▶2．空所前方のthatは関係代名詞で，先行詞はthe initial impulse「最初の衝動」である。that節の動詞の目的語はa fully developed artistic concept「十分に成熟した芸術的な概念」である。両者をつなぐ動詞としては，(c)のgive birth to～「～を生み出す」が最適である。(a)の「～の責任を問う」，(b)の「～のあら探しをする」，(d)の「～を取り除く」は文意に合わない。

▶3．空所を含む第1段第3文（Today we admire …）にはnot only *A* but also *B*「*A*ばかりではなく*B*も」の構文が使われているので，*A*は*B*と対照的なものになると考えられる。*B*はthe individual handwriting the drawing itself reveals「デッサン自体が露わにしてくれる個々の筆致」で，隠れていたものが明らかになるという意味なので，*A*にはそれとは対照的な(a)のimmediacy「直接得られるもの」が入る。(b)の「わいせつ性」，(c)の「無効性」，(d)の「相互依存性」は文意に合わない。

▶4．第2段第1文（Each generation invents …）で「デッサンの機能」について言及があり，第2文（(　4　), some modern artists …）ではその具体例が述べられているので，(c)の「例えば」が正解。(a)「対照的に」(b)「初期設定では」(d)「お返しに」

▶5．空所の動詞はthe functionとthe direction「方向性」を目的語としているので，両者に合う動詞は，(b)のdetermine「決定する」である。(a)「強要する」(c)「従う」(d)「優れている」

▶6．空所直前のunencumbered「邪魔されずに」に伴う前置詞は(a)のbyである。

▶7．第3段最終文（Drawing can (　7　) …）のwhether以下に4つの場合が示され，どの場合でも「デッサン」は適応できると考えられる。よって，(a)のaccommodate「対応する」が正解。(b)「記念する」(c)「完全に消す」(d)「撤回する」

◆(B)　▶8．空所を含む文はエターナル・ハピネス通りについて説明しており，two milesとあるので，(d)のlong「～の長さの」が正解。

▶9．空所の動詞は前方のseeとandでつながっていて，主語はyou「人」である。また，空所は直後のa view ofと慣用句を構成しseeに近い意味となる。以上から，(b)のcatch a view of～「～を見る」が正解。(a)はbring a view of～「～の視点をもたらす」という意味になるので不適。(c)と(d)は a view との慣用句はない。

▶10. 第 1 段第 2 文（In the winter when …）のコロン以下に，3 つのタワーが紹介され，第 3 文（The three （　10　） stand …）の後半に「ニューヨーク市のエンパイア・ステート・ビルディングより高い」とあるので，(a)の giants「巨大物」が正解。

▶11. 第 2 段（Few streets in China …）後半にある pointing と admiring の動作主は「中国の他の地域からの旅行者グループ」である。「中国にはほとんどない，樹木が立ち並んでいる通り」と「3 つの巨大物」がある光景は，彼らの目には，(b) exotic「異国風な」眺めに映るにちがいない。(a)「自明の」，(c)「空想的な」，(d)「記号の」は文意に合わない。

▶12. 空所後方の foreign concessions は「外国の租借地」という意味で，欧米が上海を租借地にしたということになる。よって，(b)の carve up ～「～を分割する」が正解。(a)の bring up ～「～を育てる」，(c)の mix up ～「～を混同する」，(d)の take up ～「～を始める」は文意に合わない。

▶13. 空所前方に revolution, class warfare「革命，階級闘争」とあるので，中国で内戦が行われ，その結果「数百万人の死者」が出たと判断できる。それを形容する語としては，(d) tragic「悲惨な」がふさわしい。(a)「偶然の」，(b)「強制的な」，(c)「予測された」は文意に合わない。

▶14. 第 3 段第 1 ～ 4 文（The French had planted … deaths of millions.）に，フランス人が植えた樹木が欧米の割譲，日本の占領，毛による内戦という歴史の変遷を生き抜き，第 5 文（The trees endured.）には「樹木は持ちこたえた」とある。よって，(a)の constant「変わらない」が正解。(b)「統合」，(c)「消散」，(d)「標準」は文意に合わない。

●語句・構文●

(A) （第 1 段）drawing「デッサン」 come to *do*「～するようになる」 unique「絶好の」 graphic「生々しい，生き生きとした」 *A* rather than *B*「*B* よりむしろ *A*」 to be translated into other media は sketches を修飾する形容詞的用法の不定詞。media「表現手段」 give *A* a glimpse of *B*「*A* に *B* を見せる」 intimate「詳細な」 experimentation「試行」 form「表現形式」 subsequently「その後に」 study「習作」 関係代名詞 which の先行詞は the individual handwriting。

（第 2 段）resurrect「復活させる」 ones＝functions　some ～「～の中

には…もいる」 division「仕切り」 others＝other modern artists serve as～「～として役立つ」 compositional「創作的な」 the unknown「未知のもの」 regard *A* as *B*「*A* を *B* と見なす」 rehearsal「準備」 consider *A* as *B*「*A* を *B* と考える」 第3文の it＝drawing in combination「組み合わせて」 take the direction「その方向性を取る」

（第3段） compared to～「～と比べると」 否定を含む語句 In no other medium が文頭に置かれると，倒置形が用いられる。attitude「考え方」 whether *A*, *B*, *C*, or even *D*「*A* でも，*B* でも，*C* でも，さらに *D* でも」
(B) （第1段） when は関係副詞。tangled「(枝が) 入り組んだ」 be naked of～「～がない」 signature skyline「特徴である輪郭線」 each of them＝each of the three giants
（第2段） few～「～はほとんどない」 be lined with～「～が並べられる」 bustle「賑わい」 *A* be replaced by *B*「*A* は *B* に取って代わられる」 point *A* at *B*「*A* を *B* に向ける」 limbs「大枝」 admire「見とれる」

（第3段） into foreign concessions の into は結果を表す。take「占領する」 for a spell「一時期」 leave *A* unharmed「*A* を無傷のままにする」 Then came the communists は倒置形。endure「持ちこたえる」 stroll along～「～沿いに歩く」 stumble upon glimpses of～「～を偶然見かける」 rundown「荒れ果てた」 relentless churn「絶え間のない揺れ動き」 this street has witnessed の前には関係詞 which が省略されており，先行詞は the relentless churn of history。

II 解答

(A)15―(d) 16―(a)
(B)17―(d) 18―(d) 19―(a)
(C)20―(d) 21―(d) 22―(a) 23―(a) 24―(a)

◆全 訳◆

(A) ≪江戸時代の平民文化≫

日本の17世紀の初頭では，都市の文化は侍の文化であった。その世紀の終わりまでに，芸術は増大する都市の人々にとって手の届くものになり，詩人，劇作家，小説家，木版画芸術家の数は新しい消費者需要を満たすために急速に増加した。印刷業と読み書きの能力は爆発的に増大した。17

世紀の間に京都だけでも700以上の出版社が設立された。都市のほとんどの男女が，読書をし，劇場に通い，印刷物と他の種類の絵画を楽しむことができた。平民が芸術を後援したので，彼らは都会の嗜好と文化の有力な決定者となり，印刷されたり上演されたりした芸術作品の中で男女，性，ジェンダーを表現したものは，商人と職人の価値観を反映しただけではなく，彼らの輪郭を作るのにも役立った。さらに，本と他の種類の文化が旅回りの商人と芸術家によって田舎にもたらされたので，それらの価値観は日本中で性別の話し方に影響を及ぼした。

商業形式の芸術――発行され売り出された詩と散文の作品，上演された劇，何千部も印刷された芸術作品――に加えて，アマチュア芸術も徳川時代に急増した。アマチュア芸術の実践者は文人（知識階級）と呼ばれた。18世紀後半までには，男性の文人との縁故関係がない少女でさえ，文化的な成長を求めることができた。

(B)　≪植民地時代のインドの英語≫

英語はイギリスの植民地政権の到来とともに南アジアに導入され，その時，当時の総督ウィリアム＝ベンティンクはトーマス＝バビントン＝マコーレーの『教育に関する覚え書き』に賛同したのだが，それは，英語には哲学，法律，科学における複雑な概念を説明する能力があるという理解に基づいて，インド亜大陸では教育の言語として英語が奨励されるよう勧めていた。しかしながら，マコーレーはその国の言語に対する一定の機会も受け入れていたのだが，それはそれらの言語が英語を補うものになり得るからであった。たとえそうだとしても，ベンティンクの賛同は英語と西洋の文化の優位性を強く主張していた。

ベンティンクの主な関心は英国式のインド人のエリートを養成することであった。また，彼は大衆はその国の言語を使用するように勧めた。同様に，マコーレーも英語教育の熱心な支持者であり，『覚え書き』が雇用の増加につながるなら，地元の人々はそれを歓迎するだろうと考えた。マコーレーの『覚え書き』に対するインド人の反応は，現在と同じように，当時も賛否両論があった。イギリスの政権で働く人々はその言語政策を支持したが，他の多くの者は支持しなかった。英語を最優先させる政策によって，インドのすべての分野で，特に高レベルの司法組織で，英語の使用は増加した。イギリス人は，英語がゆくゆくは全国中でビジネスで使う言語になることを期待した。もちろん，強制的な手段の使用ではインド人をヨーロッパ人に変えることはできなかったし，それは大衆の読み書き能力と教育を促進することもなかった。実際のところ，英語の使用は読み書き能力の比率を低くする一因となった。したがって，英語は今日まで存在する階級格差と社会対立を助長した。

しかしながら，ベンティンクは英語を押しつけることが不可能であるとわかっていた。解決策として，総督はインド人は自分たちが理解できる言語で司法と財政の手続きを行えると宣言した。それにもかかわらず，英語は18世紀以来使用されていて，インド人のエリート，特に大都市地域のエリートに支持されている。植民地での教育を利用できる者はほとんどなく，その植民地の言語を習得したのはごく少数のインド人だけであった。

(C)　≪物事がいかに広範囲に組織的に広がるか≫

腺ペスト，すなわち黒死病は，1347年から1352年頃まで，ヨーロッパ中にゆっくりだが着実に広まった。その原因であるペスト菌は，感染した宿主を吸う時に菌を取り込むノミによって運ばれる病原菌である。その菌はノミの腸を塞ぎ，ノミを栄養物に飢えさせ，その結果，ノミは貪欲に吸い，次の宿主を感染させる。ノミはネズミ，他の動物，人間に寄生するのがうまい——宿主の中には抵抗力があり保菌者としてだけ役立つものもいれば，一旦咬まれて感染すればたちまち死ぬものもいる。それはとても恐ろしい病気で，インフルエンザのように衰弱と熱で始まるが，広範囲の出血へ変わる。壊死する（細胞）組織が黒くなるので，その伝染病には黒死病という別名が付けられた。

その時代の公衆衛生，接触感染に対する理解の欠如，人間と多くの動物がとても近いことにより，その病気は中世の人口が増加している都市では驚くほど伝染力を持つこととなった。それは数年以内にパリとフィレンツェの人口をおよそ半分に減らし，ハンブルクとロンドンのような都市ではさらに多数の死者が出た。それは1347年までには，シルクロード沿いに中国からコンスタンティノープルへ，後にはジェノバの貿易船からシチリア島へと進んだと信じられていて，シチリア島ではその病気が島の人口のおよそ半分をたちまち死なせてしまった。それは広まり続け，フランスとスペインに広まる前にイタリアの地方を，次にマルセイユを襲い，数年後にはとうとう北部の諸国に到達した。全体として，それは，ヨーロッパに達する前の中国とインドの2,500万人だけではなく，ヨーロッパの人口の40パーセント以上を殺したと推定される。

現代の視点から見て注目すべきことは，その病気のゆっくりとして順序だった広がり方である。その伝染病は，シルクロードのような貿易ルートに沿って，そして船によって進む場合のように，確かに時々長距離に達する前進をしたが，ヨーロッパでの進行は平均すると1日わずか約2キロメートルで，当時の徒歩旅行の水準と比べても遅かった。腺ペストが直接人から人に移ることはめったにないにしても，その病気は人間とともに進んでいき――船のネズミ，家畜，人間を吸い，衣類の中にいるノミを媒介として――そこでその病気は人間と，人間と一緒にいる様々な動物のネットワークを通して進んでいった。

伝染病の遅い動きは，中世ではほとんどの人間の移動性と接触の範囲がいかに限られていたかを物語っている。現代の世界的流行病は全く異なっていて，それらは非常に急速に広まり，病気は一般的にわずか数日や数週間のうちに大陸間を跳び越える。2014年に南カリフォルニアのアメリカのテーマパークでの触れあいが引き金となってワクチン接種をしていない大人と子供の間に発生したはしかは，数日後には何百マイルも離れた学校に現れた。エボラは，2015年にその発覚から1週間以内に，医療従事者によってシエラレオネからヨーロッパと北アメリカの都市へ運ばれた。

病気の蔓延を即座に見抜くほかに，接触感染と拡散が私たちのネットワークの構造にどのように左右されるかを理解することが，より複雑に広まっている考え方，金融危機の波及，雇用と賃金における不平等，私たちのネットワークの機能の仕方に関する他の多くの問題を理解する出発点として役立つだろう。

◀解　説▶

◆(A)　▶15.「本文によれば，下記のうちで17世紀の日本について真実なのはどれか」

(a)「芸術的な文化が都市中心で栄え，田舎の地域にはほとんど影響を及ぼさなかった」

(b)「発行された本と芸術作品の数は急速に減った」

(c)「侍は芸術的な文化を生み出し享受する特権階級になった」

(d)「平民の価値観が都市文化を生み出す時に反映された」

第1段第6文（Patronage of the arts …）に「…芸術作品の中で…を表現したものは，商人と職人の価値観を反映した」とあるので，(d)が正解。(a)は第1段最終文（In addition, those values influenced …）に不一致。(b)は第1段第3文（There was an explosion …）に不一致。(c)は本文中に記述がない。

▶16.「本文によれば，徳川時代の女性は…」

(a)「一定程度の文字の読み書き能力と見ることによって得られる教養を得ることができた」

(b)「縁故関係を捨てれば，文化の担い手になることができた」

(c)「専門的な芸術家よりむしろアマチュア芸術家になる可能性が高かった」

(d)「芸術と文学で描かれ称賛されることが多かったが，それらを生み出すことはできなかった」

第1段第5文（Most men and women in the cities …）に「都市のほとんどの男女が，読書をし，劇場に通い，印刷物と他の種類の絵画を楽しむことができた」とあるので，(a)が正解。(b)は第2段最終文（By the late eighteenth century, …）に不一致。(c)と(d)は本文中に記述がない。

◆(B)　▶17.「本文によれば，下記のうちどれが正しいか」

(a)「インドでは英語とその国の言語が同じように奨励された」

(b)「英語はインドの一般の住民の間で広まった」

(c)「英語はインド人のエリートの間で地元の言語を排除した」

(d)「英語はインド亜大陸で読み書き能力の比率を改善できなかった」

第2段最後から2番目の文（In fact, the use of English …）に，「英語の使用は読み書き能力がある比率を低くする一因となった」とあるので，(d)が正解。(a)は第1段第1文（English was introduced …）の which 以下と不一致。(b)は第2段最後から3番目の文（Of course, the use of …）に不一致。(c)は本文中に記述がない。

▶18.「本文によれば，英語の政策は…」

(a)「インド亜大陸のビジネスを発展させた」

(b)「インドで雇用の機会を促進した」

(c)「インドの階級格差と社会問題をできるだけ少なくした」

(d)「イギリス植民地社会内で機能を果たすことができる階級を生み出し

た」

第2段第6文（The policy to prioritize …）に，「…特に高レベルの司法組織で，英語の使用は増加した」とあるので，(d)が正解。(a)のビジネスについては第2段第7文（The British expected that …）に言及があるが，実際に「発展させた」という記述はない。(b)の雇用の機会については第2段第3文（Similarly, Macaulay was …）に言及があるが，実際に「促進した」という記述はない。(c)は第2段最終文（Thus, English fomented …）に不一致。

▶19.「本文によれば，総督ウィリアム＝ベンティンクは…であった」

(a)「インドで英語を奨励する人物」

(b)「インド式の英語を奨励する人物」

(c)「インドで英語を改善する人物」

(d)「インド式の英語を改善する人物」

第1段第1文（English was introduced …）で，総督が英語が奨励されるよう勧める『覚え書き』に賛同しているので，(a)が正解。「インド式の英語」については本文中に記述がないので，(b)と(d)は不適。「総督が英語を改善した」という記述は本文中にないので，(c)も不適。

◆(C)　▶20.「腺ペストをインフルエンザと間違える可能性があるのは…からである」

(a)「両者とも多くの出血を伴う」

(b)「その両者とも主にノミを介して伝染する」

(c)「鼻をかむと，ティッシュペーパーが黒くなる」

(d)「その初期症状が類似している」

第1段最後から2番目の文（It is a horrifying disease: …）に「インフルエンザのように衰弱と熱で始まる」とあるので，(d)が正解。

▶21.「当該の病気は…」

(a)「スカンジナビア諸国で発生し，それから地中海諸国に広まった」

(b)「それが船で運ばれたのでイタリアの限られたいくつかの島だけに被害を与えた」

(c)「ヨーロッパ諸国よりもずっと壊滅的にアジア諸国を襲った」

(d)「当時の特定の環境のために，アジアとヨーロッパ地域で広範囲に広まった」

第2段第1文（The sanitation of the era, …）に，「その時代の公衆衛生，接触感染に対する理解の欠如，人間と多くの動物がとても近いことにより，…驚くほど伝染力を持った」とあるので，当時の環境が感染拡大の一因であったことがわかる。また，第2段第2～4文（It cut the populations of … few years later.）では，その病気がアジアとヨーロッパに拡散したことが述べられている。よって，(d)が正解。(a)と(b)は第2段第4文（It continued to spread, …）に不一致。アジアとヨーロッパのどちらで被害が大きかったかについては記述がないので，(c)は不一致となる。

▶22.「黒死病の感染のゆっくりとした進行は…」

(a)「人間の歩く速さにさえ達していなかった」

(b)「現代のテクノロジーによってさらに阻止されている」

(c)「ノミの体の小ささを考えれば全く驚くことではない」

(d)「中世ヨーロッパ人にとっても驚くべきことであった」

第3段第2文（Although the plague did make …）に，「進行は平均すると1日わずか約2キロメートルで，当時の徒歩旅行の水準と比べても遅かった」とあるので，(a)が正解。(b)と(d)は本文中に記述がない。ノミの体の小ささと黒死病の感染のゆっくりとした進行との関係は本文中に述べられていないので，(c)は不一致となる。

▶23.「病気の拡散の速さは…ということが示唆されている」

(a)「交通手段の速さが異なるので変化している」

(b)「その病原体の特徴とは関係がない」

(c)「ヨーロッパとアメリカのように大陸間で異なる」

(d)「病気の特性の変化と明らかに関連している」

第4段第1文（The slow movement of the plague tells …）に，「伝染病の遅い動きは，中世ではほとんどの人間の移動性と接触の範囲が限られていたため」とある。一方，第2文（Modern pandemics are quite different: …）には，「非常に急速に広まり，病気は一般的にわずか数日や数週間のうちに大陸間を跳び越える」とある。その原因は，人間の移動量が格段に大きくなり，接触が広範囲に及ぶためと考えられる。よって，(a)が正解。(b)，(c)，(d)はいずれも本文中に記述がない。

▶24.「本文の最良の表題は下記のうちどれか」

(a)「物事がいかに広範囲に組織的に広がるか」

(b)「中世の公衆衛生の欠如」

(c)「ノミの順序だった移動」

(d)「黒死病の宿主は誰か」

第4段（The slow movement of the plague…）で，人間の移動性と接触の範囲が限られていた中世とは異なり，交通手段の発達した現代では，伝染病の拡散の速さはすさまじいものがあると述べられている。第5段（Beyond immediate insights…）では，「接触感染と拡散が私たちのネットワークの構造にどのように左右されるかを理解すること」が現代の諸問題を理解する出発点となる，と著者は主張している。それは，現代のネットワークの構造では，様々な状況が伝播する速度が速いためであろう。よって，(a)が正解。黒死病の流行は，中世と現代のネットワーク構造の速さの違いを表すために，実例として挙げられているので，(b)，(c)，(d)は全体を表す表題としては不適。

●語句・構文●

(A)（第1段）at the dawn of～「～の初頭に」 affordable「手の届く，手ごろな」 an expanding number of～「増大する～」 wood-block artists「木版画芸術家」 meet「満たす」 explosion「爆発的な増大」 alone「～だけ」 pictorial art「絵画」 patronage「後援」 *A* make O C「*A* なので，O は C になる」 arbiter「決定者」 not only～but also…「～するだけではなく…もする」主語 representations「～を表現したもの」に対して，reflected と helped の2つの動詞が続く。reflect「反映する」 artisan「職人」 frame「輪郭を作る」 gender discourse「性別の話し方」 be brought into～「～にもたらされる」 itinerant「旅回りの」（第2段）in addition to～「～に加えて」 proliferate「急増する」 practitioner「実践者」 aspire to～「～を求める」

(B)（第1段）with the arrival of～「～の到来とともに」 concur with～「～に賛同する」 …, which recommended＝… and it　instructional「教育の」 based on～「～に基づいて」 the understanding that～「（同格）～という理解」 leave *A* open＝leave open *A*「*A* を受け入れる」 a window of opportunity「一定の（期間の）機会」 vernacular「その国の」 …, which＝for they　substitute「補うもの」 assert「強く主張する」 supremacy「優位性」

（第２段）Anglicized「英国式の」 ardent「熱心な」 hold that〜「〜だと考える」 mixed「賛否両論の」 as it is now「現在と同じように」 prioritize「〜を最優先させる」 echelon「レベル」 judiciary「司法組織」 coercive「強制的な」 nor does it *do*「（倒置形）それは〜することもない」 contribute to〜「〜の一因となる」 foment「助長する」

（第３段）imposition「押しつけること」 Governor-General-in-Council「総督」 conduct *A* proceedings「*A* の手続きを行う」 urban centers「大都市地域」 few〜「〜する者はほとんどいない」 a tiny minority of〜「ごく少数の〜」

(C)（第１段）bubonic plague「腺ペスト」 culprit「原因」 *Yersinia pestis*「ペスト菌」 pathogen「病原菌」 when feeding on＝when they feed on　causing は分詞構文。cause *A* to *do*「*A* に〜させる」 become starved for〜「〜に飢える」 *A* lead *B* to *do*「*A* の結果，*B* は〜する」 voraciously「貪欲に」 be adept at *doing*「〜するのがうまい」 live on〜「〜に寄生する」 with *A* *doing*「（付帯状況）*A* は〜する状態で」 serve as〜「〜として役立つ」 hemorrhaging「出血」 tissue「組織」

（第２段）contagion「接触感染」 proximity「近いこと」 *A* mean that〜「*A* により，〜ということになる」 virulent「伝染力がある」 cut *A* in half「*A* を半分に減らす」 death toll「死者」 be believed to have *done*「〜したと信じられている」 make *one's* way「進む」 …, where＝… and there

wipe out〜「〜を死なせる」 hitting と getting は分詞構文。be estimated to have *done*「〜したと推定される」

（第３段）methodically「順序だって，整然と」 make *A* jumps「*A* の前進をする」 as in〜「〜の場合のように」 average「平均すると〜になる」 by the standards of〜「〜の水準と比べて」

（第４段）pandemic「世界的流行病」 with *A* *doing*「（付帯状況）*A* が〜している状態で」 a matter of〜「わずかな〜」 主語 A measles outbreak「はしかの発生」の述語動詞は appeared。unvaccinated「ワクチン接種をしていない」 sparked via〜「〜が引き金となった」 exposure「発覚」

（第5段） beyond「～のほかに」 insight「見抜くこと」 the understanding of … of our networks が主語で，will serve が述語動詞。contagion「接触感染，伝染」 diffusion「拡散，波及」 depend on ～「～に左右される」 *A* concerning *B*「*B* に関する *A*」

III 解答

25—(h) 26—(d) 27—(g) 28—(e) 29—(c) 30—(f) 31—(a)

◆全　訳◆

≪憧れと恐れの対象となるアメリカ≫

世界中のほとんどの人々と同じように，マルコム＝アダムスにとって，アメリカは現実の場所というよりむしろ精神的なイメージなのである。ほぼ確実に彼が合衆国を自分自身の目で見ることは決してないだろう――彼が旅行ができるだけのお金を得ることは決してないだろう――しかし，それによって，その場所に対する関心が減ることは全くない。

2001年6月，私はバスに乗った時にマルコムに会った。彼はバズ・バスの運転手で，それはいつも信頼できるわけではないが，大都市と田舎の観光地区を往復する安い方法として，南アフリカで多数のバックパッカーに知られたシャトル便であった。私を乗せた日，彼は海岸沿いをダーバンに向けて東のほうへ向かっていた。午後の遅い時間で，冬の太陽が傾いていた。道路沿いに，数百人の人々が，5，6人のグループに固まって，歩いて家に帰るところであった。右手の沖合では，インド洋が，アフリカ大陸の南縁にぶつかり，泡立ちきらめいていた。

マルコムは32歳であったが，滑らかな肌をした顔と大喜びする態度のために彼は若く見えた。彼は10代の時には海軍士官になることを夢みていたが，大人になってからはずっと父親と同じように運転手として働いていた。「私には能力があったんだが，旧制度の下では肌の色のためにそうしたものに入れなかったんだ」と，彼は物足りなそうに言った。今，彼は南アフリカの一方の片端から別の片端まで運転して，日々14時間働いていた。景色はすばらしかったが，彼は妻と2人の子供に会えなくて寂しがっていた。というのは，彼は週末だけしか家族に会えなかったからだ。

それでも，これはケープタウン市の公共のバスを運転していたこの前の仕事より良くなっていると，彼は言った。同僚の5人の運転手が路線を運転している間にギャングの世界のように殺された後に，彼はその仕事を辞めた。その殺人者は後に，各殺人に対して彼はタクシー運転手組合のボスから 350 ランド（約 50 米ドル）を払ってもらったと，法廷で証言したのだが，そのボスは乗客を怖がらせてタクシーに乗せたかったようだった。

「うん，その銃撃については耳にしたよ」と，私は言った。「私の国の新聞がそれらについて書いていたよ」

「ところで出身国はどこなんだい？」と，マルコムは尋ねた。

私が彼に伝えると，「ああ，あなたはアメリカから来ているか！　あなたの国は南アフリカに非常に大きい影響力を持っているよ」と，彼が大げさに言った時，彼の目は喜びで輝いていた。

「本当かい？　いいほうかい，それとも悪いほうかい？」と，私は言った。

「もちろん，いいほうだよ！　アメリカはここの誰もがなりたがっているものなのさ――アメリカの音楽，アメリカの衣服，アメリカのライフスタイル。すてきな家，大きな車，沢山の現金。アメリカは南アフリカの多くの人々にとって崇拝の対象なんだ」

彼の言うことが正しいことを彼自身の衣服が示していた。ジャック＝ダニエルの野球帽，黒いジーンズ，袖がふくらんだ藤紫色のスキー用ジャケット。彼がブルックリンかセントルイスのアメリカの通りにいても，うまく溶け込んだであろう。彼と友達は，ラジオで聞いた歌，ビデオ店で借りた映画，南アフリカのチャンネルで放送されるテレビ番組――『ザ・ボールド・アンド・ザ・ビューティフル』は特にお気に入りであった――を通してアメリカを知っていると，マルコムは言った。私は年上の人々も彼と同じ考え方をしているのかどうか尋ねた――母親や父親は合衆国に心酔しているのかい？「いいや，彼らはもっと品行方正だよ。彼らは南アフリカの生活を送りたがっているのさ」と，彼は皮肉をまじえずに答えた。

その時までに，すっかり日が傾いていた。自分と家族が暮らしているケープ郡区の話をする時は，マルコムの顔はダッシュボードの光が反射して明るくなっていた。水道が通り，電気が通り，道路は舗装されているが，近所の多くの人々には仕事と呼べるような仕事がなく，犯罪はいつも心配の種であった。「ギャングは人々を銃撃し略奪しているんだが，警察は何もしてくれないんだ」 私たちは少しの間黙っていた。それから，アメリカのものなら何に対しても彼が示したのと同じ熱心さで，「南アフリカのすべての郡区にはあなたの国にちなんで名前を付けられた２種類のストリートギャングがいることを知っているかい？」と，彼は付け加えて言った。

「いや」

「そうなんだよ！　一つはヤング・アメリカンと呼ばれ，もう一つはアグリー・アメリカンと呼ばれているんだ」

「違いは何だい？」

満面の笑み。「ヤング・アメリカンはアメリカ人のような服装をしている。アグリー・アメリカンはアメリカ人のように撃つ」

アメリカ。そこは大金持ちであり，多くの銃を撃つ場所。最も洗練された分析ではないが，それは合衆国が世界中の多くの人々からどのように見られているかを適切に言い表した簡潔な表現である。味方であろうと敵であろうと，金持ちであろうと貧乏であろうと，外国人はきらきらと光る富に目が眩んでいる時も，そのすさまじい軍事力ゆえにアメリカを恐れる傾向がある。

◀解　説▶

▶25. 同段第１文（I met Malcolm …）に「バスに乗った時にマルコムに会った」とあり，第２文（He was a driver …）には彼が「バズ・バスの運転手」であることが書かれているので，「私を乗せた」ことが述べられている(h)が正解である。

▶26. 空所直前の文（Like his father, he had worked …）に，マルコムが「海軍士官になることを夢みていた」のだが，実現せずにバスの運転手をしていることが述べられている。その実現しなかった理由に言及している(d)が正解である。

▶27. 空所直後の文（He quit that job …）にマルコムが「同僚の５人の運転手が…殺された後に，その仕事を辞めた」とある。「その仕事」の具体的な内容が「公共のバスの運転」であることを示している(g)が正解である。選択肢の his last job「彼のこの前の仕事」もヒントになる。

▶28. 空所の直前でマルコムが「出身国はどこなんだい？」と尋ねているので，空所にはその出身国が示されているはずである。また，空所後方で著者が “Good or bad ?” と尋ねているので，これが修飾できる名詞が空所には含まれる。以上から(e)が正解。good or bad は influence を修飾する。

▶29. 空所直前の文（His own clothes made the point: …）でマルコムの服装が示されるが，それは若いアメリカ人のカジュアルな格好そのものである。よって，(c)が正解である。

▶30. 空所直前の文（By now, darkness had fallen.）に「その時までに，すっかり日が傾いていた」とあるので，空所には日差しに関する記述があるはずである。また，空所直後の文（They had running water, …）では，マルコムが街の状況を説明している。よって，両者に関連することが述べられている(f)が正解である。

▶31. 空所後方の文（Friend or foe, rich or poor, …）に，「外国人はきらきらと光る富に目が眩んでいる時も，そのすさまじい軍事力ゆえにアメリカを恐れる」とある。よって，「大金持ちであること」と「多くの銃を撃つこと」に言及している(a)が正解である。

●語句・構文●

（第1段）more *A* than *B*「*B* というよりむしろ *A*」 *A* diminish *B*「*A* によって，*B* が減る」 not one bit「まったく～ない」

（第2段）*A* known to *B* as *C*「*C* として *B* に知られた *A*」 pick *A* up「*A* を車に乗せる」 head「向かう」 bunched in ～「～に固まって」 off「～沖合では」 froth「泡立つ」 crashing は分詞構文。

（第3段）demeanor「態度」 *A* make *B* *do*「*A* のために，*B* は～する」 dream of *doing*「～することを夢みる」 wistfully「物足りなそうに」 *A* keep *B* out of *C*「*A* によって *B* は *C* に入れない」 driving は分詞構文。miss「～に会えなくて寂しがる」 …, whom he saw＝for he saw them

（第4段：セリフ含む）an improvement over ～「～より良くなっているもの」 gangland-style「ギャングの世界のように」 frighten *A* into *B*「*A* を怖がらせて *B* に入らせる」 light up with ～「～で輝く」 gush「大げさに言う」

（第5段）make the point「主張の正しさを示す」 puffy「ふくらんだ」 fit right in「うまく溶け込む」 He would have fit right in … は仮定法過去完了の文。carry「放送する」 idolize「～に心酔している」 Christian「品行方正な」

（第6段：セリフ含む）real job「仕事と呼べるような仕事」 worry「心配の種」 *A* named for *B*「*B* にちなんで名前を付けられた *A*」

（最終段）fair「適切な」 shorthand「簡潔な表現」 fear *A* for *B*「*B* ゆえに *A* を恐れる」 even as～「～する時も」 be dazzled by～「～に目が眩む」 shimmering「かすかに（ちらちら）光る」

Ⅳ　解答

32―(a)　33―(g)　34―(k)　35―(j)　36―(f)　37―(d)　38―(c)

◆全　訳◆

≪欠席についての教授と学生の会話≫

ソクラテス：ねえ君，フィロ，大学で君に会ってから随分になりますね！近ごろは何で忙しいのですか？

フィロ　　：特に何もないと思いますが。

ソクラテス：さてさて。わたしは君のことを他の誰よりもよく知っているよ。災害以外は何があっても君が講義室から足を遠ざけることはないと，私は強く確信しているんですが。

フィロ　　：ええ，そんなに知りたいのなら教えますが，私の老祖父と関係があるんです――つまり，父方の祖父のことです。

ソクラテス：おお，そうなんですか。その方は知っています。彼は，この市が我が市のものと呼ばせていただける最も博学な紳士の一人ですね。

フィロ　　：確かに。それで，言いかけていたように，良くも悪くも，私に先週大学を休ませたのは私の祖父なんです。

ソクラテス：君，どうしてそうなったんですか。さあ，話してみなさい。

フィロ　　：ええ，実は，祖父が最近数々の古代文書を手に入れたんですが，そのすべてがエジプト由来のもので，すべてがすばらしい状態でした。そこで私が――

ソクラテス：そこで君は先週の大半を象形文字を解読して過ごした。そうでしょう？

フィロ　　：おっしゃる通りです。

◀解　説▶

▶32. 空所後方の文で「近ごろは何で忙しいのですか？」とソクラテスが尋ねているので，彼はフィロに会ってないことが推測できる。よって，(a)が正解。It's been ages since～「～してから随分になる」 (i)の long time は冠詞の a がないので，不可。

▶33. Nothing「ない」を強調する(g)の in particular「特に」が正解である。

▶34.「何があっても講義室から足を遠ざけることはない」と言っているが，その理由の例外を示すのが disaster「災害」である。よって，(k)の short of ～「～以外は」が正解である。

▶35. 空所直後の名詞 gentlemen を修飾する形容詞が入る。また，空所直前に one of the があるので，最上級になると考えられる。よって，(j)の most erudite「最も博学な」が正解である。

▶36. 空所を含む文には強調構文 it was ～ who … が使われている。空所直後に kept という動詞があるので，空所には kept を修飾する副詞（句）が入ると考えられる。それに該当するのは，(f)の for better or for worse「良くも悪くも」である。

▶37. 空所には述語動詞が入る。空所直後の目的語が a collection of ancient manuscripts「数々の古代文書」なので，意味が適切なのは(d)の come by ～「～を手に入れる」である。

▶38. 空所直後の last week と適切に結びつくのは，(c)の（the）better part of ～「～の大半」である。

●語句・構文●

（Socrates の 1 回目の発言）be busy *oneself* with ～「～で忙しい」

（Socrates の 2 回目の発言）come now「まあまあ，これこれ」 keep *A* away from *B*「*A* を *B* から遠ざける，*A* に *B* を休ませる」

（Philo の 2 回目の発言）if you must know「そんなに知りたいのなら教えますが」 have to do with ～「～と関係がある」 I mean「つまり」

（Socrates の 3 回目の発言）have the pleasure of *doing*「～させていただける，～することを光栄に思う」 call *one's* own「自分のものだと言う」

（Philo の 3 回目の発言）this past week「先週」

（Socrates の 4 回目の発言）How so?「どうしてそうなのか」 Do *do* ～「さあ～しなさい」最初の Do は命令文を強調する働き。

（Philo の 4 回目の発言）as it happens「実は」

（Socrates の 5 回目の発言）spend *A* *doing*「～をして *A* を過ごす」

hieroglyph「象形文字」 Am I right?「そうだろう？」

（Philoの5回目の発言）Guilty as charged.「おっしゃる通り」

V **解答** 〈解答例〉(Even though we tend to forget many things, we still) have enough information to function properly and live as individuals.（4〜10語）

◀解　説▶

設問の指示は「以下の文章を読んで，別の解答用紙にある解答欄に自分自身の言葉で英語の要約を完成させなさい。要約の書き出しは与えられており，4〜10語で完成させなければならない。本文中の2語より多く連続した語句を使ってはいけない」となっている。文章の内容は，「私たちは様々な出来事をあまりに容易に混同し，重要なものをしばしば忘れる。しかし，それでも私たちは生き残るのに必要な情報を知っているので，正常に活動できるし，個人としての存在を見失うこともない」ということである。要約の導入文は「私たちは多くのものを忘れる傾向があるにしても，それでも私たちは…」というもので，「生き残るのに必要な情報を知っている」，「正常に活動できる」や「個人として存在を見失うこともない」という内容が述べられればよいことがわかる。「必要な情報を知っている」はremember〔have〕enough information toを使うと書きやすい。「正常に活動する」は，function properly〔normally〕，「個人としての存在を見失うこともない」は平易にlive as individualsでよいだろう。

〈解答例〉は「適切に活動し個人として生きるだけの情報を持っている」という意味である。

与えられている文章の和訳：記憶は脳によって情報を保存し検索することと定義され，また忘れることは記憶を失うことと定義され，それは記憶喪失と呼ばれる。この30分に，昨日の午後に，過去10年間に，一生の間に，私たちの誰にでも起こったことの大部分は忘れられ回復ができなくなる。通常，私たちはそうした記憶のそれぞれが最初に作られた瞬間を思い出すことができない。私たちはみんな人生の様々な出来事をあまりに容易に混同しており，それぞれの正確な内容と状況を含めて，より大きな意味を持つ出来事でさえそうである。私たちは自分にとって重要であった（そして重要である）最初のガールフレンドや祖父母の顔の細部をしばしば忘れる。

そうした顔を思い出せないと，しばしば肉体的な痛みを感じると言ってもよい。私たちの生涯は生まれた最初の年からニューロンとシナプスの喪失を伴い，重要な記憶が，失われたそうしたニューロンとシナプスにあるかもしれない。しかし，これにもかかわらず，私たちはみんなかなり正常に活動し，私たちのコントロールの下で多くの複雑なシステムが作動して機能する，ほぼ組織的な社会で暮らしている。私たちはみんな生き残るのを可能にする多くの情報を知っている。中には，より背が高い者，より貧しい者，より痩せている者，より賢明な者もいるが，私たちはみんな「ある人」，つまり個人である。それぞれが自分自身の記憶を持っているので，それぞれが現在の自分なのである。イタリアの偉大な哲学者ノルベルト＝ボッビオ（1909〜2004）が言ったように，私たちはまさしく記憶している現在の自分なのである。

❖講　評

2020年度も問題の形式・構成には変化はなく，例年通り読解問題3題，会話文問題1題，英語での要約問題1題の計5題の出題である。受験生にとっては未知の語句が多く読みづらいと思われる。

Ⅰは2つの英文の空所補充問題で，文法的な問題とともに，読み取った内容に基づいて文脈上適切な内容を完成させる問題も多く含まれている。(A)は芸術を扱ったやや抽象的な英文で，選択肢に未知の語が含まれる設問もあるので，前後の文脈を正確に把握しながら推測することも必要である。(B)は標準的な英文で選択肢の単語も見慣れたものなので，高得点を得たいところである。

Ⅱは3つの英文の内容説明問題と内容真偽問題が中心となっており，設問・選択肢もすべて英語となっている。(A)は江戸の文化を，(B)は植民地時代のインドの英語を扱った具体的で読みやすい英文である。解答の根拠となる英文も見つけやすい。(C)は黒死病の流行を扱った英文で，英文量がやや多い。表題を問う設問があるが，黒死病が例として挙げられていることに気がつかないと正解に至らない。

Ⅲは長文に設けられた7つの空所に8つの選択肢から選んで文を補充する問題である。英文量がやや多いが，内容は平易で読みやすい。空所の前後関係に気を配り，時系列や代名詞などの指示語に注目するとよいだろう。

Ⅳは会話文の空所補充問題で，難易度は標準的である。会話表現が頻出しているのが特徴だが，文法面と内容面の両方から判断すれば，正解にたどり着くのは難しくない。

Ⅴは短めの英文を自分の言葉で要約し，与えられた書き出しに続けて英文を完成させる問題である。題材となっている英文の内容がやや難解で，まず英文の内容理解が必要である。要約に使える語数に制限があるので，相当の作文力が要求される。

90分という試験時間に対して，分量がかなり多く，やや難解な素材も含まれるので，時間的な余裕はないと思われる。速読力とともに迅速に問題を処理していく力が求められる。

日本史

I　解答

1．黒曜石　2―ウ　3―ア　4―オ
5―エ　6―エ

◀解　説▶

≪旧石器～古墳時代の木製品≫

▶1．「長野県和田峠」「ガラス質の火成岩」などがヒント。黒曜石はガラス質で漆黒の火山岩で，旧石器時代の槍先や縄文時代の石鏃など打製石器の石材として利用された。産地としては他に熊本県阿蘇山，大分県姫島，北海道十勝岳などもある。特定の産地から広域に分布するので当時の交易活動を知ることができる。

▶2．やや難。ウ．正文。青森県三内丸山遺跡の発掘調査で，クリ林のある程度の管理・栽培は行われていたと考えられている。

ア．誤文。「あく抜きの技術がなかった」が誤り。トチノミやドングリなどあく（毒素）抜きを必要とする木の実は，縄文土器で水にさらしたり，加熱処理（煮炊き）を行ったりすることで食用にできた。

イ．誤文。「編みかご」は存在した。青森県三内丸山遺跡でイグサ科の植物で編まれたポシェットが発見されている。

エ．誤文。福井県鳥浜貝塚の発掘調査などから「マメ類やヒョウタン」なども栽培されていたと考えられている。

オ．誤文。「縄文時代前期」が誤り。「コメ」の栽培は，佐賀県菜畑遺跡などの例から，九州北部で縄文時代晩期に始まったと考えられ，「ムギ」についても同遺跡から大麦の遺物が出土していることから栽培が始まっていたと考えられている。

▶3．アが正解。やや難。放射性炭素年代測定法は生物（炭化物・貝など）に含まれている放射性炭素14の死後の減少量を測定して年代を割り出す方法で，生物の残骸が対象試料として用いられる。また，近年採用されたAMS法（加速器質量分析法）によって測定数値の精度が高まった。

イ．年輪年代法は主に建築物などの木製品の年輪から木材の生育していた年代を算定する方法。放射性炭素年代測定法にはずれが生じることもあり，年輪年代法などを用いて補正することもある。ウ．熱ルミネッセンス年代測定法は土器などの年代を測定する方法の一つ。エ．フィッショントラック法は鉱物中の核分裂などから年代を算定する方法。オ．水和層年代測定法は黒曜石の年代測定法である。黒曜石の表面に水を吸収した層があり，その厚さを分析して年代を測定する方法。

▶4．オが正解。続縄文文化は，弥生時代から8世紀頃まで続いた北海道の食料採集文化。その後，北海道では13世紀頃まで広く擦文文化と呼ばれる鉄器文化が展開し，ほぼ同時期に北東岸や千島列島でオホーツク文化という海獣狩猟文化が併存していた。やがて13世紀になると，狩猟・漁労・交易を生業とする人々によるアイヌ文化が形成された。

▶5．エが正解。刀子は「木製農具」ではなく，鉄製の小刀である。

▶6．エ．正文。上毛野《かみつけぬ》（群馬県）には太田天神山古墳（全長約210m），吉備（岡山県）には造山古墳（全長約360m），日向（宮崎県）には女《め》狭《さ》穂《ほ》塚《づか》古墳（全長約175m）などがある。

ア．誤文。「6世紀以降」が誤り。八角墳は古墳時代終末期の7世紀中頃に築造された。

イ．誤文。副葬品は，古墳時代前期には武器や農工具などとともに，銅鏡など呪術的な色彩の強いものが多かったが，中期になると鉄製の武器や武具の占める割合が高くなる。

ウ．誤文。「追葬が容易に可能」なのは羨道をもつ横穴式石室である。

オ．誤文。円筒埴輪は古墳時代前期に出現した。

II　解答

1．真人　2―エ　3．庚寅年籍　4―ア
5―オ　6．弘仁　7―ウ　8．令義解

◀解　説▶

≪天武朝～嵯峨朝までの律令の制定と変遷≫

▶1．「皇親氏族にあたえられ」「最上位」「八色の姓」がヒント。真人は継体天皇の近親やそれ以後の大王家の末裔に与えられた。なお，第二位の朝臣は旧臣姓に，宿禰は旧連姓に，忌寸《いみき》は国造や渡来系氏族に主として与えられ，下位の道師・臣・連・稲置の4つは授与された形跡がない。

▶2．エ．正文。飛鳥浄御原令は天武天皇の時代に編纂が始まり，持統天皇のもとで689年に施行された。

ア．誤文。やや難。藤原京遷都は 694 年なので，施行（689 年）は遷都前となる。

イ．誤文。やや難。刑法の律については完成していないとみなされ，唐の律を代用したという説がある。

ウ．誤文。「評」が「郡」の表記に改められたのは大宝令（701 年）からと考えられている。

オ．誤文。やや難。飛鳥浄御原令には不明な部分が多く，大宝令とほぼ同じと推定されている。

▶3．庚寅年籍の作成により口分田班給が実施され，以後，6 年ごとの戸籍作成と口分田班給の制度が確立された。

▶4．ア．正文。国学は律令制下の地方教育機関。国司の管理下にあって，主に郡司の子弟に官吏の教養として儒学などを教授することを目的とし，卒業後は中央の大学に進学できた。

イ．誤文。戸籍は 6 年ごとに作成されたが，計帳は毎年作成された。

ウ．誤文。口分田の売買は認められていない。

エ．誤文。徴兵された兵士の武器は自弁が原則である。

オ．誤文。貴族・官人も良民である。

▶5．オが正解。「養老律令」を「施行」した人物が入るので，藤原仲麻呂である。養老律令は元正天皇時代の 718 年に藤原不比等が制定し，その後，孫である南家の仲麻呂が，孝謙天皇時代の 757 年に施行した。

▶6．弘仁格式は嵯峨天皇の命で藤原冬嗣らが編纂した養老律令の補足法典。律令条文の補足・改正などの格と，律令や格の施行細則である式を分類編集したものである。三代格式の一つで，その後，貞観格式（清和天皇），延喜格式（醍醐天皇）と編纂が続いた。

▶7．ウ．誤文。「尾張国郡司百姓等解」で藤原元命が訴えられたのは 988 年である。当時は一条天皇の時代で，藤原道長の父兼家が摂政・関白として権勢をふるっていた。

▶8．「公式に統一した官撰の注釈書」なので『令義解』である。養老令の解釈を統一するため清原夏野らによって編纂され，833 年に完成した。なお，惟宗直本の編集した『令集解』（養老令の私撰注釈書）と混同しないように注意しよう。

III 解答

1－オ　2－ウ　3．北条泰時　4－イ　5－エ
6．山名氏清　7－オ　8－ウ

◀解　説▶

≪中世の政争と戦争≫

▶1．オ．正文。藤原泰衡は奥州藤原氏の4代目。源頼朝の圧力に屈し，かくまっていた源義経を殺したが，1189 年に頼朝軍に攻められ敗死した。

ア．誤文。やや難。「兄弟」が誤り。以仁王は安徳天皇の伯父にあたる。後白河法皇の第3皇子が以仁王で，第7皇子が高倉天皇（安徳天皇の父）である。

イ．誤文。「暗殺」が誤り。平清盛は，五男重衡の南都焼打ちの後，病で亡くなった。

ウ．誤文。「自ら大軍を率いて」が誤り。また「平氏」を「都落ち」させたのは源義仲である。源頼朝は相模の鎌倉に本拠を置き，自らは動かずに弟の範頼・義経を送って反目した義仲を討たせ，さらに長門の壇の浦で平氏を滅亡させた。

エ．誤文。「平氏追討を目的」が誤り。源義経が反目すると，源頼朝は義父の北条時政を京都に送り，源義経追討を名目に守護・地頭の設置を要請した。

▶2．ウ．正文。承久の乱を契機に上洛した北条時房と泰時がそのまま六波羅探題として任務についた。

ア．誤文。やや難。関白九条道家の子頼経をわずか2歳で鎌倉に迎え入れたのは北条義時で，承久の乱前の 1219 年である。なお頼経が4代将軍（摂家将軍）に就任したのは 1226 年で，当時の執権は3代北条泰時である。

イ．誤文。「壱岐」が誤り。後鳥羽上皇が流されたのは隠岐である。

エ．誤文。「全面的に否定」が誤り。御成敗式目は武家社会の法として定められたので，公家社会の律令の規定は公家法として否定せず併存した。

オ．誤文。「没収することなく」が誤り。鎌倉幕府は後鳥羽上皇方の貴族や武士の所領 3000 余カ所を没収し，そこに新補地頭を設置した。

▶3．北条泰時は連署や評定衆を設置し，有力御家人の合議制を確立した。また，新補地頭の設置などで増加した土地紛争を解決するため，武家社会の道理（慣習）に準拠した成文法の御成敗式目を制定し，公正な裁判の基準を示した。

▶4．イ．誤文。「蒙古襲来の発生を受けて」が誤り。日蓮の『立正安国論』は1260年に前執権北条時頼に提出され，後の蒙古襲来を予言した著書である。

▶5．エが正解。やや難。X．北畠親房の『神皇正統記』の執筆は1339年で南北朝の初期。Y．観応の擾乱（1350～52年）の説明文で南北朝の中期。Z．湊川の戦い（1336年）は建武の新政の崩壊期。

▶6．山名氏清は守護として一族で合わせて11カ国（全国60余カ国）を領有し，「六分一殿」と呼ばれた。守護大名勢力削減を狙う足利義満の挑発に乗って挙兵し，1391年に明徳の乱で討伐された。

▶7．オ．正文。

ア．誤文。「禅宗の布教」が誤り。金沢文庫を設立した北条（金沢）実時は真言律宗の叡尊に帰依していた。なお，隣接する実時が創建した称名寺は真言律宗の寺院である。

イ．誤文。「関東地方」が誤り。稲の裏作として麦を栽培する二毛作は鎌倉時代に西日本一帯に広がり，室町時代に入って関東地方に普及した。なお，鎌倉幕府は麦を年貢として課税することを禁じた。

ウ．誤文。鎌倉府が「撰銭令」を出した形跡はない。また鎌倉周辺の関東地方でも銅銭は流通しており，特に輸入銭でもっとも多く使用された永楽通宝（永楽銭）が利用され，16世紀末以降東日本では年貢収納高を永楽通宝で表示する永高が慣例となった。

エ．誤文。やや難。「越後守護」が誤り。長尾景虎は越後守護代の出身。関東管領上杉憲政から家督と関東管領職を譲り受けて上杉謙信と称した。

▶8．ウが正解。

X．正文。やや難。大友義鎮（宗麟）は豊後府内を拠点に勢力をはったキリシタン大名。府内にザビエルを招いて布教を許可し，後にヴァリニャーニがコレジオ（宣教師養成学校）を創設した。

Y．誤文。「四方が高い城壁で囲まれた城塞都市」が誤り。堺は西に大阪湾を備え，他方を深い堀などで囲んだ防御設備を整えていた。

Z．誤文。「伊達氏」が誤り。越前一乗谷を城下町とするのは朝倉氏である。

Ⅳ 解答

1．宗旨人別改帳〔宗門人別改帳〕　2．三行半
3．講　4―エ　5―オ　6―エ　7．大井　8―エ

◀解　説▶

≪江戸時代の旅≫

▶1．やや難。漢字6字の指定があるので宗旨人別改帳〔宗門人別改帳〕である。禁教目的の宗門改帳と人口・戸籍調査の人別改帳を合わせて村ごとに作成した台帳。1671 年からは制度化されて，全国で毎年作成された。

▶2．三《み》行《くだり》半《はん》は，離別する際に必ず夫から妻に交付された離縁状。離縁すること（離婚文言），再婚してもかまわないこと（再婚許可文言）などが3行半で書かれることが多かったので三行半（三下半とも）といわれた。夫側の一方的な権限だが，この授受がないと両者とも再婚できず，なしで再婚すると男は刑罰を受け，女は髪を剃り落とし親元に帰された。

▶3．講は宗教・経済・社交上で組まれた組織・団体のこと。もともとは仏教で仏典を講釈する講経に由来する。中世以降，寺社参詣が盛んになると，参詣を目的に結社組織をつくり，互助的に旅費を積立て，くじ引きなどで代表者を選んで参詣させた。代表的なものに伊勢講や金毘羅講などがある。

▶4．エ．正文。算額は和算家が考案した問題や解答した問題などを絵馬にして神社仏閣に掲げたもの。

ア．誤文。「18 世紀後半」が誤り。関孝和は 17 世紀後半から 18 世紀初頭に活躍した和算家である。

イ．誤文。「関孝和」が誤り。『塵劫記』は吉田光由の和算書である。

ウ．誤文。「安井算哲」が誤り。『発微算法』を著したのは関孝和である。安井算哲（渋川春海）は日本人の手になる最初の暦である貞享暦を完成させ，初代天文方となった天文学者である。

オ．誤文。算盤は室町時代の末に中国から伝来した。江戸時代になって吉田光由の『塵劫記』などにより普及した。

▶5．オ．誤文。やや難。幕府公用の継飛脚にならって大名飛脚が生まれた。

▶6．エ．正文。新居関（今《いま》切《ぎれ》関《のせき》）は浜名湖（静岡県）にある往来の多い東海道の要所で，箱根関とともに江戸防衛の要であった。

ア．誤文。「幕府が直轄管理」が誤り。近隣の諸藩や代官などが管理した。

箱根関は小田原藩，新居関は吉田藩，碓氷関は安中藩，木曽福島関は尾張藩代官山村家，小仏関は八王子（直轄領）の代官，栗橋関は主に関東郡代伊奈氏が管理した。
イ．誤文。「持ち出される鉄砲」が誤り。「入り鉄砲に出女」を想起しよう。防衛上，江戸に入る鉄砲を警戒した。
ウ．誤文。「遊女」が誤り。「出女」は大名の妻女のことである。
オ．誤文。「日光道中」が誤り。碓氷関は中山道の上野国（群馬県）と信濃国（長野県）の境に位置する関所である。
▶7．リード文の唄がヒント。大井川は駿河国と遠江国の境を流れる川。架橋と渡船が禁じられたので川越人足の肩や輦台《れんだい》に乗って渡る必要があり，増水すると川留めともなったため，東海道の難所となった。なお，同じく東海道の安倍川（静岡・山梨県境）も渡渉であったので混同しないように注意しよう。
▶8．エ．誤文。空欄Dに入るのは吉田松陰である。松陰は1859年に安政の大獄で処刑されており，大老井伊直弼が暗殺された桜田門外の変（1860年）には加わっていない。

V　解答

1．植木枝盛　2．北村透谷　3．安部磯雄
4―イ　5．東洋経済新報　6―エ　7―エ
8―オ　9―ウ・エ　10．大西洋憲章

◀解　説▶

≪近代の国際平和≫
▶1．「『東洋大日本国国憲按』の起草者」がヒント。植木枝盛は高知県出身の民権運動家で，『民権自由論』でわかりやすく民権思想を説くなど，理論的指導者として活躍した。
▶2．「雑誌『文学界』の創刊に加わった詩人・評論家」がヒント。北村透谷は当初民権運動に参加したが挫折して離脱。その後，キリスト教に入信し，文学に転身してロマン派の先駆者として活躍した。『内部生命論』『厭世詩家と女性』などの評論が有名。1893年に島崎藤村らと『文学界』を創刊したが，翌年自殺した。
▶3．リード文の「社会民主党」や設問文の「のちに社会民衆党委員長」がヒント。安部磯雄は明治～昭和期における社会主義者の中心的存在。渡

米してキリスト教社会主義を学び，日本初の社会主義政党である社会民主党の結成に参加した。無産政党右派の指導者として，昭和期は社会民衆党（1926 年）や社会大衆党（1932 年）などで活躍した。なお，早稲田大学野球部の創設者としても知られ，「学生野球の父」と称される。

▶4．イ．正文。やや難。社会主義協会（1900 年）は，安部磯雄らが結成した社会主義研究会（1898 年）を前身とする啓蒙宣伝団体。この活動を通じて国政参加を目指し，社会民主党が結成された（1901 年）。

ア．誤文。難問。社会民主党の結成時（1901 年）は，前年に制定された治安警察法の弾圧で「労働組合結成の動き」は衰退していた。活動を担っていた労働組合期成会（1897 年結成）も 1901 年に解消した。

ウ．誤文。やや難。党の宣言に「労働運動の組織化」などは含まれていない。

エ．誤文。社会民主党は治安警察法により結社後 2 日で禁止されたので「活動を具体化」できなかった。

オ．誤文。「非合法」が誤り。日本社会党（1906 年）は合法政党として公認された（翌年禁止）。

▶5．「石橋湛山」がヒント。『東洋経済新報』（1895 年創刊）は経済だけではなく外交・社会・教育などにも広く論陣をはった。論調は一貫して自由主義の立場をとり，大正デモクラシー期には『中央公論』とともに先頭に立った。また一番の特徴は小日本主義（植民地放棄論）を唱え続けたことである。なお，主幹や社長となった石橋湛山は早稲田大学出身者なので注意しておこう。

▶6．エ．誤文。「外交権を握った」が誤り。第 3 次日韓協約で日本は韓国の内政権を握った。外交権は 1905 年の第 2 次日韓協約で掌握した。

▶7．エ．正文。ロンドン海軍軍縮条約（1930 年）は浜口雄幸内閣（立憲民政党）が海軍軍令部の反対を押し切って調印したため，野党の立憲政友会も軍部や右翼に同調し，「統帥権干犯」を掲げて政府を攻撃した。

ア．誤文。「主力艦」が誤り。補助艦（巡洋艦・駆逐艦・潜水艦）の保有量を対英米約 7 割（ただし大型巡洋艦は約 6 割）とした。なお，同条約では，ワシントン海軍軍縮条約で決定された主力艦の建造禁止期間を 5 年間延長することが決定した。

イ．誤文。「若槻礼次郎内閣」が誤り。正しくは浜口雄幸内閣である。若槻礼次郎はロンドン海軍軍縮会議の全権である。
ウ．誤文。「参謀本部」が誤り。参謀本部は陸軍の最高軍令機関。正しくは海軍軍令部である。
オ．誤文。「無視した」が誤り。1935年には第2回の会議が開かれたが，日本は脱退を通告し，条約も失効した。
▶8．オ．誤文。やや難。「ソ連は最後まで加盟せず」が誤り。ソ連は1934年に加盟し，その後1939年に除名された。
▶9．ウ．誤文。「幣原喜重郎外相」が誤り。不戦条約を調印したときの外相は田中義一（首相兼外相）である。なお，パリで不戦条約に調印した全権は内田康哉である。
エ．誤文。「統帥権を犯すものだとの批判」は，ロンドン海軍軍縮条約調印（1930年）のときのものである（統帥権干犯問題）。不戦条約については，条文の「人民ノ名ニ於テ」の文言が天皇制の国体に反するとして問題化した。
▶10．やや難。大西洋憲章は1941年8月にアメリカ大統領F．ローズベルトとイギリス首相チャーチルが発した共同宣言。第二次世界大戦や戦後処理についての指針を示したもので，戦後の国際連合の基本理念となった。

Ⅵ　解答

1―エ　2．曇徴　3．巨勢金岡
4―エ　5―イ　6―オ　7―オ

◀解　説▶

≪絵画の歴史≫
▶1．エ．誤文。大徳寺大仙院襖絵『大仙院花鳥図』を代表作とするのは狩野元信（東山文化）。時代が違うので「門弟」ではない。ちなみに狩野山楽は元信が死んだ1559年に生まれている。狩野山楽は豊臣秀吉に仕えた画家で，『唐獅子図屛風』を代表作とする狩野永徳の弟子となり，狩野永徳の死後は狩野派の中心として活躍した。『牡丹図』『松鷹図』などの代表作があり，両作品ともに大覚寺に所蔵されている。
▶2．「高句麗」「紙・墨・彩色」がヒント。曇徴は高句麗の僧で，610年に来日して絵具や紙・墨の製法を伝えたとされている。
▶3．「平安時代の画家」「大和絵の祖」がヒント。巨勢金岡は平安時代前期に活躍した宮廷絵師。漢詩文を題材に中国の風俗を描く唐絵が主流であった平安時代初期に，優美な色彩で和歌的な日本風景を題材にして，後世に大和絵の祖といわれたが，作品は伝わっていない。

▶4．エが正解。「新たに即位した天皇が神々に新穀を供える」がヒント。毎年秋に収穫を感謝する祭りを新嘗祭といい，天皇が即位した年に行われる新嘗祭を大嘗祭という。現在でも行われており，今上天皇の大嘗祭は 2019 年 11 月に行われた。

▶5．イが正解。難問。代表作『班猫《はんみょう》』がヒント。竹内栖鳳《たけうちせいほう》は明治～昭和期の日本画家。京都の伝統である円山派や四条派を基礎に狩野派や土佐派も取り入れ，日本画の近代化に取り組んだ。官展（文展）で活躍し，1937 年に第 1 回文化勲章を受賞した。なお，ア．下村観山は明治・大正期の日本画家で『大原御幸』などの作品が有名。ウ．富岡鉄斎は明治・大正期の文人画家。エ．前田青邨《せいそん》は大正・昭和期の日本画家で『洞窟の頼朝』など歴史画を得意とした。オ．横山大観は明治～昭和期の日本画家で『生々流転』が代表作である。

▶6．オが正解。「僧命蓮の霊験譚を主題」「飛倉の巻（山崎長者の巻）」がヒント。『信貴山縁起絵巻』は平安末期の絵巻物。色彩を効果的に使う大和絵の筆致と躍動的な庶民の姿がユーモラスに描かれた説話絵巻の最高傑作の一つ。

▶7．オ．正文。難問。消去法で対処しよう。図 1 は雪舟の『秋冬山水図』の 2 幅あるうちの 1 幅で冬景図である。

ア．誤文。作者は「周文」から学んだ雪舟である。

イ．誤文。雪舟の代表作『四季山水図巻』の説明である。

ウ．誤文。難問。狩野正信の『周茂叔愛蓮図』の説明である。

エ．誤文。難問。「日本の名所風景」とあるので，雪舟の『天橋立図』の説明である。

❖講　評

2020 年度は，解答個数が 48 個で 2019 年度より 1 個減った。記述式は 18 個でほぼ例年通りである。近年難易度は上昇傾向にあったが，2020 年度は 2019 年度同様やや平易となった。

Ⅰ　例年通り原始を中心とした時代からの出題で，2019 年度に続き旧石器～古墳時代の内容である。例年選択肢の中には判断に迷うものもあるので注意しよう。正文選択問題の 2 は縄文時代の植物の食用や利用について問うものでやや難。6 の前方後円墳の問題は基礎的知識で判断すれば正答できる。

Ⅱ　古代の律令制度をテーマにした問題。基礎的内容で構成されているので高得点を狙える。正文選択問題の 2 は選択肢に詳細な内容もあるが，正文は基本的事項なので，落ち着いて判断しよう。また，正文選択問題の 4 は誤文を見つけやすく，誤文選択問題の 7 も平易である。また，記述式も平易なので，完答を狙いたい。

Ⅲ　鎌倉～戦国時代の武家政権の政争や戦争に関する内容。記述式の 3 の北条泰時と 6 の山名氏清はどちらも平易。正文・誤文選択問題の中にやや判断しにくいものもあるが，おおむね標準的なのでミスしないように注意したい。特に 7 の誤文選択肢エの「越後守護」（正しくは越後守護代）は難問ではないが，違いを見落とさないように細心の注意が必要である。

Ⅳ　江戸時代の旅というテーマで交通を中心に社会や文化の内容も問われている。記述式の 1 は漢字 6 字なので宗旨人別改帳（宗門人別改帳）となる。宗旨人別帳としないこと。また，3 の講や 7 の大井川を正答できるかがポイント。正文選択問題の 4 の和算に関する出題は，誤りを見つけやすいので消去法で正答できる。同じく 6 も誤りを見つけやすいのでクリアしたい問題である。他にも誤文選択問題の 5 や 8 は平易であるので，高得点を取りたいところ。

Ⅴ　近代の国際平和の希求をテーマにした問題。軍縮会議や民権運動家，社会主義者，ジャーナリズムなど，様々な観点から問われている。記述式のうち，1 の植木枝盛，2 の北村透谷，3 の安部磯雄，5 の東洋経済新報は，どれも漢字のミスなく正答したい。特に安部磯雄は早稲田大学野球部の創設者，また『東洋経済新報』主幹の石橋湛山は早稲田大学出身者なので，正答しておきたいところ。10 の大西洋憲章はやや難である。正文選択問題の 4 は判断しづらく，やや難。誤文選択問題の 6 は韓国併合の過程を整理できていれば平易である。7 は誤りを見つけやすいので消去法で正答できる。8 の国際連盟の内容は詳細な知識が必要だが，早稲田大学の受験生ならば正答したいところ。9 の不戦条約については，ウの「幣原喜重郎外相」を誤りと見抜けるかがポイントである。

Ⅵ　早稲田大学定番の美術史の問題で「絵画」をテーマにしている。リード文は古代～室町時代を範囲にしているが，設問には近代の内容も含まれる。記述式の2の曇徴や3の巨勢金岡は難問ではないので，これらを正答できるかがポイント。選択式の5の竹内栖鳳は難問である。また，正文選択問題の7は消去法で対処できるものの，視覚資料である雪舟の『秋冬山水図』についての細かい内容に関するものであり，難問である。

世界史

I

解答 設問 1．ヤハウェ〔ヤーヴェ〕　設問 2．イ
設問 3．ソロモン　設問 4．ウ　設問 5．バビロン捕囚

◀解　説▶

≪ユダヤ教の成立≫

▶設問 1．ヤハウェは全能の神で万物の創造主とされるが，ヘブライ人にとってその名は畏れ多いものなので口にはされず，「アドナイ（主）」と呼ばれる。

▶設問 2．イ．誤文。新王国時代（前 16 世紀中頃～前 11 世紀前半）に太陽神（アトン神）だけを信仰する宗教改革を行ったのはアメンホテプ 4 世（在位前 1351～前 1334 年頃）だが，シリア方面に進出した王はトトメス 3 世（在位前 1479～前 1425 年頃）やラメス 2 世（在位前 1279～前 1213 年頃）。

ア．アメンホテプ 4 世はテーベからテル＝エル＝アマルナに遷都し，王名もイクナートンに変えた。

ウ．イクナートンの時代は従来の伝統から離れた自由で写実的な芸術（アマルナ美術）が生まれた。

エ．この外交文書は「アマルナ文書」と呼ばれ，ヒッタイト・ミタンニ・アッシリアなどの王と交換した書簡などが発見されている。

▶設問 3．ソロモンはイスラエル王国第 3 代の王。中央集権的な絶対君主を目指し，東地中海や紅海沿岸の諸国との交易で巨富を蓄えて「ソロモンの栄華」といわれたが，国民は重税にあえいだ。

▶設問 4．正解はウ。イスラエル王国は前 922 年頃に南北に分裂し，北の王国がイスラエル王国の名を受け継ぎ，南がユダ王国となった。イスラエル王国は前 722 年にアッシリアに滅ぼされ，前 612 年にアッシリアが滅亡するとオリエントでは 4 つの国が分立（メディア・リディア・新バビロニア・エジプト），南のユダ王国は前 586 年に新バビロニアに滅ぼされた。

▶設問 5．新バビロニアのネブカドネザル 2 世はユダ王国を滅ぼすと，住民を都のバビロンに強制移住させた（バビロン捕囚）が，前 539 年にアケ

メネス朝ペルシアのキュロス２世が新バビロニアを滅ぼし，パレスチナへの帰還を許した。

Ⅱ 解答

設問１．エ　設問２．エ　設問３．ウ
設問４．イ　設問５．禅譲

◀解　説▶

≪隋・唐王朝≫

▶設問１．エ．誤文。「戊戌の変法」（1898年）は康有為らが光緒帝とはかって立憲君主政の樹立を図ったもので，西太后ら保守派のクーデタ（戊戌の政変）により挫折した。その後，義和団事件の結果外国軍の駐留などが認められて中国の半植民地化が進むと，保守派も改革の必要性を痛感し，西太后のもと「光緒新政」と呼ばれる近代化改革を行い，その一環として1905年に科挙は廃止された。

▶設問２．エ．誤文。元は大運河の補修や新運河の開削を行ったが，大運河の冬の結氷を避けるため長江下流から山東半島を迂回して大都にいたるルートなど，海運も整備して発達させた。

▶設問３．ウ．誤文。市舶司は海上交易全般を管理した官庁で，唐の時代は玄宗の時の714年に広州に設置されたが，唐代に市舶司が設置されたのは広州だけだった。宋代になって市舶司は泉州・明州（寧波）・杭州・密州などにも設置されている。

▶設問４．イ．誤文。吐蕃は黄巣の乱（875～884年）ではなく，安史の乱（755～763年）の時に一時長安を占領している。

▶設問５．中国の王朝の交替は平和的に政権を譲り受ける形式を禅譲，武力によるものを放伐という。

Ⅲ 解答

設問１．エ　設問２．ウ　設問３．朱全忠
設問４．ウ　設問５．耶律阿保機　設問６．エ

◀解　説▶

≪唐末～宋の変革期≫

▶設問１．エ．正文。徳宗の宰相楊炎は780年現住地の土地・資産に応じて課税する両税法を施行した。これは大土地所有制を公認したものであるため，均田制は名実とも崩壊した。

ア．誤文。タラス河畔の戦いで敗れた唐の将軍は高仙芝。

イ．誤文。ウイグルは藩鎮にはなっていない。

ウ．誤文。安禄山は子の安慶緒に殺され，その安慶緒を史思明が殺して大燕皇帝を称したが，子の史朝義に殺されている。

▶設問2．ウ．正文。

ア．誤文。藩鎮は軍事面においても独立した指揮権を持っていた。

イ．誤文。折衝府は均田農民を徴兵する府兵制の軍府だが，均田制の崩壊で8世紀半ばには機能を停止していた。節度使（藩鎮）は折衝府とは別に募兵制によって集めた兵の指揮官。

エ．誤文。最初に置かれた節度使（藩鎮）は710年の河西節度使であって，則天武后の即位（690年）には関係していない。

▶設問3・設問4．朱全忠（朱温）は黄巣の乱に部将として参加したが，のち唐朝に寝返り，反乱の鎮圧に活躍した。その功績から節度使に任じられ，904年には昭宗を殺して哀帝をたて，907年には哀帝に譲位を迫って即位し，開封を都として後梁を建てた。

▶設問5．沙陀は西突厥の一部族と考えられているトルコ系の民族。契丹はモンゴル系民族で，耶律阿保機は漢人を積極的に登用して契丹諸部族を統合し，916年に皇帝を称した。なお，契丹は947年に国号を遼と改めている。

▶設問6．正解はエ。農閑期に農民に軍事訓練を施し民兵を養成する制度は，王安石の新法の一つである保甲法。王安石は北宋第6代皇帝の神宗に登用されて諸改革を行った。

Ⅳ 解答

設問1．ハ　設問2．ロ　設問3．ニ
設問4．ハ　設問5．ロ　設問6．カーリミー

◀解　説▶

≪西欧中世の自治都市≫

▶設問1．ハ．誤文。帝国都市と呼ばれたのはドイツ（神聖ローマ帝国）の自治都市。ドイツの都市は諸侯の支配下に置かれていたが，皇帝からの特許状で裁判権などの自治権を認められ，皇帝のもとで諸侯と同等の地位を獲得し，帝国都市と呼ばれた。北部・中部イタリアで成立したコムーネと呼ばれた自治都市は，周辺農村も支配する事実上の領域国家を形成した。

▶設問2．ロ．誤文。北海・バルト海沿岸地域はカトリック，プロテスタントが優勢で，ギリシア正教圏ではない。

▶設問3．正解はニ。ハンザ同盟は北ドイツ諸都市による都市同盟だが，ミラノは北イタリアの都市。ミラノは北イタリアの都市が神聖ローマ皇帝の進出に対抗するために結成したロンバルディア同盟の中心都市だった。

▶設問4．ハ．誤文。メディチ家が支配した都市はフィレンツェ。

▶設問5．正解はロ。カイロはチュニジアに興ってエジプトに進出したファーティマ朝が建設し，その後のアイユーブ朝，マムルーク朝も首都とした。

▶設問6．カーリミー商人はアレクサンドリアを拠点として，アイユーブ朝やマムルーク朝の保護のもと紅海・インド洋貿易で入手した香辛料などをイタリア商人に売却することで莫大な利益を上げたムスリム商人団。

V　解答

設問1．アンシャン＝レジーム　設問2．ニ
設問3．ハ　設問4．ニ　設問5．ネッケル
設問6．イ

◀解　説▶

≪フランス革命前の政治・社会体制≫

▶設問2．ニ．正文。

イ．誤文。第一身分が聖職者，第二身分が貴族である。

ロ．誤文。『第三身分とは何か』を発表したのはシェイエス。シェイエスは聖職者出身だが，三部会には第三身分の代表として選出され，国民議会の創設を主導した。トマス＝ペインはアメリカ独立戦争の時に『コモン＝センス（常識）』という小冊子を発行し，独立の機運を高めた人物。

ハ．誤文。七年戦争でフランスはオーストリアと同盟してプロイセン・イギリスと戦った。この時にフランスが失ったのはカナダとルイジアナで，フロリダはフランスとともにオーストリア側についたスペインが失った領土である。

▶設問3．ハ．誤文。ルソーは文明の進歩を否定し，自然状態への復帰を説いている。また『社会契約論』では人民主権論を主張している。

▶設問6．イ．正文。

ロ．誤文。リシュリューは1624年にルイ13世の宰相となったが，三部会

は1614年に招集されて以後，1789年まで開かれることはなかった。
ハ．誤文。三部会はルイ13世が1615年に招集を停止し，1789年に174年ぶりに開かれた。
ニ．誤文。1789年の三部会は身分別の議決を主張する特権身分と，個人別（全体）決議を主張する第三身分が対立し，第三身分は国民議会の結成を宣言した。

Ⅵ 解答

設問1．ニ　設問2．イ　設問3．ロ　設問4．ニ
設問5．タキン　設問6．ジンナー

◀解　説▶

≪第一次世界大戦後のイギリスの植民地≫

▶設問1．ニ．正文。サイクス・ピコ協定（1916年）はオスマン帝国領の処分（分割）について取り決めたもので，協定の文案をまとめたのはイギリスの外交官サイクスとフランスのピコだが，調印にはロシアも参加している。
イ．誤文。イギリスは大戦末期の1918年2月に30歳以上の女性の参政権を認める第4次選挙法改正を行っている（男性は21歳以上）が，当時のイギリスの成人年齢は21歳とされており，成人女性すべてに参政権を与えたわけではないので誤文と判断した。
ロ．誤文。イギリスは大戦中の1916年1月に兵役法で徴兵制を施行した。
ハ．誤文。ロイド＝ジョージは戦時下の1916年に挙国一致内閣の首相となり，戦後も1922年まで首相だった。パリ講和会議に出席したのもロイド＝ジョージ。1916年まで首相だったのはアスキス。
▶設問2．正解はイ。シリアはフランスの委任統治領となり，第二次世界大戦後の1946年に独立している。
▶設問3．正解はロ。イのローラット法が1919年→ニのガンディーによる国民会議派大会での非協力運動の提示が1920年→ロの完全独立決議が1929年→ハのインド統治法が1935年。大戦中約束されていた自治が認められず，逆にローラット法で弾圧が強められたのでガンディーらの非協力運動が始まったという流れで覚えておこう。
▶設問4．ニ．誤文。ネルーは，東西両陣営のいずれにも属さず中立の立場の非同盟政策をとり，国内では五カ年計画を実施するなど社会主義型の

経済建設を目指した。

▶設問5．リード文中の「ビルマ」「1930年に結成」から「タキン」党と導ける。

Ⅶ　解答

設問1．ハ　設問2．ニ　設問3．文化闘争
設問4．ハ　設問5．ロ　設問6．イ

◀解　説▶

≪冷戦と戦後のドイツ≫

▶設問1．正解はハ。ANZUS（アンザス）は太平洋安全保障条約に参加した3国 Australia, New Zealand, United States の頭文字をとった通称で，イギリスは参加していない。

▶設問2．ニ．正文。ティトーは独自路線をとったためコミンフォルムから除名され，ワルシャワ条約機構にも参加せず，1961年には首都のベオグラードで非同盟諸国首脳会議を主催している。

イ．誤文。「ゆりかごから墓場まで」と呼ばれた社会福祉政策を進めたのは労働党のアトリー首相（在任1945～51年）。

ロ．誤文。インドシナ戦争（1946～54年）を開始したのは第四共和政（1946～58年）。第五共和政は1958年から現在も継続中。

ハ．誤文。イタリア共産党は戦後西ヨーロッパ最大の共産党となり，連立政権に参加するも政権を握ることはなかった。またイタリアは1946年に王政を廃止して共和政に移行したが，これは国民投票によるものである。

▶設問3．文化闘争は自由主義者と結んだビスマルクと，反プロイセン的な南ドイツのカトリック教会および彼らの政党である中央党との争いをいう。

▶設問4．ハ．正文。

イ．誤文。「連帯」は1980年に結成され，議長に選ばれたワレサはのち大統領となった。

ロ．誤文。1956年にスターリン批判を行ったソ連第一書記はフルシチョフ。ブレジネフは1964年フルシチョフにかわって第一書記（66年以後は書記長）となり非スターリン化を抑えた。

ニ．誤文。スペインでは1931年の革命で王政が倒れて共和政となり，1939年からはフランコの独裁政治が行われていたが，1975年にフランコが死去するとブルボン家のファン＝カルロス1世が国家元首となり，王政

が復活した。

▶設問 5．正解はロ。シュトレーゼマンはドイツ人民党の党首で，1923 年に首相となりレンテンマルクの発行でインフレを収拾し，その後は外相としてドーズ案の受け入れ，ロカルノ条約締結，国際連盟加盟実現などで活躍した。

イ．ベルンシュタインは社会民主党右派で，革命ではなく議会主義に基づく斬新的な改革を求める修正主義理論を展開した。

ハ．エーベルトは社会民主党党首としてヴァイマル共和国初代大統領（任 1919～25 年）となった。

ニ．カール＝リープクネヒトは社会民主党の最左派で，第一次世界大戦中にスパルタクス団を組織し，ドイツ革命後はドイツ共産党を創設して 1919 年蜂起したが虐殺された。

▶設問 6．正解はイ。チェルノブイリ原発事故が 1986 年→中距離核戦力全廃条約の調印が 1987 年→ベルリンの壁崩壊が 1989 年→独立国家共同体（CIS）結成が 1991 年。年代が接近しているが，冷戦終結時の経緯は正確に理解しておきたい。

Ⅷ　解答

設問 1．円明園　設問 2．b
設問 3．a　設問 4．d

◀解　説▶

≪戦争や革命で破壊された美術作品やモニュメント≫

▶設問 2．b．正文。クリュニー修道院は 910 年に創建され，戒律の厳格化，世俗権力からの独立などを目標とし 11～12 世紀の教会改革運動の中心となった。教皇グレゴリウス 7 世やウルバヌス 2 世はこの派の出身。

a．誤文。対抗宗教改革の中心となったのはイエズス会。

c．誤文。托鉢修道会は 13 世紀に成立したフランチェスコ修道会やドミニコ修道会をさす。

d．誤文。ドミニコ修道会の説明である。

▶設問 3．正解は a。オスマンのパリ改造事業はナポレオン 3 世の第二帝政（1852～70 年）のもとで行われたが，ワトー（1684～1721 年）は 18 世紀のフランス絶対王政期に宮廷風俗などを華麗なロココ様式で描いた画家。代表作は「シテール島への巡礼（船出）」。b．モネ（1840～1926 年）と

d．ルノワール（1841～1919年）は印象派の画家，c．セザンヌ（1839～1906年）は後期印象派の画家。

▶設問4．正解はd。この絵は「ユダの接吻」と呼ばれるもので，リード文で紹介されているスクロヴェーニ礼拝堂にあるジョットのフレスコ画である。

aはミケランジェロの「天地創造」の一部分である「アダムの創造」。bはドイツの画家ホルバインが描いた「エラスムス像」。cはスペインのゴヤが描いた「1808年5月3日」である。

❖講　評

Ⅰ　古代オリエントのユダヤ教成立に関する問題。古代オリエント史としては標準的な問題で，難問といえるものはなかった。

Ⅱ　隋・唐代の中国史だが，元や清についても幅広く問われた。誤文選択問題が4問出題されたが，いずれも誤りが見つけやすい選択肢だった。記述では「禅譲」という字が書けるかどうかがポイント。

Ⅲ　唐末～宋代の変革に関する問題。頻出のテーマである。誤文・正文選択問題はⅡに比べるとかなり細かい知識が必要だが，難問というほどのものはなかった。記述の「耶律阿保機」も受験生は十分練習しているはず。

Ⅳ　西欧中世の自治都市に関する問題。誤文選択が3問出題されたが難問はない。しかし設問2は，バルト海や北海の地図のイメージがないと迷うかもしれない。

Ⅴ　フランス革命前の旧体制に関する問題。正文・誤文選択問題は比較的間違いが見つけやすい標準的な問題だった。

Ⅵ　第一世界大戦後のイギリスの植民地の状況を問う問題。大戦中のイギリスに関する問題はやや難で曖昧さも残る。インド・ミャンマーなど幅広い知識が問われた。

Ⅶ　戦後の冷戦とドイツの状況を問う問題。設問2，設問4ではイタリアやスペインなどの戦後史が問われており，苦戦したかもしれない。設問6の配列問題も年代が接近していて難しい。

Ⅷ　戦争や革命で破壊された美術作品・建築物などに関する問題で，例年のように写真が使われた。内容は標準的。

ただし問十四は、「どういう点で『錯覚』といえるか」という問い方が微妙だが、「錯覚」の内容を尋ねていると考えればよいだろう。問十六はさまざまな要素を盛り込む必要があって、まとめにくい。しかも指定された形式に従う必要があるので、よけいにその感が増すだろう。

三　『伊勢集』からの出題。私家集からの出題は三年連続している。よって受験生はみな和歌の対策を十分に行っただろうが、それでも難しい印象を受けるだろう。人物関係を押さえながら、和歌の詠み手を正確に把握した上で、和歌の内容を修辞に注意しながら理解する必要がある。ただ設問は案外あっさりしている。総じて標準レベルである。問十八は文学史の知識がいる。問二十・問二十一は読解力が試される。問二十四は真偽のはっきりしない選択肢は無視して、はっきり正しいと言えるものを選べばよい。

四　『邵氏聞見録』という珍しい出典からの出題。二つの話と筆者の批評とから成る。「無心」が全体のテーマである。内容は標準的なもので、筋をとるのは容易だろう。設問も総じて標準的である。問二十六の空欄はやや入れにくいかもしれない。三の古文よりも先に漢文を解いた方が得策だろう。

詞。「善」は「よし」と読む形容詞である。イ・ロ・ニは「不若」の訳が間違っており、不適とすぐにわかる。

▼問二十八　「険難」は〝困難〟の意の熟語。「在」は「有」と同じく存在を意味するが、Aがある（いる）という場合、「有」が「有A」の形をとるのに対して、「在」は「A在」の形をとるのが基本である。例えば、「国破山河在（国破れて山河在り）」や「項羽兵四十万、在新豊鴻門（項羽の兵四十万は、新豊の鴻門に在り）」。ここは後者の例と同じように「険難は前に在りても」と読む。次に「猶」は「なほ～の（が）ごとし」と読む再読文字で、「平地」から返る。「也」は断定の助詞である。以上よりホが正解となる。人は無心であったら、どんな困難に出会っても平地にいるみたいに平然としていられるという趣旨になる。

参考　邵伯温（一〇五五～一一三四年）は北宋の儒学者。洛陽（河南省西部）の人。字は子文。著書に『易学弁惑』『観物内外篇解』『河南集』などがある。『邵氏聞見録』は全二十巻。北宋の政治家王安石の新法に対する記載や、宮廷秘話・エピソードなどを記す。なお本文中の「入水不濡、入火不熱」は『荘子』〈内篇　大宗師第六〉にある。

❖講　評

一　現代の監視社会を論じたタイムリーな評論である。やや長めとはいえ、論旨の展開をたどるのに困難はない。途中、フーコーの「規律訓練」が論じられているが、「評論文キーワード集」の類などを読んでいればより理解しやすいだろう。設問は総じて標準レベルである。問一・問二・問四の空所補充、および問五の文整序は明快に正解が決まる。問三・問六・問七の内容説明も紛らわしい選択肢はない。問八の内容真偽も正解がはっきりしているので間違えないだろう。全問正解が望める。

二　俳句を論じた文章である。特に正岡子規の作句における二面性に焦点が当てられる。子規と言えば写生というステレオタイプを突き崩してくれるという意味で、内容的に面白い。文章も平易で読みやすい。設問は総じて標準レベルであるが、最後の記述問題はやや難のレベルにある。問十一・問十二・問十四の内容説明はすっきりと正解を導ける。

語句 道人＝僧侶。道教の修行をした人。神仙の術をおさめた人。
老父＝「ろうふ」と読めば〝老いた父〟。「ろうほ」と読めば〝老人〟の意になる。本文は後者。

◀解　説▶

▼問二十五　「自」は副詞なら「みづから・おのづから」と読み、前置詞なら「より」と読む。「此」は「この・これ・ここ」と読む代名詞。「莫」は「無」と同じく「なし」と読み、〝〜がない〟の意。「莫不〜」の形で二重否定となり、「〜（せ）ざるなし」と読む。〝〜しないものはない〟の意。「然」は「しかり」と読み、〝そうである、その通りである〟の意。「不然」で「しからず」と読む。よって総合的にニが正解となる。ハのように「不然」を「しかりとせざる」とは読まない。

▼問二十六　空欄を含む文が、前文「無心可学乎（＝無心は学ぶことができるのか）」の答えである点にも着眼する。また空欄の前後に「無心」と「心」が対比的に用いられている点に着眼する。その上で空欄の直前「才欲使人学無心」を見ると、「才」は注から〝少しでも〟の意であることがわかる。また「使」が使役の助動詞であると見当がつけば、「人をして無心を学ばしめんと欲す（＝人に無心を学ばせたい）」と読むことがわかる。これは前文をふまえて述べたものである。ここまでわかれば、接続詞の「即（すなはち）」は〝すぐに、そのまま〟などの意ではなく、「レバ則」の「則」と同じ用法で、条件節（仮定形）を受けて、〝〜と、たら〟の意を表し、直前の問いかけを否定して「有心」を導いているのだろうと推測がつく。すなわち無心を学ばせようとしたら有心となってしまうと述べている。よってロが入ることになる。イの「安心」、ハの「善心」、ニの「常心」、ホの「疑心」はいずれも文脈的に不適となる。

▼問二十七　「不若」が「〜にしかず」と読む比較の句形であるから、「不若無心」は「無心にしかず」と読み、〝無心に及ばない、無心の方がましだ〟の意となる。選択肢はハとホに絞られる。このうちハは「〜を守るよりは、…」と訳している。これは選択形「与其A、不如（若）B（其のAならんよりは、Bにしかず）」の訳であるから不適となり、ホが正解とわかる。「誠敬」は〝誠実〟の「誠」と〝慎み〟の「敬」を合成した熟語。「固」は「もとより」と読む副

当たらないことはなかった。ある人が尋ねた、「前もってわかるのはどんな術を用いるからなのか」と。（道人が）言うには、「無心だからにすぎない」と。（ある人が）言うには、「無心は学ぶことができるのか」と。（道人が）言うには、「少しでも人に無心を学ばせようとすれば、心が生じてしまう」と。また程伊川先生が言うことには、昔涪州に左遷されたとき、漢江を渡った。川の真ん中で船があやうく転覆しそうになり、舟に乗っていた人たちはみんな泣き叫んだ。（だが）この伊川だけはみなりを整えて静かに座り、誠実で慎む心を保っていた。ほどなく舟が対岸に着くと、同じ舟に乗っていた多くの人の中に老人がいて伊川に尋ねて言うことには、「舟が危険なときに、君がきちんと座ってたいそう厳かにしていたのは、どのようにしてなのか」と。この伊川が言うことには、「誠実で慎む心を失わないようにしていただけです」と。（すると）老人が言うことには、「誠実で慎む心を失わないのはもとよりよいことであるが、無心には及ばない」と。この伊川はさらに老人と話をしたいと思ったけれど、忽然といなくなってしまった。ああ、人は無心であったら、目の前に困難があってもちょうど平地にいるようなもので（平然としていられるだろう）。老子が言うことには、「水の中に入っても濡れず、火の中に入っても熱くない」と。無心である者だけがこれをすることができるのだ。

読み　康節《かうせつ》先公言へらく、頃《このごろ》京都《きやうと》に一道人《だうじん》有り、日《ひび》酒を市《いち》に飲む。将《まさ》に出《い》でんとするに、其《そ》の隣に謂《い》ひて曰《い》はく、「今日当《まさ》に某人《ぼうじん》の来《きた》る有るべし」と。已《すで》にして果《はた》して然《しか》り。此《これ》より然らざる莫《な》し。或《ある》ひと問ふ、「預《あらかじ》め知るは何の術か」と。曰はく、「無心なるのみ」と。曰はく、「無心は学ぶべきか」と。曰はく、「才《わづか》に人をして無心を学ばしめんと欲すれば、即ち心有り」と。又程伊川《またていいせん》先生言へらく、昔涪州《ふしう》に貶《へん》せらるるに、漢江《かんかう》を過《す》ぐ。中流にて船幾《ほとん》ど覆《くつがへ》らんとし、挙舟の人皆号泣《がうきふ》す。伊川但《た》だ襟《えり》を正して安坐し、心に誠敬《せいけい》を存す。已にして船岸に及ぶに、同舟の衆人の中に於《おい》て老父《らうほ》有り伊川に問ひて曰はく、「船の危《あやふ》き時に当《あた》り、君正坐し甚《はなは》だ荘《さう》なるは、何を以てす」と。伊川曰はく、「心誠敬を守るのみ」と。老父曰はく、「心誠敬を守るは固《もと》より善《よ》かれども、無心に若《し》かず」と。伊川尚《な》ほ之《これ》と言はんと欲すれども、因《よつ》て忽《たちま》ち見えず。嗚呼《ああ》、人果して無心ならば、険難《けんなん》は前に在りても猶《な》ほ平地のごときなり。老子曰はく、「水に入《い》れども濡れず、火に入れども熱からず」と。唯《た》だ無心なる者のみ之《これ》を能《よ》くす。

ハ、男が詠んだ和歌。「現実の時節とは一見無縁に」が不適。「いと暑き日盛り」をふまえて「夏の日のもゆる」と詠んでいる。

ニ、后の宮の和歌に対する女の返歌。「実際の情景を」以下が不適。「海」は涙があふれ出ることをたとえた表現である。「そながら」は「それながら」に同じで、帝は同じ帝なのに、出家してすっかり姿が変わってしまったと悲しんでいる。

ホ、愛児を亡くして悲しんでいる女に男が贈った見舞いの和歌である。「言ふはおろかに」は〝言葉では言い尽くせない〟の意で、深い同情の気持ちは言葉では表現できないと詠んでいる。

参考　伊勢は平安中期の歌人。生没年未詳。伊勢守藤原継蔭《つぐかげ》の娘。宇多天皇の女御藤原温子に女房として仕える。温子の弟仲平との恋愛、宇多天皇からの寵愛、宇多天皇皇子敦慶親王との結婚と、恋の遍歴を重ねる。三十六歌仙の一人。『古今和歌集』には女性として最多の二十二首が収められている。『伊勢集』は伊勢の私家集。

四

出典　邵伯温『邵氏聞見録』〈巻十九〉

解答

問二十五　ニ
問二十六　ロ
問二十七　ホ
問二十八　ホ

◆全　訳◆

康節先公が言うことには、最近都に一人の道人がいて、毎日市場で酒を飲む。（それで）今まさに出かけようとして、隣人に言うことには、「今日きっと誰それが訪ねてくるだろう」と。ほどなくはたしてその通りであった。それ以来予想が象である后の宮を敬う。dは「言ふ」の尊敬語「仰す」の未然形。主語である后の宮を敬う。eは謙譲の補助動詞。后の宮が出家した帝を拝見するという内容であるから、対象である帝を敬う。

▼問二十二　「ひさかたの」の和歌は、后の宮の和歌「月のうちの」に対する女の返歌である。「時の帝」以下、女が帝に仕えて妊娠し、生まれた男宮を桂に里子に出したこと、女は后の宮に仕える身で、男宮のことを思ってぼんやりしていたという筋をふまえる。后の宮の和歌はそんな女に同情して詠んだものである。「桂の人」とは男宮を指す。「桂」は注にあるように、月に生えているという伝説上の木である。女の返歌について、「ひさかたの」は「天・日・雨」などにかかる枕詞であるが、ここでは「ひさかた」は〝月〟の意となる。「生ひたる里」は男宮が育っている桂をいう。「光」は月の光のこと。「べらなり」は推量の助動詞「べし」の「べ」＋接尾語「ら」＋断定の助動詞〔形容動詞型の語尾〕「なり」の形で、〝〜ようだ、〜にちがいない〟の意を表す。歌語として多用されたもの。桂で育つ若宮は月の光を頼りとしているようだという趣旨になる。返歌である点を考えれば、「光」とは后の宮をたとえていると考えるのが妥当である。

▼問二十三　「死出の山」の和歌は女が詠んだものである。直前に「五月五日」とあるから、端午の節句に詠んだ和歌である。そこで「この帝」以下を見ると、帝と女の間に生まれた男宮が五歳で亡くなり、男が見舞いの和歌を贈ったものの、女は返歌をしなかったことがわかる。この事情をふまえると、「恋しき人」とは女の亡児である男宮を指すことになる。すなわち「この帝につかうまつりて生みたりしみこ」である。この和歌で詠まれる「ほととぎす」は古来、この世とあの世を往来する鳥とされており、これをふまえて「死出の山越えて来つらむ」と詠まれている。

▼問二十四　イ、「山がつ」が詠んだ和歌である。「かひ」が「甲斐」と「峡《かひ》」の掛詞になる。また「かひ」「山びこ」が「山」の縁語になる。よって不適。

ロ、男の和歌に対する女の返歌である。「謝意」が不適。男が、何度も手紙を送らなかったら「みつ」とさえ書いてくれなかっただろうと言ったのに対して、女は、何年も手紙を寄こしたから詠んでやったと言い返している。

取るべきであろう。他の選択肢は「心と」あるいは「世」の解釈が間違っている。

5、女が生んだ「みこ」すなわち男宮が五歳で亡くなってしまったという直前の文脈をふまえる。傍線部は女の心情を表す。「世にあら（世にあり）」は〝この世にいる、栄える〟の意。直前の文脈からここは前者の意となる。「じ」は打消意志の助動詞。「心にかなは（心にかなふ）」は〝思い通りになる〟の意。これを「ず」で打ち消す。直訳すると「この世に生きていまいと思っても思い通りにならず」となる。よってイが正解。

▼問十八　傍線部の「男」について、設問に「ある歌物語の全体の主人公」とある。よって『伊勢物語』の在原業平か、『平中物語』の平貞文となる。ともにプレーボーイでありながら、前者は情熱的かつ悲劇的なイメージを伴い、後者は好色で喜劇的なイメージを伴う。ここは傍線部2から読み取れるいい加減さ、また「などかみつとだにのたまはぬ」と女を責めて、「みつ」という返事だけをもらったという滑稽さから、後者であると判定できる。なおこのエピソードは『平中物語』第二段でも描かれている。

▼問十九　女が男に返事を書かなかったところ、男が女に「などかみつとだにのたまはぬ」と訴えている。この事情から「みつ」は「見つ」で、マ行上一段動詞「見る」の連用形＋完了の助動詞「つ」であることがわかる。

▼問二十　「たちかへり」は男が詠んだ和歌である。「ふみ」に「踏み」と「文」、「あと」に「足跡」と「筆跡」を掛ける。「だに」は類推（〜さえ）の副助詞。「ふみゆかざらば」が仮定形である点に着眼すると（「ざら」は打消の助動詞「ず」の未然形。「ば」は順接仮定条件を表す接続助詞）、〈仮定形〜まし〉の反実仮想の句形であると見当がつく。よってロが入り、何度も手紙を送らなかったら、「みつ」とさえ返事に書いてくれなかっただろうという趣旨になる。文末の「や」は反語の意の終助詞〈係助詞〉である。イは「言わない」、ハは「言いたい」、ニは「言いかねる」、ホは「言うまい」などと訳すから、いずれも文脈的に不適となる。

▼問二十一　aは「仕ふ」の謙譲語。女が御息所にお仕えするという内容であるから、対象である御息所（后の宮）を敬う。bは尊敬の補助動詞「給ふ」の連用形。主語である「后（后の宮）」を敬う。cも「仕ふ」の謙譲語。やはり対

心の中で思っているより、言葉に出して言うととても不十分に（＝ありふれたお見舞いの言葉に）なってしまうので、たとえて言い表すような言葉もない

（女は）まったく分別も失っているので、返事もしない。翌年の五月五日、ほととぎすが鳴くのを聞いて（女が詠んだ和歌）

死出の山を越えてやって来たのであろうほととぎすよ、いとしいわが子のことを話しておくれ

今はわが身がつらくて、ただもう宮仕えに励んだ。

語句　山がつ＝きこりや猟師。また身分の低い者。ここでは詠み手自身を指す。

召し使ふ＝そばに呼び寄せて、用をおさせになる。ここは女が「召人（めしうど。主人と男女関係にある女房）」になったことを表す。

悲し、いみじとは世の常なり＝「世の常なり」は〝ありきたりの表現だ〟の意。「悲し、いみじ」といった平凡な言葉では表現できないということ。

▲解　説▼

和歌全十一首のうち、作者伊勢（＝「女」）の詠んだ和歌は五首、その他は「山がつ」が一首、「男」が三首、「后の宮」が二首である。詠み手が誰かを押さえながら、また返歌かどうか確認しながら和歌の内容を把握することが大切である。

▼問十七　1、「いかにせむ」の和歌は女が男にあてて詠んだものである。前後に「返りごともせざり」「やみにけり」とあるように、女は自分に求愛する男につれない態度をとり、そのまま男との関係は終わってしまう。「身」は〝わが身〟。「心と」は〝自分の心から、自分から進んで〟の意。「ぬ」が打消の助動詞「ず」の連体形である。よって自分を意のままにできないという趣旨になる。「世」は〝現世、世間、男女の仲〟などさまざまな意味をもつが、ここは自分の意のままにならない身を嘆いてみせているので、〝境遇、身の上〟の意になる。正解はハで、「世」を〝宿命〟と訳している。男の求愛に応じられないのは自分の宿命だと言い訳して、穏便に男を拒絶する女のしたたかさを読み

がお生まれになった。（女の）親なども、たいそう喜んだ。（女が）お仕え申し上げる御息所（＝温子）も、后の位にお就きになった。（女は産まれた）男宮を桂という所に置き申し上げて、自身は后の宮にお仕えする。雨の降る日、（女は）もの思いに沈んで（男宮のことを）思っていると、后の宮が、（女を）ご覧になって仰せになる（和歌）

月の中の桂の木と同じ名をもつ桂にいる人（＝男宮）のことを思うというのだろうね。（空から降ってくる）雨にあなたの涙が加わってさらに降るのだろう

（女の）御返歌

月の中に生えている桂の木と同じ名をもつ桂の里なので、（そこで育つ男宮は）月の光（のような后の宮のご慈愛）だけを頼りとするようです

こうして、帝は退位なさって、二年という年に、出家なさって、仁和寺という所にお住みになる。時々、后の宮がいらっしゃる御所（＝亭子院）へおいでになりお通いなさる。后の宮は、類がないほどつらいと思って拝見する。（ある日）もと住んでいらっしゃった所（＝朱雀院）に、帝がお越しになって、僧侶のお食事を召し上がる。（帝に）お仕えした人たちなどを呼び集めなさって、食事のお下がりをお与えになるときに、（后の宮の）御方から（の和歌）

語り合う言葉に、尽きない涙の露が降りていることだろうね。帝が位にあった往時を思い出す集いをしているのだから

（女の）御返歌

（露どころか）集いの中はあふれる涙でただもう海となってしまうでしょう。そのままでありながらそうではない（＝昔お仕えしたあの方であるのにすっかり姿を変えられた）主君が目に映るので

と（詠んだ）。この帝にお仕えして生んだ皇子は、五歳といった年でお亡くなりになってしまったので、悲しい、つらいといった言葉では言い表せず、嘆き悲しむものの、そのかいもないので、死んでしまいたいと思うけれど意のままにならず、夜となく昼となく（亡き子を）恋い慕うときに、この「みつ」と（女を）名づけた人（＝平貞文）のもとから

手紙を寄こすけれど、（女は）返事もしないので（男が詠んだ和歌）

きこりや猟師のように身分の低い私があなたに言い寄っても、峡《かい》ではないが、かいのないことよ。せめて山びこよ、空で私に返事をしておくれ。

（女は）やはり返事もしなかったので、「いやだとも、どうしてとも（答えておくれ）、わが君、わが君」と（男が）責めるので

どうしたらよいだろう。きっぱりと言い切ることができず、つらいのはわが身を思い通りにできない宿命であるよ

とだけ書いて、（「山がつ」との関係は）終わってしまった。（さて）同じ女に、数年来言い寄るとでもなく言い寄らないとでもない（いい加減な）男がいた。（女が）返事も書かないでいたところ、「（あなたに恋文を書き続けて）何年も経ったのに、どうしてせめてみつ（＝見た）とだけでもおっしゃってくれないのか」と書いてありましたので、（女は）ただ「みつ」とだけ返事を書いた。それ以来（男は）この女を「みつ」と名づけたのであった。折り返し、男（の和歌）

浜千鳥が砂を踏んで足跡を付けるように繰り返し手紙を送らなかったら、私の筆跡を「みつ」とさえあなたは書いただろうか、いや書いてはくれなかっただろう

（女の）返歌

あなたが手紙を寄こし続けて何年も経ったことを思わなかったら、浜千鳥が足跡をとどめるようにあなたの手紙を手元に置いて見ることさえしなかっただろうに

夏、とても暑い日盛りに、同じ男（の和歌）

夏の日のように熱く恋に燃えるわが身が苦しくて、水恋鳥が水を求めるように「みつ」を求めて泣いている

返歌はしない。誰彼が、あれこれと言い寄ってくるけれど聞きもしないで、もっぱら宮仕えをしていたときに、当時の帝（＝宇多天皇）が、（女を）召し使いなさった。よくもまあ誠実に（宮仕えを）したと思ううちに、（女に）男宮

では、感動は題詠による表現の後で発見されるものでした」に着眼して、題詠によって感動の発見があることを説明すればよい。解答は「側面」を先に書いて、その後に「理由」を書くことになる。無理に二文にまとめる必要はなく、〔解答〕のように三文あるいはそれ以上でも構わない。

参考　坪内稔典（一九四四年〜）は愛媛県生まれ。「ねんてん」の愛称で知られる俳人であり、近代日本文学、特に正岡子規の研究者である。立命館大学文学部日本文学科卒業。同大学院文学研究科修士課程修了。園田学園女子大学助教授、佛教大学文学部教授、京都教育大学教授などを歴任する。著書に『子規山脈』『正岡子規の〈楽しむ力〉』『季語集』『カバに会う』などがある。『坪内稔典の俳句の授業』は一九九九年刊。その後増補版が二〇一〇年に刊行された。

三

出典　『伊勢集』

解答

問十七　1―ハ　5―イ
問十八　ニ
問十九　見
問二十　ロ
問二十一　ホ
問二十二　ニ
問二十三　ニ
問二十四　ホ

◆全　訳◆

（女が）人並みの者とも思わない（＝全く相手にしていない）のに愛情の深い人が、（女に）つきまとって言い寄った。

れる」がそれぞれ不適となる。いずれも本文に書かれていない。

▼問十三　d「発揮」。イ「軌道」。ロ「規格外」。ハ「喜色満面」。ニ「棄権」。ホ「揮発性」。

f「窮屈」。イ「窮まる」。ロ「極めて」。ハ「際どい」。ニ「狭い」。ホ「迫る」。

※なお、d・fともに解答の有無・内容にかかわらず受験生全員に得点を与えると大学から発表があった。

▼問十四　傍線部の四段落前からの内容を把握する。俳号は虚構の世界へ入るために用いられたこと、俳号を用いることで俳諧の座が平等になること、ところが〈自己の確立〉を掲げる近代に入って俳号が廃れてしまったことが説明される。傍線部はこれをふまえて、俳号のような雅号をやめて本名を名乗ることが〈自己の確立〉になるわけではないと批判する。そして続けて、雅号を用いれば違う人格を楽しむことができるのに、近代の主流の考え方は本名による自己の感動を専ら重んじたという趣旨のことが述べられる。このようにたどれば、本名による自己の感動＝〈自己の確立〉という発想が「錯覚」ということになる。これを「本名の自己の感動を表すことでしか近代的な自己確立がありえないと考えてしまった」と説明したハが正解となる。イは、「近代的自己確立」とは「本名だけを貫く」ことだと説明しており不適。ロは、「雅号を使っていた夏目漱石らの自己確立」が本文で説明されているわけではなく不適。ニは雅号とペンネームを混同したと説明しており不適。本文に書かれていない。

▼問十五　句会で作者名を伏せたのは五七五音の表現だけを際立たせるための工夫だったという空欄前後の趣旨を押さえる。空欄直前の「近代の」や、直後の文の「作者から現実のさまざまな痕跡を消し」などに着眼すれば、直前の段落の「作者中心主義」が見つかる。

▼問十六　子規の「文学の近代化の主張」とは、俳句は個人の感情の表現であり、自分の目で見た感動をそのまま表現する写生を導入したことをいう。ところが子規は自らの主張に反して、題詠を好み、俳号を用い、作者名を伏せた句会を好んだ。これが「そぐわない側面」である。以上の事情を設問の指示に従い、制限字数に収まるようにまとめることになるが、「題詠」と「表現」はすでに右で使っている。「感動の発見」については、傍線部c直前の段落の「俳句

▼問十　傍線部以下、次の二段落にかけての内容を把握する。俳句の題詠は和歌から伝わる基本的な作句法であったこと、俳句に写生を導入した子規によって否定されたものの、子規も題詠を好んだこと、そして俳句の感動は題詠による表現の後で発見されたことが説明される。このように筆者は俳句の題詠を、「② 表現して感動を探す。」（本文冒頭近く）という立場に立って肯定的に捉えている。これを「俳句には表現してから感動するという独特のあり方がある」などと説明したニが正解となる。イは「俳句を近代文学として位置づけられない」が不適。筆者はこのような主張をしていない。ロは「文学の近代性を支える」、ハは「その方法が本質的に異なっている」以下が不適。いずれも本文の内容からはずれる。

▼問十一　傍線部の前文に「近代短歌は、題詠の伴う遊び的な要素を嫌い、感動をうたう詩型としてひた走ってきた」とある。近代短歌は個人の感動を詠むことを主眼としてきたということ。この意味で「短歌はもっとも近代的な詩型でもあった」と言われる。また短歌が「近代以前のはるかな昔に起源を持つ」とは、本文で触れていないが、『古事記』『日本書紀』所収の歌謡（これを「記紀歌謡」という）に、すでに短歌形式が見られることをいう。よって「本物の個人の感動ということを重んじる」が決め手となってイが正解となる。ロは「近代でも歌会始めがあるように、時代に応じたあり方が模索される」が不適。個人の感情の表現を説明していない。ハは「その蓄積によって」が不適。ニは「俳句短歌刷新の大きな議論を経験することで」が不適。短歌が「再生し得た」のは個人の感情を歌うことによってである。

▼問十二　「虚構の言葉」とは俳句が「五七五音の表現」（傍線部直前）であることをいう。これについて、日常世界に持ち込むと違和感が際立つけれども（直後の段落）、「俳句を楽しむとは五七五音の虚構の言葉を楽しむことなんです」（さらにその次の段落）と述べられる。筆者は五七五音が楽しさを生み出すことを強調している。よってこれを「その表現からの感動を楽しむもの」と説明したハが正解となる。「別の世界」とあるのは「虚構の世界」（同段落）をいう。イは「日常生活のリアリティを再評価する」、ロは「世界の見方をずらす」、ニは「日常の虚構性を気づかせてく

み、また充実させるために俳人は伝統的に俳号を名乗った。俳号は、作者から現実のさまざまな痕跡を消し、五七五音の表現だけを際立たせる工夫だったのである。

▲解　説▼

本文は〔出典〕に示したように「第1章　俳句の授業」の「授業論Ⅰ　五七五音の魅力へ」の一節である。数カ所にわたって省略されており、その大部分は例として挙げられた俳句およびその批評である。また原文には小見出しが付いている（次の「　」部分）、それにもとづいて本文を四つに分け、内容をまとめよう。

> ①「感動病について」（一般的には、感動があって……未開の世の詩歌だというわけです。）
> 近代の文学は個人の感動から出発したが、俳句は感動から出発する表現ではない
> ②「感動の発見」（ところで、俳句の基本的な作り方は……表現の後で発見されるものでした。）
> 俳句の基本的な作り方は題詠であり、感動は題詠による表現の後で発見された
> ③「虚構の言葉」（俳句の言葉を生き生きと楽しむには……五七五音の虚構の言葉を楽しむことなんです。）
> 俳句を楽しむとは五七五音の虚構の言葉を楽しむことである
> ④「作者より表現そのものへ」（俳句は五七五音の虚構の世界……際立たせる工夫だったのです。）
> 俳号は作者から現実の痕跡を消し、五七五音の表現だけを際立たせる工夫だった

▼問九　甲、空欄直前の「俳句は感動から出発する表現ではありません」を、直後で「さきの②の立場（＝表現して感動を探す）が俳句です」と言い換えている。

乙、空欄直後で「感動から出発しないのは近代的ではない」と述べて、直前の内容を否定する文脈になる。

丙、空欄直後で「俳句もしばしば、その前近代性を非難されてきました」と述べて、直前の内容と因果的につなげる文脈になる。

参考 朝田佳尚（一九七八年～）は社会学者。京都大学大学院文学研究科行動文化学専攻社会学専修単位取得退学（博士）。現在、京都府立大学公共政策学部准教授。専門は社会学、監視社会論。著書に『監視カメラと閉鎖する共同体』がある。

二

出典 坪内稔典『坪内稔典の俳句の授業』＜第1章　俳句の授業　授業論Ⅰ　五七五音の魅力へ＞（黎明書房）

解答

問九　ロ

問十　ニ

問十一　イ

問十二　ハ

問十三　d―ホ　f―イ

問十四　ハ

問十五　作者中心主義

問十六　子規は題詠や作者名を伏せた句会を好んだ。しかも子規自体が俳号である。これは題詠によって感動の発見があるとする立場であり、自分の感動を写生によって表現するという文学の近代化の主張に反しているからである。（七〇字以上一〇〇字以内）

◆要　旨◆

俳句は近代になって個人の感動の表現とみなされるようになった。俳句の読解においても、作者に即して読解するという作者中心主義が広められた。しかし俳句の基本的な作り方は題に応じて作る題詠であり、感動は題詠による表現の後で発見されるものであった。そもそも俳句を楽しむとは五七五音の虚構の言葉を楽しむことであり、この虚構の世界を楽し心感が失われ、結果的に監視が拡大すると述べられている。さらに傍線部に続けて、個人の選択肢の増大は自由が増す分、規範の助けが得られないために、絶えず他者と交渉して自己の意義を証明しなければならず、自己が不安定になる旨が説明される。傍線部の「個人から安心感を奪い去る」とは以上の事情をいう。よってこれを「従来の判断の基準がゆらぐために不安定で不安な社会でもある」と説明したニが正解となる。イは「後戻りさせてはならない」が不適。傍線部の内容からはずれる。ロは、安心感のない社会は永続しないと説明しており不適。ハは「反動を避けられぬ社会」とは多様な生を認めない社会に逆戻りすることをいうから、不適となる。

▼問七　「敵視」とは同文の「逸脱に対する糾弾」をいう。また「逸脱」については直前の文に「誰もが非難できるような逸脱行動や不適切な発言」とある。また「想像の共同体」とは一般に、国民という想像上の観念によって成り立つ近代国家を指していうことが多いが、ここでは同文に「他者との差異を一時的に解消できる」とあるように、また空欄Dに入る四つの文の中に「一時的な共同体」などとあるように、自分を同質化して安心感を得られるような（第十三段落に「同質的な集合行動」とある）、主観的で刹那的な集団をいう。例えばネット上で賛同あるいは糾弾を通して形成される同質的な集団意識を考えるとよい。以上より「自分はそうではない者だという安心の共同体」が決め手となってイが正解となる。ロは「もはや成立しなくなっていた共同体意識を再生しうる」、ハは「逸脱者への過度な敵視は非難されるべき」が不適。いずれも傍線部の趣旨からはずれる。ニは「確証もないままに」が不適。「誰もが非難できるような逸脱行動」に矛盾する。

▼問八　イ、「もはや不要の概念となった」が不適。第十段落で、「規範にもとづく自発的な監視」を「国による監視」や「データベース監視」と重層的に理解すべきだとして、その意義を認めている。

ロ、「由々しき事態といわねばならない」が不適。第十三段落の内容からはずれる。

ハ、第十一段落の趣旨に合致する。

ニ、「我慢が肝要である」が不適。最終段落で述べられていない。

れば、「社会が全面的に監視の担い手になる」とあるロが入るとわかる。イは前者の理由にもとづいており不適。ハは相互監視を言ったもので文脈的にそぐわない。ニは「国から自立するために」が不適。

▼問三　第五段落以下の内容を把握する。フーコーの「規律訓練」概念に依拠しながら、近代社会は国家に監視されたり、規範を押しつけられたりするのではなく、人びとが主体的に規範を受け入れ、自ら自分の身体を監視するのであり、「社会的な規範に責任をもつ能動的な主体として構成され続けている」（第六段落）と説明される。傍線部の「監視の主体」とはこの事情をいう。よってこの引用箇所をまとめたロが正解となる。イは、国による強権的な介入が潜在化していると説明しており不適。ハは人びとに規律を強制すると説明しており不適。ニは「監視の主体として構成し」を説明していない。「抹殺しようとする」も不適。これは本文に書かれていない。

▼問四　第十一段落で、「三つの権力の類型論」は従来の「社会―個人モデル」にもとづいており、「包括的・抽象的な体系としての構造」と「その影響を受ける行為体（＝個人）」との「上」「下」関係に依拠していると述べる。空欄にはこれをまとめた語句が入る。これと対比する形で、「これに対して」で始まる第十三段落以下、「後期近代社会」における監視のあり方が論じられる。空欄との対比という観点から探せば、第十五段落の「個人間の横の関係性」が見つかる。よって「横」を「縦」に変えた「縦の関係性」が入ることになる。

▼問五　まず空欄の直前に着眼する。第十三段落の終わりに「人びとの同質的な集合行動を検討することに一定の関心を寄せてきた」とある。よってこれを受けて「こうした集合行動論」で始まるロが最初になる。その文に「『一時的な共同体論』」とあり、これを説明する「その要旨は」で始まるニが二番目となる。その文に「社会的な流動性」とあり、これを説明している「一時的な共同体論の言う『社会的な流動性の増大』とは」で始まるイが三番目となる。そしてハが四番目となる。

▼問六　傍線部の「そうした社会」とは直前の段落の「後期近代社会」すなわち「社会的な流動性の増大を加速させた社会」を指す。この社会について、空欄D前後で、労働や家族という基本的な社会制度や役割が流動化して人びとの安

が現代における監視の拡大を駆動させている。

▲解　説▼

本文は監視社会という極めて今日的な問題を論じた文章である。全十九段落から成るが、一部省略された箇所がある。また第三段落以降には小見出し（次の「　」部分）が付いている。それにもとづいて全体を四区分して内容をまとめよう。

① 第一・第二段落（監視の拡大は……）
現代社会は監視が急速に進んでいるが、私たちは想像以上に無頓着だ

② 第三～第八段落（監視社会という言葉は……）「監視社会と二つの権力の類型論」
監視社会論は国による監視に加えて、市民による自発的な監視の存在を指摘した

③ 第九・第十段落（では、監視社会論は……）「監視社会論と権力の重層的な理解」
国による監視、規範にもとづく自発的な監視、データベース監視を重層的に理解すべきだ

④ 第十一～第十九段落（これまでに検討してきた……）「不安定な自己と一時の共同体」
現代では不安を抱く個人間の横の関係性から監視が希求され、拡大している

▼問一　第一段落で監視カメラに違和感を覚える人びとはいないという趣旨のことが述べられ、第二段落でも監視による権力の濫用に対して批判的な検証を求める動きは進まないと述べられる。人びとが監視を当然のこととして受け入れているという趣旨を押さえてロの「無頓着」を入れる。イの「ナイーブ」には〝お人好し、無警戒〟という意があるが、一般的には〝純真、繊細〟という意で使われることが多く不適となる。また「ナイーブぶり」という言い方も不自然である。

▼問二　第三段落で、監視社会という言葉が広まった理由として、新しい技術によって個人情報が大規模に収集されるようになったことと、監視の担い手が多様化したことが挙げられている。空欄が後者の理由をふまえている点に着眼す

国語

一

出典　朝田佳尚「自己撞着化する監視社会」（『世界』二〇一九年六月号　岩波書店）

解答

問一　ロ

問二　ロ

問三　ロ

問四　縦の関係性

問五　イ

問六　ニ

問七　イ

問八　ハ

◆要　旨◆

従来の監視社会論は国による監視、規範にもとづく自発的な監視、データベース監視のいずれかであった。この三つの権力の類型論はいかに権力を捉えるかという論点に関しては確かに差異があるが、いずれも社会—個人モデルにもとづいた縦の関係性に依拠した分析であった。だが現代における監視は特定の対象や目的をもたず、個人間の横の関係性から希求される日常の監視であり、また瞬発的に発生する集中的な監視である。このような監視の機制のなかに現れるのは、権力に呼応・対抗するような公的な個人ではなく、感情的に行動する私的な個人であり、そうした私的な個人による不安感

/////////////////// · memo · ///////////////////

/////////////////// · memo · ///////////////////

//////////////////// · memo · ////////////////////

大学赤本シリーズ

早稲田大学

文学部

別冊問題編

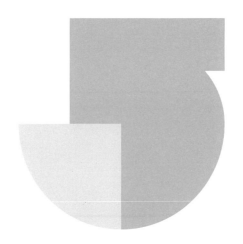

2025

矢印の方向に引くと
本体から取り外せます

教学社

目　次

問題編

2024年度

問題編

一般選抜・一般選抜（英語 4 技能テスト利用方式）・一般選抜（共通テスト利用方式）

問　題　編

〔一般選抜〕

▶試験科目・配点

教　科	科　　目	配　点
外国語	「コミュニケーション英語Ⅰ・Ⅱ・Ⅲ，英語表現Ⅰ・Ⅱ」，ドイツ語，フランス語，中国語，韓国語のうちから 1 科目選択	75 点
地　歴	日本史B，世界史Bのうちから 1 科目選択	50 点
国　語	国語総合，現代文B，古典B	75 点

▶備　考

外国語において，ドイツ語・フランス語・中国語・韓国語を選択する場合は，大学入学共通テストの当該科目〈省略〉を受験すること。共通テストの配点（200 点）を文学部の配点（75 点）に調整して利用する。

〔一般選抜（英語 4 技能テスト利用方式）〕

▶試験科目・配点

教　科	科　　目	配　点
地　歴	日本史B，世界史Bのうちから 1 科目選択	50 点
国　語	国語総合，現代文B，古典B	75 点

▶合否判定

英語 4 技能テストのスコアが基準を満たしている者を対象として，上記 2 教科の合計点（配点 125 点）で合否を判定する。

〔一般選抜（共通テスト利用方式）〕

▶試験科目・配点

試験区分	教　科	科　　目	配　点
大学入学共通テスト	地歴・公民または数学または理科	以下から1科目選択 地理B，現代社会，倫理，政治・経済，「倫理，政治・経済」，「数学Ⅰ・A」，「数学Ⅱ・B」，物理，化学，生物，地学 または，以下から2科目選択 物理基礎，化学基礎，生物基礎，地学基礎	50点
個別試験	外国語	「コミュニケーション英語Ⅰ・Ⅱ・Ⅲ，英語表現Ⅰ・Ⅱ」，ドイツ語，フランス語，中国語，韓国語のうちから1科目選択	75点
	国　語	国語総合，現代文B，古典B	75点

▶備　考

- 共通テストはそれぞれ配点100点を50点に換算する。「世界史B」「日本史B」等は試験科目に含まれていないので，注意すること。
- 共通テストにおいて，上記指定科目の範囲内で2科目以上受験している場合は，最高得点の科目の成績を大学側で自動的に抽出し，合否判定に利用する。
- 共通テストの「地歴・公民」「理科（物理，化学，生物，地学）」において，2科目受験の場合は，第1解答科目の成績を合否判定に利用する。上記以外の科目を第1解答科目として選択した場合は，合否判定の対象外となる。
- 共通テストの「理科」において，基礎を付した科目（2科目）は1科目として数える。基礎を付した科目（2科目）と基礎を付していない科目（1科目）の両方を受験した場合は，得点の高い方の成績を大学側で自動的に抽出し，合否判定に利用する。
- 外国語において，ドイツ語・フランス語・中国語・韓国語を選択する場合は，共通テストの当該科目〈省略〉を受験すること。共通テストの配点（200点）を文学部の配点（75点）に調整して利用する。

▶合否判定

共通テストの得点（配点50点）と個別試験の得点（配点150点）を合算して，合否を判定する。

英 語

（90分）

I Read the following two passages and choose the most appropriate word or phrase for each item（1～14）. Mark your choices（a～d）on the separate answer sheet.

（A） Sport is not simply about who wins or loses the game. While events on the field of play may（ 1 ）the limits of the actual physical sporting experience, the impact of sport is felt far wider. In 1950, for example, Brazil was the host nation, and hot favourite, for that year's soccer World Cup. They faced Uruguay in the final, in front of 200,000 supporters. The Uruguayans（ 2 ）the home crowd into silence, scoring the winning goal, with 11 minutes remaining, to win 2-1. In trying to（ 3 ）the shock of the defeat for Brazilians, the writer Nelson Rodriguez noted, 'Every nation has its own irredeemable catastrophe, something like Hiroshima. Our catastrophe, our Hiroshima, was the defeat by Uruguay in 1950.' The comparison, while trying to capture the psychological effect on Brazilian pride, is（ 4 ）in terms of the human cost. Rodriguez was trying to make the point, albeit insensitively, that in moments such as these sport can（ 5 ）affect people's lives and expose the frailties of the national consciousness.

As schoolchildren, spectators, players, or simply as consumers of media, we are all exposed to sport every day.（ 6 ）the ethical values that were enshrined in the origins of modern sport, the constant valorization of fair play and sportsmanship by contemporary sports organizations and the media, the games we play and watch are supposed to be 'good' things. However, sport has always had its dark side. Many of the ills apparent in society have historically manifested themselves in and around sport and, considering the media（ 7 ）, have been magnified.

（Adapted from Mike Cronin, *Sport*）

1.（a）attribute（b）constitute（c）distribute（d）pollute
2.（a）calmed（b）cheered（c）showered（d）stunned
3.（a）appreciate（b）explain（c）solve（d）transfer
4.（a）complete（b）hardwired（c）ridiculous（d）unable
5.（a）barely（b）gamely（c）profoundly（d）wisely
6.（a）Given（b）Proven（c）Spoken（d）Taken
7.（a）company（b）distribution（c）focus（d）observatory

(B) In his essay entitled *Germany and its Tribes*, Roman historian Tacitus (56-117 A.D.) provides a painstaking description of Rome's enemies to the north. A good indicator of how Romans viewed their northern neighbors, the essay portrays Germanic barbarians as a sort of noble savage — courageous in battle but totally unappreciative of the finer things in life; religious in custom but (8) of higher thinking; dirty and smelly but hospitable and honest.

A modern historian expressed the Roman view of barbarians (9) people who "did not have a history but were simply part of the flow of natural history." That is, unlike the "civilized" Greeks and Romans, barbarians didn't *make* history; history (10) to them, as it does to, say, monkeys and apes. This depiction of the barbarians has remained generally intact for more than two millennia.

Another mistake made about Germanic barbarians over the ages has been the tendency to group all tribes together on the (11) that barbarians were all the same. Tacitus and his contemporaries — and, by extension, we in the present era — tend to speak of barbarians as a (12) group, when in fact northern European tribes, although holding many similarities, maintained certain differences in terms of religious practice, social customs, burial rites, and political practices.

Just prior to and during the Migration Period (300-700 A.D.), which marks the height of the northern tribes' incursion into the Roman Empire and beyond, the divide among tribes became even (13). Different tribes had different goals regarding the Roman Empire, but the Goths stood out from the (14) in their eagerness to attain peace with the Romans and gain acceptance into the Empire.

(Adapted from William Weir, *History's Greatest Lies*)

8. (a) incapable (b) indeed (c) instead (d) inventive
9. (a) as (b) by (c) for (d) with
10. (a) *approached* (b) *happened* (c) *led* (d) *subscribed*
11. (a) accent (b) agenda (c) announcement (d) assumption
12. (a) same (b) second (c) single (d) sole
13. (a) brighter (b) quicker (c) sharper (d) smarter
14. (a) guest (b) nest (c) rest (d) west

Ⅱ Read the following three passages and mark the most appropriate choice (a〜d) for each item (15〜24) on the separate answer sheet.

(A) Some mammals (whales, dolphins, fur seals, sea lions) sleep with one hemisphere of the brain being asleep while the other is awake. This is referred to as unihemispheric slow-wave sleep (USWS) and contrasts with the bihemispheric slow-wave sleep (BSWS) exhibited by humans and other mammals. Whales and dolphins show only USWS. Northern fur seals and sea lions are aquatic and terrestrial. While in water these animals have USWS, like whales, but on land they have both USWS and BSWS. It is unclear whether whales, like humans, have rapid eye movement (REM) sleep, whereas we know that seals and sea lions have REM sleep on land, and it is always bilateral. Some birds also have USWS, but neurochemicals related to USWS have only been measured in the fur seal. The evolutionary basis of USWS is unclear. The discovery of unihemispheric sleep is a boon to sleep research as it provides a unique opportunity to empirically test neural circuit models of sleep-wake regulation.

(Adapted from Roda Rani Konadhode, et al., "Unihemispheric Sleep")

15. According to the text, USWS is a

(a) method to improve the quality of sleep by imitating the ways some mammals sleep.
(b) part of the sleep-wake cycles of some mammals, when the sleep waves are slow.
(c) sleeping disorder caused by neurochemicals that can be seen in some mammals.
(d) way some mammals sleep, with one half of the brain awake.

16. According to the text,

(a) humans alternate between USWS and BSWS throughout the night.
(b) mammals that exhibit USWS tend to live in or around the ocean.
(c) scientists have fully clarified the mechanism of USWS in whales and dolphins.
(d) USWS can also be found in birds that are considered close relatives of fur seals.

(B) All biographies are interpretations of their subjects. The best biographers compose accounts that make use of every possible resource of representation that narrative can offer. They are concerned with a judicious presentation of the facts of a life but also, much more important, with devising a form, a style, an attitude, and a perspective that can come as close as a book may do to paralleling the life of its subject. If this is done well enough, the book can truly resemble the man or woman it is describing.

The biographer is the life's second author or, perhaps, its editor. A biography of John Dewey demands that its author represent Dewey as and how he lived. Because Dewey's main occupation in life was thinking, his biographer must not only write about Dewey's thought but also reflect and inquire with Dewey into the processes of thinking. Dewey's main entry into the life of thought was through his emotions. He was not a thinking machine but a vibrant person-who-thought. His biographer can succeed only if he, too, conveys in his own narrative the continuous activity of Dewey's strong emotions.

Dewey was one person. But he prepared many faces to meet the opportunities offered by both his own inner capacities and the possibilities of his time and place. For philosophers, he was a philosopher, immensely learned and technically brilliant. For those people engaged with issues of education, whether experts in the field or anguished parents, he was the leading exponent of the new learning. For the citizenry, he was an advocate and combatant in the rough-and-tumble of American politics, public affairs, and public policy, as well as a powerful controversialist for liberal causes. Dewey moved effortlessly from any one of these roles to the others.

(Adapted from Martin Jay, *The Education of John Dewey*)

17. According to the passage, the author believes that it is important for a biography to
(**a**) be limited to documented facts about its subject.
(**b**) focus on disseminating the facts about its subject to a wider audience.
(**c**) reflect the life and perspectives of its subject in style and sentiment.
(**d**) serve as a true representation of the biographer.

18. According to the passage, Dewey's biographer should
(**a**) reflect objectively on Dewey's life and actions.
(**b**) strive to live as Dewey preached.
(**c**) sympathize with Dewey's emotional character.
(**d**) think as dispassionately as did Dewey.

19. According to the passage, John Dewey was
(**a**) a better philosopher than an educator.
(**b**) a talented, two-faced man.
(**c**) apathetic about politics.
(**d**) well-versed in multiple areas of life.

(C)　When I was eight, my mother gave me a diary with a lock and a key. I treasured it greatly. That this beautifully produced notebook was not a foreign import but was made in Turkey is interesting in and of itself. After all, in the Islamic world there is no habit of keeping diaries, as historians sometimes like to remind us. No one else pays the matter much attention. The Eurocentric historian sees this as a shortcoming, reflecting a reduced private sphere and suggesting that social pressures stamp out individual expression.

But the journal was probably in use in many parts of the Islamic world unmarked by Western influence, as some published and annotated texts indicate. Their authors would have kept these diaries as an aid to memory. They would not have been writing for posterity. Since there was no tradition of annotating or publishing diaries, most would have later been destroyed, either deliberately or accidentally. The idea of keeping a diary for publication suggests a certain self-conscious artifice and pseudo-privacy. On the other hand, it expands the concept of the private sphere, and in so doing it extends the power of writers and publishers. André Gide was among the first to exploit the possibilities this practice afforded.

In 1947, Gide was awarded the Nobel Prize for Literature. The decision did not come as a surprise; the seventy-eight-year-old Gide was at the height of his fame, hailed as the greatest living French writer at a time when France was still seen as the center of world literature.

Gide's celebrated *Journal*, into which he poured all his thoughts with an essayist's abandon, allows us easy entry into his lonely world, to share in his fears and uncertainties and meandering thoughts. These notes recording his most private and personal thoughts Gide gave to his publisher, and they were published while he was still living; though it may not be the most famous journal of modern times, it is the most highly regarded. Its first volumes contain some angry, derisive and insulting comments on Turkey, which he visited in 1914, after the Balkan War.

Is it necessary to see Gide's account of his journey to Istanbul and Turkey after the Balkan War, and his dislike of the Turks, as contradicting the admiration that an entire generation of Turkish writers have toward him? We admire writers for their words, their values, and their literary prowess, not because they approve of us, our country, or the culture in which we live. In his *Diary of a Writer*, serialized in a newspaper, Dostoyevsky describes what he saw on his first journey to France; he talks at length of the hypocrisy of the French, claiming that their sublime values were being eroded by money. But having read these words, Gide was not prevented from admiring him or from writing a brilliant book about Dostoyevsky. By refusing to retreat into a narrow patriotism, some of my favorite Turkish writers (who were also admirers of the French-hating Dostoyevsky) displayed what I would call the attitude of members of the world republic of letters.

(Adapted from Orhan Pamuk, *Other Colors*, translated by Maureen Freely)

20. Why is it interesting that the journal the author received from his mother was made in Turkey?
(a) His mother knew that he wanted to be a writer and was always supportive.
(b) Journal writing has not been traditionally seen as an Islamic genre.
(c) The author would rather have received a novel or a different book as a gift instead.
(d) There was a paper shortage in Turkey following the end of the Second World War.

21. It was thought that Turkish authors of the past were not interested in writing journals because
(a) for them diaries were instruments to help recollect events, and not texts to circulate.
(b) many of them were opposed to their leaders, and feared the death penalty.
(c) they were writing for posterity, and knew that their journals would eventually be published.
(d) they wrote about their religious doubts, and did not want to be seen as non-believers.

22. What does the act of writing a journal with eventual publication in mind entail?
(a) A busier schedule for writers, who need to spend time every day writing in their diaries.
(b) A pretense of privacy when writing, but an enlarged sphere of the personal once it is published.
(c) A publishing industry more interested in publishing private writings than fiction.
(d) A reduced awareness of the politics of being a writer whose secret opinions will become known.

23. The author brings in Dostoyevsky in relation to Gide's *Journal* to show that
(a) Dostoyevsky's *Diary of a Writer* offers a fuller picture of France than Gide's *Journal*.
(b) Gide was not an important novelist and so his opinions on Turkey were unimportant.
(c) Russian culture is separate from Western culture and has a unique ability to critique it.
(d) we can appreciate authors' works regardless of their personal dislikes or prejudices.

24. What would be a good title for the passage above?
(a) Aesthetic and Private Spheres: On Journals and Why We Value Writers
(b) Dostoyevsky versus Gide: Traveling While Praising the Local Culture
(c) Lost and Found: Diaries of the Islamic World
(d) Never Forgive or Forget: The Problematic Opinions of Admired Writers

Ⅲ Choose the most appropriate sentence from the following list (**a**〜**h**) for each item (**25**〜**31**). Mark your choices on the separate answer sheet.

(**a**) As Stephen of Hungary counselled his successor in the eleventh century, 'The utility of foreigners and guests is so great that they can be given a place of sixth importance among the royal ornaments'.

(**b**) English, as seen by those who did not acquire it as a mother tongue, has been characterized in an astonishing variety of ways: *unimportant, invasive, empowering, destructive* are among the words used to describe it.

(**c**) Fourteenth-century texts are unique in that they reveal a complex interface of languages.

(**d**) In recognizing that the past is often like the present, we need to search backwards for evidence of this process of accommodation.

(**e**) Modern multilinguals look with surprise on those who believe that a single language will serve them better than several.

(**f**) Old English already had a word for the crucial social role of the translator — *wealhstod* — who stood at the interface of two languages.

(**g**) Old-fashioned language histories have often endeavoured to look at a 'national' language as if it were a single (and triumphant) result of some Darwinian process of selection.

(**h**) The Bible, for example, relates a linguistic miracle that took place in the first century AD when the followers of Jesus suddenly became fluent in the languages of the many visitors to (and residents of) Jerusalem.

Multilingualism is, and has been, a normal part of social life for most people, both now and in the past. (**25**) They can hardly imagine so isolated an existence as implied by one language or barely believe that monolinguals can be satisfied by talking to people identical, more or less, to themselves.

English is (and has been) one language among many. The ebb and flow of enthusiasm for other languages within the anglophone community is a tale of profound cultural importance for the history of English. Yet both sides of the linguistic divide are important. In Britain, *abroad* has been seen as sometimes repugnant, sometimes frightening — 'that beastly abroad', wrote one nineteenth-century novelist quoted by the *Oxford English Dictionary*. Mistrust and suspicion is not the exclusive property of English-speakers, however. (**26**)

In the past, heightened social value accrued around the possession of more languages than one. (**27**) This involved no fewer than fifteen languages. The surprise was the clarity of the speech of those miraculously made fluent, a startling improvement on the halting approximations or pidgin contact languages which had been usual in that multilingual city. Even if this story is regarded as metaphorical rather than historical, it presumes a culture in which a diversity of languages is entirely normal. (28) Moreover, he added, 'a country unified in language and customs is fragile and weak'. Stephen's view seems to have been commonplace in political thinking at the time that English emerged as a distinct language within the cluster of West Germanic dialects. Bede began his *Ecclesiastical History of the English Peoples* by describing the linguistic riches of eighth-century Britain and celebrating the fact that five languages were in use. Until quite recently, the prevailing opinion has been the more languages, the better.

(29) This view ignores the abundance of languages and language varieties except insofar as they were swept up and carried forward by the inevitable rise of the national 'standard'. More recently, approaches to the 'ecology' of communities have instead demonstrated the value of describing the facts of language life for all people living in earlier times and places. People at the interface of two (or more) languages 'accommodate' to each other and thus create new linguistic identities. Twenty-first-century society is not so different to those of earlier times. The many languages of Manchester or Miami, Cape Town or Canberra, can easily be matched in the much smaller settlements of medieval Colchester or renaissance Cardiff. In all of these communities, a dynamic interaction among languages (and dialects) produced new forms of expression. (30)

Before written records became common, it is difficult to discern just what balance among languages might have been struck in the early history of the British Isles. Place-names can still attest the kinds of linguistic layering which often took place. *London*, for example, traces its own history into English from the Latin *Londoninium*, which is itself supposed to be based on a Celtic personal or tribal name, *Londinos*. Complex multilingualism was prevalent in Anglo-Saxon England. (31) In Middle English too, multilingualism remained a significant fact about language use in Britain (even though, following the Norman Conquest, the individual language components of such multilingualism had decisively changed).

(Adapted from Richard W. Bailey, "English Among the Languages")

Ⅳ　Choose the most appropriate word or phrase from the list (**a** ～ **m**) for each item (**32**～**38**). Mark your choices on the separate answer sheet.

Man: Good heavens! Are you a ghost from the world beyond?

Ghost: Indeed, I am.

Man: And what, pray tell, are you doing out at this late hour?

Ghost: You must agree that it is a fine night for a stroll. Isn't that why you've wandered out here?

Man: I'm searching for some (**32**) with which to contemplate the nature of existence.

Ghost: In that case, please don't let me get in your way. I shall retire to the church.

Man: Well, come to (**33**), I could benefit from your insights. Stay with me a while.

Ghost: As you wish. Now, tell me, what aspect of existence most puzzles you?

Man: It's all this talk of fate, of destiny, of the (**34**) and their supposed influence over our future.

Ghost: Nonsense, all of it! It is the ever-changing combination of accidental circumstances and the fickle operation of free will which determines one's future — nothing more.

Man: And am I simply to (**35**) for it? Or have you some conclusive evidence?

Ghost: Why, I'm a ghost, am I not? I possess supernatural understanding of a wide variety of things.

Man: Prove it.

Ghost: Well, I (**36**) to know that you will live to be ninety-eight years old. You have no choice.

Man: You're contradicting yourself! Then it's just as I feared: fate (**37**) over our future.

Ghost: You may be right, (**38**).

(**a**) after all
(**b**) answer
(**c**) astrology
(**d**) before long
(**e**) defines
(**f**) give my assent
(**g**) happen
(**h**) presides
(**i**) remember it
(**j**) solitude
(**k**) stars
(**l**) take your word
(**m**) think of it

PLEASE READ THE INSTRUCTIONS CAREFULLY.

V Read the following passage and complete the English summary in your own words in the space provided on the separate answer sheet. The beginning of the summary is provided; you must complete it in 4-10 words. Do not use three or more consecutive words from this page.

Diversity is sometimes given a worse reputation than it deserves. Certain people insist that the term signifies nothing more than difference, and so to call ourselves diverse is to separate ourselves, to undermine community. How unfortunate, especially in a democracy, that we fail to note how insistently diversity also points to unity. When we call Americans diverse, we are saying they are all Americans, equal members of the category. Like democracy, diversity encourages us to establish a unifying context, a community of meaning and action in which individual differences can thrive and strengthen the community that nurtures them. However, opponents of diversity in higher education often argue that it denies opportunity to deserving individuals just to make room for those less qualified. But the facts contradict the argument and demonstrate that American higher education has typically accommodated newcomers by enrolling larger numbers of students. As a result, those who had previously been disproportionately privileged — white, upper-class, male students — suffered no real disadvantage. At the end of the twentieth century at Wesleyan University, an elite institution in the United States, for example, there were more white male students than there were in 1956. In the 1990s, some students were stunned by such statistics, but not because they were unfamiliar with the institution's recent commitment to diversity — many had applied for that reason. Rather, they had never considered the possibility that admission to the university might have been out of reach for their own parents.

(Adapted from a *New York Times* article by Edgar F. Beckham)

SUMMARY:

[*complete the summary on the separate answer sheet*]

Despite some negative views about diversity, in reality …

日本史

（60分）

〔Ⅰ〕　次の文を読んで，問に答えなさい。

中国の史書には，弥生～古墳時代の日本，すなわち「倭」に関する記載がみられる。

後漢の班固が著《あらわ》した『漢書』地理志には，「楽浪海中に倭人有り$_{a}$，分かれて百余国と為る」との記載がある。また，『後漢書』東夷伝には，57年（建武中元２年）に倭の奴国の使者が光武帝から印綬$_{b}$を授かった点，107年（永初元年）にも倭の国王帥升が生口160人を安帝に献上した点，桓帝・霊帝の頃に倭国で大乱があった点が記載されている。後漢の時期，倭が小国に分立して相争う中でそれぞれが有利な立場を得ようと，漢王朝に使いを送っていたことがわかる。

中国で後漢が滅ぶと，魏・呉・蜀が鼎立《ていりつ》する三国時代となる。『三国志』の「魏志」倭人伝$_{c}$には，この時期の倭の情勢が詳細に記載されている。倭は男王を立てていたが国内が乱れておさまらないため，諸国が邪馬台国の女王卑弥呼を共立したという。卑弥呼は，239年（景初３年）に魏の皇帝に使いを送って「親魏倭王」の称号を与えられた。さらに，247年（正始８年）にも帯方郡に使いを送り，邪馬台国の南にある［　A　］との交戦を報告している。卑弥呼が治めた邪馬台国の位置については諸説あるが，３世紀後半には畿内を中心として大型前方後円墳$_{d}$が出現し，広域的な政治連合であるヤマト政権が生まれていったと考えられている。

三国の魏を継承した晋は中国全土を統一するが，北方諸民族が華北へ侵攻したことによって滅び，江南の建康を都として東晋を建国した。以降，中国では華北と江南の王朝が対峙する南北朝時代を迎える。一方，中国東北部からおこった［　B　］は，朝鮮半島北部まで領土を拡大して南部の新羅・百済・加耶などを圧迫するようになる。百済・加耶と密接な関係にあった倭も［　B　］と直接交戦していたことが，吉林省集安市に残る好太王碑に記されている。倭国は，このような国際情勢の中，朝鮮半島での外交的・軍事的優位を確保するため，中国の南朝に使いを送った。『宋書』倭国伝には，421～502年の間に讃・珍・済・興・武の５人の倭王$_{e}$が宋など南朝に遣使したことが記載されている。

中国の史料に残る記載は，当時の国際関係や日本の国家形成過程を考える上で，重要な意味を持つ。

〔問〕

1　下線aの記載が示すように，当時の倭人は朝鮮半島の楽浪郡を通じて漢王朝と交渉したと考えられているが，楽浪郡に関連する記載として，誤っているものはどれか。１つ選び，マーク解答用紙の該当する記号をマークしなさい。

ア　漢武帝が衛氏朝鮮を滅ぼして，楽浪郡・真番郡・臨屯郡・玄菟郡を置いた。

イ　楽浪郡の郡治《ぐんち》（行政の中心地）は，現在の平壌市付近と推定されている。

ウ　北部九州の弥生中期の甕棺墓からは，楽浪郡を通じて漢から入手したとされる青銅鏡・ガラス璧などが出土する。

エ　後漢末の遼東太守の公孫氏が，楽浪郡の南部を分割して帯方郡を設置した。

オ　楽浪郡は，新羅によって滅ぼされた。

2　下線bの印綬とは，中国の天子が臣下に与える綬《くみひも》のついた印のことで，持つ者の身分に応じて印の材質，つまみ（鈕《ちゅう》）の形，綬の色が異なる。後漢光武帝が奴国王に与えたとされる「漢委奴国王印」は，1784年に博多湾の志賀島で発見されているが，この金印のつまみ（鈕）の種類として，正しいものはどれか。１つ選び，マーク解答用紙の該当する記号をマークしなさい。

ア　亀《き》鈕　　イ　蛇《だ》鈕　　ウ　駝《だ》鈕　　エ　龍《りゅう》鈕　　オ　螭虎《ちこ》鈕

3　下線cの「魏志」倭人伝に記載される倭人の習俗・生活として，誤っているものはどれか。１つ選び，マーク解答用紙の該当する記号をマークしなさい。

ア　男子は大人も子供も，顔や体に入れ墨をしている。

イ　婦人は髪を後ろに垂らして束ね，布の中央に穴をあけて頭を通す貫頭衣《かんとうい》を着ている。

ウ　気候が温暖で，冬も夏も生野菜を食べる。

エ　牛・馬を巧みに用いて，水田農耕を行っている。

オ　人が死ぬと棺に納めて，土を盛り上げて冢《つか》をつくる。

4　空欄**A**に入る適切な語句は何か。漢字３字で記述解答用紙の解答欄に記入しなさい。

5　下線**d**に関連して，３世紀中頃～後半に築造された出現期最大の前方後円墳とされる古墳として，正しいものはどれか。１つ選び，マーク解答用紙の該当する記号をマークしなさい。

ア　大仙陵古墳　　**イ**　五色塚古墳　　**ウ**　箸墓古墳　　**エ**　造山古墳　　**オ**　誉田御廟山古墳

6　空欄**B**に入る適切な語句は何か。漢字３字で記述解答用紙の解答欄に記入しなさい。

7　下線**e**のうち，倭王武に関してはワカタケル大王，すなわち雄略天皇にあてる説が有力である。このワカタケル大王の名前が記載された遺物として，正しいものはどれか。１つ選び，マーク解答用紙の該当する記号をマークしなさい。

ア　稲荷山古墳出土の鉄剣　　**イ**　隅田八幡神社の人物画像鏡　　**ウ**　江田船山古墳出土の石製品

エ　岡田山１号墳出土の大刀　　**オ**　石上神宮の七支刀

〔Ⅱ〕　次の史料を読んで，問に答えなさい。

〈史料〉

a勅すらく，「今聞く，墾田は，**b**天平十五年の格に縁《よ》るに，『今より以後，任《ほしいまま》に私財として，三世一身を論ずること無く，咸悉《ことごと》く永年に取ること莫《な》かれ』と。是に由《よ》りて，天下の諸人，競いて墾田を為《つく》りて，勢力ある家は*百姓を駆役し，貧窮の百姓は自在するに暇《いとま》無しと。今より以後，一切に禁断して，加墾せしむること勿《なか》れ。但し，寺の先来《さきごろ》定むる地，開墾の次《ついで》は，禁ずる限りに在らず。また，**c**当土の百姓，一二町はまた宜しく之を許すべし」と。

*公民のこと

（**d**『続日本紀』天平神護元年（765）３月丙申条）

〔問〕

1　下線**a**を下したのは誰か。漢字４字で記述解答用紙の解答欄に記入しなさい。

2　下線**b**は何と呼ばれる法令か。漢字で記述解答用紙の解答欄に記入しなさい。

3　下線**c**の大意として適当なものはどれか。１つ選び，マーク解答用紙の該当する記号をマークしなさい。

ア　その土地の公民が少しばかりの面積の土地を寺院に寄進することは許可する。

イ　その土地の公民が少しばかりの面積の土地を寺院に売却することは許可する。

ウ　その土地の公民が少しばかりの面積の土地を勢力のある貴族に寄進することは許可する。

エ　その土地の公民が少しばかりの面積の土地を勢力のある貴族に売却することは許可する。

オ　その土地の公民が少しばかりの面積の土地を開墾することは許可する。

4　〈史料〉が下された時代背景としてふさわしいものはどれか。１つ選び，マーク解答用紙の該当する記号をマークしなさい。

ア　橘諸兄が広大な土地の開発を奨励した。

イ　藤原光明子が母の菩提を弔うため興福寺の造営を推進した。

ウ　玄昉が寺院に多くの財源を与えた。

エ　道鏡が仏教を手厚く保護した。

オ　藤原仲麻呂が東大寺の建立を積極的に援助した。

5　下線 d について述べた文として誤っているものはどれか。2つ選び，マーク解答用紙の該当する記号をマークしなさい。

ア　文武天皇の治世からはじまっている。

イ　六国史のうち，2番目の正史である。

ウ　紀伝体が用いられている。

エ　桓武天皇の治世のおわりまで収められている。

オ　全40巻である。

6　〈史料〉が下された前年に起きた出来事は何か。1つ選び，マーク解答用紙の該当する記号をマークしなさい。

ア　藤原広嗣の乱が起きた。

イ　淳仁天皇が廃された。

ウ　橘奈良麻呂の変が起きた。

エ　和気清麻呂が宇佐八幡に派遣された。

オ　紫香楽宮から平城京へ還都した。

〔Ⅲ〕　次の文を読んで，問に答えなさい。

鎌倉時代のなかば頃には貨幣経済が浸透し，商人や職人の動きが活発になった。各地の荘園や交通の要地などでは定期市が開かれ，中央から地方へ赴く行商人の活動も見られた。鋳物師などの手工業者も各地を遍歴していた。商工業を通じて中央と地方，地域と地域とが結ばれていった。遠隔地間の取引では，安全確保などの理由から，金銭輸送を手形に代える［　A　］が用いられた。京都・奈良・鎌倉などの商工業者のなかには，同業者団体である座を結成する者たちもあった。座の構成員のうち大寺社に属した者は［　B　］と呼ばれ，天皇家に属した者は供御人と呼ばれた。

南北朝時代を経て，[a]室町時代には各地の特産品が目立つようになったが，これらの売却・流通もまた，商業の発展を促した。[b]商工業者の座も種類や数が増えていったが，さまざまな問題も生じることとなった。

こうしたなか，[c]室町幕府は経済の動向に否が応でも巻き込まれていくことになる。室町幕府の法令に経済と関わるものが多かったのは，その端的な表れといえよう。これにいっそう拍車をかけたのが[d]日明貿易の開始である。もちろんこの貿易は外交上も重要な意味をもっていたが，関わる人びとの最大関心事は商業上の利益であった。

商工業の発展，貿易の展開は，銭貨の流通を活発化させるかにみえたが，[e]銭貨に関わる問題は頻発し，幕府や戦国大名はその対応に苦慮した。経済のうねりは権力の足もとをおびやかし続けたのである。

〔問〕

1　空欄 A に該当する語は何か。漢字で記述解答用紙の解答欄に記入しなさい。

2　空欄 B に該当する語は何か。漢字で記述解答用紙の解答欄に記入しなさい。

3　下線 a に関連し，産地と特産品の組み合わせのうち正しいものはどれか。1つ選び，マーク解答用紙の該当する記号をマークしなさい。

ア　河内・杉原紙　　イ　丹後・絹織物　　ウ　尾張・刀　　エ　播磨・陶器　　オ　摂津・そうめん

4　下線 b に関連して述べた文のうち正しいものはどれか。1つ選び，マーク解答用紙の該当する記号をマークしなさい。

ア　灯炉供御人は，幕府を本所とした。

イ　灯炉供御人の活動は，京都周辺に限られた。

ウ　大山崎の油座は，北野社を本所とした。

エ　大山崎の油座は，美濃などで荏胡麻購入の独占権を有した。

オ　京都では，祇園社の麴座が有名だった。

5　下線 **c** に関連して，室町幕府の財政に関して述べた文のうち誤っているものはどれか。1つ選び，マーク解答用紙の該当する記号をマークしなさい。

ア　将軍の直轄領である御料所は，奉公衆が管理した。

イ　将軍家の財産は，公方御倉に委託された。

ウ　酒屋役・土倉役の徴収は，納銭方に任されるようになった。

エ　京都五山の僧侶にも課税された。

オ　分一銭は有力な財源で，金閣の造営にも利用された。

6　下線 **d** に関連して述べた次の文X・Y・Zの正誤の組み合わせのうち，正しいものはどれか。1つ選び，マーク解答用紙の該当する記号をマークしなさい。

X　第1回遣明船の正使は僧の祖阿，副使は博多商人の肥富だった。

Y　足利義満は，服属の証として明の皇帝へ日本の暦を贈った。

Z　一時中断されたが，第6代将軍足利義教の時に再開された。

ア　X－正　Y－正　Z－正　　**イ**　X－正　Y－誤　Z－正　　**ウ**　X－正　Y－誤　Z－誤

エ　X－誤　Y－正　Z－正　　**オ**　X－誤　Y－誤　Z－正

7　下線 **e** に関連して述べた文のうち正しいものはどれか。1つ選び，マーク解答用紙の該当する記号をマークしなさい。

ア　日明貿易の影響で，宋銭は使用されなくなった。

イ　宣徳通宝は明銭である。

ウ　私鋳銭は日本国内ではつくられなかった。

エ　撰銭令では，精銭のみ使用を認めた。

オ　幕府は関銭の徴収権を独占し，精銭を集めようとした。

〔Ⅳ〕　次の文を読んで，問に答えなさい。

幕末に日本を訪れた外国人の1人，ロバート・フォーチュンは，未知の植物の採集に活躍したプラントハンターだった。彼はロンドンから中国に派遣され，東洋の代表的な観賞植物を多数入手してイギリスへ送るほか，中国からインドに茶の木を移植したことで知られている。日本と中国を訪れたときの記録（『幕末日本探訪記　江戸と北京』）をみてみよう。

フォーチュンが初来日したのは1860年のことである。すでに1853年，アメリカ東インド艦隊司令長官ペリーが浦賀に来航 **a** し，1858年には日米修好通商条約 **b** が調印され，日本国内は騒然としていた。フォーチュンは長崎に到着し，出島でケンペルの記念碑を発見した **c**。その後，長崎から数マイル離れたシーボルト **d** の居宅を訪問し，その植物園でシーボルトの『日本植物誌』に描かれた植物の実物を見ている。

フォーチュンはオールコック公使の招きで，神奈川から江戸に入り，イギリス公使館内に宿舎を与えられた **e**。大老が江戸城へ登城する途中で暗殺された事件 **f** の現場にも行っている。江戸では染井村を訪れ，世界のどこにも，これほど大規模に売物の植物を栽培しているのを見たことがないと感心し，サボテンやアロエのような南米の植物があることに注目している。フォーチュンは，日本で収集した植物を上海からイギリスへ輸送するため，イギリス汽船イングランド号で1860年12月に横浜から上海へ向けて出発した。

翌1861年，上海からふたたび日本に帰り，植木屋回りをして春や初夏の植物を採集し，アメリカ公使のハリスと一緒に，［ A ］の墓参りをしたあと，江戸を去った。その後，横浜近郊の［ B ］で，薩摩藩の島津久光の行列を横切った外国人が殺傷される事件が起こり，フォーチュンは亡くなったリチャードソンの死を悼んだ。

この記録は幕末日本を取り巻く世界の一コマを活写している。

〔問〕

1　下線 **a** に関する記述として正しいものはどれか。1つ選び，マーク解答用紙の該当する記号をマークしなさい。

ア　この前年，幕府はオランダ国王から開国を勧告されていた。

イ　ペリーはアメリカ大統領フィルモアの国書を受け取るよう要求した。

ウ　ペリーにつづいて，ロシア使節のラクスマンも来航した。

エ　幕府は開国後，新たに江戸に蛮書和解御用を設けて外交文書を翻訳させた。

オ　ペリー来航を受けて，近藤重蔵は択捉島を探査した。

2　下線 **b** の第6条には「日本人に対し法を犯せる亜墨利加人は，亜墨利加コンシュル裁断所にて吟味の上，亜墨利加の法度を以て罰すべし」とみえ，日本の司法にとって不平等な条文がある。これを何というか。漢字5字で記述解答用紙の解答欄に記入しなさい。

3　下線 **c** に関する記述として正しいものはどれか。1つ選び，マーク解答用紙の該当する記号をマークしなさい。

ア　鎖国下でも，長崎から生糸や絹織物などが輸出され，銅や海産物などが輸入された。

イ　島原の乱（島原・天草一揆）が起きたため，幕府は長崎で宣教師や信徒らを処刑し，元和の大殉教と呼ばれた。

ウ　出島にはオランダ商館と清国人が住む唐人屋敷があった。

エ　幕府は唯一の開港場である長崎を通じて，朝鮮や琉球との貿易を独占した。

オ　ケンペルは『日本誌』を著した。

4　下線 **d** に関する記述として誤っているものはどれか。1つ選び，マーク解答用紙の該当する記号をマークしなさい。

ア　シーボルトはオランダ商館の医師をつとめた経験がある。

イ　シーボルトは『日本』を著した。

ウ　シーボルトは，国外持ち出し禁止の日本地図を入手したことが発覚して国外追放になった。

エ　シーボルト事件で，高橋至時は処罰された。

オ　シーボルトの門下生だった高野長英は，蛮社の獄で投獄された。

5　下線 **e** に関する記述として誤っているものはどれか。1つ選び，マーク解答用紙の該当する記号をマークしなさい。

ア　神奈川は，日米修好通商条約で開港を求められた。

イ　日米和親条約は神奈川条約ともいわれる。

ウ　イギリスは，フランス・アメリカ・ロシアとともに，四国艦隊下関砲撃事件を起こした。

エ　イギリス公使館は当初，江戸高輪の東禅寺に置かれた。

オ　品川御殿山のイギリス公使館焼打ち事件は高杉晋作らが起こした。

6　下線 **f** と同年に起きた出来事はどれか。1つ選び，マーク解答用紙の該当する記号をマークしなさい。

ア　五品江戸廻送令が出された。

イ　八月十八日の政変が起きた。

ウ　坂下門外の変が起きた。

エ　伊勢神宮のお札が降ってきたとして，民衆の間で「ええじゃないか」が起きた。

オ　禁門の変が起きた。

7　空欄 **A** は，ハリスの通訳として来日し，アメリカ公使館に帰る途中，暗殺された駐日アメリカ公使館の通訳官である。それは誰か。カタカナで記述解答用紙の解答欄に記入しなさい。

8　空欄 **B** には，事件が起きた地名が入る。それは何か。漢字2字で記述解答用紙の解答欄に記入しなさい。

〔V〕　次の文を読んで，問に答えなさい。

その時代の有力な政治家や出来事に対し，同時代のメディア，そして世間は当意即妙な名称を付けることがあった。これらは素材となる人物のキャラクターを反映しているばかりでなく，当時の世相や政治を知る上で重要な手掛かりとなることも少なくない。

明治末から大正初年にかけて３次にわたり内閣を組織した$_{\mathbf{a}}$桂太郎が，しばしば自身の愛想のよさを交えて巧みな政治交渉を行ったことから「ニコポン宰相」と言われたのは，その一端である。大正時代に入って，軍艦・兵器の輸入をめぐる汚職である［ A ］事件で退陣を余儀なくされた山本権兵衛内閣（第１次）の後継として，当初，$_{\mathbf{b}}$清浦奎吾に対して組閣の大命降下があったが，新艦艇建造計画の予算復活をめぐり海相のポストが得られなかったことなどから組閣は見送られることとなった。この一連の経緯は，店頭で鰻の美味しそうな香りがするだけで，実際の食事には到らないという比喩で，「鰻香内閣」と評された。

また，1918（大正７）年，$_{\mathbf{c}}$米騒動によって総辞職を余儀なくされた$_{\mathbf{d}}$寺内正毅内閣は，「ビリケン内閣」と言われることがあった。これは寺内首相の風貌がアメリカから伝わって来た神像ビリケンに似ていたこと以外に，大正デモクラシーの潮流に逆行する「［ B ］内閣」という批判的な意味も込められていた。

昭和に入って，広田弘毅内閣の後を受け，1937（昭和12）年２月に成立した［ C ］内閣は，予算案などが議会を通過した年度末に第70議会を解散し，重要法案を通した直後であることを反映して，「食い逃げ解散」と批判を受けた。このほか，「最後の$_{\mathbf{e}}$元老」とよばれた［ D ］は晩年，別荘に籠り勝ちだったが，そこに重大な人事や政治案件に関する意見を聞くべく政界の要人が訪れることがあった。これらは［ D ］の隠棲先である静岡県興津の地名をとって「興津詣で」と呼ばれたが，この行動様式は，政治の第一線から退きながら隠然たる影響力を保った人物の許へ，現役の政治家がその意向を聞きに行くという点で，現在にも通じるところがある。

戦後に入ると，５次にわたって内閣を組織し，その剛直な政治姿勢から「ワンマン宰相」といわれ，逸話に事欠かなかった政治家が［ E ］である。また，$_{\mathbf{f}}$1955（昭和30）年，日本民主党と自由党が合流して自由民主党が誕生した際，その根回しに尽力した三木武吉は，長らく「野次将軍」の異名をとり，したたかな政治力をもって知られた。

〔問〕

1　下線**a**の人物が創立を宣言し，死後，結党式が行われた政党は下記のうちのどれか。１つ選び，マーク解答用紙の該当する記号をマークしなさい。

ア　憲政会　**イ**　立憲同志会　**ウ**　立憲帝政党　**エ**　憲政本党　**オ**　立憲自由党

2　空欄**A**に入る語句は何か。カタカナで記述解答用紙の解答欄に記入しなさい。

3　下線**b**の人物に関連する文章として，正しいものはどれか。１つ選び，マーク解答用紙の該当する記号をマークしなさい。

ア　山本権兵衛内閣（第２次）の後継として内閣を組織したが，第２次護憲運動によって，短期のうちに総辞職した。

イ　長らく枢密院副議長を務めたが，元老から警戒され，枢密院議長に就くことはなかった。

ウ　台湾総督として土地調査事業を行うなど，植民地経営に大きな成果を挙げた。

エ　日露戦争後，桂太郎内閣（第２次）の内相として，地方改良運動の実施に尽力した。

オ　南満州鉄道株式会社（満鉄）が大連に設立された際，初代満鉄総裁に就任した。

4　下線**c**に関連する文章として，誤っているものはどれか。１つ選び，マーク解答用紙の該当する記号をマークしなさい。

ア　米商人・地主・富商・精米会社などが主たる襲撃の対象となった。

イ　シベリア出兵を背景とする一部商人の米の投機的な買い占めによって，米価が高騰したことが一因となった。

ウ　富山県の漁村において主婦たちが起こした騒動が起点となり，全国へと広がった。

エ　社会運動にも影響を及ぼし，鈴木文治によって友愛会が設立された。

オ　大規模な民衆騒擾による国民の政治参加拡大の要求は，藩閥出身ではない立憲政友会総裁・原敬を首班とする内閣誕生へと道を開いた。

5　下線**d**の人物に関連する文章として，正しいものはどれか。１つ選び，マーク解答用紙の該当する記号をマークしなさい。

ア　同じ長州閥の代表である伊藤博文の推挙により，内閣を成立させた。

イ　首相在任時にロシア革命が起こると，シベリア出兵に踏み切った。

ウ　第２次日韓協約締結後，統監府設置にともない，初代韓国統監をつとめた。

エ　「三・一独立運動」後，朝鮮総督に就任して憲兵警察を廃止した。

オ　陸軍２個師団増設が首相によって拒否されると，陸相として単独で天皇に辞表を提出し内閣を総辞職に追い込んだ。

6　空欄**B**に入る語句は何か。漢字３字で記述解答用紙の解答欄に記入しなさい。

7　空欄**C**に入る人名は何か。氏名を漢字で記述解答用紙の解答欄に記入しなさい。

8　下線**e**に関連して，以下のうち元老ではない人物はどれか。１つ選び，マーク解答用紙の該当する記号をマークしなさい。

ア　山県有朋　　**イ**　西郷従道　　**ウ**　木戸孝允　　**エ**　大山巌　　**オ**　松方正義

9　空欄**D**に入る人名は何か。漢字で記述解答用紙の解答欄に記入しなさい。

10　空欄**E**に入る人名は何か。漢字で記述解答用紙の解答欄に記入しなさい。

11　下線**f**に関連して，この年に起こった出来事はどれか。１つ選び，マーク解答用紙の該当する記号をマークしなさい。

ア　日ソ共同宣言の調印

イ　アジア＝アフリカ会議（バンドン会議）の開催

ウ　インドシナ休戦協定の成立

エ　日米行政協定の締結

オ　ＭＳＡ協定の締結

〔Ⅵ〕 次の文を読んで，問に答えなさい。

日本絵画史の流れにおける女性表現をたどってみると，奈良時代の作例としては，正倉院宝物$_{a}$の『鳥毛立女屛風（樹下美人図）』や薬師寺の『吉祥天像』をあげることができる。いずれも中国や西域からの影響が色濃い作例であり，この時代には，異国の女性像に理想的な人物イメージを求める傾向が強かったことがわかる。

平安時代前期においても，密教の影響により仏教彫刻にエキゾティックな女性イメージを見せる作品がある。法華寺の『十一面観音立像』はインド的な雰囲気すら漂わせる。この『十一面観音立像』には，光明皇后がモデルであるという伝承がある。その背景には，［A］や施薬院を設置するなど光明皇后がおこなった救済事業の記憶があずかっているのかもしれない。平安時代後期に入ると，国風文化の発展とあいまって，日本女性が絵巻物などに数多く登場するようになった。

江戸時代に浮世絵が誕生すると，描かれる日本女性は格段に増加した。その代表例が菱川師宣作『見返り美人図』$_{b}$である。また，錦絵の開祖である［B］は華奢な体つきの女性を描き，［C］は顔と上半身を中心にクローズアップした大首絵の美人画を得意とするなど，バラエティにとんだ女性像が相次いで生み出された。しかし浮世絵の主眼とするところは，美しい人体表現よりも，むしろ衣装美にあった。

明治時代，フランスへ留学した洋画家黒田清輝$_{c}$が相次いで全身ヌードの女性像を発表したが，公序良俗を乱す絵と感じる観客もおり，裸体画論争が起こる。1901年の白馬会展では，黒田が描いた全身ヌード像は下半身を布で隠して陳列される，いわゆる「腰巻事件」へと発展した。

大正から昭和初期になると，最新流行の洋装と断髪で盛り場を出歩く女性たち$_{d}$が，グラフィックデザインの格好のテーマとなった。彼女たちの姿は，1927年に「東洋唯一の地下鉄道」として上野〜［D］間に開通した地下鉄のポスターにも，杉浦非水によって描かれた。

〔問〕

1 下線aについて。駱駝に乗った異国風俗の楽人をデザインしているものはどれか。1つ選び，マーク解答用紙の該当する記号をマークしなさい。

ア 紺瑠璃坏 イ 漆胡瓶 ウ 白瑠璃碗 エ 平螺鈿背八角鏡 オ 螺鈿紫檀五弦琵琶

2 空欄Aに入る語句は何か。漢字3字で記述解答用紙の解答欄に記入しなさい。

3 下線bについて。誤っているものはどれか。2つ選び，マーク解答用紙の該当する記号をマークしなさい。

ア 師宣は安房国（千葉県）の出身である。

イ 師宣は18世紀の江戸で活動した。

ウ 女性は白い着物をまとい，黒髪を束ねて頭上でまとめている。

エ 女性は顔の右半分だけを見せている。

オ この作品は肉筆画である。

4 空欄B・Cについて。正しい組み合わせはどれか。1つ選び，マーク解答用紙の該当する記号をマークしなさい。

ア B 喜多川歌麿 C 東洲斎写楽

イ B 喜多川歌麿 C 鈴木春信

ウ B 鈴木春信 C 喜多川歌麿

エ B 鈴木春信 C 東洲斎写楽

オ B 東洲斎写楽 C 喜多川歌麿

5 下線cについて。水辺で憩う日本女性を油彩で描いた作品はどれか。1つ選び，マーク解答用紙の該当する記号をマークしなさい。

ア 海の幸 イ 湖畔 ウ 天平の面影 エ 読書 オ ゆあみ

6 下線dについて。彼女たちは何と呼ばれたか。カタカナ2字で記述解答用紙の解答欄に記入しなさい。

7　空欄Dについて。図1はこの盛り場の絵葉書である。正しい地名はどれか。1つ選び，マーク解答用紙の該当する記号をマークしなさい（図は一部加工してある）。

ア　浅草　　イ　銀座　　ウ　渋谷　　エ　新宿　　オ　新橋

図1

世界史

（60分）

〔Ⅰ〕 次の文章を読み，**設問1～4**に答えなさい。

前3000年頃に王による統一国家がつくられた古代エジプトは多神教で，さまざまな神が信仰された。古王国時代には，王は太陽神ラーの化身として崇められ，強大な権力を得た。中王国時代Aには，冥界の支配者オシリス神Bへの信仰がさかんになり，多くの人びとが来世での復活を願うようになった。新王国時代になると，やがてアメン神官団が上エジプトのテーベCを中心に権力を強めていったが，これに対して王の［ D ］は，テーベからアマルナへ遷都し，アトン神を唯一の神とする改革を行った。王名も「アトン神にとって有益なる者」を意味するイクナートンに改め，アトン神への信仰を深めた。しかし，王の死後すぐにこの改革は頓挫し，伝統的な多神教が復興していった。

設問1 下線部Aの時代のエジプトについて，関連する説明でもっとも適切なものを次の**ア～エ**の中から一つ選び，**マーク解答用紙**の所定欄にマークしなさい。

ア 都はメンフィスに置かれ，その周辺にピラミッドがさかんに造営された。

イ 積極的に海外遠征が行われ，シリアのカデシュではヒッタイトと戦ったのち，世界において記録上最古の国際条約が結ばれた。

ウ テーベの王によってエジプトが再統一されて始まり中央集権化が進められたが，しだいに衰退し，末期にはシリア方面から馬と戦車をもつ異民族が流入していった。

エ 飢饉や財政の悪化などによって前22世紀にこの時代最後の王朝が崩壊すると，地方勢力が乱立する状況となり，国内は乱れていった。

設問2 下線部Bの前で死者が最後の審判を受け，生前に悪事をおかしたことがないと告白する様子などが挿絵とともに描かれた葬祭文書はどれか。もっとも適切なものを次の**ア～エ**の中から一つ選び，**マーク解答用紙**の所定欄にマークしなさい。

ア 死海文書　**イ** パピルス　**ウ** 「死者の書」　**エ** 「出エジプト記」

設問3 下線部Cがあった現在の地名はどれか。次の**ア～エ**の中から一つ選び，**マーク解答用紙**の所定欄にマークしなさい。

ア ルクソール　**イ** ギザ　**ウ** カイロ　**エ** アレクサンドリア

設問4 空欄［ D ］に入る王名は何か。**記述解答用紙**の所定欄に記しなさい。

〔Ⅱ〕 次の文章を読み，**設問1～11**に答えなさい。

人類（猿人を含む）の歴史はおよそ [A] 万年に達し，そのうち，文字の登場以前は先史時代，以後は歴史時代とよばれている。現在の歴史学者のおもな仕事のひとつは，歴史時代の文字史料を解読もしくは解釈し，歴史を復元することである。

東アジアにおける歴史時代は，殷代(B)にはじまるとする説が有力で，当時は青銅器や甲骨のうえに文字をしるすことが多かった。前者の例は周代とそれ以後にも見られる。これに対して，戦国時代には木簡や竹簡などが書写材料として多用され，中国では現在もその発見・出土が相次いでいる。紙は，製紙法を改良した後漢の宦官の [C] 以前にすでに存在していたが，その書写材料としての普及は後漢時代以後にくだる。

戦国時代や秦代，漢代(D)の竹簡・木簡などの内容は多岐にわたり，その歴史学的意義は計り知れない。たとえばその中には，張儀や蘇秦に代表される [E] や，[F] を核とする老子の思想に関わる史料などが含まれている。秦の滅亡後に趙佗が建国した [G] の木簡もある。朝鮮民主主義人民共和国（北朝鮮）(H)では，前漢による支配の痕跡をしめす木簡が出土し，漢が平壌一帯に [I] 郡を設置していたことも裏づけられた。敦煌では，シルクロード交易の実態をうかがわせる木簡も発見され，バクトリア地方の [J] などが漢に使者を具体的にいかに派遣していたのかもわかってきた。三国時代の木簡・竹簡も発見され，その分量は [K] の編纂した『三国志』を凌駕するほどである。現在の歴史学者，とりわけ中国古代史の研究者は，こういった出土史料の解読を通じて，新しい歴史の側面に光を当てようと努めている。

設問1　空欄 [A] に入る適切な数字を次の**ア**～**エ**の中から一つ選び，**マーク解答用紙**の所定欄にマークしなさい。

ア　1500　　**イ**　1000　　**ウ**　700　　**エ**　100

設問2　下線部Bに関連して，殷代と重複する時期の世界史上の出来事を次の**ア**～**エ**の中から一つ選び，**マーク解答用紙**の所定欄にマークしなさい。

ア　ペロポネソス戦争　　**イ**　ジャイナ教の創始　　**ウ**　ミケーネ文明の滅亡　　**エ**　テオティワカン文明の興亡

設問3　空欄 [C] に入る適切な人名を次の**ア**～**エ**の中から一つ選び，**マーク解答用紙**の所定欄にマークしなさい。

ア　鄭玄　　**イ**　蔡倫　　**ウ**　班固　　**エ**　甘英

設問4　下線部Dに関連して，次の**ア**～**エ**の記述を時代順に並べ替え，古いものから三番目にくるものを選び，**マーク解答用紙**の所定欄にマークしなさい。

ア　漢は塩鉄の専売制を施行した。

イ　匈奴が冒頓単于のもとで台頭した。

ウ　漢ははじめて西域に張騫を派遣することを決断した。

エ　呉楚七国の乱が起こった。

設問5　空欄 [E] に入る適切な用語を次の**ア**～**エ**の中から一つ選び，**マーク解答用紙**の所定欄にマークしなさい。

ア　道家　　**イ**　儒家　　**ウ**　縦横家　　**エ**　法家

設問6　空欄 [F] に入る適切な用語を次の**ア**～**エ**の中から一つ選び，**マーク解答用紙**の所定欄にマークしなさい。

ア　無為自然　　**イ**　仁義礼智信　　**ウ**　兼愛　　**エ**　性善説

設問7　空欄 [G] に入る適切な用語を次の**ア**～**エ**の中から一つ選び，**マーク解答用紙**の所定欄にマークしなさい。

ア　蜀　　**イ**　北斉　　**ウ**　北魏　　**エ**　南越

設問 8　下線部Hの初代首相の名前を，**記述解答用紙**の所定欄に漢字で記しなさい。

設問 9　空欄［ I ］に入る適切な用語を，**記述解答用紙**の所定欄に漢字で記しなさい。

設問10　空欄［ J ］に入る適切な用語を次の**ア**～**エ**の中から一つ選び，**マーク解答用紙**の所定欄にマークしなさい。

ア　大秦　**イ**　匈奴　**ウ**　亀茲　**エ**　大月氏

設問11　空欄［ K ］に入る適切な人名を次の**ア**～**エ**の中から一つ選び，**マーク解答用紙**の所定欄にマークしなさい。

ア　顔真卿　**イ**　司馬遷　**ウ**　陳寿　**エ**　羅貫中

〔Ⅲ〕　以下の文章を読み，**設問 1 ～ 7** に答えなさい。

中世の西欧世界は，農業革命による人口増加と商業交易の発展に伴い，人々が大規模に移動し，その影響圏を拡大していった。その例としては，グリーンランドにいたる北大西洋沿岸からカスピ海沿岸にまで拡大したノルマン人A の移動や，エルベ川からオーデル川にいたる地域で，［ B ］辺境伯領を創設した東方植民運動があるが，何よりも大規模な人々の移動を引き起こしたのは十字軍であろう。教皇［ C ］が布告した第1回十字軍により，十字軍国家が樹立されると，西欧と東地中海世界の商業交易が活性化し，人々の交流も一段と深まった。その後，第4回十字軍では，参加者の利害が対立し聖地に向かわず，コンスタンティノープルを占領してラテン帝国を創設したがD，その結果，西欧世界から黒海沿岸・中国にいたる商業交易と人的交流のネットワークが形成された。

このように十字軍は，軍事的な征服活動により中世西欧世界を東方に拡大させたが，それが，宗教運動E の一つであったことも忘れてはならない。そのことは，参加した王たちF や諸侯たちが，教会で誓約を行い，十字のしるしを身に付け，贖罪の行為として十字軍に従軍したことからもわかる。だが，多くの人々を巻き込んだ十字軍も，13世紀末にアッコンが［ G ］朝の攻撃により陥落し，十字軍国家が崩壊するとその終焉に向かうことになる。

設問 1　下線部Aに関連して，次の**ア**～**エ**の中から，もっとも適切なものを一つ選び，**マーク解答用紙**の所定欄にマークしなさい。

ア　彼らは，フランク王国の北のユトランド半島を拠点の一つにしていた。

イ　彼らの一派は，リューリクに率いられ，モスクワ大公国を建国した。

ウ　彼らの王であるアルフレッド大王が，イングランド王となり学芸を振興した。

エ　彼らの一派は，北アフリカに建国したが，後にユスティニアヌス帝により滅ぼされた。

設問 2　空欄［ B ］に入る名称を**記述解答用紙**の所定欄に記しなさい。

設問 3　空欄［ C ］に入る教皇に関して，次の**ア**～**エ**の中から，もっとも適切なものを一つ選び，**マーク解答用紙**の所定欄にマークしなさい。

ア　シトー会修道士の聖ベルナールが側近となり，十字軍の勧説を行った。

イ　パリの学生と教師の団体を保護し，大学として認可した。

ウ　クリュニー修道院の出身で，教会改革を推し進めた。

エ　ハインリヒ4世と争い，『教皇教書』の中で教皇権の俗権に対する優位を主張した。

設問 4　下線部Dに関連して，次の**ア**～**エ**の中から，もっとも適切なものを一つ選び，**マーク解答用紙**の所定欄にマークしなさい。

ア　第4回十字軍は，インノケンティウス3世が提唱した。

イ　ヴェネツィアとジェノヴァが協力し，第4回十字軍を請け負った。

ウ　ヴェネツィアの総督が，ラテン帝国の初代皇帝となった。

エ　ラテン帝国は，オスマン帝国のバヤジット1世により滅ぼされた。

設問5　下線部Eに関連して，次の**ア**～**エ**の中から，誤っているものを一つ選び，**マーク解答用紙**の所定欄にマークしなさい。

ア　イベリア半島北西部のサンチャゴ＝デ＝コンポステラは，民衆の巡礼地の一つであった。

イ　アッシジのフランチェスコが創始者であるフランチェスコ会は，都市での説教活動を通じ，民衆の信仰に大きな影響を与えた。

ウ　厳しい禁欲と万人司祭主義を特徴とするカタリ派は，南ヨーロッパを中心に多くの信者を集めた。

エ　北フランスの都市民は，ゴシック様式の大聖堂を競って建築した。

設問6　下線部Fに関連して，次の**ア**～**エ**の中から，西欧世界の王で，十字軍に参加しなかった王の名前を一つ選び，**マーク解答用紙**の所定欄にマークしなさい。

ア　ルイ7世　　**イ**　ヘンリ2世　　**ウ**　リチャード1世　　**エ**　ルイ9世

設問7　空欄 [G] に入る名称を**記述解答用紙**の所定欄に記しなさい。

〔Ⅳ〕 ヨーロッパの戦争に関する次の文章**1**・**2**を読み，**設問1**～**11**に答えなさい。

1．15世紀末に，ナポリの王位継承問題をきっかけに起きたイタリア戦争は，イタリアの都市国家やローマ教皇だけではなく，西ヨーロッパの主要な国々も参戦し，ヨーロッパの最初の近代的な国際戦争へと発展した。この戦争は，1494年，フランス＝ヴァロワ朝の [A] のイタリア遠征によって始められ，この過程で，Bフィレンツェのメディチ家が追放された。その後も，おもに北イタリアで戦闘が繰り返されたが，この時期は，ルネサンス時代でもあったため，Cイタリアのルネサンス芸術がアルプスを越えてヨーロッパに広く波及する契機のひとつともなった。

イタリア戦争がピークを迎えたのは，Dフランス王フランソワ1世とハプスブルク家の神聖ローマ皇帝カール5世が対立した時代である。フランソワ1世もイタリアに遠征したのち，フォンテーヌブロー宮殿の建設などによってフランスのルネサンスの発展に貢献した。また，カール5世の統治下のドイツでは，宗教改革の運動が始まった。イタリア戦争は1559年の [E] の講和条約で終結したが，イタリアは分断され，フランス王家とハプスブルク家の対立が基軸となって，その後のヨーロッパの国際関係が形成されていった。

2．第一次世界大戦は，戦争の歴史を一変させた。この戦争は，Fサライェヴォで起こった暗殺事件がきっかけで勃発した。参戦した各国は中立国を味方につけようとG秘密条約を結んだり，植民地の住民や民族独立運動に働きかけて，その支持を得ようとした。こうして，戦争は世界規模に拡大した。

主要参戦国は，長期戦･物量戦を戦い抜くために国民の消費生活を統制した。そのため，不満を強めた国民が革命を起こすケースも生じた。ドイツでは，大戦末期に [H] 軍港で水兵たちの蜂起が発生して全国に波及する革命となり，皇帝の退位，そして戦争の終結につながった。

4年以上にわたる戦争によってヨーロッパは疲弊し，古い政治秩序や思想は大きく揺らいだ。それに対して，Iソヴィエト＝ロシアやJアメリカ合衆国が提起する新たな理念が人々の注目を集めるようになり，またアジアやアフリカの植民地のK独立運動も高まりを見せ始めた。こうして，世界は新たな時代へと突入していった。

設問1　空欄 [A] に当てはまる人名は誰か。次の**ア**～**エ**の中から一つ選び，**マーク解答用紙**の所定欄にマークしなさい。

ア　シャルル7世　　**イ**　シャルル8世　　**ウ**　シャルル9世　　**エ**　シャルル10世

設問2 下線部**B**に関連して，フィレンツェやメディチ家について述べた次の文の中で，誤りを含むものはどれか。次の**ア**～**エ**の中から一つ選び，**マーク解答用紙**の所定欄にマークしなさい。

ア ブラマンテは，フィレンツェに建造されたサンタ＝マリア大聖堂の大円蓋を設計した。

イ ミケランジェロの「ダヴィデ像」は，当初フィレンツェの市庁舎前におかれた。

ウ コジモの時代に，メディチ家は，ヨーロッパ有数の銀行業者となった。

エ メディチ家出身の教皇レオ10世は，サン＝ピエトロ大聖堂の造営問題で教皇庁の財政危機を引き起こした。

設問3 下線部**C**に関連して，アルプス以北の芸術家について述べた次の文の中で，もっとも適切なものはどれか。次の**ア**～**エ**の中から一つ選び，**マーク解答用紙**の所定欄にマークしなさい。

ア イギリスでは，ファン＝アイク兄弟が，フレスコ画法によって「ガン（ヘント）祭壇画」を描いた。

イ ネーデルラントでは，ホルバインが友人の「ルター像」を描き，肖像画家として知られた。

ウ ドイツでは，デューラーが「四人の使徒」を描き，画家・版画家として知られた。

エ ドイツでは，ブリューゲルが「農民の踊り」で，民衆や農民生活を描いた。

設問4 下線部**D**に関連して，フランソワ１世やカール５世について述べた次の文の中で，もっとも適切なものはどれか。次の**ア**～**エ**の中から一つ選び，**マーク解答用紙**の所定欄にマークしなさい。

ア フランソワ１世は，パリにアカデミー＝フランセーズ（フランス学士院）を創設し，フランス語の統一を図ろうとした。

イ フランソワ１世は，レオナルド＝ダ＝ヴィンチをフランスに招いた。

ウ カール５世は，神聖ローマ皇帝即位後に，フランソワ１世を選挙で破り，スペイン王カルロス１世になった。

エ カール５世の死後，皇太子フェリペがスペイン王に，弟フェルディナントが神聖ローマ皇帝にそれぞれ即位した。

設問5 空欄 **E** に当てはまる地名は何か。**記述解答用紙**の所定欄に記しなさい。

設問6 下線部**F**に関連して，この事件が起こった当時，サライェヴォを支配していた国として，もっとも適切なものを次の**ア**～**エ**の中から一つ選び，**マーク解答用紙**の所定欄にマークしなさい。

ア セルビア **イ** オスマン帝国 **ウ** オーストリア **エ** モンテネグロ

設問7 下線部**G**に関連して，ロンドン秘密条約（1915年）でイタリアへの譲渡が約束された地域として，もっとも適切なものを次の**ア**～**エ**の中から一つ選び，**マーク解答用紙**の所定欄にマークしなさい。

ア ロレーヌ **イ** 南チロル **ウ** ロカルノ **エ** マルヌ

設問8 空欄 **H** に当てはまる地名は何か。**記述解答用紙**の所定欄に記しなさい。

設問9 下線部**I**に関連して，同時期のロシアに関する出来事を時代順に古いものから正しく並べているのはどれか。もっとも適切なものを次の**ア**～**エ**の中から一つ選び，**マーク解答用紙**の所定欄にマークしなさい。

ア 四月テーゼの発表→「平和に関する布告」の採択→皇帝ニコライ２世の退位→コミンテルンの創設

イ 「平和に関する布告」の採択→皇帝ニコライ２世の退位→コミンテルンの創設→四月テーゼの発表

ウ 四月テーゼの発表→皇帝ニコライ２世の退位→コミンテルンの創設→「平和に関する布告」の採択

エ 皇帝ニコライ２世の退位→四月テーゼの発表→「平和に関する布告」の採択→コミンテルンの創設

設問10 下線部**J**に関連して，第一次世界大戦前後の時期のアメリカ合衆国についての説明として，もっとも適切なものを次の**ア**～**エ**の中から一つ選び，**マーク解答用紙**の所定欄にマークしなさい。

ア　経済成長を遂げて第一次世界大戦前に債権国となったアメリカ合衆国は，大戦中にさらに大きな利益をあげ，国際金融市場の中心の一つとなった。

イ　第一次世界大戦後のアメリカ合衆国は，孤立主義の傾向を強めたものの，軍縮や不戦条約などの国際協調を推進した。

ウ　1920年代のアメリカ合衆国では民主党政権が続き，自由放任経済がとられた。

エ　第一次世界大戦後のアメリカ合衆国は，経済的な繁栄を背景にして民主主義が発展したが，女性には参政権が認められなかった。

設問11　下線部**K**に関連して，第一次世界大戦後のアジア各地における独立運動についての説明として，もっとも適切なものを次の**ア**～**エ**の中から一つ選び，**マーク解答用紙**の所定欄にマークしなさい。

ア　インドシナではベトナム青年革命同志会が結成され，それを母体に，インドシナ共産党が成立した。

イ　インドネシアでは，スカルノによってインドネシア共産党が結成され，独立を唱えた。

ウ　インド人の意見を諮問する機関として，インド国民会議が結成された。

エ　フィリピンでは，急進民族主義者によってタキン党が結成された。

〔Ⅴ〕　次の文章を読み，**設問１～５**に答えなさい。

イェルサレム（エルサレム）**A** は幾つもの宗教の信徒にとって重要な聖地であり，またそれらの信徒が長い間，共存してきた都市でもある。下の**図１**は，19世紀前半，オスマン帝国統治下のイェルサレムを示した概略図である。そこでは，同じ宗教・宗派の信徒が集住する地区も見られたが，複数の宗教・宗派の信徒が混ざって住む地区も見られた。

20世紀中頃には，周辺諸国の反対を押し切って，イスラエルがパレスチナ地域に建国された。現在まで続くこの地域での紛争の焦点には，イェルサレムの帰属やパレスチナ難民問題なども含まれている。

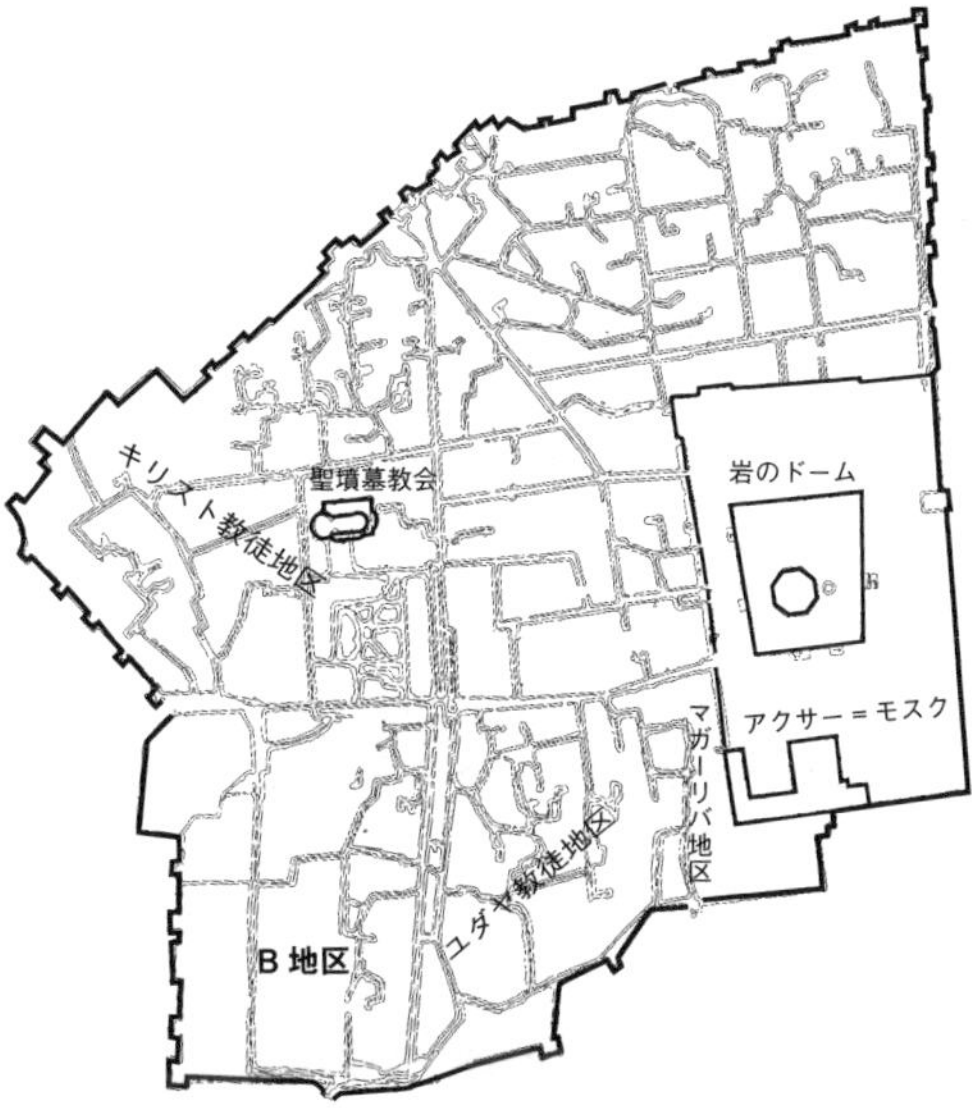

〔**図１**〕19世紀前半のイェルサレムにおいて，非ムスリムの地区やムスリム，キリスト教徒の聖地などを示した概略図。特に明記されていない地区では，ムスリム住民が多数派であることが多かった。

設問 1　上の**図 1** の **B 地区**一帯には，西アジアで広く商人や軍人などとして活躍した，キリスト教のある宗派の人々が長らく住んできた。この人々は [C] 朝の [D] のもとでは，ヨーロッパとの交易などで活躍し，その首都 [E] には，彼らが集住する地区も見られた。この [C] ～ [E] に入る語の組み合わせとして正しいものを，次の**ア**～**エ**の中から一つ選び，**マーク解答用紙**の所定欄にマークしなさい。

ア　**C**　ムワッヒド　**D**　ハールーン＝アッラシード　**E**　チュニス
イ　**C**　サファヴィー　**D**　アッバース 1 世　**E**　イスファハーン
ウ　**C**　ナスル　**D**　アブド＝アッラフマーン 3 世　**E**　コルドバ
エ　**C**　カラハン　**D**　ガザン＝ハン　**E**　カラコルム

設問 2　アラブ・ムスリム勢力が下線部 **A** の統治を開始した時期から前後30年以内に起こった出来事を次の文**ア**～**エ**の中から一つ選び，**マーク解答用紙**の所定欄にマークしなさい。

ア　スレイマン 1 世がハンガリーを征服した。
イ　ガズナ朝が滅亡した。
ウ　キプチャク＝ハン国が成立した。
エ　隋が滅び，唐が建国された。

設問 3　19世紀の「東方問題」に関連して述べた次の文**ア**～**エ**の中から誤っているものを一つ選び，**マーク解答用紙**の所定欄にマークしなさい。

ア　1852年，オスマン帝国はイェルサレムの聖地管理権をギリシア正教徒からカトリック教徒へ移した。
イ　1856年，黒海の中立化がパリ条約で認められた。
ウ　ナヴァリノの海戦で，オスマン帝国・エジプトの艦隊は列強の艦隊に勝利した。
エ　第二次エジプト＝トルコ戦争に列強が介入し，ロンドン会議が開かれた。

設問 4　次の文章は，パレスチナ委任統治を行った [F] の植民地支配に対する民族運動を他地域で展開した人物が，パレスチナについて1946年に言及した文章である。この人物が1930年に組織した，当時の専売制に対する運動の名称としてもっとも適切なものを**記述解答用紙**の所定欄に記しなさい。

　ユダヤ人は世界から甚だしい虐待を受けてきたと，私は思う。……こうした心ない迫害がなかったならば，パレスチナ復帰問題など起こらなかったであろう。……それなのに，なぜ彼らは歓迎されぬ土地に割り込むのに，アメリカの経済力と [F] の武器に頼るのだろう。なぜ彼らは力づくでパレスチナに上陸しようと，テロ活動に訴えるのだろう？　もし彼らが，……非暴力という無上の武器を採るならば，彼らの問題は世界の世論を動かすだろう。（森本達雄訳，一部表現を改めた。）

設問 5　下線部 **A** では20世紀後半に入っても，イスラームに特徴的な財産寄進制度が機能していた地域があった。この制度における寄進財産，および寄進行為の名称を**記述解答用紙**の所定欄にカタカナで記しなさい。

〔Ⅵ〕 次の文章を読み，**設問１～６**に答えなさい。

領土の征服，領土の回復，宗教戦争等々，状況は異なるにしても，人類の歴史は戦争の繰り返しとも言える。そして，戦いの記録の多くは勝者の手によるものである。造形美術もそうした記録の重要な手段であり，その多くはプロパガンダ的要素を有している。

通称「アレクサンダー＝モザイク」（**図１**）は，マケドニアの王アレクサンドロス３世が，アケメネス朝ペルシア最後の王 [A] ３世を破った [B] の戦いを描いている。もちろん勝利を収めたギリシア側による記録であるが，敗者の側も雄々しく描かれているのは注目される。ギリシアの原画は失われたが，イタリアの都市 [C] の広大な邸宅を飾る床モザイクとして模写されたものが，今日まで伝わっている。

ノルマン人によるイングランド征服をあらわしたバイユー刺繍布（通称「バイユーのタペストリ」）は，戦争の詳細な記録の一例と言える（**図２，３**）。ノルマンディー公ウィリアムの軍隊がイングランド軍を撃破した1066年の [D] の戦いのみならず，それにまつわる様々な出来事が，幅約50cm全長約70mの長大な亜麻布に刺繍で描写されている。ノルマン朝のもとで11世紀末に制作された。この自由で奔放な造形は， [E] 美術ならではと言えるだろう。**図２**上部中央には，戦いの前，イングランド王ハロルド戴冠の４ヶ月後に現れた，不吉な「星」（ハレー彗星）が描かれている。**図３**はイングランドに渡るノルマン軍である。細長く，両端が反り上がった [F] 船の特徴が見てとれる。ノルマン人は，この喫水が浅い船によってヨーロッパ各地の入り江や河川に入りこみ，内陸深く侵攻していった。

設問１　空欄 [A] に入る語としてもっとも適切なものを次の**ア～エ**の中から一つ選び，**マーク解答用紙**の所定欄にマークしなさい。

ア　キュロス　　**イ**　ダレイオス　　**ウ**　カンビュセス　　**エ**　クセルクセス

設問２　空欄 [B] に入る語としてもっとも適切なものを次の**ア～エ**の中から一つ選び，**マーク解答用紙**の所定欄にマークしなさい。

ア　カンネー　　**イ**　アクティウム　　**ウ**　イッソス　　**エ**　カイロネイア

設問３　空欄 [C] に入る地名を**記述解答用紙**の所定欄に記しなさい。

設問４　空欄 [D] に入る語を**記述解答用紙**の所定欄に記しなさい。

設問５　空欄 [E] に入る語としてもっとも適切なものを次の**ア～エ**の中から一つ選び，**マーク解答用紙**の所定欄にマークしなさい。

ア　ゴシック　　**イ**　ルネサンス　　**ウ**　バロック　　**エ**　ロマネスク

設問６　空欄 [F] に入る語としてもっとも適切なものを次の**ア～エ**の中から一つ選び，**マーク解答用紙**の所定欄にマークしなさい。

ア　ガレオン　　**イ**　ヴァイキング　　**ウ**　キャラック（ナウ）　　**エ**　ジャンク

〔図 1〕

〔図 2〕

〔図 3〕

問二十九 傍線部**5**「冀其望風畏威有内潰之変也」を書き下し文にした場合に、最も適切なものを次の中から一つ選び、解答欄にマークせよ。

イ そのばうふういゐあるのうちにこれをつぶすのへんをねがふなり
ロ そのばうふうをねがひいゐうちにありてついゆるのへんなるなり
ハ ねがはくはそのふうゐをのぞみいにないかいのへんあらんことを
ニ そのふうをのぞみゐをおそれないかいのへんあらんことをねがふなり
ホ ねがはくはそのかぜにいゐあるをのぞみうちについゆるのへんあらんことを

問三十 傍線部**6**「以智遇智、則其智不足恃」のここでの解釈として最も適切なものを次の中から一つ選び、解答欄にマークせよ。

イ 桓温と王猛とが対峙すると、それぞれの知恵が相互に働き、よい結果をもたらす。
ロ 桓温の奸知は、対面の折に聡明な王猛によってすっかり洞察されてしまった。
ハ 知恵のある者は、あまりにも厚遇されると、自分の知恵におぼれてしまう。
ニ 知恵のある者同士が出会えば、相互に批判し合って、知恵を維持できなくなる。
ホ 王猛は、幼時より好学であった故に、多くの豪傑が桓温の陣に集まることを洞察した。

問二十六　傍線部**2**「何也」とあるが、桓温が王猛に呈したこの疑問に対する答えを、注釈者胡三省はどのようなものだと考えているか、最も適切なものを次の選択肢の中から一つ選び、解答欄にマークせよ。

イ　王猛は少年の頃から学問を好み才気にあふれていて大望を備えていたから。

ロ　桓温は奸雄なので長安占拠の後に皆殺しにされると思ったから。

ハ　桓温は長安に至るまで勝ち続けていたのでそろそろ運が尽きると思ったから。

ニ　桓温は長安に住む民のために領地を取り戻して平和をもたらそうとはしなかったから。

ホ　桓温は王猛の知略を恐れて長安から数千里の地点から進もうとしなかったから。

問二十七　傍線部**3**「今長安咫尺、而不度灞水」の意味として最も適切なものを次の中から一つ選び、解答欄にマークせよ。

イ　今や長安を目前にしているのに、灞水を渡らないでいる。

ロ　現在の長安の南北の距離は、灞水の川幅とほぼ同じである。

ハ　今や長安で行われている計測方法では、灞水の水深は計測できない。

ニ　現在の長安の広さは、灞水と同様で測り知れない。

ホ　今、長安から匍匐前進しようとしても灞水の流れが急で渡れない。

問二十八　傍線部**4**「但欲以二功名一鎮‐服江東」を、「ただこうみやうをもつてかうとうをちんぷくせんとほつするのみ」と訓読する場合、既に「功名」に付されている一、二点以外に必要な返り点を、記述解答用紙の所定の欄に記せ。ただし、記入するのは返り点のみで、送り仮名や句読点は書き加えてはならない。

(B)

猛《ハ》蓋《シ》指二-出《セシナラン》温之心事《ヲ》一。以為《おもへラク》、温之伐《ツハ》レ秦《ヲ》、4但欲以二功名一鎮-服江東。非《ザレバナリ》四真《ニ》有《たもツニ》三心《ヲ》於伐《チ》レ罪《ヲ》弔《ヒ》レ民《ヲ》、恢二-復《スルニ》境土《ヲ》一。不《ンバ》レ然《ラ》何《ヲ》以《テカ》不《ル》下渡《リテ》二灞水《ヲ》一径《ただチニ》攻《メ》中長安《ヲ》上。此《レ》温《ノ》所三-以無《キ》二以《テ》応《フル》一也。然《レドモ》余《ガ》観《ルニ》、桓温《ノ》用《ヰ》レ兵《ヲ》、伐《チテ》レ秦《ヲ》至《リ》二灞上《ニ》一、伐《チテ》レ燕《ヲ》至《リシハ》二枋頭《ニ》一、皆乗《ジテ》レ勝《ニ》進《メ》レ兵《ヲ》、逼《せまリ》二其《ノ》国都《ニ》一、乃《チ》持-重観-望《シテ》、卒《ニ》以《テ》取《ルナリ》レ敗《ヲ》。蓋《シ》温《ハ》奸雄也。乗《ジテ》レ勝《ニ》進《メ》レ兵《ヲ》、逼《リ》二其《ノ》国都《ニ》一、5冀其望風畏威有内潰之変也。逼《レドモ》二其《ノ》国都《ニ》一、而《レドモ》敵《ニ》無《シ》二内変一。故《ことさらニ》持-重《シテ》以《テ》待《ツ》レ之《ヲ》。情見《ハレ》勢屈《つキ》、敵因《よリテ》而乗《ズ》レ之《ニ》。故《ニ》至《ル》二於敗《ニ》一。蘇子由《ノ》所謂6以《テ》レ智《ヲ》遇《ヘバ》レ智《ニ》、則《チ》其《ノ》智不《トハ》レ足《ラ》レ恃《ムニ》者此《レ》也。

注　倜儻…才気が一際優れているさま。
三秦豪傑…歴代の古代中国王朝が都を置いた中原の地（関中）にいる貴族、豪族。
以智遇智、則其智不足恃…北宋の蘇轍（蘇子由）の「三国論」を出処とする語。

問二十五　傍線部**1**「軽」とあるが、**(A)**の中でこれと反対の意味で使われている漢字一字を抜き出して、記述解答用紙の所定の欄に記せ。

（四）次の文章は、（A）が『資治通鑑』巻九十九「晋紀　二十一」永和十年の一条に拠る文章である。（B）は（A）に対する元の胡三省の注である。（A）では、東晋の武将桓温が、氐《てい》族の前秦が占拠している中原の地（関中）を奪還すべく、兵を進めた折に、後に前秦の君主苻堅の参謀となる王猛が、桓温の陣地を訪問した時の場面である。これを読んであとの問いに答えよ。設問の都合上、訓点を省き、表記を改めた箇所がある。

（A）

北海《ノ》王猛《ハ》、少《わかクシテ》好《ム》レ学《ヲ》。倜《てき》儻《とうニシテ》有《リ》二大志一。不レ屑《いさぎよシトセ》二細務《ヲ》一。人《ハ》皆 1軽《ンズ》レ之《ヲ》。猛、悠然《トシテ》自得《ス》。隠二‐居《ス》華陰《ニ》一。聞《キ》二桓温《ノ》入《ルヲ》一レ関《ニ》、被《きテ》レ褐《ヲ》詣《いたル》レ之《ニ》。捫《シテ》レ蝨《しらみヲ》而談《ズルコト》二当世之務《メヲ》一、旁《ラニ》若《シ》レ無《キガ》レ人。温異《トシ》レ之《ヲ》、問《フテ》曰《ク》、吾奉《ジ》二天子之命《ヲ》一、将《ヰテ》二鋭兵十万《ヲ》一、為《ニ》二百姓《ノ》一除《ク》二残賊《ヲ》一。而《ルニ》三秦《ノ》豪傑、未《ダ》レ《ザルハ》有《ラ》二至《ル》者一、2何《ゾ》也。猛曰《ハク》、公不《シテ》レ遠《シトセ》二数千里《ヲ》一、深《ク》入《ル》二敵境《ニ》一。3今長安咫尺、而不度灞水。百姓未《ダ》レ知《ラ》二公《ノ》心《ヲ》一。所以《ニ》不レ至《ラ》。温黙然《トシテ》、無《シ》二以《テ》応《ズル》一。徐《ロニ》曰《ク》、江東《ニハ》無《キ》二卿《ノ》比《ハ》一也。

ハ　貫之の権威
ニ　顕昭の謙遜

問二十四　本文の内容から、著者の顕昭は、引用する作品や人物の関係をどのように認識していたと考えられるか。その説明として最も適切なものを次の中から一つ選び、解答欄にマークせよ。

イ　『古今集』は勅撰の歌集なので、『良玉集』などよりもずっと信頼性が高い。
ロ　『土佐日記』は紀貫之の著作であって、『古今集』より早くに成立していた。
ハ　『古今集』は『伊勢物語』を、和歌を採る資料にそのまま用いてはいない。
ニ　業平の用いた表現は、孝善や兼盛という同時代の歌人たちに影響を与えた。

問二十一　傍線部**4**・**5**の意味として最も適切なものをそれぞれ次の中から一つ選び、解答欄にマークせよ。

4

イ　『古今集』の詞書は、詳細ではない。
ロ　業平朝臣の歌は、洗練されてはいない。
ハ　この説明では、事情が全く理解できない。
ニ　「めもはるに」の言葉は、はっきりしない。

5

イ　気持ちだけ込めるわけにもいかず、
ロ　志だけは痛いほど持っていても、
ハ　ぜひやろうと思わなかったが、
ニ　誠心誠意やってみたけれど、

問二十二　傍線部**6**を構成する語の活用形としてここに**見出せないもの**を次の中から**すべて**選び、解答欄にマークせよ。

イ　未然形
ロ　連用形
ハ　終止形
ニ　連体形
ホ　已然形
ヘ　命令形

問二十三　傍線部**7**は何を述べているのか。最も適切なものを次の中から一つ選び、解答欄にマークせよ。

イ　教長の錯誤
ロ　業平の超絶

イ　紫は四位の袍の色であり、『伊勢物語』の記す緑衫は六位の袍を意味するところから、教長は物語の背景に叙位への祝意を読み取るが、顕昭は物語には信が置けないとの立場を取り、『古今集』の詠歌事情も荒唐無稽と難じた。

ロ　顕昭は、教長を尊敬してはいたが、業平の歌として解釈する以上は、物語の記述内容を参考にすることにはあくまでも禁欲的であるべきだとの考えから、貫之の用例を根拠に、教長の説の不備な点を指摘し、それを否定した。

ハ　芽ぐむに恵むの意を重ねているとし、教長は四位に昇った祝いにその袍を贈ったのが『古今集』の歌と解しているが、顕昭は掛詞を認めず、『伊勢物語』を参考にしつつ、縁の深い者として六位の袍を贈ったかと解している。

ニ　紫は『古今集』の古歌によって春に角のように芽吹く植物であることが分かり、顕昭は様々な和歌の用例を挙げることで、その実態を証明してみせたが、教長はそうした実証的手続きによらず、恣意的な解釈を行っている。

問十九　和歌**（2）**が表現する内容の説明として最も適切なものを次の中から一つ選び、解答欄にマークせよ。

イ　朝なぎの時間帯、春になると深い霞が立つため、舟が出漁できない場合がある。

ロ　海風の吹かない日、朝の漁に出ていく舟には思いがけない難儀がふりかかった。

ハ　霞に視界が遮断されるので、漁に出ている舟人の心細さが、切に思いやられる。

ニ　風の止んだ海に浮かぶ漁舟が、遠く立ち込める霞の中に見えなくなってしまう。

問二十　和歌**（3）**の下句には、二つの意味が掛かっていると認められる一語を見出すことができる。下句が述べている文脈の中に置いた場合、その一語に最も適切な漢字を当て、記述解答用紙の所定の欄に記せ。

伊勢物語にいはく、Y「むかし、をんなはらから、ふたりありけり。ひとりはあてなるをとこ、いまひとりはいやしきをとこのまづしきしたり。いやしきをとこもたるが、しはすのつごもりに、うへのきぬをあらひて、てづから張りけり。5こころざしはいたしけれど、まださやうのわざもならはざりければ、きぬの肩を、張り破《や》りてけり。せむかたなくて、ただなきになきけり。これを、かのあてなるをとこききて、いとこころぐるしかりければ、いときよげなる緑衫《ろうさう》のうへのきぬを、ただかたときに、みいでてやるとて。むらさきの、武蔵野のこころなるべし」。

今いはく、むらさきのいろこきときとは、ふかきゆかりといふなり。四位の袍にいひかくべからず。緑衫のうへのきぬをやるといへり。六位の袍なり。そもそも伊勢物語のかきやう、ことばなど、こころもおよばぬことなり。されば、古今には、おほくは、この物語のうたをいるるには、ことばをもかきかへずみゆるに、このうたのことばこそよしなけれ。わがめのはらからの、としのはてに、をとこのうへのきぬをてづから張り破りてなかむこと、よしなし、よしなし。ただ、めのおととのもとへ、緑衫のうへのきぬおくるとてよめると、6かきてはべりなむ。古今のことばに、貫之がかけるがごとし。7末代にかかることまうす、そらおそろしきことなり。

（『袖中抄』による）

注　つのぐみ…草木の新芽が角のように生え出る意。

武蔵野のこころ…「むらさきのひともとゆゑに武蔵野のくさはみながらあはれとぞみる」（古今集・雑上・よみ人しらず）の歌意。

緑衫のうへのきぬ…六位の官人が着用する、深緑色の袍（束帯の上着）。

問十八　和歌（1）は『古今集』と『伊勢物語』に見えるものであり、本文中のX「…」は前者の詞書と作者を、Y「…」は後者の文章を、それぞれ引用して示した部分である。和歌（1）についての教長と顕昭の解釈の違いを説明したものとして最も適切なものを次の中から一つ選び、解答欄にマークせよ。

（三）次の文章は、和歌に詠まれる語句について考察・論述した、顕昭著の歌学書の一節である。これを読んで、あとの問いに答えよ。

　むらさきのいろこきときはめもはるにのなるくさきぞわかれざりける　(1)

顕昭いはく、めもはるにとは、めもはるかにといふなり。

土佐日記にいはく、まつばらめもはるばるなりとかけり。

良玉集に、孝善うたにいはく、

　すまのうらのなぎたるあさはめもはるにかすみにまよふあまのつりぶね　(2)

奥義抄にいはく、

　つのくにのなにはのあしのめもはるにしげきわがこひひとしるらめや

これは、はるばるとあるあしはらの、つのぐみわたりたるやうになむ、わがこひはしげきとよめり。それを、あしのめのはるにそへたるなり。

兼盛うたにいはく、

　なにはえにしげれるあしのめもはるにおほくのよをばきみにとぞおもふ　(3)

これ、このこころなり。

教長卿いはく、むらさきのいろこきといふうたについて、めもはるにとは、くさきのめぐむをいふ。よろこびによせたり。四位などしたりけるか。むらさきのいろこきときとは、四位の袍を、むかしはむらさきにそめけるなり。

私にいはく、このうたの、のなるくさきといひ、あしのめもはるといふにては、めぐむともいふべけれど、まつばらめもはるばるなりとかきつれば、そのめぐむ義、あるべからず。

また、このうた、ことばは、古今に、X「めの、おととをもてはべりけるひとに、うへのきぬおくるとて、業平朝臣のよみてやれる」なり。[4]このことばは、くはしからず。

問十五　本文の内容と最も合致するものを次の中から一つ選び、解答欄にマークせよ。

イ　日本の古典文学では情緒的な雰囲気をかもし出すために、必ずしも実際の色が存在しない凝った色名を作って文学的な表現を生み出してきた。

ロ　日本の文化では、色は向こう側の世界から一瞬この世に現れて、また戻っていく実体がない存在であり、色名と色の対応は永続的なものではない。

ハ　自然界にある木々や花々の多彩な色合いを正確に表現するため、日本ではそれらを細かく分類して色名の体系化を図り、独自の色彩文化を創り出した。

ニ　日本では自然界からのメッセージとして色を捉えてきたため、色名についても自然の情景を具体的に想起させる表現が選ばれてきた。

ホ　日本では古来より、一つとして同じものがない色の微妙な違いに感性を研ぎ澄まし、それを言葉に置き換え、数多くの色名を作り出してきた。

問十六　本文の著者は、志村ふくみの言葉の特色をどのように捉えているか。最も適切なものを次の中から一つ選び、解答欄にマークせよ。

イ　修辞的な表現を駆使しながら、世界の多くの人々に色の多彩な魅力を伝える言葉。

ロ　深い学識に基づきながら、日本古典文学に独特な色名の特色を教えてくれる言葉。

ハ　染織を通して、生命と自然の向こう側をさし示し、その入り口に読者を導く言葉。

ニ　染織の歴史について多くの事例が示された、門外漢にもわかりやすい平易な言葉。

ホ　専門家として長年培ってきた、染織についての豊富な知識を未来に伝承する言葉。

問十七　傍線部**1**・**2**の片仮名の部分を漢字に直し、記述解答用紙の所定の欄に記せ（漢字は楷書で丁寧に書くこと）。

ニ　志村さんが染色について語る際に、人間以外の自然が躍動し、主体となり、主語となって動き、生きているということ。

ホ　染色について語る志村さんという個人を大きく包み込む、目に見えない宗教的な自然の力に強く支配されているということ。

問十三　傍線部C「見えない世界から出現してまたそこに戻っていくのは、人間も同じである」とあるが、その理由として最も適切なものを次の中から一つ選び、解答欄にマークせよ。

イ　生命はことごとくその向こう側の世界をもっていて、そこから一瞬、この世界に現れ、生きて、消えていくから。

ロ　人間や動植物はともに、見えない世界からのメッセージを受け止めることができる能力を備えもっているから。

ハ　人間の思考の領域を超越している色彩は、見えない世界に存在しているため、かりそめの現実に過ぎないから。

ニ　すべての色は光と闇の均衡によって輝き、可視の世界と不可視の世界とをいつでも往還することができるから。

ホ　人間を含むあらゆる生物は、可視の世界と不可視の世界、意識と無意識を往還することで生活を営んでいるから。

問十四　空欄 Ⅱ に入る語句として最も適切なものを次の中から一つ選び、解答欄にマークせよ。

イ　うつろな感受性

ロ　艶めかしい色彩

ハ　かりそめの思考

ニ　おおまかな指標

ホ　かもされる意味

ニ 生命

ホ 表現

問十一 傍線部**A**「自然界の一つ一つの命に、覚悟の上でとことん関わる」とあるが、その説明として最も適切なものを次の中から一つ選び、解答欄にマークせよ。

イ 自然界に生きる多種多様な生物全体に共通する生命の法則を体系的に理解し、緻密な論理で描き出すこと。

ロ さまざまな動植物がこの世に生まれ、その寿命をまっとうするという命の営みに、徹底的に向き合うこと。

ハ 多くの生命を無尽蔵に生み出す自然の不思議な力に魅了され、その力の源泉に極限まで近づこうとすること。

ニ 人間の管理がおよばない荒々しい手つかずの自然に分け入り、厳しい環境に立ち向かう命の輝きに触れようとすること。

ホ 植物など自然界に生きる生物の命と引き換えに、それらの鮮やかな色を取り出し、失った命を別の形で生かそうとすること。

問十二 傍線部**B**「志村さんが染色を語るとき、主語は志村さんではない」とあるが、その説明として最も適切なものを次の中から一つ選び、解答欄にマークせよ。

イ 志村さんの語る染色の魅力は、それを育んだ日本の風土に依拠していることから、語る主体とはなり得ないということ。

ロ 志村さん自身が染色について語るのではなく、その背後にある「自然の理」に促されて言葉となる構造になっていること。

ハ 染色に対する志村さんの意志が植物や生物に反映することで、色の美しさが生き生きと表現されることになるということ。

る。実際に数えてみると茶色は七十五色名、鼠色は六十一色名あり、それを見分けられる江戸人の鋭い感性に感心していたのである。しかし本書でも志村さんはこう書いておられる。

　楊梅、橡《つるばみ》（団栗《どんぐり》）、五倍子《ふし》、榛《はん》、栃、梅、桜、蓬《よもぎ》、現《げん》の証拠《しょうこ》、薔薇、野草、およそ山野にある植物すべてから鼠色は染め出せるのです。しかも一つとして同じ鼠はないのです。

自然界においては「同じ色」など実在しないのである。同じ色と違う色が分類できるから色には名前がつけられる。しかし同じ色が存在しないのなら色名は単なる「［Ⅱ］」でしかない。不正確であるし、実体がない。では色名に意味はないのか。それについて志村さんはこう書く。「どんな名を冠しても、一つの情緒的な世界をかもし出すことが出来たのでしょう。夕顔鼠など、たそがれに白々と咲く夕顔に翳の射す情景を想像したのですが、その色は紫がかった茶鼠色なのです」と。色名と色の描写が、ここでは「情緒的な世界」と表現されているように、日本の古典文学には、色が多くのものをもたらしたのだった。〔ト〕

（田中優子「『野の果て』の世界」による）

問九　次の文は本文中に入るべきものである。本文中の〔イ〕～〔ト〕から最も適切な箇所を一つ選び、解答欄にマークせよ。

さらに言えば、その全体の向こうにある目に見えない「自然の理」である。

問十　空欄［Ⅰ］に入る語句として最も適切なものを次の中から一つ選び、解答欄にマークせよ。

イ　季節
ロ　言葉
ハ　自然

をみはるような鮮烈な緑」となる。さらに水で洗われて再び空気にふれると、涼しく深い藍色が「誕生」する。それを「健やかな子供の笑顔となって私にほほえんでくれた」と書く。ここで初めて志村さんの顔が見える。それは、藍染めの糸と向かい合って互いに微笑む「二人」である。〔ニ〕

「かめのぞき」という一文では、藍は揺籃期から晩年まで2ヘンボウし、最晩年には「かめのぞき」という色になる、とある。しかし「あっという間に短く燃え尽き、夭折してしまう甕もあれば、一朝毎に熟成し、薄紙をはぐように静かに老いてゆく甕」もあり、「その力を使い果たしてある朝忽然と色を無くした」甕もあったという。まさに藍が命として、本書の中で生き、寿命をまっとうする。

B志村さんが染色を語るとき、主語は志村さんではない。色であり、糸であり、木々や葉や花や実や虫など、色や糸が出現するさまざまな植物・生物であり、その背後にある水と空気と土、つまり風土である。〔ホ〕

私がそれに気づいたのはつい最近のことで、二〇二一年に新版が刊行された鶴見和子さんとの対談本『いのちを纏《まと》う——色・織・きものの思想』（藤原書店）の「序」を書いた時だった。なんと遅かったのだろう。見れども見えず、読めども読めず、であった。そこで私は次のように書いている。

これらの言葉は、色や自然が「主体」である。「なりたがっている」「受ける苦しみ」「姿を隠す」など、主体として動詞をもっている。……「ひとりひとり」と言う。「主張」と言っている。「蓄え」「訴えている」と表現する。

そのことの重大さをこの時、私は自分の問題として初めて受け止めたのだと思う。さらにそこで志村さんは色が人間の思考の領域を超えていること、見えない世界からのメッセージであることを、随所で語っておられた。考えてみれば、C見えない世界から出現してまたそこに戻っていくのは、人間も同じである。色と人は、同じく「空」なのであり、それは同時に、光も闇も含めた全てのつながりの中で存在しているのだということを、私は志村さんの書を読むたびに思い起こし、感じ取るのである。〔ヘ〕

読むたびに思うもう一つのことがある。それは「色」を表す言葉、つまり色名や、その表現のことだ。不覚にも私は「色名」というものに意味があり実体があると思っていた。江戸時代に生まれた言葉で「四十八茶百鼠」というのがあ

と言われ、水泳をしても見守られている。〔ロ〕

『野の果て』の言葉から離れて呼吸を整えているときに、突然そんなことを思い巡らしていた。私は『野の果て』を読みながら、そういう管理された「自然を楽しむ」という気分とは全く異なる自然に向き合っていたのである。自然を見る、愛でる、その美しさを1タンノウするのと、A自然界の一つ一つの命に、覚悟の上でとことん関わるのとでは、次元が異なる。私は森にいるのでも海中にいるのでもなく、書斎で本を読んでいたのであるが、そこにある言葉の一つ一つの力が、この世の向こう側に、自分を引き込むようであったのだ。

「あの世」とか死の世界、という意味ではない。それは自然界なのだが、私たちが日常に接する目に見える自然界であるだけでなく、志村ふくみの言葉で言うところの「色の背後」にある「一すじの道」であり、色の背後にある「植物の生命」である。「本当の赤はこの世にない」と言う時の、「純粋無垢な赤」が存在する、この世の「背後」なのである。〔ハ〕

それらの言葉で「説明」されるだけなら、私の胸は苦しくならなかっただろう。しかしある種の小説が、この世ならぬ存在をリアルに描写する時に、読者が恐怖しながらもその魅力に引き込まれるように、私は志村ふくみの染めの現場からありありと、その「生命」を感じ取ってしまった。この書のあらゆる箇所にそれが潜んでいる。たとえば「一色一生」にはこういう文章がある。

……甘い物（麩、酒、水飴等）辛い物（石灰）を欲しがっている時が、藍の顔をみていると自然にわかるようになった。

朝夕静かに櫂《かい》を入れて攪拌すると、藍は心地よげに身をゆだね、思いがけぬ静穏がひととき訪れる。……程よく温められた甕《かめ》には、力のある艶々とした藍が健やかな香りを放ち、……

ここでは、染色家である志村ふくみが藍を建てているのではなく、「藍が」、その身を志村さんに委ねている。そこに糸を静かに入れると「糸は藍の中にひそみ、盛んな色素と香気を吸収」する。ここでは、志村さんが糸を染めているのではなく、「糸が」みずから藍甕の中に沈み、色と香りを吸収するのである。糸は引き上げられ空気に触れた瞬間、「目

イ　良き裁判官は外的圧力を斥けて自己内心の良識と道徳観に従うのではなく、他者のパースペクティヴに基づく「感情的知性」によって、正義感情にふさわしい法的判断を下す必要がある。

ロ　「裁判官は感情に動かされてはならない」という命題が実は公平な正義の執行を妨げている以上、法に関する文化的な「台本」を破棄し、多様なパースペクティヴに根ざした判断をその都度提示することが望ましい。

ハ　デル・マールがDeShaney事件を具体例として議論を展開しているように、実際の裁判官が多角的なパースペクティヴから他者の立場に同情することは、往々にして法の公平性を毀損する結果につながってしまう。

ニ　法的な公平さと不可分な正義感覚が個人の感情に基づく以上、裁判官は複数のパースペクティヴによる想像力を用い、すべての当事者のニーズ、関心、価値観に配慮すべきである。

(二)　次の文章を読んで、あとの問いに答えよ。

私は小説であろうと評論であろうと、すらすらと早く読み進める方だが、志村ふくみさんの『野の果て』は数ページ読むと、その場を離れ、心を落ち着かせて呼吸を整え、再びその世界に入る、という読み方になった。圧倒される、言葉が食い込んでくる、追い詰められる——いろいろ表現を探してみたが、どれも少しずつ違う。人が自然界の中で自分の命をつなげる必要に迫られたとき、こんなふうになるのではないか？　〔イ〕

私は毎朝、近くの小高い丘にある林道を一時間ほど歩く。登り降りがあって息が切れる。同時に、全ての名はわからないほどのさまざまな木々や、季節の花々が目に入り、春からは数種類の鳥がにぎやかで、冷たい風、突然降りはじめる雨、道の残り雪など、それぞれの季節の道の違いに気をつけないと、滑りそうになる。

それは確かに「　I　」ではあるが、所詮、行政の管理する公の林道で、私はあくまでも安全であり、他の歩行者ともすれ違う。登山も幾度か経験したが、これも登山ルートというもので管理され、スキーをしても範囲から外れるな

イ　同情は裁判官のみが固執する感情的な営為ではなく、修練を通じて身につける技能の一種であり、様々な人間が関わる裁判制度の存立基盤たり得るということ。

ロ　同情は特定の当事者だけが有する恣意的な想像力ではなく、すべての人間が平等に持ち得る資質であり、公平な判断の基準として採用されるべきだということ。

ハ　同情は法的判断を阻害する要因ではなく、パースペクティヴによる想像力を拡張させる動態的なプロセスであり、公平を旨とする裁判の前提になるということ。

ニ　同情は正義感情の広範な普及を阻む障壁ではなく、多角的なパースペクティヴの獲得に不可欠な感情であり、法整備の要件の一つに数えられるということ。

問七　傍線部**5**「「法と文学」研究では、法曹教育における文学の意義が模索されてきた」とあるが、その理由として最も適切なものを次の中から一つ選び、解答欄にマークせよ。

イ　他者の経験に関する描写を読むことは具体的な感情への理解を促進し、多角的なパースペクティヴを培うのに益すると考えられるため。

ロ　他者と共有する普遍的な知識や教養は、多様な当事者が関わる裁判において柔軟な法的判断を担保すると考えられるため。

ハ　文学作品は憤慨や憐憫《れんびん》といった感情を疑似体験させる力を持っており、当事者の声や法律の条文を解釈するのに役立つと考えられるため。

ニ　感情の抑制を求められてきた裁判官が文学に触れることで、自身の非合理で衝動的な一面を自覚すると考えられるため。

問八　本文の趣旨と最も合致するものを次の中から一つ選び、解答欄にマークせよ。

ールは対象となる他者のパースペクティヴ（ここでは法的な文脈における特定の立場と視点からのものの見方を指す）に対する同情を①から⑤の段階で説明している。そのことについて、空欄 E ～ I には次の文のいずれかが重複なく入る。空欄 G に入る文として最も適切なものを次の中から一つ選び、解答欄にマークせよ。

イ　相手の苦しみに対して、悲しみを感じるようになる。

ロ　相手の状況やパースペクティヴについて再び想像するようになる。

ハ　ある人の存在に気がつき関心を持つ。

ニ　相手の状況やパースペクティヴについて想像する。

ホ　相手が抱えているかもしれないと想像する苦しみについて、何かを感じる。

問五　傍線部**3**「なぜ多角的なパースペクティヴによる想像が法的判断の質にとって重要となるのか」とあるが、「重要となる」理由として最も適切なものを次の中から一つ選び、解答欄にマークせよ。

イ　単一のパースペクティヴでははかれない複雑な利害関係が当事者間にはあるので、それに介入するために想像力が必要となるから。

ロ　複数のパースペクティヴにもとづいて被害者の権利を保証することで、個別的・具体的な要求に応じられるから。

ハ　様々なパースペクティヴを通じて当事者の声に耳を傾けることで、法的判断を公平なものにできるから。

ニ　法と感情に依拠するパースペクティヴを見直すことによって、経験的な判断を避けることができ、その質を高められるから。

問六　傍線部**4**「不偏性への脅威というよりも、むしろ不偏性の条件と言わなければならない」とあるが、その説明として最も適切なものを次の中から一つ選び、解答欄にマークせよ。

問一　空欄 A ・ B ・ C に入る語句の組み合わせとして最も適切なものを次の中から一つ選び、解答欄にマークせよ。

イ　A 公平　B 良心　C 抽象
ロ　A 中立　B 感情　C 普遍
ハ　A 独立　B 倫理　C 集団
ニ　A 自由　B 内心　C 個人

問二　空欄 D に入る最も適切なものを次の中から一つ選び、解答欄にマークせよ。

イ　感情は理性と相補的な関係にあるものだ
ロ　感情は衝動的で気まぐれで非合理なものだ
ハ　感情は自分の置かれた状況を認知するものだ
ニ　感情は道徳に訴えて不当な扱いに抗するものだ

問三　傍線部1「こうした感情をいかに涵養するかが重要なのだ」とあるが、その説明として最も適切なものを次の中から一つ選び、解答欄にマークせよ。

イ　法感情は正義に還元できない情動であり、それを正しく教育しなければならないということ。
ロ　正義感覚は各人の現実的な感情に立脚しているため、それを養い育む方策が肝要であるということ。
ハ　人は情動的に正義と感情との癒着を忌避する傾向にあるため、それを適切に矯正すべきだということ。
ニ　徳は憤りや憐れみを超越した高次の理念であり、それを感情の哲学によって探究する必要があるということ。

問四　傍線部2「同情とは一つのプロセスであり、それは次の五つの段階から構成される」とあるが、ここでデル・マとができる。こうした想像力を拡張させる同情は、4不偏性への脅威というよりも、むしろ不偏性の条件と言わなければならない。もっとも、多角的なパースペクティヴによる想像は必ずしも容易なことではなく、それを行うには修練も必要となる。例えば、極めて残虐な行為を行った者のパースペクティヴを想像したり同情したりすることには、多くの場合抵抗が生じる。多角的なパースペクティヴによる想像力は、「当事者の声に耳を傾ける」という裁判官に求められる特質（技能）の一つとも言えるだろう。

　このように、良き裁判官に求められる特質の5多くは感情に関わるものである。だからこそ、こうした特質を身につけるためには文学的想像力が有用であるとして、「法と文学」研究では、法曹教育における文学の意義が模索されてきた。また、「法と感情」研究においても、法曹教育の中で感情がどのような役割を果たすかという点に注目が集まっており、具体的な教育手法も含め今後ますますの議論の深化が期待される。

　感情は決して非合理で衝動的なものではないとの理解が浸透し、法的判断における感情の役割について理解が進めば、現実の裁判官たちも「感情に動かされない裁判官」という台本通りに振る舞う必要はなくなるだろう。そこで求められるのは、自分の感情のみならず、他者の感情についても認識し、理解し、管理する能力——いわゆる、感情的知性ではないだろうか。「裁判官は感情に動かされてはならない」という台本はやがて、次のように書き換えられるかもしれない。「良き裁判官は、感情的知性も十分に備えていなければならない」と。

（橋本祐子「裁判官は感情に動かされてはならないのか？」による）

注

ウルピアヌス…グナエウス・ドミティウス・ウルピアヌス。ローマ帝国の法学者・政治家。

R・ソロモン…ロバート・ソロモン。アメリカの哲学者。

M・デル・マール…マクシミリアン・デル・マール。イギリスの法哲学者。

デュー・プロセス条項…国家が私人に対して処分を課すときは法律に則るべきとする法原則（**due process of law**）。ここではアメリカ合衆国憲法の条項。

なら、法的判断の質は、裁判官がどの程度多角的なパースペクティヴによる想像力を用いることができるか否かに左右される面もあり、そしてこの想像力の行使は、現実に同情を感じられるか否かに影響されるからである。それでは、3なぜ多角的なパースペクティヴによる想像が法的判断の質にとって重要となるのか。デル・マールは、法と同情をめぐる研究ではしばしば取り上げられる、DeShaney事件を例に説明する。これは、両親の離婚後父親と暮らしていた当時四歳の男児ジョシュア（Joshua DeShaney）が、父親から再三虐待を受け、通報を受けた郡の社会福祉局は様々なかたちで男児の保護を試みたにもかかわらず、ついには父親に殴打され脳に回復不能な損傷を負った事件である。男児とその母親は、郡が十分な保護措置を取らなかったことにより、合衆国憲法修正第一四条のデュー・プロセス条項に反して被害者の身体の自由が侵害されたとして郡を訴えたが、これに対し連邦最高裁は「デュー・プロセス条項は、私人の暴力から子どもを保護する積極的な義務を課してはおらず、最小限のレベルの保護を保証するよう郡に要求するものではない」という判決を下した。

　デル・マールの議論からすると、裁判官が男児ジョシュアに同情する際には、彼の悲運に対して単に悲しみを表すのではなく、父親の家に連れ戻されそこで暮らしたことがジョシュアにとってどのような経験であったかを具体的に——彼は多少なりとも自宅で父親と一緒にいることを楽しんでいたのか、誰にも助けを求めることができず身を守る手段が何もないと感じていたのか——想像しなければならない。このような具体的な経験についての想像が、「身体の自由の剥奪」という法的概念をどのように適用すべきかを探るのに役立つのである。もちろん、ジョシュアのパースペクティヴのみを重視すると偏りが生じるため、父親、ケースワーカー、郡の社会福祉局といった複数のパースペクティヴを用いて、個別的・具体的な経験から彼らのニーズ、関心、価値観を構築しなければならない。そうすることで、裁判の争点を明らかにし、法的概念をより適切に適用するだけでなく、当事者に対して大きな敬意を示すことにもなり、結果として法的判断の質を高めることになる。

　このように、すべての当事者のニーズ、関心、価値観を、多角的なパースペクティヴによる想像力を用いて理解しようとすることは、「別の側の意見も聞かれるべき」という公平な裁判の原理を、さらに徹底させる試みとして捉えるこいるとは想定することはできない。

④［H］相手が抱えていると思う苦しみの一部を感じることと、相手の状況やパースペクティヴについて想像することの間を行きつ戻りつする。相手が抱いていると思う苦しみの一部を感じることで、相手のパースペクティヴを通した想像がより豊かなものになり、それによって、相手の苦しみをさらに感じるようになる。

⑤［I］そのためには、相手のパースペクティヴから抜け出して、相手の苦しみについての感情を自身が経験できなければならない。相手の苦しみに対して悲しみを抱くことは、相手の状況やパースペクティヴの想像をさらに豊かにし、相手の苦しみをよりよく理解することで、相手に対する悲しみの感情もさらに強くなる。

　このように、同情は、重層的、段階的で、往復的な動態的プロセスである。相手が抱えていると思われる苦しみの一部を「感じる」という経験は、何らかの身体的変化（胃が重く感じるなど）を伴い、感情の対象に対して何らかの行動を取ろうとするなど、より直接的にその対象に焦点を当てようとする。こうした感情の作用によって想像力が豊かなものとなり、だからこそ能力である共感ではなく、感情である同情に着目するのだと、デル・マールは強調する。

　それでは、彼の議論の鍵となる、パースペクティヴを通した想像とは何か。それは、他の誰かがある状況を経験した場合それがどのようなものであるかの心的イメージを構築する際に、その人や状況に関するあらゆる情報を考慮に入れたうえで、「ある状況においてその人がどのような経験をしているのか」を問うことである。パースペクティヴを通した想像とは、一定の視点や視角から状況を見るということを超えて、世界や他者と関係のなかで生じる具体的・個別的な経験を通して見えてくる、その人のニーズ、関心、価値観を能動的に構築することを意味する。さらに、複数のパースペクティヴを切り替えて想像することで、状況に関するより多くの知識が蓄積される。先述の同情のプロセスの説明にもあったように、感情は想像力を拡張させ、それによって感情経験はさらに強化される。もちろん、感情によって刺激された想像が誤っている可能性もあるが、だからこそ、複数のパースペクティヴによる想像が重要となる。

　以上の準備的考察を踏まえて、デル・マールは、同情を感じることは、法的判断の質を向上させると主張する。なぜして説明されるように、それらは人々の間の公平な関係性と密接に結びついている。

感情に動かされない裁判官を理想とする台本では、感情に動かされないことは公平さを意味する。それゆえ、この台本に基づけば、裁判官が、原告や被告・被告人に共感したり、同情したりすることは、偏った判断を招くものとして認められない。しかし、法的判断が行われる過程において、裁判官の共感や同情ははたして排除されるべきものなのだろうか。

共感が裁判官に求められるべき資質であるか否かが論争となった、当時のアメリカ合衆国大統領B・オバマによる、現合衆国連邦最高裁判事S・ソトマイヨールの指名では、感情に動かされない裁判官という台本がいかに浸透しているのかがあらためて浮き彫りになった。法的判断における共感や同情の果たす役割は、「法と感情」研究がその初期から取り組んできたテーマでもある。ここでは、その中でも比較的新しい、同情に着目するM・デル・マールの議論を紹介したい。

デル・マールは、共感が能力であるのに対して、同情は、認知的かつ評価的な、他者に向けられた感情であるとする。ここにいう評価的とは、承認や不承認といった濃密な評価ではなく、相手が自分にとって重要であり、相手に何らかの関心を持つという薄い評価である。また、他者との関わり方にも様々あるが、デル・マールが着目するのは、他人の経験に関する描写を読んだり聞いたりする過程で経験する感情である。

2 同情とは一つのプロセスであり、それは次の五つの段階から構成される。

① [E]

② [F] その結果、相手が苦しんでいるかもしれないと認識し始める。この段階ではまだいかなる感情も感じる必要はない。

③ [G] だが、相手の置かれた状況について誤解している可能性もあるため、相手の苦しみと同じ苦しみを感じて

法律にのみ拘束される」について、判例は、「裁判官が良心に従うというのは、裁判官が有形無形の外部の圧迫ないし誘惑に屈しないで自己内心の良識と道徳観に従うの意味である」とする。つまり、裁判官が各種の圧力に屈することなく、「等しいものを等しく扱う」ための拠り所となるのが、その良心（内心の良識と道徳観）であるとされる。そうであれば、天秤が一方に傾いている状態、すなわち、等しいものが等しく扱われていないことに対して抱く、「これはおかしい！」という感覚――正義感覚ないし法感情は、裁判官の　B　と密接不可分な関係にあるということになる。

こうした文脈から、正義感覚と感情の関わりについて、感情の哲学を通じて「法と感情」研究に大きく貢献したR・ソロモンの議論を紹介しておきたい。ソロモンは、共感、憐れみ、同情、寛大さ、罪悪感、憤慨、復讐《ふくしゅう》心などといった一群の感情こそが、正義感覚の実体であると主張する。正義を第一義的に個人の徳の問題として捉えるソロモンにとって、正義は決して　C　的な原理として論じられるべきではないとされる。つまり、正義は、例えば、他人から騙されたことへの憤りや貧しい同胞への憐れみなどといった、人々が現実に抱く感情なのであり、1こうした感情をいかに涵《かん》養《よう》するかが重要なのだとソロモンは主張するのである。

正義感覚は感情にほかならないとするこうした主張に対しては、情動主義に陥っているとの批判があるかもしれない。だが、ソロモンによれば、このような批判は、　D　という、誤った感情理解に基づいている。ソロモンは、感情は認知であるとする認知説の立場から、感情とは、自分の置かれた状況、自分や他の人々についての評価的な判断であると考える。例えば、怒りという感情には、自分が不当な扱いを受けたという判断が含まれており、それは個人の気まぐれによる評価などではなく、道徳的基準に訴える評価的判断である。非合理な感情も存在するとはいえ、本質的には感情は合理的なものであると見なされ、「理性は合理的であるが感情は非合理的である」といった二項対立的理解は退けられる。

ソロモンが正義感覚としての感情の中で特に重視したのは憤り、義憤、復讐心といったネガティブな感情であった。アリストテレスの『弁論術』においても、「怒り」は軽蔑されることが正当な扱いとは言えない場合に軽蔑されたことに対する復讐心として、「義憤」はそれに値しないのに恵まれた状態にあるように見える人に対して覚える心の痛みと

国語

（九〇分）

（一）次の文章を読んで、あとの問いに答えよ。

「裁判官は感情に動かされてはならない」。これは、「裁判官は公平中立の立場に立たなければならない」とともに、多くの人々が思い描く裁判官のあるべき姿ではないだろうか。「良き裁判官はいかなる感情も抱いてはならず、たとい抱いたとしてもそれを抑えるべきだ」というのは、長きにわたり法をめぐる思考や実践を支配してきた文化的な「台本」である。この台本によると、感情は裁判官の公平な裁きを妨げるものであり、排除すべき対象とされる。しかし、本当に裁判官は感情に動かされてはならないのだろうか。

『ローマ法大全』の『学説彙纂《いさん》』におさめられた古代ローマの法学者ウルピアヌスの言葉「正義とは、各人に各人のものをあたえようとする永続する変わらない意思である。したがって、法が命じるところは次のようになる。正直に暮らし、他者に危害を加えず、各人に各人のものをあたえること」からもわかるように、法（jus）と正義（justitia）は不可分の関係にある。そして、「各人に各人のものをあたえる」とは、「等しいものを等しく扱う」こと、等しくないものは異なる仕方で扱うことへとつながる。正義《ユスティティア》の女神の像は片手に天秤を掲げているが、そのことが示すように、司法は人々の間の［A］な関係性を保持することをめざすということ、まずはこの点を確認しておきたい。

裁判官の独立を保障する憲法七六条三項「すべて裁判官は、その良心に従ひ独立してその職権を行ひ、この憲法及び

/////////////////// · memo · //////////////////

//////////////////// · memo · ////////////////////

/////////////////// · memo · ///////////////////

////////////////////// · memo · //////////////////////

/////////////////// · memo · ///////////////////

2023年度

問題編

■一般選抜・一般選抜（英語 4 技能テスト利用方式）・一般選抜（共通テスト利用方式）

問題編

〔一般選抜〕

▶試験科目・配点

教　科	科　　　目	配　点
外国語	「コミュニケーション英語Ⅰ・Ⅱ・Ⅲ，英語表現Ⅰ・Ⅱ」，ドイツ語，フランス語，中国語，韓国語のうちから 1 科目選択	75 点
地　歴	日本史Ｂ，世界史Ｂのうちから 1 科目選択	50 点
国　語	国語総合，現代文Ｂ，古典Ｂ	75 点

▶備　考

外国語において，ドイツ語・フランス語・中国語・韓国語を選択する場合は，大学入学共通テストの当該科目〈省略〉を受験すること。共通テストの配点（200 点）を文学部の配点（75 点）に調整して利用する。

〔一般選抜（英語 4 技能テスト利用方式）〕

▶試験科目・配点

教　科	科　　　目	配　点
地　歴	日本史Ｂ，世界史Ｂのうちから 1 科目選択	50 点
国　語	国語総合，現代文Ｂ，古典Ｂ	75 点

▶合否判定

英語 4 技能テストのスコアが基準を満たしている者を対象として，上記 2 教科の合計点（配点 125 点）で合否を判定する。

〔一般選抜（共通テスト利用方式）〕

▶試験科目・配点

試験区分	教　科	科　　　目	配　点
大学入学共通テスト	地歴・公民または数学または理科	以下から１科目選択 地理Ｂ，現代社会，倫理，政治・経済，「倫理，政治・経済」，「数学Ⅰ・Ａ」，「数学Ⅱ・Ｂ」，物理，化学，生物，地学 または，以下から２科目選択 物理基礎，化学基礎，生物基礎，地学基礎	50 点
個別試験	外国語	「コミュニケーション英語Ⅰ・Ⅱ・Ⅲ，英語表現Ⅰ・Ⅱ」，ドイツ語，フランス語，中国語，韓国語のうちから１科目選択	75 点
	国　語	国語総合，現代文Ｂ，古典Ｂ	75 点

▶備　考

- 共通テストはそれぞれ配点 100 点を 50 点に換算する。「世界史Ｂ」「日本史Ｂ」等は試験科目に含まれていないので，注意すること。
- 共通テストにおいて，上記指定科目の範囲内で２科目以上受験している場合は，最高得点の科目の成績を大学側で自動的に抽出し，合否判定に利用する。
- 共通テストの「地歴・公民」「理科（物理，化学，生物，地学）」において，２科目受験の場合は，第１解答科目の成績を合否判定に利用する。上記以外の科目を第１解答科目として選択した場合は，合否判定の対象外となる。
- 共通テストの「理科」において，基礎を付した科目（２科目）は１科目として数える。基礎を付した科目（２科目）と基礎を付していない科目（１科目）の両方を受験した場合は，得点の高い方の成績を大学側で自動的に抽出し，合否判定に利用する。
- 外国語において，ドイツ語・フランス語・中国語・韓国語を選択する場合は，共通テストの当該科目〈省略〉を受験すること。共通テストの配点（200 点）を文学部の配点（75 点）に調整して利用する。

▶合否判定

共通テストの得点（配点 50 点）と個別試験の得点（配点 150 点）を合算して，合否を判定する。

英語

（90分）

I　Read the following two passages and choose the most appropriate word or phrase for each item（1～14）. Mark your choices（a～d）on the separate answer sheet.

（A）　It occurred to me that I really was in someone else's country and yet, in some necessary way, I was outside of their country. In America I was part of an equation — even if it wasn't a part I（　1　）. I was the one the police（　2　）on Twenty-third Street in the middle of a workday. I was not just a father but the father of a black boy. I was not just a spouse but the husband of a black woman, a freighted symbol of black love. But sitting in that garden in Paris, for the first time I was an alien, I was a（　3　）— landless and disconnected. And I was sorry that I had never felt this particular loneliness before — that I had never felt myself so far outside of someone else's dream. Now I felt the deeper weight of my generational chains — my body（　4　）, by history and policy, to certain zones. Some of us make it out. But the game is played with loaded dice. I wished I had known more, and I wished I had known it sooner. I remember, that night, watching the teenagers gathering along the pathway near the River Seine to do all their teenage things. And I remember thinking how much I would have loved（　5　）that to have been my life, how much I would have loved to have a past apart from the fear. I did not have that past in（　6　）or memory. But I had you.

We came back to Paris that summer, because your mother loved the city and because I loved the（　7　）, but above all because of you.

（Adapted from Ta-Nehisi Coates, *Between the World and Me*）

1．（a）consumed　（b）discovered　（c）hated　（d）relished

2．（a）sent　（b）stopped　（c）walked　（d）welcomed

3．（a）consumer　（b）sailor　（c）shopper　（d）traitor

4．（a）confined　（b）contrasted　（c）divided　（d）struggled

5．（a）for　（b）in　（c）of　（d）up

6．（a）hair　（b）hand　（c）head　（d）heel

7．（a）interest　（b）language　（c）person　（d）rent

（B）　The discovery of the Sanskrit language and literature was a crucial event in the development of our historical consciousness, and in the evolution of all cultural sciences. In its importance and influence it may be compared to the great intellectual revolution brought about through the Copernican system in the field of natural science. The Copernican hypothesis（　8　）the conception of the cosmic order. The earth was no longer in the center of the universe; it became a "star among stars." The geocentric conception of the physical world was（　9　）. In the same sense the acquaintance with Sanskrit literature made an end to that conception of human culture which saw its real and only center in the world of classical antiquity. Henceforward the Greco-Roman world could only be（　10　）as a single province, a small sector of the universe of human culture. The philosophy of history had to be built upon a new and larger（　11　）. Hegel called the discovery of the common origin of Greek and Sanskrit the discovery of a new world. The students of comparative grammar in the nineteenth century saw their work in the same（　12　）. They were convinced that they had found the magic word which alone could open the doors of understanding to the history of human civilization. Comparative philology has brought the mythological and mythopoeic age of mankind that hitherto was veiled in darkness into the bright light of scientific research and（　13　）the boundaries of documentary history. It has placed in our hands a（　14　）of such power that, where formerly we could see but nebulous clouds, we now discover distinct forms and outlines.

（Adapted from Ernst Cassirer, *The Myth of the State*）

8．（a）repeated　（b）retained　（c）reversed　（d）revolted
9．（a）discarded　（b）discerned　（c）disciplined　（d）discovered
10．（a）done　（b）looked　（c）made　（d）regarded
11．（a）basis　（b）point　（c）step　（d）way
12．（a）comparison　（b）kind　（c）light　（d）place
13．（a）around　（b）beyond　（c）out of　（d）within
14．（a）microphone　（b）microscope　（c）telephone　（d）telescope

Ⅱ　Read the following three passages and mark the most appropriate choice（ **a** ～ **d** ）for each item（**15**～**24**）on the separate answer sheet.

（A）　Multilingualism is languages crossing the boundaries of nations, continents, and cultures, like Spanish in Europe and the Americas. One-third of urban Europe under the age of thirty-five has a migrant background and this means an inflow of languages. Multilingualism is everywhere around us just because, in the words of the British linguist M. A. K. Halliday, 'language is the creator and creature of human society'. Through language people are able to exchange meanings in street signs and graffiti, in casual conversation in school playgrounds, and in prayers, political speeches, and pop songs. People do this in daily life, alternating their speech style, languages, and dialects according to different social contexts and conversations. As of 2012, the European Union had twenty-three 'official' and three working languages involving 253 two-language combinations for 4,000 translators and interpreters. The USA has more Spanish-language speakers than Spain. Spanish ranks second in the world by the number of native speakers. Multilingualism also encompasses writing systems and sign language. The world's 300 deaf sign languages have different grammars and vocabularies. Signers of ISL（Irish Sign Language）, KSL（Korean Sign Language）, and ASL（American Sign Language）are mutually unintelligible.

（Adapted from John Maher, *Multilingualism*）

15. Which of the following is NOT supported by the passage?

（ **a** ）Multilingualism is a feature present in many societies.
（ **b** ）Multilingualism reflects the diversity found in human culture.
（ **c** ）The word 'multilingualism' also works for sign language.
（ **d** ）There is no relation between writing and multilingualism.

16. According to the passage, Irish Sign Language, Korean Sign Language, and American Sign Language are

（ **a** ）different, but signers can understand each other.
（ **b** ）essentially the same, but with minor differences.
（ **c** ）so similar that they are understandable across borders.
（ **d** ）very different, and signers are incomprehensible to each other.

（B）　Thomas Carlyle was the first and greatest of the Victorian 'prophets'. The style and imagination of his writing dazzled the young intellectuals of the 1830s, and by the 1840s the scale and radicalism of his social criticism had captured some of the best minds of a conscience-stricken generation. He was proclaimed to be a great moral leader by such notable figures as Charles Dickens, William Makepeace Thackeray, Elizabeth Gaskell, Robert Browning and Alfred Tennyson, who had all fallen under his prophetic spell.

Yet this role was not to last. As England emerged from the economic crisis of the 1840s, Carlyle's vicious attacks on democracy and his gloomy predictions clashed with a new era of liberal optimism. His call for moral leadership developed into an obsession with 'hero-worship': he no longer saw ordinary men and women as long-suffering and much-abused, but as greedy and shiftless, redeemable only by the iron and merciless discipline of a despot.

A. L. Le Quesne examines the rise and fall of this extraordinary man, whose genius was recognised by his contemporaries yet has proved difficult to define ever since. He explains how Carlyle's greatness lay in his ability to voice the needs of a remarkably moral generation, and traces the growing divergence between Carlyle and his disciples, illustrating how they finally came to feel, in the words of one contemporary, Arthur Hugh Clough, that 'Carlyle has led us out into the desert — and he has left us there.'

(Adapted from the back-cover blurb of A. L. Le Quesne, *Carlyle*)

17. According to the passage, Thomas Carlyle was called a 'prophet' because
(**a**) he predicted that a new age of liberalism would come.
(**b**) he produced religious remedies for the problems of Victorian England.
(**c**) his ability to diagnose current issues enchanted his contemporaries.
(**d**) his writing style was so original that it had no predecessors in English.

18. Which of the following is true, according to the passage?
(**a**) Carlyle came to think that morals had to be enforced by an absolute authority.
(**b**) Carlyle was a champion of common people in the new era.
(**c**) Carlyle's genius has been clearly grasped since the first half of the nineteenth century.
(**d**) Carlyle's role as a prophet prevented him from expressing optimistic opinions.

19. Arthur Hugh Clough felt, according to the passage, that Carlyle
(**a**) failed to give his contemporaries the hope of moral recovery from the indecent conditions of their society.
(**b**) had awakened Victorian people to the vulgar reality of their society and managed to deliver them from it.
(**c**) told his disciples, in effect, how important it was to think societal matters out for themselves.
(**d**) was a very great and prophetic man who left an everlasting message to Victorian society.

(C) How does the information that supports intuition get "stored in memory"? Certain types of intuitions are acquired very quickly. We have inherited from our ancestors a great facility to learn when to be afraid. Indeed, one experience is often sufficient to establish a long-term aversion and fear. Many of us have the visceral memory of a single dubious dish that still leaves us vaguely reluctant to return to a restaurant. All of us tense up when we approach a spot in which an unpleasant event occurred, even when there is no reason to expect it to happen again. For me, one such place is the ramp leading to the San Francisco airport, where years ago a driver in the throes of road rage followed me from the freeway, rolled down his window, and hurled obscenities at me. I never knew what caused his hatred, but I remember his voice whenever I reach that point on my way to the airport.

My memory of the airport incident is conscious and it fully explains the emotion that comes with it. On many occasions, however, you may feel uneasy in a particular place or when someone uses a particular turn of phrase without having a conscious memory of the triggering event. In hindsight, you will label that unease an intuition if it is followed by a bad experience. This mode of emotional learning is closely related to what happened in Pavlov's famous conditioning experiments, in which the dogs learned to recognize the sound of the bell as a signal that food was coming. What Pavlov's dogs learned can be described as a learned hope. Learned fears are even more easily acquired.

Fear can also be learned — quite easily, in fact — by words rather than by experience. The fireman who has the "sixth sense" of danger has certainly had many occasions to discuss and think about types of fires he was not involved in, and to rehearse in his mind what the cues might be and how he should react. As I remember from experience, a young platoon commander with no experience of combat will tense up while leading troops through a narrowing ravine, because he was taught to identify the terrain as favoring an ambush. Little repetition is needed for learning.

Emotional learning may be quick, but what we consider as "expertise" usually takes a long time to develop. The acquisition of expertise in complex tasks such as high-level chess, professional basketball, or firefighting is intricate and slow because expertise in a domain is not a single skill but rather a large collection of miniskills. Chess is a good example. An expert player can understand a complex position at a glance, but it takes years to develop that level of ability. Studies of chess masters have shown that at least 10,000 hours of dedicated practice (about 6 years of playing chess 5 hours a day) are required to attain the highest levels of performance. During those hours of intense concentration, a serious chess player becomes familiar with thousands of configurations, each consisting of an arrangement of related pieces that can threaten or defend each other.

(Adapted from Daniel Kahneman, *Thinking, Fast and Slow*)

20. The author claims that the sense of fear can be learned
 (**a**) as demonstrated by Pavlov's dog experiments.
 (**b**) but not as easily as hope can be learned.
 (**c**) by words or by experience.
 (**d**) only through repeated bad experiences.

21. The author's bad experience with a driver near the airport
 (**a**) causes him to develop "road rage."
 (**b**) left him feeling uneasy near that place, without knowing why.
 (**c**) makes him anxious every time he returns there.
 (**d**) took him years to overcome.

22. A young platoon commander with no experience of combat who tenses up while leading troops through a narrow ravine
 (**a**) has a rare innate sense for danger.
 (**b**) is nervous because he lacks courage.
 (**c**) is unconsciously reacting to training.
 (**d**) would be less tense if he were more sure of his intuition.

23. Emotional learning
 (**a**) can be a source of what we call intuition.
 (**b**) can only occur through personal experience.
 (**c**) is slow relative to analytical learning.
 (**d**) plays a central role in high-level intellectual skills.

24. Which of the following is the most suitable title of the passage?
 (**a**) Application of Repetitive Experiments
 (**b**) Memory Training for Expert Chess Players
 (**c**) The Relationship between Learning and Intuition
 (**d**) The Shortcomings of Emotional Learning

Ⅲ Choose the most appropriate sentence from the following list (**a**〜**h**) for each item (**25**〜**31**). Mark your choices on the separate answer sheet.

(**a**) Banished from the community where their families had lived for generations, Mildred and Richard Loving managed as best they could as residents of D.C.
(**b**) Most liberal media welcomed the court's brave decision.
(**c**) Not with unreserved applause.
(**d**) She held no academic degrees.
(**e**) The Lovings returned to their home in Central Point, Virginia, after their marriage in D.C., and hung their marriage certificate on a wall in their bedroom.
(**f**) The older generation's fears and prejudices have given way, and today's young people realize that if someone loves someone they have a right to marry.
(**g**) "There can be no doubt," the Chief Justice wrote for the unified Court, "that restricting the freedom to marry solely because of racial classifications violates the central meaning of the Equal Protection Clause."
(**h**) They could not marry in Virginia, where they had grown up, met, fell in love, and wanted to build their family.

I would like to speak about one of the most important cases the U.S. Supreme Court has ever decided. Titled *Loving versus Virginia*, the case yielded a unanimous decision in 1967.

In May 2008, a *New York Times* obituary reported the death of Mildred Loving, co-plaintiff in the landmark case. Mildred was not a woman of means or sophistication. (**25**) But she was endowed with a caring heart and exemplary courage, and the case she pursued together with her husband, Richard Loving, changed America.

In 1958, my second year in law school, Mildred Jeter and Richard Loving drove from Caroline County, Virginia, to Washington, D.C., to get married. (**26**) The reason: Richard was white, Mildred was of mixed African-American and Native American descent, and Virginia law (also the law in fifteen other states at that time) banned interracial marriage. The couple, Mildred later recounted, had no mind "to make a political statement or start a fight"; they "were just in love, and wanted to be married."

(**27**) Five weeks after their return, "the county sheriff and two deputies, acting on an anonymous tip, burst into their bedroom at 2:00 a.m., shined flashing lights in their eyes," and demanded of Richard: "Who is this woman you're sleeping with?" When Richard pointed to the marriage certificate posted on the wall, the sheriff responded, "That's no good here," then carted the Lovings off to jail. Richard spent the rest of the night locked up. Mildred, the spouse of color, spent that night and the next five days and nights in jail.

Frightened and uncounseled, the Lovings appeared before a judge and entered pleas to charges of violating Virginia's Racial Integrity Act. Their sentence, a year in jail, a term the judge would suspend provided that the Lovings "left the State and did not return to Virginia together for 25 years." "Almighty God," the sentencing judge proclaimed, "created the races white, black, yellow, malay and red, and he placed them on separate continents. The fact that he separated the races shows that he did not intend for them to mix."

(**28**) Some years later, inspired by the civil rights movement, and particularly, the March on Washington, Mildred wrote to Attorney General Robert Kennedy. Kennedy replied, suggesting that Mildred contact the American Civil Liberties Union. She did, and with the aid of ACLU volunteer lawyers in Virginia (Bernard Cohen and Philip Hirschkop), the Lovings sued the state, seeking to vacate their convictions and gain Virginia's recognition of their marriage.

Their challenge, commenced in 1963, worked its way up to the Supreme Court, where, on June 12, 1967, Chief Justice Earl Warren announced the Court's unanimous holding: Virginia's law against interracial marriage was unconstitutional. (**29**) For good measure, the Court added, Virginia's ban on interracial marriage also "deprived the Lovings of liberty without due process."

How did the 1967 press greet the case that ended law-backed apartheid in America? (**30**) A *New York Times* editorial commented: young people (that meant 1960s young people) would wise up, the editor hoped; they would no longer choose "racially mixed marriage as a gesture of defiance against law," pairings "rooted in rebellion more than in affection." "Naturally," the *Los Angeles Times* observed, "there was nothing in the opinion that could be taken as lending encouragement to the idea of interracial marriage." The *Washington Post* described Mildred Loving, not as a woman of courage, but as "an attractive, slender 27-year-old Negro."

Forty years after the muted zeal of first reactions to the landmark decision, Mildred Loving wrote: "I have lived long enough to see big changes. (**31**)" The last state to eliminate its bans against interracial marriage was Alabama, in 2000. Today, 4.3 million interracial couples reside in the United States.

(Adapted from Ruth Bader Ginsburg, *My Own Words*)

Ⅳ　Choose the most appropriate word or phrase from the list（**a**～**m**）for each item（32～38）. Mark your choices on the separate answer sheet.

Sanjeev: Hi, how's it going? I am Sanjeev. I am your new dormmate. I am from India. I heard that you are from India too. Which part of India do you（ 32 ）?

Manisha: Nice to meet you, Sanjeev. I am Manisha. I am from West Bengal.

Sanjeev: West Bengal. I（ 33 ）going there and celebrating Durga Puja, one of the biggest religious Hindu festivals.

Manisha: Last year, I went back to see my relatives and celebrated the festival.

Sanjeev: （ 34 ）. Did you visit Kalighat Kali Temple?

Manisha: Without visiting the temple, Durga Puja will be incomplete.

Sanjeev: The Puja is performed with（ 35 ）by the Pandits, the temple priests. I will be happy to visit such a holy place.

Manisha: By the way, do you know Durga Puja has been（ 36 ）heritage status by UNESCO?

Sanjeev: Oh really! I didn't know that.

Manisha: Durga Puja is much more than a festival; it is an emotion that unites everyone.

Sanjeev: I wish I could see the temple and be a part of the（ 37 ）Puja.

Manisha: I am sure you will enjoy Durga Puja.

Sanjeev: That's right. Oh! I am（ 38 ）late for class. I'll leave now.

Manisha: Bye. See you later.

（**a**）accorded
（**b**）belong to
（**c**）decent
（**d**）desire
（**e**）devotion
（**f**）divine
（**g**）dream of
（**h**）getting
（**i**）go from
（**j**）going
（**k**）rewarded
（**l**）That's great
（**m**）That's true

PLEASE READ THE INSTRUCTIONS CAREFULLY.

V Read the following passage and complete the English summary in your own words in the space provided on the separate answer sheet. The beginning of the summary is provided; you must complete it in 4-10 words. Do not use three or more consecutive words from this page.

For Freud, the founder of psychoanalysis, there are, we may say, the polar extremes of reality and illusion. Reality is an honorific word, and it means what is *there*; illusion is a pejorative word, and it means a response to what is *not there*. What may be called the essentially Freudian view assumes that the mind, for good as well as bad, helps create its reality by selection and evaluation. In this view, reality is malleable and subject to creation; it is not static but is rather a series of situations which are dealt with in their own terms. But beside this conception of the mind stands another conception which arises from Freud's assumptions when treating patients; in this view, the mind deals with a reality which is quite fixed and static, a reality that is wholly "given" and not one which is "taken." When discussing how we experience the world, Freud insists on this second view, although it is not easy to see why he should do so. For the reality to which he wishes to reconcile the neurotic patient is, after all, a "taken" and not a "given" reality. It is the reality of social life and of value, conceived and maintained by the human mind and will. Love, morality, honor, esteem — these are the components of a created reality. If we are to call, say, art or music illusions, then we must call most of the activities and satisfactions of the ego illusions. Freud, of course, has no desire to call them that.

(Adapted from Lionel Trilling, *The Liberal Imagination*)

SUMMARY:

[*complete the summary on the separate answer sheet*]

The unresolved issue for Freud seems to be …

日本史

（60分）

〔Ｉ〕　次の文を読んで，問に答えなさい。

1877年6月に初来日したエドワード・シルヴェスター・モースは，横浜から新橋に向かう汽車の車窓から［　A　］貝塚を発見した。太古の日本において貝類を捕食した原住民がいたことを直感し，同年9月から発掘調査を敢行した。発掘調査は日本人学生の佐々木忠次郎らを伴い，間欠的な調査であったが，土器や石器，骨器，土製品，動物骨など多数の遺物が出土し，太古の人民の生活の痕跡を科学的に明らかにした。その成果は詳細に報告され，1879年に英文報告書が東京大学から刊行された。その中で“cord marked pottery”と形容された焼き物が，今日の［　B　］の名称の語源になった。薫陶を受けた上記の学生は，その後，茨城県陸平《おかだいら》貝塚で独自に発掘調査をおこなったが，それは日本人による最初の学術発掘といわれる。モースは研究と教育の両面で優れた手腕を発揮し，後進を育てたといえるだろう。

モースは東京大学に初代の動物学教授として迎えられたが，本来，日本近海にすむ現生貝類（腕足類）の調査研究が来日の目的であった。はからずも偶然の発見が日本の考古学の発展に寄与したわけである。

発掘調査以外で，モースが多くの人々の注意を引いたものとして，ダーウィンの［　C　］の講義があったことはよく知られている。それに反対するキリスト教宣教師を兼ねた外国人教師との衝突も激しかった。しかし，浅草の井生村楼《いぶむらろう》や文部省修文館等で開催されたモースの公開講演会に，皇族をはじめ三条実美，岩倉具視，伊藤博文，大隈重信，山県有朋，西郷従道ら錚々たる政界のトップ，高級将校，高級官僚らが多数駆けつけ聴講したのは，彼らが［　C　］などの斬新な欧米の科学知識や西洋文明に深い関心を懐いた証拠である。

政界とのつながりから，モースは大隈重信とも親交を結び，大隈が1882年に創立した［　D　］の開校式に招かれたり，1883年新年の教授始め式で講演したほか，大隈私邸に何度か足を運んでいる。モースは人を説得する話術に長けていたらしく，大隈はモースの提言を広く受け入れている。大隈が所有する郷里［　E　］藩の陶磁器コレクションなどを所望されるままにモースに与えてしまったというエピソードが残っている。

それらの陶磁器類は，モースが関西，瀬戸内方面を中心に各地で収集したコレクションと共に米国のボストン美術館に引き取られた。ボストン美術館刊行の『モース日本陶磁器コレクションカタログ』には，多くの陶磁器類とともに［　A　］貝塚から出土した土器破片10点余りと石膏の模型が収録されている。帰国後に自身が著した日本滞在中の記録[a]からは，動物学や考古学の学術を超えて，モースが日本文化や歴史を愛し深い関心を寄せていたことがうかがわれる。また，お雇い外国人教師として，宣教師を兼ねない米国人科学者を東京大学に推薦・紹介した[b]こともモースの科学者としての一面を示していると言えるだろう。

〔問〕

1　空欄Aに入る適切な貝塚名は何か。漢字2字で記述解答用紙の解答欄に記入しなさい。

2　空欄Bに入る適切な用語は何か。漢字4字で記述解答用紙の解答欄に記入しなさい。

3　空欄Cに入る適切な用語は何か。漢字3字で記述解答用紙の解答欄に記入しなさい。

4　空欄Dに入る適切な用語は何か。漢字6字で記述解答用紙の解答欄に記入しなさい。

5　空欄Eに関して藩名として正しいものはどれか。1つ選び，マーク解答用紙の該当する記号をマークしなさい。

ア　熊本　　イ　佐賀　　ウ　薩摩　　エ　福岡　　オ　延岡

6　下線aに関して著書名（日本語訳題）として正しいものはどれか。1つ選び，マーク解答用紙の該当する記号をマークしなさい。

ア 『日本史』　イ 『東洋美術史綱』　ウ 『考古説略』　エ 『菊と刀』　オ 『日本その日その日』

7　下線bに関してモースが推薦した物理学の米国人教師はだれか。1つ選び，マーク解答用紙の該当する記号をマークしなさい。

ア T. メンデンホール　イ E. ナウマン　ウ W. S. クラーク　エ J. ヘボン　オ G. フルベッキ

〔Ⅱ〕　次の史料を読んで，問に答えなさい。

史料 i

a皇太子，久しく病す。卜《ぼく》するに，崇道天皇，祟りを為せり。(中略) b調使王《つきのつかいのおおきみ》等を淡路国に遣わして，その霊に謝し奉らしむ。

(『日本紀略』延暦11年〈792〉6月10日条)

史料 ii

この日，中納言近衛大将従三位藤原朝臣内麻呂，殿上に侍す。勅有りて，参議右衛士督《かみ》従四位下藤原朝臣緒嗣《おつぐ》と，参議左大弁正四位下菅野朝臣真道とをして，天下の徳政を相《あ》い論ぜしむ。時に，緒嗣，議して云わく，「方《まさ》に今，天下の苦しむ所は，c軍事と造作となり。この両事を停むれば，百姓安んぜん」と。真道，異議を※確執して，肯えて聴《ゆる》さず。d帝，緒嗣の議をe善《よ》しとして，即ち停廃に従う。有識聞きて，感歎せざるもの莫《な》し。

※自分の意見を強くし譲らないこと

(『日本後紀』延暦24年〈805〉12月7日条)

〔問〕

1　下線aは誰か。1つ選び，マーク解答用紙の該当する記号をマークしなさい。

ア 後の嵯峨天皇　イ 後の仁明天皇　ウ 早良親王　エ 後の平城天皇　オ 後の淳和天皇

2　下線bが行われた理由は何だと推測できるか。1つ選び，マーク解答用紙の該当する記号をマークしなさい。

ア 崇道天皇の荘園が淡路国にあったから。

イ 崇道天皇の邸宅が淡路国にあったから。

ウ 崇道天皇の妻が淡路国に住んでいたから。

エ 崇道天皇が淡路国に住んでいたから。

オ 崇道天皇の墓が淡路国にあったから。

3　史料 i 当時の都はどこか。漢字3字で記述解答用紙の解答欄に記入しなさい。

4　下線cとは何のことか。1つ選び，マーク解答用紙の該当する記号をマークしなさい。

ア 軍事とは防人による国防，造作とは多賀城の造営のことである。

イ 軍事とは征夷，造作とは都の造営のことである。

ウ 軍事とは隼人の征討，造作とは多賀城の造営のことである。

エ 軍事とは防人による国防，造作とは都の造営のことである。

オ 軍事とは征夷，造作とは多賀城の造営のことである。

5　下線dは誰か。漢字4字で記述解答用紙の解答欄に記入しなさい。

6　下線eのように判断された内容は何か。2つ選び，マーク解答用紙の該当する記号をマークしなさい。

ア 藤原緒嗣の意見

イ 菅野真道の意見

ウ 藤原内麻呂の意見

エ　軍事と造作の継続

オ　軍事と造作の停止

7　史料 ii の前年に起きた出来事は何か。1つ選び，マーク解答用紙の該当する記号をマークしなさい。

ア　坂上田村麻呂が胆沢城を築いた。

イ　勘解由使が置かれた。

ウ　最澄・空海らが入唐した。

エ　雑徭の期間が半減された。

オ　一部の地域を除いて，軍団と兵士が廃止され，代わりに健児が置かれた。

〔Ⅲ〕　次の史料を読んで，問に答えなさい。

史料 i

二品，家人等を簾下《れんか》に招き，秋田城介景盛を以て，示し含めて曰わく，「皆心を一にしてうけたまわるべし。これ最期の詞なり。故右大将軍，朝敵を征罰し，関東を草創してより以降，官位と云い，俸禄と云い，その恩，既に山岳よりも高く，溟渤《めいぼつ》よりも深し。a 報謝の志，浅からんや。しかるに今，逆臣の讒により，非義の綸旨を下さる。名を惜しむの族，早く秀康・胤義等を討ち取り，三代将軍の遺跡を全うすべし。ただし，院中に参らんと欲するの者，只今申し切るべし」てえり。

（『吾妻鏡』）

史料 ii

二品禅尼，有勢の武士を庭中に召し集めて語らいていわく，「おのおの心を一にして聞くべし。これは最後の詞なり。故大将家，b 伊予入道・八幡太郎の跡を継ぎて，東夷をはぐくむに，田園身をやすくし，官位心にまかする事，重恩すでに須弥《しゅみ》よりも高し。報謝のおもい大海よりも深かるべし。朝威をかたじけなくする事は，将軍四代のいまに露塵あやまる事なきを，不忠の讒臣等，天のせめをはからず，非義の武芸にほこりて，追討の宣旨申し下せり。なんじはからずや，男をばしかしながら殺し，女をばみな奴とし，c 神社・仏寺，塵灰となり，名将のふしどころ d 畠にすかれ，東漸《とうぜん》の仏法なかばにして滅びん事を。恩を知り名を惜しまん人，秀康・胤義を召し取りて，家を失わず，名を立てん事をおもわずや」と。

（『六代勝事記』）

〔問〕

1　下線 a に関連して，鎌倉幕府において将軍の御恩に対して御家人が果たすべき奉公のうち，内裏の諸門などを警備する役務は何か。漢字5字で記述解答用紙の解答欄に記入しなさい。

2　下線 b について述べた文のうち正しいものはどれか。2つ選び，マーク解答用紙の該当する記号をマークしなさい。

ア　伊予入道は源義親で，房総半島沿岸部の海賊を鎮圧した。

イ　八幡太郎は源義経で，北陸から京へ迫り平氏を都落ちさせた。

ウ　伊予入道は源義朝で，保元の乱において平氏に敗れ処刑された。

エ　八幡太郎は源義家で，出羽の豪族である清原氏の内紛に介入した。

オ　伊予入道は源頼義で，陸奥守となり現地の豪族の安倍氏と対立した。

3　下線 c に関連して，神を本地とし仏を垂迹とする立場から唯一神道を創唱した人物は誰か。漢字で記述解答用紙の解答欄に記入しなさい。

4　下線 d に関して，中世の畑作について述べた次の文X・Y・Zの正誤の組み合わせのうち，正しいものはどれか。1つ選び，マーク解答用紙の該当する記号をマークしなさい。

X　草戸千軒には，大規模な野菜畑がひらかれた。

Y　食用油の原料として，荏胡麻の栽培が西日本でひろまった。

Z　室町時代の畿内では，麦と蕎麦を裏作とする三毛作がおこなわれた。

ア　X－正　Y－正　Z－誤　**イ**　X－正　Y－誤　Z－誤　**ウ**　X－誤　Y－誤　Z－正

エ　X－誤　Y－正　Z－正　**オ**　X－誤　Y－正　Z－誤

5　史料ⅰの典拠である『吾妻鏡』は，13世紀末～14世紀初頭頃に成立したとされる鎌倉幕府の歴史書である。この時期の出来事について述べた次の文X・Y・Zを年代順に並べた組合せのうち，正しいものはどれか。1つ選び，マーク解答用紙の該当する記号をマークしなさい。

X　鎌倉幕府が，永仁の徳政令を発した。

Y　後醍醐天皇が即位し，親政を開始した。

Z　内管領の平頼綱が，安達泰盛を滅ぼした。

ア　X→Y→Z　**イ**　X→Z→Y　**ウ**　Y→Z→X　**エ**　Z→X→Y　**オ**　Z→Y→X

6　史料ⅱの典拠である『六代勝事記』は，後堀河天皇（在位1221～1232年）の時代に，京都の貴族により著されたとされる歴史書である。この時期に関白などとして貴族社会で権勢を誇り，息子が鎌倉幕府4代将軍となったことでも知られる人物は誰か。漢字で記述解答用紙の解答欄に記入しなさい。

7　史料ⅰ・ⅱに関して述べた文のうち適切なものはどれか。2つ選び，マーク解答用紙の該当する記号をマークしなさい。

ア　史料ⅰと史料ⅱはいずれも，後鳥羽上皇が北条義時の追討命令を発したとの情報がもたらされた時の鎌倉幕府の様子について記した史料である。

イ　史料ⅰの典拠となっている『吾妻鏡』は鎌倉幕府みずから編纂した公式の歴史書であり，史料ⅱの典拠となっている『六代勝事記』より成立も古いことから，信憑性が高い史料である。

ウ　史料ⅰと史料ⅱはいずれも，北条政子が御家人たちに向けて演説する場面を描いており，内容に類似点が認められるが，史料ⅱは鎌倉幕府の歴史書である史料ⅰを参考にして書かれた可能性が高い。

エ　史料ⅰでは鎌倉幕府を創始した源頼朝の功績が語られているのに対して，史料ⅱでは源頼朝の功績の前提として源氏の先祖への言及も見られる。

オ　史料ⅰと史料ⅱはいずれも，1221年に勃発した戦乱に関する史料であるが，鎌倉幕府が編纂した史料ⅰでは後鳥羽上皇の政治が批判されているのに対し，貴族が著した史料ⅱでは北条義時の横暴が非難されている。

〔Ⅳ〕　次の文を読んで，問に答えなさい。

江戸時代には15人の将軍がいた。このうち徳川家斉は，a 1787年（天明７）４月から50年の長きにわたり11代将軍の座にあった。家慶に将軍職を譲った後も，大御所として幕政の実権を握り，69歳で死去している。天明から天保に及ぶその治世をみてみよう。

三卿の一橋家に生まれた家斉は10代将軍徳川家治の養子になり，薩摩藩の８代藩主島津重豪の娘で近衛家の養女となった茂姫を，正室に迎えた。のちに，重豪の曽孫にあたる薩摩藩11代藩主［ A ］は，養女の篤姫をさらに近衛家の養女にして，13代将軍家定に輿入れさせた。徳川家光以降，将軍の正室になった武家の女性２人は，ともに島津家出身だったことになる。家斉は歴代将軍の中で最も多くの子女を儲けた。12代将軍となった家慶を除き，彼らと養子・縁組した大名家は，金銭の下賜，加増，官位上昇などを認められたが，これは，それまでの大名間の家格秩序が崩れることを意味していた。

朝廷との関係では，b 尊号一件と呼ばれる事件が起きている。また，幕府がロシア使節レザノフを追い返したことから，レザノフの部下らが樺太や択捉島を襲撃する［ B ］露寇事件が発生し，幕府は朝廷へ対外情勢を報告した。ロシアとの関係はその後，改善されたが，異国船が日本近海に出没して，幕府はその対応に苦慮している。

諸藩では藩政改革が実施された。c 藩校や郷校（郷学）や私塾で教育活動が行われ，d 経世家や学者がさまざまな思想を唱えた。

e 日本列島への外圧が徐々に高まり，天保の飢饉で国内も不安定になる中，家斉は1841年（天保12）に死去する。幕府はその前年，川越藩を庄内藩へ，庄内藩を長岡藩へ，長岡藩を川越藩へ移す［ C ］を計画したが反対にあい，家斉死去後に撤回した。老中水野忠邦が，内憂外患に対処すべく天保の改革に着手するが，その時にはすでに，幕府の衰退に対して朝廷や雄藩が浮上しつつあった。

1868年（慶応４），鳥羽・伏見の戦いをきっかけに戊辰戦争が始まった。薩摩藩島津家から将軍家定の正室となり，当時は落飾して天璋院と称していた篤姫は，14代将軍家茂正室の静寛院宮（和宮）とともに，徳川家救済を嘆願した。そして，薩摩藩士で東征大総督府下参謀の西郷隆盛と，旧幕府陸軍総裁の勝海舟との交渉で，江戸城は無血開城し，15代将軍徳川慶喜は水戸，ついで駿府に移った。徳川家斉亡き後，四半世紀ほどで幕藩体制は終わりを迎えることになったのである。

〔問〕

1　下線 **a** の翌月，江戸や大坂などで打ちこわしが起きた。これは天明の飢饉によるものである。この飢饉に関する記述として正しいものはどれか。１つ選び，マーク解答用紙の該当する記号をマークしなさい。

ア　浅間山の大噴火が飢饉の一因であった。

イ　西日本一帯のいなごやうんかの大量発生が凶作をもたらした。

ウ　幕府は東北地方へ大量の米を廻送したので，全国の餓死者は数万人でおさまった。

エ　甲斐国では郡内一揆が起きた。

オ　関東取締出役により治安維持強化がはかられた。

2　空欄 **A** には，集成館を設け，将軍継嗣問題では一橋慶喜を推した人物が入る。それは誰か。漢字４字で記述解答用紙の解答欄に記入しなさい。

3　下線 **b** に関する記述として誤っているものはどれか。１つ選び，マーク解答用紙の該当する記号をマークしなさい。

ア　光格天皇は閑院宮典仁親王に太上天皇の尊号を贈ろうとした。

イ　閑院宮典仁親王は光格天皇の養父である。

ウ　閑院宮典仁親王は皇位についていなかった。

エ　松平定信は尊号宣下に反対した。

オ　松平定信はこの事件などもあって老中職から退いた。

4　空欄 **B** には，この事件が起きたときの元号が入る。それは何か。漢字２字で記述解答用紙の解答欄に記入しなさい。

5　下線cに関する記述として正しいものはどれか。1つ選び，マーク解答用紙の該当する記号をマークしなさい。

ア　長州藩の日新館では，幕末になると洋式兵学も教授された。

イ　中井竹山は江戸の懐徳堂で学主をつとめた。

ウ　会津藩では保科正之が明倫館を設立した。

エ　閑谷学校は17世紀に創立された岡山藩の藩校である。

オ　大村益次郎は適塾で学んだ経験を持つ。

6　下線dに関して，著者と作品の組み合わせを記した①から⑤のうち，正しいもの2つの組み合わせはどれか。1つ選び，マーク解答用紙の該当する記号をマークしなさい。

①　佐藤信淵－『経済要録』　　②　海保青陵－『稽古談』

③　会沢正志斎－『柳子新論』　　④　藤田幽谷－『弘道館記述義』

⑤　本多利明－『海国兵談』

ア　①と②　　**イ**　①と③　　**ウ**　②と④　　**エ**　③と④　　**オ**　④と⑤

7　下線eに関して，国内でとられた対応として誤っているものはどれか。1つ選び，マーク解答用紙の該当する記号をマークしなさい。

ア　1811年（文化8）に朝鮮通信使が派遣されたが，江戸ではなく対馬で応接した。

イ　異国船打払令は，迷うことなく打ち払うようにという意味の文言が入っていることから，無二念打払令とも言われる。

ウ　宇和島藩は福岡藩と隔年で，長崎警備を命じられた。

エ　フェートン号事件後も異国船が出没したため，台場を設けて海防につとめた。

オ　高島秋帆はオランダ人に西洋砲術を学び，高島流砲術を確立した。

8　空欄**C**に該当する言葉は何か。6字で記述解答用紙の解答欄に記入しなさい。

［V］　次の文を読んで，問に答えなさい。

インターネットの普及によって大きな打撃を受けたメディアに雑誌がある。雑誌とは週刊，月刊，季刊など一定期間ごとに継続発行される出版物のことを指すが，日本で最初の雑誌は1867年（慶応3）に柳河春三によって発行された『西洋雑誌』とされる。その後，森有礼，西村茂樹，西周，津田真道らの組織した団体によって，1874年（明治7）に『［ A ］』が発行される。この雑誌は刊行後の1年で10万冊以上が売れ，社会に大きな影響を与えたが，［ B ］と［ C ］が出されたことを受けて廃刊を決定した。

明治10年代に入ると，a自由民権運動に関係する多くの雑誌が発行され，またb女性向け雑誌も発行された。明治20年代には，民友社の『国民之友』と政教社の『日本人』が対照的な論陣を張った。博文館の発行した雑誌『［ D ］』は，著名な執筆陣による論説を集め，明治後期における総合雑誌の代表的存在である。大正期にこれに取って代わったのが『中央公論』である。同誌はc吉野作造の「憲政の本義を説いて其有終の美を済すの途を論ず」を掲載するなど，大正デモクラシーをリードする雑誌となる。

昭和に入り戦時色が濃くなるにつれて，d内務省の検閲や軍の指導が強まっていく。さらに，戦争末期，紙の不足や輸送の困難さや空襲によって，雑誌出版業界も壊滅的な打撃を受けた。

戦後に雑誌の代表的存在となったのが週刊誌である。当初は新聞社の発行するものが中心であったが，1956年2月に新潮社から『週刊新潮』が創刊されると，『週刊現代』『週刊文春』など出版社系の週刊誌の創刊も相つぎ，週刊誌ブームが出現した。他方で月刊総合雑誌も健在で，『文藝春秋』に掲載された記事がe現職の首相の金銭スキャンダルを暴くなど，大きな社会的影響を与えることもあった。

f高度経済成長期を経て，人々の趣味が多様化するとともに，雑誌の種類も多彩になり，スポーツ雑誌や旅行雑誌，ファッション誌，gコミック誌などが売上を伸ばした。しかし雑誌の発行部数はh1997年にピークを迎えたのち，インターネットやスマートフォンの普及などにより急速に下降していくことになる。雑誌を定期購読する人々は激減し，コンビニエンスストアの雑誌コーナーも縮小した。雑誌という媒体は誕生から150年の歴史を経て，滅亡へと向かうのであろうか。それとも今後，新たな形で生き残っていくのであろうか。

〔問〕

1　空欄Aに入る雑誌名は何か。漢字で記述解答用紙の解答欄に記入しなさい。

2　空欄Bと空欄Cに入る語句として，正しいものはどれか。2つ選び，マーク解答用紙の解答欄に記入しなさい。

ア　新聞紙条例　　イ　出版条例　　ウ　漸次立憲政体樹立の詔　　エ　讒謗律　　オ　集会条例

3　下線aに関する説明として，誤っているものはどれか。1つ選び，マーク解答用紙の解答欄に記入しなさい。

ア　副島種臣・後藤象二郎など旧参議らが提出した民撰議院設立建白書に端を発する。

イ　板垣退助は高知に立志社を設立し，その後各地に多くの結社が結成された。

ウ　運動の過程で，五日市憲法草案など，民間の有志により多くの私擬憲法が起草された。

エ　運動に批判的な馬場辰猪が天賦人権論を否定し，論争となった。

オ　「民権ばあさん」と呼ばれた楠瀬喜多など，女性の運動家もあらわれた。

4　下線bに関連する文章として，正しいものはどれか。2つ選び，マーク解答用紙の解答欄に記入しなさい。

ア　明治期の代表的な女性雑誌とされる『女学雑誌』は巌本善治が編集人を務めた。

イ　平塚らいてうが結成した政治結社である青鞜社は，機関誌として『青鞜』を発行した。

ウ　大正期には『主婦之友』などの影響で主婦志向が強まり，女性が就労する職種は増えなかった。

エ　改造社によって『婦人公論』が創刊され，婦人参政権獲得運動の機関誌とされた。

オ　『婦人公論』誌上で，母性の保護をめぐり与謝野晶子と平塚らいてうが論争した。

5　空欄Dに入る雑誌名は何か。記述解答用紙の解答欄に記入しなさい。

6　下線cに関して述べた文章として，正しいものはどれか。1つ選び，マーク解答用紙の解答欄に記入しなさい。

ア　民主主義の原則を採用すべきことを主張した。

イ　主権の所在は国家にあると主張した。

ウ　主権は一般民衆の利福と意向に重きを置いて行使されるべきだと主張した。

エ　君主国において政党内閣は実現しえないと主張した。

オ　民本主義の名のもとに主権在民を主張した。

7　下線dに関連して述べた文章として，正しいものはどれか。1つ選び，マーク解答用紙の解答欄に記入しなさい。

ア　内務大臣は管轄下にあった府県の知事や警視庁を動かし，しばしば選挙干渉を行った。

イ　岩倉使節団の外遊中に，留守政府の大久保利通によって設立された。

ウ　日本最初の政党内閣において大隈重信が内務大臣に就任した。

エ　内務省が中心となり第一次大戦後に地方改良運動が開始された。

オ　天皇機関説問題に対応するため『国体の本義』を発行した。

8　下線eの人物は金銭スキャンダルで退陣しその後逮捕された。この人物が提唱した地方振興のための政策論を何というか。漢字7字で記述解答用紙の解答欄に記入しなさい。

9　下線fの時期の出来事について述べた文章として，正しいものはどれか。1つ選び，マーク解答用紙の解答欄に記入しなさい。

ア　池田勇人が首相となり，前内閣時の政治的対立の克服と経済成長を目指した。

イ　佐藤栄作首相が，非核三原則と核持ち込みに関する米国との密約を理由にノーベル平和賞を受賞した。

ウ　宗教団体を支持母体とした政党である公明党が勢力を伸長させ，連立与党となった。

エ　増加する都市人口の食料需要を支えるため，米の作付面積を増加させる政策がとられた。

オ　自民党が長期政権を維持する一方で，新進党，日本新党などの野党が台頭し，多党化が進んだ。

10　下線gに関連して，戦後ストーリー漫画の開拓者と呼ばれる手塚治虫の作品として，誤っているものはどれか。2

つ選び，マーク解答用紙の解答欄に記入しなさい。

ア 『陽だまりの樹』　イ 『のらくろ』　ウ 『リボンの騎士』　エ 『ブッダ』　オ 『冒険ダン吉』

11　下線hには，日本で気候変動対策のための国際会議が開催され，二酸化炭素など温室効果ガスの排出削減目標を示した文書が採択された。この文書を何というか。漢字5字で記述解答用紙の解答欄に記入しなさい。

〔Ⅵ〕　次の文を読んで，問に答えなさい。

長崎は今日も鉄道の終着駅であり，駅のホームに降り立てば，目の前には長崎港の海原が拡がっているばかりである。江戸時代には，この海の彼方からやって来る海外文化を求めて，多くの画家，漢学者，蘭学者たちが長崎を訪れた。長崎は江戸幕府が直轄支配する国際貿易都市として栄え，市中には外国人の暮らす居住地aがあり，そこでは，唐通事やオランダ通詞などの外国語通訳が働いていた。

江戸では，8代将軍徳川吉宗による実学奨励を受け，大規模な物産会（薬品会）がおこなわれた。1763年には平賀源内bがその成果を受けて『物類品隲』を著した。さらに1774年には『解体新書』cが刊行されるなど，蘭学流行の機運が高まっていた。また大名たちの間でオランダ趣味を喜ぶ蘭癖大名が現れたd。蘭学に対する関心は民間へも及び，絵画の方面では西洋の遠近法や陰影法を取り入れた写生画eが流行した。

市井の洋風画家である司馬江漢fは1788年に長崎を訪れ，オランダ通詞吉雄耕牛らの仲介で長崎の異国情緒を満喫した。ついで平戸gに渡って，捕鯨を見物するなどした。この往還の見聞を生き生きと綴った『江漢西遊日記』は，江戸時代における名随筆である。

〔問〕

1　下線aについて。図1は長崎の冨嶋屋で土産物として売られた素朴な木版画である。この外国人居住地を何というか。漢字4字で記述解答用紙の解答欄に記入しなさい（図は一部加工してある）。

2　下線bについて述べた文のうち，誤っているものはどれか。1つ選び，マーク解答用紙の該当する記号をマークしなさい。

ア　讃岐国高松藩士の家に生まれた。

イ　長崎へ遊学し，外国の語学・本草学を学んだ。

ウ　江戸で蘭学塾の芝蘭堂を開いた。

エ　江戸で摩擦起電器（エレキテル）の実験をした。

オ　秩父で石綿を発見し，火浣布（火に焼けない布）を作った。

3　下線cについて。次のうち『解体新書』の刊行に関わっていない人物はどれか。1つ選び，マーク解答用紙の該当する記号をマークしなさい。

ア　小田野直武　イ　桂川甫周　ウ　杉田玄白　エ　前野良沢　オ　山脇東洋

4　下線dに関連して。シーボルトに剥製標本の作り方を尋ねるなど蘭癖大名として知られ，藩政改革の方面では調所広郷を登用した人物はどれか。1つ選び，マーク解答用紙の該当する記号をマークしなさい。

ア　井伊直弼　イ　上杉治憲（鷹山）　ウ　佐竹義和　エ　島津重豪　オ　田沼意次

5　下線eに関連して。西洋画の遠近法を消化して写生画を確立し，『雪松図屛風』や『保津川図屛風』の代表作で知られる画家は誰か。漢字4字で記述解答用紙の解答欄に記入しなさい。

6　下線fについて述べた文のうち，正しいものはどれか。1つ選び，マーク解答用紙の該当する記号をマークしなさい。

ア　白河藩主松平定信に仕え，須賀川で銅版画工房を営んだ。

イ　1783年に銅版画の制作を始め，「日本創製」と称した。

ウ　長崎で習得した画法で『鷹見泉石像』を描いた。

エ　西洋画の遠近法の影響を受け『神奈川沖浪裏』を描いた。

オ　長崎で習得した画法で『鮭』や『花魁』を描いた。

7　下線 **g** に関連して。平戸の女性を母に持つ和藤内（鄭成功）を主人公とし，大当たりした浄瑠璃はどれか。1つ選び，マーク解答用紙の該当する記号をマークしなさい。

ア『国性爺合戦』　**イ**『心中天網島』　**ウ**『曽根崎心中』　**エ**『本朝廿四孝』　**オ**『冥途の飛脚』

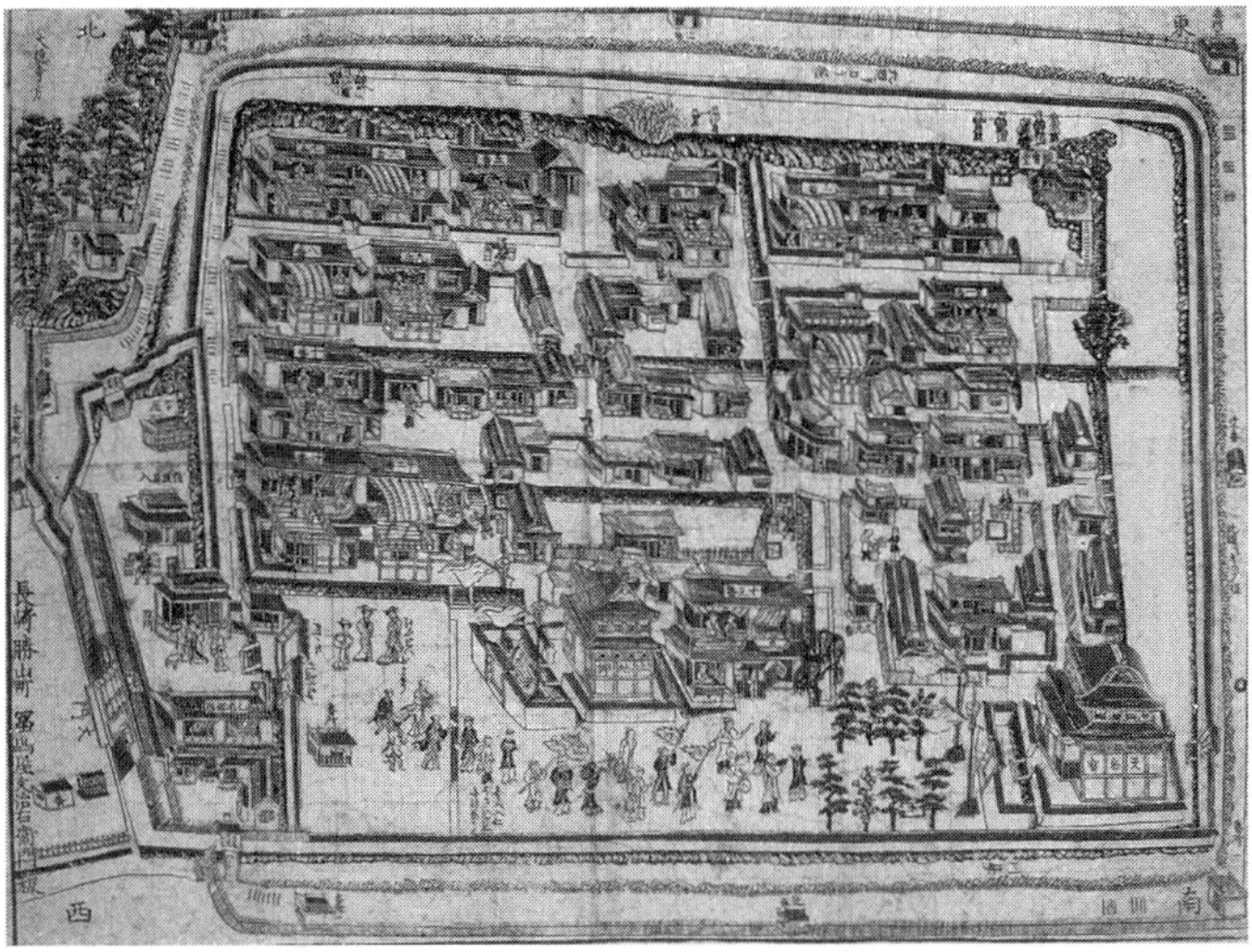

図1

世界史

（60分）

〔Ⅰ〕 次の文章を読み，**設問1～5**に答えなさい。

メソポタミア南部では前3500年頃から人口が急激に増加し，その後城壁で囲まれたいくつもの都市が生まれた。前2700年頃までにはシュメール人の都市国家A が数多く形成され繁栄したが，都市国家間の争いは絶えず，支配が安定しない時代が長く続くこととなる。メソポタミアの都市とは構造などが異なるものの，古代エジプトでも都市はつくられた。たとえば，新王国時代B に多神教から一神教への宗教改革をおこなったアメンホテプ4世は，中部エジプトに [C] を建設し遷都した。

一方，ギリシア世界ではミケーネ文明の滅亡後，前8世紀頃には各地でポリスD と呼ばれる都市国家が成立していく。また，人口増加や耕地不足などを理由にギリシア人は地中海と黒海の沿岸各地に植民市を建設したがE，植民市は本国を持つものの政治的には独立したポリスであった。

設問1　下線部**A**のうち，イギリス人考古学者ウーリーが発掘し，「スタンダード」を含む多数の副葬品が出土した王墓群があるのはどれか。次の**ア～エ**の中から一つ選び，**マーク解答用紙**の所定欄にマークしなさい。

ア　ラガシュ　　**イ**　バビロン　　**ウ**　ウルク　　**エ**　ウル

設問2　下線部**B**の時代のエジプトについて，関連する説明で正しいものを次の**ア～エ**の中から一つ選び，**マーク解答用紙**の所定欄にマークしなさい。

ア　テーベの王がヒクソスを追放して第18王朝が成立し，都は主に下エジプトのテーベに置かれた。

イ　アメンホテプ4世による宗教改革は一代限りで終わったが，この王によって建設され遷都された中部エジプトの新たな都市は，王の死後も放棄されることはなかった。

ウ　セティ2世はシリアのカデシュでヒッタイト王と戦い，その後記録で確認できる最古の平和条約を結び休戦した。

エ　外征によってシリアまで領土を拡大し，トトメス3世治世には最大の領土になった。

設問3　空欄 [C] で発見されたエジプトとオリエント諸国との当時の交流を示す外交書簡を何というか。**記述解答用紙**の所定欄に記しなさい。

設問4　下線部**D**の中心的な役割を果たし，守護神をまつる神殿が建てられ，防衛の拠点でもあった丘を何というか。**記述解答用紙**の所定欄にカタカナで記しなさい。

設問5　下線部**E**に関して，南イタリアに建設された植民市はどれか。次の**ア～エ**の中から一つ選び，**マーク解答用紙**の所定欄にマークしなさい。

ア　メディオラヌム　　**イ**　タレントゥム　　**ウ**　ビザンティウム　　**エ**　マッサリア

〔Ⅱ〕 次の文章を読み，**設問1～6**に答えなさい。

中国大陸では，漢王朝滅亡後，三国の分裂を経て，北方民族の流入によって華北に五胡十六国と呼ばれる異民族政権が次々と誕生した。一方，江南地方では，三国の呉が A に都を構えて以降，東晋・宋・斉・梁・陳といった王朝が交替をくりかえした。華北の異民族王朝に対して，南朝では特に学問の興隆がめざましく，B六朝の文芸は仏教文化と共に，朝鮮半島の百済を通して新羅や日本列島にも伝わった。

やがて南北諸王朝を統合した隋・唐に至ると，高句麗遠征をおこなうなど，東方では大きな変動がもたらされた。やがてC百済・高句麗の滅亡後に，朝鮮半島から中国東北地方にわたる地域では，新たな秩序が形成された。巨視的にみれば，ここに至る朝鮮半島や日本列島の歴史は，中国王朝との交渉が始まる紀元前から800年以上におよぶ中国文明の受容過程でもあった。漢字・D儒教・漢訳仏教・律令といった中国に起源する文化の受容によって形成された東アジア文化圏は，こうした戦乱と興亡の果てに形成されたとみることができる。

7世紀後半以降，東アジア文化圏では唐を中心とした国際秩序が形成されたが，この地域は孤立した世界ではなかった。大陸や海を通してイスラーム世界ともつながり，ペルシャ湾からインド洋を経て，E8世紀に至ると，中国東南の広州・ F ・泉州などの交易港にムスリム商人が訪れた。

設問1 空欄 A にあてはまる現在の地名を，**記述解答用紙**の所定欄に記しなさい。

設問2 下線部Bに関連して六朝の文化について，次の**ア～エ**を古い方から年代順にならべると四番目はどれか，**マーク解答用紙**の所定欄にマークしなさい。

ア 昭明太子が全30巻からなる詩文集『文選』を編纂した。

イ 「桃花源記」の作者である陶淵明が活躍した。

ウ 平安時代の書の源流と言われる書家の王羲之が活躍した。

エ 「女史箴図」を描いた顧愷之が活躍した。

設問3 下線部Cに関連して，次の**ア～エ**の中から誤っているものを一つ選び，**マーク解答用紙**の所定欄にマークしなさい。

ア 大祚栄は靺鞨人と高句麗遺民を糾合して旧高句麗の地に渤海を建国した。

イ 百済の滅亡後，倭国は百済復興の援軍を送ったが，白村江で敗戦した。

ウ 8世紀に入ると日本は渤海・新羅との交流を絶ち，遣唐使を派遣した。

エ 新羅では仏教文化が花開き，仏国寺の多宝塔が往時の繁栄を伝えている。

設問4 下線部Dに関連して，次の**ア～エ**の中から誤っているものを一つ選び，**マーク解答用紙**の所定欄にマークしなさい。

ア 法顕がインドに入り仏跡をめぐり，各種仏典を得て帰国後にそれらの翻訳を行った。

イ 漢の武帝の時代に儒学の主要な経典として五経が定められた。

ウ 鳩摩羅什らの仏典翻訳は，中国での仏教布教に貢献した。

エ 後漢では，董仲舒らによって訓詁学が発展し，経典の注釈が作られた。

設問5 下線部Eに関連して，8世紀後半を画期に海上交易が盛んになった要因として時代的にありえないものを次の**ア～エ**の中から一つ選び，**マーク解答用紙**の所定欄にマークしなさい。

ア 安禄山，史思明の反乱によって，洛陽・長安が占領された。

イ 中央アジアのタラス河畔で，アッバース朝軍が唐軍に大勝した。

ウ 王仙芝の反乱に呼応して，黄巣の乱が起こり長安を占領した。

エ マンスールがティグリス川中流のバグダードに都を置いた。

設問6 空欄 [F] は煬帝の終焉の地といわれ，外国人居留地が設けられたが，その唐代の地名を**記述解答用紙**の所定欄に記しなさい。

〔Ⅲ〕 次の文章を読み，**設問1～5**に答えなさい。

7世紀以降，アラブ・ムスリムの勢力圏が拡大する過程で，新たに包摂された地域やその周辺地域の文化・科学技術が幅広く受容され，さらに育まれていった。そして，接触する諸地域へ影響を及ぼしたが，とりわけヨーロッパへの影響は多大であった。その接触の拠点となったAイベリア半島や [B] 島では，アラブ・ムスリムなどの統治下で多様な人々が活躍し，C自然科学・科学技術の発展に基づく製造業や農業，国際交易の展開などによる繁栄が見られた。また，ワタ，レモン，オレンジ，イネなど多種の栽培植物も，ムスリム王朝の支配圏から移入された。

同様に，砂糖の生産技術もヨーロッパへ伝えられた。インドから西進したサトウキビによる砂糖生産は，7世紀初めにイラン・イラクへ広まり，その後，ムスリム王朝統治下の諸地域でも盛んになった。そして，D砂糖やその製品はエジプトなどからヨーロッパ各地へ輸出され，莫大な富をもたらした。その後，砂糖の生産技術を学んだヨーロッパ人は，アメリカ大陸や西インド諸島などで奴隷を用いた砂糖プランテーションを展開した。一方，コーヒーを飲む習慣も，ムスリム王朝の版図内からヨーロッパへもたらされた。この習慣はすでに15世紀頃には西アジアに広まっており， [E] の修行にも用いられた。大都市ではコーヒーハウスが流行し，その慣行もヨーロッパへ伝播した。

設問1 下線部Aを支配したムスリム王朝に関連して述べた次の文**ア～エ**の中から誤っているものを一つ選び，**マーク解答用紙**の所定欄にマークしなさい。

ア 後ウマイヤ朝のアブド＝アッラフマーン3世は，カリフを称した。

イ ムワッヒド朝は，ベルベル人によって建てられた。

ウ グラナダを首都としたナスル朝は，1492年に滅んだ。

エ ムラービト朝は，ベニン王国を破って，内陸アフリカにイスラームが広まる道を開いた。

設問2 [B] 島は，ルッジェーロ2世による統治下で，多民族が融和して栄えた。空欄 [B] に入る語を**記述解答用紙**の所定欄に記しなさい。

設問3 下線部Cに関連して，8～12世紀におけるムスリム王朝統治下の地域の学術状況について述べた次の文**ア～エ**の中から誤っているものを一つ選び，**マーク解答用紙**の所定欄にマークしなさい。

ア バグダードの知恵の館では，ギリシア語の文献がアラビア語へ翻訳された。

イ イブン＝ルシュドは，アリストテレスの著作の注釈をおこなった。

ウ フワーリズミーは，代数学を発展させた。

エ ガザーリーは，シーア派の学問を集大成した。

設問4 下線部Dに関連して，アイユーブ朝期やマムルーク朝期を中心に，カイロやアレクサンドリアなどを拠点として，インド商人とイタリア商人とを仲介する東西交易に従事して大きな財を成したムスリム商人集団の名称を，**記述解答用紙**の所定欄に記しなさい。

設問5 空欄 [E] には，アッラーとの精神的合一を目指して修行に励んだムスリムに対する呼称が入る。空欄 [E] に最もよく当てはまる語を**記述解答用紙**の所定欄にカタカナで記しなさい。

〔Ⅳ〕 次の文章を読み，**設問１～８**に答えなさい。

中近世ヨーロッパの歴史は教皇権の盛衰とともに推移した。使徒ペテロを初代司教とするローマ司教は，初期中世になると教皇を名乗り，キリスト教世界での首位権を主張した。A 11世紀半ばに教皇は，教会改革を主導したが，その結果，多くの改革修道院が生まれる。11世紀末にブルゴーニュ地方の［ B ］に創建された修道院はその一つである。教会改革からはまた，托鉢修道会も生まれ，説教を通じ民衆教化にあたった。13世紀前半に托鉢修道会士は，教皇の命でモンゴル帝国の首都［ C ］にまで派遣された。

しかし，13世紀末から14世紀初めに，教皇権はフランス王権との抗争に敗れ，教皇の座所もローマからアヴィニョンに移転する。さらに，百年戦争D が始まると，14世紀後半のオクスフォード大学では教皇権を批判する神学者も現れE，教皇の権威は次第に失墜した。その後，グーテンベルクによる活版印刷術の発明F により，書物の大量印刷が可能になると，教皇権を批判する神学者の書物が流布し，宗教改革を引き起こした。これに対し，教皇はプロテスタント関係の書物の禁書目録G を出し思想統制をおこなったが，実際は，カトリック側も多くの宗教書などの書物の刊行を手掛けている。とくに，ヨーロッパ外での布教を担ったイエズス会士は，中国では現地の木版印刷を用い，宗教書だけでなく自然科学の書物も漢訳して刊行しH，西洋文明の東アジアへの伝達に大きく貢献した。

設問１　下線部Aの内容に関連して，６～11世紀におけるキリスト教世界の動きについて，次の**ア～エ**の中から，誤りを含むものを一つ選び，**マーク解答用紙**の所定欄にマークしなさい。

ア　教皇レオ３世がカールの皇帝戴冠をおこない，カトリック教会は正教会と異なる道を歩むようになった。

イ　教皇権を発展させたグレゴリウス１世は，イングランドに宣教師を派遣した。

ウ　小ピピンが教皇領の寄進をおこなった見返りに，教皇は小ピピンの王位を認めた。

エ　ハンガリーでは，イシュトバーン１世が教皇から初代の王位を認められた。

設問２　空欄［ B ］に入る地名を**記述解答用紙**の所定欄に記しなさい。

設問３　空欄［ C ］に入る地名を**記述解答用紙**の所定欄に記しなさい。

設問４　下線部Dに関連して，次の**ア～エ**の中から，古い方から三番目に当たるものを選び，**マーク解答用紙**の所定欄にマークしなさい。

ア　戦費の重税が一つのきっかけとなり，フランス北部でジャックリーの乱が起こった。

イ　黒死病がヨーロッパで大流行し，数年で人口の約３分の１が失われた。

ウ　イギリス軍がクレシーの戦いでフランス軍に勝利した。

エ　ジャンヌ＝ダルクが指揮したフランス軍がオルレアンの戦いでイギリス軍に勝利した。

設問５　下線部Eの神学者に関連する以下の文章のうち，次の**ア～エ**の中から，もっとも適切なものを一つ選び，**マーク解答用紙**の所定欄にマークしなさい。

ア　聖書をヘブライ語とアラビア語の原典から初めて英語に訳した。

イ　ワット＝タイラーの乱に参加し，「アダムが耕しイヴが紡いだとき，誰が貴族だったのか」と民衆に説教した。

ウ　コンスタンツ公会議に召喚され，異端として火刑に処せられた。

エ　彼が在籍したオクスフォード大学はイギリス最古の大学である。

設問６　下線部Fに関連する以下の文章のうち，次の**ア～エ**の中から，もっとも適切なものを一つ選び，**マーク解答用紙**の所定欄にマークしなさい。

ア ルターの「九十五カ条の論題」は，グーテンベルクにより大量印刷された。

イ グーテンベルクはロンドンで冶金技術を学び，金属活字を考案した。

ウ グーテンベルクは葡萄圧搾機を改造して，プレス式の印刷機を考案した。

エ グーテンベルクの『四十二行聖書』は大量印刷され，民衆が読む標準的な聖書となった。

設問7 下線部Gに関連する以下の文章のうち，次の**ア**～**エ**の中から，誤りを含むものを一つ選び，**マーク解答用紙**の所定欄にマークしなさい。

ア カトリック教会は，対抗宗教改革の過程で禁書目録を作成した。

イ ディドロやダランベールが編纂した『百科全書』は，一時発禁処分になった。

ウ 乾隆帝が命じた『四庫全書』の編纂は，禁書の捜索という思想統制の役割も果たしていた。

エ エラスムスが書いた『天球回転論』は，教会当局により禁書になった。

設問8 下線部Hに関連して，この修道会士で，古代ギリシアのエウクレイデスの著作を漢訳した修道士の漢字名はどれかを，次の**ア**～**エ**の中から一つ選び，**マーク解答用紙**の所定欄にマークしなさい。

ア 南懐仁　イ 利瑪竇　ウ 郎世寧　エ 湯若望

〔V〕 次の文章を読み，**設問1～6**に答えなさい。

歴代中華帝国の諸宗教に対する政策において，公認の授与はその主軸の一つであった。仏教(A)・道教(B)の僧・尼・道士・女冠（女性の道士）に対しては，早くも8世紀以前に，中央政府の関連官庁がその出家の証明書（「度牒」）を発行する制度が定着した。また，個別の宗教施設に対しては，皇帝や関連官庁の名義で扁額を授与したり（「賜額」），その保護を命じる聖旨（皇帝のお言葉・命令）を賜るなどの方法で存続の公認や資産の保護がおこなわれた。同時に，公認を得ない宗教勢力には，帝国による弾圧(C)の対象となる可能性が常につきまとうことになる。大元ウルス（元朝）の支配下ではじまるムスリムの人口増大(D)や，16世紀後半からのカトリックのアジア布教(E)をへても，皇帝の権威にもとづく公認は，宗教勢力の安定した存続と発展において，依然として大変重要であった。いったん公認が授与・確認されれば，それは帝国内での自己の立場の向上に直結したからである。その一方で，宗教・政治思想への統制が緩むことはなく，皇帝の権威を否定するような言説は弾圧され(F)，公認の撤回をもたらした。

設問1 下線部Aに関連して，早くも4世紀後半から開削が始まった，甘粛省敦煌の付近に存在する石窟寺院を，次の**ア**～**エ**の中から一つ選び，**マーク解答用紙**の所定欄にマークしなさい。

ア ベゼクリク千仏洞　イ 雲崗石窟　ウ 莫高窟　エ 天竜山石窟

設問2 下線部Bに関連して，12世紀の北中国で全真教の開祖となった人物の名前を，**記述解答用紙**の所定欄に記しなさい。

設問3 下線部Cに関連して，弥勒下生などの仏教的な世界観が特徴とされ，いくつかの大規模反乱の主体として糾弾された宗教勢力を次の**ア**～**エ**の中から一つ選び，**マーク解答用紙**の所定欄にマークしなさい。

ア 白蓮教　イ 正一教　ウ 真大道教　エ 太一教

設問4 下線部Dに関連して，当時の中国でのイスラームへの改宗者には，大元ウルス（元朝）の西北地域を治めた，フビライ＝ハーンの孫のアナンダ（1307年没）もいた。13世紀後半から14世紀初頭の中央アジアで，フビライやアナンダに敵対する勢力を率いたオゴダイ＝ハーンの孫の名前を，**記述解答用紙**の所定欄に記しなさい。

設問５　下線部Ｅに関連して，中国を中心とした東アジアにおいて，カトリックの宣教師が問題視し，その布教の障害となった行為を次の**ア～エ**の中から一つ選び，**マーク解答用紙**の所定欄にマークしなさい。

ア　科挙受験　　**イ**　商業活動　　**ウ**　軍隊への参加　　**エ**　祖先祭祀

設問６　下線部Ｆに関連して，こうした中，明末清初に生きた著名な知識人で，自らが参加した抗清闘争が失敗した後，随筆集『日知録』などで，歴史上の文献に対する精緻な考証のみならず，広汎な社会・政治批評をおこなった人物の名前を，**記述解答用紙**の所定欄に記しなさい。

〔Ⅵ〕　次の文章を読み，**設問１～８**に答えなさい。

1794年７月，フランスでは「 A 9日のクーデタ」とよばれる事件が起こり，B1793年６月以来のロベスピエールを中心とする独裁的なジャコバン派政権が崩壊した。1789年に勃発し，旧制度（アンシャン＝レジーム）を覆したフランス革命は，終焉期に入ったのである。クーデタ後，Cジロンド派が復活して革命は反動化し，1795年秋には，D新憲法（1795年憲法）を制定し，総裁政府が成立した。この政府は，インフレによる物価騰貴や左右両勢力の攻撃により不安定であり，1796年には， E による総裁政府転覆の計画が発覚した。政権を握った有産市民層や，革命で土地を得た農民層は，強力な権力による政治の安定を必要としたが，この状況下で登場したのが，ナポレオン＝ボナパルトであった。

ナポレオンは，コルシカ島生まれの軍人で，総裁政府の下で王党派の暴動を鎮圧して有名になった。さらに1796年，イタリア方面軍司令官となってオーストリア軍を破り，イギリスの呼びかけで結成された第１回対仏大同盟を解体させ，1798年には，Fイギリスとインドとの通商を阻止する目的で G 遠征をおこなった。1799年までに，イギリスが第２回対仏大同盟を結成したために，総裁政府は再び危機に直面したが，帰国したナポレオンが，1799年11月にクーデタを起こして総裁政府を打倒した。ナポレオンは３人の統領（コンスル）・四院制から成る統領政府をつくり，みずから第一統領となって政権を掌握した。Hここからナポレオンの第一帝政にいたる独裁体制が始まったのである。

設問１　空欄 A に当てはまる語は何か。**記述解答用紙**の所定欄にカタカナで記しなさい。

設問２　下線部Ｂに関連して，ロベスピエールを中心とするジャコバン派政権の政策について述べた次の文の中で，誤りを含むものはどれか。次の**ア～エ**の中から一つ選び，**マーク解答用紙**の所定欄にマークしなさい。

ア　キリスト教信仰に代わる，理性崇拝さらには最高存在の崇拝を定め推進した。

イ　公安委員会を独裁政治の拠点として，政治・経済・軍事の指導・統制をおこなった。

ウ　革命暦の採用が決定され，共和政開始の1792年９月を紀元とする暦が使用された。

エ　教会財産の国有化や聖職者の公務員化を可決し，改革を始めた。

設問３　下線部Ｃに関連して，かつてジロンド派の指導者として主導権を握り，穏健共和派として活動した革命家は，次の人物の中で誰か。次の**ア～エ**の中から一つ選び，**マーク解答用紙**の所定欄にマークしなさい。

ア　エベール　　**イ**　ラ＝ファイエット　　**ウ**　シェイエス　　**エ**　ブリッソ

設問４　下線部Ｄに関連して，フランス革命期の憲法について述べた次の文の中で，誤りを含むものはどれか。次の**ア～エ**の中から一つ選び，**マーク解答用紙**の所定欄にマークしなさい。

ア　1789年５月に招集された三部会の第三身分議員は，みずからが国民全体を代表する国民議会を結成し，さらに憲法制定国民議会と改称した。

イ　1791年憲法は，フランス最初の憲法であり，一院制の立憲君主政を定め，選挙権を有産市民に限定した。

ウ　1793年憲法は，人民主権，男子普通選挙，一院制議会を定め，6月に施行された。

エ　1795年憲法は，共和政，制限選挙，二院制議会，5人の総裁を定めた。

設問5　空欄 E に当てはまる人物は誰か。**記述解答用紙**の所定欄に，人名を記しなさい。

設問6　下線部Fに関連して，イギリスはイギリス東インド会社を中心に，本国とインドを結ぶ交易に重点を置いたが，イギリスの活動について述べた次の文の中で，誤りを含むものはどれか。次の**ア〜エ**の中から一つ選び，**マーク解答用紙**の所定欄にマークしなさい。

ア　インドのマドラス（チェンナイ）やカルカッタ（コルカタ）などに商館を置いた。

イ　カーナティック戦争やマイソール戦争でフランスを破り，インド支配の優位を決定づけた。

ウ　インドでのマラーター戦争やシク王国との戦争に勝利した。

エ　イギリス東インド会社は，インド大反乱の責任を問われ，1858年に活動を停止した。

設問7　空欄 G に当てはまる地名は何か。**記述解答用紙**の所定欄に，地名を記しなさい。

設問8　下線部Hに関連して，ナポレオンが第一帝政を開始するまでにおこなった政策や軍事行動の組み合わせとして，適切なものはどれか。次の**ア〜エ**の中から一つ選び，**マーク解答用紙**の所定欄にマークしなさい。

ア　宗教協約（コンコルダート）　—　アミアンの和約　—　皇帝即位に関する国民投票の実施

イ　フランス銀行の設立　—　ナポレオン法典の公布　—　大陸封鎖令

ウ　ライン同盟の結成　—　トラファルガーの海戦　—　ティルジット条約

エ　アウステルリッツの戦い　—　ロシア遠征　—　ワーテルローの戦い

〔Ⅶ〕 次の文章を読み，図版を見て，**設問1～4**に答えなさい。

人類の歴史において，「聖なる存在」をどのように表すかは，常に大きな問題であった。ユダヤ教の預言者 [A] が神から受けとった「十戒」には，偶像崇拝を禁止する記述があった。ビザンツ帝国では8世紀から9世紀にかけて，$_{\text{B}}$イコンの可否をめぐって聖像禁止令（イコノクラスム）が発せられた。

今日，アジア各地の仏教寺院で多様な仏像を見ることができるが，仏教の発生当初はブッダを人のすがたで表現することは敢えて避けられ，さまざまな象徴的図像で代替された。やがて，イラン系の [C] 朝下の$_{\text{D}}$ガンダーラやマトゥラーで仏像が製作されるようになった。その要因や契機はヘレニズム文化の影響だけでは説明できず，多角的に考えることが必要である。

設問1　空欄 [A] に入る人名を**記述解答用紙**の所定欄に記しなさい。

設問2　下線部**B**に該当する作品を次の**ア～エ**の中から一つ選んで，**マーク解答用紙**の所定欄にマークしなさい。

ア

イ

ウ

エ

設問3　空欄 C に入る語を次の**ア〜エ**の中から一つ選んで，**マーク解答用紙**の所定欄にマークしなさい。

ア　ササン　　**イ**　クシャーナ　　**ウ**　グプタ　　**エ**　サータヴァーハナ

設問4　下線部Dの地域で作られた仏像を次の**ア〜エ**の中から一つ選んで，**マーク解答用紙**の所定欄にマークしなさい。

ア

イ

ウ

エ

編集部注：イ・エの写真は，著作権の都合により，類似のものと差し替えています。
ユニフォトプレス提供。

問二十八　傍線部**4**「神の往くに堪へず。」について次の**A**・**B**の問いに答えよ。

A　傍線部**4**を漢字四字の白文にもどし、楷書で記述解答用紙の所定の欄に記せ。ただし、解答用紙の冒頭には「不」字がすでに印刷されている。

B　傍線部**4**の意味として最も適切なものを次の中から一つ選び、解答欄にマークせよ。

イ　絵の方に思いが引き寄せられずにはいられない。
ロ　絵の完成を心から祈りたくなる気持ちを抑えられない。
ハ　古人の参拝した神社仏閣には自分は詣でたくない。
ニ　山奥の目指す神社仏閣になかなか辿りつけない。
ホ　自分を守護する神仏が去って行くのが堪えられない。

問二十九　傍線部**5**「而後意始降矣。」とあるが、この句の解釈として最も適切なものを次の中から一つ選び、解答欄にマークせよ。

イ　それから後、気分が次第に落ち込んだ。
ロ　その後、次第に後悔の念が生じて来た。
ハ　しかしながら、その後は始めとは違う考えを持つようになった。
ニ　しかしその後には遅れをとりかえしたい気持ちに変わった。
ホ　こうして後、長い間の思いがやっと晴れたような気がした。

峭曲…先が尖っていたり、くねくねとまがっているさま。

韶光…うららかな陽射し。

水天髣髴…遠くにあって海と空との境がぼんやりかすんでいるさま。

乱塘…入り組んだ海岸。

丹碧攢簇、翠赭交錯…土や木、あるいは紅葉の色と草や葉の緑を彩色する赤や青の絵の具が密集したり、入り混じったりしているさま。

山雲吐呑之状…山頂近くを雲が取り巻いたり、離れたりするさま。

風水離合之変…風によって海面が荒れたり、穏やかになったりするさま。

問二十五　傍線部**1**「君子」とあるが、本文の中で用いられている、この語の対義語として最も適切な二字の漢語を抜き出し、楷書で記述解答用紙の所定の欄に記せ。

問二十六　空欄 [2] に入る漢字として最も適切なものを次の中から一つ選び、解答欄にマークせよ。

イ　久　**ロ**　悠　**ハ**　優　**ニ**　悪　**ホ**　然

問二十七　傍線部**3**「西方決レ眥」の意味として最も適切なものを次の中から一つ選び、解答欄にマークせよ。

イ　西風に吹かれながら口元を引き締めて
ロ　西日がきついので眼をそらして
ハ　西の方の防波堤が高波で崩れて
ニ　西の方に向かって目を大きく見開いて
ホ　西の海上の大波が轟音とともに崩れて

出レヅル雲ヲ帆影白千点
総《すべ》テ在二リ水天髣髴ノ辺一ニ
3 西方決レ眥《まなじり》望二メバ茫茫タルヲ一
幾丈ノ巨濤拍二ツ乱塘一ヲ
水尽キテ孤帆天際ニ去リ
長風吹キ満ツ太平洋

余、長二ズ於大都紅塵之中一ニ。無下シ一丘一水ノ足二ル以テ壮レトスルニ観ヲ者上。毎レニ見二ル古人ノ所レノ描ク山水幅ノ、丹碧攢《さん》簇《そう》シ、翠《すゐ》赭《しゃ》交錯一セルヲ、4 神の往くに堪へず。及レビテ遊二ブニ于東海ニ于房総一ニ、得下テ窮二メ山雲吐呑之状一ヲ、尽中クスコトヲ風水離合之変上ヲ、5 而ル後ニ意始メテ降レリ矣。

注　興津…静岡県静岡市清水区にある海沿いの地名。歌枕の清見潟がある名勝。
保田…千葉県安房郡鋸南町の地名。房総半島の名所。
巉峭…岩山が起伏して鋭く切り立ったさま。

ニ　なるべく早く都へ戻るようにと女を説得したところ、至極あっさりと応じたことに驚きあきれた、という。

問二十四　本文の内容と合致する最も適切なものを次の中から一つ選び、解答欄にマークせよ。

イ　石山寺に籠もった女は、常に仏の御前にいたわけではなかったが、髪を下ろし、心をこめて祈り続けた。

ロ　女が石山寺に籠もったことを知った宮は、できれば一緒に行きたかったという気持ちをおさえられなかった。

ハ　小舎人童が石山寺に籠もる女からの最初の返信を届けると、宮は、あらためて石山寺へ行くようにと命じた。

ニ　八月末の雨と風の激しい日、宮は女に対して、自分の好色の罪を許してくれるように請う歌を詠んだ。

（四）

次の文章は夏目漱石が明治二十二年、二十三歳の時に記した漢詩文『木屑録』の一部である。これを読んであとの問いに答えよ。返り点、送りがなは設問の都合で省略した部分もある。

興津之景ハ、清秀穏雅ニシテ、有リ二1君子之風一。保田之勝ハ、険奇巉峭ニシテ、酷《はなはダ》似タリ二奸雄一。君子ハ無シ二奇特驚カスレ人ヲ者一。故ニ婦女モ可シ二狎《なレテ》而近ツク一。奸雄ハ変幻不測、非ズンバ二卓然トシテ不ルレ群セ者ニ一、不ルレ能ハレ喜ブコト二其ノ怪奇峭曲之態ヲ一也。嘗《こころみ》試ニ作リテ二二絶ヲ一而較ベテレ之ヲ曰ク、

風穏カニ波平カナリ七月ノ天

韶光入リテレ夏ニ自《おのづから》悠 [2]

イ　a　ロ　b　ハ　c　ニ　d　ホ　e

問二十一　傍線部3または4の和歌に関する説明として**適切でないもの**を次の中から一つ選び、解答欄にマークせよ。

イ　傍線部3の和歌では、「あふみぢ」に、相手が逢いに来る道としての「逢ふ道」と、近江国へ至る道を意味する「近江路《ぢ》」とを掛けている。

ロ　傍線部3の和歌では、「とふ」に、便りをよこすという意の「問ふ」と、関を飛び越えるという意の「飛ぶ」とを掛けている。

ハ　傍線部4の和歌では、「あふみ」に、琵琶湖の古称「あふみのうみ」の「近江」と、自分に逢う相手を意味する「逢ふ身」とを掛けている。

ニ　傍線部4の和歌では、「うち出て」に、相手が石山寺から出るの意の「うち出て」と、地名としての「打出」とを掛けている。

問二十二　空欄 X に入る語として最も適切なものを次の中から一つ選び、解答欄にマークせよ。

イ　あふさか山　ロ　石山寺　ハ　打出の浜　ニ　関の山辺《やまべ》

問二十三　傍線部5に関する説明として最も適切なものを次の中から一つ選び、解答欄にマークせよ。

イ　女が思いがけず山中へ入ってしまうのではないかと懸念していたが、本当にそうしてしまったことに驚きあきれた、という。

ロ　女がせきとめられない自分自身の涙を歌に詠んでいながら、それからまもなく都へ戻ってきたことに驚きあきれた、という。

ハ　せっかく仏法の世界に入ろうとした女が、山籠もりを途中でやめてしまったことに驚きあきれた、という。

おぼろけに…ここは「おぼろけならず」と同じ意。

うきたびごとに…「世の中のうきたびごとに身を投げば深き谷こそ浅くなりなめ」（『古今和歌集』誹諧歌、よみ人知らず）の第二句を引く。

問十八 二重傍線部**A**～**C**の助動詞があらわす意味として最も適切なものをそれぞれ次の中から一つ選び、解答欄にマークせよ。

イ 打ち消し　**ロ** 完了　**ハ** 使役　**ニ** 自発

ホ 尊敬　**ヘ** 存続　**ト** 断定　**チ** 伝聞

問十九 傍線部**1**・**2**の意味として最も適切なものをそれぞれ次の中から一つ選び、解答欄にマークせよ。

1

イ なぜこうして石山に参籠する、ということについても知らせてくださらなかったのでしょうか。

ロ なぜこうして小舎人童を使者としてよこす、という予告もしてくださらなかったのでしょうか。

ハ なぜこうして久しく文のやりとりができなくなる、という事情も伝えてくださらなかったのでしょうか。

ニ なぜこうして仏を念じているのを妨げてすまない、というお詫びもしてくださらなかったのでしょうか。

2

イ 石山の近くに来てさえ、宮は本当に待ち遠しくお思いになられるのに、

ロ 近い間柄であってさえ、宮は大変気がかりに思うこともおありになるのに、

ハ 近くでお仕えしていた折でさえ、宮は実にぼんやりとなさるのが常なのに、

ニ 都で近くにいた時でさえ、宮はあえてとても疎遠にしていらしたのに、

問二十 波線部**a**～**e**の敬語表現のうち、敬意の対象となる人物が他と異なるものが一つある。それはどれか。最も適切なものを次の中から一つ選び、解答欄にマークせよ。

うきたびごとに、とこそ言ふなれ」とのたまはせたれば、ただかく、

関山のせきとめられぬ涙こそあふみのうみとながれ出づらめ

とて、端《はし》に、

こころみにおのが心もこころみむいざ都へと来てさそひみよ

思ひもかけぬに、行くものにもがな、とおぼせど、いかでかは。

かかるほどに、出でにけり。「さそひみよ、とありしを、急ぎ出でたまひにければなむ。

あさましや法《のり》の山路《やまぢ》に入りさして都の方《かた》へたれさそひけむ」

御返し、ただかくなむ。

山を出でてくらき道にぞたどり来《こ》し今ひとたびのあふことにより

晦日方《つごもりがた》に、風いたく吹きて、野分《のわき》だちて雨など降るに、つねよりもものの心細くてながむるに、御文あり。例の折《をり》知《し》り顔にのたまはせたるに、日ごろの罪もゆるしきこえぬべし。

嘆きつつ秋のみ空をながむれば雲うちさわぎ風ぞはげしき

御返し、

秋風は気色《けしき》吹くだに悲しきにかき曇る日はいふ方ぞなき

げにさぞあらむかし、とおぼせど、例のほど経《へ》ぬ。

（『和泉式部日記』による）

注　石山…石山寺。現在の滋賀県大津市にある。当時の石山詣でについては、逢坂の関を通り越えたのち、打出の浜から舟に乗って琵琶湖の湖岸沿いを進み、寺に到着するという例が確認される。

宮…敦道《あつみち》親王。帥《そち》の宮とも呼ばれた。

童…小舎人童《ことねりわらは》。「宮」と作中の「女」との間で、連絡係を務めている。

（三）　次の文章を読んで、あとの問いに答えよ。

かかるほどに八月にもなりぬれば、つれづれもなぐさめむ、とて、石山に詣《まう》でて七日ばかりもあらむ、とて詣でぬ。

宮、久しうもなりぬるかな、とおぼして、御文《ふみ》つかはすに、童《わらは》、「一日《ひとひ》まかりてさぶらひしかば、石山になむこのごろおはしますAなる」と申さBすれば、「さは、今日《けふ》は暮れCぬ。つとめてまかれ」とて、御文書かせたまひて、賜はせて、石山に行《ゆ》きたれば、仏の御前《おまへ》にはあらで、ふるさとのみ恋しくて、かかる歩《あり》きも引きかへたる身のありさま、と思ふに、いとものの悲しうて、まめやかに仏を念じたてまつるほどに、高欄《かうらん》の下《しも》の方《かた》に人のけはひすれば、あやしくて見下ろしたれば、この童なり。

あはれに思ひかけぬところに来たれば、「なにぞ」ととはすれば、御文《ふみ》さし出でたるも、つねよりもふとひき開《あ》けて見れば、「いと心深う入《い》りたまひにけるをなむ。1などかくなむ、とものたまはせざりけむ。ほだしまでこそおぼさざらめ、おくらかしたまふ、心うく」とて、

「関越えて今日《けふ》ぞとふとや人は知る思ひたえせぬ心づかひを

いつか出でさせたまふ」とあり。2近うてだに、いとおぼつかなくなしたまふに、かくわざとたづねaたまへる、をかしうて、

3「あふみぢは忘れぬめりと見しものを関うち越えてとふ人やたれ

いつか、とbのたまはせたるは。おぼろけに思ひたまへ入りにしかば、

山ながらうくはうくとも都へはいつか打出《うちで》の浜は見るべき」

とc聞こえたれば、「苦しくとも行け」とて、「とふ人、とか。あさましの御もの言ひや。

たづね行く　X　のかひもなくおぼめくばかり忘るべしやは

まことや、

4うきによりひたやごもりと思ふともあふみのうみはうち出《で》てを見よ

ムを支える重要な資源になっているから。

ニ　ファッション業界は社会の動きや消費者のニーズを敏感に読み取り、衣服のデザインや製造を通じてジェンダー規範そのものを実質的に決定しているから。

問十七　本文の趣旨と合致する最も適切なものを次の中から一つ選び、解答欄にマークせよ。

イ　ファッションには男女二元論に基づくジェンダー規範およびその不正義が反映されており、いかなる個人や組織もそこから逃れることはできないが、それとどう向き合うかによってジェンダー規範を変えていく可能性がある。

ロ　かつてのコルセットから現在のパンプスに至るまで、ファッションには女性に対する抑圧が根強く潜んでいたが、フェミニズムによってその抑圧の構造は解明されたので、今後は現状を維持すれば良い。

ハ　ファッションにはジェンダー規範をめぐる社会の偏見が投影されており、着用する衣服によって形成される自己像は虚像に過ぎないため、ファッションをジェンダー記号として利用するのは慎むべきだ。

ニ　ファッションは日常的に衣服を選ぶ個人の行為である以前に、巨大な経済的利益を生み出すファッション業界に支えられており、ファッションに投影されたジェンダー規範やその不正義を正す責任はこの業界にある。

問十四　空欄 [A] 、[B] 、[C] に入る語句の組み合わせとして最も適切なものを次の中から一つ選び、解答欄にマークせよ

イ　**A**　ジェンダー規範　**B**　ジェンダー記号　**C**　ジェンダー記号
ロ　**A**　ジェンダー規範　**B**　ジェンダー記号　**C**　ジェンダー規範
ハ　**A**　ジェンダー記号　**B**　ジェンダー規範　**C**　ジェンダー記号
ニ　**A**　ジェンダー記号　**B**　ジェンダー規範　**C**　ジェンダー規範

問十五　傍線部**6**「社会的な次元に影響を与えることができる」とあるが、その説明として最も適切なものを次の中から一つ選び、解答欄にマークせよ。

イ　社会的に信用されるために、スーツとネクタイを着用するのが男性の規範になっているということ。
ロ　男性がスカートを着用することは、ジェンダー規範を変化させようとする行為でもあり得るということ。
ハ　女性がパンプスを履くことは、現在のジェンダー規範を維持させたいという強い主張になるということ。
ニ　女の子にピンクの衣服を着せることは、彼女の選好と一致しない親のジェンダー規範の表れだということ。

問十六　傍線部**7**「衣服を作り、流通させるファッション業界がジェンダー規範とどう向き合うかはさらに重要となるだろう」とあるが、その理由として**適切でないもの**を次の中から一つ選び、解答欄にマークせよ。

イ　衣料品メーカーや店舗などはジェンダー規範を反映した衣服を大量に製造、販売することで、結果として規範の維持に深く加担しているから。
ロ　衣服を販売する店舗は男性用と女性用に売り場を分けるなど、ジェンダー規範に基づいたディスプレイを基本とし、規範を宣伝しているのに等しいから。
ハ　ファッション業界はジェンダー規範を衣服として具現化することで莫大な利益を得ており、規範は産業システ

答欄にマークせよ。

イ　男性優位社会の中で、男らしい衣服、女らしい衣服を設計することは、男性を中心化して女性を周縁化することに加担し、既存の価値基準を温存してしまうということ。

ロ　フェミニズムが男女二元論を批判してきたにもかかわらず、男女という二つのジェンダーで衣服を分類し、それぞれの規範的な身体を前提して衣服を設計することは、あらゆるジェンダーを周縁化してしまうということ。

ハ　身体やアイデンティティのあり方は人それぞれであるにもかかわらず、男性服や女性服の標準を定めて衣服を設計することは、身体やアイデンティティが標準にあてはまらない人を周縁化してしまうということ。

ニ　Tシャツやセーター、チノパンなど、あらゆるジェンダーの人が着用する衣服を、男女の規範的身体を前提して設計することは、体格に合うものを見つけられない人を居心地悪くさせてしまうということ。

問十三　傍線部**5**「現実的なニーズ」とあるが、その説明として最も適切なものを次の中から一つ選び、解答欄にマークせよ。

イ　フリルやレースなど女性らしい意匠をこらしたもの以外に、男性的あるいは中性的なデザインを加え、それぞれの売り場で販売してほしいということ。

ロ　出生時の女性としての身体的特徴を徹底的に補正し、ジェンダーアイデンティティに合致する男性らしい身体的特徴を強調した下着を身につけたいということ。

ハ　出生時に女性と割り当てられた身体にフィットすると同時に、それとは異なるジェンダーアイデンティティとも抵触しないデザインの下着を着用したいということ。

ニ　衣料品メーカーが、社会の現状を考慮した下着を開発・販売することで、既存の女性ジェンダー観を変容させたいということ。

の、社会の大多数が認める美的規範に対抗するだけの力はなく、女性たちは自らの身体やファッションをその規範に合わせることを強いられていること。

ハ　パンプスやコルセットなど、健康を損なう恐れがあるファッションはもともと社会から求められて着用したものであるにもかかわらず、身体へのリスクを考慮せず着用を選択するのは愚かな行為だと女性個人が非難されがちであること。

ニ　多くの女性が仕事を持ち経済活動をするようになった現代でも、女性は仕事をするだけでは十分でなく、外見にも気を配るべきだという社会の意識は変わっておらず、女性たちは美しくなければならないという精神的圧力を受け続けていること。

問十一　傍線部**3**「ファッションという風俗や文化そのものが不当に低く評価される」とあるが、その理由として最も適切なものを次の中から一つ選び、解答欄にマークせよ。

イ　社会的に有用な価値を生み出さず、外見の美しさばかりを追い求めているなど、女性たちを中身がない存在と軽んじ、女性たちが関心を寄せるファッションも同じく中身がないものだと低く評価しがちだから。

ロ　女性たちが自らを美しく見せようと情熱を傾けるファッションは、生きていく上で必要不可欠な範疇を超えた贅沢品であり、ファッションへの熱中は有用性を無視した愚かな無駄遣いだと批判されがちだから。

ハ　異性の関心を引きつけるため、男性は経済力や知性など多様な能力を利用するが、女性は外見を整えるという手段しかなく、ファッションは女性たちが自らの能力の乏しさをごまかす手段にすぎないと蔑まれがちだから。

ニ　男性の経済力に依存して暮らしているにもかかわらず、女性たちが美しく着飾るという利己的な目的のためにファッションに散財するのは、男性を食いものにする不道徳な行為だと非難されがちだから。

問十二　傍線部**4**「こうした周縁化に加担する」とあるが、その説明として最も適切なものを次の中から一つ選び、解ノンバイナリー…男性と女性の二分法ではないと自分の性別を認識すること。
シスジェンダー…生まれつきの生物学的性別と自分が認識する性別が一致していること。

問九　傍線部**1**「特定のアイテムを排除すれば解決するという単純なものではない」とあるが、その説明として最も適切なものを次の中から一つ選び、解答欄にマークせよ。

イ　胸元があいたブラウスやミニスカートなどは身体活動を制限しない設計になっているものの、身振りに関する規範によって実質的には自由な動きが制限されることがあり、どのアイテムを排除すべきか判断が難しい。

ロ　身体を解放するファッションを実現しても、性的アピールを強調した衣服は男性からの性的暴力を誘発するリスクがあり、着用は愚かな行為だと社会から批判されるため、こうした社会の認識を根絶しない限り解決できない。

ハ　ファッション業界は新たなアイテムを次々と作り、莫大な経済的な利益を生み出しているため、一部のアイテムが排除されてもすぐに補充され、いつまでたっても女性を抑圧するファッションアイテムはなくならない。

ニ　時代や社会が変わっても、女性は理想的な身体像に自らをあわせる努力をすることが期待されており、身体に有害な個別のアイテムがなくなっても、社会の期待そのものはなくならない。

問十　傍線部**2**「ファッションのもつ女性の抑圧という負の側面」とは何か。本文の内容と**合致していない**ものを次の中から一つ選び、解答欄にマークせよ。

イ　コルセットなど身体を物理的に拘束するアイテムだけでなく、ミニスカートなども下腹部を見せてはならないという規範が存在するため、何の制限もなく動けるとは限らず、女性向けのファッションは身体の自由な活動が制限されているものが多いこと。

ロ　痩せ型などの画一的な美的規範の押し付けに反対し、個人の多様な身体に美しさを認める動きが出てきたものむ不正義に影響する。

ジェンダー規範が機能するからこそ、身につけるアイテムによって、他人から割り当てられるジェンダーが左右される。日本では、高度経済成長期には女児向けの衣服とされる色彩は赤と白、男児向けは青であり、その後ピンクが女児向けの衣服を表す中心的な色彩となったとされる。そのため「ピンクを着ているからこの子は女の子だ」といったように幼児の性別を他人が判断する時、衣服の色がその根拠になりうる。

しかし成人の場合、衣服よりも身体的特徴の方がジェンダーの割り当ての根拠になりやすい。このとき［A］としての衣服は、むしろ［B］に合致するかどうかという観点から、ジェンダー規範と関連する。このとき「ピンクは女の子の色」「パンプスは女性らしい靴」「スカートを男性が着用すべきではない」といったジェンダー規範は、必ずしもその規範にまきこまれる個人の選好と一致しない。だが、それが規範である以上、たとえ選びたくなくとも、「男性として扱われる以上スカートの着用は避けるべきだ」と人に判断させる力をもつ。衣服を選ぶという日常的な行為は、各自がどのようなジェンダー規範に従わざるを得ないか、あるいはその規範を維持したり変化させたいかという6社会的な次元に影響を与えることができる。

個人の衣服の着用が社会の中で行われ、ジェンダーによる分類を維持する限り、［C］との関わりは不可避である。その選択は、ジェンダー規範の是認や否定を表すこともあれば、安全な社会生活を送る手段の場合もある。たとえば現代日本においてスカートを積極的に男性が男性服として身につける行為はその規範を批判し、変える力をささやかでも持つものだろう。同時に、男女二分された学校や職場の制服や小売店の設計を典型とする、ジェンダー規範の維持や変更を決定するのは、組織や行政の力は個人よりも大きな影響をもつ。その意味で、7衣服を作り、流通させるファッション業界がジェンダー規範とどう向き合うかはさらに重要となるだろう。

（西條玲奈「ジェンダー」『ファッションスタディーズ』による）

注　トランスジェンダー…生まれつきの生物学的性別と自分が認識する性別が異なること。

て、男女別で異なる衣服を着用する慣習があること、しかも衣服の設計において規範的な女性的身体や男性的身体が前提されることは4こうした周縁化に加担する。Tシャツやセーター、チノパンなど、あらゆるジェンダーの人が着用する衣服であるにもかかわらず、「男女の身体は異なる」という慣習を踏襲し、あえて女性向け、男性向けと区別するブランドは少なくない。この場合、長身で肩幅の広い女性や小柄で腰の広い男性は、体格に合うものを自分のジェンダーに向けて作られた既製品から探すことは困難をともなう。また店舗やオンラインショッピングサイトで衣服が男女別に分けられていること自体に居心地の悪さを感じる場合もあるだろう。

　そもそも男女という二つのジェンダーで衣服を分類する必要はあるだろうか。「男女で体型が違う」という時、「女性」や「男性」の基準として想定されるのは何なのか。仮に「女性」や「男性」が対応するジェンダーアイデンティティとし、体型の統計をとる場合を想定しよう。この時、社会の大多数がシスジェンダーである以上、その平均的身体を基準とする男女差がみとめられるはずだ。しかし、衣服が着用者の身体にそって作られたものが望ましいということは、衣服がジェンダーによって二分されるべきことを含意しない。身長や体重を基準に分類することも可能である。同様に、下着は身体の構造にフィットすることが特に求められる。加えてブラジャーや生理用ショーツはそれだけで女性のジェンダー記号とみなされやすい。だがここから、これらの下着が、フリルやレース、パステルカラーなど女性向けとされる装飾や色彩を選択するのが望ましいという結論はただちに出てこない。トランスジェンダーの男性やノンバイナリーの人びとのなかにも月経を経験する人は存在するのであり、生理用ショーツをどんなジェンダーの人でも手に取りやすいデザインで製造販売することは、5現実的なニーズから生じるものなのである。

　このようにファッションにおけるジェンダー不正義としては、特定のジェンダーの人にのみ不便やリスクをともなう装いを課す規範、ファッションを楽しむ文化が女性的とみなされるがゆえに生じる過小評価、そして衣服を男性用あるいは女性用に二分する男女二元論などをあげることができる。

　一般に不正義の問題は、個人の行為の善し悪しというよりは、制度や慣習、政策決定といった政治的または社会的次元に属するが、もちろん、個人が服を着る行為や他人の装いを判断する行為もまた社会のジェンダー規範やそこにひそしない設計でも、「女性は胸元や下腹部を見られてはならない」という身ぶりに関する規範のために実質的に自由な動きが取りづらくなることもある。しかもこうした抑圧は身体を拘束するだけでなく、女性に対する非難や侮蔑につながる場合すらある。リスクのある危険な装いをする女性は愚かだ、と糾弾されるのだ。一方でそうしたファッションアイテムを新たに作り出し、経済的利益を生み出す制度に帰属すべき責任は隠されてしまうのである。

　このように、ファッションと女性の抑圧の関係は、コルセットやハイヒールなど1特定のアイテムを排除すれば解決するという単純なものではない。「体に負担のない装いが望ましい」というもっともらしい主張も、新たな美しさの規範として人の選択や行動の抑圧につながるかもしれないのだ。ナオミ・ウルフは一九九〇年に出版した『美の陰謀』において、女性の多くが仕事を持ち経済活動をする社会で、女性たちはおよそ到達不可能な「美しい容姿」の基準を満たせという抑圧にさらされていると述べる。ウルフの指摘する「美の神話」という抑圧は、そこで提示される理想像の内容がなんであれ、そこに照らして個人が自分の身体や装いを監視し、検討しつづけることを強いられるかたちで現れるともいえるだろう。

　同時に、2ファッションのもつ女性の抑圧という負の側面が強調されることで、3ファッションという風俗や文化そのものが不当に低く評価されることもまたジェンダー不正義の問題になりうる。ファッションは虚飾や女性と結びつきやすく、それ自体価値が低く、道徳的に好ましくないとする言説は少なくない。たとえば一八世紀フランスの哲学者ジャン＝ジャック・ルソーは『エミール』の中で、男性は自分の外見を気にかけないが、女性は着飾ることに子どもの頃から熱心であると指摘し、人から美しくみられることが女性にとっては栄光だが、男性にとっては「徳を葬る墓場」だと言及する。ファッションに夢中になるのは男性に依存しなければ生存できない「二級市民」である女性のふるまいというわけである。

　そもそも、男性優位の社会システムによって不利な立場に追い込まれるのはその社会で女性とみなされる人に限らない。フェミニズムの批判する男性優位社会を構成する要素のひとつが男女二元論である。この制度は、トランスジェンダーの人びと、またノンバイナリーなアイデンティティを持つ人たちを周縁化してしまいがちだ。ファッションにおいな法とは異なる規制手段が必要となる。

問八　傍線部**A**・**B**・**C**のカタカナの部分を漢字に直し、楷書で記述解答用紙の所定の欄に記せ。

(二)　次の文章を読んで、あとの問いに答えよ。

　ファッションは特定のジェンダーを表す記号としてのみならず、社会の中にあるジェンダー不正義を反映する人工物とみなされることもある。ジェンダー不正義とは、不当に特定のジェンダーに属するまたは属さない人が利益を奪われ危害を被りやすい社会制度や慣習を意味する。たとえば、学校で男女別の制服を採用することは、ジェンダーの観点から不正になりうる。この学校で就学する、社会的に割り当てられた性別に違和感を覚える人は、自分のジェンダーアイデンティティを公にして希望する装いをするために労力を割くか、さもなければ違和感を抱えたまま望まないジェンダーの制服を着用し続けなければならない。いずれもリスクや苦痛をともなうものだ。

　フェミニズムとはジェンダー不正義を是正する政治運動や思想である。フェミニズムの観点からファッションが論じられる典型的なケースは、特定の装いが女性の抑圧や従属的な地位に加担する場合である。たとえば日本では、俳優でアクティビストでもある石川優実が二〇一九年に職場での女性従業員に対するパンプス着用の風潮を是正する要求を、ツイッター上のハッシュタグ **#Kutoo** を用いて呼びかけた。足への負担が大きく、動きにくい靴を女性にのみ要求する労働上の慣習は性差別的だ、という主張である。

　女性向けのファッションが身体に有害でリスクが大きいという指摘は、歴史上しばしば登場する。たとえば、近代ヨーロッパの女性に着用された張り骨入りのコルセットを装着し、ひもできつく締め上げる装いは、女性の自由な身体活動を制限するものとして悪名高い。また胸元のゆったりしたブラウスやミニスカートのように服そのものは運動を制約

ニ　ＡＩやロボットは与えられた指示を忠実に実行するため、それ自体が規範の担い手となることは想定されていないということ。

問六　傍線部５「創造的誤謬」とあるが、その説明として最も適切なものを次の中から一つ選び、解答欄にマークせよ。

イ　事前に想定されていた基準では誤りと判断されていたり、そもそも想定されていなかったものが、事後的にその価値を認められるようになること。

ロ　従来的な法制度のもとでは正当性を認められていたり、それゆえに人々の行動を規制してきたものが、従いそこねを生じさせる原因として修正されること。

ハ　新たな価値を創出すると期待されていたり、発想の転換を促すと予想されてきたものが、結果的に人々の判断を誤らせるようになること。

ニ　新規性のある発見と評価されていたり、ルールの革新とみなされていたものが、予測自体の修正によって既存の規範内に収まってしまうこと。

問七　本文の趣旨と合致する最も適切なものを次の中から一つ選び、解答欄にマークせよ。

イ　ロボットやＡＩは、外面と対応する情動や内面、人間が想定し得る価値規範に縛られないため、従いそこねを超えた創発の可能性を秘めている。

ロ　理性や判断能力を持つ人間は、行為指導的な法に従って自身の行動をコントロールすることもあるが、それに従いそこねて規範から逸脱することもある。

ハ　人間は常に従いそこねと隣り合わせにある存在なので、人間が人間を殺害することに対しては一切の例外を認めることなく処罰の対象とすべきである。

ニ　法に基づく事前規制は人間以外の動物に対しても有効だが、感情や情動を持たないロボットやＡＩには従来的

ロ　ＡＩやロボットは、既存の道徳的な価値基準に従いそこねることで、人間ではためらわれるような差別的な行動を実行し得るということ。

ハ　ＡＩやロボットは、外面的な行動と対応するような内面を意図的に排除し、それによって合理的かつ効率的な判断を下しているということ。

ニ　ＡＩやロボットは、既存の判断データに内包されたバイアスを排除するため、規範自体の善悪を自ら問うことはないということ。

問四　空欄 **a** （二箇所ある）に入る最も適切なものを次の中から一つ選び、解答欄にマークせよ。

イ　合理性

ロ　自律性

ハ　主体性

ニ　倫理性

問五　傍線部**4**「このような前提」とあるが、その説明として最も適切なものを次の中から一つ選び、解答欄にマークせよ。

イ　ＡＩやロボットに行為の責任を負わせるようにするには、人間が介入して内面と外面との間に一貫性を持たせる必要があるということ。

ロ　ＡＩやロボットは人間の生命を軽視する傾向にあるため、生死に関わる緊急避難を例に責任の所在を議論しておくべきだということ。

ハ　ＡＩやロボットが損害をもたらした場合、それら自身の判断だけでなく指示を与えた人間の感情や情動にも責任があるということ。

問一　傍線部**1**「考えないとすれば、それはなぜなのだろうか」とあるが、「動物裁判」という制度が不当なもの、無意味なものと考えられる理由として最も適切なものを次の中から一つ選び、解答欄にマークせよ。

イ　中世ヨーロッパの社会制度として確立された法について、科学的な合理性を内面化した現代人が評価するのは非合理的だと考えられるため。

ロ　動物も人間と同様に尊厳を有する生命体であり、それらを処罰の対象とすることは倫理的な判断基準に照らして不適切と考えられるため。

ハ　法制度は理性や判断能力を持つ存在の行為を事前に制御するものであり、それらを持たない動物に対しては有効でないと考えられるため。

ニ　理性を持たない動物は自らの行動をコントロールできない以上、それらを処罰しても理性的な人間への戒めにはならないと考えられるため。

問二　傍線部**2**「行為指導性がそれ自体として実在する」とあるが、そのことを説明した次の一文の空欄［ X ］に入る最も適切な箇所を本文中から十五字で抜き出し、記述解答用紙の所定の欄に記せ。

法制度において行為指導性がそれ自体として実在するとは、法が［　　　X　　　］するということである。

問三　傍線部**3**「われわれとは根本的に異なった規範への反応構造」とあるが、その説明として最も適切なものを次の中から一つ選び、解答欄にマークせよ。

イ　ＡＩやロボットは、与えられたプログラムやデータに基づく機械学習の結果を、直接的に行動へと反映させるということ。

犯罪のような負の側面だけではない。われわれは人類の歴史の多くの局面において5創造的誤謬を見出すことができるだろう。たとえばアレクサンダー・フレミングによるペニシリンの発見は、ブドウ球菌の培養実験中に誤って混入した青カビの周囲に菌のコロニーができていないことから、抗生物質の存在を導いたものであった。一八六〇年代、それまでフランスの画壇を支配していた芸術アカデミーが尊重してきた絵画のルールをあえて無視し、否定することで生まれた印象派の価値を、現在否定するものはいないだろう。

そもそも私がこの文章を書いている日本語の口語文法自体、明治期にそれまでの文章規範を逸脱し、乗り越えることで新しい表現を切り拓《ひら》こうとした人々——二葉亭四迷や山田美妙の成果に他ならない。これらの事例において挑戦者たちは、自らの行為が事C後的に準正されること、行為の時点では評価されていないがやがてその価値が社会に認められるようになることを信じてカけたのだと、そう表現することは許されるだろう。

このように、われわれの意図的・非意図的な従いそこねのなかから現存する価値の多くがもたらされていることを考えれば、そこに創発などとしばしば呼ばれるもの、つまり順接的、単調な傾向の予測を大きく歪めるジャンプの可能性が存在することを重視しなくてはならないのではないだろうか。

（大屋雄裕「AIにおける可謬性と可傷性」による）

注　ペッパーくん…家庭や施設などで利用されることを目的とした人型ロボット。

AIBO…動物型の愛玩用ロボット。

トロッコ問題…倫理上の思考実験。たとえば、トロッコ（貨車の一種）が暴走する線路上に五名の人間がいる。その人たちを直接回避させる手段はないが、別の一名がいる別の線路へとトロッコの進行方向を切り替えることができる。この場合、五名が轢《ひ》かれるままにするか、トロッコを別線路に引き込んで一名を犠牲にするかという問題。

なのではないだろうか。

4ＡＩ・ロボットの責任問題というテーマのもとに人々が考えているのが基本的には（過剰）緊急避難の例であることも、このような前提を反映しているように思われる。たとえば五人の通行人を回避するために急転回して別の通行人一人を撥《は》ねることが許されるか、急ブレーキで搭乗者一人を犠牲にするのならどうかというようにトロッコ問題の応用例を考えているとき、人々は与えられた指示にＡＩが忠実に従った結果として一定の損害が発生した場合の負担分配について議論しているのであり、ＡＩが人間生命の尊重という価値をうっかり忘れてしまうとか、怒りのあまり殺害を決意するようなことを考えているわけではないだろう。そこにあるのは人間の自律的な決断としての故意の問題でも、従いそこねとしての過失の問題でもないのである。

だが、なぜわれわれは従いそこねの可能性などというものにまともに取り合わなければならないのだろうか。完全な規制と完全な支配とを組み合わせた社会を目指してはいけないのだろうか。善いことが保証された統治のもとで十分な配慮を受けることを人間らしいと言ってはいけないのだろうか。

少なくともこのような問いに反論する一つの手がかりを、先程挙げた緊急避難に見出すことができるだろう。一八八四年にイギリスで発生したミニョネット号事件を例に取ろう。Bセンパクが遭難し救命ボートの上で残された全員に死が迫っているという状況において、もっとも死に切迫している一人を殺害し食べてしまうという行為に対し、謀殺罪として死刑を科すことが適切かが、そこでは問題となったのであった。

もちろんここで、人々の行為を指導するために事前に定める一般的な規則として、われわれは殺人の禁止が適切だと考えるだろう。したがってこのような殺害行為は、明らかな従いそこねと位置付けられることになる。だが、だからそのまま死刑を科すということが認められるだろうか。彼らの行為に否定しきれない正当性を（少なくとも部分的には）認めざるを得ないとすれば、事前の予期に基づいて構想された完全な規制など夢物語だということに、人間の行為は常に人々の予測をはみ出していくということに、なるのではないだろうか。

とこの内心とのあいだに一貫性が維持されていることを、基本的には信じているだろう。そのような一貫性が通常は維持されているからこそ、「顔で笑って心で泣いて」と表現されるような行動は普通の人にとって困難なもの、努力の必要な行為として意識されているだろう。

ところで、一般にサイコパスと呼ばれる人格のあり方は、内面における良心・感情や他者への共感を欠く精神病質の一種と考えられているのであった。その一部は共感の欠如から他者との人間関係を築くことができずに問題行動を引き起こしていくのだが、他方で企業のＣＥＯや弁護士・聖職者にもサイコパス的な人物が多いと指摘されているように、社会的に成功しているケースも多く知られている。それはなぜなのだろうか。他人の心に共感しないことが、他人の心の問題を処理したり操作したりするためには有利だからではないのだろうか。

ここからAシサされるのは、ＡＩが「超人類」でも、人間と同種として劣位の「亜人類」でもなく、サイコパスを超えた異なる人類ではないかという疑惑である。同時にそれは、それがどのようなものを意味しているのであれ内面における感情や情動を持たない「弱いＡＩ」が、だからこそ人間の情動システムに干渉し操作するものとして、極めて効率的に機能するのではないかという疑念も示しているだろう。われわれはそれが血も肉もない作り物であることを十分知りながら、ペッパーくんを蹴ることをためらったり、ＡＩＢＯの表情を可愛いと思ったりはしないだろうか。人間がその対象を配慮の対象とするために、内心の情動など必要だろうか。むしろ人々をして他者であると思い為《な》させるためには一定のそれらしい外面的な振る舞いがあれば十分であり、一貫性の問題を生じさせる内心など、それを実現するためには不要ないし有害なのではないだろうか。

そしておそらくはこの問題が、ＡＩやロボットを規制する法のあり方にも反映することになるだろう。冒頭で挙げたように、[a]を持たない動物に対して法による規制は無意味だと考えられるのであった。ではＡＩやロボットに対しては、どうだろうか。判断過程に不透明性・間接性がなく、何を考慮してどのように判断すべきかを命じればその通りに行為するだろうという意味においては[a]を持たないＡＩやロボットに対して、法はやはり意味を持たないのではないだろうか。われわれが規範を投げかけるのはあくまで、彼らが従うだろう指示の作り主たる我ら人間に対して的に機能することを狙うしかないということを前提としている。

　このように考えたとき、ＡＩやロボットがヒトと大きく異なる点として、そのような従いそこねの可能性に注目することができるだろう。まず、現在でも生産現場で活用されているようなロボットを考えよう。それらはあらかじめ定められたプログラムに沿って定められた動作を反復し続けるだろうし、故障や燃料切れといった物理的な障害の場合を除けば、それに失敗することもないだろう。プログラムはロボットの動作を直接的に規定するのであり、そこには判断も自律も、したがって従いそこねの問題も生じないように思われる。

　まさに最近話題となっている自動運転車のように、高度な学習機能を備えたＡＩや、それによって制御されるロボットの場合にはどうだろうか。もちろんそこに、与えられたデータからＡＩが何を学習するかが予測しにくいとか、データ自体に偏りが含まれていればそれをＡＩが忠実に学習してしまうという問題があることはすでに指摘されている。

　たとえば、イギリスの病院で研修医を選ぶ際にそれまでの判定結果を学習させたＡＩを使ったところ、結果的に女性が不利に扱われていたことが事後に発覚したという事例が伝えられている。これは、過去の女性差別的な社会において当時の病院関係者たちが意識的にか無意識にか女性を不利に扱っていたという経緯があり、その際の判断データを学習したので、そこに含まれていたバイアスがそのまま再現されてしまったという問題だと考えることができるだろう。

　だが注目すべきなのは、ここでたとえば差別を学習したＡＩがただちにそれを実行に移していることだろう。ＡＩは差別発言をすることが適切だと思ったからそれを直接に行動へと反映させたのであり、そこにはヒトの場合であればしばしば生じるようなさまざまな配慮やためらいは存在しない。学習結果はＡＩの行動を直接的に規定しており、ヒトのような従いそこねの可能性はここにも存在しないということになるのではないだろうか。ＡＩやロボットが我ら人間とは異なる「超人」的なあり方を実現するものだとすれば、それはたとえば理性、知識量、判断能力、情報処理速度といったもので人間を大きく凌駕するような「超知性」だからではなく——あるいはそれに加えた別の問題として——、このように3われわれとは根本的に異なった規範への反応構造を持っているからだと考えられる。

　たとえば人は、すべての人間の内心にさまざまな感情や情動があること、多くの人間は外面に表示される行動や表情とりあえず確認しておこう。

理性に基づいて自律的に行為することのできる存在だからこそ人間は〈人〉として根元的な自由を認められるのであり、そのような資格を持たない存在はすべて、その生命の有無にかかわらず、〈物〉として〈人〉の意思に従属させられることになるわけだ。

ここで問題は、いま新たにわれわれの世界に生まれつつある存在としてのＡＩやロボットが、この構図のなかでどのように位置付けられるかという点にある。もちろんわれわれは、これまでの生命倫理学と同様の構図に立ったうえで、境界線をめぐる議論に基づいてその地位について考えることができる。〈人〉の条件を理性や判断能力に求めれば、ＡＩやロボットも人間と同じ高みに昇るべきだということになるかもしれない。痛みや苦痛を感じる能力だと考えれば、動物より低い位置付けになることも考えられるだろう。だがそのような議論の構図は、ＡＩやロボットの本質的なあり方を正確に反映しているのだろうか。

少し遡って考えよう。さきほど法制度には行為指導性があり、処罰が予告された行為を人々は選択しなくなるだろうと述べた。だがそこでいう2行為指導性がそれ自体として実在するのならば、処罰の予告を伴う必要はないのではないだろうか。たとえば「殺人は悪いことであり、禁止される」とだけ述べればよく、それに一定の制裁を結び付ける必要はないのではないだろうか。

もちろんこの問いへの答えはごく明らかであり、人々が規範に従いそこねるという点にあるだろう。われわれの多くは、あえて刑法の条文によって示されることがなくとも、殺人が悪い行為だということは十分に理解している。だとしても一定の理由からその悪をあえて選択したり、あるいは自らの行動を理性的にコントロールしそこねることによって、悪いと知っているはずの行為に手を染めてしまうわけだ。そこでわれわれは、制裁を予告することで合理的な判断者にとってのバランスを変えてしまおうとする一方、激情に駆られた行為者に対しては実際に処罰を科すことで、他の人々への戒めにしようとすることになる。

いずれにせよ法は、それが人間の判断や行為に直接的に介入できないこと、判断や行為の条件を操作することで間接

国語

（九〇分）

（一）次の文章を読んで、あとの問いに答えよ。

　中世ヨーロッパには「動物裁判」と呼ばれる社会制度があったことが知られている。たとえば疫病が流行したとき、その原因と疑われた動物――典型的にはネズミやネコ――が数匹捕らえられ、法廷で有罪を宣告されて処刑されたり、不幸にも赤ん坊を蹴り殺してしまった豚が追放刑に処されたりしたというのだ。さてわれわれはこの制度を正当なもの、意味のあるものだと考えるだろうか。1考えないとすれば、それはなぜなのだろうか。

　おそらくただちに現われる反応は科学的な合理性がないとか、このようなことをしても動物が一定の行為（たとえばネズミによるペストの媒介）を止める見込みがない以上、意味はないというものだろう。法制度には行為指導性、つまり特定の行為を人々に行なわせようとしたり、逆にさせないようにする性格がある。典型的には一定の行為が処罰されるだろうという予測をもとにして、そのような行為への関与を事前に避けることが、人間にはできるわけだ。だが動物にはこのような予期能力がないので、違反行為を事後に処罰することを通じて学習させるしかない。

　逆に言えば、同じヒトに属していても一定の理性や判断能力を持たない存在を法の指示に服従させることはできないし、彼を法廷に引き出して有罪を宣告するようなことも、動物裁判の例と同じように無意味だということになる。もちろん心神喪失者が刑事的に処罰されないことを定めた刑法三十九条一項が、ここで思い出されることだろう。法を通じた事前規制は、結果を予期し自らの行動をコントロールすることのできる自律的主体に対してしか意味を持たないと、

2022年度

問題編

■一般選抜・一般選抜（英語4技能テスト利用方式）・一般選抜（共通テスト利用方式）

問題編

〔一般選抜〕

▶試験科目・配点

教　科	科　　　目	配　点
外国語	「コミュニケーション英語Ⅰ・Ⅱ・Ⅲ，英語表現Ⅰ・Ⅱ」，ドイツ語，フランス語，中国語，韓国語のうちから１科目選択	75点
地　歴	日本史Ｂ，世界史Ｂのうちから１科目選択	50点
国　語	国語総合，現代文Ｂ，古典Ｂ	75点

▶備　考

ドイツ語・フランス語・中国語・韓国語を選択する場合は，大学入学共通テストの当該科目〈省略〉を受験すること。共通テスト外国語得点（配点200点）を一般選抜外国語得点（配点75点）に調整して利用する。

〔一般選抜（英語4技能テスト利用方式）〕

▶試験科目・配点

教　科	科　　　目	配　点
地　歴	日本史Ｂ，世界史Ｂのうちから１科目選択	50点
国　語	国語総合，現代文Ｂ，古典Ｂ	75点

▶合否判定

英語4技能テストのスコアが基準を満たしているものを対象として，一般選抜の２教科の合計点（配点125点）で合否を判定する。

〔一般選抜（共通テスト利用方式）〕

▶試験科目・配点

試験区分	教　科	科　　目	配　点
大学入学共通テスト	地歴・公民または数学または理科	以下から1科目選択 地理B，現代社会，倫理，政治・経済，「倫理，政治・経済」，「数学Ⅰ・A」，「数学Ⅱ・B」，物理，化学，生物，地学 または，以下から2科目選択 物理基礎，化学基礎，生物基礎，地学基礎	50点
学部独自試験	外国語	「コミュニケーション英語Ⅰ・Ⅱ・Ⅲ，英語表現Ⅰ・Ⅱ」，ドイツ語，フランス語，中国語，韓国語のうちから1科目選択	75点
	国　語	国語総合，現代文B，古典B	75点

▶備　考

- 共通テストの得点（配点100点）を50点に換算する。「世界史B」「日本史B」等は試験科目に含まれていないので，注意すること。
- 共通テストの「理科」において，基礎を付した科目（2科目）は1科目として数える。基礎を付した科目（2科目）と基礎を付していない科目（1科目）の両方を受験した場合は，得点の高い方の成績を大学側で自動的に抽出し，合否判定に利用する。
- 共通テストにおいて，上記指定科目の範囲内で2科目以上受験した場合は，最高得点の科目の成績を大学側で自動的に抽出し，合否判定に利用する。ただし「地歴・公民」「理科（物理，化学，生物，地学）」において2科目受験の場合は，第1解答科目の成績を合否判定に利用する。上記以外の科目を第1解答科目として選択した場合は，合否判定の対象外となる。
- ドイツ語・フランス語・中国語・韓国語を選択する場合は，共通テストの当該科目〈省略〉を受験すること。共通テスト外国語得点（配点200点）を学部独自試験の外国語得点（配点75点）に調整して利用する。

▶合否判定

共通テストの得点（配点50点）と学部独自試験の得点（配点150点）を合算して，合否を判定する。

英語

(90分)

I Read the following two passages and choose the most appropriate word or phrase for each item (1 ~14). Mark your choices (**a** ~ **d**) on the separate answer sheet.

(**A**) Richard Feynman tells how during his childhood his father provided him with the mental tools that (1) helped turn Feynman into a great scientist. His father drew Feynman's attention to a certain bird walking around pecking, or preening, its feathers all the time, and he asked the boy why he thought birds did that. Feynman answered, "Well, maybe they mess up their feathers when they fly, so they're pecking them in order to straighten them out." The father suggested a simple way to test this hypothesis; if Feynman's conjecture was correct, one would expect that birds that had just landed would peck (preen) their feathers much (2) than birds that had been walking on the ground. They watched a few birds and concluded that there was (3) discernible difference, which denied his hypothesis. Asked for the correct answer, his father explained that the birds were bothered by lice that eat a protein off the feathers. There are mites that eat some waxy stuff on the lice's legs, and (4) some bacteria grow in the sugar-like material that the mites excrete. "So you see, everywhere there's a source of food, there's some form of life that finds it."

This story is remarkable in several ways. First, his father taught Feynman the pleasure of observation and wonder. Second, the father generated curiosity about the world by pointing out an (5) phenomenon and asking about it. Third, his father, not giving the answer immediately, encouraged Feynman's curiosity by suggesting a test. Finally, his father gave an answer that was incorrect in details — in fact, birds preen to remove dust and parasites, to align feathers in position, and to distribute oil secreted from a gland — but that was right in (6). His father also used this common example of birds preening to convey a glimpse of the much (7) picture of life, its processes, and its dependence on food resources in nature, again prompting the development of epistemic curiosity.

(Adapted from Mario Livio, *Why?: What Makes Us Curious*)

1. (a) alternatively　(b) eventually
   (c) needlessly　(d) repeatedly
2. (a) bigger　(b) fewer
   (c) less　(d) more
3. (a) any　(b) much
   (c) no　(d) some
4. (a) by virtue　(b) for example
   (c) in turn　(d) on purpose
5. (a) insolent　(b) intractable
   (c) intriguing　(d) invaluable
6. (a) presence　(b) principle
   (c) proof　(d) prospect
7. (a) bigger　(b) fewer
   (c) less　(d) more

(B) We can easily (8) the purely musical appreciation of a symphony with that of listeners to whom it is primarily or solely the starting point for things so inaudible (and therefore non-musical) as emotions and visual images. But there can never be, in the same sense, a purely literary appreciation of literature. Every piece of literature is a sequence of words; and sounds (or their graphic equivalent) are words (9) because they carry the mind beyond themselves. That is what being a word means. To be carried mentally through and beyond musical sounds into something inaudible and non-musical may be the wrong way of (10) music. But to be similarly carried through and beyond words into something non-verbal and non-literary is not a wrong way of reading. It is (11) reading. Otherwise, we should say we were reading when we let our eyes travel over the pages of a book in an unknown language, and we should be able to read the French poets without learning French. The first note of a symphony demands (12) to nothing but itself. The first word of the *Iliad* directs our minds to anger; something we are acquainted with outside the poem and outside literature altogether. I am not here trying to settle the issue between those who say, and those who (13), that 'a poem should not mean but be'. (14) is true of the poem, it is quite clear that the words in it must mean — they must convey *something* to us. A word which simply 'was' and didn't 'mean' would not be a word at all.

(Adapted from C. S. Lewis, *An Experiment in Criticism*)

8. (a) conflict (b) confront
   (c) contact (d) contrast
9. (a) precisely (b) presently
   (c) previously (d) proficiently
10. (a) appeasing (b) recording
    (c) refining (d) treating
11. (a) hardly (b) simply
    (c) whimsical (d) wordy
12. (a) attention (b) cooperation
    (c) mention (d) retention
13. (a) define (b) defy
    (c) deny (d) design
14. (a) Anything (b) Neither
    (c) Opposite (d) Whatever

II

Read the following three passages and mark the most appropriate choice（**a**〜**d**）for each item（15〜24）on the separate answer sheet.

(A) In Germany, no child finishes high school without learning about the Holocaust. Not just the facts of it, but the how and the why and the gravity of it — what it means. As a result, Germans grow up appropriately aware and apologetic. In South Africa, the atrocities of apartheid have never been taught that way. We weren't taught judgment or shame. We were taught history the way it's taught in America. In America, the history of racism is taught like this: "There was slavery and then there was Jim Crow and then there was Martin Luther King Jr. and now it's done." It was the same for us. "Apartheid was bad. Nelson Mandela was freed. Let's move on." Facts, but not many, and never the emotional or moral dimension. It was as if the teachers, many of whom were white, had been given a mandate: "Whatever you do, don't make the kids angry."

(Adapted from Trevor Noah, *Born a Crime*)

15. The author believes that apartheid education in South Africa should be
   (**a**) avoided when teaching young schoolchildren because it might upset them.
   (**b**) focused exclusively on the historical facts.
   (**c**) modeled after racism education in America.
   (**d**) more like Holocaust education in Germany.
16. Which of the following is NOT supported by the passage?
   (**a**) Apartheid was atrocious.
   (**b**) Education about apartheid in South Africa is inadequate.
   (**c**) One cannot fully understand apartheid without understanding its emotional and moral dimensions.
   (**d**) Teachers should not be judgmental, angry, or guilt-ridden when

dealing with apartheid in class.

(B) In a modern individualistic community, disputes are not settled by dictatorship from some point outside them. Instead, cooperation rather than command is the first principle of collective action. This may not have been the historical norm in human communities, but it is the situation to which our own social impulses direct us, and the emergence of a widespread system of social cooperation as a legally recognized standard of legitimacy is one of the many treasured legacies of the Enlightenment. The Enlightenment idea of the sovereign — that is, free-willed, morally culpable — individual, who confers legitimacy on government by his or her own consent to it, is a generalization of our everyday practice as moral beings. Even under a despotic government, people try to settle their disputes by agreement, upholding promises, making bargains, and imposing penalties on those who default. The bargains may be dangerous, and the law may be inflexible in upholding them, as in Shakespeare's *Merchant of Venice*. But as that play illustrates in so many ways, it is natural to human beings, whatever their political circumstances, to establish their relations by consent and to respect the sovereignty of the individual as the means for achieving this.

When asking myself what *I* should do, I entertain the thought of what *another* would think of my action when observing it with a disinterested eye. If morality is rooted in the practice of accountability between self-conscious agents, that is exactly what we should expect. The impartial other sets the standard that we all must meet.

(Adapted from Roger Scruton, *On Human Nature*)

17. Which of the following, according to the passage, best describes the legacy of the Enlightenment to later generations?

(a) A moral code, based on a series of deals and bargains, in which all involved get what they desire

(b) A refined set of social impulses that encourage human beings to obey their rulers, despots included

(c) The conviction that government is only legitimate insofar as people follow it of their own free will

(d) The habit of observing our own actions in a disinterested, and therefore morally flexible, light

18. The author uses the example of Shakespeare's *Merchant of Venice* to illustrate how

(a) despotic government is a natural form of social organization that champions free moral action.

(b) human beings are endowed with social desires that inevitably triumph over injustice.

(c) the human impulse towards mutual respect is at work under any circumstances.

(d) the sovereign represents the moral center of his community.

19. According to the author, our standards of moral action ought to be based on

(a) a disinterested evaluation of the potential benefits of a given set of actions.

(b) an appreciation of how other members of our community may judge us.

(c) a sincere desire to cooperate with the free will of our moral sovereign.

(d) the teachings of those Enlightenment thinkers most skilled in legal matters.

(C) The world's nations and cultures have strikingly different notions about displays of affection and personal space. Cocktail parties in international meeting places such as the United Nations can resemble an elaborate insect mating ritual as diplomats from different countries advance, withdraw, and sidestep. When Americans talk, walk, and dance, they maintain a certain distance from others. Italians or Brazilians, who need less personal space, may interpret such "standoffishness" as a sign of coldness. In conversational pairs, the Italian or Brazilian typically moves in, while the American "instinctively" retreats from a "close talker." Such bodily movements illustrate not instinct, but culture — behavior programmed by years of exposure to a particular cultural tradition. Culture, however, is not static. Any nation usually contains diverse and even conflicting cultural values. One example is generational diversity, which the famed anthropologist Margaret Mead referred to as "the generation gap." Americans exhibit significant generational differences involving the propriety of personal displays of affection and concerns about sexual harassment.

One can see an example of this generation gap in something as simple as the hug. There is so much hugging going on in American schools that young people have broken down the hugs by type: there is the basic friend hug, probably the most popular, and the bear hug, of course. There is the hug that starts with a high-five, then moves into a fist bump, followed by a slap on the back and an embrace. There's the shake and lean; the hug from behind; and, the newest addition, the triple — any combination of three girls and boys hugging at once. Girls embracing girls, girls embracing boys, boys embracing each other — the hug has become the favorite social greeting when teenagers meet or part these days, regardless of gender and sexual orientation. A measure of how rapidly the ritual is spreading is that some students complain of peer pressure to hug to fit in. And schools across the nation, aware that they cannot legally ban hugging outright, have imposed a three-second rule or used hallway clogging and late arrivals to class as a roundabout way to restrict hugging.

Parents, who grew up in a generation more likely to use the handshake, the low-five or the high-five, are often baffled by the close physical contact. As one parent commented, "Witnessing this interaction always makes me feel like I am a tourist in a country where I do not know the customs and cannot speak the language." For teenagers, though, hugging is hip. And not hugging? "If somebody were to not hug someone, to never hug anybody, people might be just a little wary of them and think they are weird or peculiar," remarked one high-school freshman. Schools that have limited hugging invoked longstanding rules against public displays of affection, meant to maintain an atmosphere of academic seriousness and prevent unwanted touching, or even groping. But pro-hugging students say it is not a romantic or sexual gesture, simply the "hello" of their generation.

(Adapted from Conrad Phillip Kottak, *Cultural Anthropology*)

20. What does the passage say about Americans' traditional personal space requirements?
    (a) Americans tend to prefer the minimum physical distance in social situations.
    (b) Compared to Brazilians or Italians, Americans like to maintain space between themselves and their social partners.
    (c) It has been shown that people born in America have a natural instinct to retreat from close talkers.
    (d) 'Standoffishness' is a trait that is highly valued in modern American culture and society.
21. What does the author say about culture and nations?
    (a) In most nations the culture is very uniform, while that of the United States is more diverse.
    (b) National cultures are much more stable and change less over time than most people think.
    (c) There are universal standards regarding personal space shared by all nations and cultures, despite minor differences.
    (d) Within any national culture there is a wide range of different social and cultural practices.

22. How have personal displays of affection changed in American society over the years?

(a) Americans have always enjoyed displays of personal affection, and today is no different from the past.

(b) Diversity is a key social value in America and this is reflected in the diversity of expressions of affection and friendship.

(c) There is evidence that people in America are colder toward each other than in the past.

(d) Young people today are more physical in their social interactions than their parents and previous generations.

23. What does the passage say about hugging practices in American high schools today?

(a) Even though girls prefer the basic friend hug, boys prefer bear hugs.

(b) Hugging is increasingly becoming the preferred form of romantic expression.

(c) Students are experiencing less peer pressure to hug classmates.

(d) There seems to be little difference between the hugging practices of boys and girls.

24. How have schools reacted to changes in hugging practices among young people?

(a) Many schools have taken measures to restrict hugging among students.

(b) Parents and teachers across America have welcomed and encouraged hugging in the classroom.

(c) Schools are encouraging students to shake hands and high five instead of hugging.

(d) Teachers have voiced concerns about how these changes will affect academic performance.

III Choose the most appropriate sentence from the following list (**a**～**h**) for each item (25～31). Mark your choices on the separate answer sheet.

(**a**) But one of Emon's ancestors chose a different path.
(**b**) By the eleventh month, the snow was several feet deep, and more fell almost every day.
(**c**) Every head of a samurai household was required to choose his fate.
(**d**) His family had tended the village temple since ancient times.
(**e**) In farming villages, they assembled bales of rice or soybeans.
(**f**) It was a time when peasants were driven from their villages and armies marched from encampment to encampment.
(**g**) One of the bills ended up in the possession of a Buddhist priest named Emon.
(**h**) They had been warriors once, samurai.

The day that most of the Western world knew as the first of January 1801 was an ordinary midwinter day, the seventeenth of the eleventh month of the year. In Japan's cities, elegant women wore layers of padded robes, watchmen scanned the horizon for fire, and peddlers sold roasted sweet potatoes on the street. In the countryside, people repaired tools, made ropes, tended their winter crops of greens and radishes, and worried over how to pay their taxes. The harvest season had ended, and all the bills were coming due. In the mountains, peasants piled up timber; along the seashore, they filled barrels of dried seaweed. (25) Sometimes they counted out cash. Every hamlet in each of the sixty-six Japanese provinces owed something: its obligation to the local lord or to the shogun, Tokugawa Ienari, who ruled the realm from his castle in the great metropolis of Edo, a teeming city of 1.2 million.

In the darkest part of winter, tens of thousands of Japanese tax bills were being written and stamped, copied over in brush and ink, delivered by messengers, and passed through the calloused hands of peasants. (26) He lived in a village called Ishigami, many days' walk from the great city of Edo's merchant houses and kabuki theaters. His small temple was in Echigo Province, at the foot of steep mountains, in the heart of Japan's snow country. There, among thatched-roofed wooden houses, grassy fields, and rice paddies, winter had arrived in full force. Emon's neighbors had already mended their straw boots and snowshoes, reinforced their roof beams, wrapped fragile plants in thick woven mats, and hung reed blinds from their windows. (27) When the wind picked up, the snow blew across the fields, piling up in drifts and making it impossible to see the curving pathways and small canals that traversed the village.

Emon's family had lived among the farmers of Ishigami Village for generations. (28) According to their own family history, they had served the great general Takeda Shingen, the Tiger of Kai, famous for his strategic acumen and his distinctive suit of armor, including a helmet crowned with curving golden horns. His armies had fought some of the bloodiest battles of the sixteenth century, during Japan's Warring States Period, when generals rampaged through fields and burned castles, assembling tens and then hundreds of thousands of men as they struggled for control of the archipelago. (29) The population was shaken and redistributed across the land. Somehow, when the armies were exhausted and a weary peace set in, Emon's ancestors had ended up in the southern part of Echigo Province.

In the last decades of the sixteenth century, Japan's new military hegemon, the forerunner to the shogun, sorted the population into warriors and civilians. (30) Those who wanted to be warriors had to give up farming and move to barracks in castle towns, where they would stand ready to defend their lords. Those who remained in their villages were ordered to renounce their samurai status and turn in their weapons. Samurai would have the privilege of serving in government and receiving salaries from the shogun or a lord, and peasants would have the assurance that they would never be asked to go to war. Emon's ancestors chose the latter option: they laid down their arms and remained on the land.

Over the years, members of Emon's family farmed and served as village headmen. They mediated disputes, assembled tax payments, and communicated with the samurai who administered the area. (31) He set down his farming manuals, studied Buddhist scriptures, and became ordained as a priest in the True Pure Land sect. He gathered parishioners, conducted funeral services, sang hymns, and taught the essential tenet of his faith: that anyone who believed in the saving power of Amida Buddha could be reborn in the paradise of the Pure Land, freed from an endless karmic cycle of suffering. He established the little village temple, Rinsenji, where Emon and his family still lived, tending the flock and keeping registers of the living and the dead.

(Adapted from Amy Stanley, *Stranger in the Shogun's City*)

Ⅳ

Choose the most appropriate word or phrase from the list (**a**～**m**) for each item (32～38). Mark your choices on the separate answer sheet.

Jen: Hi, how's it going? I'm Jen. I'm your RA, the resident advisor for the dorm. My job is to make your dorm life as awesome as it can be, so let me know if there's anything I can do for you. Are you (32) okay?

Kay: Nice to meet you, Jen. I'm Kay. Yeah. I was nervous because it's my first time living away from home, but ...

(*Interrupted by the loud sound of a fire alarm.*)

Kay: Oh no, a fire? Should we (33)?

Jen: Yeah, we have to wait outside until the Fire Department comes and gives the (34). Let's talk while we walk. Don't worry too much, though. I'm sure someone just burned popcorn. It happens all the time.

Kay: Popcorn?

Jen: Yup. Some people don't know how to use the microwave properly, or how to read. Last year, there were so many false fire alarms that we now have a (35) against cooking popcorn past midnight.

Kay: Wow, *that* serious? I'd (36) be careful. I love popcorn, but I've never cooked it at home before.

Jen: It's not hard, really. If you decide to cook a bag of microwave popcorn, just read the instructions on the bag and follow them. Just (37) till it's cooked and take out the bag when it stops popping. As easy as that! — Oh, listen! Someone just cried, "SORRY, POPCORN!" See, (38) confirmed. Just burnt popcorn.

Kay: Here comes the fire engine. I hope it won't take long. I left my burger on the grill!

(a) all clear　　(b) better
(c) evacuate　　(d) get along
(e) prohibit　　(f) question
(g) ride on　　(h) rule
(i) settling in　　(j) should
(k) stick around　　(l) suspicion
(m) working out

PLEASE READ THE INSTRUCTIONS CAREFULLY.

V Read the following passage and complete the English summary in your own words in the space provided on the separate answer sheet. The beginning of the summary is provided; you must complete it in 4-10 words. Do not use three or more consecutive words from this page.

It is worse, much worse, than you think. The slowness of climate change is nothing but a fairy tale, perhaps as pernicious as the one that says it isn't happening at all.

Humans used to watch the weather to prophesy the future; going forward, we will see in its wrath the vengeance of the past. In a three-degree-warmer world, the Earth's ecosystem will boil with so many natural disasters that we will just start calling them "weather": out-of-control typhoons and tornadoes and floods and droughts, the planet assaulted regularly with climate events that not so long ago destroyed whole civilizations. The strongest hurricanes will come more often, and we'll have to invent new categories with which to describe them; tornadoes will strike much more frequently, and their trails of destruction could grow longer and wider. Hail rocks will quadruple in size.

Early naturalists talked often about "deep time" — the perception they had, contemplating the grandeur of this valley or that rock basin, of the profound slowness of nature. But the perspective changes when history accelerates. What lies in store for us is more like what aboriginal Australians, talking with Victorian anthropologists, called "dreamtime," or "everywhen": the semi-mythical experience of encountering, in the present moment, an out-of-time past, when ancestors, heroes, and demigods crowded an epic stage. You can find it already by watching footage of an iceberg collapsing into the sea — a feeling of history happening all at once.

It is. The summer of 2017 brought unprecedented extreme weather. Then the record-breaking summer of 2018 made 2017 seem positively idyllic. By 2040, the summer of 2018 will likely seem normal. But extreme weather is not a matter of "normal"; it is what roars back at us from the ever-worsening fringe of climate events.

(Adapted from David Wallace-Wells, *The Uninhabitable Earth*)

SUMMARY:

[*complete the summary on the separate answer sheet*]

The effects of climate change are such that ...

日本史

（60分）

Ⅰ　次の文を読んで，問に答えなさい。

日本列島に展開した旧石器時代，縄文時代，弥生時代，古墳時代の各時代は，経済活動や技術，文化などで互いに異なる特徴をみせている。剝片石器，土器の発生，稲作や金属器の導入，高塚古墳の登場などは時代の画期となる特徴である。集団形態や政治・社会状況に目を向けると，各時代にはそれぞれ特有の性格があったことが理解される。

旧石器時代人は，寒冷な氷河期の気候環境下で列島のほぼ全域にわたり拡散し，［　A　］性に富んだ小規模な集団を編成し社会を営んだことが遺跡の状況から窺われる。

縄文時代は概して温暖な環境のもと，豊かな自然資源に恵まれて［　B　］生活が開始された。大陸との交流を物語る証拠はいたって少なく，列島内で成熟した特有の文化，社会が発達した。［　B　］性を物語る環状集落や[a]環状列石，盛土遺構など規模の大きな施設が造営されたこともわかっている。弥生時代には稲作技術や金属器などが朝鮮半島を通じてもたらされ，[b]大型で地方色に富んだ墳丘墓が現れるなど，生活文化の上で大きな変革をみた。社会・政治の上で在地の首長が登場し社会の階層化，複雑化が進展したことを示している。続く[c]古墳時代には首長層を中核として地方勢力の統合と階層化，序列化が進展し，東北地方南部から九州にいたる各地で大型古墳が築かれた。この時代には国外との交流が一層促進され，国家の形成に向けての動向が顕著になった。弥生時代，古墳時代の対外交流では物質上の交流に加え，渡来人との混血も進み，形質の上でもまた遺伝子の上でも大きな変化を生み出した。[d]それらの政治，経済，社会の統合と発展に並行して，葬送儀礼をはじめ，儀礼や祭祀などが大きな役割を果たしたことが推察されている。

〔問〕

1　空欄Aに入る最も適切な用語は何か。漢字2字で記述解答用紙の解答欄に記入しなさい。

2　空欄Bに入る最も適切な用語は何か。漢字2字で記述解答用紙の解答欄に記入しなさい。

3　下線**a**に関する記述として誤っているものはどれか。2つ選び，マーク解答用紙の該当する記号をマークしなさい。

ア　縄文時代において大きな岩石や土砂を盛り上げ構造物を造営する技術と組織があった。

イ　構造物には継続性があり，弥生時代に引き継がれて活用されたものも多い。

ウ　構造物で先祖祭祀などの儀礼や祭祀が執り行われたことが窺われる。

エ　縄文時代後期，晩期にはこれらの場で儀礼祭祀を司るリーダーが輩出したと推察される。

オ　これらのモニュメントでは日常生活も行われた。

4　下線**b**に関する記述として正しいものはどれか。1つ選び，マーク解答用紙の該当する記号をマークしなさい。

ア　山陰地方では四隅突出型の墳丘墓が造営された。

イ　大阪平野周辺では長方形の墳丘墓や前方後円墳が造営され，変化に富んでいた。

ウ　関東地方では方形周溝墓などはなく，盛土のない土坑墓が造営された。

エ　東北，北海道でも方形周溝墓が造営され，首長層の動向を反映した。

オ　弥生時代の墳丘墓は後世の古墳とは脈絡がなく，3世紀に途絶えた。

5　下線**c**に関する記述として誤っているものはどれか。1つ選び，マーク解答用紙の該当する記号をマークしなさい。

ア　前方後円墳は畿内を中核に含む関西地方において4世紀後半に初めて登場した。

イ　首長が帯びた資質は政治，経済，武力などの力量の他に呪術や宗教的能力も関与した。

ウ　首長層の序列化には，大王の血縁系譜との距離も影響したと考えられる。

エ　古墳の墳形と規模には当時の政治的な序列関係が強く反映したと推定される。

オ　首長は自らが属する氏族をとりまとめ，多くの関連する勢力を糾合したと考えられる。

6　下線 **d** に関する記述として誤っているものはどれか。1つ選び，マーク解答用紙の該当する記号をマークしなさい。

ア　首長の政治力は神霊の加護に支えられる必要があった。

イ　この時代には優れた工芸品などが製作されたが，それは首長の威信財経済を支えた。

ウ　首長の立場は一般に脆弱で安定性に欠け，社会的動乱に陥りやすかった。

エ　首長は政府を持ち，血縁関係を排除して官僚制を整えていた。

オ　社会の統合度を世界史的な視点でみると，首長国に属し国家の一歩手前の段階にあたる。

Ⅱ　次の文を読んで，問に答えなさい。

独自の文字文化を持たなかった倭人の社会において，文字は渡来した漢字文化として受容された。最初は主に外交などの国際交流の場で用いられていたとみられる。このように文字の使用が極めて限定されていた時代の歴史研究において，中国の史書の倭人に関する記述 **a** は貴重である。しかし5世紀になると，埼玉県の稲荷山古墳から出土した鉄剣の銘文 **b** からもわかるように，日本列島でも文字の使用が外交にとどまらない広がりをみせはじめる。さらに6世紀には，朝鮮半島から渡来した人びとや文化によって，**c** 倭国中央部で支配層の漢字文化への理解が進んだ。また7世紀には，遣隋使や遣唐使によって高度な漢字文化を中国で直接学ぶ人びともあらわれる。

それでも7世紀の半ば頃まで，日本列島における漢字文化の担い手は渡来人やその子孫，中央の有力支配層など，一部の人びとに限られていたとみられる。それが地方を含む一般の支配層にまで広く受容される大きなきっかけとなったのが，中国の国家体制にならった律令国家の成立である。律令国家では文書にもとづく行政や支配が行われた **d** ため，官人となって国家運営を担う支配層にとって，漢字文化の習得は必須となった。このため，中央と地方には官吏を養成する教育機関も置かれたe。さらに平安時代になると，有力貴族層のなかに，子弟教育の便宜をはかるために大学別曹fを設けるものもあらわれる。

こうして奈良時代から平安時代にかけて，漢字文化の担い手が広がりはじめると，さまざまな書物も生み出されるようになった。そのうちのいくつかは現在でも見ることができる。例えば，古代国家によって編纂された漢文正史の六国史gは，一部に散佚はあるものの，その多くが今に伝えられ，古代の日本社会を復元する際の基本史料として用いられている。一方，発掘調査などによって地下から発見される木簡hなどの出土文字資料は，古代の社会や文書行政の実態について，新たな情報を提供してくれる。

〔問〕

1　下線**a**に関する史料の説明として誤っているものはどれか。1つ選び，マーク解答用紙の該当する記号をマークしなさい。

ア　『魏志』倭人伝に，卑弥呼について「鬼道を事とし，能く衆を惑はす」とある。

イ　『漢書』地理志に，紀元前1世紀ころの倭人社会が100余りの国に分かれ，帯方郡に定期的に使者を送っていたとある。

ウ　『後漢書』東夷伝に，「倭の国王帥（師）升等，生口百六十人を献じ，請見を願ふ」とある。

エ　『魏志』倭人伝に，卑弥呼の没後，新たに男王が立ったが内乱がおこり，卑弥呼の同族の女性が王になったとある。

オ　『後漢書』東夷伝に，「桓霊の間，倭国大いに乱れ，更相攻伐して歴年主なし」とある。

2　下線**b**の説明として正しいものはどれか。1つ選び，マーク解答用紙の該当する記号をマークしなさい。

ア　冒頭に「辛卯の年」とあり，これは5世紀後半の年紀とみられる。

イ　倭の大王を中心とした「天下」が形づくられていたことがよみとれる。

ウ　「ヲワケ」とよめる大王の名がみえる。

エ　「額田部臣」が存在していたことが確認できる。

オ　大王が自ら「安東大将軍倭国王」と称していたことがわかる。

3　下線**c**に関する説明として正しいものはどれか。1つ選び，マーク解答用紙の該当する記号をマークしなさい。

ア　百済の観勒が暦法を伝えた。

イ　百済の義慈王が仏教を伝えた。

ウ　高句麗から五経博士が渡来した。

エ　このころ文筆に優れた王仁が高句麗から渡来したと伝えられる。

オ　百済から易博士・暦博士・医博士が渡来した。

4　下線**d**に関する説明として正しいものはどれか。1つ選び，マーク解答用紙の該当する記号をマークしなさい。

ア　詔書の起草は主に治部省が担った。

イ　戸籍には身体的特徴が細かく記された。

ウ　正丁になると戸籍にもとづき口分田が与えられた。

エ　計帳は郡で管理されて中央には進上されなかった。

オ　徴税台帳として計帳が毎年作成された。

5　下線**e**に関する説明として正しいものはどれか。1つ選び，マーク解答用紙の該当する記号をマークしなさい。

ア　国学では郡司の子弟の教育が行われた。

イ　法律に関する学びが中心で，儒教の経典はあまり重視されなかった。

ウ　官人となるために多くの一般庶民が大学への入学をめざした。

エ　国学は郡ごとに置かれていた。

オ　大学は国ごとに置かれていた。

6　下線**f**に関し，藤原氏が藤原冬嗣の時代に設けたものを何というか。漢字で記述解答用紙の解答欄に記入しなさい。

7　下線**g**に関し，醍醐天皇の時代に成立し，その最後となったものを何というか。漢字で記述解答用紙の解答欄に記入しなさい。

8　下線**h**に関する説明として誤っているものはどれか。1つ選び，マーク解答用紙の該当する記号をマークしなさい。

ア　飛鳥池遺跡から「天皇」と墨書された7世紀の木簡が出土した。

イ　長屋王の邸宅跡から「長屋親王」と墨書された木簡が出土した。

ウ　飛鳥浄御原令の施行以前の木簡は見つかっていない。

エ　木簡は荷札としてもよく用いられていた。

オ　遺跡の性格や年代を決める重要な手がかりとなることもある。

III　次の文を読んで，問に答えなさい。

日本の中世は一揆の時代ともいわれる。一揆とは，そもそもある目的のために一定範囲の人びとが結集することであるが，中世にはさまざまな人びとがさまざまな目的のために結集したのである。

中世後期になると，一揆の規模は大きくなり，また蜂起・実力行使することが多くなっていった。1428 年，徳政を求める人びとが蜂起し，京都の土倉や酒屋を襲撃した。この事件はとりわけ支配階層に大きな衝撃を与え，貴族出身のある僧侶が編纂した『大乗院日記目録』には「日本開白（闢）以来，[A] 蜂起これ初めなり」と記されている。さらに，翌 1429 年に播磨で起きた一揆は「侍をして国中にあらしむべからざる」と唱えた。ここで「侍」と言っているのは守護被官のことであるから，一揆の行動は守護支配への拒否ともいえるものであり，結果的に守護 [B] 氏によって鎮圧されるものの，これもまた支配階層を震撼させるものであった。

1441 年に起きた嘉吉の徳政一揆[a]は，徳政一揆の中でも最大規模のものであり，一揆の歴史においても一大画期だったといえる。こうした大規模な一揆の基底には，荘園や村落における人びとの結集やたたかい[b]があった。これらの経験の積み重ねが，大規模な一揆をも可能にしたのである。

15 世紀の後半，山城ではさまざまな階層の人びとが結集し，山城の国一揆[c]が発生した。必ずしも一枚岩ではなかったし，背景には権力闘争などもあったといわれるが，「さまざまな階層の人びと」が「国」といわれるほど広い範囲で結集したこと自体，大きな意義があるといえよう。

山城の国一揆からやや間をおいて加賀では浄土真宗（一向宗）門徒や国人を中心とする一揆が蜂起した。守護富樫政親を討った一揆は，100 年近く加賀を実質的に支配することとなり，このありさまを『実悟記拾遺』では「[C] ノ持タル国ノヤウニナリ行キ候」と評している。宗教を契機とする一揆としては法華一揆[d]もあったが，16 世紀の後半，一国をも支配した一向一揆が織田信長によって制圧されていく過程は，一揆の時代ともいわれた中世の終わりを象徴しているかのように思われる。

〔問〕

1　空欄Aに該当する語は何か。記述解答用紙の解答欄に記入しなさい。

2　空欄Bに該当する名字は何か。記述解答用紙の解答欄に記入しなさい。

3　下線aに関して述べた文のうち正しいものはどれか。1つ選び，マーク解答用紙の該当する記号をマークしなさい。

ア　幕府が対策に追われている隙に，結城合戦が起きた。

イ　一揆勢の規模は，数千人ほどだった。

ウ　これより以前に，幕府は分一徳政令を出すことがあった。

エ　幕府は，徳政令発布を余儀なくされた。

オ　これについては，柳生の徳政碑文にも刻まれている。

4　下線bに関連して述べた文のうち誤っているものはどれか。1つ選び，マーク解答用紙の該当する記号をマークしなさい。

ア　人びとは結集する際に，一味神水といわれる作法を行うことがあった。

イ　領主のところへ大挙しておしかけて要求を突きつけることを強訴という。

ウ　領主への要求を成就するため，身を隠す逃散が行われることがあった。

エ　徳政令に関係なく荘園や村落で行われる貸借破棄を，自検断という。

オ　村落の指導者としては，おとな・沙汰人などがあった。

5　下線cに関して述べた文のうち正しいものはどれか。1つ選び，マーク解答用紙の該当する記号をマークしなさい。

ア　応仁の乱では西軍に属した。

イ　北山城の国人が結集した。

ウ　国掟を制定した。

エ　15年にわたり自治的支配を行った。

オ　細川氏の軍勢を山城国外に退去させた。

6　空欄Cに該当する語はどれか。1つ選び，マーク解答用紙の該当する記号をマークしなさい。

ア　地侍　　イ　百姓　　ウ　仏陀

エ　平民　　オ　坊主

7　下線dに関連して述べた次の文，X・Y・Zの正誤の組合せのうち，正しいものはどれか。1つ選び，マーク解答用紙の該当する記号をマークしなさい。

X　一向一揆と対立し，石山本願寺を焼き打ちした。

Y　天文法華の乱で，京都を追われた。

Z　敵対した比叡山延暦寺を焼き打ちした。

ア　X－正　Y－正　Z－誤　　イ　X－正　Y－誤　Z－正

ウ　X－正　Y－誤　Z－誤　　エ　X－誤　Y－正　Z－正

オ　X－誤　Y－正　Z－誤

Ⅳ　次の文を読んで，問に答えなさい。

江戸時代に飛行機の設計図を残した日本人がいた。現在の滋賀県長浜市にある国友の技術者，地元では日本のダ・ヴィンチともよばれる国友一貫斎である。檜板を皮で縫って翼を作るなどの，彼の設計が実用化されるには至らなかったが，空を飛ぶことへの想像力そのものは，古くから日本人の心のなかにあったのではないだろうか。

上空の一点から広範囲の地表を俯瞰した構図で描かれた絵画を鳥瞰図という。たとえば，出島を上空から描いた『出島阿蘭陀屋舗景』など長崎版画とよばれる分野の絵画や，a『都名所図会』など，現在にいうガイドブックにみられる。b歌川広重は『東都名所』のうち『不忍之池全図』で，不忍池から現在上野公園がある一帯を，高い視点から描いている。『浅間山図屛風』で知られる洋風画家の［　A　］もまた，『東都名所全図』『隅田川より望南之図』などで江戸を上空からの視点で描いた。

鳥への関心も高かった。c江戸城本丸御殿の中奥には鳥籠が設置されたほか，松の廊下の障壁画にも千鳥が描かれるなど，画題としても随所にもちいられた。d薩摩藩主の島津重豪は鳥名辞典である『鳥名便覧』を編纂した。重豪はシーボルトとも親交があるなど蘭学にも親しんでいる。e曲亭（滝沢）馬琴は，カナリアなどの鳥を飼い，その健康状態を日記につけていたことが知られている。

fレオナルド・ダ・ヴィンチは，カモの翼を用いた計算から，人力による飛行技術に必要な情報を割り出そうとしていた。国友一貫斎も，構想した飛行技術を「大鳥秘術」と名付け，機械を「大に鳥の形に作」ると解説している。次世代を担う最新知識の糸口は，存外，身近なところに潜んでいるのかもしれない。

〔問〕

1　下線 **a** に関連して，『都名所図会』が出版された，1780 年時点の京都の様子として，正しいものはどれか。1つ選び，マーク解答用紙の該当する記号をマークしなさい。

ア　本居宣長が鈴屋を開き，国学の普及に努めた。

イ　比叡山延暦寺根本中堂は，最澄建立当時の建物が存在していた。

ウ　清水寺本堂は，坂上田村麻呂建立当時の建物が存在していた。

エ　桂離宮古書院は，八条宮智仁親王による創建当時の建物が存在していた。

オ　河村瑞賢が開削した高瀬川が，京都と大坂をつなぐ大動脈として機能していた。

2　下線 **b** について，正しいものはどれか。2つ選び，マーク解答用紙の該当する記号をマークしなさい。

ア　幕末から明治にかけて世相を批判する作品を発表した。

イ　『富嶽三十六景』で，大波に翻弄される船を描いた。

ウ　『名所江戸百景』のなかで，雨中の橋を描いた。

エ　大首絵の手法による作品を多く描き，世に知られた。

オ　ヨーロッパに紹介され，印象派の画家たちに影響を与えた。

3　空欄Ａに入る人物は誰か。漢字5字で記述解答用紙の解答欄に記入しなさい。

4　下線 **c** に関連して述べた文のうち，正しいものはどれか。1つ選び，マーク解答用紙の該当する記号をマークしなさい。

ア　徳川家康が，ここで生涯を終えた。

イ　多くの朱印船が，城下町の港から出航した。

ウ　明暦の大火で被災した。

エ　城下町では，近松門左衛門などの文化人が活躍した。

オ　徳川家茂が，ここで生涯を終えた。

5　下線 **d** に関連して述べた文のうち，誤っているものはどれか。1つ選び，マーク解答用紙の該当する記号をマークしなさい。

ア　島津家久時代の琉球侵攻後も，琉球国王は対明・清関係を維持した。

イ　島津忠義は，藩校造士館を設立し教育を推進した。

ウ　調所広郷は，黒砂糖の専売を強化するなどして藩財政を立て直した。

エ　島津斉彬は，反射炉を築造するなどして殖産興業を推進した。

オ　島津久光の江戸訪問を契機として，幕府は徳川慶喜を将軍後見職に任じた。

6　下線 **e** に関連して，馬琴と同時代の学術・文化について述べた文のうち，正しいものはどれか。1つ選び，マーク解答用紙の該当する記号をマークしなさい。

ア　松尾芭蕉が，『奥の細道』を著わし，蕉風俳諧を確立させた。

イ　良寛が，『北越雪譜』を著わし，雪国の生活を紹介した。

ウ　酒井田柿右衛門が，肥前有田で赤絵といわれる磁器の技法を完成させた。

エ　伊能忠敬が，幕府の命により，全国の沿岸を実測した。

オ　宮崎安貞が，『農業全書』を著わし，農業技術を体系化した。

7　下線 **f** に関連して，現在のイタリア共和国に相当する地域から，江戸時代の日本を訪れた人物として正しいものはどれか。1つ選び，マーク解答用紙の該当する記号をマークしなさい。

ア　キヨソネ　　イ　ロッシュ　　ウ　クルムス

エ　シドッチ　　オ　ドン＝ロドリゴ

V　次の文を読んで，問に答えなさい。

近代日本における政治，軍制，内務行政を考える上で，今からちょうど100年前に亡くなった［ A ］の果たした役割は非常に大きい。青年時代における彼の軍歴で顕著なものとしては，1866年，［ B ］を率いて幕府による長州征討（第2次）a をはね返したことが挙げられる。戊辰戦争に際して各地を転戦した後，維新後はヨーロッパに派遣され，帰国後は兵部大輔，陸軍大輔などをつとめ，近代的な軍隊の整備確立 b に尽力した。次いで1873年陸軍卿となり，1877年［ C ］が起こると征討参軍を兼務して鎮定にあたった。

1883年には内務卿となり，1885年には内閣制度の制定によって第1次伊藤博文内閣の内相に就任し，地方制度の確立c に力を注ぎ，1888年に市制・町村制，1890年に府県制・郡制が公布されるに至った。この間，陸軍・内務官僚の中に強大な人脈を作り，1889年には第1次内閣を組織し，1893年には枢密院議長d となった。日清戦争後の1898年，初めての政党内閣だった第1次大隈内閣が退陣すると，［　A　］は第2次内閣を組織e した。日露戦争時には参謀総長をつとめ，戦後は政界の表舞台には出ず強い影響力を行使し続けた。

大正時代に入り，民本主義f の潮流が起こると，藩閥政府への批判が次第に強まり，その重鎮だった［　A　］は次第にその権力基盤がゆらぎはじめ，自身の右腕ともいえる同じ長州出身の桂太郎g との関係も疎遠となり，政治権力を大きく後退させた。政党嫌いをもって知られ，1922年h の死去は藩閥政治が終焉に向かいつつあることを印象付けた。

〔問〕

1　空欄Aに当てはまる人物は誰か。漢字で記述解答用紙の解答欄に記入しなさい。

2　空欄Bに当てはまる語句は何か。漢字3字で記述解答用紙の解答欄に記入しなさい。

3　下線**a**より以後に起こった出来事は以下のうちのどれか。1つ選び，マーク解答用紙の該当する記号をマークしなさい。

ア　薩英戦争　　イ　四国艦隊下関砲撃事件

ウ　八月十八日の政変　　エ　小御所会議の開催

オ　天誅組の変

4　下線**b**に関する記述として誤っているものはどれか。1つ選び，マーク解答用紙の該当する記号をマークしなさい。

ア　徴兵告諭に基づき，国民皆兵を原則とする徴兵令が公布された。

イ　徴兵告諭の文言にあった「血税」という語句が誤解を与え，各地で徴兵反対一揆が起こった。

ウ　徴兵のがれを行う上で『徴兵免役心得』のような手引書があらわれた。

エ　薩摩・長州・土佐から御親兵を募って廃藩置県断行への備えとした。

オ　常備陸軍として，東京・大阪・鎮西（熊本）・東北（仙台）に弾正台が設置された。

5　空欄Cに入る語句は何か。漢字4字で記述解答用紙の解答欄に記入しなさい。

6　下線cに関して，政府顧問として助言を行ったお雇い外国人は誰か。1つ選び，マーク解答用紙の該当する記号をマークしなさい。

ア　ロエスレル　　イ　モッセ　　ウ　グナイスト

エ　シュタイン　　オ　チェンバレン

7　下線dをつとめなかった人物は次のどれか。1つ選び，マーク解答用紙の該当する記号をマークしなさい。

ア　黒田清隆　　イ　伊藤博文　　ウ　西園寺公望

エ　大隈重信　　オ　平沼騏一郎

8　下線eに関する記述として誤っているものはどれか。1つ選び，マーク解答用紙の該当する記号をマークしなさい。

ア　政党が官僚に影響を及ぼすことを防ぐ上で，文官任用令を改正した。

イ　政党が軍部に影響を及ぼすことを防ぐ上で，軍部大臣現役武官制を定めた。

ウ　治安警察法を公布して政治運動，労働運動の規制を強化した。

エ　戊申詔書を発布して内務省主導で地方改良運動を展開した。

オ　憲政党の支持を得て，地租増徴案を成立させた。

9　下線fに関連して天皇機関説を唱え，のちに右翼から攻撃を受け，貴族院議員を辞職した憲法学者は誰か。氏名を記述解答用紙の解答欄に記入しなさい。

10　下線gの人物について，誤っているものはどれか。1つ選び，マーク解答用紙の該当する記号をマークしなさい。

ア　第1次内閣の時，日英同盟協約を結んで日露戦争を遂行した。

イ　西園寺公望と内閣を交互に組閣した。

ウ　第2次内閣の時，大逆事件によって社会主義者を弾圧した。

エ　立憲同志会の創立を宣言したが，結党式を待たずに死去した。

オ　第3次内閣の時，2個師団増設を拒絶し，陸相が単独で辞表を提出したことで総辞職した。

11　下線hの年に設立された団体は，以下のうちのどれか。1つ選び，マーク解答用紙の該当する記号をマークしなさい。

ア　社会主義研究会　イ　友愛会　ウ　新婦人協会
エ　日本共産党　オ　日本社会主義同盟

VI　次の文を読んで，問に答えなさい。

室町時代，日本絵画史のなかで大きな意識変革が起こった。いま目の前で繰り広げられている人間生活の諸相を描く「風俗画」の登場である。山水画や花鳥画が表現してきた理想的世界ではなく，身近で現実に展開する人々の営みを主題とする絵画が喜ばれた背景には，いったいどんな社会変化があったのか。それは，戦国大名たちが新たな絵画享受者層として台頭してきたことと関係があったように思われる。

風俗画の中心的な画題であり，京都の名所や民衆生活を描く『[A]屏風』は，戦国大名や天下人が愛玩する調度品として歴史に登場した。京都の文人公卿である三条西実隆は，その日記の1506年12月の条に「越前[B]，屏風新調す，一双に京中を画く，土左（佐）刑部大輔の新図，尤も珍重の物なり，一見して興あり」と記し，宮廷画家の土佐光信が京中を描いた新図の屏風は，戦国大名[B]氏の注文によるものであったことを記録する。また，[C]作の『[A]屏風』は，1574年に織田信長から越後の戦国大名上杉謙信へ贈られたものであった。

領地の繁栄や都市化のためには，民衆のエネルギーを必要とする。権力者たちが，私有財産としての人や都市の重要性を認識したことこそが，実は風俗画を生み出す原動力となったのではないか。風俗画は，画中に登場する民衆の自画像では決してなく，まず「権力者の箱庭」というべき主題として出発した。

だから，秀吉没後に豊臣家が描かせた『豊国祭礼図屏風』には，[D]大仏殿や豊国社とともに，京都の町衆たちが祭礼に奉納した風流踊りが描かれなければならなかった。神となった秀吉への町衆の熱狂的支持は，豊臣家にとって力強いエールとなったからである。江戸時代に入っても，徳川幕府の御用絵師である大和絵の画家[E]によって画巻形式の『[A]巻』が作られていることは，権力者と風俗画とのつながりを示唆する。

江戸時代には，風俗画の享受者層として新たに庶民が台頭する。1点ものの限定制作である肉筆画ばかりでなく，安価な木版印刷による量産が可能な風俗画，すなわち浮世絵版画aが誕生した。18世紀中期に色版を重ねて印刷する錦絵の技法が開発されると，浮世絵版画は肉筆に劣らぬ優れた完成度を獲得した。そしてそこに描かれた題材は，購買層である庶民の好みを反映して，歌舞伎芝居とその役者絵b，または吉原の花魁をはじめとする美人画が主体であった。

〔問〕

1　空欄Aについて。この名称は中国古代の都を京都に見立てたものである。その中国の都市は何か。漢字2字で記述解答用紙の解答欄に記入しなさい。

2　空欄Bに入る姓はどれか。1つ選び，マーク解答用紙の該当する記号をマークしなさい。

ア　浅井　　イ　朝倉　　ウ　尼子
エ　松永　　オ　六角

3　空欄Cに入る人名はどれか。1つ選び，マーク解答用紙の該当する記号をマークしなさい。

ア　狩野永徳　　イ　狩野秀頼　　ウ　狩野元信
エ　狩野元秀　　オ　狩野吉信

4　空欄Dについて。豊臣秀頼がこの寺へ奉納した釣鐘の銘文「国家安康」「君臣豊楽」は大坂の役の口実となった。その寺院名は何か。漢字3字で記述解答用紙の解答欄に記入しなさい。

5　空欄Eに入る人名はどれか。1つ選び，マーク解答用紙の該当する記号をマークしなさい。

ア　狩野探幽　　イ　住吉具慶　　ウ　住吉如慶
エ　俵屋宗達　　オ　土佐光起

6　下線**a**について。浮世絵版画の分担制作に関わった商工業者のうち誤っているものはどれか。1つ選び，マーク解答用紙の該当する記号をマークしなさい。

ア　絵師　　イ　木地師　　ウ　摺師
エ　版元　　オ　彫師

7　下線**b**に関連して，図1は，明治時代の歌舞伎界の発展に貢献した名優が，家代々の当たり芸「暫（しばらく）」を演じる姿の銅像である。その人名は何か。１つ選び，マーク解答用紙の該当する記号をマークしなさい。

ア　市川鰕蔵（五代目市川団十郎）　　イ　初代市川左団次

ウ　九代目市川団十郎　　エ　五代目尾上菊五郎

オ　初代坂田藤十郎

図１

世界史

（60分）

I　次の文章を読み，設問1～5に答えなさい。設問2，3，5はマーク解答用紙の所定欄にマークし，設問1，4は記述解答用紙の所定欄に記しなさい。

紀元前3000年頃に，統一国家が樹立されたナイル川下流域のエジプトでは，周辺異民族の侵入や外国勢力の支配を一時的に受けながらも，長期にわたり繁栄が続いた。この間，31の王朝が興亡したと記録されている。前343年に始まる第31王朝は，一般に第2次［　A　］支配時代と呼ばれている。この［　A　］を倒し，エジプトを新たに征服した王が［　B　］であった。

［　B　］は，その後も軍隊を東に進め，インダス川にまで至る広大な帝国を短期で築き上げたが，前323年に，［　C　］において，32歳の若さで病気のため急死してしまった。

［　B　］の死後，大帝国はいくつかの国に分裂してしまう。その中で最も長く存続したのが［　D　］朝であった。［　B　］王が，東方に軍事遠征を開始した前334年から［　D　］朝の滅亡（前30年）までの約300年間を［　E　］時代と呼んでいる。

設問1　空欄［　A　］を創始した王は，誰か記しなさい。

設問2　空欄［　B　］が起こした［　A　］の滅亡のきっかけとなった戦いは，どれか。次のア～エから一つ選びなさい。

ア　イッソスの戦い　　　イ　カイロネイアの戦い

ウ　アルベラの戦い　　　エ　プラタイアの戦い

設問3　空欄［　C　］にあてはまる都市は，どこか。次のア～エから一つ選びなさい。

ア　ペルセポリス　　　イ　スサ

ウ　アレクサンドリア　　　　　　エ　バビロン

設問4　空欄 [D] 朝の最後の支配者は，誰か記しなさい。

設問5　空欄 [E] 時代は，自然科学が発達した時代であった。活躍した時代が，[E] 時代ではない人物を次のア～エから一つ選びなさい。

ア　エウクレイデス　　　　　　イ　ピタゴラス

ウ　アルキメデス　　　　　　　エ　エラトステネス

II

次の文章を読み，設問1～5に答えなさい。設問1～4はマーク解答用紙の所定欄にマークし，設問5は記述解答用紙の所定欄に記しなさい。

カール＝ヤスパースは，1949年に『歴史の起源と目標』を刊行し，みずからの歴史観を世に問うた。彼は，紀元前500年頃を中心とする前後300年を枢軸時代とよび，その意義を強調した。その時代に世界各地の人々は，自己の限界を自覚し，いかに生きるべきかを考えるようになったというのである。

当時の世界各地には，たしかに数多くの著名な思想家が登場している。たとえば，①アショーカ王以前のインドでは国同士の争いが絶えず，そのなかで②重要な思想がはぐくまれた。とくに仏教は，[A] らによってその経典が漢訳され，その後の東アジア史に大きな影響を与えた。③春秋戦国時代の中国でも戦争が繰り返され，それと同時に，④諸子百家が活躍した。以上の事例によれば，人類は苦難のときにこそ，それを乗り越える思想を生み出してきたといえる。

設問1　下線部①の「アショーカ王以前のインド」に関して誤った記述はどれか。次のア～エから一つ選びなさい。

ア　マガダ国がコーサラ国を滅ぼした。

イ　後期ヴェーダ時代には，『サーマ＝ヴェーダ』・『ヤジュル＝ヴェーダ』・『リグ＝ヴェーダ』が編まれた。

ウ　前4世紀後半にチャンドラグプタがマウリヤ朝を建国した。

エ　仏典結集が行われた。

設問2　下線部②の「重要な思想」に関して誤った記述はどれか。次のア

～エから一つ選びなさい。

ア　南インドで誕生した仏教は，それまでの動物の供犠やヴェーダ祭式，バラモンを最高位とみなすヴァルナ制を否定し，人生の苦について論じた。

イ　ヴァルダマーナを始祖とするジャイナ教は，断食などの苦行を重視し，不殺生主義を特徴とするもので，現在も信者がいる。

ウ　バラモン教の内部では，それまでの祭式至上主義よりも内面の思索を重視するウパニシャッド哲学が台頭した。

エ　バラモン教に民間信仰がとりいれられ，ヒンドゥー教の基礎が形成された。

設問3　下線部③の「春秋戦国時代」に関して，以下の文章を時代順に並べ替え，古い方から3番目にあたるものはどれか。次のア～エから一つ選びなさい。

ア　秦が東周を滅ぼした。

イ　蘇秦や張儀によって合従連衡の外交戦が展開された。

ウ　斉の桓公が覇者となった。

エ　晋が分裂し，韓・魏・趙の三国が生まれた。

設問4　下線部④の「諸子百家」に関して誤った記述はどれか。次のア～エから一つ選びなさい。

ア　孫武は呉に仕え，戦わずして勝つことを至上とする兵法を展開した。

イ　商鞅は変法を主導し，楚を大国にした。

ウ　墨子は侵略戦争を批判し，防衛戦争を容認した。

エ　韓非は信賞必罰を重んじる法治主義を主張した。

設問5　［　A　］は，亀茲出身の仏僧で，401年に後秦の長安に迎えられ，『般若経』・『法華経』などの大乗仏典を次々に翻訳したことで知られる。［　A　］に入る人物名を漢字で答えなさい。

III

以下の文章を読み，設問に答えなさい。設問1，2，5はマーク解答用紙の所定欄に一つだけマークし，設問3，4は記述解答用紙の所定欄に記しなさい。

民族の移動は中世ヨーロッパ世界に大きな社会変動をもたらした。中世ヨーロッパ世界の成立につながった民族の移動としては，$_{\text{a}}$ゲルマン民族の大移動が最も有名であるが，ゲルマン民族には建国しても短命に終わったものが多い。それに対し「第二次民族大移動」とも称されるノルマン人の大移動は，彼らが掠奪と交易を行いながらヨーロッパ各地に定着し，新しい国家を建設してヨーロッパ世界を大きく変える原動力になった。彼らのうちの一派は，$_{\text{b}}$西フランク王国内で領土を得て定着し，他の一派は11世紀前半には［　c　］王のもと一時的にイングランドを支配した。また他の一派は，ドニエプル川中流域のスラヴ人地域にまで進出し，$_{\text{d}}$先住民と同化しながら公国を形成した。西フランク王国内に定着した一派からは地中海世界に進出し，シチリアと南イタリアを征服する者も出て，$_{\text{e}}$彼らは同地で王国を建国した。

設問1　下線部aに関する以下の文章のうち，最も適切なものを選びなさい。

イ　フランク族は北フランスの地域に建国し，クローヴィス王のときにアリウス派から三位一体論を否定するカトリックに改宗し，在地のカトリック教会の支持を得ることができた。

ロ　西ゴート族はイベリア半島に建国しトレドを首都に繁栄したが，711年にイスラーム勢力により滅ぼされ，その後はアッバース朝の子孫がカリフとして支配した。

ハ　テオドリック王に率いられた東ゴート族はイタリアでオドアケルを破り，ラヴェンナを首都に建国し，エウセビオスのような知識人を招いて古代の文化を再興した。

ニ　ランゴバルド族は6世紀後半に北イタリアに建国したが，その後，カロリング朝のカール大帝の攻撃を受け滅亡した。

設問2　下線部bに関する以下の文章のうち，古い方から3番目にあたるものはどれかを選びなさい。

イ　この一派の首長は，カロリング朝の王と条約を結んだ。

ロ　この一派の首長の子孫が，後にイングランド王にもなった。

ハ　この一派の定住した地域からも，騎士たちが第一回十字軍に参加した。

ニ　この一派はセーヌ川流域をしばしば掠奪したが，その防衛にあたった一門のパリ伯ユーグ＝カペーが王位についた。

設問3 ［ c ］に入る王の名を記しなさい。

設問4 下線部dに関連して，この国の王でギリシア正教に改宗し，これを国教とした君主の名を記しなさい。

設問5 下線部eに関して，最も適切なものを選びなさい。

イ この王国ではムスリムがキリスト教への改宗を強制され，彼らはモスリコと呼ばれて迫害を受けながら生活した。

ロ この王国はビザンツ帝国の一部となり，ギリシア正教世界の一員として地中海世界で繁栄した。

ハ この王国の王都パレルモでは，アラビア語の文献がラテン語に訳され翻訳活動の中心になっていた。とくにイブン＝ルシュドがアリストテレスの翻訳を行ったことで有名である。

ニ この王国では13世紀に「シチリアの晩鐘」事件が起こると，シチリア島に関してはアラゴン王国が支配するようになった。

Ⅳ

次の文章を読んで設問に答えなさい。設問1，2，3はマーク解答用紙の所定欄に一つだけマークし，設問4，5，6は記述解答用紙の所定欄に記しなさい。

歴史上の漢語（中国語）文献において，「中国」概念は時代や地域により様々な相違がある。ユーラシア大陸東部の広大な領域を統合した大元ウルスAを「元朝」と呼ぶ場合，そこには中華王朝のひとつとしての位置づけを示す意図があるが，この時代の「中国」概念もまた複雑であった。大元ウルスに先立つ金朝Bと南宋はいずれも「中国」を自認した。金朝滅亡後に山東の東平で記されたとされる修端『弁遼宋金正統』は，金朝の元臣下の立場から，「北朝」である遼・金と，「南朝」である北宋・南宋のいずれも正統な中華王朝として正史Cが編纂されるべきとし，この考えは大元ウルス治下の華北（北中国）知識人たちに支持された。

一方，モンゴルによる南宋征服の後，江南Dの知識人たちが想像する「中国」は，おおむね黄河流域（中原）と南方中国（江南）によって構成されており，遼E・金の領域全てが「中国」とは必ずしも認識されていなかったようである。明朝の初代皇帝として即位する前年，朱元璋Fが頒布した『諭中原檄』において「元は北狄を以て入りて中国に主たり」と述べられるが，そこに想定される「中国」についても，これまで近現代の研究者により様々に議論されてきた。

設問 1　下線部Aに関連して，「大元」は儒学の五つの経典のひとつとされるある書物の「大哉乾元，万物資始」という文章に由来するとされるが，この書物は次のうちどれか。

ア　『老子道徳経』　　イ　『楚辞』
ウ　『易』　　エ　『孟子』

設問 2　下線部Bに関連して，金朝を建国した女真の前身の一つとされる靺鞨が高句麗を構成していた人々とともに建国し，7 世紀末から 10 世紀まで存続した国家は，次のうちどれか。

ア　南詔　　イ　吐蕃
ウ　高麗　　エ　渤海

設問 3　下線部Cに関連して，唐滅亡から北宋建国までの時代を「五代十国」とする歴史観に大きな影響を与える『五代史記（新五代史）』を記し，唐宋八大家の一人でもあった人物を，次の中から一人選べ。

ア　朱熹　　イ　司馬光
ウ　欧陽脩　　エ　范仲淹

設問 4　下線部Dに関連して，北宋時代に南方中国に導入されて栽培が始まった，日照りに強い早稲種の稲の名称を書け。

設問 5　下線部Eに関連して，遼が北宋との間に 1004 年に結び，以後両国の共存の基礎となった和議の名称を書け。

設問 6　下線部Fに関連して，朱元璋の治世に実施された里甲制では，農民 110 戸を 1 里とし，その内部で輪番での租税徴収や治安維持，そして租税台帳（賦役黄冊）の作成を連帯責任のもとで行わせた。この際，人望の厚い年長者が就いた民衆教化・相互扶助を管轄する役職名を書け。

V　次の文章を読み，設問１～５に答えなさい。設問１～４はマーク解答用紙の所定欄にマークし，設問５は記述解答用紙の所定欄に記しなさい。

A百年戦争に敗れた後，イギリスではランカスター家とヨーク家の間で王位継承をめぐる争いが起こり 1455 年から 1485 年まで両家の間でBバラ戦争と呼ばれる内乱が起こった。この混乱の中からランカスター家のヘンリが台頭し 1485 年Cテューダー朝を開きヘンリ７世として即位した。その子Dヘンリ８世のときローマ教皇と絶縁し，イギリス国教会を中心とした宗教改革が進められたのは有名である。そしてエリザベス１世の時代には，イギリスは海洋国家としての性格を強め，国の許可を受け敵船などを襲撃，捕獲することを認められた民間船，［　E　］船が国庫を潤した。

設問１　下線部Aに関連して，英仏百年戦争の時代に起こった出来事で正しい説明はどれか。

1　イギリス国王エドワード４世は，母がフランスのヴァロア朝出身であったことから王位を要求し，フランスに宣戦布告した。

2　フランス軍の用いる長弓（ロングボウ）は，特に戦争初期にイギリス軍を苦しめた。

3　イギリスのエドワード黒太子はしばしばフランス軍に敗れ，愚昧な王子と言われた。

4　フランス国王シャルル７世は，イギリス軍を撃破するとともに，フランスの王権の再建を進めた。

設問２　下線部Bに関連して，バラ戦争について正しい説明はどれか。

1　バラ戦争によって，多くの諸侯，騎士が没落した。

2　ヨーク家の国王ヘンリ６世の病弱に乗じてランカスター家は戦いを挑んだ。

3　バラ戦争の時期に，シモン＝ド＝モンフォールの乱がおこった。

4　バラ戦争の時期に，ウェールズがイギリスに完全に併合された。

設問３　下線部Cに関連して，テューダー朝のときに起こった事件のうち，年代順に古いものから３番目はどれか。

1　国王至上法（首長法）が施行された。

2　ドレークが，スペイン無敵艦隊と戦った。

3　エドワード6世は，一般祈禱書を制定した。

4　メアリ1世のとき，一時カトリックが復活した。

設問4　下線部Dの人物とその治世について正しいものはどれか。

1　オランダ独立戦争に介入した。

2　議会立法により，修道院を廃止した。

3　最初の妻ジェーンとの離婚問題が，イギリス宗教改革のきっかけとなった。

4　フランスとの戦争でカレーを失った。

設問5　[E] に当てはまる最も適切な語を記せ。

VI

次の文章を読み，設問に答えなさい。設問1，2，5はマーク解答用紙の所定欄に一つだけマークし，設問3，4は記述解答用紙の所定欄に記しなさい。

17世紀後半に親政を開始したルイ14世は，軍備を強化し対外戦争をたびたびひき起したが，とくにハプスブルク家の打倒を目指して，ピレネー・アルプス・ライン川・大西洋などの山脈・河川・海洋に基づく自然国境説や，王朝間の血縁関係a を口実に，侵略戦争を繰り返した。まず1667年の南ネーデルラント継承戦争ではスペイン領ネーデルラントの領有権を主張し，つづくオランダ戦争b ではオランダの貿易独占の打破を目指し，さらにアウクスブルク同盟戦争では [A] 選帝侯領に対する領土継承権を主張した。

ルイ14世の対外戦争の中でも，とくに重要なのはスペイン継承戦争である。1700年にスペインのハプスブルク家が断絶し，ルイ14世の孫が [B] として即位すると，オーストリア＝ハプスブルク家がイギリス・オランダなどと連合して反対し，戦争が起こった。戦局はフランス側に不利であったが，対立候補が神聖ローマ皇帝に即位したことなどにより状況は変化し，講和への動きとなった。1713年のユトレヒト条約c と14年のラシュタット条約で戦争は終結し，ブルボン家のスペイン王位継承が認められたが，ルイ14世の覇権政策はとん挫し，一方でイギリスが海上帝国の土台を築いた。

設問 1　下線部 a に関連して，近世・近代ヨーロッパの王国・王朝の血縁・婚姻関係について述べた次の文の中で，適切なものはどれか。

イ　カスティリャ王女イサベルとポルトガル王子フェルナンドの結婚により，両国は統合されてスペイン王国が成立した。

ロ　フランス＝カペー王朝の王妹とユグノーの首領であるブルボン家のアンリの結婚祝賀の折に，サンバルテルミの虐殺事件がおきた。

ハ　ルイ 14 世は，スペイン＝ハプスブルク家の王女マリ＝テレーズと結婚し，スペイン王家との関係を強化しようとした。

ニ　イギリスのジェームズ 2 世の長女メアリは，オランダ総督ウィレムと結婚し，名誉革命時にメアリ 3 世ならびにウィリアム 2 世として，ともに王位についた。

設問 2　下線部 b に関連して，オランダについて述べた次の文の中で，適切なものはどれか。

イ　ネーデルラント北部 10 州はホラント同盟を結成して独立運動を進め，オラニエ公ウィレムの指導の下で，1581 年にネーデルラント連邦共和国として独立を宣言した。

ロ　オランダは 1602 年にオランダ東インド会社を設立し，ジャワのバタヴィアを拠点に香辛料貿易の独占を図った。

ハ　17 世紀のオランダは黄金時代を迎え，法学者グロティウスが国際法の発展に寄与し，スピノザが単子論を唱え，フェルメールやエル＝グレコが新しい画風を展開した。

ニ　17 世紀前半に，オランダはイギリスと 3 回にわたりイギリス＝オランダ戦争を戦ったが，イギリス優勢ですすみ，これを契機としてイギリスに海上覇権が移っていった。

設問 3　［ A ］にあてはまる用語は何か。カタカナで答えよ。

設問 4　［ B ］にあてはまる人物は誰か。人名を答えよ。

設問 5　下線部 c に関連して，ユトレヒト条約について述べた次の文の中で，適切なものはどれか。

イ　イギリスはスペインからジブラルタルを獲得した。

ロ　スペインはイギリスからフロリダを獲得した。

ハ　イギリスはフランスからミシシッピ川以東のルイジアナを獲得した。

ニ　フランスはイギリスからニューファンドランドを獲得した。

Ⅶ　次の文章を読み，設問に答えなさい。設問1，2は記述解答用紙の所定欄に記し，設問3，4，5はマーク解答用紙の所定欄にマークしなさい。

アメリカ合衆国（米国）の中東とその周辺地域への軍事的・政治的な関わりは，第二次世界大戦以降に本格化した。ただし，すでに19世紀初頭に米国は地中海南岸へ艦隊を派遣しており，$_{a}$トリポリやキレナイカの一帯などで交戦していた。20世紀半ば頃，$_{b}$イランの石油国有化などに対しては，イギリスと共にクーデタを首謀したとされ，その後の王政を支えた。しかし，この王政は多くのイラン国民の反感を買い，1979年に$_{c}$イラン革命が生じた際には，米国大使館も占拠された。同年，ソ連は$_{d}$アフガニスタンへ侵攻して，社会主義政権を支援した。米国は対抗して反政権の義勇兵組織を支援したが，そこには後のアル＝カーイダのメンバーも含まれていた。2001年，同時多発テロ事件の首謀者とされたアル＝カーイダのメンバーを匿っているとして，米国はアフガニスタンを攻撃し，当時のターリバーン政権を倒した。米国は$_{e}$イラクのフセイン政権も支援してきたが，1990年にイラクがクウェートへ侵攻すると，多国籍軍で攻撃して撤退させた。2003年にはイラクへ侵攻してフセイン政権を崩壊させたが，その口実となった大量破壊兵器は見つからなかった。その後もイラク情勢は混迷を極めている。

設問1　下線部aの地域を1911-12年の戦争によって奪い，植民地とした国の名を記しなさい。

設問2　下線部bを推し進めたイランの首相の名を記しなさい。

設問3　下線部cに関連して生じた出来事について述べた次の文ア～エのうち，誤っているものを一つ選びなさい。

ア　第2次石油危機が発生した。

イ　ホメイニが帰国して，最高指導者となった。

ウ　米国では，フォード大統領がこの対応にあたった。

エ　イラン＝イスラーム共和国が成立した。

設問4　下線部dに関連して述べた次の文ア～エのうち，誤っているものを一つ選びなさい。

ア　15世紀に，ヘラートはティムール朝の中心都市として栄えた。

イ　18世紀半ばに，アフガン王国が成立した。

ウ　19世紀に，カージャール朝の侵攻を受けた。

エ　1880年に，ロシアはここを保護国とした。

設問5　下線部eに関連して述べた次の文ア～エのうち，誤っているものを一つ選びなさい。

ア　1968年，アラブの統一と社会主義を掲げるバース党が権力を握った。

イ　1980年，フセイン大統領は隣国イランとの戦争を始めた。

ウ　湾岸戦争後，ペルシア湾岸地域に米国軍の駐留が続いた。

エ　2003年，米国のイラク軍事攻撃にフランスも加わった。

VIII

以下の文章を読み，各設問に答えなさい。設問1～3，5の解答はマーク解答用紙の所定欄，設問4の解答は記述解答用紙の所定欄に記入しなさい。

第二次世界大戦は人類史上に前例を見ない大戦争となった。1939年9月にドイツがポーランドを攻撃すると，イギリス，フランスがドイツに宣戦し，第二次世界大戦が始まった[a]。ヨーロッパ各地に侵攻したドイツ[b]は，広大な領域を支配するようになった。

1941年6月，ドイツはソ連に奇襲攻撃を加えた[c]。他方で，同年の8月にイギリスとアメリカ合衆国の首脳は会談を行い，共同宣言[d]を発表した。

戦争中，ドイツは人種主義をおし進め，ユダヤ人[e]など，多数の人びとを迫害した。その結果，第二次世界大戦の暴力性はさらに強まった。

設問1　下線部aに関連して，この当時の各国の状況についての説明として最も適切なものをイ～ニから一つ選びなさい。

イ　アメリカ合衆国では，大規模な軍備拡張が始まり，イギリスなどへの援助が強化された。

ロ　中国では，汪兆銘を首班とする重慶政府が設立された。

ハ　フィリピンでは，タキン党による独立運動が活発化した。

ニ　スペインでは，軍人のサラザールが独裁政権を樹立した。

設問2　下線部bに関連して，第二次世界大戦中のドイツの軍事行動を時代順に古いものから正しく並べているのはどれか。イ～ニから一つ選びなさい。

イ　パリ占領　→　バルカン制圧　→　スターリングラードの戦い　→　デンマーク侵入

ロ　デンマーク侵入　→　パリ占領　→　バルカン制圧　→　スターリングラードの戦い

ハ　バルカン制圧　→　スターリングラードの戦い　→　デンマーク侵入　→　パリ占領

ニ　スターリングラードの戦い　→　デンマーク侵入　→　パリ占領　→　バルカン制圧

設問3　下線部cに関連して，この奇襲に参加していない国をイ～ニから一つ選びなさい。

イ　イタリア　　　　　　　　　　ロ　ルーマニア

ハ　スウェーデン　　　　　　　　ニ　フィンランド

設問4　下線部dに関連して，この共同宣言の名称を答えなさい。

設問5　下線部eに関連して，ユダヤ人についての説明として最も適切なものをイ～ニから一つ選びなさい。

イ　イエスは，律法の実行を軽視するパリサイ派を批判した。

ロ　チョーサーは『ヴェニスの商人』で，強欲なユダヤ人の姿を描いた。

ハ　第一次世界大戦中，イギリスはバルフォア宣言によってユダヤ人の協力を得ようとした。

ニ　第二次世界大戦後のパレスチナでは，国際連合の提案をユダヤ人が受け入れず，第一次中東戦争が起こった。

IX

下記の文章を読んで，設問1～5に答えなさい。設問1は記述用解答用紙の所定欄に，設問2～5はマーク解答用紙の所定欄に一つだけマークしなさい。

ミュージアム（博物館・美術館）の成立にはさまざまな歴史的背景があり，宮廷コレクションが母体となることも少なくない。イタリア＝ルネサンスの画家レオナルド＝ダ＝ヴィンチはその晩年，フランス王［ (1) ］に招かれてフランスに渡った。ルーヴル美術館が「モナ＝リザ」をはじめとするレオナルド晩年の傑作を所蔵しているのはそのためである。

ボッティチェリの［　(2)　］が，フィレンツェのウフィツィ美術館に所蔵されているのは，同美術館が，メディチ家のコレクションを収蔵しているからである。

古代ギリシアの傑作(3)パルテノン神殿の彫刻は，19 世紀初頭，イギリスの外交官であったエルギン伯によって大英博物館にもたらされた。エジプトからフランス軍を退けたイギリスに対して，当時エジプトやギリシアを支配していたオスマン帝国は好意的であったのである。

オーストリア＝ハプスブルク家のコレクションとしては，(4)ブリューゲルなど巨匠の作品を擁するウィーン美術史美術館が有名である。強大な体制を誇ったオーストリア帝国はウィーン体制崩壊以降，徐々に衰退に向っていくが，まさにその時期に汎ヨーロッパ的な宮廷文化に代わって，独自の思想や文化が開花する。都市ウィーンを囲んでいた城壁の跡地につくられた環状道路（リングシュトラーセ）沿いには，美術館，博物館や劇場，そして大学などが建造されたが，これらの建物は近代文化都市ウィーンを象徴することになった。

こうした新しいウィーン文化の担い手には，19 世紀中葉に東欧や他のドイツ語圏から移住してきたユダヤ人の子孫が少なくない。しかし，(5)フロイトやウィトゲンシュタイン，シェーンベルクなど，これらユダヤ系知識人，文化人のほとんどは，1930 年頃から第二次大戦期にかけて，迫害のために他国への移住を余儀なくされた。壮大な知の流出といえる。

設問 1　空欄［　(1)　］に入る語を記述用解答用紙に記しなさい。

設問 2　空欄［　(2)　］に入る作品名として最もふさわしいものを以下から一つ選びなさい。

ア「ヘントの祭壇画」　イ「四人の使徒」

ウ「ヴィーナスの誕生」　エ「最後の晩餐」

設問 3　下線部(3)の作品を以下から一つ選びなさい。

ア

イ

ウ

エ

設問４　下線部(4)の画家の作品を以下から一つ選びなさい。

ア

イ

ウ

エ

設問 5　下線部(5)に関してもっともふさわしい記述を以下から一つ選びなさい。

ア　彼が提唱したプラグマティズムは 20 世紀アメリカの政治思想の基盤となった。

イ　政治や社会，文化を規定する生産様式に矛盾が生じると，社会は新しい段階に進むとした。

ウ　実存は本質に先立つと考え，人間の主体性を重要視した。

エ　無意識あるいは深層心理に注目し，それを科学的に分析すべきと考えた。

ロ　教師が生徒の疑問を待たずに、一方的に教えるという弊害がある。

ハ　生徒は心に浮かんだ疑問をすぐに質問することができるという利点がある。

ニ　教師に学ぶだけでなく、生徒同士がお互いの疑問点を語り合うことができる。

ホ　教師の講義によって生徒は新たな疑問点を見つけ、より深く考えることができる。

問二十九　傍線部4「今将以論語之書与諸君相従学」の返り点として、最も適切なものを次の中から一つ選び、解答欄にマークせよ。

イ　今将レ以二論語之書一与二諸君一相従学

ロ　今将レ以二論語之書一与二諸君相従学一

ハ　今将下以二論語之書一与中諸君上相従学

ニ　今将下以三論語之書与二諸君一相従学上

ホ　今将下以二論語之書一与二諸君一相従学上

風流習尚ノ所㆓以不ル㆒㆑及バ㆓於古人ニ㆒也。然レバ則チ学者欲スレバ㆑求メント㆓古人之所ヲ㆒㆑至ル、其レ可ケン㆓以テ不ル㆒㆑務メ㆓古人之所ヲ㆒㆑為ス乎。4今将以論語之書与諸君相従学、而レバ惟《ただ》今之所謂講ナル者不ル㆑足ラ㆑事トスルニ也。是ヲ以テ不㆘敢ヘテ以テ㆓区区薄陋ノ所ヲ㆒㆑聞ク告ゲ㆗諸君ニ㆖。

（朱熹『朱子文集』による）

注　六芸之文…儒教の経典。
汎然…ぼんやりと。
一時之文…その時代の流行の文章。
緒言余旨…わずかな言葉に隠された真意。
風流習尚…風潮や嗜好。
区区薄陋…取るに足らない愚かで浅はかな者。自分自身を謙遜して言う表現。

問二十六　傍線部1「問ヒテ㆑之ヲ弗レバ㆑得弗ル㆑措《お》カ也」の意味として、最も適切なものを次の中から一つ選び、解答欄にマークせよ。

イ　機会を逃さず質問する。
ロ　納得するまで質問し考える。
ハ　質問する機会を得るために努力する。
ニ　質問する前に自分で納得するまで考える。
ホ　質問する機会が得られなければ自分で考える。

問二十七　傍線部2「如此而已」の書き下しを、記述解答用紙の所定の欄に、すべて平仮名で記せ。

問二十八　傍線部3「学校」について、筆者はどのような意見を述べているか、最も適切なものを次の中から一つ選び、解答欄にマークせよ。

イ　教師が一人一人の生徒の疑問に十分に対応できない恐れがある。

イ　浅間の山　ロ　因幡の山　ハ　竜田の山　ニ　吉野の山

問二十四　空欄 Ⅲ に入る最も適切な二十字程度の一文を文中から抜き出して、冒頭の三字を記述解答用紙の所定の欄に記せ。

問二十五　本文の内容と合致する最も適切なものを次の中から一つ選び、解答欄にマークせよ。

イ　住吉の尼君は、姫君から詳しく事情を聞いたが、継母が決して姫君をにくいと思っているのではないことを理解した。

ロ　中納言は、姫君が母宮のことや乳母のことを恋しく思っていることを知り、嫉妬するのを抑えられずにいた。

ハ　中の君や三の君は、姫君の家出を知って嘆き悲しんだが、姫君が思い悩んでいることにはうすうす気が付いていた。

ニ　中納言は、姫君が残した和歌を見て姫君の心をすっかり理解し、自分に事情を打ち明けてくれなかったことを悔やんだ。

四

次の文章は、『論語』の読書会を開くに当たって、師である筆者が弟子たちに向けて書いたものである。これを読んで、あとの問いに答えよ（返り点・送り仮名を省いた箇所がある）。

古之学者《ハ》潜《メ》二心《ヲ》乎六芸之文《ニ》一、退《キテ》而考《ヘ》二諸《これヲ》日用《ニ》一、有《レバ》レ疑《フコト》焉則《チ》問《ヒ》、[1]問《ヒテ》レ之《ヲ》弗《レバ》レ得弗《ル》レ措《おカ》也。古之所謂伝《ヘ》レ道《ヲ》授《ケ》レ業《ヲ》解《ク》レ惑《ヒヲ》者《ハ》、[2]如此而已。後世設《ケテ》二師弟子《ノ》員《ヲ》一、立《テ》二[3]学校《ヲ》一以《テ》群《あつム》レ之《ヲ》。師之所レ講《ズル》、有《リ》レ不《ルコト》レ待《タ》二弟子之問《ヒヲ》一、而《シテ》弟子之聴《クコト》二於師《ニ》一、又非《ザル》二其《ノ》心之所《ニ》一レ疑《フ》也。汎然《ト》相与《ともニシ》、以《テ》具《そなフル》二一時之文《ヲ》一耳。学問之道、豈《ニ》止《マラン》二於此《ニ》一哉。自《より》二秦漢一以《テ》迄《いたルマデ》レ今《ニ》、蓋《シ》千有余年、所謂師弟子《ナル》者、皆不過如此。此《レ》聖人之緒言余旨《ノ》所下以《ニシテ》不《ル》上レ白《あきらカナラ》二於後世《ニ》一、而後世之

ニ　主人公の姫君は、中納言から求婚されていたが、継母がそれを許さず、悲観した姫君は、侍女の侍従の実家である住吉に家出する。家出を知った兄弟の少将たちは強く後悔した。

問十九　波線部a〜eの敬語表現のうち、敬意の対象となる人物が他と異なるものが一つある。それはどれか。最も適切なものを次の中から一つ選び、解答欄にマークせよ。

イ　a　　ロ　b　　ハ　c　　ニ　d　　ホ　e

問二十　傍線部1・7の意味として最も適切なものをそれぞれ次の中から一つ選び、解答欄にマークせよ。

1　イ　これが中納言の顔を拝する最後の機会となる。
　ロ　今日だけ中納言にお目にかかればもう会う必要はない。
　ハ　今日の中納言との面会は特に重要で失敗は許されない。
　ニ　中納言はきっとこの訪問を最後にしたいと思っている。

7　イ　あなたを思う気持ちは私も負けはいたしません。
　ロ　裏切られたという思いは私も変わりありません。
　ハ　悲しい思いは私もあなたに劣ることはありません。
　ニ　私はそれほど姫君の安否を心配してはおりません。

問二十一　傍線部2〜6のうち、姫宮の心情を象徴しているものはどれか。最も適切なものを次の中から一つ選び、解答欄にマークせよ。

イ　2　　ロ　3　　ハ　4　　ニ　5　　ホ　6

問二十二　空欄 Ⅰ に入る最も適切なものを次の中から一つ選び、解答欄にマークせよ。

イ　尼君　　ロ　少将　　ハ　まま母　　ニ　中の君　　ホ　三の君

問二十三　空欄 Ⅱ に入る最も適切なものを次の中から一つ選び、解答欄にマークせよ。

れ。」とて、中納言殿のかたはらに、泣くよしにて、にがみゐたり。

少将は、「かかりければ、なさけある御返事をばしたまひてける。」と思ひ続けて、対の簀《す》の子に、さめざめと泣きゐたまへり。三の君、ここかしこ見ありきたまふほどに、母屋《もや》の御簾《みす》に結びたる薄様《うすやう》ありけり。何となく取りて見れば、姫君の手にて、

なき名のみ［Ⅱ］の薄紅葉《うすもみぢ》散りなんのちをたれか忍ばむ

とばかり書きたまひたりけり。これを見たまひて、いよいよあはれさまさりて、中納言に見せきこゆれば、「いかなることのありければにや。我には言ひたまふべきにこそ。［Ⅲ］」とて、これを顔におしあてて、うつぶしたまひけり。まま母、「男などのもとに e おはしたるにこそ。よも隠れ果てたまはじ。いたくな嘆きたまひそ。7 我も劣らずこそ。」など言ひければ、中納言、「多くの子どもよりも、この君ばかり誰かはある。我が身にも代へまほしけれども、心にかなはぬ世なれば。」と、うちくどきたまへば、まま母、「侍従に狂《くる》はかされて、よものふるまひどもしたまふも知らで。」と、つぶやきゐたれば、「あなむつかし。こは何事ぞ。」とて、嘆きたまひける。

（『住吉物語』による）

問十八　文中の人物に関する説明として最も適切なものを次の中から一つ選び、解答欄にマークせよ。

イ　主人公の姫君は、継母とともに暮らしていた。侍女の侍従にそそのかされて生母である住吉の尼君の元へ逃げ出したが、それを知って父親の少将は嘆き悲しんだ。

ロ　主人公の姫君は、中納言の娘で、中納言の後妻である継母から疎んぜられていたが、継母腹の二人の娘とは良好な関係であった。少将は姫君に思いを寄せていた。

ハ　主人公の姫君は、継母やその娘たちから疎んぜられていることに苦悩し、血縁の住吉の尼君の元に逃避した。それを知った父親や従者の少将は、ただ呆然とするばかりだった。

はれと思ひはべる。頭の髪を筋ごとにとありとも、いなぶべき身かは。」と、のたまへば、「母宮のことも、また、乳母のことも思ひはべらず。殿をも見たてまつらでほどふることもやと、かなしく。」など、言葉も聞こえぬほどに、泣く泣く聞こえたまへば、中納言、うち泣きたまひて、「三条におはしますとも、まろが生きたらんほどは、離れきこゆべきにあらず。何かはそのことをおぼす。」とて立ちたまふを、今一度と、顔ふりあげて見たまふに、目もくれ心も消ゆるほどにぞありける。侍従とともにぞ泣きゐたまへる。

小夜《さよ》ふくるほどに、車の音のいできたれば、櫛の箱と、御琴ばかりぞ、持ちたまへる。御車のしりには侍従乗りたり。ころは長月の二十日あまりのことなれば、有明の月のかげもあはれなるに、出でて行きたまひけん心のうち、いかばかり悲しかりけん。嵐はげしき空に、数絶えぬ音を鳴き渡る雁も、折知り顔に聞こゆ。雲間を出づる月の、常よりも我をとぶらふ心ちぞしける。

さて、尼君のもとに行きて、かきくどき、こまごまと語りければ、「誠におぼし立つも御ことわりにこそ。今も昔も、誠ならぬ親子の有様のゆゆしさよ。まま母ながらも、いづくをにくしとか見たまはん。あさまし。かかる憂き世なれば、思ひ捨てはべるものを。」とて、墨染めの袖をしぼるばかりにぞありける。夜のうちに、淀に着きてけり。

少将、その夜、対《たい》に行きて、兵衛の佐《すけ》といふ女して、侍従を尋ねさすれば、音もせず。姫君の御あとに臥したるかと几帳を見るに、姫君もおはせざりけり。うち騒ぎて、人々に尋ねさせけれども、見えさせたまはざりければ、「あやし。」と思ひけり。「さても、中の君、三の君のもとにおはするにや。」と言へば、「心軽く立ち出でたまふべき人にもあらず、いかなるべきにも。」とて、尋ねあへり。

夜も明けぬれば、常におはせし所を見れば、かたはらなる夜の衾《ふすま》もなくて、とりしたためたるけしきなれば、誠に悲しくて、おのおの忍び音に泣きけり。中納言に「しかしか。」と聞こゆれば、あきれ騒ぎて、声をささげて泣き悲しみたまふこと、たとへんかたなし。中の君、三の君、「あやしく、このほど、心憂きものに思ひたまへりしかば。」「かくまでとは思はざりしものを。」と、をのをの悲しみたまひけり。［Ⅰ］、あきれたる様して、「侍従が里にか、尋ねたてまつを真の公衆へと作り変えるのは困難である。

問十六　本文の内容と合致する最も適切なものを次の中から一つ選び、解答欄にマークせよ。

イ　近代市民社会が誕生した時期に作曲された《第九》は、近代テクノロジーの確立を前提として、当時における新たな社会の理想を象徴するものでもある。

ロ　近代音楽の使命は群衆を公衆とするような一体感を喚起するものだが、コロナ禍を乗り越えた後の《第九》は一体感を取り戻す試金石となる。

ハ　フランス革命が掲げた近代市民社会の理想は実現されず、《第九》という賛歌まで作曲して期待を寄せたベートーヴェンを失望させた。

ニ　近代ヨーロッパ社会の帝国主義的欲望は果てしない拡大を目指しており、ベートーヴェンが称賛したフランス革命の理念と乖離している。

問十七　傍線部1・2の片仮名の部分を漢字に直して楷書で記述解答用紙の所定の欄に記せ。

三

次の文章を読んで、あとの問いに答えよ。

さるほどに、住吉の尼君、上りて、「かく。」と告げければ、「暮るるほどに、忍びたる車たてまつりたまへ。」と、言ひ返して、そのほどに、見苦しきものども、とりしたためてけり。心の中、いかばかりあはれなりけむ。その時しも、中納言、渡りたまひたりければ、さりげなくて[a]おはしけれども、[1]「このたびばかりこそ。見たてまつりはべらんずらん。」と思ひければ、忍びがたき色もあらはれて、顔にふりかけたる髪の隙より涙もり出づるを、見たまひて、「いかに。母宮のことを[b]おぼすにや。乳母《めのと》のこと、ゆかしとおぼし出づるにや、また、兵衛のことを心づきなくおぼすにや。ともかくも、何事にても、おぼさんやうに聞こえたまふべきにこそ。親の思ふばかり、子は思はぬことの心憂さよ。いかばかりにか、あ

ハ　新型コロナウィルスのワクチンが開発され、ようやく人々の交流ができるようになってきたが、まだマスクの着用が必要である。

ニ　ベルリンの壁崩壊を記念した特別なコンサートでは《第九》が演奏された。

問十三　空欄 Ⅲ に入る最も適切な四字の語句を空欄より前の本文の中から抜き出して、記述解答用紙の所定の欄に記せ。

問十四　傍線部B「《第九》が体現している「右肩上がりの時間」という近代の物語」とは何か。その説明として最も適切なものを次の中から一つ選び、解答用紙にマークせよ。

イ　音楽やスポーツ等が輝かしい終了を明確に持つことで、人々が新しい日々の始まりを実感するという物語

ロ　複雑な現実を敵との戦いという形に単純化した上で、最後には必ず敵に勝利して歓声をあげるという物語

ハ　大勢の人々が巨大な空間に集まって大規模な娯楽イベントを実現し、その成功を祝い熱狂するという物語

ニ　人々が一致団結して理想の実現を目指して奮闘し、最終的に目的を成し遂げてともに歓喜するという物語

問十五　傍線部C「《第九》的な物語」について、筆者の考えとして最も適切なものを次の中から一つ選び、解答欄にマークせよ。

イ　ベートーヴェンはビッグイベントの成立にいち早く反応して大規模なオーケストラ編成の《第九》を作曲し、近代音楽の代表的なモデルを確立した。

ロ　《第九》が体現する近代市民社会の理想と現実の乖離は明らかだが、その理想は困難を乗り越え勝利宣言で終わるという型として映画や音楽等で根付いている。

ハ　晩年のベートーヴェンは近代市民社会の理想実現の不可能性を予見して、《第九》と異なるアンチ・フィナーレ型の作品を創作するようになった。

ニ　明るい未来を約束して盛りあげる《第九》のような音楽は人々の間に一体感を生むが一時的なものにすぎず、群衆

ハ　抽象性
ニ　普遍性

問十　傍線部Ａ「「《第九》再開困難」ということがもつ形而上学的な意味」とは何か。その説明として最も適切なものを次の中から一つ選び、解答欄にマークせよ。

イ　《第九》が謳《うた》う人間賛歌は理想論にすぎず、近代国民国家が基盤とするナショナリズムとはまったく相容《い》れないこと。
ロ　大勢の人を集めて動力とする近代産業社会はウイルスへの感染リスクが高く、衛生学的観点への配慮が欠けていること。
ハ　《第九》が象徴する近代市民社会の理想が、二十一世紀の今日では実現が不可能であると明らかになっていること。
ニ　ベートーヴェンが熱狂したフランス革命の「自由・平等・友愛」の夢が、資本主義社会の発達によって失効したこと。

問十一　空欄 Ⅱ に入る語句として最も適切なものを次の中から一つ選び、解答欄にマークせよ。

イ　視覚化
ロ　記号化
ハ　概念化
ニ　平準化

問十二　＊印の段落の主旨に即した例として最も適切なものを次の中から一つ選び、解答欄にマークせよ。

イ　ウィーンの「コンツェルトハウス」大ホールは二千人を収容可能で、舞台には百人のオーケストラと六百人の歌手をのせられる。
ロ　コロナ禍への対応をめぐる意見調整はうまくいかず、ＷＨＯは国家間のいさかいの場と化した。

えていく。もうここに何かが続くことはできない。これで終わりだ。だが完成によって終わるのではない。未解決な何かを残したまま先が続けられなくなってしまい、そのまま筆が止まるという感覚が、極めて特異である。

今から振り返ると、「勝利宣言型」の交響曲を書いて文句なしに成功したのは、結局ベートーヴェンだけだったように思える。彼は十九世紀の初めを生きた人であった。わたしたちがその最末期を生きているのかもしれない近代市民社会が、まだ若く期待に胸を膨らませ、ちょうどとば口に立ったばかりの時代の子であった。

パウル・ベッカーは近代市民社会における音楽の使命が、「絶えず膨張し、見たところまったく有機性を欠いているように思える群衆に、一体感を喚起すること」だったと述べ、そしてベートーヴェンの交響曲は「聴衆というカオスのようなマスを公衆へと作り変え」、そして「彼らに意志と目的を与える」ことに成功したという。ベートーヴェンは生まれたばかりの混沌とした社会に、「友愛で団結して明日を目指せ、勝利は待っている！」と呼びかけた。その後二百年もの長きにわたって効力を持ち続けることになる時間モデルを、ベートーヴェンは音楽で見事に表現することに成功したということだ。しかしながらコロナ禍は、C《第九》的な物語がもはや社会の生々しい現実とどうしようもなく乖離《かいり》し始めていて、もうその最終段階に来ているのかもしれないということを露《あら》わにした。

いつの日か来るだろう《第九》再演を、ただの「音楽イベント」として消費してはいけない。むしろわたしは《第九》を、二百年前のベートーヴェンからの「今」への問いだと思いたい――「わたしが《第九》で夢見た理想社会を君たちは嘘《うそ》だったと思うか？　それとも君たちはなおこの理念をなんとか再建しようとするか？」という問いである。

（岡田暁生『音楽の危機――《第九》が歌えなくなった日』より）

問九　空欄 Ｉ に入る語句として最も適切なものを次の中から一つ選び、解答欄にマークせよ。

イ　独自性

ロ　象徴性

く音楽とは極論するならば近代市民社会／資本主義／テクノロジー賛歌だ。こういうタイプの音楽に集団で熱狂するとき、わたしたちはそれが歌われる空間、そして空間を成立させているさまざまな社会的制度も、無意識のうちに受け入れてきた。しかるにコロナ禍は《第九》を含むビッグイベント向き音楽の [Ⅲ] を直撃し、人々が集まって熱くなることを不可能にしてしまった。「何千人もが集まって一緒に盛り上がる」ことが難しくなるという状況、《第九》の上演不能という事態は自ずと、「近代社会のエンジン停止」という象徴的意味を帯びてこざるを得ないのである。

今日その存立が根底から問われているのは、B《第九》が体現している「右肩上がりの時間」という近代の物語自体である。《第九》をはじめとするベートーヴェンの交響曲が基本フォーマットを確立した時間図式、つまり「最後は盛り上がって勝利に至る」というプロットは、いまだに強くわたしたちを呪縛している。ロック・コンサートもハリウッド映画もスポーツ祭典も、そして政治家の演説も、このパターンを踏襲していないものはないといって過言ではない。

例えばイラク戦争のときのブッシュ大統領の勝利宣言をテレビで見ながら、わたしは反射的にベートーヴェンの交響曲を連想していた。そして思った。「でも現実は交響曲じゃないんだけど？　そんなにすっきりすべてが宣言で終了するはずがないんだけど？」と。政治家の勝利宣言が、本当は終わってもいないものを終わったことにするための儀式だとすると、音楽やスポーツは人々に少なくともひととき「終了」を本気で信じさせるための不可欠の仕掛けだ。明日から新しい日々が始まるような気分に人を引きずり込むのである。こんな「盛り上がる物語」の呪縛からいかにして脱するか。これこそコロナ後の時間論の喫緊の課題だ。

そもそも勝利宣言型の時間図式の金字塔を打ち立てたといっていいベートーヴェンからして、実はすでにその晩年作品からは、勝ち誇る身振りがほとんど姿を消していた。最後のピアノ・ソナタ第三十二番などはこの「アンチ・フィナーレ型」の典型だ。そしてベートーヴェンの次の世代であるシューベルトになると、さらにはっきり「勝利宣言の不能」が刻印されることになる。そもそも彼の代表作が「未完成交響曲」ではないか。未完成であるにもかかわらず、この作品は「未完成なもの」として完璧に完成している。二楽章は、道半ばで息絶えていくようにして、無限のピアニッシモへと消あの巨大な音量とステージにずらりと並ぶオーケストラ団員、歌手、合唱を思い出すがいい。初演時にすでに百人以上という並外れた規模の合唱団が動員されたといわれるが、一万人以上を収容する今日のイベント会場でも、《第九》は何の[1]ソンショクもなく上演が可能だ。またヴィジュアルの壮観さの点でも、それは現代のアイドル系コンサートなどにまったくひけをとるまい。十九世紀にはまだこんなものはほとんどなかった。ベートーヴェンは遠い未来の超巨大空間で鳴り響く音楽を、まだ実際にはそんな建物が存在もしていないような時代に、すでに構想していた。《第九》は間違いなく今日のロック・コンサートやスポーツ祭典などの祖型なのである。

こうした「ビッグイベント」というものが成立するためには、そもそも何が機能していなければならないか考えてみる。まず巨大建築の設計施工技術、建物を煌々《こうこう》と照らし出す大量の電力供給、手際よくイベントを進行させるための裏方技術者が必須だ。出演者と契約を交わし、広範囲にPRをし、チケット販売を手配するマネージメントなども不可欠である。また当日のイベントを寸分の狂いもなく円滑に運ぶための綿密なタイムスケジュールおよびスケジュール遂行のための厳格な管理者も要る。そして何より、莫大な費用がペイするだけのオーディエンスの存在がなくてはイベントは経済的に成り立たない。

欧米でビッグイベント系コンサートを可能にする制度が整ってくるのは、十九世紀の後半のことである。大都会型ミュージック・ライフの枠が確立される時代である。帝国主義のヨーロッパ社会は、巨大イベントへの果てしない欲望に取り憑《つ》かれ始める。合唱祭、体育祭、音楽祭、万博など、枚挙にいとまはない。

当時の最新技術を駆使して建てられた巨大ホール、あるいは大規模な音楽祭のオープニングなどでは、[2]ヒンパンに《第九》が記念上演された。それは市民社会の友愛のシンボルであるのみならず、近代の大量人口集中型社会の輝ける象徴であった。密集によって発生する社会の熱気を可聴化するのである。それはまさに無数の人を一箇所に集め、その熱による大量生産を動力とする社会のアイコンだったのである。

巨大イベント会場は現代における神殿である。それは資本主義とテクノロジーが可能にしたものであり、そこで鳴り響などは、国境を越えて知られる「国民の歌」である。ただし『フィンランディア』にせよ『ナブッコ』にせよ、これらはあくまで国民国家の歌であり、国境を越えて知られてはいても、国境を越えて「わたしたちの歌」として歌われることはない。その強烈なナショナリズムの故に［ Ⅰ ］は弱い。しかしベートーヴェンの《第九》は違う。それはまさに国家を超えた人間賛歌として文句なしに機能してきた。

この種の作品が、演奏者を密集させるという点で、コロナ後の再開が最も危ぶまれるジャンルであることもさりながら、何よりわたしが考えているのは、A「《第九》再開困難」ということがもつ形而上学的な意味である。端的にいえば、この状況の中でもし《第九》を上演したとして、それは《第九》が表象する理念の空洞化をあからさまに［ Ⅱ ］する場にならざるを得まいと、わたしは思っている。ベートーヴェンはフランス革命世代であり、若き日に熱狂した「自由・平等・友愛」の夢が、《第九》にも刻印されている。つまりステージにところ狭しと合唱団やオーケストラ・メンバーを並べることで得られる圧倒的な響きの密度は、単なる音響効果にとどまらず、世界中の人々が抱き合うという友愛理念の可聴化にほかならないのである。しかし今やこの高邁《こうまい》な理念は衛生学の前に屈し、「感染リスクの高い行為」のレッテルを貼られた。

＊さらにいうならば、たとえ完全に以前と同じ状態で《第九》が上演できるようになったとしても、いいようのない後味の悪さのようなものが残らないはずはないし、また残らなければいけないと、わたしは考える。コロナ禍にあって、まさに《第九》が呼びかけたように、何千もの人々が互いを恐れず集まり、肩を組み、マスクすら外し、大声をあげたのは、いったい何においてであったか？　いうまでもなく人種差別に抗議する大規模デモ――二〇二〇年五月にミネアポリスで白人警官の取り押さえによる黒人の死亡事件が起き、それに抗議する形で全米へと拡大した――においてである。この現実を知っていながら、今さらどんな顔をしてナイーヴに「さあ抱き合おう」などと歌えるか？

《第九》は音楽における「近代」のいわば本丸だ。しかも「近代市民社会の友愛理念の象徴」といった高邁な思想的側面だけでなく、生々しい「興行としての下部構造」という点もまた、グロテスクなまでに「近代」そのものなのである。

ロ　家族愛

ハ　アイデンティティ

ニ　人工領域

問七　次の文が入る箇所として最も適切なものを本文中の［イ］～［ニ］の中から一つ選び、解答欄にマークせよ。

そのように軌道修正をしても、人間がこの宇宙に存在するに値するか否かが問われる最終的な地球崩壊が近づく。

問八　本文の趣旨と合致する最も適切なものを次の中から一つ選び、解答欄にマークせよ。

イ　ロボットの導入可能性について検討することは、現代のパンデミック対策に新たな知見をもたらし、差別という発想の根本的な是正につながりうる。

ロ　代入型技術としてのロボットが、社会的にどこまで許容されるかについて考えることは、人間の存在理由を問い直す手掛かりとなりうる。

ハ　チャペックの戯曲に象徴されるように、ロボットは人類の滅亡を早める危険性がある反面、不滅の生命の担い手として希望を託されている。

ニ　持続的な成長こそが人類の使命であり、長期的な視座でそれを遂行するためには、生命という限界をもたないロボットの開発が不可欠である。

二

次の文章を読んで、あとの問いに答えよ。

「公式音楽」というものがある。国家式典の類に向いている音楽、とりわけ勝利宣言などの折に、歴史の区切りとして高らかに響かせるのに適した類の音楽だ。すぐに思い浮かぶのはファンファーレや国歌の斉唱などだろう。シベリウスが作曲した『フィンランディア』やヴェルディのオペラ『ナブッコ』の愛国的合唱曲「行けわが想い、黄金の翼にのって」

ニ　死体や危険物の処理をロボットに任せることで、人類の存続を脅かす「穢れ」の隔離が可能になるということ。

問三　空欄［a］に入る最も適切なものを次の中から一つ選び、解答欄にマークせよ。

イ　これまでにない革新的な技術が、利益追求のために既存の業務に取って代わることは望ましいか

ロ　社会的に許容されていない業務を可能にする技術は、どのようにして倫理的に正当化されるか

ハ　社会的な変化をもたらす新技術の独占は、人類の存在の根幹を脅かす要因にはならないか

ニ　世界にまったく存在しなかった業務を行う技術は、なにによって社会的に許容されるか

問四　傍線部3「代入型技術では、人間そのものが部品として代入され、使用され、廃棄される」とあるが、近代以降の代入型技術が引き起こす問題として適切でないものを次の中から一つ選び、解答欄にマークせよ。

イ　ロボットのような利益を生む技術が、社会から拒絶され人々に排撃されてしまう。

ロ　ベルトコンベアで作業する労働者のように、人間が機械の代替物になってしまう。

ハ　ロボットのように、賦役を負わされ搾取される労働者が新たに大量生産される。

ニ　チャペックが『ロボット』で描いたように、人間の存在理由が失われかねない。

問五　傍線部4「人間は絶滅する」とあるが、その要因として適切でないものを次の中から一つ選び、解答欄にマークせよ。

イ　労働力となるロボットを、金属ではなく、生殖の余地がある有機物の化学処理によって製造したこと。

ロ　労働をロボットに委ねたために人間の労働力が不要になり、人類の間で不妊が広がったこと。

ハ　労働のみを担っていたはずのロボットが、生命に固有の結婚や生殖を行うようになったこと。

ニ　労働力として不要な「感情」を除去していたはずのロボットに、ヘレナの頼みで心を与えていたこと。

問六　空欄［b］（二箇所ある）に入る語句として最も適切なものを次の中から一つ選び、解答欄にマークせよ。

イ　生殖機能

ヒトが地球外の生活可能な天体に移住する計画が立ち上がるだろう。［二］移住先が、太陽系の外でなければならないとすると、ヒトが移住することは不可能でも、知的生命体としてのヒトの文化をロボットに託して移住させるという案が浮上するだろう。ロケットのなかで、赤ちゃんロボットを大人になるまで育てて、世代交代の持続性をたもつ。育児ロボット、教育ロボットを搭載しなくてはならない。宇宙に存在するかもしれない別の知的生命体にヒトの文化を伝えるという使命を果たしてもらう。ヒトの行う最後の挑戦はそうなるのではないか。

（加藤尚武「カレル・チャペック『ロボット』　ヒトはその存在を失う前に存在理由を失う」による）

問一　傍線部1「穢土と浄土があらゆる二元論の原型となる」とあるが、その説明として最も適切なものを次の中から一つ選び、解答欄にマークせよ。

イ　パンデミック対策は、感染をもたらす「穢れ」に対する差別と、それを実行するための隔離の徹底によって成り立っている。

ロ　原始宗教は、パンデミックなどによる「穢れ」と、それから隔離されたものとの明確な差別化を前提としている。

ハ　われわれの世界認識は、「穢れ」にまみれた世俗的な世界と、超越的な力によって人々を救済する宗教的な世界との区別を前提としている。

ニ　宗教的な価値観は、「穢れ」をもたらす死と、それを浄化する生という普遍的な対立図式によって成り立っている。

問二　傍線部2「現代的な解決」とあるが、その説明として最も適切なものを次の中から一つ選び、解答欄にマークせよ。

イ　「穢れ」とされてきた作業をロボットに委ねることで、人間どうしを差別化してきた隔離のあり方を更新するということ。

ロ　危険な作業をロボット化することで、それらの作業に従事してきた人々への負のイメージを払拭するということ。

ハ　「穢れ」とされる作業からの隔離を徹底することで、身分制に基づく構造的な差別を解消するということ。

圏に侵入してパンデミックが起こる。［イ］パンデミック、食料不足、生活圏の水没による減少、埋蔵資源の枯渇、生態系の破壊によって、人口が急速に減少しても、人類は絶滅しない。現在の人口（七七億人）が地球の自然資源が養うことのできる人口（二〇億人）を上回っているので、人口の減少は長期的にはヒトの持続可能性を大きくする。

人類は過去にも最終氷期の中を生き延びてきたので、次の氷期は発達した文明をもってすれば生き延びることはできるであろう。五〇〇〇万年後にはフィリピン海プレートは沈み込み尽くして消滅し、オーストラリアプレートが北上して東アジアに衝突する。その段階で日本列島は島弧から衝突帯に変わる。二億年後には北アメリカがアジアに衝突し、太平洋が閉じる。現在の日本列島はこうして次の超大陸の中の安定地塊の一部になるであろう。今後一～二億年後までを考えると、地球上で生物の大量絶滅を起こす巨大隕石の衝突や超寒冷期などが起きる可能性は極めて高い。

（野津憲治「人間活動が変えた地球環境とその将来」『朝倉化学体系6　宇宙地球化学』朝倉書店、二〇一〇年、二六二頁）

小惑星の衝突、ガンマ線バースト、超新星、核戦争、温暖化による大量絶滅などが、科学者たちによって指摘されている。そして六〇億年のちには太陽系も消滅する。外部からの影響で、人類が地球に生きることができなくなる外因死の確率と、人間が核戦争、生態系破壊などで愚行死する確率のどちらが高いかといえば、現在の人類の状態では、愚行死の確率の方が高い。［ロ］なぜなら化石燃料の消費による生態系の破壊によって持続可能性が損なわれていくことが判明しても、人類は今、その認識された破壊に向かって前進し続けているからである。地球全体としては経済成長よりも持続可能性の方が優先されなくてはならない。

［ハ］チャペックは、ヒトの存在理由を自己犠牲の精神をもつ愛に見出していた。その存在理由を捨てたヒトが滅亡して、それを取り入れたロボットが地球に存続するという物語を残した。

つようになったロボット同士が、結婚と生殖をはじめる。人類は滅亡するが、愛による生殖はロボットに引き継がれる。「生命の不滅」が告げられる。壮大な悲劇に対して、か細い一筋の希望という定石的な終幕である。

　ロボット化が禁止される領域を、チャペックの「ロボット」から推測すれば、［b］の関与する領域である。妊娠も、特殊なリスクの成立する業務である。そのリスクを引き受ける代理母ロボットが、［b］の形成の妨げになる要因を考えてみる。胎児は、母体（子宮の持ち主）の声や心拍の特徴を記憶していて、出生後に母体に対する愛情が形成されやすい。代理母を行うロボットの設計に、実母（卵子の提供者で、子どもを養育する人）の声や心拍の特徴を内装することが要求されるだろう。

　子宮のロボット化は、当面は不可能と考えられるが、育児ロボットは、現在の技術で可能である。夫婦でパチンコをする間、赤ちゃんを自動車のなかに寝かせておいたために、熱中症で死なせてしまった事件があったが、赤ちゃんをクーラーのついた自宅で育児ロボットに預けてパチンコをすることは、安全だろうか。

　誰も自分を助けてくれないという不安に赤ちゃんが陥って、その結果、赤ちゃんの脳に特殊な攻撃性が発達してくる可能性を考えてみよう。育児ロボットはそういう攻撃性の発達を予防するように設計しなくてはならない。一九九六年金属バットで親に殺された少年、一九九八年神戸のA少年、二〇一九年農林水産省元次官に殺された息子では、男の子が一二歳前後になって突然暴力的性格を現わす。その原因が、赤ちゃん時代の、いつまでも無視され続けるネグレクト体験にあるかどうか。育児と性格形成の因果性を確かめようとすると、一卵性の双生児を異なる環境で一〇年以上育てて比較検討する実験が必要になる。その一〇年間に、比較検討の視野に入らないさまざまの因果性が発達に関与するとしたら、その実験の結論は信用できない。検査対象群を二分して、決定対象以外の条件をすべて同一にして比較する実験心理学の方法では育児ロボットに安全性の確認をすることができない。

　人間が今後一〇〇年間に経験する災害は、人口の増加と関連している。人口の増加が、人工的な環境の増大を生み出し、原始の自然との距離をなくしていく。人工領域が原始の自然領域を地球の上で押しつぶす。未知のウイルスが人間の生活シ馬車」（自動車）がすべりこんだ。創発型技術の代表例は、エジソンの蓄音機で、あらゆる文化史のデータを参照しても音声の記録・再生の技術は過去に存在しなかった。情報の技術は、直接的には無害であるから社会的な拒絶は起こらなかった。避雷針は、無害の創発型技術であったが、「雷は神の声」と信じる人々に排撃された。

一九一七年ロシア革命では「賦役（チェコ語で robota）を負うもの」が解放された。チャペックの戯曲『ロボット』が発表されたのが一九二〇年である。フォードが、T型とよばれる自動車をコンベアベルトで大量生産したのが、一九〇八年、ロボットとは大量生産される労働者の暗喩である。ヤスパース『現代の精神的状況』とルネ・クレール『自由を我らに』が一九三一年発表、シモーヌ・ヴェイユの労働体験が一九三四年、チャップリンの『モダン・タイムス』が一九三六年である。3代入型技術では、人間そのものが部品として代入され、使用され、廃棄される。

戯曲『ロボット』の序幕。ヨーロッパの大富豪の娘ヘレナが、アメリカのロボット製造会社を見学する。人間を労苦から解放するという理想の実現のために、「感情」のような不要な機能を除去し、人間に代わって労働するロボットを経済的に大量生産する工場である。ロボットは金属製ではなくて、有機物の化学処理によってつくられる。オパーリンの「コアセルベート」説（一九三六年）を先取りした学説に基づいている。ヘレナに社長が唐突な求婚をするところで幕。

第一幕。社長夫人となったヘレナの部屋に、結婚一〇年を祝う、人工交配の花が持ち込まれる。新聞によるとバルカン戦争が再発。ロボット部隊が人間の大量殺戮《りく》を実行。人間の労働力が不要になったために、全世界的に人間の不妊が広がる。ロボットの「人類絶滅」をめざす反乱が始まる。ヘレナはロボットの製造マニュアルをすべて燃やしてしまう。

第二幕。ヘレナの屋敷がロボット反乱軍に取り囲まれている。ヘレナの頼みで技術者のガル博士が「ロボットに心を与えること」を実行していたことが判明する。工場の施設などを売却して、脱出して新しい生活を始めるという社長の計画に、皆が賛成するが、ロボット製造のマニュアルがなくなっていることも判明する。バリケードの上に登ったロボットが「人類の時代は終わった」と宣言する。

第三幕。4人間は絶滅する。ロボットも絶滅の危機にひんしている。しかし、愛する者のための死をうけいれる心情をも隔離を完成するために、もっとも危険な汚染に関与する人々を差別する。死者を運び埋葬することには、最高度の危険がともなう。それを行う専業者を、他の人間から完全に隔離しなくてはならない。こうしてカースト制度が生まれる。2現代的な解決は、死体搬送ロボットである。放射能で汚染された、原子炉の中から溶融した物質塊を取り出すロボットである。汚染されたら消毒、洗浄すればいい。ウイルスも、放射能も直接は目に見えない危険物である。戦場で子どもを殺すという「穢れ」作業も、兵士にやらせるとその自殺の原因になるという意味で危険な作業である。ロボット化の方向が進むだろう。

あらゆる危険、不快、不自由、忍耐を要する「穢れ」の作業が「不可触賤《せん》民」、または宗教者、兵士、消防士、警察官という専業者から、ロボットに移されるとき、人類の存在の根幹をおびやかす要因はないのか。私の読んだ論文のなかには、残虐な行為を愛好する異常者のために、拷問に掛けられて悲鳴をあげるロボットは開発すべきではないという主張があった。この意見には同意する。通常、社会的に許容されている業務を人間に代わって行うロボットは、すべて許容されるべきか。この問題にはどうしても答えを出さねばならない。「ロボット」という言葉を作り、作品化したチェコのカレル・チャペック（一八九〇―一九三八）は、この問いに「すべて許容される」という答えを出していない。革命後のロシアで「セックスは一杯の水を飲むのと同じ」という唯物論的フリーセックス論が流行したのにたいして、性交によって子どもをつくる限り、献身的な愛が不可欠だという主張を戯曲『ロボット』で示した。

この問いの形に注目せよ。「通常、社会的に許容されている業務を人間に代わって行うロボットは、すべて許容されるべきか」という代入型技術への問いとは異質の問いがあるからである。それは「　a　」という創発型技術への問いである。シュンペーターの「技術開発」(innovation)という概念は、『経済発展の理論』（一九一二年）に登場するが、この区別を無視して、あたかもすべての技術開発が創発型で、利益を生むことによる正当化、「創造的破壊」による「収穫逓減」の打破がなりたつという錯覚をうみだし、その錯覚を固定したのがドラッカーである。

代入型技術の典型は、自動車で、すでに社会的に許容されている馬車の文化のなかに、馬にエンジンを代入した「馬ナ

国語

（九〇分）

一

次の文章を読んで、あとの問いに答えよ。

パンデミック対処の根本は隔離と差別である。原始宗教が世俗の穢《けが》れから隔離した生活を作りだし、安心立命を達成したのは、その「外部」にパンデミックがあったからだ。1穢《え》土と浄土があらゆる二元論の原型となる。世俗化すると別荘である。イタリアに行けば『デカメロン』の時代以来の「マンション」の元の意味になった豪邸がまだ残っている。マンハッタンで新型コロナウイルスによる死者が激増しても、郊外の別荘地に移住すればまったく別世界である。フィッツジェラルド『偉大なるギャッツビー』（一九二五年）の舞台となった、大邸宅群はいまでも現存する。装飾の趣味が昔の大衆映画に近いことを除けば、住み心地は悪くない。ニューヨーク市の形成の歴史は、この別世界に黒人の居住を許さないという隔離と差別の政策に支えられていた。

世俗化以前の隔離では、まったく目に見えない死の力が穢れによって運び込まれる恐怖に対抗するために、身を浄《きよ》めながら、目に見えない悪霊をも支配する、もっと見えない、もっと超越的な力にすがる。パンデミックによって人口の三〇％が失われても、宗教による人心の統合と救済が成り立つなら、人間の社会は公共性と精神性の一致を達成することができる。ほんのわずかにせよ「信仰することによって、感染死を避けられる」という「御利益」、功利的呪術性の要素が不可欠である。

2021年度

問題編

■一般選抜・一般選抜（英語4技能テスト利用方式）・一般選抜（共通テスト利用方式）

問題編

〔一般選抜〕

▶試験科目・配点

教　科	科　目	配　点
外国語	「コミュニケーション英語Ⅰ・Ⅱ・Ⅲ，英語表現Ⅰ・Ⅱ」，ドイツ語，フランス語，中国語，韓国語のうちから1科目選択	75点
地　歴	日本史B，世界史Bのうちから1科目選択	50点
国　語	国語総合，現代文B，古典B	75点

▶備　考

ドイツ語・フランス語・中国語・韓国語を選択する場合は，大学入学共通テストの当該科目〈省略〉を受験すること。共通テスト外国語得点（配点200点）を一般選抜外国語得点（配点75点）に調整して利用する。

〔一般選抜（英語4技能テスト利用方式）〕

▶試験科目・配点

教　科	科　目	配　点
地　歴	日本史B，世界史Bのうちから1科目選択	50点
国　語	国語総合，現代文B，古典B	75点

▶合否判定

英語4技能テストのスコアが基準を満たしているものを対象として，一般選抜の2教科の合計点（配点125点）で合否を判定する。

〔一般選抜（共通テスト利用方式）〕

▶試験科目・配点

試験区分	教　科	科　　目	配　点
大学入学共通テスト	地歴・公民または数学または理科	以下から1科目選択 地理B，現代社会，倫理，政治・経済，「倫理，政治・経済」，「数学Ⅰ・A」，「数学Ⅱ・B」，物理，化学，生物，地学 または，以下から2科目選択 物理基礎，化学基礎，生物基礎，地学基礎	50点
学部独自試験	外国語	「コミュニケーション英語Ⅰ・Ⅱ・Ⅲ，英語表現Ⅰ・Ⅱ」，ドイツ語，フランス語，中国語，韓国語のうちから1科目選択	75点
	国　語	国語総合，現代文B，古典B	75点

▶備　考

- 共通テストの得点（配点100点）を50点に換算する。「世界史B」「日本史B」等は試験科目に含まれていないので，注意すること。
- 共通テストの「理科」において，基礎を付した科目（2科目）と基礎を付していない科目（1科目）の両方を受験した場合は，得点の高い方の成績を大学側で自動的に抽出し，合否判定に利用する。
- 共通テストにおいて，上記科目の範囲内で，複数の科目を受験した場合は，最高得点の科目の成績を大学側で抽出し，合否判定に利用する。ただし「地歴・公民」「理科（物理，化学，生物，地学）」において2科目受験の場合は，それぞれの第1解答科目のみを合否判定に利用する。2科目受験で上記以外の科目を第1解答科目として選択した場合は，当該教科の科目は合否判定の対象外となる。
- ドイツ語・フランス語・中国語・韓国語を選択する場合は，共通テストの当該科目〈省略〉を受験すること。共通テスト外国語得点（配点200点）を学部独自試験の外国語得点（配点75点）に換算する。

▶合否判定

共通テストの得点（配点50点）と学部独自試験の得点（配点150点）を合算して，合否を判定する。

英語

(90 分)

I Read the following two passages and choose the most appropriate word or phrase for each item (1 ～14). Mark your choices (**a** ～ **d**) on the separate answer sheet.

(**A**) We are, all of us — whether storytellers, teachers, singers, scholars, poets, curators, painters, parents — individuals (1) within traditions that we shape and re-shape. We all use elements of the past to meet our needs in the present and our hopes for the future. In the process we make tradition our own, leaving our (2). These may be deemed art, craft, communication, performance, folklore, but they are all simultaneously autobiography, a reflection of the self as (3) in the shaping and re-shaping of tradition. The relationship between the individual and tradition is central to the (4) of culture, implicit in any study of humanity, and most explicit in the contemporary study of folklore.

In order to interpret and to generalize — to earn conclusions — folklorists gather information from specific individuals because tradition is enacted only through an individual's acts of creative (5). This starting point — the study of tradition through attention to the individual — is not merely a (6) necessity (one must start somewhere), but more significantly a matter of philosophical conviction. One can declare an interest in the role of the individual in tradition, but this formulation can too easily slide into misleading conceptions of tradition as mysteriously external, autonomous, and superorganic, and of individuals as merely bearers, carriers, and greater or lesser stewards and practitioners. The fieldwork experience in particular (　7　) us that there is no such thing as tradition without the individuals who enact it.

(Adapted from Ray Cashman et al., *The Individual and Tradition*, Indiana University Press.)

1. (a) inheriting　　(b) making
   (c) portraying　　(d) working
2. (a) figures　　(b) identifications
   (c) marks　　(d) stations
3. (a) endangered　　(b) forged
   (c) insinuated　　(d) remarked
4. (a) dynamic　　(b) folk
   (c) native　　(d) periphery
5. (a) cultures　　(b) finitude
   (c) properties　　(d) will
6. (a) biographical　　(b) biological
   (c) grammatical　　(d) methodological
7. (a) convinces　　(b) explains
   (c) leads　　(d) reduces

(B) Hannibal (247-c. 183 BC) was a Carthaginian general who acquired (　8　) as a warrior after a series of desperate contests with the Romans. Rome and Carthage grew up together on opposite sides of the Mediterranean Sea. For about a hundred years they waged against each other most dreadful wars. Romc was successful in the cnd, whereupon Carthage was entirely destroyed. There was no real cause for any disagreement between the two nations. Their hostility to each other was mere (　9　) and spontaneous hate. They spoke a different language; they had a different origin; and they lived on opposite sides of the same sea. So, for reasons as (　10　) as these, they hated and devoured each other.

The Carthaginians had sagacity—the Romans called it cunning—

and activity, enterprise, and wealth. Their rivals, on the other hand, were characterized by genius, courage, and strength, giving rise to a certain calm and (11) resolution and energy. These have since, in every age, been strongly associated, in the minds of men, with the (12) word Roman.

The progress of nations was much slower in ancient days than it is now. These two rival empires continued their gradual growth and extension, each on its own side of the great sea which divided them, for a full five hundred years, before ever they came into collision. At last, however, the collision came. After a violent series of (13) skirmishes, the Romans captured, sunk, destroyed, or dispersed the Carthaginian fleet. They then took the prows (that is, the decorated front pieces) of the ships which they had captured and conveyed them to Rome, using them to build a (14) pillar.

(Adapted from Jacob Abbott, *Hannibal.*)

8. (a) contradiction (b) distinction
 (c) eviction (d) extinction
9. (a) reason (b) reverie
 (c) risk (d) rivalry
10. (a) incidental (b) mature
 (c) redundant (d) sadistic
11. (a) abominable (b) correctable
 (c) defendable (d) unconquerable
12. (a) actual (b) best
 (c) just (d) very
13. (a) naval (b) neutral
 (c) parallel (d) plausible
14. (a) commemorative (b) commensurate
 (c) commercial (d) communicative

II

Read the following three passages and mark the most appropriate choice (**a**〜**d**) for each item (15〜24) on the separate answer sheet.

(**A**) The world we live in has shrunk, with vastly increased chances of connections between diverse groups of people. This shift in the ability to globally communicate with large numbers of colleagues, family, friends and strangers has not necessarily meant that individuals who share different perspectives and worldviews actually engage productively with each other. A recent analysis of American attitudes towards hot-topic issues in the United States, such as gun control and abortion, revealed that the messages that go 'viral' on social media are often associated with strong moral emotions (e.g., anger and disgust). Researchers examined Twitter retweets by over 550,000 people and found that there were massive interactions within groups but sparse interactions between individuals who identified with different political groups. Underlying this phenomenon is an important component of human social interaction—the transfer of emotional states across individuals, a phenomenon known as 'emotional contagion'. Research involving large-scale social network data has shown that transfer of both positive and negative emotions can occur through both face-to-face and online social interactions, and depends on the degree of distance (both physical and psychological) between the interactants.

(Adapted from Jessica Trach et al., *Rethinking Learning.*)

15. According to the text, the researchers found that
   (**a**) interaction through Twitter evoked thoughtful responses on political issues.
   (**b**) social media helped people engage with others who possess different ideologies.
   (**c**) social networking diminished the conflict between groups of

different moral views.

(d) the exchange of ideas within each group outweighed interactions across groups.

16. According to the text, 'emotional contagion'

(a) has an effect on not only the mind but the body through mutual communication.

(b) is transmitted more rapidly and extensively in thinly populated areas.

(c) leads to the formation of disjointed attitudes among individuals.

(d) spreads between people even when they don't meet in person.

(B) It's long been thought that Shakespeare turned to poetry when the bubonic plague closed the theaters in 1593. That's when he published his popular narrative poem, *Venus and Adonis*, in which the goddess begs a kiss from a beautiful boy, "to drive infection from the dangerous year," for, she claims, "the plague is banish'd by thy breath." Love poetry, it seems, could be spurred by the plague, and —the seductive fantasy runs—even cure it. But the scholar James Shapiro suggests that another closure of theaters, in 1606, allowed Shakespeare, an actor and shareholder in The King's Men, to get a lot of dramatic writing done, meeting the demand for new plays in a busy holiday season at court. According to Shapiro, that year he churned out some of his most highly acclaimed plays: *King Lear*, *Macbeth*, and *Antony and Cleopatra*.

Given that the bubonic plague particularly decimated young populations, it may also have wiped out Shakespeare's theatrical rivals —companies of boy actors who dominated the early-17th-century stage and could often get away with more satiric, politically dicey productions than their older competitors. Shakespeare's company took over the indoor Blackfriars Theatre in 1608 after the leading boy company collapsed, and started doing darker, edgier productions, capitalizing on a market share that was newly available. In addition to business opportunities, the plague provided a powerful stock of dramatic metaphors. As Shapiro points out, references to the plague and its bubbling sores, called "God's tokens," surface in Shakespeare's scripts from the period. In *Antony and Cleopatra*, a Roman soldier fears that his side will fare "like the token'd pestilence / Where death is sure."

(Adapted from Daniel Pollack-Pelzner's article in *The Atlantic* issued on March 14, 2020.)

17. Which of the following is true, according to the passage?
 (a) Many artists resisted the closing of theaters during the plague, including Shakespeare.
 (b) Shakespeare produced more poems than dramatic works during the plague.
 (c) The demand for dramatic works rose more than usual during the plague.
 (d) The plague brought Shakespeare financial as well as artistic success.

18. According to the passage, Shakespeare's works produced during the plague
 (a) commemorated the holiday season.
 (b) employed boy actors for the first time.
 (c) mainly focused on love poems.
 (d) tended to be more controversial and somber.

19. Which of the following is NOT implied in the passage?
 (a) New dramatic metaphors were created thanks to the plague.
 (b) Shakespeare wrote some of his best works during the plague.
 (c) The plague affected Shakespeare's company more severely than others.
 (d) There were enough business opportunities during the plague for theater to survive.

(C) The most extraordinary thing in the universe is inside your head. You could travel through every inch of outer space and very possibly nowhere find anything as marvellous and complex and high-functioning as the three pounds of spongy mass between your ears.

For an object of pure wonder, the human brain is extraordinarily unprepossessing. It is, for one thing, 75–80 per cent water, with the rest split mostly between fat and protein. Pretty amazing that three such mundane substances can come together in a way that allows us thought and memory and vision and aesthetic appreciation and all the rest. If you were to lift your brain out of your skull, you would almost certainly be surprised at how soft it is. The consistency of the brain has been variously likened to tofu, soft butter or a slightly overcooked blancmange.

The great paradox of the brain is that everything you know about the world is provided to you by an organ that has itself never seen that world. The brain exists in silence and darkness, like a dungeoned prisoner. It has no pain receptors, literally no feelings. It has never felt warm sunshine or a soft breeze. To your brain, the world is just a stream of electrical pulses, like taps of Morse code. And out of this bare and neutral information it creates for you — quite literally creates — a vibrant, three-dimensional, sensually engaging universe. Your brain *is* you. Everything else is just plumbing and scaffolding.

Just sitting quietly, doing nothing at all, your brain churns through more information in thirty seconds than even the Hubble Space Telescope could process in thirty years. A morsel of cortex one cubic millimetre in size — about the size of a grain of sand — could hold 2,000 terabytes of information, enough to store all the movies ever made, trailers included, or about 1.2 billion copies of a book of 500 pages. Altogether, the human brain is estimated to hold something in the order of 200 exabytes of information, roughly equal to 'the entire digital content of today's world', according to the journal

Nature Neuroscience. If that is not the most extraordinary thing in the universe, then we certainly have some wonders yet to find.

The brain is often depicted as a hungry organ. It makes up just 2 per cent of our body weight, but uses 20 per cent of our energy. In newborn infants it's no less than 65 per cent. That's partly why babies sleep all the time — their growing brains exhaust them — and why they have a lot of body fat, to use as an energy reserve when needed. Your muscles actually use even more of your energy — about a quarter — but you have a lot of muscle; per unit of matter, the brain is by far the most expensive of our organs. But it is also marvellously efficient. Your brain requires only about 400 calories of energy a day — about the same as you get in a blueberry muffin. Try running your laptop for 24 hours on a muffin and see how much you get.

(Adapted from Bill Bryson, *The Body: A Guide for Occupants,* Doubleday.)

20. According to this article,
   (a) human brains are too complicated to function highly when travelling in space.
   (b) it is the most marvellous experience for us to compare the brain to a sponge.
   (c) nowadays, man can take a trip into outer space thanks to devices invented by the human brain.
   (d) we could not discover a more wonderful object than a human brain in all the world.
21. What is amazing about the human brain is the fact that it
   (a) consists of only a few ordinary materials, while it does extraordinary things.
   (b) could be measured by lifting it out of your skull.
   (c) is the only organ that contains water, fat and protein.
   (d) remains consistent like tofu, butter or blancmange.
22. The contradiction regarding the human brain mentioned here is

that

(a) it organizes lots of information using Morse code.

(b) it provides us with various visual images but has no vision itself.

(c) the brain creates neutral information, though it receives solid images.

(d) the creator of a vivid universe can function as a plumber and a scaffolder elsewhere.

23. The Hubble Space Telescope is mentioned here as an example of

(a) a wonderful thing we are bound to find in the universe.

(b) an information container of a relatively small size.

(c) something that can capture objects as small as a grain of sand.

(d) something that can handle a great deal of information.

24. The article explains

(a) how efficiently the brain works when you are hungry.

(b) how much energy the brain needs relative to its own size.

(c) why a muffin does not provide sufficient nutriment for a fat baby.

(d) why the brain is such an expensive organ to transplant.

III

Choose the most appropriate sentence from the following list (**a**～**h**) for each item (25～31). Mark your choices on the separate answer sheet.

(a) For example, instead of trying to make as much money as possible, bakers would ensure that their neighbours had enough bread for their dinner.

(b) He argued that society does well when people act in their own self-interest.

(c) He'd moved away from the buzz of the cities where he'd made his name as a philosopher to write what would become arguably the most celebrated book in the history of economics.

(d) No one tells bakers how many loaves to bake, brewers what kind of beer to brew.

(e) People benefit each other not because they're like the Good Samaritan who wants to help strangers but because they're doing what's best for themselves.

(f) Smith would have us believe that society requires a centralised planning institution.

(g) Some are, some aren't.

(h) Wearing only his dressing gown, he wandered onto the road, and walked on until he reached the next town 12 miles away.

The Scottish philosopher Adam Smith (1723–90) was known for getting so lost in thought that he'd sometimes forget where he was. His friends would notice him talking to himself, his lips moving and his head nodding, as if he was testing out some new idea. One morning he woke up and started walking around the garden of his house in the small Scottish town of Kirkcaldy, deep in concentration. (25) He was only brought back to his senses by the sound of church bells ringing for the Sunday service.

He had good reason to be caught up in his thoughts. (26) It led some to call him the father of modern economics. Fuelled by bracing walks and sleepless nights, the hefty book was published in 1776 and is known as *The Wealth of Nations*.

In it Smith posed one of the fundamental questions of economics. Is self-interest compatible with a good society? To understand what this means, let's compare the workings of society with those of a football team. A good football team needs good players, obviously. Good players do more than simply dribble and shoot well. They know how to play as a team. If you're a defender you stay back and protect the goal; if you're an attacker you move forward and try to score, and so on. In a bad team players only care about personal glory: they only want to score goals themselves so they all rush after the ball rather than spreading out and helping each other score. The result is chaos on the pitch and very few goals.

Society is a team of millions of people who work together and trade together. What does it take to make that team work well? If economics is like football, then what society needs is for people to work for the team, in the interest of society as a whole. What it doesn't need is people caring mainly for themselves — for their self-interest — like footballers obsessed with personal glory. (27) Butchers would take on new assistants not because they really needed them, but because their friends needed jobs. Everyone would be nice to each other and society would be a place of harmony.

Smith turned this upside down. (28) Instead of trying to be nice all the time, do what's best for you and in the end more people will benefit. 'It is not from the benevolence of the butcher, the brewer, or the baker, that we expect our dinner, but from their regard to their own interest,' he said. You get your dinner from the baker not because bakers are nice, kind people. (29) It doesn't really matter either way. What matters is that you get bread because bakers pursue their own self-interest by selling it in order to earn money. In turn, bakers make a living because you pursue your own self-interest by buying bread. You don't care about the baker and the baker doesn't care about you. You probably don't even know each other. (30) In the end, self-interest leads to social harmony rather than chaos.

There's another important difference between a football team and an economy. A football team needs a manager to organise its players. Think of the manager as taking the players by the hand, as it were, and leading them to different areas of the pitch, defenders at the back, strikers at the front and so on. The manager's guiding hand ensures that the team plays well. But no one does the same in the economy. (31) They decide for themselves on the basis of what they think will make them money. Society functions just fine like that. It seems as if there must be the hand of a manager organising things, but when you try to find it, it isn't there. To describe the situation, Smith came up with one of the most famous phrases in economics. He said it's as if society is guided by an 'invisible hand.'

(Adapted from Niall Kishtainy, *A Little History of Economics,* Yale University Press.)

IV Choose the most appropriate word or phrase from the list (**a** ～ **m**) for each item (32～38). Mark your choices on the separate answer sheet.

Daedalus: The other day I asked an elderly gentleman what was the greatest benefit of old age. Old age, he replied, (32) the abundant experience it confers, inevitably endows one with an exhaustive understanding of the world.

Hobbes: I suspect the old fellow is right (33).

Daedalus: Are you quite certain?

Hobbes: Unless you can argue to the contrary.

Daedalus: Take the cicada: having spent the majority of its years beneath the soil, he at last emerges and spends a week or two searching for a mate, and then promptly perishes.

Hobbes: I do not follow your argument.

Daedalus: All cicadas of all ages in all climes emerge from the soil in summer, and very (34) die. If you took the knowledge of all cicadas, past, present, and future, and (35) regarding the nature of the world, you would hear a lot about heat, green leaves, and short nights.

Hobbes: I suppose you would, yes.

Daedalus: On (36), you would hear nothing of the other three seasons. So far as mature cicadas are concerned, the world consists of one eternal summer, and nothing else.

And I would argue, Hobbes, that we men are (　37　) those cicadas: (　38　) old one might grow, he sees, as it were, but a single season, a mere sliver, of the world, and nothing else.

Hobbes:　Alas, I suspect you are right after all.

(a) about that　　(b) asked about
(c) by virtue of　　(d) few days
(e) in lieu of　　(f) inquired of it
(g) no matter how　　(h) not unlike
(i) not very like　　(j) over that
(k) soon thereafter　　(l) the opposite
(m) the other hand

PLEASE READ THE INSTRUCTIONS CAREFULLY.

V Read the following passage and complete the English summary in your own words in the space provided on the separate answer sheet. The beginning of the summary is provided; you must complete it in 4-10 words. Do not use three or more consecutive words from this page.

The typical educated adult reads somewhere between 250-400 words per minute. Speed-readers aspire to double, triple, or even massively increase their base reading rate. Research paper after research paper has concluded that as reading speed goes up as a result of effortful speed-reading, comprehension goes down. Speed-reading has its use. It's sensible to use it (if you're capable) when you want to skim and get the gist of a text. But it doesn't make sense to skim-read when your goal is to acquire knowledge. Bottom line: comprehension goes down as your reading speed goes up. It eventually gets to the point that you're really just skimming. But there is a far more profound issue at hand that most critics overlook when they bash speed-reading. Reading with the intention of learning involves far more than achieving simple comprehension. Comprehension is not equivalent to knowledge acquisition. You must employ metacognition. You have to read slowly in order to enable and activate the processes that support knowledge acquisition as you read. If you're reading to learn, you need to engage with the content and associate the new concepts with your existing knowledge. Only then can you install new knowledge in your mind and be able to utilize this knowledge in the future. You have to do the work to learn, and "the work" has to be the right work done correctly. Slow-reading is for scholars. If you want to massively expand your knowledge, become a voracious slow reader.

(Adapted from an online article by David Handel.)

SUMMARY:

[*complete the summary on the separate answer sheet*]

The author argues that slow-reading expands your knowledge because ...

出典追記：Slow-Reading is the New Deep Learning, Better Humans on November 20, 2019 by David Handel

日本史

（60 分）

I　次の文を読んで，問に答えなさい。

日本列島は周囲を海に囲まれている。人は海を渡って移動し，様々な文物を伝え交流した。後期旧石器時代は氷期のため海面が低下し，北海道はサハリン・沿海州と陸続きとなっていた。しかし北海道と本州の間の津軽海峡，朝鮮半島と九州の間の対馬海峡は存在し，沖縄など琉球諸島[a]も本州と陸続きとはならなかった。関東地方の約３万５千年前の遺跡から伊豆七島神津島産の黒曜石が見つかっており，後期旧石器時代にも何らかの渡海技術があったことが分かっている。

縄文時代の遺跡では各地で丸木舟が出土しており，各種の漁労活動[b]にも使われた。北海道には生息しないイノシシの骨が北海道の縄文時代貝塚で出土するが，イノシシの子を丸木舟に載せて本州から運びこんだと考えられている。また北海道産石材で製作した磨製石斧が東北地方各地で見つかっていて，海峡を越えての往来[c]がうかがわれる。

朝鮮半島から海を越えて金属器[d]を伴う水稲農耕技術を持った人々が渡来したことで弥生文化が成立した。九州北部や中国・近畿地方で発見される弥生時代の墓から縄文人より高身長で面長平坦の顔をした人骨が見つかるのは，大陸からの渡来人の証拠とされている。弥生時代には国内で鉄生産ができなかったし，また古墳時代においても朝鮮半島の鉄資源は重要であり，この地域との密接な関係は維持された[e]。

古墳から出土する銅鏡にも海を越えて大陸からもたらされた鏡[f]が数多くある。様々な先進技術を持つ渡来人はヤマト政権の中で韓鍛冶部や錦織部などに組織化され，各地で活動することになった。

〔問〕

1　下線 **a** に関する記述として正しいものはどれか。１つ選び，マーク解答用紙の該当する記号をマークしなさい。

ア　沖縄県では貝塚から旧石器時代の人骨が数多く発見されている。

イ　沖縄県では港川人，山下町洞人など数か所で旧石器時代の化石人骨が発見されている。

ウ　沖縄県では旧石器を数多く出土する遺跡が見つかっている。

エ　後期旧石器時代には，海面低下のため沖縄本島から台湾まで陸続きであった。

オ　浜北人は沖縄県で最初に発見された化石人骨である。

2　下線**b**に関する記述として正しいものはどれか。1つ選び，マーク解答用紙の該当する記号をマークしなさい。

ア　網を利用した漁法は縄文時代には発達しなかった。

イ　貝塚で釣針が見つかることはないので，銛を使った漁をしていたと考えられる。

ウ　縄文海進があったため，東京湾岸には貝塚が見つかっていない。

エ　弥生時代になると農耕社会へと変化するため，貝塚はまったくなくなってしまう。

オ　貝塚からは漁労活動の道具だけでなく，ニホンシカやイノシシの骨，埋葬された人骨が出土することもある。

3　下線**c**に関する記述として誤っているものはどれか。1つ選び，マーク解答用紙の該当する記号をマークしなさい。

ア　腰岳産の黒曜石が，朝鮮半島に運ばれて石器に用いられている。

イ　関東地方で製作された縄文土器が，北海道の遺跡でも多数出土する。

ウ　北海道白滝産の黒曜石で作られた石器が，青森県やサハリンで出土している。

エ　糸魚川産のヒスイが，北海道にも運ばれている。

オ　秋田県で産出したアスファルトが，北海道に運ばれ接着剤として用いられている。

4　下線**d**に関連して，朝鮮半島の鈴を起源として日本で独自に発達した，近畿地方を中心に分布する青銅製祭器がある。これは何か。適切な語句を記述解答用紙の解答欄に漢字2字で記入しなさい。

5　下線**e**に関連して，百済から倭国にもたらされたものはどれか。1つ選び，マーク解答用紙の該当する記号をマークしなさい。

ア　江田船山古墳出土鉄刀　　イ　稲荷山古墳出土辛亥銘鉄剣
ウ　隅田八幡神社人物画像鏡　　エ　石上神宮所蔵七支刀
オ　岡田山１号墳出土大刀

6　下線 **f** について，こうした日本でつくったものでない鏡のことを何と呼ぶか。正しいものを１つ選び，マーク解答用紙の該当する記号をマークしなさい。

ア　伝世鏡　　イ　舶載鏡　　ウ　仿製鏡
エ　破鏡　　オ　同笵鏡

Ⅱ　次の文を読んで，問に答えなさい。

694 年に遷都された藤原京は，宮の周囲に道路で方形に区画された条坊制をもつ，本格的な都城であった。藤原宮が a大和三山に囲まれた場所にあったことは早くから知られていたが，昭和期以降の発掘調査によって，今では宮の正確な位置や京の範囲がよくつかめるようになっている。それによると，下の図１にあるように，宮は京域の中央に位置していた。このような都城形態は同時期の中国には見られないが，中国の古典『周礼』に藤原京のプランに通じる記述があり，両者の関連性が注目されている。

一方，710 年に藤原京から遷都された平城京では，下の図２にあるように，京域の北部中央に宮が位置するプランが採用された。また，宮の南面中央から羅城門までのびる [A] は，規模も藤原京より大きいものとなり，都のメインストリートとして国家の威容を誇示した。こうした都城の形態は唐の長安城にならったものである。平城京跡の発掘調査では，b貴族や下級官人などの多様な階層の邸宅・屋敷が確認されており，都にくらす人びとの様相も徐々に明らかとなりつつある。

c平城京は，政治や社会の動揺が続いた聖武天皇の時代の一時期をのぞき，歴代天皇の都となった。しかし 784 年，政治の立て直しをはかる桓武天皇は，長岡京への遷都を断行する。ところが造営責任者の藤原種継が暗殺され，その事件にかかわったとして [B] 親王が皇太子の地位を追われ死亡するなど，政治的不安が募り，794 年にはあらためて d平安京に遷都されることとなった。

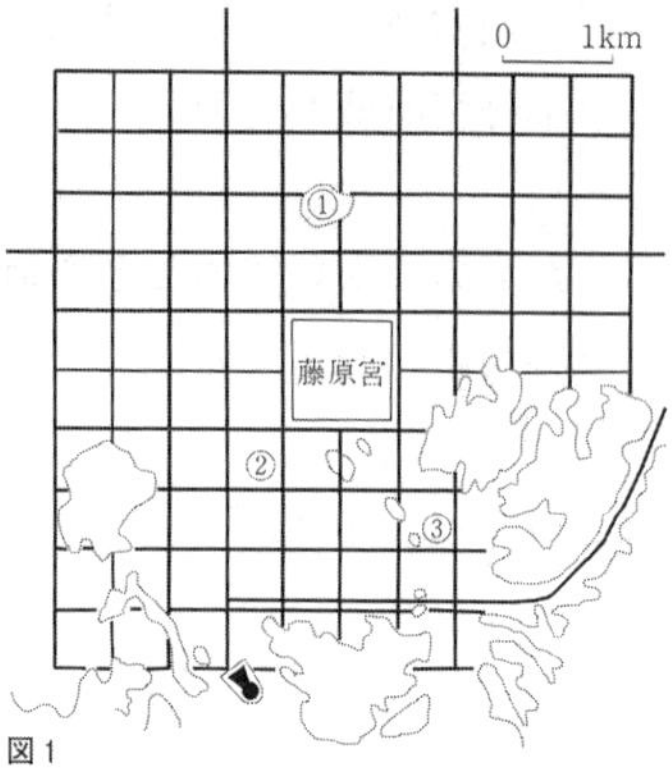

図1

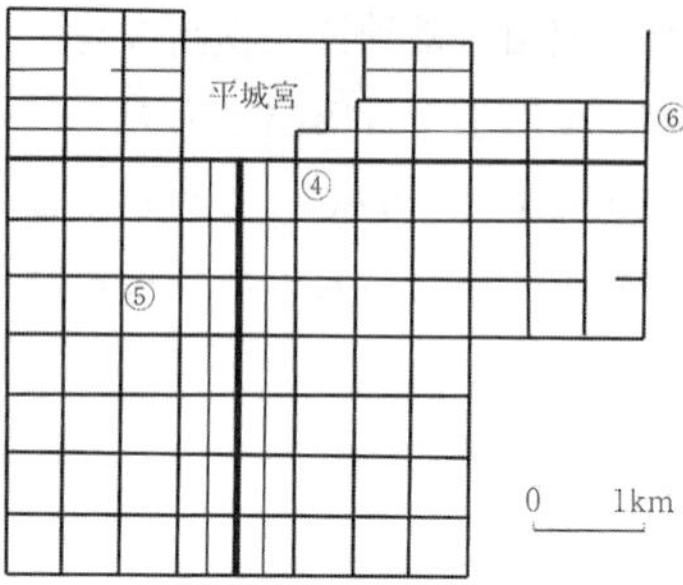

図2

〔問〕

1　下線**a**に関し，図１の①の位置にある山の名前は何か。漢字で記述解答用紙の解答欄に記入しなさい。

2　図１の②③の位置にある寺院の名前の組み合わせとして正しいものはどれか。１つ選び，マーク解答用紙の該当する記号をマークしなさい。

ア　②―本薬師寺　③―飛鳥寺　　イ　②―大官大寺　③―飛鳥寺
ウ　②―飛鳥寺　③―大官大寺　　エ　②―本薬師寺　③―大官大寺
オ　②―大官大寺　③―本薬師寺

3　空欄Ａに入る語句は何か。漢字で記述解答用紙の解答欄に記入しなさい。

4　下線**b**に関し，図２の④の位置に邸宅を構えて左大臣にまでなった人物は誰か。漢字で記述解答用紙の解答欄に記入しなさい。

5　図２の⑤⑥の位置にある寺院の名前の組み合わせとして正しいものはどれか。１つ選び，マーク解答用紙の該当する記号をマークしなさい。

ア　⑤―西大寺　⑥　唐招提寺　　イ　⑤―西大寺　⑥―東大寺
ウ　⑤―唐招提寺　⑥―東大寺　　エ　⑤―唐招提寺　⑥―西大寺
オ　⑤―東大寺　⑥―唐招提寺

6　下線**c**に関する説明として正しいものはどれか。１つ選び，マーク解答用紙の該当する記号をマークしなさい。

ア　平城宮で即位した最初の天皇は，元明天皇である。

イ　聖武天皇の時代，天然痘の流行で，藤原不比等と４人の子供が病死した。

ウ　聖武天皇の時代，平城京で藤原広嗣が反乱を起こした。

エ　聖武天皇は山背の恭仁京，摂津の難波宮，近江の紫香楽宮に都を転々と移した。

オ　平城京を都とした天皇は３人である。

7　空欄Ｂに入る語句は何か。漢字で記述解答用紙の解答欄に記入しなさい。

8　下線**d**に関する説明として正しいものはどれか。１つ選び，マーク解答用紙の該当する記号をマークしなさい。

ア　平城京の北東に位置した。

イ　京域における宮の位置を平城京モデルから藤原京モデルに戻した。

ウ　遷都後，軍事と造作を批判する藤原緒嗣の意見が採用され，造営が停止された。

エ　遷都に際し，平城京の主要寺院を移転させた。

オ　左京が早くからさびれる一方，右京はにぎわうこととなった。

Ⅲ　次の文を読んで，問に答えなさい。

鎌倉時代頃の武士は先祖から受け継いだ所領に［　Ａ　］を構築して住んでいた。彼らは日頃から武芸の鍛錬に励み，特に流鏑馬・笠懸・［　Ｂ　］のいわゆる騎射三物などが重視されていた。これらは軍事訓練としての意味があり，有事の際には$_{\text{a}}$一族結合のもと，その成果を活かすことが大きな目的だった。

その後，$_{\text{b}}$南北朝～室町時代には，武士たちの活動や存在形態はさらに多様化した。応仁の乱が勃発すると，$_{\text{c}}$足軽とよばれる軽装の雑兵が京都で大きな存在感を示した。これは新たな時代の到来を感じさせるものでもあったが，さかんに破壊・略奪行為をはたらいたため，都市の人びとには恐れられ，忌み嫌われた。

戦国時代に至り，$_{\text{d}}$戦国大名は多様な者たちを家臣団に編成し，領国の支配・拡大を進めたが，豊臣秀吉の天下統一後，$_{\text{e}}$身分の固定化が図られていった。

〔問〕

1　空欄Aに該当する語は何か。漢字1字で記述解答用紙の解答欄に記入しなさい。

2　空欄Bに該当する語は何か。漢字3字で記述解答用紙の解答欄に記入しなさい。

3　下線**a**に関連して，鎌倉時代の武士の一族に関して述べた文のうち正しいものはどれか。1つ選び，マーク解答用紙の該当する記号をマークしなさい。

ア　長子単独相続を原則としていた。

イ　庶子は御家人にはなれなかった。

ウ　女性は御家人にはなれなかった。

エ　女性は地頭にはなれなかった。

オ　氏神の祭祀は惣領の義務だった。

4　下線**b**に関連して述べた文のうち正しいものはどれか。1つ選び，マーク解答用紙の該当する記号をマークしなさい。

ア　守護代は守護に代わって在京し，力を蓄えた。

イ　鎌倉府管内の守護は鎌倉府に出仕した。

ウ　奉公衆は守護の一族を排除して結成された。

エ　国人一揆の構成員は守護の家臣が主体だった。

オ　国人一揆の一揆契状は傘連判で上下関係を示した。

5　下線**c**についての批判を，将軍へ政治のあり方を意見した『樵談治要』の中で述べたのはどれか。1つ選び，マーク解答用紙の該当する記号をマークしなさい。

ア　一条兼良　　イ　一休宗純　　ウ　二条良基

エ　日親　　オ　細川勝元

6　下線**d**に関連して，戦国大名の政策・支配に関して述べた文のうち正しいものはどれか。1つ選び，マーク解答用紙の該当する記号をマークしなさい。

ア　貫高制は悪銭の排除を目的とした。

イ　下級の武士は有力家臣である寄子に預けられた。

ウ　家臣統制や民衆支配のために分国法が定められた。

エ　城下町に家臣の移住は見られなかった。

オ　検地に際して家臣・農民の自己申告を却下した。

7　下線 **e** に関連して述べた次の文X・Y・Zの正誤の組合せのうち，正しいものはどれか。1つ選び，マーク解答用紙の該当する記号をマークしなさい。

X　刀狩令は民衆から没収した武器を，大坂城の建築に用いるとした。

Y　身分統制令では武家奉公人が町人・百姓になることを認めた。

Z　朝鮮出兵に際し全国の戸口調査が行われ，人びとの身分の確定につながった。

ア　X－正　Y－正　Z－正　　イ　X－正　Y－誤　Z－正

ウ　X－正　Y－誤　Z－誤　　エ　X－誤　Y－正　Z－正

オ　X－誤　Y－誤　Z－正

Ⅳ　次の文を読んで，問に答えなさい。

「鎖国」[a]という言葉は，近年は研究の世界ではあまり用いられなくなりつつある。江戸時代の日本は，決して外部世界から断絶してはいなかったからである。その理由のひとつとして，この頃の日本には多くの海外情報が流れ込んでいたことを指摘できる。

オランダ商館長によって提出された報告書である，オランダ［　A　］は，そのなかでももっとも著名な事例ではなかろうか。また，長崎奉行は，唐船［　A　］をまとめており，これらが幕府の情報源となった。さらには，さまざまな機会に来日した外国人[b]からの情報が果たした役割も大きく，海外の政治，外交情勢に関わる情報[c]が，幕政に影響を及ぼすこともあったことを想起するならば，その威力は疑うべくもないものといえよう。

蘭学，とりわけ西洋医学もまた異彩を放つ海外情報である。西洋医学はすでにイエズス会により日本へもたらされていたが，江戸時代になってからの『解体新書』の翻訳，刊行，シーボルトの来日，そして［　B　］による適塾の開設などが，その発展に大いに寄与した。

一見，海外情報の移入には感じられなくても，海外情報と密接に関連する学問も少なくない。中江藤樹や熊沢蕃山が学んだ［　C　］学は，この学問をはじめた明の学者の名にちなんだものであり，また渋川春海が作成した［　D　］暦は，元の授時暦にもとづいている。

このように，「鎖国」といわれる時代のなかでも，多種多様な情報が日本へ流入してきたことは，江戸時代を考える上で見過ごされてはならない要素だといえる。

〔問〕

1　下線**a**について，正しいものはどれか。1つ選び，マーク解答用紙の該当する記号をマークしなさい。

ア　オランダ人ケンペルが，母国語ではじめて使用した言葉である。

イ　志筑忠雄が邦訳文献に用いたことに日本語としての起源をもつ。

ウ　『経済録』に登場する言葉である。

エ　当時の日本は，長崎の出島を国外にむけた唯一の窓口にしていた。

オ　スペイン船の来航を全面禁止することで，いわゆる鎖国体制が完成した。

2　空欄Aに該当する語は何か。漢字3字で記述解答用紙の解答欄に記入しなさい。

3　下線**b**について，正しいものはどれか。2つ選び，マーク解答用紙の該当する記号をマークしなさい。

ア　オランダ船で漂着したヤン＝ヨーステンは徳川家康の外交顧問となった。

イ　朝鮮のほか，琉球やアイヌもしばしば幕府へ使者を送り，情報を提供した。

ウ　ゴローウニンは，漂流民送還のために松前を訪れ，そこで捕縛された。

エ　シーボルトは鳴滝塾で人材を育てたが，帰国間際に日本地図の持ち出しが発覚し，死罪となった。

オ　ペリーは，アメリカ大統領の国書を持参し，浦賀へ来航し，開国を求めた。

4　下線**c**に関連して，江戸時代における海外情報の摂取について，正しいものはどれか。1つ選び，マーク解答用紙の該当する記号をマークしなさい。

ア　山鹿素行は，明から清へ王朝が交替したことに対し，朝鮮王朝の一貫性こそが中華の名に値すると論じた。

イ　新井白石は，琉球国書における「日本国大君」の称号を「日本国王」に改めさせた。

ウ　間宮林蔵は，国後島・択捉島などを踏査し，それらの間に海峡があることを発見した。

エ　アヘン戦争とその結果が日本へ伝わると，攘夷の気運が昂揚し，異国船打払いが強化された。

オ　オランダ国王は，徳川家慶に親書を送り，蒸気船の開発などに言及し，開国を勧告した。

5　空欄Bに入る人名は何か。漢字4字で記述解答用紙の解答欄に記入しなさい。

6　空欄Cに入る人名は何か。漢字2字で記述解答用紙の解答欄に記入しなさい。

7　空欄Dに入る元号として，正しいものはどれか。1つ選び，マーク解答用紙の該当する記号をマークしなさい。

ア　貞享　　イ　寛文　　ウ　享保

エ　宝暦　　オ　寛政

V　次の文を読んで，問に答えなさい。

今年（2021年）は現在の政党政治の基盤を作った［ A ］が亡くなって，ちょうど百年に当たる。［ A ］の生家はもともと盛岡（南部）藩家老を務めた家柄であり，盛岡藩が奥羽越列藩同盟[a]に加わったため，維新後は辛酸をなめた。1876年司法省法学校に入学するも，学内騒動のために退校し，『郵便報知新聞』[b]の記者として活動をはじめた。1882年には外務省御用掛となり，外交官として官歴をスタートさせた。そして天津領事，在フランス公使館書記を経て，帰国後は農商務省に転じ，ここで当時，農商相（第1次山県内閣）を務めていた［ B ］の知遇を得た。［ B ］の外相就任（第2次伊藤内閣）にともない，［ A ］は1892年外務省通商局長に就任。日清戦争後1895年に外務次官となった。1896年，在朝鮮国特命全権公使に転じ，翌年下野して大阪毎日新聞社に入社した。

1900年伊藤博文によって［ C ］が結成されるや，伊藤と井上馨の勧誘によりこれに入党し幹事長，総務委員をつとめ，第4次伊藤内閣成立に伴い逓相に就任した。1902 年第 7 回衆議院選で盛岡市より出馬し当選。以後亡くなるまで当選を重ねた。1906 年には第 1 次西園寺公望内閣成立に貢献し，同内閣内相となった。［ C ］と内務官僚との間に大きな人脈を作り，鉄道・港湾事業などを介して勢力を拡大し，同党の議席を飛躍的に増やして，衆議院の過半数を獲得した。1911 年には第 2 次西園寺内閣の内相，次いで大正政変c後成立した第 1 次山本権兵衛内閣の内相をつとめ，1914 年［ C ］総裁に就任した。米騒動によって寺内正毅内閣が倒れた後，［ A ］は首相に指名され，本格的な政党内閣を組織した。対外的には英米との協調，中国における権益の維持拡大につとめ，内政では四大政綱dを積極的に展開した。また，小選挙区制の導入などを実現させ，1920 年の総選挙で［ C ］の単独過半数をもたらした。そのほか 1919 年に朝鮮で起こった三・一独立運動eを背景に同年 8 月総督武官制を廃止し，文官も就任できる道を開いたf。一方，寺内内閣から続くシベリア出兵に関しては駐留軍の撤兵に向けて有効な手を打つことが出来ず，1920 年，日本人将兵・居留民の多くが殺害される［ D ］事件を招くこととなった。1921 年満鉄疑獄事件を始めとする疑獄事件が発覚する中，同年 11 月，東京駅改札口にて凶刃に倒れた。

［ C ］の政治基盤が整って以降［ A ］は，ほぼ一貫して衆議院に価値を置いた。授爵の機会もあったが，それを最後まで辞退し続けたことはまさに，彼に冠せられた「［ E ］」の呼称にふさわしいといえる。

〔問〕

1　空欄Aに入る人名は何か。記述解答用紙の解答欄に記入しなさい。

2　下線**a**に関する説明のうち，誤っているものはどれか。1つ選び，マーク解答用紙の該当する記号をマークしなさい。

ア　仙台藩の白石に拠点となる公議府が置かれた。

イ　輪王寺宮能久親王が盟主として擁立された。

ウ　越後長岡藩は中立の立場から新政府軍に停戦を求めたが拒否にあい，列藩同盟に加わった。

エ　相楽総三らが赤報隊を組織し，年貢半減令を布告した。

オ　会津若松城を中心に熾烈な戦闘が行われた。

3　下線**b**に関する記述のうち，正しいものはどれか。1つ選び，マーク解答用紙の該当する記号をマークしなさい。

ア　日本最初の日刊紙として知られる。

イ　民撰議院設立建白書を掲載し，話題を呼んだ。

ウ　立憲改進党の結成に伴い，実質的にその機関紙として機能した。

エ　硯友社の文学者・作家たちが活動する場となった。

オ　福沢諭吉によって創刊され，商工業者の支持を得た。

4　空欄Bに入る人名は何か。記述解答用紙の解答欄に記入しなさい。

5　空欄Cに入る政党は次のうちのどれか。1つ選び，マーク解答用紙の該当する記号をマークしなさい。

ア　立憲政友会　　イ　立憲国民党　　ウ　革新倶楽部

エ　政友本党　　オ　中央倶楽部

6　下線**c**の中で起こった第一次護憲運動により，1913年に退陣した内閣の首相の人名は何か。記述解答用紙の解答欄に記入しなさい。

7　下線**d**の内容に関する説明のうち，誤っているものはどれか。1つ選び，マーク解答用紙の該当する記号をマークしなさい。

ア　国防の充実　　イ　教育の振興

ウ　普通選挙の早期実現　　エ　交通機関の整備

オ　産業の奨励

8　下線**e**より後に起こった出来事は次のうちのどれか。1つ選び，マーク解答用紙の該当する記号をマークしなさい。

ア　ハーグ密使事件　　イ　東洋拓殖会社の設立

ウ　産米増殖計画の実施　　エ　会社令の公布

オ　土地調査事業の開始

9　下線**f**によって，1919年文官として台湾総督になった人物は次のうちのどれか。1つ選び，マーク解答用紙の該当する記号をマークしなさい。

ア　児玉源太郎　　イ　樺山資紀　　ウ　斎藤実

エ　田健治郎　　オ　加藤高明

10　空欄Dに入る名称は何か。漢字2字で記述解答用紙の解答欄に記入しなさい。

11　空欄Eに入る呼称は何か。漢字4字で記述解答用紙の解答欄に記入しなさい。

Ⅵ　次の文を読んで，問に答えなさい。

先祖から委託された文化遺産は，過去の歴史について教えてくれるばかりでなく，未来への指標ともなる。しかしこれまでに，多くの文化遺産が，天災あるいは人災によって失われてきた。先年焼失した首里城が，いかに沖縄の人々の精神的支柱であったかを思うにつけ，文化遺産を守り残していくことは，現代を生きるわたしたちにとって決して無縁の問題ではない。

1972年，奈良県明日香村の高松塚古墳から色あざやかな人物壁画が出土した。石室側壁には四方を守護する霊獣である四神も描かれていたが，その一部は破壊されていた[a]。どうやら後世の墓盗人が穿った盗掘坑によるらしい。

江戸時代後期，失われていく文化遺産の保存に対して心を砕いたのは，寛政の改革の推進者でもあった老中松平定信であった。全国の古器物を実地調査して『集古十種』『古画類聚』という文化財図録を編纂し，[A]に命じて，鎌倉時代の『石山寺縁起絵巻』のうち失われていた2巻を補作させた。

定信が示した文化遺産に対する姿勢は，明治政府による全国宝物取調事業へと継承される。奈良斑鳩の法隆寺を訪れた[B]と岡倉天心が，「絶対秘仏だから見てはいけない」と制止する寺僧らをふりきり，夢殿の救世観音像を開扉させたというエピソードは，この宝物調査のときのことである。

1923年におこった関東大震災では，桃山時代の風俗画である狩野長信（狩野永徳の末弟）筆『[C]』が被災し，六曲一双屏風のうち，右側中央部の貴婦人の部分を焼失した。

1945年には，太平洋戦争にともなう空襲爆撃で多くの文化遺産が破壊された。なかでも，金鯱の天守閣で親しまれた名古屋城[b]が炎上焼失したことは，地元市民に深い悲しみを与えた。灰燼に帰した建物群のうち，本丸御殿は，江戸時代初期の城郭障壁画を備えた最古の遺例であった。襖絵の大部分はあらかじめ疎開してあったものの，床の間の貼り付け画面は取り外せず，御殿と運命をともにした。

戦後まもない1949年1月26日の早朝，世界最古の木造建築とされる法隆寺金堂から出火。内部の壁画を焼損するという衝撃的な事件がおこった。

消防団による懸命の消火活動は，壁画中で最高傑作とされた西側壁面の阿弥陀如来の顔面を破壊するという悲劇を招いた。これを機に翌年，文化遺産の国家的な保存活用を目的とした [D] が制定されることになる。しかし同年，京都の鹿苑寺金閣が放火によって焼失した。

図 1 は，いくたびもの変転を経て現代まで伝えられた白鳳仏である。天武天皇の 685 年に開眼供養されたこの薬師如来像は，はじめ [E] に安置されていたが，1187 年に [F] へ移され，東金堂の本尊とされた。その後，1411 年の火災に遭って損傷し，頭部のみが残されたのである。東金堂の再建後，この残骸は新しい本尊の台座の中へ収納された。それから 500 年が過ぎ，だれも仏頭の存在を知る人がいなくなった 1937 年，台座の解体作業中に偶然発見されたのであった。長く数奇な運命をたどった仏頭の眼差しは，文化遺産を未来に継承していくことの意味について，無言のままわたしたちに問いかけている。

図 1

編集部注：著作権の都合により，類似の写真に差し替えています。

〔問〕

1 下線 **a** について。四神図をすべて残す文化遺産はどれか。1つ選び，マーク解答用紙の該当する記号をマークしなさい。

ア 上淀廃寺壁画 イ キトラ古墳壁画 ウ 法隆寺金堂壁画
エ 玉虫厨子須弥座絵 オ 天寿国繡帳

2 空欄Aについて。松平定信の伊豆・相模地方への巡見にも従い，すぐれた風景写生である『公余探勝図』を描いた画家は誰か。漢字3字で記述解答用紙の解答欄に記入しなさい。

3 空欄Bについて。アメリカから来日した御雇外国人で，当時不遇であった狩野芳崖や橋本雅邦の日本画を高く評価し，東京美術学校の設立にも尽力した人物はどれか。1つ選び，マーク解答用紙の該当する記号をマークしなさい。

ア キヨソネ イ フェノロサ ウ フォンタネージ
エ モース オ ラグーザ

4 空欄Cについて。六曲一双屛風の左側に，かぶき踊りが描かれることでも知られるこの作品はどれか。1つ選び，マーク解答用紙の該当する記号をマークしなさい。

ア 花下遊楽図屛風 イ 高雄観楓図屛風 ウ 豊国祭礼図屛風
エ 彦根屛風 オ 洛中洛外図屛風

5 下線 **b** について。徳川家康が普請したこの城郭を拠点とする尾張藩の初代藩主となった大名はどれか。1つ選び，マーク解答用紙の該当する記号をマークしなさい。

ア 徳川光圀 イ 徳川宗勝 ウ 徳川義直
エ 徳川頼宣 オ 徳川頼房

6 空欄Dに入る法律の名称は何か。漢字6字で記述解答用紙の解答欄に記入しなさい。

7 空欄E－空欄Fの組み合わせについて正しいものはどれか。1つ選び，マーク解答用紙の該当する記号をマークしなさい。

ア E元興寺－F薬師寺 イ E興福寺－F薬師寺
ウ E薬師寺－F興福寺 エ E山田寺－F元興寺
オ E山田寺－F興福寺

世界史

(60分)

I　次の文章を読み，設問1～5に答えなさい。設問1，3，4はマーク解答用紙の所定欄にマークし，設問2，5は記述解答用紙の所定欄に記しなさい。

古代オリエント地域では，大河の定期的な増水を利用した治水・灌漑をおこなった結果，王を中心とする初期国家が誕生する。メソポタミア地域では，ウルやウルク，ラガシュなどに［ A ］人による都市国家が形成され繁栄していたが，前24世紀頃に［ B ］王国により征服・統一され，広大な領域国家が作られた。その後，一時的に［ A ］人による最後の王朝が出現したが，崩壊後に，［ C ］人が$_{\text{D}}$バビロン第1王朝をおこし，ハンムラビ王時代に全メソポタミアを支配した。この王が制定した有名な法典の原文を刻した石碑が，20世紀初頭にフランスの調査隊により，［ E ］で発見されている。この石碑は，現在，パリのルーヴル美術館に収蔵・展示されている。

設問1　空欄［ A ］にあてはまる語は何か。次のア～エから一つ選びなさい。

ア　アッカド　　　　イ　アッシリア
ウ　エラム　　　　　エ　シュメール

設問2　空欄［ B ］にあてはまる王国の創始者とされる王の名を記しなさい。

設問3　空欄［ C ］にあてはまる語は何か。次のア～エから一つ選びなさい。

ア　エラム　　　　　イ　アラム
ウ　アムル　　　　　エ　バビロニア

設問4　下線部Dのバビロン第1王朝が成立した時期は，古代エジプトのどの時代にあたるのか。次のア～エから一つ選びなさい。

ア　古王国時代　　　　　　　　　イ　中王国時代

ウ　新王国時代　　　　　　　　　エ　末期王朝時代

設問 5　空欄［ E ］にあてはまる地名を記しなさい。

Ⅱ

以下の文を読んで，各設問に答えなさい。設問 1 ～ 4 はマーク解答用紙の所定欄に 1 つだけマークし，設問 5 は記述解答用紙の所定欄に記しなさい。

2019 年 5 月に，日本の元号が「令和」に改められた。「令和」は『万葉集』を典拠とするが，それ以前の元号は中国古典(a)を典拠とする。その起源をみると，殷(b)の人々は十干と十二支の組み合わせで日付をあらわした。西周時代には「(王) ～年」の形で年数が表現された。春秋時代には，東周王朝がなお権威を保持しており，建前上，「王」を名乗れるのは周王だけであった。だが戦国時代になると，各地の有力諸侯は「王」を名乗り，「(王) ～年」の形で年数を表記した(c)。周王朝はないがしろにされ，やがて秦に滅ぼされる。その後，前漢時代の［ あ ］のときに元号が生まれる。最初の元号は「建元」(紀元前 140 年頃) とするのが通説だが，「太初」(紀元前 104 年頃) とする説もある。それ以降，中国では元号が用いられつづけた。一方，日本は古来，中国にたびたび使者を派遣し，中華文明の精華 (元号制度を含む) を輸入している。とくに吉備真備は 2 度にわたって唐にゆき，膨大な漢籍を持ち帰った。そのなかには班固の『漢書』(d)が含まれており，それは日本の歴代元号の出典として，もっとも活用された史書のひとつである。

設問 1　下線部 a に関連する説明で誤っているものはどれか。

ア　『易経』『書経』『詩経』『礼記』『春秋』は漢代以来，「五経」とよばれる。

イ　『春秋』は魏の年代記で，『左氏伝』『公羊伝』『穀梁伝』の 3 つの注釈書がある。

ウ　朱熹が重視した儒家経典に『大学』『中庸』『論語』『孟子』があり，「四書」とよばれる。

エ　『史記』は紀伝体の歴史書である。

設問2　下線部bに関連する説明で誤っているものはどれか。

ア　殷では，甲骨文を用いて神権政治が行われた。

イ　殷から周への王朝交替は，放伐の形式をとった。

ウ　殷では，さかんに青銅器が作られ，子安貝が貴重視された。

エ　このころギリシアでは，ヘシオドス『労働と日々』が編まれた。

設問3　下線部cに関連する説明で誤っているものはどれか。

ア　韓は海塩業で栄えたが，秦によって滅ぼされた。

イ　商鞅・韓非・李斯らは法家思想を説き，秦はその思想を重視した。

ウ　趙は長城を建設し，北方騎馬民族と争った。

エ　戦国時代には刀銭・布銭・円銭・蟻鼻銭などの多様な青銅貨幣が流通した。

設問4　下線部dに関連する説明で誤っているものはどれか。

ア　『漢書』は紀伝体の史書である。

イ　班固は『漢書』編纂の途中で獄死し，妹の班昭が『漢書』を完成させた。

ウ　班固の弟の班超は，西域都護として活躍した。

エ　班超の部下の甘英は，地中海を経て，ローマにまで到達した。

設問5　空欄 [あ] に最も適切な皇帝の名前を記入しなさい。

III

以下の文章を読み，設問に答えなさい。設問1，2，4，5はマーク解答用紙の所定欄に一つだけマークし，設問3，6は記述解答用紙の所定欄に記しなさい。

中世ヨーロッパ世界では中世盛期以降，[a]北イタリア都市の商人が中心になりユーラシア大陸の東との商業交易が活性化したが，それとともにキリスト教布教も積極的に行われ，とくに[b]フランチェスコ会修道士が布教のためにモンゴルに派遣された。一方で同じ時期，東方植民も活発になりエルベ川以東へのドイツ人の入植によって，[c] 辺境伯領も創設され，商業交易のネットワークは北ヨーロッパ世界にも拡大した。

だが中世ヨーロッパ世界の経済的繁栄も，14 世紀に入ると，気候が寒冷化し凶作や飢饉が生じたことや，何よりも[d]14 世紀半ばに黒死病が大流行したことにより衰退に向かった。$_e$この時期にそれまで勢威を振るっていた教皇権も失墜し，カトリック教会の権威への批判も生じた。また農民は農奴制の廃止などを要求し各地で大規模な農民一揆を起こし，フランスでは［　f　］の乱が生じた。

設問1　下線部aに関して，このような商業活動をとくに担った都市を一つ選びなさい。

イ　フィレンツェ　　ロ　ヴェネツィア
ハ　ピサ　　ニ　ミラノ

設問2　下線部bに関して誤りを含むものを選びなさい。

イ　ルブルックがルイ9世の命で派遣され，モンゴルに関する報告書を書いた。
ロ　プラノ＝カルピニが教皇の命で派遣され，モンゴルの実情を西欧に伝えた。
ハ　マルコ＝ポーロが教皇の命で派遣され，旅行記を書いた。
ニ　モンテ＝コルヴィノが教皇の命で派遣され，大都の初代大司教となった。

設問3　［　c　］にあてはまる名称を記しなさい。

設問4　下線部dに関して，このときの黒死病をきっかけにして書かれた文学作品を一つ選びなさい。

イ　『神曲』　　ロ　『デカメロン』
ハ　『ユートピア』　　ニ　『愚神礼賛』

設問5　下線部eに関して最も適切なものを選びなさい。

イ　教皇権を批判して，イギリスのウィクリフが聖書のみの思想を展開した。
ロ　ワルドたちが異端運動を始め，カトリック教会に対抗する教会を作った。
ハ　カタリ派が蔓延したため，異端審問制度が創設された。
ニ　ルターがカトリック教会による「贖宥状」の発行を批判した。

設問6　［　f　］にあてはまる名称を記しなさい。

Ⅳ 次の文章を読んで設問に答えなさい。設問1，2，5，6はマーク解答用紙の所定欄に一つだけマークし，設問3，4は記述解答用紙の所定欄に記しなさい。

ヨーロッパの人々の残した史料の中で中国についての情報量が明確に増大するのは，16 世紀半ば以降である。ポルトガル人などが 16 世紀前半までに$_A$インド航路を開拓し，続いて東南アジアや中国沿岸に進出すると，商人や宣教師・冒険者による中国情報が回顧録や報告書の形で著述・出版される。フェルナン＝メンデス＝ピントの『遍歴記』はその一つであり，著者が$_B$種子島に火縄銃が伝えられた際に立ち会ったと主張するが，この本は虚実が入り混じる内容で，その史実性については注意が必要である。こうした中，イエズス会はその組織的な布教体制と，東アジアにおけるキリスト教布教で最大の問題の一つであった$_C$祖先祭祀を容認したことで，明朝治下での中国布教を積極的に推進した。イエズス会士であるマテオ＝リッチは，$_D$明朝の高官とも親しく交遊し，$_E$当時のヨーロッパにおける最新の科学技術などを中国に紹介した。その後，引き続き清朝でもイエズス会士たちは$_F$科学技術などを用いて皇帝に仕えた。ある意味，16 世紀半ばから 17 世紀は，中国がヨーロッパについて広範かつ貪欲に学ぼうとした，歴史上初めての時代であったともいえる。

設問1　下線部Aに関連して，1498 年にヴァスコ＝ダ＝ガマが到達し，その後，胡椒・綿織物などのヨーロッパへの輸出港となった，インド西南部の港市として正しいものを一つ選べ。

ア　コーチン　　　イ　カリカット

ウ　カルカッタ　　エ　マドラス

設問2　下線部Bに関連して，フェルナン＝メンデス＝ピントは種子島に赴く前に，現在の浙江省舟山群島にあった双嶼という密貿易の拠点に滞在したと記されるが，16 世紀の半ばにおいて，明朝・日本の間でのこうした密貿易や海賊行為に従事した，「倭寇」の頭目として正しい人物を一人選べ。

ア　鄭成功　　イ　鄭芝竜

ウ　王直　　　エ　顧憲成

設問 3　下線部Cに関連して，こうした中国人信者に対する祖先祭祀や孔子の崇拝などのイエズス会による容認は，やがてドミニコ会などの他の修道会により教皇庁に提訴され，教皇庁はこれらの容認を禁止した。これに反発した清朝がイエズス会の方式に従うことを誓約した宣教師以外をマカオに退去させると，中国におけるキリスト教布教をめぐり，熾烈な論争が行われた。この論争を何と呼ぶか。

設問 4　下線部Dに関連して，カトリックの洗礼を受け，天文学・物理・地理・水利などに関するマテオ＝リッチの著作の公刊を助け，また『農政全書』の編纂を行った科挙官僚の名前を書け。

設問 5　下線部Eに関連して，マテオ＝リッチの著作・翻訳ではないものを一つ選べ。

ア　『崇禎暦書』　　イ　『幾何原本』
ウ　『坤輿万国全図』　　エ　『天主実義』

設問 6　下線部Fに関連して，三藩の乱では大砲の鋳造を行うなどした人物を，次の中から選べ。

ア　レジス（雷孝思）　　イ　ブーヴェ（白進）
ウ　アダム＝シャール（湯若望）　　エ　フェルビースト（南懐仁）

V

次の文章を読み，設問に答えなさい。設問 1，2，4，6，7 はマーク解答用紙の所定欄に一つだけマークし，設問 3，5 は記述解答用紙の所定欄に記しなさい。

ヨーロッパでは，16 世紀後半から 17 世紀中頃にかけて，カトリックとプロテスタントの対立の激化から宗教戦争がおこった。まずフランスでは 16 世紀前半のフランソワ 1 世の時代にルター派a が伝わっていたが，16 世紀中頃にはユグノーと呼ばれるカルヴァン派勢力が拡大し，ついに 16 世紀後半にユグノー戦争という内乱が勃発した。この内乱は，貴族間の党派争いや諸外国の干渉を招き，b 1572 年のサンバルテルミの虐殺事件をおこすなど，30 年以上続行された。1589 年に［ A ］朝が断絶したが，c アンリ 4 世が新たな王朝の王位につき，1598 年のナントの王令（勅令）によってユグノーに信教の自由をあたえることで，宗教的な内乱をひとまず収束させた。

ドイツでは，[B] 年のアウクスブルクの和議で，ルター以来の宗教紛争はしばらく平静が保たれていたが，新・旧両派の諸侯が同盟や連盟を結成して対立し，しだいに情勢が悪化した。1618 年，ベーメン（ボヘミア）の新教徒がハプスブルク家によるプロテスタント弾圧に反抗したのをきっかけに，三十年戦争が始まった。$_{d}$この戦争は，宗教的・地域的な対立をこえ，外国勢力も介入する大規模な国際戦争として展開され，1648 年のウェストファリア条約で終結した。多くのヨーロッパ諸国・諸邦が独立国家として国際会議に参加し，その結果として戦争の講和条約がまとめられたことは，ヨーロッパの近代的な外交による$_{e}$主権国家体制を示すものとなった。

設問 1　下線部 a に関連して，ルターやルター派について述べた次の文の中で，誤りを含むものはどれか。

イ　ルターはヴィッテンベルク大学神学教授となったのち，『キリスト者の自由』を著わした。

ロ　ルターは教皇レオ 10 世から破門され，皇帝カール 5 世にヴォルムスの帝国議会に呼び出されたが，自説を撤回しなかった。

ハ　ルターは，ザクセン選帝侯の保護のもとで『新約聖書』のドイツ語訳を完成した。

ニ　ルターを支持するルター派は，領邦教会制度を否定し，教会・修道院の廃止や儀式の改革を進めた。

設問 2　下線部 b に関連して，サンバルテルミの虐殺事件がおこったときのフランス国王は誰か。適切な人名を選びなさい。

イ　シャルル 7 世　　ロ　シャルル 9 世

ハ　フィリップ 2 世　　ニ　ルイ 11 世

設問 3　[A] にあてはまる王朝名は何か。王朝名を答えよ。

設問 4　下線部 c に関連して，アンリ 4 世について述べた次の文の中で，誤りを含むものはどれか。

イ　アンリ 4 世は，即位前はユグノーの首領であり，当時の王妹との結婚式の折にサンバルテルミの虐殺事件がおこった。

ロ　アンリ 4 世は，即位後にカトリックへの改宗をおこなった。

ハ　アンリ 4 世時代に，ケベックやルイジアナ植民地を中心にフランスの北米植民地が形成された。

ニ　アンリ 4 世が 1610 年にカトリック教徒により暗殺されたため，その後をルイ 13 世が継いで即位した。

設問 5　［　B　］にあてはまる年はいつか。数字で答えよ。

設問 6　下線部 d に関連して，三十年戦争とウェストファリア条約について述べた次の文の中で，誤りを含むものはどれか。

イ　傭兵隊長ヴァレンシュタインが，旧教徒側に立って戦った。

ロ　スウェーデン国王グスタフ＝アドルフは，新教徒側に立って戦った。

ハ　ウェストファリア条約で，フランスはアルザスとロレーヌの一部を獲得した。

ニ　ウェストファリア条約で，デンマークは北ドイツ沿海の西ポンメルンなどに領土を獲得した。

設問 7　下線部 e に関連して，次に示した戦争と会議・講和条約の組み合わせの中で，誤っているのはどれか。誤った組み合わせを選びなさい。

イ　スペイン継承戦争　——　アーヘン条約

ロ　クリミア戦争　——　パリ条約

ハ　エジプト＝トルコ戦争（1839～1840 年）　——　ロンドン会議

ニ　ロシア＝トルコ戦争（1877～1878 年）　——　サン＝ステファノ条約

Ⅵ

以下の文章を読み，各設問に答えなさい。設問 1 ～ 4，6，7 の解答はマーク解答用紙の所定欄，設問 5 の解答は記述解答用紙の所定欄に記入しなさい。

$_{\mathrm{a}}$フランスを孤立させて自国の安全をはかろうとしたビスマルクは$_{\mathrm{b}}$三帝同盟を作り上げたが，加盟国のあいだで対立が解消されなかった。$_{\mathrm{c}}$ロシアがバルカン半島で勢力を拡大すると，ビスマルクは$_{\mathrm{d}}$ベルリン会議を開いて各国の利害を調停した。さらに彼は国際情勢の変化に対応するために，$_{\mathrm{e}}$三国同盟を結成したり$_{\mathrm{f}}$再保障条約を結ぶなどして，ドイツに有利な国際秩序を維持しようとした。しかし，ビスマルクの構築した同盟関係は長期的に持続せず，$_{\mathrm{g}}$その後の国際秩序は大きく変化していった。

設問１　下線部ａに関連して，19～20 世紀のフランスについての説明として最も適切なものをイ～ニから一つ選びなさい。

イ　フランスによるベトナムへの軍事介入に対して，阮福暎が組織した黒旗軍が頑強に抵抗した。

ロ　アヘン戦争後にフランスと清は，不平等な望厦条約を結んだ。

ハ　アフリカ支配をめぐって起こったファショダ事件が契機となって，フランスとイギリスの外交的な接近が実現した。

ニ　20 世紀初頭にフランス社会党が成立し，社会革命の実現を目指すサンディカリズムを活発化させた。

設問２　下線部ｂに関連して，この同盟関係が最初に結ばれた時点で，加盟国の統治・支配領域に含まれていなかった都市・地域をイ～ニから一つ選びなさい。

イ　ヴェネツィア　　ロ　ヘルシンキ

ハ　プラハ　　ニ　ワルシャワ

設問３　下線部ｃに関連した出来事を時代順に古いものから正しく並べているのはどれか。イ～ニから一つ選びなさい。

イ　第一次アフガン戦争の開始　→　アイグン条約の締結
　→　アメリカ合衆国へのアラスカ売却　→　露仏同盟の締結

ロ　アイグン条約の締結　→　第一次アフガン戦争の開始
　→　露仏同盟の締結　→　アメリカ合衆国へのアラスカ売却

ハ　露仏同盟の締結　→　第一次アフガン戦争の開始
　→　アメリカ合衆国へのアラスカ売却　→　アイグン条約の締結

ニ　アメリカ合衆国へのアラスカ売却　→　露仏同盟の締結
　→　アイグン条約の締結　→　第一次アフガン戦争の開始

設問４　下線部ｄに関連して，この会議で決定されたことの説明として最も適切なものをイ～ニから一つ選びなさい。

イ　ブルガリアがロシアの保護下におかれた。

ロ　セルビアの独立が承認された。

ハ　イギリスがクレタ島の行政権を獲得した。

ニ　オーストリアがボスニア・ヘルツェゴヴィナを併合した。

設問５　下線部ｅに関連して，この同盟に加わったイタリアは，アフリカへの領土拡大を試みてエチオピアに侵入したが，1896 年の戦闘で敗北した。この戦闘が行われた場所はどこか。

設問6　下線部ｆに関連して，同条約の更新を見送ったヴィルヘルム２世についての説明として最も適切なものをイ～ニから一つ選びなさい。

イ　社会主義者鎮圧法を制定し，社会民主党を弾圧した。

ロ　強引な帝国主義政策を追求し，カメルーン，南西アフリカ，東アフリカなどの植民地を獲得した。

ハ　第一次世界大戦末期に自国内で革命が起こり，処刑された。

ニ　フランスのモロッコ進出に抗議してタンジールに上陸し，列国会議を要求した。

設問7　下線部ｇに関連して，1900年代～1910年代のヨーロッパ各国と日本の関係についての説明として最も適切なものをイ～ニから一つ選びなさい。

イ　フランスはロシアやドイツとともに日本に圧力を加え，遼東半島を清に返還させた。

ロ　日本はドイツとの戦争に勝利し，ドイツの租借地だった奉天を獲得した。

ハ　日本はロシアと協約を結び，大陸へと進出しやすくなった。

ニ　南アフリカ戦争を終え，極東に兵力をさく余力ができたイギリスは，日本と同盟を結んでロシアの極東進出を抑えようとした。

Ⅶ

以下の文章を読み，設問に答えなさい。設問１～３はマーク解答用紙の所定欄に一つだけマークし，設問４～６は記述解答用紙の所定欄に記しなさい。

第二次世界大戦下のイギリスは，チャーチル[a]の強力な指導力もあり，かろうじて戦勝を得た。その戦勝の原因の一つにチャーチルとアメリカ大統領フランクリン＝ローズヴェルトの連携によって従来の二国間関係にも増して発展させた，英米関係という「特別な関係」[b]（The Special Relationship）に負うところが少なくない。英米両国首脳は大戦中，あるときは二国間であるときは第三国を交えながらしばしば会談し[c]，連合国の団結維持に努めたのであった。

英米両国は，第二次世界大戦末期から戦後の政治経済秩序構築のプランを立てていた。1944 年 8 月～10 月にかけ，ワシントン D. C. 郊外の [d] 邸においてソ連，中国を交えて国際連合憲章草案が作られた。また 1944 年 7 月合衆国ニューハンプシャー州で開かれた [e] 会議に連合国代表が集まり，戦後経済秩序が話し合われた。ここでイギリス側首席代表を務めたのが，『雇用・利子および貨幣の一般理論』で名を馳せたケインズである。そしてこの会議では，国連専門機関として戦後復興と途上国支援を目指した [f] の創設が決められた。

設問 1　下線部 a に関してチャーチルの生涯について誤っているものを一つ選びなさい。

イ　英国貴族の名門マールバラ公爵の縁戚であり，父も著名な政治家であった。

ロ　第一次世界大戦中，海軍大臣を務めた。

ハ　第二次世界大戦前，対ドイツ宥和政策に反対した。

ニ　第二次世界大戦後次第に健康が衰え，1951 年に政界を引退した。

設問 2　下線部 b に関連して，第二次世界大戦後の英米関係を象徴する事件のうち，年代順に古いものから 3 番目にあたるものはどれか。

イ　イラク戦争において，イギリスはアメリカに追随する行動をとった。

ロ　イラクのクウェート侵攻に際し，アメリカを中心とする多国籍軍にイギリスも参加した。

ハ　朝鮮戦争においてアメリカ，イギリスはともに国連軍に加わり，韓国を支援した。

ニ　第二次中東戦争（スエズ戦争）において，アメリカはイギリス，フランスの軍事行動を非難する立場をとった。

設問 3　下線部 c に関して，第二次世界大戦中，英米首脳が参加した会談（英米二国のみの会談，第三国も参加した会談の両方を含む）で年代順に古いものから 2 番目はどれか。

イ　カイロ会談　　　ロ　大西洋上会談

ハ　ポツダム会談　　ニ　ヤルタ会談

設問 4　[d] に当てはまる語を記しなさい。

設問 5　[e] に当てはまる地名を記しなさい。

設問 6　[f] に当てはまる国際機関の名を漢字で記しなさい。

VIII

以下の文を読み，写真を見て，空欄にもっとも適切な語を，記述解答用紙の所定欄に記しなさい。

イスタンブルに残る聖ソフィア聖堂は，6 世紀にビザンツ帝国皇帝ユスティニアヌスによって正教の総本山として建立されたが，1453 年のコンスタンティノープル陥落と同時に，オスマン帝国のスルタン，メフメト 2 世によってモスクに改変された。その後 1935 年，トルコ共和国建国の父ムスタファ＝ケマルによって博物館とされたが，2020 年に再びモスクにされた。建物の外観を見ると，［　　　］が追加されており，15 世紀にモスクとして改造されたことがわかる。

ユニフォトプレス提供
編集部注：著作権の都合により，類似の写真に差し替えています。

IX

下記の文章を読んで，設問 1 ～ 3 に答えなさい。マーク解答用紙の所定欄に一つだけマークしなさい。

多くの西欧中世聖堂は，かつて異教の聖地であった場所にたつ。たとえば，［ ア ］様式のシャルトル大聖堂は，古代ケルト人が信仰したドルイド教の重要な聖地に建造されている。

パリのモンマルトル（「殉教者の丘」の意）も古代にはドルイド教の聖地であったが，中世にはキリスト教徒の殉教地と信じられるようになった。そして，19 世紀末から 20 世紀初頭にかけて，大規模なサクレ＝クール聖堂が建てられた。同じ頃，同地にはピカソ$_{\text{イ}}$をはじめとして数多くの芸術家がアトリエを構えるようになる。さらに，ウシュールレアリスムの先駆者の一人であったアポリネールなど，詩人，小説家や批評家も集った。

設問 1　空欄アにもっとも適切なものを a ～ d から一つ選びなさい。

a　バロック　　　　b　ルネサンス

c　ロココ　　　　d　ゴシック

設問 2　下線部イの作品を a ～ d から一つ選びなさい。

a

b

c

d

設問 3　下線部ウに関する文章 a ～ d のうち，もっとも適切なものを一つ選びなさい。

a　潜在意識を表現しようとした。

b　調和と形式美を重要視した。

c　デューイの影響を受けて誕生した。

d　サルトルの影響を受けて誕生した。

ニ　受け入れることができない人であっても、あからさまに拒んではいけない。

ホ　相手を受け入れれば、自分も相手から拒まれることはない。

問二十八　この文章の作者が友人を選ぶ際に重視したものとして最も適切なものを次の中から一つ選び、解答欄にマークせよ。

イ　徳器　　ロ　趨向　　ハ　経営　　ニ　帰宿　　ホ　忠信

声薫気染、波蕩風靡《スル》者、豈不《ラン》二大《イニ》可《カラ》レ畏《ル》哉。子張氏《ニ》有《リ》下 3於レ人何所レ不レ容、如レ之何其拒レ人之説上、殆《ド》未《ダ》《ル》レ知《ラ》下夫《ノ》主《トシ》二忠信《ヲ》一、毋友不如己者之義《ヲ》上也。

（『陸九淵集』による）

注　声薫気染…相手のひととなりや雰囲気に染まること。
波蕩風靡…相手に翻弄されること。
子張氏…孔子の弟子。

問二十五　傍線部1「斉」の意味として最も適切なものを次の中から一つ選び、解答欄にマークせよ。

イ　善　　ロ　同　　ハ　謹　　ニ　然　　ホ　変

問二十六　傍線部2「毋友不如己者」の返り点として最も適切なものを次の中から一つ選び、解答欄にマークせよ。

イ　毋二友不レ如レ己者一
ロ　毋友不レ如二己者一
ハ　毋友不レ如レ己者
ニ　毋レ友二不レ如レ己者一
ホ　毋レ友不レ如二己者一

問二十七　傍線部3「於レ人何所レ不レ容、如レ之何其拒レ人」の意味として最も適切なものを次の中から一つ選び、解答欄にマークせよ。

イ　どのような人であっても受け入れるべきで、拒む必要はない。
ロ　どうしても受け入れることができない人は、拒まなければならない。
ハ　どのような人でも受け入れていると、どうしても拒めなくなってしまう。

られてしまったと思うことにした。

ロ　侍従と付き合っていた三河の介が、あるとき男君の来訪があると予告してくれたので、侍従は姫君のもとで男君を迎える準備を始めることができた。

ハ　三河の介から、大夫の君を介して姫君方の様子が男君に伝えられたとき、男君はなかなかこの邸宅に住まう姫君のことを思い出せなかった。

ニ　男君を御座所へと招いた途端、姫君は胸が急激に苦しくなり、そのあと侍従が男君の方へ進みでてはたらきかけようとすると、急に灯火が消えてしまった。

問二十四　この『別本八重葎』は『源氏物語』から派生して作られたといえるが、次の中から『源氏物語』よりも前に成立している作品を一つ選び、解答欄にマークせよ。

イ　狭衣物語　　ロ　讃岐典侍日記　　ハ　更級日記　　ニ　とりかへばや　　ホ　平中物語

四

次の文章を読んで、あとの問いに答えよ（返り点・送り仮名を省いた箇所がある）。

人之技能有《リ》二優劣一、徳器有《リ》二小大一、不《ル》二必《ズシモ》[1]斉一也。至《レバ》二於趨向之大端《ニ》一、則《チ》不《レ》可《カラ》二以《テ》有《ル》レ一。同《ジクスレバ》レ此《ヲ》則《チ》是、異《ニスレバ》レ此《ヲ》則《チ》非。向背之間、善悪之分、君子小人之別、於《イテ》レ是《ニ》決《ス》矣。友《ナル》者《ハ》、所三以《ニシテ》相与《ニ》切磋琢磨《シテ》以《テ》進《ム》二乎善《ニ》一、而為《ル》二君子之帰《ト》一者也。其《ノ》所《レ》向《カフ》苟《モ》不《レバ》レ如《クナラ》レ是《ノ》、悪《ンゾ》可《ケン》二与《レ》之為《ル》レ友《ト》哉。[2]此毋友不如己者之意。甚《シキカナ》矣、趨向之不《シテ》レ可《カラ》レ不《ル》レ謹《マ》、而友之不《ル》レ可《カラ》レ不《ル》レ択《バ》也。耳目之所《レ》接《スル》、念慮之所《レ》及《ブ》、雖《モ》二万変不《ト》レ窮《マラ》、然《レドモ》観《ニ》二其《ノ》経営《ヲ》一、要《もとムレバ》二其《ノ》帰宿《ヲ》一、則《チ》挙《あげテ》係《ル》二於其《ノ》初之所《ニ》レ向《カフ》。（中略）彼其《ノ》趨向之差《たがヒテ》、而吾与《レ》之友《ナレバ》、則《チ》其《ノ》朝夕遊処之間、

切なものを次の中から一つ選び、解答欄にマークせよ。

イ　男君が私をお忘れにならないよう、こちらから頼りにしている旨を伝えることが肝要であろう。

ロ　男君が私をお忘れになるのをそのままにしてさしあげるのが、見苦しくないことであろう。

ハ　自分が男君との思い出を忘れないように努めることこそが、安心につながるだろう。

ニ　自分が男君のことを早く忘れてしまえるかどうかが、今後の我が人生の目安となるだろう。

問二十　傍線部4の和歌の技巧に関する説明として、最も適切なものを次の中から一つ選び、解答欄にマークせよ。

イ　縁語表現を用いつつ、姫君の住む里をのろわれた地にたとえている。

ロ　掛詞を用いるとともに、去り行く男君を月の光に重ねている。

ハ　時雨を姫君に降りかかる災厄に見立てて、過酷な日々を強調している。

ニ　序詞によって、男君に見捨てられてきたつらさをイメージ化している。

問二十一　波線部a～eの敬語表現のうち、敬意の対象となる人物が他と異なるものが一つある。それはどれか。最も適切なものを次の中から一つ選び、解答欄にマークせよ。

イ　a　　ロ　b　　ハ　c　　ニ　d　　ホ　e

問二十二　傍線部5「あきれたり」に関する説明として最も適切なものを次の中から一つ選び、解答欄にマークせよ。

イ　あり得ないような事態を受け、まず冷静になろうとしている。

ロ　意外なことになって、どうしてよいかわからないでいる。

ハ　急病となってしまった原因を明らかにしようとしている。

ニ　この絶好の時機を逃してしまう間の悪さに、心底驚いている。

問二十三　本文の内容と合致する最も適切なものを次の中から一つ選び、解答欄にマークせよ。

イ　姫君は、既に男君が都に戻っているのにもかかわらず、いつまでたっても訪れがないことから、もはや完全に忘れ

注　この侍従…末摘花（姫君）に仕える側近の女房。

　権大納言殿…光源氏（男君）。

　三輪の山ぞ悲しかりける…「わが庵《いほ》は三輪の山もと恋しくはとぶらひ来ませ杉立てる門《かど》」（古今集・雑歌下、詠み人しらず）などに拠って、末摘花の邸宅で目印となりうる杉の木立がうまく目印たり得なかったことをいう。

　大夫の君…光源氏の従者、惟光《これみつ》。

　松…松明《たいまつ》。

　爪食はるれど…きまり悪くてはずかしいけれど。

問十七　二重傍線部A・Bの助動詞があらわす意味として最も適切なものをそれぞれ次の中から一つ選び、解答欄にマークせよ。

イ　受身　　ロ　可能　　ハ　自発　　ニ　尊敬　　ホ　存続

問十八　傍線部1・2の意味として最も適切なものをそれぞれ次の中から一つ選び、解答欄にマークせよ。

1　イ　男君はしみじみ趣深いご意向をお持ちであったが、それをもったいないと考えずにはいられまい。
　ロ　男君は同情的なお心持ちをお示しであったことから、その影響をまた受けてしまうのではないか。
　ハ　情愛の深かった男君のお気持ちが、その片鱗までもなくなるということはまさかあるまい。
　ニ　すばらしいお考えを思いつかれた男君なので、すっかり頼りにしてもよいのだろうか。

2　イ　いつまでも落ち着きなく歩き回っておいでだな。
　ロ　かつてと変わりないお忍びの外出であるな。
　ハ　老け込んではいないが見栄えのしないお姿だな。
　ニ　老人でもないのによろついていらっしゃるのだな。

問十九　傍線部3「人の御忘れ草をまかせきこえむこそめやすからめ」とはどのようなことをあらわしているか。最も適

と急ぎて、

4小夜時雨《さよしぐれ》ふりにし里をいとふとや空ゆく月のかげもとどめぬ

と、介して言ひ懸《か》く。

御車はやや行き過ぎぬるに、追ひつきて、「大夫の君やb候《さぶら》はせたまふ。ここに執《と》り申すべきことなん」とて、気色を取りて、伝へきこゆれば、

「げに昔分けさせcたまひし浅茅《あさぢ》が原ぞかし。あはれ、いかに荒れまさりつらん」とて、御車に御覧ぜさす。

「げに年もへぬるを、今は肘笠《ひぢかさ》のたよりに、託《かこ》ち寄らんもいかにぞや。うひうひしくさすがなる心地するを、かれより進み来つるも、ただならずをかしうもあるかな」などのたまはせて、御車引き入れさせdたまふ。

やや深う入《い》る所なれば、御前《ごぜん》の人々、指貫《さしぬき》の裾引き上げつつ、草の露を分け煩《わづら》ふ。月暗ければ、松多く参りて、南の渡殿《わたどの》にさし寄す。

侍従、さりやとかつがつうれしきものから、人わろく爪食はるれど、けざやぎて円座《わらふだ》さし出づべきにはたあらねば、御《お》座所《ましどころ》など引き繕ひて、入れeたてまつる。大殿油《おほとなぶら》参りたれど、馴れる姿も恥づかしとて、屏風のはざまに寄りおはさうず。

さる折しもよ、姫君、御胸いたくおこりて、悩ませたまへば、「いかさまにせん」と、5あきれたり。

例は、さやうにおどろおどろしき御悩みなどもことになきを、いみじう苦しげにせさせたまへば、人々、御押さへや何やと、惑ひさわぐ。

あまりほどあらんもかたじけなければ、侍従ゐざり出でて、いささかうちふるまふものは、大殿油ふと消えにけり。

かかるほどに、この老御達《おいごたち》の中に、里より来通ふ童の、昼つかた率《ゐ》て来たりける犬の、下屋《しもや》のもとに臥したるが、灯《ひ》の光を見つけて、おどろおどろしうとがむるに、御前の人々怖《お》ぢ惑ひて、逃げ散り、御簾《みす》引きかづきなどす。

夜声《よごゑ》ものさわがしきに、介いみじう制すれど、なほらうらうと、いと高う吠えかかりて、この渡殿に寄り来れば、「あなや」と言ふままに、御車遣り散らして、皆逃げ失せぬ。

ほどにつけつつ、嘆きあへ[A]るを、かうて再び立ち帰らせたまへば、かぎりなき世の喜びに言ひさわぐを、おのづから漏り聞きて、
「[1]あはれなりし御心ざしの名残なからんやは」と、人々も頼みきこえど、みづからも人知れず下待ちおはしますに、ほどふれど、つゆばかりの御訪れもなし。

例の御物恥ぢには、恋しや、つらしやなど、うち出でて、人には語らひたまはねど、げに頼みがたきは人の心なりけりと、さすがにやうやうおぼし知ら[B]るるに「道もなきまで」など、心ひとつにうち眺めさせたまふべし。

遠き所におはしましけるほどこそ、ことわるかたにも慰めつれ、年頃の積もりも、取り返し堪へがたう物わびしきに、「さは今はかぎりなめり」など、例の心短き老人《おいびと》どもの、うちひそめくを聞かせたまひて、げにとおぼすに、いみじう心細し。

十月十余日ばかり、時雨《しぐれ》うちして、木枯らしになりゆく風の気色《けしき》、山里の心地して、ものさびしうあはれなり。いとど何ごとにかは紛れたまはむ。日一日《ひひとひ》つくづくといとたく眺め暮らしたまふ。

さるほどに、大弐《だいに》の甥に三河の介《すけ》なる者、この侍従に語らひつきて、時々ここに来通ふが、暗うなるほどに入《い》り来て言ふやう、
「ただ今こそ権大納言殿は、この御門《みかど》過ぎさせたまへ。[2]さもふりがたき御やつれ歩《あり》きかな」など言ふに、さはまことに忘れはてさせたまひけりと思ふにも、なほこの三輪の山ぞ悲しかりける。

されど、ひたぶるにうち捨てさせたまふとはなくて、おのづから紛れ歩かせたまふやうもやあらん、なかなかおし籠《こ》めて、つれなしづくらんよりは、これよりおどろかさせたまはば、めづらしきに、さて靡《なび》きもしたまはむかしなど、よろづに思ひめぐらして、姫君をそそのかしきこゆれど、さらに[a]おぼしもかけたまはず。
「わが身は、かう数ならぬ者にて、[3]人の御忘れ草をまかせきこえむこそめやすからめ。あいなうさし過ぎたりとおぼされんが、わりなきこと」とのたまはせて、いよいよ御顔引き入れつつおはしまさせば、「遠く行き過ぎさせたまはぬほどに」

ることができる。

ニ　自然の姿をかたどった文様を護符として身に着けることで、生き物を殺傷する人間は自然界からの逆襲を避け安寧を保つことができる。

問十五　空欄 E に入る最も適切な八字の語句を、＊印以下の本文の中から抜き出して、記述解答用紙の所定の欄に記せ。

問十六　本文で示されているヨーロッパまたはシベリアの「皮衣」の説明として適切でないものを次の中から一つ選び、解答欄にマークせよ。

イ　ヨーロッパでは、皮衣が流通市場において売買される対象となる。

ロ　ヨーロッパでは、皮衣が人間の自我を表象する皮膚と見なされる。

ハ　ヨーロッパでは、皮衣が自然を征服したことを比喩的にあらわす。

ニ　シベリアでは、皮衣が身を包むだけでなく自然との交流をかたどる。

ホ　シベリアでは、皮衣が生命の交流を象徴しその観念は現代にもある。

ヘ　シベリアでは、皮衣が死を意識しつつ生を謳歌する存在を意味する。

※問十六については、解答の有無・内容にかかわらず、受験生全員に得点を与えることとしたと大学から発表があった。

三

次の文章は、『別本八《や》重《え》葎《むぐら》』という物語の一部である。この作品は、『源氏物語』において、須磨・明石での退居を終えて都へと復帰していた光源氏の訪れを待ち続ける末摘花をめぐる物語の別伝として仕立てられている。これを読んで、あとの問いに答えよ。

いかなるべき世にか、かかることを待ちつけたてまつらんと、月の光の土の中に隠れたらんやうにて、高きも卑しきも、

イ　殺された生き物は自然界との繋がりを失うが、人間がその皮を纏って変身することで、再び自然界との繋がりを取り戻す。

ロ　剝ぎとられた皮は生き物の死を意味するが、生死と彼我が入れ替わる境界と捉えるならば、皮を脱ぎ新たな生を得る過程と見なせる。

ハ　自然界の生き物は人間を襲う害獣だが、狩られて毛皮に変わり高値で取引されることで、富をもたらす有益な存在ともなる。

ニ　殺された生き物にとって剝ぎとられた皮は自らの死を意味すると同時に、毛皮としての新たな生命を手に入れることを意味する。

問十三　空欄 D に入る最も適切なものを次の中から一つ選び、解答欄にマークせよ。

イ　霊験的なものの黙契

ロ　感覚的なものの投影

ハ　永続的なものの具現

ニ　生命的なものの増幅

問十四　傍線部3「文様の力」とあるが、文様に対する筆者の解釈として最も適切なものを次の中から一つ選び、解答欄にマークせよ。

イ　多くの生き物が生まれては死ぬ自然の生命の連続的な営みを文様として表現することで、生死の循環を生み出すことができる。

ロ　必ず死ぬ運命を恐れた人間は、悠久の歴史を持つ自然の姿を文様にして身に着けることで、永遠の生命を得ることができる。

ハ　人間にとって圧倒的な力を持つ自然は畏怖の対象だったが、自然を文様という形で表現することでその力を制御すものを次の中から一つ選び、解答欄にマークせよ。

イ　人と自然界の動物は姿形こそ異なるものの、皮を着脱することを通じて互いの世界へ入り、同じ命ある存在として交流していると考えられるから。

ロ　個々の生き物が皮という境界を越えて互いに浸透しあい、それらが合体して一つの生命となり、共生を図っていると考えられるから。

ハ　自然界の動物の皮を纏うことによって、人間が持っていた自我の境界を取り払い、その動物の生命と同一化して自然に溶け込んでいると考えられるから。

ニ　獲物として自然界の動物の生命を奪うことへの贖罪の気持ちから、人間がその動物の皮をかぶって命を吹き込み、霊魂を慰めていると考えられるから。

問十　空欄 [A] に入る語句として最も適切なものを次の中から一つ選び、解答欄にマークせよ。

イ　調整弁

ロ　分岐点

ハ　境界面

ニ　保護膜

問十一　空欄 [B] と [C] に入る組み合わせとして最も適切なものを次の中から一つ選び、解答欄にマークせよ。

イ　B　混沌　C　転生

ロ　B　再生　C　交感

ハ　B　変化　C　輪廻

ニ　B　反転　C　循環

問十二　傍線部2「両義」とあるが、その説明として最も適切なものを次の中から一つ選び、解答欄にマークせよ。

のとして生まれ変わるのです。

　北西太平洋岸先住民の文様・図像と神話・習俗を調査したアメリカ人類学の父ボアズも、アムールの諸部族の衣装を調査していました。「人々が常用している皮製の衣服、とくに祝祭の時に着られる衣服はアップリケや彩画で美しく装飾されている」と記し、施されるオーナメントのリズミカルな連続性に注目しました。ボアズは分節されえない生命循環の形象をその装飾文様に目撃したのでした。

　ではこの装飾の細胞・核となっている文様とは何なのでしょうか。

それはシベリアでは、①呪的な力をもち、②人類を懐く大自然を最高度に縮減して表した極限の形象です。大自然から人間が認知するものは生命であり変化・変動であり死ですが、文様はそれを循環させる護符のような力をもつ形象（抽象）であり、大自然というマクロコスモスと対応する装飾というミクロコスモスです。ナナイやニヴフの人々は西洋美術のような具象を描けないのではなく、高度な抽象化によって、天象も動植鉱物も、極限の形象（文様）で再創造できる人々なのです。

　実際ナナイやニヴフの人々のサーモン・スキン・コートには渦巻のオーナメントが施され、そうした3文様の力によっていっそう光を帯びる晴れ着となってきました。ここに、人類史における「装飾／芸術」の発生のひとつの根源が浮かび上がります。

　野生から人間の手に懐かれた魚皮や獣皮の平面・表層・皮膚は、動植物の生命がオーナメントとなって表面を飾り、そこにいっそう活発なインターフェースを生んでいく。元は一つの個体に属していた皮ですが、それが美的な交流面となって生きなおす。魂を包む生きとし生けるものの皮は、［　E　］を伝えてきたといえるでしょう。

（鶴岡真弓「ホモ・オルナートゥス：飾るヒト」による）

問九　傍線部1「人間と自然を隔てるのではなく、繋ぐ皮である」とあるが、それはなぜか。その説明として最も適切な毛皮市場において高値で取引されました。ロシア人の人間の世界は、シベリアの動物の皮を引き剝がし、自然の世界を分断して、投機によって生命を殺して財を産む経済システムを謳歌したのでした。

　しかし西欧人の富に変換させられた皮衣が物質的価値ではなく、ほかになき生命の尊厳の表象であることを、先住の人々は語り続けました。生命維持の皮を脱がされ殺傷される「死の皮剝ぎ」は、「誕生の皮脱ぎ」との[2]両義を厳粛にも表象し、驚異の反転的価値をもっていることを、です。

＊死と生を究極として起こるこうした反転作用は、しかし先住の人々が持つ観念であるばかりでなく、人間が自己形成の黎明期に、「分化し個体化するエディプス期に先立って、未分化で反転可能な幻想を経験する」ことを『皮膚―自我』の著者アンジューは指摘しました。「母の腹のなかの子供そして子供の腹のなかの母の幻想」のように、「包みつつ包みこまれ、器でありつつ内容物であるという独自のトポロジーをそなえたもの」で、「包みながら呑みこまれる」相互的な反転は、私たちが忘れているだけで、現実の社会に生きているのだと（『皮膚―自我』渡辺公三の解説による）。

　その意味で先住の人々の生に現前している反転する皮と未分化の交流の観念は、人類の根源的な記憶であると同時に、太古であれ現代であれ、誰にでもありました。しかし、西洋近代はそれを恐れ、忘却しようとしました。

　自然を完全に征服しようとする西欧近代の身体に纏われるために商品となった（毛）皮は、分割して統治されるべき世界から奪うことができた戦利品《トロフィー》のメタファーにすぎません。が、ナナイやニヴフの人々のアムール川の皮衣は、自然界と人間界が連続する分節されない世界を表し、表面の装飾はその交流を促し活動させる［D］として表されたのでした。シベリアの渦巻文様は、この魚皮衣にも表され、その動的運動を表象して来たのです。

　皮が単なる防御の外皮ではなく、霊魂を包む皮であることは、このような伝統の装飾によって逆に暗示されます。つまり装飾とは、芸術が未生の現在に胎動し、来るべきものを生む（そして来るべきものとして生まれる）ように、本体から引き剝がされた死の皮に、渦巻の装飾を施すことによって生き還らせ、元の動物の生命時間以上の時間を付与することができる。自然と人間、野生と文明、彼岸と此岸という相互を分離する面ではなく、皮膚が、装飾によっていっそう輝くもヨーロッパでは、フランスの精神分析学者ディディエ・アンジューの理論（『皮膚―自我』一九八五年）のように、皮膚は「（人間の）自我」として読み解かれます。が、シベリアやイヌイットの神話的思考は、その皮・皮膚は肉を包んで固定されている（縫い付けられている）のではなく、纏うことと脱ぐことが自在です。皮膚は私のものであるという近代人の一義的な信念に対して、交換・反転の感動を語り、自我を表／面に開いて、大自然との生命的交流を前進させていくという観念を示しているといえないでしょうか。

動物の領土では、動物が人間になり、人間が彼らの獲物になる。この獲物、人間を食う者（動物たち）は、（人間がおこなう）熊祭りをそっくり真似た儀式をやる。動物は喜んで自分の皮を脱いで人間の姿にもなる。狩猟は野生に死をもたらす、ゆえに人々は、他我のどちらにも対称的にもたらされる生／死への畏れ敬いを、人間と動物の反転という臨界において観念し、それが皮に表象されているといえないでしょうか。人間と動物の入れ替わり神話は、人間と動物は生死のあいだに存在するもの同士として――運命によって食うか食われるかのあいだに存在する――生きもの同士として交流し、その交点が皮なのだと伝えているのです。

これは近代ヨーロッパ人にとっては、文明の遅れによる原始的未分化の観念であって、存在の二重性の現れと映ります。が、そこにこそ近代人には想像できない、大自然の脅威を知る先住の人々の思考がありました。それは生きとし生けるものたちを包み込む自然はまさに未分化なのであり、［B］と［C］のドラマをみせる驚異であることを熟知していることから生まれた知でした。シベリアの人々にとって自然・野生への心的距離は篤い近さが際立ち、魚皮衣の芸術に発光しています。我と他の交流面としての皮は、アンジューのいう生／死の境界である。とともに、魚皮衣は死を予め孕んで生まれてくる生の定めを表象し、その臨界で発光している「皮＝衣＝被覆＝皮覆」であるのです。

一六世紀、ウラル山脈の彼方からロシア人がシベリアに入り、先住の人々を使役して毛皮のために動物を狩る時代になると、大量の獣皮がロシアに送られ、西洋文明によって狩られた熊や鹿や魚という野生の「死の皮」は、皇帝や貴族の権威と富のドレスとなりました。シベリアの毛皮の流通は、西洋的な人間の世界の近代経済システムの発展と軌を一にし、階の魅力も強調している。

ニ　九〇年代以降、「感覚的なものの類似」が異性の新たな魅力として加わったことは、恋愛のプロセスを重要視するようになったことと結びついている。

二

次の文章を読んで、あとの問いに答えよ。

アムール川の人々は狩猟・漁撈《ぎょろう》の生業において生き物の皮を恵として頂き、繊細な技で剝《は》ぎとり、伝統の文様で装飾してきました。「魚皮衣」文化圏では、魚種として主にコイ、ナマズ、サケが用いられます。なかでもサケの皮は衣をつくるのに最も広く用いられました。鮭皮は厚く弾力に富み丈夫で、色は五彩に輝きます。ニヴフ族の例では女性はコート用に一〇〇匹のサケの皮を用意し、塩水で皮膚を洗う前に肉をかき取り、皮を乾燥させ、叩き、魚皮や筋からつくった糸で縫い合わせます。装飾された魚皮衣は晴れ着です。狩猟とともに漁撈で魚と生きてきた人々の最高の服飾です。

魚の皮膚である魚皮衣の表面は、1人間と自然を隔てるのではなく、繋《つな》ぐ皮であると考えられないでしょうか。特に人間自身が、からだに纏《まと》う魚皮は、シベリアにおいて人間界と自然界の交流・交換の接触面であることは確かです。フランスの民俗学者E・ロット＝ファルクは『シベリアの狩猟儀礼』（一九五三年）で、シベリアの少数民族の狩猟文化における人と動物の未分化の観念を紹介しました。人間と動物は（外皮は異なれども）中身は同じで、動物は喜んで自分の皮を脱いで、人の姿にもなる。虎は、からだをゆさぶって皮を脱ぎ、それを棒にひっかける。その逆もあり、人間の魂は、好みしだいで熊や虎や黒テンの皮を自在に着る。人間の姿をとっても、動物たちはそれぞれの性格を維持している、といいます。自然界と人間界が、一枚の皮を介して浸透率を高め、交流・交感・交換が可能となるのです。人間は動物の皮を纏うとき、動物界＝自然界に参入できる。生命の［　A　］としての皮への崇拝が神話に語られていると解釈することもできます。

ニ　家族主義的な「結婚」につながる「恋愛」を否定し、精神的自由を謳歌する、近代的な「恋愛」は消失した。

問六　次の文が入る箇所として最も適切なものを本文中の［イ］～［ヘ］の中から一つ選び、解答欄にマークせよ。

つまり、一九七〇年代の恋愛物語は、ロマンティック・ラブ・イデオロギーやリクールの物語論と合致して、結末部分が重要であるのだ。

問七　傍線部Ⅱ「これを傍証するために、《挿話的モチーフ》について、簡単にふれておきたい」とあるが、これ以降の本文で展開される「結末」と「プロセス」の説明として最も適切なものを次の中から一つ選び、解答欄にマークせよ。

イ　九〇年代以降の恋愛物語が「結末」より「プロセス」を重視するようになったことを明らかにし、その「結末」の変化について述べている。

ロ　九〇年代以降の恋愛物語が「結末」より「プロセス」を重視するようになったことを明らかにしたが、「結末」がはたしてどのようになったのかは述べていない。

ハ　九〇年代以降の恋愛物語が「結末」より「プロセス」を重視するようになったことを明らかにし、物語が拡散して完結させられなくなったことを述べている。

ニ　九〇年代以降の恋愛物語が「結末」より「プロセス」を重視するようになったことを明らかにしたが、恋愛のゲームとしての楽しさが持つ意味については述べていない。

問八　本文の趣旨と合致する最も適切なものを次の中から一つ選び、解答欄にマークせよ。

イ　昔話の『白雪姫』などがそうであるように、「ロマンティック・ラブ・イデオロギー」は、近代以前からの結婚や恋愛に関する中心的な考え方であった。

ロ　物語論から考えると結末は重要視されるものであるが、九〇年代以降でも七〇年代の恋愛物語と同様のことが成立する。

ハ　七〇年代の雑誌記事は物語論でいう「結末」を重要視するが、結婚に至るまでのプロセス、すなわち「中間」の段

アーヴィング・ゴフマン…アメリカの社会学者（一九二二〜一九八二）

問一　空欄 a 　b に入る語句として最も適切なものを次の中からそれぞれ一つずつ選び、解答欄にマークせよ。

イ　性愛と結びつかない結婚を許容する戦略
ロ　恋愛と結婚の優先順位を変える戦略
ハ　自由な恋愛と性愛を推奨する戦略
ニ　恋愛と結婚を結びつける戦略
ホ　恋愛と結婚を分離する戦略

問二　空欄 c に入る漢字二字の語を、＊印以下の本文の中から抜き出して、記述解答用紙に楷書で記入せよ。

問三　傍線部1、2の片仮名の部分を漢字に直して楷書で記述解答用紙に記入せよ。

問四　空欄 d に入る文として最も適切なものを次の中から一つ選び、解答欄にマークせよ。

イ　なんといっても女性の幸福は恋愛にあるのだから、自由な恋愛をした方がよい。
ロ　なんといっても女性の幸福は恋愛にあって、結婚することではない。
ハ　なんといっても女性の幸福は結婚にあるのだから、結婚した方がよい。
ニ　なんといっても女性の幸福は結婚にあるが、恋愛するのは結婚が目的ではない。

問五　傍線部Ⅰに「「恋愛」は死んだことになる」とあるが、その説明として最も適切なものを次の中から一つ選び、解答欄にマークせよ。

イ　「結婚」や「性愛」と区別して、「恋愛」自体を本質と考える、近代的な「恋愛」は消失した。
ロ　「結婚」につながる「恋愛」や、失恋や別れを大事なことと捉える、近代的な「恋愛」は消失した。
ハ　かつて分離していた「性愛」を「恋愛」や「結婚」と分かちがたく結びつける、近代的な「恋愛」は消失した。

あるいは、「魅力」の具体的内容を見てみよう。異性の魅力に関しては、一九七〇年代も九〇年代以降も伝統的性役割に沿った「男らしさ」「女らしさ」があげられている。だが九〇年代以降には新しく加わった傾向が存在する。例えば、話が合う、趣味が合う、ノリが合う、価値観が合うなどが新たな魅力としてあがっているのである。それらは「感覚的なものの類似」とまとめることができよう。この傾向は対外的条件を重視しない。つまり「恋人にするなら同伴して恥ずかしくない人」という条件を重視しないのである。むしろ、感覚という個人的な条件を重要視することで、恋愛当事者と外部世界とのつながりを断ち、恋愛を社会に対して閉ざしたものにしてしまう。また、感覚の類似したパートナーを得れば、恋愛関係内部でも、コミュニケーションが比較的スムーズであることが予測されるので、よけいな軋轢は少ないだろう。すなわち、「魅力」言説から浮かぶ新しい恋愛関係は、外部でも内部でもコミュニケーションの努力が最小限ですむ楽な関係なのである。そこでは恋愛の苦しい側面——嫉妬《しっと》や孤独、コミュニケーションをとる困難さ——を経験しないですむ。新しい「魅力」は、恋愛を楽しいだけの安全な小宇宙に変容させることができるのである。

先のわからない「曖昧な関係」によってなるべく駆け引きを長く楽しみ、「似た者同士」という安全な小宇宙で楽しむことが目指される。つまり、プロセスのなかからできるだけ長く、そして多くの楽しさを抽出することが「目的」だと確認できるだろう。

（谷本奈穂『恋愛の社会学』による）

注　大越愛子…日本の哲学者（一九四六〜）
山田昌弘…日本の社会学者（一九五七〜）
井上俊…日本の社会学者（一九三八〜）
柳父章…日本の翻訳語研究者（一九二八〜二〇一八）
ロバート・ブレイン…オーストラリア生まれの人類学者（一九三三〜）
ポール・リクール…フランスの哲学者（一九一三〜二〇〇五）
プロップ…ウラジミール・プロップ。旧ソヴィエトの昔話研究者（一八八五〜一九七〇）
大橋照枝…日本の社会学者（一九四一〜二〇一二）

一つには、現代の雑誌記事は物語論でいうところの「中間」、すなわちプロセスを多く描いていることがあげられる。例えば全体の記事に対して「魅力」「アプローチ」「セックス」の記事で半分を占める（一九九〇年代は五四・二%、二〇〇〇年代は四九・〇%）。プロセス部分が膨張し、結末に収斂《しゅうれん》していかない——そのようなものを物語と呼んでいいなら——拡散した物語なのである。

へ

もう一つには、「軋轢《あつれき》」や「別れ・失恋」に関する記事が少ないことである。「魅力」「アプローチ」「セックス」は恋愛の楽しい部分であり、「軋轢」「別れ・失恋」は恋愛の苦しい部分だと考えるならば、恋愛の楽しい部分は強調され、苦しい部分はあまり描かれない傾向にある。記事内容は享楽的なものに偏っているといえる。

以上の二点から、目的は「プロセスを重視すること」「そのプロセスからなるべく多くの楽しさを抽出すること」だと考えられる。

Ⅱ これを傍証するために、《挿話的モチーフ》について、簡単にふれておきたい。例えば、雑誌記事では、恋愛相手に対する最も効果的な「アプローチ」方法は、好意をあからさまに伝えるのではなく「さりげなく」「におわせる」こと、あるいは、相手が「アプローチしやすい状況を作る」といった間接的な行動だとされている。直接告白するより「好意をにおわせる」ような不確定なやり方が読者の支持を得ているならば、彼らはアーヴィング・ゴフマン流の相互行為儀礼に基づき、人間関係を完全に決定づけず曖昧《あいまい》なままに保持することで、傷つけ合わないような距離を作っているといえる。しかし、重要なことは、曖昧な関係を安全地帯として利用する以上に、そのアプローチ自体をゲームとして積極的に楽しみさえしていることである。ゲームの楽しさは偶発性によって左右される。恋愛でも結果がすぐわかってしまうような確定した関係では、駆け引きという楽しみが少ない。恋愛対象と曖昧な関係を続けることで、恋愛のプロセスからなるべく多くの楽しさを引き出すことができるのである。実際に、雑誌記事の他の部分でも「友達以上恋人未満が心地よい」という言説が非常に多く、注目に値する。

た。」というのである。最終的に二人は結婚することになり、彼女は「本当によかったと心の底から言えます」と満
　足げな言葉で締めくくる。（一九七〇年代）

［　イ　］

しかし、一九九〇年代そして二〇〇〇年代における恋愛物語での結末部分――結婚、別れ・失恋――は弱体化している。雑誌記事を調べてみると、九〇年代では、別れ一・五四%、結婚二・〇一%で、合わせて三・五五%、二〇〇〇年代では別れ二・〇一%、結婚一・一二%でこちらも合わせて三・一三%にしかならない。具体的な記事の内容を見ても、「占いでいつ結婚するといいか」といった軽い内容が目立ち、クライマックスとして描かれていない。

［　ロ　］

物語論やイデオロギーの観点から見て大切な結末が、そこでは描かれていないのである。言説上だけでなく、実際の調査でも同様の結果が出ている。大橋照枝は、「［　d　］」と考える二十代と三十代前半の女性たちが一九七二年で四割を占めていたのに、九〇年では二十代女性で五%弱、三十代前半で九%に下がったことを指摘している。このことは恋愛言説と実際の意識の関連を裏づけているだろう。

［　ハ　］

したがって、少なくとも一九九〇年代にI<u>「恋愛」は死んだことになる。</u>もちろんそれはかつて「恋愛」という言葉で意味していたものを指している。

［　ニ　］

一九七〇年代ではリクールの議論やロマンティック・ラブ・イデオロギーが目指すところに合致して、結末は恋愛物語の目的だったといえるだろう。しかしいまや、結末が目的でない。では、九〇年代以降の恋愛物語の目的はどこにあるのか。目的を探るために、現代の雑誌記事で見られる特徴を検討したい。

［　ホ　］

（童話ではないが）『ロミオとジュリエット』なら二人が周囲に恋を反対されたことで結果として死んでいくシーンが、やはりクライマックスとなる。

つまり物語論の観点から考えれば、「結末」が非常に重要なのである。ポール・リクールは自らの解釈学をプロップらの物語記号論を補完するものと考えていることから、彼の物語論を参照してみよう。リクールによれば、物語とは因果的連鎖で結ばれた筋が「完結」するものである。物語が「AのゆえにBが」という因果的な連鎖構造をとるということは、物語は結末に到達するために進むと解釈してもいい。物語中のすべてのエピソードは結末に結びつくための伏線なのである。したがって、物語の調和や統一性は結末によって作り出されるという。

言い換えれば、一般に物語は「初め・中間・終わり」から成り立ち、「終わり」に到達するために進展しているともいえる。すなわち終わりという一点に収束していくのである。ある意味では初め・中間は終わりのための伏線であって、「終わり」「結末」は物語上の［ c ］となる。

したがって「結末」「終わり」とは、物語にとっても最も重要な要素であり、恋愛物語にとって「結婚」や「別れ」といった「結末」が重要なのである。

＊実際に一九七〇年代の恋愛物語では結末部分が重要視されており、雑誌記事を調べてみると誌面の多くを結婚や失恋の記事が占めている。特に、結婚記事が二九・一八％を占めており、出会いから恋愛期間中そして結婚（もしくは別れ）すべてを描いた「完全な物語」も九・一八％ある（従って、結末にふれているのは、三八・三六％となる）。具体的な記事の内容を見ても結婚の重要性はよくわかる。ある女性誌では次のような記事がある。

ある女性が、恋人である彼と高校で知りあい、一緒に通学したり映画を観たりして、楽しい交際をする。（中略）高校卒業後には短大にいくつもりだったが、彼が家業を継ぐことになったので、彼に合わせて就職することにした。そのうち結婚を意識するようになるが、彼はまだその気がない。[2]アセる彼女は、「本当に別れようかと思いました。でもダメでした。この人と別れたら私は一生後悔すると思ったのです。そして彼が一人前になるまで待とうと思いましのの、かつてはかなり許容されていた。

二つ目は、恋愛を抑制する戦略である。例えば、宗教の力を使って恋愛感情そのものを罪悪としてしまう方法が一つの例としてあげられるだろう。

最後に、[b]である。これこそがロマンティック・ラブ・イデオロギーと呼ばれるものだ。十八世紀から十九世紀にかけて西欧に誕生し、日本でも高度経済成長期以降に普及したとされる。ロマンティック・ラブ・イデオロギーは、もともとは矛盾する恋愛と結婚を結びつけて、結婚相手としてふさわしい相手に抱く感情を恋愛感情と規定する。すると、結婚相手としてふさわしくない相手との関係は、偽物の恋愛として排除され、ふさわしい相手との関係が正しい恋愛として推奨されることになる。例えば、同性同士のカップルやあまりにも低年齢同士のカップル、社会的に生活していけない無職同士のカップルなどは、社会的に認められにくくなる。年齢的にも社会的にも成熟していて、安定的に暮らしていけるような相手との交際が推奨されるようになる。井上俊や柳父章は、このイデオロギーが、自由なはずの恋愛を結婚という社会制度に組み込むことで、「恋愛統制の機能」を発揮するようになり、「日本の現実を裁く規範」になっていったと述べている。ロマンティック・ラブ・イデオロギーによって、恋愛は結婚に結びつくべきだと認識されるようになり、このイデオロギーが流布するにつれて、近代の日本では、恋愛の目的は結末である「結婚」にあったし、そうでなければならなくなったのである。したがって、雑誌等でも恋愛物語の結末（特に結婚）は重要視されている。

また、恋愛物語というと、童話であれ小説や映画であれ、主人公が理想の相手と結ばれる（あるいは別れる）エンディングがクライマックスとなる。童話としてあまりにも有名なシンデレラは継母とその連れ子である姉にいじめられているが、最後は王子に見初められて結婚する。このストーリーは、シンデレラストーリーという言葉に表れるように、その他のさまざまな物語の型となっている。『美女と野獣』にしろ『白雪姫』にしろ『眠れる森の美女』にしろ、やはり結婚で話はクライマックスを迎える。ロバート・ブレインは、結婚を「未来を約束するにもかかわらず、物語の始まりでなく終わり」と断じている。逆に、悲恋に終わる物語も、『人魚姫』なら王子との恋を諦めて海に身を投げて泡になるシーンが、

国語

（九〇分）

一

次の文章を読んで、あとの問いに答えよ。

大越愛子は、近代以前の社会では「「恋愛」、「性愛」、「結婚」は分離したものであった」と断言している。だが、私たちは、結婚式で「お二人はめでたくゴールインされ」などというスピーチを聞くことがある。この「ゴールイン」という言葉は、恋愛の目的が結婚だという認識があることからきている。ならば、少なくとも近代以降を生きる私たちには、「恋愛と結婚が結びついている意識」があるということだ。

山田昌弘によれば、そもそも恋愛と結婚は矛盾している。結婚にふさわしい相手を好きになるとはかぎらないし、結婚後に配偶者以外の人を好きになることもありえるからだ。結婚相手にふさわしくない相手に恋愛感情をもってしまえば「階統的秩序」を乱すことになるし、夫婦以外の人に恋愛感情をもてば「家族的秩序」を乱すことになるだろう。そうして、完全に自由な恋愛は、社会にとって望ましい結婚制度を[1]ホウカイさせる危険性をもはらんでいると見なされるようになる。人が好き勝手に自分の感情に基づき他者を好きになっていては社会が不安定なものになる。安定的な社会のためには、恋愛を結婚に見合うものにする必要が出てきたのである。

そこで、社会は三つの戦略を用意する。一つは、［ a ］。例えば、結婚は結婚として維持しながら、花街で恋愛をしたり妾（愛人）を囲ったりするスタイルである。現在では公然とこの戦略を使うことは社会的に認められにくくなったも

////////////////// · memo · //////////////////

2020年度

問題編

■一般入試・一般入試（英語4技能テスト利用型）・センター利用入試

問題編

〔一般入試〕

▶試験科目・配点

教　科	科　　目	配　点
外国語	「コミュニケーション英語Ⅰ・Ⅱ・Ⅲ，英語表現Ⅰ・Ⅱ」，ドイツ語，フランス語，中国語，韓国語のうちから１科目選択	75点
地　歴	日本史Ｂ，世界史Ｂのうちから１科目選択	50点
国　語	国語総合，現代文Ｂ，古典Ｂ	75点

▶備　考

ドイツ語・フランス語・中国語・韓国語を選択する場合は，大学入試センター試験の当該科目〈省略〉を受験すること。センター試験外国語得点（配点200点）を一般入試外国語得点（配点75点）に調整して利用する。

〔一般入試（英語4技能テスト利用型）〕

▶試験科目・配点

教　科	科　　目	配　点
地　歴	日本史Ｂ，世界史Ｂのうちから１科目選択	50点
国　語	国語総合，現代文Ｂ，古典Ｂ	75点

▶備　考

地歴・国語それぞれに合格基準点を設ける。いずれかの科目が基準点に満たない場合は不合格となる。

▶合否判定

英語4技能テストのスコアが基準を満たしているものを対象として，一般入試の２教科の得点で合否を判定する。

〔センター利用入試：センター＋一般方式〕

▶ 1 次試験（大学入試センター試験　以下より 1 教科 1 科目選択）

教　科	科　　　目	配　点
地歴・公　民	①地理Ｂ　②現代社会　③倫理　④政治・経済 ⑤倫理，政治・経済	50 点
数　学	①数学Ⅰ・数学Ａ　②数学Ⅱ・数学Ｂ	
理　科	①物理基礎　②化学基礎　③生物基礎　④地学基礎から 2 科目 または⑤物理　⑥化学　⑦生物　⑧地学から 1 科目	

※センター試験科目得点（配点 100 点）を 50 点に換算する。「世界史Ｂ」「日本史Ｂ」等は試験科目に含まれていないので，注意すること。

※上記科目の範囲内で複数の科目を受験した場合，最高得点の科目の成績を合否判定に利用する。ただし「地歴・公民」「理科（⑤～⑧）」において 2 科目受験の場合は，それぞれの第 1 解答科目のみを合否判定に利用する。2 科目受験で上記以外の科目を第 1 解答科目として選択した場合，当該教科の科目は合否判定の対象外となる。

▶合否判定

1 次試験（センター試験）の得点と 2 次試験（文学部一般入試「外国語」および「国語」）の得点を合算して合否を判定する。

英語

(90分)

I Read the following two passages and choose the most appropriate word or phrase for each item（1～14）. Mark your choices（**a**～**d**）on the separate answer sheet.

(A) Since the Renaissance, the art of drawing has come increasingly to be considered a unique graphic experience rather than simply the making of (1) sketches to be translated into other media. The working drawings of the Old Masters give us an intimate glimpse of the artist's search and experimentation with ideas and forms, for they often suggest the initial impulse that subsequently (2) a fully developed artistic concept. Today we admire not only the (3) of these studies but also the individual handwriting the drawing itself reveals, which may later be hidden or lost in the transposition to another medium.

Each generation invents new functions for drawing and resurrects old ones. (4), some modern artists use drawing to create an expressive division of space or to build spatial relationships; for others it serves as a compositional search for the unknown. Many artists still regard drawing as a rehearsal for more formal works, while others consider it as simply form-making in black and white. In fact, drawing can be all these things and more, individually or in combination. Each artist's vision (5) the function drawing will serve and the direction it will take.

Compared to other visual media, drawing is a magical art. In no other medium can we go so directly from thought process to image, unencumbered (6) materials or extensive preparation. We are able, with experience, to refine our thoughts in a direct way, without complicated techniques. Drawing can (　7　) all attitudes, whether we are reacting directly to the forms around us, refining forms from memory, inventing new forms, or even planning complicated relationships.

(Adapted from Bernard Chaet, *The Art of Drawing*.)

1. (a) perennial　(b) perfect
   (c) preliminary　(d) principal
2. (a) called to account　(b) found fault with
   (c) gave birth to　(d) got rid of
3. (a) immediacy　(b) indecency
   (c) inefficacy　(d) interdependency
4. (a) By contrast　(b) By default
   (c) For example　(d) In return
5. (a) coerces　(b) determines
   (c) follows　(d) surpasses
6. (a) by　(b) from
   (c) on　(d) with
7. (a) accommodate　(b) commemorate
   (c) obliterate　(d) overturn

(B) The Street of Eternal Happiness is two miles (　8　). In the winter when its tangled trees are naked of foliage, you can see past their branches and (　9　) a view of the city's signature skyline in the distance: The Jin Mao Tower, the Shanghai World Financial Center, and Shanghai Tower. The three (　10　) stand within blocks of one another, each of them taller than New York City's Empire State Building.

Few streets in China are lined with trees like these, and on the weekends the bustle of local workers is replaced by groups of tourists from other parts of China, pointing telephoto lenses down the street at rows of limbs, admiring their (11) beauty.

The French had planted the trees in the mid-19th century when Europeans and Americans (12) up the city into foreign concessions. Nearly a century later, the French were gone, but the trees remained. The Japanese bombed Shanghai and took the city for a spell, but they eventually retreated, too, leaving the trees unharmed. Then came the communists under Mao with revolution, class warfare, and the (13) deaths of millions. The trees endured. The street is now a capitalist one, lined with restaurants and shops. When I stroll along its sidewalk, I sometimes stumble upon glimpses of rundown European-style homes through the cracks of closed gates, and I think about the relentless churn of history this street has witnessed. Here, an empire rose, fell, and now rises again. The only (14) is the trees.

(Adapted from Rob Schmitz, *Street of Eternal Happiness*.)

8. (a) big　　(b) deep
   (c) large　　(d) long
9. (a) bring　　(b) catch
   (c) keep　　(d) sight
10. (a) giants　　(b) items
   (c) streets　　(d) things
11. (a) axiomatic　　(b) exotic
   (c) quixotic　　(d) semiotic
12. (a) brought　　(b) carved
   (c) mixed　　(d) took
13. (a) accidental　　(b) coercive
   (c) predicted　　(d) tragic
14. (a) constant　　(b) convergence
   (c) evanescence　　(d) standard

II Read the following three passages and mark the most appropriate choice (**a** ～ **d**) for each item (15～24) on the separate answer sheet.

(**A**) At the dawn of the seventeenth century in Japan, urban culture had been samurai culture. By the end of that century, the arts were affordable for an expanding number of city folk, and the number of poets, playwrights, novelists, and wood-block artists increased rapidly to meet new consumer demand. There was an explosion of printing and literacy. More than seven hundred publishing companies were founded in Kyoto alone during the seventeenth century. Most men and women in the cities could read, attend the theater and enjoy prints and other forms of pictorial art. Patronage of the arts by commoners made them the dominant arbiters of urban taste and culture, and representations of women and men, sexuality, and gender in printed and staged works of art not only reflected the values of merchants and artisans but also helped to frame them. In addition, those values influenced gender discourse throughout Japan, as books and other forms of culture were brought into the countryside by itinerant merchants and artists.

In addition to the commercial forms of art—published and marketed poetry and prose works, staged plays, and artworks printed in thousands of copies—amateur arts also proliferated in the Tokugawa period. The practitioners of amateur arts were called *bunjin* (literati). By the late eighteenth century, even girls without family ties to male *bunjin* could aspire to cultural development.

(Barbara Molony, Janet Theiss, and Hyaeweol Choi, *Gender in Modern East Asia.*)

15. According to the text, which of the following is true about seventeenth-century Japan?

(**a**) Artistic culture flourished in urban centers and had little influence on the rural areas.

(b) The number of published books and artworks plummeted.

(c) The samurai became a privileged class that produced and enjoyed artistic culture.

(d) The values of commoners were reflected in the production of urban culture.

16. According to the text, women in the Tokugawa period

(a) could acquire a certain level of textual and visual literacy.

(b) could become cultural producers if they got rid of their family ties.

(c) were more likely to become amateur artists rather than professional ones.

(d) were often portrayed and celebrated in art and literature but could not produce them.

(B) English was introduced into South Asia with the arrival of British colonial administrations when then-Governor-General William Bentinck concurred with Thomas Babington Macaulay's *Minute on Education*, which recommended that English be promoted as the instructional language on the Indian subcontinent, based on the understanding that it had the capacity to explain complex concepts in philosophy, law, and science. However, Macaulay left open a window of opportunity for vernacular languages, which, in time, could be substitutes for the English language. Even so, the concurrence of Bentinck asserted the supremacy of English and Western culture.

Bentinck's main interest was to create an Anglicized Indian elite. He also recommended that the masses use vernacular languages. Similarly, Macaulay was an ardent supporter of English education and held that local people would welcome the *Minute* if it led to increased employment. The Indian reaction to Macaulay's *Minute* was mixed then, as it is now. Those who worked for the British administration supported the language policy; many others did not. The policy to prioritize the English language increased the use of English in all domains of India, especially in the higher echelons of the judiciary. The British expected that English should eventually be the language of business throughout the country. Of course, the use of coercive measures did not turn Indians into Europeans, nor did it promote mass literacy and education. In fact, the use of English contributed to low rates of literacy. Thus, English fomented class divisions and social conflicts that exist to this day.

However, Bentinck realized that the imposition of the English language would be impossible. In a resolution, the Governor-General-in-Council declared that Indians could conduct judicial and fiscal proceedings in any language that they understood. Nevertheless, English has been used since the 18th century and has since been supported by Indian elites, particularly those in urban centers. Few had access to colonial education, and the colonial language was acquired by only a tiny minority of the Indian people.

(Adapted from Tania Hossain and Cornelius B. Pratt, "Native- vs. Nonnative-Medium Schools.")

17. Which of the following is correct, according to the passage?
   (a) English and indigenous languages were equally promoted in India.
   (b) English became widespread among the general Indian population.
   (c) English eliminated local languages among the Indian elite.
   (d) English failed to improve the rate of literacy in the Indian subcontinent.

18. According to the passage, English language policy
   (a) expanded the business of the Indian subcontinent.
   (b) facilitated employment opportunities in India.
   (c) minimized the class divisions and social problems of India.
   (d) produced a class capable of functioning within British colonial

society.

19. According to the passage, Governor-General William Bentinck was
 (a) a promoter of English in India.
 (b) a promoter of Indian English.
 (c) a reformer of English in India.
 (d) a reformer of Indian English.

(C) The bubonic plague, or Black Death, spread across Europe, slowly but steadily, from 1347 to around 1352. The culprit, *Yersinia pestis*, is a pathogen carried by fleas who ingest it when feeding on an infected host. It blocks the fleas' intestines causing them to become starved for nutrients, which leads them to feed voraciously and infect their subsequent hosts. Fleas are adept at living on rats, other animals, and humans — with some resistant hosts serving only as carriers and others quickly dying once bitten and infected. It is a horrifying disease: beginning like a flu with weakness and fever, but turning into extensive hemorrhaging. The dying tissues turn black, giving the plague its nickname of Black Death.

The sanitation of the era, a lack of understanding of contagion, and close proximity of humans and many animals meant that the disease was amazingly virulent in the growing cities of the Middle Ages. It cut the populations of Paris and Florence roughly in half within a couple of years, with even larger death tolls in cities like Hamburg and London. It is believed to have made its way along the Silk Road from China to Constantinople, and later from Genoese trading ships to Sicily by 1347, where it quickly wiped out roughly half of the island's population. It continued to spread, hitting parts of Italy, and then Marseille, before spreading through France and Spain, and eventually getting to the northern countries a few years later. Overall, it is estimated to have killed more than 40 percent of Europe's population, as well as 25 million people in China and India before even reaching Europe.

What is remarkable from a modern perspective is how slowly and methodically it spread. Although the plague did make occasional long-range jumps, as in its travel along trading routes such as the Silk Road and via ships, its progression throughout Europe averaged only about two kilometers per day, slow even by the standards of foot travel at the time. Even though the bubonic plague rarely transmits directly from person to person, the disease traveled alongside humans — via the fleas who fed on rats on ships, on farm animals, people, and in clothing — and so it made its way through the networks of humans and the various animals that accompanied them.

The slow movement of the plague tells us how limited the mobility and range of contacts of most humans were in the Middle Ages. Modern pandemics are quite different: they spread remarkably quickly, with diseases jumping continents typically within a matter of days or weeks. A measles outbreak among unvaccinated adults and children sparked via interactions at an American theme park in southern California in 2014 appeared in schools hundreds of miles away days later. Ebola was carried by health workers from Sierra Leone in 2015 to cities in Europe and North America within a week of their exposure.

Beyond immediate insights into the spread of diseases, the understanding of how contagion and diffusion depend on the structure of our networks will serve as a starting point for comprehending the more complex spread of ideas, financial contagions, inequality in employment and wages, and lots of other subjects concerning how our networks work.

(Adapted from Matthew O. Jackson, *The Human Network.*)

20. You could mistake the bubonic plague for the flu because

(a) both are accompanied by much bleeding.

(b) both of them are mainly transmitted through fleas.

(c) if you blow your nose, the tissue paper turns black.

(d) their early symptoms are similar.

21. The disease in question
   (a) broke out in Scandinavian countries and then spread to Mediterranean countries.
   (b) did damage only to some restricted islands in Italy because it was carried on ships.
   (c) hit Asian countries much more devastatingly than European countries.
   (d) was widely diffused in Asian and European regions due to the specific conditions of the era.

22. The slow progress of the Black Death's transmission
   (a) fell short even of the speed of human walking.
   (b) has been further hampered by modern technology.
   (c) is nothing surprising considering the smallness of a flea's body.
   (d) was surprising even to the Medieval Europeans.

23. It is suggested that the velocity of the spread of diseases
   (a) has changed because the speed of transportation is different.
   (b) has nothing to do with the characteristics of its agents.
   (c) is different between continents, such as Europe and America.
   (d) is obviously connected to the change of the traits of diseases.

24. Which of the following would be the best title of the passage ?
   (a) How Widely and Systematically Things Spread
   (b) The Deficiencies of Medieval Sanitation
   (c) The Methodical Migration of Fleas
   (d) Who Were the Hosts of the Black Death ?

III

Choose the most appropriate sentence from the following list (a ～ h) for each item (25～31). Mark your choices on the separate answer sheet.

(a) America: a place that is very rich and shoots lots of guns.
(b) America is an exceptional country, different than other countries.

(c) He would have fit right in on the American streets of Brooklyn or St. Louis.

(d) "I had the ability," he explained wistfully, "but under the old system your skin color could keep you out of those things."

(e) I told him, and his eyes lit up with glee as he gushed, "Oh, you are from America! Your country has a very great influence on South Africa."

(f) Malcolm's face glowed in the reflection of the dashboard lights as he spoke of the Cape township where he and his family lived.

(g) Still, he said, this was an improvement over his last job, driving public buses for the city of Cape Town.

(h) The day he picked me up, he was heading east along the coast toward Durban.

For Malcolm Adams, as for most people around the world, America is more a mental image than a real place. He will almost certainly never see the United States with his own eyes—he'll never have enough money to afford the trip—but that diminishes his interest in the place not one bit.

I met Malcolm on a bus ride in June of 2001. He was a driver for the Baz Bus, a shuttle service known to the backpacker crowd in South Africa as a cheap if not always reliable way to get between major cities and rural tourist areas. (25) It was late afternoon, a low winter sun. Along the roadside hundreds of people, bunched in groups of five or six, were walking home. Off to our right, the Indian Ocean frothed and sparkled, crashing against the southern edge of the African landmass.

Malcolm was thirty-two, but his smooth-skinned face and overjoyed demeanor made him look younger. Like his father, he had worked as a driver all his adult life, though as a teenager he dreamed of becoming a naval officer. (26) Now he worked fourteen-hour days driving from one end of South Africa to the other. The scenery was glorious, but he missed his wife and two children, whom he saw only on weekends.

(27) He quit that job after five fellow drivers were murdered gangland-style while driving their routes. The killer later testified in court that for each murder he was paid 350 rand, about US $50, by bosses of the taxi drivers union, who apparently hoped to frighten passengers into taxis.

"Yeah, I heard about those shootings," I said. "The newspapers back home wrote about them."

"And where is back home?" Malcolm asked.

(28)

"Really?" I said. "Good or bad?"

"Good, good! America is what everyone here wants to be like — American music, American clothes, American lifestyle: nice house, big car, lots of cash. America is the idol for many people in South Africa."

His own clothes made the point: a Jack Daniel's baseball cap, black jeans, and a royal blue ski jacket with puffy sleeves. (29) Malcolm said he and his friends knew about America from songs they heard on the radio, movies they rented at the video shop; TV shows carried on South African channels; *The Bold and the Beautiful* was a particular favorite. I asked whether older people shared his view — did his mother and father idolize the United States? "No, they are more Christian," he replied without irony. "They want to live a South African life."

By now, darkness had fallen. (30) They had running water, electric light, and paved streets, but many neighbors lacked real jobs and crime was a constant worry: "Gangsters are shooting and robbing people and the police do nothing." We were silent a moment. Then, with the same enthusiasm he showed for anything American, he added, "Did you know that every township in South Africa has two street gangs named for your country?"

"NO."

"Yes! One is called the Young Americans, the other is called the Ugly Americans."

"What's the difference?"

A wide smile. "The Young Americans dress like Americans. The Ugly Americans shoot like Americans."

(31) It's not the most sophisticated analysis, but it's a fair shorthand for how the United States is seen by many people around the world. Friend or foe, rich or poor, foreigners tend to fear America for its awesome military power even as they are dazzled by its shimmering wealth.

(Adapted from Mark Hertsgaard, *The Eagle's Shadow*.)

Ⅳ

Choose the most appropriate word or phrase from the list (**a**～**m**) for each item (32～38). Mark your choices on the separate answer sheet.

Socrates: My dear friend, Philo, it's been (32) since I saw you at the university! What have you been busying yourself with these days?

Philo: Nothing (33), I'm afraid.

Socrates: Come now. I know you better than any man, and I am fully certain that nothing (34) a disaster could keep you away from our lecture halls.

Philo: Well, if you must know, it has to do with my elderly grandfather—I mean the one on my father's side.

Socrates: Oh, yes, I know the fellow. He is one of the (35) gentlemen our city has ever had the pleasure of calling its own.

Philo: Indeed. Now, as I was saying, it was this grandfather of mine who, (36), kept me away from the university this past week.

Socrates: How so, my friend? Do tell.

Philo: Well, as it happens, my grandfather recently (37) a collection of ancient manuscripts, all of Egyptian origin, and all in superb condition. And I—

Socrates: And you spent the (38) last week decoding hieroglyphs. Am I right?

Philo: Guilty as charged.

(a) ages
(b) along the lines of
(c) better part of
(d) came by
(e) come rain or come shine
(f) for better or for worse
(g) in particular
(h) including
(i) long time
(j) most erudite
(k) short of
(l) stumbled out of
(m) up my sleeve

PLEASE READ THE INSTRUCTIONS CAREFULLY.

V Read the following passage and complete the English summary <u>in your own words</u> in the space provided on the separate answer sheet. The beginning of the summary is provided; you must complete it in 4-10 words. Do not use more than two consecutive words from this page.

Memory is defined as the storage and retrieval of information by the brain, and forgetting is defined as the loss of memory, which is called amnesia. Most of what happened to any of us in the last 30 minutes, or yesterday afternoon, or in the past 10 years, or through all our life is irretrievably forgotten. Usually we cannot remember the moment in which each of those memories was first established. We all too easily mix up the various events of our lives, even those of greater significance, including the exact content and circumstances of each one of them. We often forget details of the faces of our first girlfriends or our grandparents, which were (and are) so important to us. Often we feel an almost physical pain when we fail to remember those faces. Our life involves the loss of neurons and synapses from our first year on, and important memories may lie in those lost neurons and synapses. But in spite of this, we all function reasonably well, and live in more or less organized communities in which many complex systems operate and function under our control. We all know a lot of information that enables us to survive. Some of us are taller, poorer, thinner, or wiser, but every one of us is "somebody," an individual. Each of us is who we are because each of us has his/her own memories. As the great Italian philosopher Norberto Bobbio (1909–2004) said, we are strictly what we remember.

(Adapted from Ivan Izquierdo, *The Art of Forgetting.*)

SUMMARY:

[*complete the summary on the separate answer sheet*]

Even though we tend to forget many things, we still ...

日本史

（60 分）

I　次の文を読んで，問に答えなさい。

日本列島は森林資源に恵まれているといわれる。旧石器時代は氷河時代であったが，最寒冷期であっても高地や北海道東半部を除いて森林植生であった。旧石器時代には$_{\text{a}}$槍先として用いた石器が数多く出土しており，木製の柄に装着していたはずだが，腐りやすいため木製品の出土はない。

氷河時代が終わり完新世となり，温暖な環境に適応した縄文文化が成立する。特に$_{\text{b}}$縄文時代前期以降は植物性食料や有用植物の利用が顕著となる。縄文時代には全面を研磨した磨製石斧が出現し，石斧の柄や弓矢，丸木舟や櫂，竪穴住居の柱などの建築部材，くり抜いてつくられた容器，また樹皮製の容器など，$_{\text{c}}$豊富な出土品が見られる。

$_{\text{d}}$弥生時代になると金属器が大陸から入ってきた。弥生時代の初めには農具など木製品の製作も磨製石器で行われていたが，次第に鉄斧，鉋などの鉄器が用いられ，後期になると鉄器が普及し石器は激減した。多様な$_{\text{e}}$木製農具が水稲耕作に用いられた。一方，弥生時代後期の鳥取県青谷上寺地遺跡では精巧な花弁の浮彫りの木製の高坏が出土し，鉄製工具を使う専業工人の存在も推測される。また弥生時代後期には儀仗などの木製品も現れた。

古墳時代の器財埴輪にみられる蓋や盾は木製でも作られ，祭祀用木製品と呼ばれる。また鉄の刃先を装着した効果的な掘削具は巨大な$_{\text{f}}$前方後円墳の築造にも用いられたのだろう。

〔問〕

1　下線 **a** に関して，こうした石器には鋭利な刃部が必要であり，長野県和田峠・東京都神津島・佐賀県腰岳・北海道白滝などで産出するガラス質の火成岩が原材料としてしばしば利用された。この火成岩は何か。漢字で記述解答用紙の解答欄に記入しなさい。

2　下線 **b** に関する記述として正しいものはどれか。1つ選び，マーク解答用紙の該当する記号をマークしなさい。

ア　あく抜きの技術がなかったので，トチノミやドングリは食用にできなかった。

イ　イグサ科の植物などを利用して網代編みで作る編みかごはなかった。

ウ　クリ林の管理・増殖を行っていたようである。

エ　マメ類やヒョウタンなどの栽培はまだ行うことはできなかった。

オ　温暖な九州地方でのコメ・ムギの栽培は，縄文時代前期にすでに農耕段階に達していた。

3　下線 **c** に関連して，樹皮，木材や貝などから年代を測定することができるが，この方法を何と呼ぶか。1つ選び，マーク解答用紙の該当する記号をマークしなさい。

ア　放射性炭素年代測定法　　イ　年輪年代法

ウ　熱ルミネッセンス年代測定法　　エ　フィッショントラック法

オ　水和層年代測定法

4　下線 **d** に関連して，同時代の北海道では水稲耕作を行わず狩猟採取を生業とする文化があった。これを何と呼ぶか。正しいものを1つ選び，マーク解答用紙の該当する記号をマークしなさい。

ア　女真文化　　イ　オホーツク文化　　ウ　擦文文化

エ　アイヌ文化　　オ　続縄文文化

5　下線 **e** に関して，誤っているものを1つ選び，マーク解答用紙の該当する記号をマークしなさい。

ア　えぶり　　イ　竪杵　　ウ　木鋤

エ　刀子　　オ　田下駄

6　下線 **f** に関連する記述として正しいものはどれか。1つ選び，マーク解答用紙の該当する記号をマークしなさい。

ア　6世紀以降，近畿の大王墓は八角墓となった。

イ　農耕祭祀が当時の社会で重要視されたので，古墳時代前期から後期まで，副葬品の中で農工具の占める割合は変わらない。

ウ　墳丘につくられた竪穴式石室は，追葬が容易に可能なことが大きな特色である。

エ　古墳時代中期の巨大な前方後円墳は，上毛野・吉備・日向などにもみられるが，これはヤマト政権においてこうした地域の豪族が重要な位置を占めていたことを示している。

オ　吉備地方の特殊器台を起源とする円筒埴輪は，古墳時代中期に出現し，墳丘に並べて設置されるようになった。

II　次の文を読んで，問に答えなさい。

壬申の乱に勝利し即位した天武天皇は，中央集権的な国家体制の整備をすすめた。684年には皇親氏族にあたえられる [　A　] を最上位とする八色の姓を定め，天皇を中心とする新しい身分秩序に豪族たちを再編成した。天武天皇の皇后でそのあとをついだ持統天皇は，689年に<u>飛鳥浄御原令</u>$_{\mathbf{a}}$を施行すると，翌年，それにもとづく戸籍である [　B　] を作成して民衆の把握をすすめた。697年，天武・持統の孫である文武天皇が即位すると，701年には大宝律令が完成し，<u>律令制度による政治の仕組みがほぼ整った</u>$_{\mathbf{b}}$。さらに元正天皇の時代には養老律令がつくられ，これが [　C　] 政権の時代に施行された。

しかし律令だけで国家をうまく運営できるわけではない。律令制定後も，律令を補足・修正する法令や，施行に関する細則が必要であった。さらに律令が社会の実態とうまくかみ合わなくなる平安時代に入ると，これらを整理し格式として編纂する動きがあらわれる。すなわち嵯峨天皇のもとで [　D　] 格式が編纂され，以後も清和天皇の時代，<u>醍醐天皇の時代</u>$_{\mathbf{c}}$に，それぞれ格式の編纂が行われた。また833年には，養老令の解釈を公式に統一した官撰の注釈書である『[　E　]』もつくられた。

〔問〕

1　空欄Aに入る語句は何か。漢字2字で記述解答用紙の解答欄に記入しなさい。

2　下線**a**に関する説明として正しいものはどれか。1つ選び，マーク解答用紙の該当する記号をマークしなさい。

ア　藤原京へ遷都した直後に施行された。

イ　令の完成とともに律も完成したとみられている。

ウ　地方行政組織の「評」は「郡」の表記に改められた。

エ　天武天皇の時代に編纂が開始された。

オ　施行された令の条文は，その多くが現在に伝わっている。

3　空欄Ｂに入る語句は何か。漢字４字で記述解答用紙の解答欄に記入しなさい。

4　下線 **b** に関する記述として正しいものはどれか。１つ選び，マーク解答用紙の該当する記号をマークしなさい。

ア　地方に国学をおき，郡司の子弟らを入学させた。

イ　戸籍・計帳が６年ごとに作成された。

ウ　口分田は売買が認められていた。

エ　正丁から徴発された兵士の武器や食料は，国家からの支給を原則とした。

オ　貴族・官人は良民には属さず特別の身分とされた。

5　空欄Ｃに入る人名として正しいものはどれか。１つ選び，マーク解答用紙の該当する記号をマークしなさい。

ア　長屋王　　イ　道鏡　　ウ　橘諸兄

エ　藤原不比等　　オ　藤原仲麻呂

6　空欄Ｄに入る語句は何か。漢字２字で記述解答用紙の解答欄に記入しなさい。

7　下線 **c** の時代の出来事として誤っているものはどれか。１つ選び，マーク解答用紙の該当する記号をマークしなさい。

ア　六国史の最後である『日本三代実録』が完成した。

イ　延喜の荘園整理令が出された。

ウ　「尾張国郡司百姓等解」によって国司の藤原元命が訴えられた。

エ　三善清行が天皇に「意見封事十二箇条」を提出した。

オ　紀貫之らによって『古今和歌集』が編集された。

8　空欄Ｅに入る語句は何か。漢字で記述解答用紙の解答欄に記入しなさい。

Ⅲ　次の文を読んで，問に答えなさい。

中世は武士が活躍した時代であるが，武家政権の歴史は多くの政争や戦争の連続であった。

初の本格的な武士の政権は，${}_{\text{a}}$源頼朝が創始した鎌倉幕府である。承久の乱に勝利したことで，${}_{\text{b}}$朝廷に対する幕府の政治的優位性は確立したが，幕府内部に目を転じると，${}_{\text{c}}$執権北条氏と他の有力御家人との対立などを背景に，武力衝突をも伴う権力闘争が止むことはなかった。また，${}_{\text{d}}$蒙古襲来が起こると，幕府は御家人だけでなく非御家人をも動員して，様々な軍事的対応を講じなければならなくなった。

その後，後醍醐天皇による倒幕の呼びかけに応じた新田義貞らの活躍で鎌倉幕府が滅びると，建武の新政が行われる。しかし，貴族を優先した施策に対して武士らの間で不平や不満が生じ，ほどなくして足利尊氏らの離反を招くことになる。尊氏は新たに持明院統の光明天皇を擁立し，室町幕府を創始したが，後醍醐天皇が三種の神器を所持し続けたことで，朝廷は${}_{\text{e}}$北朝と南朝とに分裂した。

南北朝の内乱は60年ほど続いたが，3代将軍足利義満の時代に及んで，ようやく両朝の合一が実現する。その一方で，幕府内では${}_{\text{f}}$将軍と有力守護との間で度々緊張が高まった。${}_{\text{g}}$享徳の乱や応仁の乱をきっかけに，時代は戦国の世へと突入していくが，${}_{\text{h}}$各地に割拠した戦国大名をはじめとする諸勢力は，1世紀近くにわたり互いに熾烈な勢力争いを繰り広げることになる。

〔問〕

1　下線**a**に関連して，鎌倉幕府の成立過程で起きた出来事について述べた文のうち正しいものはどれか。1つ選び，マーク解答用紙の該当する記号をマークしなさい。

ア　安徳天皇の兄弟である以仁王が，源頼政らの協力のもと各地の源氏に挙兵を呼びかけた。

イ　平重衡が南都を焼打ちにしたのち，平清盛が暗殺されたため，仏罰と噂された。

ウ　源頼朝が自ら大軍を率いて鎌倉から京都へと攻め込んだことで，平氏は西国へ都落ちした。

エ　北条時政は平氏追討を目的として，朝廷に守護・地頭の設置を要請した。

オ　源義経をかくまっていたことなどを理由に，源頼朝は奥州の藤原泰衡を攻め滅ぼした。

2　下線 **b** に関連して，承久の乱後の朝廷と幕府との関係について述べた文のうち正しいものはどれか。1つ選び，マーク解答用紙の該当する記号をマークしなさい。

ア　幕府は次期将軍候補として，関白九条道家の子である頼経を鎌倉に迎え入れた。

イ　幕府は後鳥羽・土御門・順徳の3上皇を，それぞれ壱岐・土佐・佐渡に配流した。

ウ　幕府は京都に六波羅探題を設置し，朝廷の監視や西国御家人の監督を行わせた。

エ　幕府は裁判の基準となる御成敗式目を制定し，公家法の効力を全面的に否定した。

オ　幕府は後鳥羽上皇方に加わった貴族や武士の所領も，没収することなく安堵した。

3　下線 **c** に関連して，御成敗式目が制定された時の執権は誰か。漢字で記述解答用紙の解答欄に記入しなさい。

4　下線 **d** に関連して，この時期の社会や文化の状況について述べた文のうち誤っているものはどれか。1つ選び，マーク解答用紙の該当する記号をマークしなさい。

ア　叡尊は西大寺を拠点に戒律の復興に努めるとともに，貧民の救済などを行った。

イ　日蓮は蒙古襲来の発生を受けて『立正安国論』を著し「他国侵逼の難」などを論じた。

ウ　一遍の生涯を描いた『一遍上人絵伝』には，各地で発達した定期市の様子も描かれている。

エ　幕府は建長寺の修造資金を得るために，元へ貿易船を派遣した。

オ　御家人の竹崎季長は，元軍との戦闘の様子を『蒙古襲来絵巻』に描かせた。

5　下線 **e** に関連して述べた次の文，X・Y・Zを年代順に並べた組合せのうち，正しいものはどれか。1つ選び，マーク解答用紙の該当する記号をマークしなさい。

X　北畠親房は『神皇正統記』を執筆し，南朝の正統性を主張した。

Y　足利直義と高師直は幕府の政治方針をめぐって対立し，武力衝突に及んだ。

Z　九州から攻め上ってきた足利尊氏を，新田義貞と楠木正成が湊川で迎え撃った。

ア　X→Y→Z　　イ　X→Z→Y　　ウ　Y→Z→X

エ　Z→X→Y　　オ　Z→Y→X

6　下線**f**に関連して，丹波や和泉の守護となったものの，将軍足利義満と対立し，1391年に幕府軍と戦って敗死した人物は誰か。漢字で記述解答用紙の解答欄に記入しなさい。

7　下線**g**に関連して，中世の東国について述べた文のうち正しいものはどれか。1つ選び，マーク解答用紙の該当する記号をマークしなさい。

ア　金沢（北条）実時は武蔵国六浦荘にある別邸の一角に文庫を設立し，禅宗の布教を行った。

イ　鎌倉幕府が奨励したことで，関東地方では二毛作がいち早く普及した。

ウ　鎌倉府が撰銭令を実施したことで，鎌倉周辺では銅銭が流通しなかった。

エ　越後守護の長尾景虎は，主家であった上杉氏の家督と関東管領職とを譲り受けて上杉謙信と名乗った。

オ　武田信玄が定めた分国法『甲州法度之次第』には，喧嘩両成敗が規定されている。

8　下線**h**に関連して，戦国時代の各地の都市について述べた次の文，X・Y・Zの正誤の組み合わせのうち，正しいものはどれか。1つ選び，マーク解答用紙の該当する記号をマークしなさい。

X　豊後府内では大友義鎮の保護のもと，イエズス会によりコレジオが設立された。

Y　会合衆と呼ばれる豪商により自治が行われた堺は，四方が高い城壁で囲まれた城塞都市であった。

Z　伊達氏の拠点が置かれた越前一乗谷では，家臣が川沿いに整備された城下町への集住を命じられた。

ア　X－正　Y－正　Z－誤　　イ　X－正　Y－誤　Z－正

ウ　X－正　Y－誤　Z－誤　　エ　X－誤　Y－正　Z－誤

オ　X－誤　Y－誤　Z－正

Ⅳ　次の文を読んで，問に答えなさい。

江戸時代においては，身分に応じて人が把握される一方，人々は旅に出ることがしばしばあった。その様子をみていこう。

村や町では宗旨と檀那寺，家族の名前や年齢などを記した [A] が作成された。領民としての公的身分は，この帳面に登録されることで成立する。結婚して土地を離れる場合には，移転先で新たな帳面に記載された。離婚の際には離縁状[a]が書かれた。かつて離縁状は，夫が一方的に妻に離婚を宣言するものと解釈されていたが，近年では，再婚できることを証明する書類である点が注目されている。また行方がわからなくなったり，親から勘当されたりして，帳面から除外されることを帳外といった。

しかし，人々は土地に縛りつけられていたわけではない。旅を楽しむこともあった。伊勢神宮や金毘羅宮など，特定の神社仏閣あるいは霊山などへ参拝するために，しばしば [B] を組織した。東北から伊勢神宮へ参詣するのに，江戸でしばらく観光し，各地の名所・旧跡を訪れながら東海道を下り，伊勢へ向かう様子を記した旅日記もみられる。旅行をするための情報は，『名所図会』や『道中記』などからも得ることができた。

また，俳諧師が旅をしながら俳諧を詠んだり，各地で俳諧を教えることもあった。和算[b]についても，各地を巡り歩く遊歴算家が現れた。また独習書も出版され，独学で和算を学ぶ者も出てきた。

広範囲にわたる人の移動が可能になったのは，街道の発達などにより交通の便がよくなったことも関係している。一里塚が設けられ，宿駅には宿泊施設が整備された[c]。治安維持のため関所[d]が設置され，通行するには通行手形が必要だったが，場所によっては，関所を通らずに迂回して旅をする者もいた。川については，橋を渡ったり船で渡ることが一般的だったが，「箱根八里は馬でも越すが，越すに越されぬ [C] 川」とうたわれた [C] 川では，川越人足を利用しなければならなかった。

幕末になると，とりわけ知識人が日本各地を旅して，さまざまな人脈を作り上げていった。叔父の玉木文之進が開いた松下村塾で，指導にあたった [D] はその一人である。

人々は移動し，旅をすることによって，日本のさまざまな地域の文化にふれ，自らの体験をさらに広めた。旅は人々の知的水準を高めるきっかけの1つとなったのである。

〔問〕

1　空欄Aに入る語句は何か。漢字6字で記述解答用紙の解答欄に記入しなさい。

2　下線**a**はその形式から何と俗称されたか。漢字3字で記述解答用紙の解答欄に記入しなさい。

3　空欄Bに入る語は何か。漢字1字で記述解答用紙の解答欄に記入しなさい。

4　下線**b**について述べた文のうち，正しいものはどれか。1つ選び，マーク解答用紙の該当する記号をマークしなさい。

ア　関孝和は18世紀後半に和算を大成した。

イ　『塵劫記』は関孝和の著作である。

ウ　安井算哲は『発微算法』を著し，代数計算の基礎を作った。

エ　算額は，和算の問題やその解答を絵馬にして，神社仏閣に奉納したものである。

オ　江戸時代に中国から算盤が入ってきて和算は発展した。

5　下線**c**に関連して述べた文のうち，誤っているものはどれか。1つ選び，マーク解答用紙の該当する記号をマークしなさい。

ア　一里塚は街道に1里ごとに設けられた。

イ　一里塚は江戸日本橋を起点としていた。

ウ　宿駅の本陣には大名らが宿泊した。

エ　宿駅には伝馬役が課された。

オ　大名飛脚にならって，幕府の公用の書状などを継ぎ送りする継飛脚が生まれた。

6　下線**d**に関連して述べた文のうち，正しいものはどれか。1つ選び，マーク解答用紙の該当する記号をマークしなさい。

ア　五街道に設置された関所は，幕府が直轄管理した。

イ　江戸から持ち出される鉄砲は厳しく詮議された。

ウ　遊女が江戸から出ることを防ぐため，箱根の関所では特に監視が厳しかった。

エ　新居（今切）の関所は浜名湖口にあり，箱根と並んで監視が厳しかった。

オ　碓氷の関所は日光道中にあった。

7　空欄Cに入る川の名前は何か。漢字2字で記述解答用紙の解答欄に記入しなさい。

8　空欄Dにあてはまる人物について述べた文のうち，誤っているものはどれか。1つ選び，マーク解答用紙の該当する記号をマークしなさい。

ア　江戸で佐久間象山に師事した。

イ　久坂玄瑞や高杉晋作らに教えた。

ウ　下田で海外へ密航しようとして失敗した。

エ　桜田門外の変に加わった。

オ　一君万民論を説いた。

V　次の文を読んで，問に答えなさい。

1880年，雑誌『愛国志林』・『愛国雑誌』に「無上政法論」と題する論説が連載された。執筆したのは「東洋大日本国国憲按」の起草者として知られる [A] である。そこでは，国際機構である「万国共議政府」を設置し，世界の国々が従うべき法としての「宇内無上憲法」を定めて，戦争を回避・克服しようとする構想が展開されていた。

1889年，平和協会（のち日本平和会）が結成され，1892年，雑誌『平和』が創刊された。[B] らが編集を担当したが，この会は日清戦争中に活動を停止した。1901年には片山潜・幸徳秋水・[C] らが社会民主党[a]を結成し，軍備全廃などの政策をかかげた。日露戦争前には，幸徳と堺利彦らが平民社を創立して，非戦論を唱えた。また，第一次世界大戦前後の時期には，石橋湛山らの雑誌『[D]』が，朝鮮・満州などの放棄と日本の平和的な経済発展を主張した。

国際的には，1899年，オランダのハーグで開催された万国平和会議ではじめて軍備の制限などが討議され，1907年にもハーグで第2回万国平和会議[b]が開催された。軍縮に関する具体的な成果はなかったが，戦争を規制する諸条約が採択された。軍縮が具体化したのは第一次世界大戦後のことで，1921年から翌年にかけてワシントン会議が開催され，1930年にはロンドン海軍軍縮会議c が開催された。また，第一次世界大戦の惨禍から，世界大戦をくりかえさないための世界平和の枠組みとして国際連盟d が創設された。戦争違法化の動きも顕著となり，1928年にはパリで不戦条約e が調印された。

しかし，その後，日本による中国侵略，ドイツのナチズムと再武装化，イタリアのファシズムとエチオピア侵攻などにより，第一次世界大戦後の国際秩序は崩壊していった。

一方，1941年，アメリカ大統領とイギリス首相は［　E　］を発表して，そのなかで「世界の全ての国民」の「武力の使用の放棄」などを宣言した。1942年，これにもとづいて連合国共同宣言が発表され，第二次世界大戦後の国際機構の構想へと発展していった。こうして1945年10月，国際社会の平和と安全ならびに社会的・経済的発展のための協力を目的として，国際連合が発足するに至った。

〔問〕

1　空欄Aにあてはまる人物の氏名を，漢字で記述解答用紙の解答欄に記入しなさい。

2　空欄Bは雑誌『文学界』の創刊に加わった詩人・評論家である。あてはまる人物の筆名を，漢字で記述解答用紙の解答欄に記入しなさい。

3　空欄Cは社会運動家・学者・教育者で，のちに社会民衆党委員長などもつとめた。あてはまる氏名を，漢字で記述解答用紙の解答欄に記入しなさい。

4　下線aに関する説明として正しいものはどれか。1つ選び，マーク解答用紙の該当する記号をマークしなさい。

ア　結成時，労働組合結成の動きが高揚していた。

イ　社会主義協会の活動をふまえて結成された。

ウ　労働運動の組織化などの活動に取り組んだ。

エ　活動を具体化したが，治安警察法によって解散させられた。

オ　解散後，非合法のうちに日本社会党が結成された。

5　空欄Dにあてはまる語句を，漢字で記述解答用紙の解答欄に記入しなさい。

6　下線 **b** に関連して，ハーグ密使事件に関する説明として誤っているものはどれか。1つ選び，マーク解答用紙の該当する記号をマークしなさい。

ア　韓国皇帝は密使を送って第2次日韓協約の無効を訴えようとした。

イ　会議に集まった列国代表は，韓国皇帝の訴えを受け入れなかった。

ウ　日本はこの事件を理由に韓国皇帝を退位させた。

エ　日本は事件後，第3次日韓協約をむすび，韓国の外交権を握った。

オ　事件後，日本が韓国軍を解散させたため，義兵運動が激しくなった。

7　下線 **c** に関連する説明として正しいものはどれか。1つ選び，マーク解答用紙の該当する記号をマークしなさい。

ア　この軍縮会議では海軍の主力艦の保有トン数について協議した。

イ　日本は若槻礼次郎内閣のもとでこの軍縮会議に臨んだ。

ウ　参謀本部の同意を得ずに兵力量を決定することへの批判がおこった。

エ　内閣は軍部・立憲政友会などの反対を押し切って条約を批准した。

オ　後に日本がこの軍縮会議で成立した条約を無視したため失効した。

8　下線 **d** に関する説明として誤っているものはどれか。1つ選び，マーク解答用紙の該当する記号をマークしなさい。

ア　日本はイギリス・フランス・イタリアとともに常任理事国となった。

イ　アメリカは提唱国であったが，上院の反対で加盟しなかった。

ウ　のちにドイツも加盟し，世界機関としての性格を備えた。

エ　のちに日本は満州問題の処理を不満として脱退した。

オ　ソ連は最後まで加盟せず，平和維持機構としての機能は弱かった。

9　下線 **e** に関する説明として誤っているものはどれか。2つ選び，マーク解答用紙の該当する記号をマークしなさい。

ア　この条約は，国際紛争解決のために戦争に訴えることを非とした。

イ　この条約は，国家の政策の手段として戦争を放棄することを宣言した。

ウ　日本は幣原喜重郎外相のもとでこの条約に調印した。

エ　この条約への参加に対し，日本では統帥権を犯すものだとの批判がおこった。

オ　日本はこの条約に調印したにもかかわらず，日中戦争を拡大した。

10　空欄Eにあてはまる語句を，漢字5字で記述解答用紙の解答欄に記入しなさい。

Ⅵ 次の文を読んで，問に答えなさい。

古代から中世にかけて，絵画作品の多くは無記名で，画家の名前が伝わる遺品はきわめて少ない。江戸時代初期に刊行された『本朝画史』は，こうした状況を憂えた狩野永納が著した，日本で初めての本格的な画人伝であった。永納は，狩野山楽[a]を祖父にもつ京狩野の3代目であり，学究肌であった祖父と父山雪が調べてきた古史料に基づき，本書をまとめあげたのであった。

その冒頭，「上古画録」の部には，高句麗から610年に渡来した［ A ］が収録されている。［ A ］は紙・墨・彩色の技法を日本へ伝えたといわれているが，永納はそのことにはふれていない。ただ「碾磑（みずうす）を造る，彩画に工なり」と記している。

平安時代の画家では，大和絵の祖といわれる［ B ］についての記述が詳しい。「皇居の南の庇，東西の障子に歴代鴻儒の像を作る」とあるのは，紫宸殿に中国古代の名臣の姿を描いた『賢聖障子』のことで，［ B ］が作った賢聖の図像と小野道風が書いた賛詞はすでに失われたものの，そのうち一部は，画賛とも摸本として我が京狩野家に伝来していると述べる。さらに宮廷関係の画家としては，新たに即位した天皇が神々に新穀を供える［ C ］において使用される『悠基国・主基国図屛風』を描いた絵所預ら画工の名前を列挙するが，この屛風絵の制作は現代まで続いている[b]。

『鳥獣人物戯画』の作者といわれる鳥羽僧正覚猷も登場する。ただし，彼の戯画として例にあげられているのは，東寺への供米をごまかしていた役人を風刺するために，風で米俵が空へ舞い上がる絵図を描いたというエピソードであり，これは僧命蓮の霊験譚を主題とする『［ D ］』の「飛倉の巻（山崎長者の巻）」と混同されている可能性があるだろう。

続く「中世名品」の部では，［ E ］にまつわる記述が圧倒的に多い。その中で注目されるのは，［ E ］が室町幕府の御殿の画図制作を狩野氏に譲ったという記事であり，これが伏線となって，次の「専門家族」の部冒頭における狩野派の初祖・正信の項へと続いていくのである。

〔問〕

1　下線 **a** に関する説明のうち誤っているものはどれか。1つ選び，マーク解答用紙の該当する記号をマークしなさい。

ア　『唐獅子図屏風』（宮内庁三の丸尚蔵館）を代表作とする画家の門弟であった。

イ　大覚寺襖絵『牡丹図』は代表作のひとつである。

ウ　大覚寺襖絵『松鷹図』は代表作のひとつである。

エ　大徳寺大仙院襖絵『花鳥図』を代表作とする画家の門弟であった。

オ　豊臣秀吉に小姓として仕えていた。

2　空欄Aに入る人名は何か。漢字2字で記述解答用紙の解答欄に記入しなさい。

3　空欄Bに入る人名は何か。漢字4字で記述解答用紙の解答欄に記入しなさい。

4　空欄Cに入る言葉は何か。1つ選び，マーク解答用紙の該当する記号をマークしなさい。

ア　祈年祭　　イ　式年遷宮　　ウ　即位灌頂
エ　大嘗祭　　オ　新嘗祭

5　下線 **b** に関して，大正天皇の即位にともなう『悠基国・主基国図屏風』の制作を担当した画家で，円山応挙の流れに連なり，代表作『班猫』で知られる京都画壇の重鎮はだれか。1つ選び，マーク解答用紙の該当する記号をマークしなさい。

ア　下村観山　　イ　竹内栖鳳　　ウ　富岡鉄斎
エ　前田青邨　　オ　横山大観

6　空欄Dに入る言葉は何か。1つ選び，マーク解答用紙の該当する記号をマークしなさい。

ア　石山寺縁起絵巻　　イ　春日権現験記　　ウ　粉河寺縁起絵巻
エ　山王霊験記絵巻　　オ　信貴山縁起絵巻

7　空欄Eに関して。図1はその画家の代表作の部分図であるが，この作品についての説明として正しいものはどれか。1つ選び，マーク解答用紙の該当する記号をマークしなさい。

ア　狩野正信が絵を学んだ周文によって描かれたものである。

イ　15ｍ以上に及ぶ長大な画巻に四季の変化を描いたものである。

ウ　中国宋代の高士・周茂叔の故事を画題とするものである。

エ　日本の名所風景を描いたものである。

オ　本来は四季を描き分けた 4 幅対であったかと思われるが，現存するのは 2 幅である。

図 1

世界史

（60分）

I　次の文章を読み，設問1～5に答えなさい。設問1，3，5は記述解答用紙の所定欄に記し，設問2，4はマーク解答用紙の所定欄にマークしなさい。

古代オリエント世界では，多くの神々が信仰されていた。のちのギリシアやローマも，多くの神々を奉じる多神教世界であった。こうした神々の存在を否定し，唯一の神しかいないことを主張したのが一神教である。古代オリエント諸民族のなかでヘブライ（イスラエル）人だけが，一神教を信じた民族であった。彼らは，指導者モーセにひきいられ，エジプトからパレスチナに脱出したとされる。ヘブライ人の唯一神［ A ］が誕生した背景には，エジプト新王国時代末期の$_{\text{B}}$太陽神だけを信仰する宗教改革が，強い影響を与えているとされるが，定かではない。前1000年ころに，ヘブライ人は王国を建設し，ダヴィデ王とその子［ C ］王のもとで繁栄していたが，［ C ］王の死後に，南北ふたつの王国に分裂した。やがて，北の王国は［ D ］により滅ぼされた。また，$_{\text{E}}$南の王国も征服され，住民の多くは征服した国の都に連れて行かれた。そして，約50年後に解放された。帰国を許されると［ A ］の神殿を再興し，ユダヤ教を確立した。

設問1　空欄［ A ］にあてはまる神の名は何か。

設問2　下線部Bが行われた時代のエジプトに関して，誤りを含むものを次のア～エから一つ選びなさい。

ア　王は，王都を中部エジプトに遷都し，自らの王名も改名して宗教改革に打ち込んだ。

イ　王は，シリア諸都市に軍事遠征を実施し，多くの都市をエジプトの支配下に置いた。

ウ　この時代，それまでの伝統的なものとは異なる特徴的な美術作品が多くつくられた。

エ　新しい都からは，西アジアの国々との活発な交流を示す外交文書が発見されている。

設問3　空欄［　C　］にあてはまる王は誰か。

設問4　空欄［　D　］にあてはまる国名は何か。次のア～エから一つ選びなさい。

ア　ミタンニ　　　　イ　ヒッタイト

ウ　アッシリア　　　エ　新バビロニア

設問5　下線部Eにあてはまる事件は，一般に何と呼ばれているか。

Ⅱ

隋唐史に関する以下の文章を読んで，各設問に答えなさい。設問1～4はマーク解答用紙の所定欄に一つだけマークし，設問5は記述解答用紙の所定欄に記しなさい。

後漢の滅亡後，360余年にわたる分裂時代を終わらせたのは，北朝の北周の外戚楊堅である。彼は（　あ　）の形式で帝位につき（隋の文帝），旧長安城の傍らに大興城を築いて都とし，589年に南朝の陳を併せて南北統一を実現した。

文帝はいわゆる科挙a を初めて実施するなど，中央集権の強化を図った。文帝の子の煬帝はその事業を受け継ぐと共に，南北をつなぐ大運河b を開いた。これによって，長江下流域の米産地帯と，政治の中心の東都洛陽・首都長安が直結され，交通や南北の文化交流にも大きく寄与した。また対外的には，吐谷渾・林邑・流求などを伐ったが，高句麗遠征に失敗し，農民・豪族の反乱が起こり，煬帝は揚州c の離宮で殺された。

一方，この隋末の混乱期に乗じて挙兵した李淵は長安を占領し，煬帝が殺されると，その孫の恭帝から（　あ　）をうける形式で即位した（唐の高祖）。次子李世民（太宗）は「玄武門の変」で皇太子と弟を殺し，父に譲られて即位し，628年に全国統一を果たした。また外に対しては，東突厥を滅ぼし，吐蕃d を服属させ，西域諸国を従えた。子の高宗は西突厥を平定し，西トルキスタンに勢力をのばし，高句麗・百済を滅ぼし，大規模な世界帝国が形成された。

設問１　下線部ａの「科挙」に関して誤った記述はどれか。

ア　隋は九品中正を廃止し，学科試験による官吏任用制度を開始した。

イ　唐代では進士科が最も重視された。

ウ　宋代の科挙官僚の多くは形勢戸と呼ばれる地主階級の子弟で占められた。

エ　清末の「戊戌の変法」で科挙は廃止された。

設問２　下線部ｂの「大運河」に関して誤った記述はどれか。

ア　隋以前にもいくつかの地域で運河の開鑿は試みられた。

イ　大運河は隋代よりも唐代になってから機能を発揮した。

ウ　フビライは旧来の大運河を補修させると共に，新運河を開かせた。

エ　元では大運河が発達したので，海運は未発達だった。

設問３　下線部ｃの「揚州」に関して誤った記述はどれか。

ア　現在の江蘇省の長江北岸の都市である。

イ　大運河沿線の一大物資集散地として，隋唐から明清にかけて繁栄した。

ウ　南海貿易が盛んになると，唐はここに海上貿易を統轄する市舶司を置いた。

エ　ムスリム商人は江都（カンツー）と呼び，蕃坊が設けられた。

設問４　下線部ｄの「吐蕃」に関して誤った記述はどれか。

ア　７世紀にソンツェン＝ガンポがチベットに初の統一王朝を築いた。

イ　黄巣の乱に乗じて，一時長安を占領した。

ウ　９世紀前半，唐と和平が結ばれ，「唐蕃会盟碑」が建立された。

エ　チベット文字が作られ，書写や仏典翻訳などに用いられた。

設問５　空欄（　あ　）に最も適切な語句を記入しなさい。

Ⅲ

次の文章を読んで設問に答えなさい。設問１，２，４，６はマーク解答用紙の所定欄に一つだけマークし，設問３，５は記述解答用紙の所定欄に記しなさい。

アジアの歴史上，唐の衰退と滅亡は，中央政府の権力減退と，各地に割拠する軍閥勢力の台頭により特徴づけられる。その端緒は，A安史の乱をウイグルの協力によりなんとか鎮圧した後，唐の中央政府の統制力が弱体化し，各地に$_{\text{B}}$藩鎮が割拠したことにあった。その後，9世紀後半の諸反乱は唐の中央政府の支配に重大な打撃を与えた。そうした反乱のひとつの幹部の一人であった[C]は，唐に降ったものの，907年に当時の唐の皇帝を廃位し，$_{\text{D}}$自らが皇帝となった。唐の滅亡後，華北には「五代」と総称される諸王朝が興亡したが，その実態は，唐末の混乱時に華北に到来した$_{\text{E}}$沙陀などの諸集団の出身者を多く含む，軍閥相互の抗争とみることもできる。そうした中，「五代」諸王朝のひとつ後周の有力武将であった$_{\text{F}}$趙匡胤が建国した北宋が，やがて華北や南方中国の大半を統合することとなる。この9世紀から10世紀の，軍閥割拠から中央政府による集権的な支配の再確立は，「中国」王朝の崩壊と再生の経緯を語る際によく言及されるが，それが必然であったのかについては，多くの議論がある。

設問1　下線部Aについて，関連する説明で正しいものを一つ選べ。

ア　安禄山は751年のタラス河畔の戦いで唐軍を率いたが敗北し，その処罰をめぐる不満から反乱を起こした。

イ　その後，ウイグルは内部分裂を起こし，その一部は藩鎮となった。

ウ　安禄山の盟友であった史思明は，安禄山を暗殺した後に，自ら大燕皇帝を称した。

エ　安史の乱の鎮圧後，中央政府の財政再建のため，楊炎の主導により両税法が施行された。

設問2　下線部Bの「藩鎮」について，その説明として正しいものを一つ選べ。

ア　自らの管轄地域における行政・財政権を掌握したが，軍事的権限は常に中央政府の掣肘を受けた。

イ　折衝府を掌握し，そこで管轄地域から召募した兵士を訓練した。

ウ　その多くは強大な力を持つに至った節度使であった。

エ　則天武后の即位に貢献した人物の多くは，藩鎮の指導者であった。

設問3　[C]に入る最も適当な語句を記せ。

設問4　下線部Dについて，この人物が建てた王朝の名を下から一つ選べ。

ア　南唐　　イ　後蜀　　ウ　後梁　　エ　北漢

設問5　下線部Eについて，この「沙陀」が建てたいくつかの王朝と抗争・和睦しつつ，「契丹」と呼ばれる人々を中心とした国を建てた人物の名を記せ。

設問6　下線部Fについて，この人物が行わなかったことを下から一つ選べ。

ア　文治主義による社会の安定を目指し，配下の将軍たちから軍事的指揮権を回収していった。

イ　科挙の最終審査として殿試を導入した。

ウ　皇帝の親衛軍（禁軍）の再編を推進した。

エ　農閑期に農民に軍事訓練を施し，民兵として遼・西夏などの侵攻に備えさせた。

Ⅳ　以下の文章を読み，設問に答えなさい。設問1～5はマーク解答用紙の所定欄に一つだけマークし，設問6は記述解答用紙の所定欄に記しなさい。

西欧の中世都市は11世紀以降，貨幣経済が活発化するなかで自治権を獲得し発展した。とくに北西ヨーロッパと北部および中部イタリアでは封建領主の支配を脱して多くの自治都市$_a$が成立した。北西ヨーロッパの都市は北海やバルト海沿岸地域$_b$との交易から大きな利益を上げ，13世紀にはハンザ同盟$_c$を結成し自身の権益を守った。一方，イタリアのヴェネツィア$_d$，ジェノヴァ，ピサなどの都市は東方貿易で繁栄し，カイロ$_e$やアレクサンドリアに拠点を置いたムスリムの［　f　］商人とも活発な交易を行い，地中海交易圏の担い手となった。

設問1　下線部aに関して，明らかな誤りを含むものを選びなさい。

イ　多くの自治都市は司教座が置かれていた都市であった。

ロ　多くの自治都市は周辺の諸侯の介入を防ぐため石造の市壁を作った。

ハ　イタリアの自治都市は一般に帝国都市と呼ばれた。

ニ　イタリアの自治都市は通常，周辺の農村地域も支配した。

設問2　下線部bの地域に関して，明らかな誤りを含むものを選びなさい。

イ　この地域の木材，海産物，穀物が交易の対象となった。

ロ　この地域はロシアの影響下，ギリシア正教圏となった。

ハ　バルト海沿岸地域にドイツ騎士団が植民活動を行った。

ニ　北海沿岸に位置するブリュージュは毛織物産業で繁栄した。

設問3　下線部cに関して，この同盟に入っていなかった都市を選びなさい。

イ　ハンブルク　　　ロ　リューベック

ハ　ブレーメン　　　ニ　ミラノ

設問4　下線部dの都市に関して，明らかな誤りを含むものを選びなさい。

イ　この都市はユダヤ人が多く住んでいたことで知られる。

ロ　この都市は第四回十字軍の担い手となった。

ハ　この都市はメディチ家が支配するようになった。

ニ　この都市は「アドリア海の女王」と呼ばれた。

設問5　下線部eの都市を首都とした王朝を選びなさい。

イ　ウマイヤ朝　　　ロ　マムルーク朝

ハ　ナスル朝　　　ニ　アッバース朝

設問6　［　f　］にあてはまる名を記しなさい。

V

次の文章を読み，設問に答えなさい。設問2，3，4，6はマーク解答用紙の所定欄に一つだけマークし，設問1，5は記述解答用紙の所定欄に記しなさい。

フランス革命前の政治・社会体制は，一般的に「旧制度」を意味するフランス語で［　A　］と呼ばれているが，$_{a}$とくに18世紀後半は，絶対王政のもつさまざまな矛盾を抱えた状況になっていた。中世以来の封建的な身分制度や課税問題，経済・財政問題，思想・文化的な諸問題などである。こうした当時の社会の矛盾や問題点を指摘し，改革の必要性を主張したのが啓蒙思想家であった。$_{b}$啓蒙思想家の思想や著作は，書物や新聞・雑誌などのメディアにより，またサロン・カフェや地方アカデミーなどの諸機関をとおして，広く市民・民衆層に伝播・普及し，社会改革の必要性を痛感させた。

1774年に国王ルイ16世が即位した時，当面の課題となったのは，このような国政の根本的な改革であり，とりわけ国家財政の再建が大きな目標となった。彼は，$_{c}$重農主義者のテュルゴー，さらにスイス人の銀行家［　B　］をあいついで財務総監に任命して財政改革を図ったが，貴族などの保守勢力の反対のために成功しなかった。そこで 1787 年にまず名士会が招集されたが，紛糾したため，ついに 1789 年に三部会d が招集されることになった。この貴族の反抗がフランス革命勃発の大きな引き金となった。

設問 1　[A] にあてはまる用語は何か。カタカナで答えよ。

設問 2　下線部 a に関連して，18 世紀後半のフランス絶対王政が抱えていた諸問題について述べた次の文の中で，適切なものはどれか。

イ　国民は，貴族が第一身分，聖職者が第二身分，平民が第三身分と区分されたが，第一身分と第二身分が，免税や上級官職につく権利などの特権を有していた。

ロ　トマス＝ペインが『第三身分とは何か』というパンフレットを発表し，特権身分を批判して，当時の世論に大きな影響を与えた。

ハ　フランスは，ルイ 14 世時代の対外戦争が国家財政の悪化を招き，さらにルイ 15 世の統治下で行われた七年戦争でオーストリアやイギリスと対立して，フロリダ植民地を失った。

ニ　フランスは，1778 年にアメリカと同盟を結び，アメリカ独立革命に植民地側に立って参戦したが，このための戦費がフランス財政を圧迫した。

設問 3　下線部 b に関連して，啓蒙思想家とその著作について述べた次の文の中で，誤りを含むものはどれか。

イ　モンテスキューは，『法の精神』で諸国の法体制や風土を考察し，三権分立を説いた。

ロ　ヴォルテールは，『哲学書簡』でイギリスの制度や文物を紹介した。

ハ　ルソーは，文明の進歩を賛美し，『社会契約論』で国家主権論を展開した。

ニ　ディドロとダランベールが編纂した『百科全書』には，モンテスキュー，ヴォルテール，ルソーも執筆した。

設問 4　下線部 c に関連して，重農主義者として知られる有名な学者は，次のうちの誰か。適切な人名を選びなさい。

イ　ホッブズ　　　　ロ　ヒューム

ハ　コルベール　　　ニ　ケネー

設問 5　[B] にあてはまる人物は誰か。人名を答えよ。

設問 6　下線部 d に関連して，三部会について述べた次の文の中で，適切なものはどれか。

イ　フィリップ 4 世は，ローマ教皇ボニファティウス 8 世との対立から，フランス最初の身分制議会である三部会を 14 世紀初めに開いた。

ロ　ルイ 13 世の宰相リシュリューは，王権に対抗する貴族やユグノーを抑えるために，三部会を開いた。

ハ　1789 年 5 月，三部会は，ルイ 14 世の親政による招集停止以来，約 130 年ぶりに開かれた。

ニ　1789 年の三部会では，議決方法をめぐって特権身分と第三身分が対立し，第三身分の議員は自分たちが真に国民を代表するとして，国民公会を宣言した。

VI

以下の文を読んで，各設問に答えなさい。設問 1 ～ 4 は，マーク解答用紙の所定欄に一つだけマークし，設問 5，6 は，記述解答用紙の所定欄に記入しなさい。

1918 年に終結した第一次世界大戦においてイギリスA は，多大の戦死者を出しながらも，戦勝国となった。大戦後の「ヴェルサイユ体制」のもと，イギリスは［ B ］などの委任統治領を獲得した。また，インドでも大戦後の強力な反植民地運動C にもかかわらず，イギリスの植民地支配は1947 年の独立D にいたるまで続けられた。インドでの民族運動の激化とともに，ビルマ（現ミャンマー）でも，1930 年に結成された［ E ］党などが独立運動を進めた。また，英領インドの中でもイスラーム教徒勢力が強い地域を中心として，全インド＝ムスリム連盟が，［ F ］らを指導者として，民族主義運動を展開した。

設問 1　下線部 A に関して，第一次世界大戦中のイギリスについて正しい説明はどれか。

イ　大戦中に，成人女性の国政への選挙権が認められた。

ロ　総力戦といわれたが，男子への徴兵制は見送られた。

ハ　戦争指導の失敗のため，戦時下にロイド＝ジョージは首相を罷免された。

ニ　フランス，ロシアとともにサイクス・ピコ協定を結んだ。

設問2　[B] に当てはまらない地域はどれか。

イ　シリア　　ロ　イラク

ハ　トランスヨルダン　　ニ　パレスチナ

設問3　下線部Cに関して，インドにおける反植民地運動について，年代順に古いものから3番目はどれか。

イ　インド政庁はローラット法を発布した。

ロ　ネルーら，国民会議派内の急進派が，完全独立（プールナ＝スワラージ）を決議した。

ハ　1935年インド統治法によって，州政治はインド人に委譲された。

ニ　ガンディーが，国民会議派大会で，非協力運動を提示した。

設問4　下線部Dに関連して，独立後のインドについて誤った説明はどれか。

イ　近年，BRICSと呼ばれる高い経済成長を誇る国家の一つになった。

ロ　インディラ＝ガンディーは首相を務め，外交的にはソ連と友好関係を深めた。

ハ　1971年のインド＝パキスタン戦争後，東パキスタンがバングラデシュとして独立した。

ニ　初代首相ネルーは親米政策を取り，資本主義的な経済の発展を目指した。

設問5　[E] に当てはまる語は何か。

設問6　[F] に当てはまる人物は誰か。

Ⅶ

以下の文章を読み，各設問に答えなさい。設問1，2，4～6の解答はマーク解答用紙，設問3の解答は記述解答用紙の所定欄に記入しなさい。

第二次世界大戦後の国際秩序の中心を占めるようになったのは，アメリカ合衆国とソ連であった。両国は間もなく冷戦と呼ばれる緊張関係に入り，世界中の多くの国が(a)米ソ両国のいずれかの陣営に分かれて対峙しあうことになった。

こうした国際状況のもとで，二度の世界大戦の戦場となった(b)ヨーロッパ各国は，それぞれに社会の復興を模索した。しかし冷戦が厳しさをますなかで，対立の最前線となったドイツは東西に国家が分裂し，ソ連占領地区ではドイツ民主共和国が成立した。一方，西側諸国の一員となったドイツ連邦共和国では，c キリスト教民主同盟のアデナウアーによる長期政権が経済復興を達成した。

米ソ両国が歩み寄りと対立を繰り返した d 1950～70 年代には，ヨーロッパ各国も自由化や民主化，東西対立の緩和をめぐって，様々な変動を経験した。ドイツ連邦共和国では 1969 年に e 社会民主党を中心とする連立政権が成立し，ブラント首相が東欧諸国との関係改善に努めた。東欧諸国では 1980 年代にはいると民主化運動が次第に活発化し，80 年代末に体制変革を目指す運動が連鎖的に起こったことで，f 社会主義体制が崩壊していった。

設問 1　下線部ａに関連して，冷戦時代の世界の諸同盟・諸条約のうち，イギリスが参加したことのないものをイ～ニから一つ選びなさい。

イ　SEATO（東南アジア条約機構）

ロ　METO（バグダード条約機構）

ハ　ANZUS（太平洋安全保障条約）

ニ　EFTA（ヨーロッパ自由貿易連合）

設問 2　下線部ｂに関連して，第二次世界大戦後の各国の説明として正しいものをイ～ニから一つ選びなさい。

イ　イギリスのチャーチル首相は「ゆりかごから墓場まで」といわれた社会福祉政策を開始し，国民生活の安定をはかった。

ロ　フランスはド＝ゴール大統領の指導の下で，第五共和政がインドシナ戦争を開始した。

ハ　イタリアでは，第二次世界大戦中にレジスタンスの中心として活動した共産党が政権を握り，王政を廃止した。

ニ　ティトーの率いる抵抗運動によってナチスからの自力解放を達成したユーゴスラヴィアは，第二次世界大戦後にコミンフォルムから除名された。

設問 3　下線部ｃに関連して，同党の前身である中央党は，ビスマルクによる弾圧政策に対抗するなかで勢力を拡大した。この弾圧政策の名称を答えよ。

設問 4　下線部 d に関連して，この時期の各国の説明として正しいものをイ～ニから一つ選びなさい。

イ　ポーランドでは 1950 年代初頭にゴムウカを指導者とする自主管理労組「連帯」が組織され，政府に改革を要求した。

ロ　1960 年代半ばのソ連では，第一書記となったブレジネフがスターリン批判を行った。

ハ　1960 年代末のチェコスロヴァキアでは「プラハの春」と呼ばれる民主化運動が起こったが，ワルシャワ条約機構軍によって鎮圧された。

ニ　1970 年代のスペインでは，軍人出身の独裁者であるフランコが死亡し，新憲法が制定されて共和政に移行した。

設問 5　下線部 e に関連して，ドイツ社会民主党に所属したことのない政治家をイ～ニから一つ選びなさい。

イ　ベルンシュタイン　　ロ　シュトレーゼマン

ハ　エーベルト　　ニ　カール＝リープクネヒト

設問 6　下線部 f に関連した出来事を時代順に古いものから正しく並べているものをイ～ニから一つ選びなさい。

イ　チェルノブイリ原子力発電所の事故 → 中距離核戦力全廃条約の調印 → ベルリンの壁の崩壊 → 独立国家共同体（CIS）の結成

ロ　独立国家共同体（CIS）の結成 → チェルノブイリ原子力発電所の事故 → 中距離核戦力全廃条約の調印 → ベルリンの壁の崩壊

ハ　ベルリンの壁の崩壊 → 中距離核戦力全廃条約の調印 → チェルノブイリ原子力発電所の事故 → 独立国家共同体（CIS）の結成

ニ　中距離核戦力全廃条約の調印 → ベルリンの壁の崩壊 → 独立国家共同体（CIS）の結成 → チェルノブイリ原子力発電所の事故

VIII

次の文を読み設問に答えなさい。**設問 1** は記述解答用紙の所定欄に記し，**設問 2 ～ 4** はマーク解答用紙の所定欄に一つだけマークしなさい。

戦災や革命などによって数多くの著名な美術作品やモニュメントが失われてきた。今日我々が目にするのは，たまたま破壊を免れたものといえる。たとえば，中国では，清の雍正帝・乾隆帝の時代に建築と美術工芸の粋を集めて造営された離宮［　A　］は，アロー戦争の際に英仏両軍によって徹底的に略奪破壊され，1900 年の八カ国連合軍の焼き討ちで更に荒廃した。かつて建物を飾った美術品は各国に散逸し，遺跡は今も廃墟のままである。

西欧世界に目を移すと，(ア)クリュニー修道院は巨大かつ壮麗な威容を誇っていたが，フランス革命によって破壊されてしまった。19 世紀にはセーヌ県知事オスマンによる(イ)パリの全面的な都市改造事業のために石材を供給し続け，現在では一部を残して空地が広がるばかりである。一方，パドヴァのスクロヴェーニ礼拝堂には(ウ)ジョットの有名なフレスコ画があるが，第二次世界大戦中にこの礼拝堂に隣接する聖堂で連合軍の爆弾が炸裂し，ルネサンスの巨匠マンテーニャの作品が損壊した。ジョットの絵が爆撃をのがれたのは僥倖にすぎない。

設問 1　空欄Aに入る語を記しなさい。

設問 2　下線(ア)に関して最もふさわしい記述をａ～ｄの選択肢から一つ選びなさい。

ａ　対抗宗教改革（カトリック宗教改革）を担った。

ｂ　聖ベネディクトゥスの理想への回帰をとなえ，教会改革運動をすすめた。

ｃ　中世後期に成立した托鉢修道会の修道院である。

ｄ　カタリ派など異端への審問に大きく貢献した。

設問 3　下線(イ)と同時代ではない画家をａ～ｄの選択肢から一つ選びなさい。

ａ　ワトー　　　ｂ　モネ

ｃ　セザンヌ　　ｄ　ルノワール

設問 4　下線(ウ)の画家の作品をａ～ｄの選択肢から一つ選びなさい。

a

b

c

d

イ　自《おのづか》ら此莫《こればく》にして然《しか》らず。

ロ　自《おのづか》ら此《こ》の莫《ばく》は然《しか》らず。

ハ　自《みづか》ら此《これ》を然《しか》りとせざる莫《な》し。

ニ　此《これ》自《よ》り然《しか》らざる莫《な》し。

ホ　此《これ》に自《よ》るに然《しか》らざるもの莫《な》し。

問二十六　空欄 A の中に入る最も適切な一字を次の中から選び、解答欄にマークせよ。

イ　安　　ロ　有　　ハ　善　　ニ　常　　ホ　疑

問二十七　傍線部2「心守誠敬固善、不若無心。」の意味として最も適切なものを次の中から一つ選び、解答欄にマークせよ。

イ　心が誠敬を守れば、志は堅固で立派になり、無心のようにはならない。

ロ　心が誠敬を守り、志を堅固で立派にすれば、無心とは異なる効果がある。

ハ　心が誠敬や確固たる善を守るよりは、無心の方がまだましである。

ニ　心が誠敬を守るのは確かによいことであり、無心のようなものとはわけが違う。

ホ　心が誠敬を守るのはもとよりよいことであるが、無心には及ばない。

問二十八　傍線部3「険難在前猶平地也。」の返り点として最も適切なものを次の中から一つ選び、解答欄にマークせよ。

イ　険難レ在レ前猶二平地一也。

ロ　険難レ在レ前猶レ平レ地也。

ハ　険難在二前猶一レ平レ地也。

ニ　険難在三前猶二平地一也。

ホ　険難在レ前猶二平地一也。

ホ　「思ふより」の歌は、深い同情を示して、相手を慰めたいとの意を込める。

四

次の文章を読んで、あとの問いに答えよ（返り点・送り仮名を省いた箇所がある）。

康節先公言《ヘラク》、頃《このごろ》京都《ニ》有《リ》㆓一道人㆒、日《ひび》飲《ム》㆓酒《ヲ》於市《ニ》㆒。将《ニ》《ルニ》㆑出《デント》、謂《ヒテ》㆓其《ノ》隣《ニ》㆒曰《ハク》、「今日当《ニ》《シト》㆑有《ル》㆓某人《ノ》来《ル》㆒。」已《ニシテ》而果《シテ》然《リ》。1自此莫不然。或《ヒト》問《フ》、「預《メ》知《ルハ》何《ノ》術《カト》。」曰《ハク》、「無心《ナル》耳《ト》。」曰《ハク》、「無心《ハ》可《キ》㆑学《ブ》乎《ト》。」曰《ハク》、「才欲使人学無心、即[A]心矣。」又程伊川先生言《ヘラク》、昔貶《へんセラルルニ》㆓涪州《ニ》㆒、過《グ》㆓漢江《ヲ》㆒。中流《ニテ》船幾《ほとんド》覆《くつがヘラントシ》、挙舟之人皆号泣《ス》。伊川但《ダ》正《シテ》㆑襟《ヲ》安坐《シ》、心《ニ》存《ス》㆓誠敬《ヲ》㆒。已《ニシテ》而船及《ブニ》㆑岸《ニ》、於《テ》㆓同舟《ノ》衆人《ノ》中《ニ》㆒有《リ》㆓老父㆒。問《ヒテ》㆓伊川《ニ》㆒曰《ハク》、「当《リ》㆓船《ノ》危《キ》時《ニ》㆒、君正坐《シ》甚《ダ》荘《ナルハ》、何《ヲ》以《テスト》。」伊川曰《ハク》、「心守《ル》㆓誠敬《ヲ》㆒耳《ト》。」老父曰《ハク》、「2心守誠敬固善、不若無心。」伊川尚《ホ》欲《スレドモ》㆓与㆑之言《ハント》㆒、因《テ》忽《チ》不㆑見《エ》。嗚呼、人果《シテ》無心《ナラバ》、3険難在前猶平地也。老子曰《ハク》、「入《レドモ》㆑水《ニ》不㆑濡《ぬレ》、入《レドモ》㆑火《ニ》不㆑熱《カラ》。」唯《ダ》無心《ナル》者《ノミ》能《よクス》㆑之《ヲ》。

（邵伯温『邵氏聞見録』による）

注　康節先公…北宋の思想家。この文の著者の父。
才…少しでも。
程伊川…北宋の思想家。
貶…左遷される。
老子…古代の思想家。

問二十五　傍線部1「自此莫不然。」の書き下し文として最も適切なものを次の中から一つ選び、解答欄にマークせよ。

イ　在原業平　ロ　小野篁　ハ　菅原道真　ニ　平貞文　ホ　源実朝

問十九　二重傍線を付した「みつ」（五箇所ある）のすべてに、同じ漢字一字を当てる場合、最も適切なものを、記述解答用紙の所定欄に記せ。なおその漢字は、「みつ」の全体もしくは一部分に当てるものとする。

問二十　空欄 3 に入る語句として最も適切なものを次の中から一つ選び、解答欄にマークせよ。

イ　いはざる　ロ　いはまし　ハ　いひたき　ニ　いひわぶ　ホ　いふまじ

問二十一　波線部a〜eの敬語表現のうち、敬意の対象となる人物が他と異なるものが一つある。それはどれか。最も適切なものを次の中から一つ選び、解答欄にマークせよ。

イ　a　ロ　b　ハ　c　ニ　d　ホ　e

問二十二　傍線部4「光」は誰をたとえていると考えられるか。最も適切なものを次の中から一つ選び、解答欄にマークせよ。

イ　心ざし深き人　ロ　男宮　ハ　親　ニ　后の宮　ホ　みつ

問二十三　傍線部6「恋しき人」は誰のことを指していると考えられるか。最も適切なものを次の中から一つ選び、解答欄にマークせよ。

イ　親　ロ　帝　ハ　后の宮　ニ　みこ　ホ　みつと付けたりし人

問二十四　問題文中の和歌の説明として正しいものはどれか。最も適切なものを次の中から一つ選び、解答欄にマークせよ。

イ　「山がつは」の歌は、修辞技巧が全く用いられていない、率直な詠である。
ロ　「年経ぬる」の歌は、贈歌の言葉を取り、見立ての技法により謝意を示す。
ハ　「夏の日の」の歌は、相手への愛情を、現実の時節とは一見無縁に詠じた。
ニ　「海とのみ」の歌は、実際の情景を忠実に描写し、感情を表面に出さない。

今は身を心憂がりて、ただ宮仕へをのみなむしける。

（『伊勢集』による）


注　浜千鳥あと…砂浜についた千鳥の足跡は、文字を比喩する。

みづこひ鳥…水恋鳥。カワセミの仲間であるアカショウビンの異名。燃えるような赤い嘴《くちばし》をもち、体色も赤い。

時の帝…宇多天皇のこと。

桂…平安京の西方、桂川西岸一帯の地名。なお樹木の「桂」は、月の中に生えていると想像された。

もと住まひたまひし所…朱雀院。この時、宇多法皇は仁和寺に、后の宮（藤原温子）は亭子院に住んでいたと考えられる。

斎…僧の食事。

御下ろし…ここでは、法皇の食事のお下がりの意。

まとゐ…親しい者同士の楽しい集い。

問十七　傍線部1・5の意味として最も適切なものを次の中から一つ選び、解答欄にマークせよ。

1　イ　身心ともに思うに任せぬ今の時代
ロ　体から魂が抜け落ちてしまう状態
ハ　わが身を思い通りにできない宿命
ニ　心を伴わない肉体だけの男女関係

5　イ　死んでしまいたいと思うけれど意のままにならず
ロ　出家したいと強く願うものの導く人もいないので
ハ　宮仕えを引退しようと考えるが制止を受けたため
ニ　子がもはやこの世に生きていないとは信じられず

問十八　傍線部2「年ごろ言ふともなく言はずともなき男」は、他の資料により、ある歌物語の全体の主人公であることが判明する。この男の氏名として最も適切なものを次の中から一つ選び、解答欄にマークせよ。

夏の日のもゆるわが身のわびしさにみづこひ鳥のねをのみぞなく

　返りごとなし。これかれ、とかく言へど聞かで、宮仕へをのみしけるほどに、時の帝、召し使ひたまひけり。よくぞまめやかなりけると思ふに、男宮生まれたまひぬ。親なども、いみじう喜びけり。つかうまつる御息所も、后に居たまひぬ。男宮を桂といふ所に置きたてまつりて、みづからは后の宮にさぶらふ。雨の降る日、うちながめて思ひやりたるを、后の宮、御覧じて仰せらる

月のうちの桂の人を思ふとや雨に涙のそひて降るらむ

　御返し

ひさかたの中に生ひたる里なれば光をのみぞ頼むべらなる

かくて、帝降りさせたまひて、二年といふに、御髪《みぐし》下ろさせたまひて、仁和寺といふ所に住ませたまふ。時々、后の宮におはしまし通はせたまふ。后の宮、よに知らず悲しとみたてまつる。もと住まひたまひし所に、帝おはしまして、御斎《とき》きこしめす。さぶらひし君たちなど召し集めて、御下ろし賜はすに、御方より

言の葉に絶えせぬ露は置くらむやむかしおぼゆるまとゐしたれば

　御返し

海とのみまとゐの中はなりぬめりそながらあらぬ君がみゆれば

となむ。この帝につかうまつりて生みたりしみこは、五つといひし年亡せたまひにければ、悲し、いみじとは世の常なり、嘆くものから、甲斐なければ、世にあらじと思ふも心にかなはず、夜昼恋ふるほどに、このみつと付けたりし

　人のもとより

思ふより言ふはおろかになりぬればたとへて言はむ言の葉ぞなき

　さらにものもおぼえねば、返りごともせず。またの年の五月五日、ほととぎすの鳴くを聞きて

死出の山越えて来つらむほととぎす恋しき人のうへ語らなむ

・二文以上で書くこと。最初の文は「子規は」から文章を始め、最後の文は「からである。」で終わること。
・文中で「題詠」「感動の発見」「表現」という語句を使うこと。
・冒頭を一字下げにする必要はない。
・句読点や符号等も一字とし、それらが行頭行末にきても、必ず一つのマス目内に記すこと。

三

次の詞書と和歌は、『古今和歌集』の撰者時代に活躍した女性歌人である伊勢の家集（個人歌集）の一部である。詞書の中で伊勢を「女」と記すところがある。これを読んで、あとの問いに答えよ。なお、本文には省略、改変した箇所がある。

人かずとも思はぬに心ざし深き人ぞ、添ひて言ひける。文おこすれど、返りごともせねば
山がつは言へどもかひもなかりけり山びこそらに我が答へせよ
なほ返りごともせざりければ、「否とも、いかにとも、我が君、我が君」と責むれば
いかにせむ言ひはなたれず憂きものは[1]身を心ともせぬ世なりけり
とばかり言ひて、やみにけり。おなじ女、[2]年ごろ言ふともなく言はずともなき男ありけり。返りごともせざりければ、
「年経にけるを、などかみつとだにのたまはぬ」とはべりければ、ただ「みつ」とのみぞ言へりける。それよりこの
女をみつとなむ名をば付けたりける。たちかへり、男
たちかへりふみゆかざらば浜千鳥あとみつとだに君［ 3 ］や
返し
年経ぬること思はずは浜千鳥ふみとめてだにみべきものかは
夏、いと暑き日盛りに、同じ男

ニ　キ権する選手　　ホ　キ発性の油

f　「キュウ屈」

イ　進退キワまる　　ロ　キワめて優秀　　ハ　キワどい勝負

ニ　セマい部屋　　ホ　危険がセマる

問十四　傍線部e「雅号をやめて本名だけにしてしまうことを、あたかも〈自己の確立〉だと錯覚したきらいはなかったでしょうか」とあるが、どういう点で「錯覚」といえるか。これを説明するものとして最も適切なものを次の中から一つ選び、解答欄にマークせよ。

イ　雅号にすることで言葉の表現だけを際立たせる効果もありえたのに、本名だけを貫くという近代的自己確立の方を優先させてしまったということ。

ロ　本名のままの自分を押し通すことが大切だと思われたために、雅号を使っていた夏目漱石らの自己確立を見逃してしまったということ。

ハ　仮面としての雅号のあり方を考えず、本名の自己の感動を表すことでしか近代的な自己確立がありえないと考えてしまったということ。

ニ　しっかりした自己確立が要請される近代社会において、雅号と本名を隠す方法としてのペンネームとの違いを混同してしまったということ。

問十五　空欄 丁 に入る最も適切な六字の語句を本文中から抜き出して、記述解答用紙の所定の欄に記せ。

問十六　筆者の議論に従えば、俳句作者としての子規のあり方は、文学の近代化の主張とそぐわない側面がある。それはどのような側面か。またそういえる理由はなにか。記述解答用紙の所定の欄に、七〇字以上一〇〇字以内で述べよ。論述においては次の条件を必ず守ること。なお、採点においては、誤字や表現の不自然さなどは減点の対象となるので注意すること。

動するという独特のあり方があると主張している。

問十一 傍線部b「近代以前のはるかな昔に起源を持つ伝統詩型でありながら、短歌はもっとも近代的な詩型でもあった」とあるが、その説明として最も適切なものを次の中から一つ選び、解答欄にマークせよ。

イ 短歌には長い伝統があるが、近代になって題詠が根本的に否定されることで、本物の個人の感動ということを重んじる近代的側面が重要視されたということ。

ロ 短歌には長い伝統があるが、近代でも歌会始めがあるように、時代に応じたあり方が模索されることで、近代的詩型として成功したということ。

ハ 短歌には長い伝統があるが、その蓄積によって、作者の思いの十分な表現ができるような近代性をも兼ね備えるに至ったということ。

ニ 短歌には長い伝統があるが、近代において、俳句短歌刷新の大きな議論を経験することで、俳句よりも近代的な詩型として再生し得たということ。

問十二 傍線部c「虚構の言葉」とあるが、その説明として最も適切なものを次の中から一つ選び、解答欄にマークせよ。

イ リズムを持つ五七五音の形式によって、日常生活のリアリティを再評価するもの。

ロ 日常生活で使わない五七五音を利用することで、世界の見方をずらすもの。

ハ 五七五音の形式で日常とは別の世界を作り、その表現からの感動を楽しむもの。

ニ 非日常の五七五音という形式によって、日常の虚構性を気づかせてくれるもの。

問十三 傍線部d「発キ」、f「キュウ屈」のカタカナの部分に用いられるのと同じ漢字をカタカナ部分に含むものを、それぞれ次の中から一つ選び、解答欄にマークせよ。

d 「発キ」

イ キ道に乗る　　ロ キ格外の寸法　　ハ キ色満面

わりなしに五七五音の表現を読む慣習は、俳句の読み方の基本とみなしてよいのではないでしょうか。このようにみなすとき、近代の［丁］とは異なる俳句という文芸に接近できるし、俳人たちが俳号を用いてきた伝統も理解できます。俳号は、作者から現実のさまざまな痕跡を消し、要するに五七五音の表現だけを際立たせる工夫だったのです。

（坪内稔典『坪内稔典の俳句の授業』による）

問九　空欄［甲］、［乙］、［丙］には接続詞が入る。その組み合わせとして最も適切なものを次の中から一つ選び、解答欄にマークせよ。

イ　甲　でも　乙　だから　丙　例えば
ロ　甲　つまり　乙　でも　丙　だから
ハ　甲　だから　乙　ところで　丙　すなわち
ニ　甲　そして　乙　すなわち　丙　ところで

問十　傍線部ａ「俳句の基本的な作り方は、題に応じて作る題詠です」とあるが、著者の題詠に対する主張として最も適切なものを次の中から一つ選び、解答欄にマークせよ。

イ　俳句における題詠は、個人の感動から出発するという近代文学のあり方とは違うという点で、俳句を近代文学として位置づけられないと主張している。
ロ　俳句における題詠は、宮中の歌会始めの題詠と同様のものであり、その伝統的なあり方は、文学の近代性を支えるものとして位置づけられると主張している。
ハ　俳句における題詠は、短歌における題詠とは、その方法が本質的に異なっている点で、近代短歌での題詠は否定されても、俳句における題詠は否定されないと主張している。
ニ　俳句における題詠は、個人の感動から出発するという近代文学のあり方とは違うものの、俳句には表現してから感のままの自分、すなわち現実の自我を押し通すことを可能にしたと考えられます。

近代とは個人を基礎にした社会です。だから、しっかりした自己を持つことが要請され、〈自己の確立〉というようなことが時代の目標になりましたね。今でも、人々、ことに若い人たちは、〈自己の確立〉を目標にしているといえます。

〈自己の確立〉は、もちろん大事なことですが、e雅号をやめて本名だけにしてしまうことを、あたかも〈自己の確立〉だと錯覚したきらいはなかったでしょうか。ぼくは、本名だけのただ一つの自己よりも、雅号という仮面をかぶることで出現するいくつもの自己を好みます。自己が一つだけではとてもfキュウ屈なんです。

雅号や俳号は仮面（ペルソナ）です。わたしたちは、仮面の働きをよく知っていますね。たとえばサングラス一つ、あるいは化粧や衣装を変えるだけで、まるで人格がかわったように感じます。こういう仮面の働きを、わたしたちはうまく日常生活のなかで利用しているわけですが、それをそのまま、表現において利用しない手はありません。ところが、感動を表現するという近代の主流になった考え方は、本名の自己の感動をもっぱら重んじたのです。その重視は、作品の享受、読解において作者中心主義を広める結果になりました。たとえば、

いくたびも雪の深さを尋ねけり　子規

という句を鑑賞する場合、子規という作者に即して読解するのです。子規は寝たきりの病人だったから、自分で雪の降るようすを確認できなかった、それで家人などに何度も深さを尋ねているのだ、と読むことになります。でも、この句の場合、〈いくたびも雪の深さを尋ねけり〉という五七五音からは、つまり、作者を考慮しないで作品だけに注目したときには、病人のようすを読み取ることはかなり無理なのではないでしょうか。むしろ、電話で、両親のいる故郷の雪のようすを尋ねているとか、あるいはスキーに行く雪国の雪の深さを尋ねているというような読み方がまず出てくるのではないでしょうか。もちろん、そういういろんな読み方の一つとしてこれは病人のようすだという読み方もありえます。

さて、子規は句会を好みました。そこでは、作者名を伏せて互選が行われたわけですね。つまり、作者名とはかかわりなしに、五七五音の表現が読解されたのです。このことがとても大事だと思います。つまり、句会における作者とはかか

俳句の言葉を生き生きと楽しむには、俳句について次のような認識をもっておくとよいかもしれません。俳句、つまり五七五音の表現とは、日常の言葉とは違う、c虚構の言葉だという認識です。

実際、わたしたちは、日常生活では五七五でしゃべりません。試みに「ねえあなた　けさはなんだか　寒いわね」「そうだなあ　窓には雪が　舞ってるね」「アメリカン　それともココア　ねえあなた」「ココアだな　けさはココアだ　雪だから」……たとえばこんな調子で五七五でしゃべりますと、なんともおかしい。つまり、五七五音は日常の言葉の形式ではないから、それを日常へ持ち込むと違和感が際立つのですね、もっとも、その違和感のために、日常が新鮮になるという効果があります。友人とか夫婦の間でときに五七五音でしゃべることにすると、関係が新鮮になるかも知れません。

要するに、俳句や短歌の定型は、日常の言葉の世界とは違う、いわば虚構の世界を作るものです。俳句を楽しむとは五七五音の虚構の言葉を楽しむことなんです。

俳句は五七五音の虚構の世界だと言いました。この虚構の世界を楽しみ、また充実させるために、人々は伝統的に知恵をd発キしてきました。それは俳号です。芭蕉、蕪村、一茶、子規……こういう名前は言うまでもなく俳号ですが、俳諧師、俳人は伝統的に俳号を名乗りました。それは本名で過ごしている現実とは別の世界、つまり虚構の世界へ入るためだったと言ってよいでしょう。

俳号はいわゆる雅号の一種ですが、俳号を名乗ることで仲間が平等になったわけです。句会などに、現実の社会的地位をそのまま持ち込むと窮屈でどうしようもありません。それで、俳号を名乗ることで現実の身分、地位を離れ、俳句仲間はみんな平等になった訳です。古くはこうした俳諧の座の平等を「俳諧自由」といいました。

近代に入って次第に俳号は使われなくなります。本名のままで押し通すことが美徳というか、近代的なふるまいのようにみなされてくるのですね。近代の文学の中心になった小説でも、明治のころはまだ坪内逍遥、二葉亭四迷、尾崎紅葉、夏目漱石というようにみんな雅号を名乗っていましたが、本名が目立つようになるのは「白樺」派の小説家、武者小路実篤、志賀直哉、有島武郎あたりからでしょうか。かれらは当時の上流階級の子弟でしたが、彼らの恵まれた環境が、本名

(明治十八〜十九年)において、俳句や短歌のような短い詩型は作者の思いの十分な表現ができないと言いました。そして、作者の思いの十分な表現ができない詩型は未開の世の詩歌だと言いました。逍遥は西欧の長い詩型を頭に置いて考えているのですが、作者の思いの十分な表現とは、感動の十分な表現ですね。それがあまりにも短い俳句ではできず、だから俳句は未開の世の詩歌だというわけです。

ところで、a俳句の基本的な作り方は、題に応じて作る題詠です。この題詠は、今では宮中の歌会始めに残っていますね。歌会始めではお題が出て、そのお題に応じて歌が詠まれます。俳句も、和歌から伝えられたその題詠を基本的な作句法にしてきました。

でも、この題詠は、近代では一度、否定されるのです。たとえば、子規は、自分の目で対象を見つめる写生を俳句や短歌の方法として導入しましたが、それは、題詠の否定でした。題で発想するのではなく、自分の目で見た感動から発想するのが写生だったのですから。

近代の伝統的な定型詩には、短歌と俳句があるのですが、題詠の否定は、短歌の方が積極的でした。歌会始めに例外的に題詠を残していますが、与謝野鉄幹、正岡子規などに始まった近代短歌は、題詠の伴う遊び的な要素を嫌い、感動をうたう詩型としてひた走ってきたといえます。その点では、b近代以前のはるかな昔に起源を持つ伝統詩型でありながら、短歌はもっとも近代的な詩型でもあったのです。

そんな短歌に比べると、俳句はずいぶんいい加減というか、曖昧でありまして、題詠的な要素を強く残して続きました。子規にしてからが、一題十句などの題詠が大好きでした。一題十句とは、たとえばストーブという一つの題で十句を作ること。子規の場合、実際に写生した句ももちろんありますが、多くは一題十句のような題詠による作でした。

俳句は、作者の感情を表現する(子規)という意味では、まさに近代の文学でした。写生という方法もそんな近代性を支えました。でも、その作者の感情(感動と言ってもよい)は、表現に先立って存在するとは限りませんでした。むしろ、俳句では、感動は題詠による表現の後で発見されるものでした。

人モデルにもとづき監視を説明している。

ニ　現代における監視は特定の対象や目的をもたない一時的なものなので、仮に対象となった場合でもしばらくすれば対象から外れるので我慢が肝要である。

二

次の文章を読んで、あとの問いに答えよ。

一般的には、感動があって俳句を作る、と考えられていますね。俳句だけではなく、そもそも表現というものは、まず感動があり、その感動を言葉で表現するものだと考えられています。でも、何かの感動を五七五音の短い言葉で表現することはとてもむつかしい。ほとんど不可能ではないでしょうか。

おおまかな言い方ですが、表現には二つのかたちがあります。

①　感動を表現する。

②　表現して感動を探す。

この二つです。近代の中心になったのは①でした。作文にしろ詩歌、小説にしろ、作者の感動がまずあって、その感動を書くとみなされてきました。俳句でもそうで、近代の俳句の方向を定めた正岡子規は、俳句は個人の感情の表現だと言いました（『俳諧大要』明治二十八年）。「個人の感情の表現」という規定が、まさに近代の文学としての条件だったのです。近代の文学は基本として個人の感情に根ざし、個人の感動から出発するものでした。

感動を表現する。これは言葉としては大変に美しい。でも、あまり感動しない者にとっては、自分の感動を表現しなさいと言われると大変に困る。実はわたしたちはあまり感動しないのではないでしょうか。

俳句は感動から出発する表現ではありません。甲、さきの②の立場が俳句です。乙、感動から出発しないのは近代的ではないのですね。丙、俳句もしばしば、その前近代性を非難されてきました。坪内逍遥は『小説神髄』

イ　従来の規範を問題視し、個人が望む流動性を実現した社会は、たとえ安心感がなくとも後戻りさせてはならない社会でもある。

ロ　個人から安心感を奪い去る社会は、たとえ個々人の多様性が認められたとしても、永続性はけっして望めない社会でもある。

ハ　従来認められなかった多様な生を認める社会は、働きかけてきた個々人から安心感を奪うが故に、反動を避けられぬ社会でもある。

ニ　個々人が望む多様な生のあり方を認め、実現しようとする社会は、従来の判断の基準がゆらぐために不安定で不安な社会でもある。

問七　傍線部3「敵視を媒介とした想像の共同体に参加する」とあるが、その説明として最も適切なものを次の中から一つ選び、解答欄にマークせよ。

イ　社会的に逸脱する者を見いだし敵視することで、自分はそうではない者だという安心の共同体に加わる。

ロ　誰もが非難できる逸脱行為を敵視することだけが、もはや成立しなくなっていた共同体意識を再生しうる。

ハ　逸脱者への過度な敵視は非難されるべきだが、そこで形成される共同体は想像にもとづく脆弱《ぜいじゃく》なものである。

ニ　新たなスケープゴート探しの興味にうながされて、確証もないままに他者を敵視する想像の共同体に加わる。

問八　本文の趣旨と合致する最も適切なものを次の中から一つ選び、解答欄にマークせよ。

イ　情報監視という論点が抜け落ちているM・フーコーの「規律訓練」概念は、二〇〇〇年以後の新たな監視社会論を考察するうえで、もはや不要の概念となった。

ロ　監視に対する多様な抵抗運動や日常実践を扱うカナダやヨーロッパの監視社会論が、日本で無視されがちであるのはまことに由々しき事態といわねばならない。

ハ　国による監視、規範にもとづく自発的な監視、データベース監視という三つの権力の類型論は、いずれも社会―個

ハ　誰もが他に対し、監視の担い手となる権利を主張し始めた

ニ　国から自立するために、住民が監視の実践者となる

問三　傍線部1「近代社会とはそもそも人びとを監視の主体として構成し、監視を求めさせる社会なのだ」とあるが、その説明として最も適切なものを次の中から一つ選び、解答欄にマークせよ。

イ　国による強権的な介入が隠された近代社会では、人びとは名ばかりの自由を相互監視に費やす。

ロ　近代社会に生きる人びとは、社会的な規範に責任をもつ能動的な主体として、監視を必要とみなす。

ハ　学校、工場、病院などの施設で、近代社会は人びとに各施設固有の規律をその都度強制しつづける。

ニ　近代社会において人びとは、監視を当然とみなすばかりか監視対象となる者を社会から抹殺しようとする。

問四　空欄［C］（二箇所ある）には文中の語句と対になる五字の語句が入る。その五字を記述解答用紙の所定の欄に記せ。

問五　空欄［D］には次の四つの文が入る。正しい順序に並び替えたとき**三番目**に来る文を選び、解答欄にマークせよ。

イ　一時的な共同体論の言う「社会的な流動性の増大」とは、たとえば任期制雇用や裁量労働制、あるいは離婚率の上昇や同性婚がそれにあたる。

ロ　こうした集合行動論の代表例が、Z・バウマンの「一時的な共同体論」である。

ハ　このように、従来はもう少し固定的だと信じられてきた労働や家族という基本的な社会的制度や役割が、あくまで個人が望む限りで存続するものだということが近年はますます明瞭になっている。

ニ　その要旨は、社会的な流動性の増大によって人びとの安心感がそこなわれ、結果として監視が拡大してしまうというものだ。

問六　傍線部2「そうした社会は個人から安心感を奪い去る社会でもある」とあるが、その説明として最も適切なものを次の中から一つ選び、解答欄にマークせよ。

もできる。

ただし、一時的な共同体論は、社会的な流動性の増大が敵視を解体させる作用にも言及する。基準のない社会は、何が悪いということに関しても、明確な解答を与えないからだ。一度はある対象が敵視の共同体に取り囲まれることはあっても、その非難が変質するほど繰り返されたとき、あるいはそれに違和感を覚える人びとが議論に参加したときに、こうした共同体は霧散することがある。むしろ、差異が拡大し続ける後期近代社会においては、そもそもこうした共同体は一時的にしか成立できず、その都度の社会的な関心にあわせて次から次へと非難の対象を変えていくものでしかない。

すなわち、現代における監視はある意味で特定の対象や目的をもたない。個人間の横の関係性から希求される日常の監視、また瞬発的に発生する集中的な監視は、社会的な流動性の産物であり、不安を解消できるのならば対象は何でもよく、またそれは次々に入れ替わることが想定されるからだ。その機制のなかに現れるのは、権力に呼応・対抗するような公的な個人ではなく、感情的に行動する私的な個人であり、そうした私的な個人による不安感が、現代における監視の拡大を駆動させている。

（朝田佳尚「自己撞着化する監視社会」による）

D・ライアン…カナダの社会学者（一九四八〜）。
M・フーコー…フランスの哲学者（一九二六〜一九八四）。

問一　空欄 A （三箇所ある）に入る最も適切なものを次の中から一つ選び、解答欄にマークせよ。

イ　ナイーブ　　ロ　無頓着　　ハ　ネガティブ　　ニ　神経質

問二　空欄 B に入るのに最も適切なものを次の中から一つ選び、解答欄にマークせよ。

イ　技術的な新しさが、多様な社会監視を可能にした
ロ　国だけではなく、社会が全面的に監視の担い手になる

大という現代社会論を交差させながら、人びとの同質的な集合行動を検討することに一定の関心を寄せてきた。

[D]他の社会的制度や役割も同様だ。個人が望む生のあり方を実現するために規範の変更を求める多様な異議は、あらゆるところで申し立てられており、それにより人びとはみずからの人生の選択肢の幅を大きく拡大させている。私たちが生きる「後期近代社会」とは、社会的な流動性の増大を加速させた社会である。

しかし、[2]そうした社会は個人から安心感を奪い去る社会でもある。個人の選択肢の増大は、同時に他者の選択肢の増大でもあり、個人間の横の関係性はこれまで以上に自由な交換の過程に依存してしまうからだ。個人の選択が妥当であるかどうかを決めるために規範の助けを借りることはもはやできない。それはあくまで他者の承認によって判断されることになる。もはや何が良く何が悪いという基準は不明瞭となり、またいったん他者の承認を得られたとしても、すぐにその承認は解除されてしまうかもしれない。制度や役割あるいは規範の保障を得られないなかで、雇用や愛を維持したいのならば、その都度の承認を得るために他者と交渉し、自己の意義を証明し続けなければならない。そのために、後期近代社会を生きる人びとは、常に不安定な自己を保持し続けることになる。

急速に拡大する監視は、こうした後期近代社会における不安感と関連性をもつ。あらゆるものが流動的な社会においては、不透明な自己や他者に見通しをつけるための技術には注目が集まるからだ。人びとはできる限り、これは確実だと言える事実や証拠を常に探し求めている。監視技術による詳細な情報の取得やはっきりとした映像の提示は、こうした事実や証拠を挙げるために有効な手段のひとつであるかのように思えるだろう。

また、だからこそ監視の対象のなかでも、とくに誰もが非難できるような逸脱行動や不適切な発言には、人びとの関心が過剰に集中する。逸脱に対する糾弾は、個人にとってみれば、他者との差異を一時的に解消できるかっこうの素材であり、いわば[3]敵視を媒介とした想像の共同体に参加することを意味するからだ。監視カメラがとらえた逸脱者の映像や、SNS上の何気ない一言が苛烈な非難の対象として取り上げられる現象を、実際に私たちは確認している。こうした分析は古典的でもあるが、後期近代社会論と監視技術の急速な拡大に支えられて成立した新たなスケープゴート論と捉えることにおける監視の拡大を位置づける。

　監視社会論はそれ以前の監視の分析において十分に検討されてこなかった非常に現代的な論点を明らかにした。監視社会論が残した足跡は確かに大きなものだったし、これまでの監視をめぐる分析との間に区別をもうけることには一定の意義がある。しかし、監視社会論が流通してから二〇年が経ち、その間にいっそう明らかになりつつあることは、これまでに言及してきた権力がお互いに影響を及ぼし合っているということだ。国による監視、規範にもとづく自発的な監視、データベース監視は、しだいに移り変わっていくというよりも、いずれかが表層化しながらも、同時に他の権力も影響力を発揮するような、重層的なモデルとして理解すべきなのだろう。

　これまでに検討してきた三つの権力の類型論は、権力をいかに捉えるかという論点に関しては確かに差異がある。だが、その論理の基本的な枠組みに目を向ければ、むしろ明らかになるのは共通性の方である。というのも、これらはいわゆる社会―個人モデルにもとづいて監視を説明しているからだ。国と市民、規範と主体、データベースと個人という対比が表すように、いずれの分析もひとしく、広範な人びとに影響を及ぼす構造と、それに呼応・対抗する役割を与えられた行為体（agent）とを、枠組みの前提としている。それは社会と個人からなる社会学の基礎的な枠組みと同じであり、包括的・抽象的な体系としての構造が上に、その影響を受ける行為体が下に位置する［C］に依拠した分析だったとみなすことができる。

　こうした分析は、確かに複数の権力の機制を明らかにしており、私たちはそれらを組み合わせることで、現代の監視をめぐる状況を重層的に把握するという展望をもつことができた。だが、この分析はこの［C］から外れる機制については、あまり多くを語ることができない。

　これに対して、カナダやヨーロッパの監視社会論では、「社会的層化論」（情報監視の拡大が人種をはじめとする差別とそれにもとづく社会的分断をより強固にするという議論）や、監視に対する多様な抵抗活動や日常実践などが大いに取り上げられる。しかし、日本の監視社会論は、そうした論点にさほど目を向けず、むしろ監視の拡大と社会的な流動性の増生きる人びとは、様々なところでみずからを鍛え上げ、社会的な規範に責任をもつ能動的な主体として構成され続けている。

　そうした主体にとって、監視の拡大はそれほど苦痛なものではない。なにしろ、主体そのものが監視の産物なのだから、新たな監視の導入はすでに受容している規範を再確認するよい機会ですらある。この機制が強く働く社会において、たとえば教室や公共空間に監視カメラを設置することは、市民の自由の侵害ではなく、むしろ規範の自明性を再確認し、それに従わない逸脱者に適切な罰則を与え、みずからと同じ主体に転化させるために必要な措置だと位置づけられるだろう。だから、この社会では特殊な事件や費用の補助といったきっかけさえあれば、すぐに監視は拡大することになる。こうした分析は、監視の拡大に対する人びとの [A] ぶりに一定の解釈を与えるものだろう。[1]近代社会とはそもそも人びとを監視の主体として構成し、監視を求めさせる社会なのだ。

　だが、監視社会論によれば、この分析は不十分である。この分析では情報監視という論点がすっぽりと抜け落ち、二〇〇〇年前後に起きた変化を説明できないからだ。監視社会論は、むしろこの情報監視がもたらす社会的な意義を重視し、そこには規律訓練よりも、さらに強制性を確認しづらい権力がはたらいているとみなす。そのために、監視社会論にとっては、規律訓練を援用した分析もまた、人びとに規範を受容させる作用を強調する点で、国による監視の拡大を重視する分析と共通の類型をなすことになる。

　では、監視社会論は、監視の拡大をどのように把握するのだろうか。その要点は、情報監視の源泉が国や規範にあるのではなく、個人による自由な選択の帰結なのだと理解することにある。情報監視とは、簡便な情報の取得や利得の多い売買のために、人びとが進んでみずからの個人情報を提供することで可能となっており、たとえ企業などがその収集にいそしんでいるとしても、強制的に個人を参加させられるようなものではない。個人による情報の提供がふくらめば、一種のデータベースとなって個体識別や行動予測に転用できるがゆえに、これを監視と呼ぶこともできるが、だからと言ってそこに人びとを動員する強制力があることは想定されていない。監視社会論は、このような自由な交換の延長線上に、現代国民の監視と不即不離だと社会史の研究は指摘してきた。だが、監視社会という言葉は、二つの理由でそれ以前の監視とは異なる意味をもつ。まず、この言葉を広めたＤ・ライアンをはじめとする監視社会論が、二〇〇〇年前後から急速に広がった情報監視を主な分析の対象としたからだ。生体認証やＧＰＳが身体的差異や位置情報を基盤とするように、この時期から大規模な個人情報の収集とそれにもとづく個体識別は日常化した。そうした技術的な新しさが監視社会という言葉の広がりを支えたのだ。もうひとつは、監視の担い手が多様化しているという現実を、監視社会論がうまく言い当てたからだ。企業が個人情報を大規模に収集する、地域住民が監視カメラを設置するという現実は、やはり二〇〇〇年前後に一般化した。[B]ことが、監視社会という言葉に含まれた意味だったのである。

　監視社会論はこの二点に即して、それ以前の監視の分析とみずからを区別する。たとえば国による監視の拡大を重視する既存の分析は、監視する国と監視される市民という対立の構図を前提とするために、情報監視を市民の自由に対する権利侵害だと批判する。だが、監視社会論によれば、監視は必ずしも国による強権的な介入に限定されない。むしろ昨今の状況を考慮すれば、市民がみずから監視の拡大を推し進めている側面があるというのである。

　もちろん、これまでの監視の分析もこうした論点を知らなかったわけではない。そのなかには国を中心とした監視から観点を移動させ、Ｍ・フーコーの「規律訓練」概念を援用しながら、人びとによる自発的な監視の拡大を把握しようとするものがある。

　フーコーによれば、近代社会は学校、工場、病院のように、自己の統制を人びとに身体化させる施設を広範に配備してきた。たとえば、私たちは学校で授業を受けて知識を得るが、同時にその過程を通して、公的学校の規範に従った学びを自明視する身体を手に入れている。それは教室の配置や時間割、あるいは教師や専門職による子どもの動作や心理に対する微細なまなざし、さらにその妥当性を理解させる言説などを通じて彫琢《ちょうたく》される。だが、それ以上に重要な点は、この過程において学校規範を子ども自身が受け入れ、みずからの身体を微細に監視し、主体的に行動できる生徒になろうとするという、ある意味で倒錯した機制が作動することにある。こうした機制は他の施設においても働いており、近代社会に

国語

（九〇分）

一

次の文章を読んで、あとの問いに答えよ。

監視の拡大は確実に進んでいる。私たちはいまやどこにいても監視カメラに撮影されており、ネットの履歴や位置情報は常に捕捉され、誰かの手によって分析されている。もはや監視カメラの設置に違和感を覚える人びとがいた時代など、写真に魂を吸い取られると思う人びとがいた時代と区別がつかないほど遠い過去の話だ。

だが、こうした事態に対して、私たちは想像以上に［A］だ。周知の通り、電子マネーやスマホに登録された個人情報を基盤とすれば、膨大な情報にアクセスできる。それらをつなぎ合わせて個人の経歴を把握することや、関連するデータのなかに位置づけて行動を予測することは、本当になんでもない一般的な技術となっている。そして、法的な規制があるとはいえ、場合によってはそれが行政や捜査機関の保持する情報と接続されることも、私たちは半ば知っている。それでも権力の濫用を予防する措置や批判的な検証を求める動きは進まない。急速に進む監視とそれに対する人びとの［A］ぶりは、あらためて考えれば驚くほど不均衡だ。この不均衡はなぜ成り立っているのか。それは現代社会論としても興味深い問いだろう。

監視社会という言葉は、二〇〇〇年前後から社会的な関心を集めるようになった。こう書くと、違和感を覚える人がいるかもしれない。時の権力による人びとの監視は、歴史において何度も繰り返されており、近代社会の成立も国家による

/////////////////// · memo · ///////////////////

2025年版　大学赤本シリーズ

国公立大学 その他

171 〔国公立大〕医学部医学科 総合型選抜・学校推薦型選抜※ 医 総推
172 看護・医療系大学〈国公立 東日本〉※
173 看護・医療系大学〈国公立 中日本〉※
174 看護・医療系大学〈国公立 西日本〉※
175 海上保安大学校／気象大学校
176 航空保安大学校
177 国立看護大学校
178 防衛大学校 総推
179 防衛医科大学校(医学科) 医
180 防衛医科大学校(看護学科)

※No.171〜174の収載大学は赤本ウェブサイト(http://akahon.net/)でご確認ください。

私立大学①

北海道の大学(50音順)

201 札幌大学
202 札幌学院大学
203 北星学園大学
204 北海学園大学
205 北海道医療大学
206 北海道科学大学
207 北海道武蔵女子大学・短期大学
208 酪農学園大学(獣医学群〈獣医学類〉)

東北の大学(50音順)

209 岩手医科大学(医・歯・薬学部) 医
210 仙台大学 総推
211 東北医科薬科大学(医・薬学部) 医
212 東北学院大学
213 東北工業大学
214 東北福祉大学
215 宮城学院女子大学 総推

関東の大学(50音順)

あ行(関東の大学)

216 青山学院大学(法・国際政治経済学部–個別学部日程)
217 青山学院大学(経済学部–個別学部日程)
218 青山学院大学(経営学部–個別学部日程)
219 青山学院大学(文・教育人間科学部–個別学部日程)
220 青山学院大学(総合文化政策・社会情報・地球社会共生・コミュニティ人間科学部–個別学部日程)
221 青山学院大学(理工学部–個別学部日程)
222 青山学院大学(全学部日程)
223 麻布大学(獣医、生命・環境科学部)
224 亜細亜大学
226 桜美林大学
227 大妻女子大学・短期大学部

か行(関東の大学)

228 学習院大学(法学部–コア試験)
229 学習院大学(経済学部–コア試験)
230 学習院大学(文学部–コア試験)
231 学習院大学(国際社会科学部–コア試験)
232 学習院大学(理学部–コア試験)
233 学習院女子大学
234 神奈川大学(給費生試験)
235 神奈川大学(一般入試)
236 神奈川工科大学
237 鎌倉女子大学・短期大学部
238 川村学園女子大学
239 神田外語大学
240 関東学院大学
241 北里大学(理学部)
242 北里大学(医学部) 医
243 北里大学(薬学部)
244 北里大学(看護・医療衛生学部)
245 北里大学(未来工・獣医・海洋生命科学部)
246 共立女子大学・短期大学
247 杏林大学(医学部) 医
248 杏林大学(保健学部)
249 群馬医療福祉大学・短期大学部
250 群馬パース大学 総推
251 慶應義塾大学(法学部)
252 慶應義塾大学(経済学部)
253 慶應義塾大学(商学部)
254 慶應義塾大学(文学部) 総推
255 慶應義塾大学(総合政策学部)
256 慶應義塾大学(環境情報学部)
257 慶應義塾大学(理工学部)
258 慶應義塾大学(医学部) 医
259 慶應義塾大学(薬学部)
260 慶應義塾大学(看護医療学部)
261 工学院大学
262 國學院大學
263 国際医療福祉大学 医
264 国際基督教大学
265 国士舘大学
266 駒澤大学(一般選抜T方式・S方式)
267 駒澤大学(全学部統一日程選抜)

さ行(関東の大学)

268 埼玉医科大学(医学部) 医
269 相模女子大学・短期大学部
270 産業能率大学
271 自治医科大学(医学部) 医
272 自治医科大学(看護学部)／東京慈恵会医科大学(医学部〈看護学科〉)
273 実践女子大学 総推
274 芝浦工業大学(前期日程)
275 芝浦工業大学(全学統一日程・後期日程)
276 十文字学園女子大学
277 淑徳大学
278 順天堂大学(医学部) 医
279 順天堂大学(スポーツ健康科・医療看護・保健看護・国際教養・保健医療・医療科・健康データサイエンス・薬学部) 総推
280 上智大学(神・文・総合人間科学部)
281 上智大学(法・経済学部)
282 上智大学(外国語・総合グローバル学部)
283 上智大学(理工学部)
284 上智大学(TEAPスコア利用方式)
285 湘南工科大学
286 昭和大学(医学部) 医
287 昭和大学(歯・薬・保健医療学部)
288 昭和女子大学
289 昭和薬科大学
290 女子栄養大学・短期大学部 総推
291 白百合女子大学
292 成蹊大学(法学部–A方式)
293 成蹊大学(経済・経営学部–A方式)
294 成蹊大学(文学部–A方式)
295 成蹊大学(理工学部–A方式)
296 成蹊大学(E方式・G方式・P方式)
297 成城大学(経済・社会イノベーション学部–A方式)
298 成城大学(文芸・法学部–A方式)
299 成城大学(S方式〈全学部統一選抜〉)
300 聖心女子大学
301 清泉女子大学
303 聖マリアンナ医科大学 医
304 聖路加国際大学(看護学部)
305 専修大学(スカラシップ・全国入試)
306 専修大学(前期入試〈学部個別入試〉)
307 専修大学(前期入試〈全学部入試・スカラシップ入試〉)

た行(関東の大学)

308 大正大学
309 大東文化大学
310 高崎健康福祉大学
311 拓殖大学
312 玉川大学
313 多摩美術大学
314 千葉工業大学
315 中央大学(法学部–学部別選抜)
316 中央大学(経済学部–学部別選抜)
317 中央大学(商学部–学部別選抜)
318 中央大学(文学部–学部別選抜)
319 中央大学(総合政策学部–学部別選抜)
320 中央大学(国際経営・国際情報学部–学部別選抜)
321 中央大学(理工学部–学部別選抜)
322 中央大学(5学部共通選抜)
323 中央学院大学
324 津田塾大学
325 帝京大学(薬・経済・法・文・外国語・教育・理工・医療技術・福岡医療技術学部)
326 帝京大学(医学部) 医
327 帝京科学大学 総推
328 帝京平成大学 総推
329 東海大学(医〈医〉学部を除く–一般選抜)
330 東海大学(文系・理系学部統一選抜)
331 東海大学(医学部〈医学科〉) 医
332 東京医科大学(医学部〈医学科〉) 医
333 東京家政大学・短期大学部 総推
334 東京経済大学
335 東京工科大学
336 東京工芸大学
337 東京国際大学
338 東京歯科大学
339 東京慈恵会医科大学(医学部〈医学科〉) 医
340 東京情報大学
341 東京女子大学
342 東京女子医科大学(医学部) 医
343 東京電機大学
344 東京都市大学
345 東京農業大学
346 東京薬科大学(薬学部) 総推
347 東京薬科大学(生命科学部) 総推
348 東京理科大学(理学部〈第一部〉–B方式)
349 東京理科大学(創域理工学部–B方式・S方式)
350 東京理科大学(工学部–B方式)
351 東京理科大学(先進工学部–B方式)
352 東京理科大学(薬学部–B方式)
353 東京理科大学(経営学部–B方式)
354 東京理科大学(C方式、グローバル方式、理学部〈第二部〉–B方式)
355 東邦大学(医学部) 医
356 東邦大学(薬学部)

2025年版　大学赤本シリーズ

私立大学②

357 東邦大学(理・看護・健康科学部)
358 東洋大学(文・経済・経営・法・社会・国際・国際観光学部)
359 東洋大学(情報連携・福祉社会デザイン・健康スポーツ科・理工・総合情報・生命科・食環境科学部)
360 東洋大学(英語〈3日程×3カ年〉)
361 東洋大学(国語〈3日程×3カ年〉)
362 東洋大学(日本史・世界史〈2日程×3カ年〉)
363 東洋英和女学院大学
364 常磐大学・短期大学 総推
365 獨協大学
366 獨協医科大学(医学部) 医

な行(関東の大学)

367 二松学舎大学
368 日本大学(法学部)
369 日本大学(経済学部)
370 日本大学(商学部)
371 日本大学(文理学部〈文系〉)
372 日本大学(文理学部〈理系〉)
373 日本大学(芸術学部〈専門試験併用型〉)
374 日本大学(国際関係学部)
375 日本大学(危機管理・スポーツ科学部)
376 日本大学(理工学部)
377 日本大学(生産工・工学部)
378 日本大学(生物資源科学部)
379 日本大学(医学部) 医
380 日本大学(歯・松戸歯学部)
381 日本大学(薬学部)
382 日本大学(N全学統一方式−医・芸術〈専門試験併用型〉学部を除く)
383 日本医科大学 医
384 日本工業大学
385 日本歯科大学
386 日本社会事業大学 総推
387 日本獣医生命科学大学
388 日本女子大学
389 日本体育大学

は行(関東の大学)

390 白鷗大学(学業特待選抜・一般選抜)
391 フェリス女学院大学
392 文教大学
393 法政大学(法〈I日程〉・文〈II日程〉・経営〈II日程〉学部−A方式)
394 法政大学(法〈II日程〉・国際文化・キャリアデザイン学部−A方式)
395 法政大学(文〈I日程〉・経営〈I日程〉・人間環境・グローバル教養学部−A方式)
396 法政大学(経済〈I日程〉・社会〈I日程〉・現代福祉学部−A方式)
397 法政大学(経済〈II日程〉・社会〈II日程〉・スポーツ健康学部−A方式)
398 法政大学(情報科・デザイン工・理工・生命科学部−A方式)
399 法政大学(T日程〈統一日程〉・英語外部試験利用入試)
400 星薬科大学 総推

ま行(関東の大学)

401 武蔵大学
402 武蔵野大学
403 武蔵野美術大学
404 明海大学
405 明治大学(法学部−学部別入試)
406 明治大学(政治経済学部−学部別入試)
407 明治大学(商学部−学部別入試)
408 明治大学(経営学部−学部別入試)
409 明治大学(文学部−学部別入試)
410 明治大学(国際日本学部−学部別入試)
411 明治大学(情報コミュニケーション学部−学部別入試)
412 明治大学(理工学部−学部別入試)
413 明治大学(総合数理学部−学部別入試)
414 明治大学(農学部−学部別入試)
415 明治大学(全学部統一入試)
416 明治学院大学(A日程)
417 明治学院大学(全学部日程)
418 明治薬科大学 総推
419 明星大学
420 目白大学・短期大学部

ら・わ行(関東の大学)

421 立教大学(文系学部−一般入試〈大学独自の英語を課さない日程〉)
422 立教大学(国語〈3日程×3カ年〉)
423 立教大学(日本史・世界史〈2日程×3カ年〉)
424 立教大学(文学部−一般入試〈大学独自の英語を課す日程〉)
425 立教大学(理学部−一般入試)
426 立正大学
427 早稲田大学(法学部)
428 早稲田大学(政治経済学部)
429 早稲田大学(商学部)
430 早稲田大学(社会科学部)
431 早稲田大学(文学部)
432 早稲田大学(文化構想学部)
433 早稲田大学(教育学部〈文科系〉)
434 早稲田大学(教育学部〈理科系〉)
435 早稲田大学(人間科・スポーツ科学部)
436 早稲田大学(国際教養学部)
437 早稲田大学(基幹理工・創造理工・先進理工学部)
438 和洋女子大学 総推

中部の大学(50音順)

439 愛知大学
440 愛知医科大学(医学部) 医
441 愛知学院大学・短期大学部
442 愛知工業大学 総推
443 愛知淑徳大学
444 朝日大学 総推
445 金沢医科大学(医学部) 医
446 金沢工業大学
447 岐阜聖徳学園大学 総推
448 金城学院大学
449 至学館大学 総推
450 静岡理工科大学
451 椙山女学園大学
452 大同大学
453 中京大学
454 中部大学
455 名古屋外国語大学 総推
456 名古屋学院大学 総推
457 名古屋学芸大学 総推
458 名古屋女子大学 総推
459 南山大学(外国語〈英米〉・法・総合政策・国際教養学部)
460 南山大学(人文・外国語〈英米を除く〉・経済・経営・理工学部)
461 新潟国際情報大学
462 日本福祉大学
463 福井工業大学
464 藤田医科大学(医学部) 医
465 藤田医科大学(医療科・保健衛生学部)
466 名城大学(法・経営・経済・外国語・人間・都市情報学部)
467 名城大学(情報工・理工・農・薬学部)
468 山梨学院大学

近畿の大学(50音順)

469 追手門学院大学 総推
470 大阪医科薬科大学(医学部) 医
471 大阪医科薬科大学(薬学部) 総推
472 大阪学院大学 総推
473 大阪経済大学 総推
474 大阪経済法科大学 総推
475 大阪工業大学 総推
476 大阪国際大学・短期大学部 総推
477 大阪産業大学 総推
478 大阪歯科大学(歯学部)
479 大阪商業大学 総推
480 大阪成蹊大学・短期大学 総推
481 大谷大学 総推
482 大手前大学・短期大学 総推
483 関西大学(文系)
484 関西大学(理系)
485 関西大学(英語〈3日程×3カ年〉)
486 関西大学(国語〈3日程×3カ年〉)
487 関西大学(日本史・世界史・文系数学〈3日程×3カ年〉)
488 関西医科大学(医学部) 医
489 関西医療大学 総推
490 関西外国語大学・短期大学部 総推
491 関西学院大学(文・法・商・人間福祉・総合政策学部−学部個別日程)
492 関西学院大学(神・社会・経済・国際・教育学部−学部個別日程)
493 関西学院大学(全学部日程〈文系型〉)
494 関西学院大学(全学部日程〈理系型〉)
495 関西学院大学(共通テスト併用日程〈数学〉・英数日程)
496 関西学院大学(英語〈3日程×3カ年〉) 新
497 関西学院大学(国語〈3日程×3カ年〉) 新
498 関西学院大学(日本史・世界史・文系数学〈3日程×3カ年〉) 新
499 畿央大学 総推
500 京都外国語大学・短期大学 総推
502 京都産業大学(公募推薦入試) 総推
503 京都産業大学(一般選抜入試〈前期日程〉)
504 京都女子大学 総推
505 京都先端科学大学 総推
506 京都橘大学 総推
507 京都ノートルダム女子大学 総推
508 京都薬科大学 総推
509 近畿大学・短期大学部(医学部を除く−推薦入試) 総推
510 近畿大学・短期大学部(医学部を除く−一般入試前期)
511 近畿大学(英語〈医学部を除く3日程×3カ年〉)
512 近畿大学(理系数学〈医学部を除く3日程×3カ年〉)
513 近畿大学(国語〈医学部を除く3日程×3カ年〉)
514 近畿大学(医学部−推薦入試・一般入試前期) 医 総推
515 近畿大学・短期大学部(一般入試後期) 医
516 皇學館大学 総推
517 甲南大学 総推
518 甲南女子大学(学校推薦型選抜) 新 総推
519 神戸学院大学 総推
520 神戸国際大学 総推
521 神戸女学院大学 総推
522 神戸女子大学・短期大学 総推
523 神戸薬科大学 総推
524 四天王寺大学・短期大学部 総推
525 摂南大学(公募制推薦入試) 総推
526 摂南大学(一般選抜前期日程)
527 帝塚山学院大学 総推
528 同志社大学(法、グローバル・コミュニケーション学部−学部個別日程)

2025年版 大学赤本シリーズ

私立大学③

- 529 同志社大学(文・経済学部－学部個別日程)
- 530 同志社大学(神・商・心理・グローバル地域文化学部－学部個別日程)
- 531 同志社大学(社会学部－学部個別日程)
- 532 同志社大学(政策・文化情報〈文系型〉・スポーツ健康科〈文系型〉学部－学部個別日程)
- 533 同志社大学(理工・生命医科・文化情報〈理系型〉・スポーツ健康科〈理系型〉学部－学部個別日程)
- 534 同志社大学(全学部日程)
- 535 同志社女子大学 総推
- 536 奈良大学 総推
- 537 奈良学園大学 総推
- 538 阪南大学 総推
- 539 姫路獨協大学 総推
- 540 兵庫医科大学(医学部) 医
- 541 兵庫医科大学(薬・看護・リハビリテーション学部) 総推
- 542 佛教大学 総推
- 543 武庫川女子大学 総推
- 544 桃山学院大学 総推
- 545 大和大学・大和大学白鳳短期大学部 総推
- 546 立命館大学(文系－全学統一方式・学部個別配点方式)／立命館アジア太平洋大学(前期方式・英語重視方式)
- 547 立命館大学(理系－全学統一方式・学部個別配点方式・理系型3教科方式・薬学方式)
- 548 立命館大学(英語〈全学統一方式3日程×3カ年〉)
- 549 立命館大学(国語〈全学統一方式3日程×3カ年〉)
- 550 立命館大学(文系選択科目〈全学統一方式2日程×3カ年〉)
- 551 立命館大学(IR方式〈英語資格試験利用型〉・共通テスト併用方式)／立命館アジア太平洋大学(共通テスト併用方式)
- 552 立命館大学(後期分割方式・「経営学部で学ぶ感性+共通テスト」方式)／立命館アジア太平洋大学(後期方式)
- 553 龍谷大学(公募推薦入試) 総推
- 554 龍谷大学(一般選抜入試)

中国の大学(50音順)

- 555 岡山商科大学 総推
- 556 岡山理科大学 総推
- 557 川崎医科大学 医
- 558 吉備国際大学 総推
- 559 就実大学 総推
- 560 広島経済大学
- 561 広島国際大学 総推
- 562 広島修道大学
- 563 広島文教大学 総推
- 564 福山大学／福山平成大学
- 565 安田女子大学 総推

四国の大学(50音順)

- 567 松山大学

九州の大学(50音順)

- 568 九州医療科学大学
- 569 九州産業大学
- 570 熊本学園大学
- 571 久留米大学(文・人間健康・法・経済・商学部)
- 572 久留米大学(医学部〈医学科〉) 医
- 573 産業医科大学(医学部) 医
- 574 西南学院大学(商・経済・法・人間科学部－A日程)
- 575 西南学院大学(神・外国語・国際文化学部－A日程／全学部－F日程)
- 576 福岡大学(医学部医学科を除く－学校推薦型選抜・一般選抜系統別日程) 総推
- 577 福岡大学(医学部医学科を除く－一般選抜前期日程)
- 578 福岡大学(医学部〈医学科〉－学校推薦型選抜・一般選抜系統別日程) 医 総推
- 579 福岡工業大学
- 580 令和健康科学大学 総推

医 医学部医学科を含む
総推 総合型選抜または学校推薦型選抜を含む
DL リスニング音声配信　新 2024年 新刊・復刊

掲載している入試の種類や試験科目，収載年数などはそれぞれ異なります。詳細については，それぞれの本の目次や赤本ウェブサイトでご確認ください。

akahon.net
赤本 検索

難関校過去問シリーズ

出題形式別・分野別に収録した
「入試問題事典」
20大学 73点
定価2,310～2,640円(本体2,100～2,400円)

先輩合格者はこう使った!
「難関校過去問シリーズの使い方」

61年，全部載せ!
要約演習で，総合力を鍛える

東大の英語
要約問題 UNLIMITED

国公立大学

- 東大の英語25カ年[第12版] 改
- 東大の英語リスニング20カ年[第9版] DL 改
- 東大の英語 要約問題 UNLIMITED
- 東大の文系数学25カ年[第12版] 改
- 東大の理系数学25カ年[第12版] 改
- 東大の現代文25カ年[第12版] 改
- 東大の古典25カ年[第12版] 改
- 東大の日本史25カ年[第9版] 改
- 東大の世界史25カ年[第9版] 改
- 東大の地理25カ年[第9版] 改
- 東大の物理25カ年[第9版] 改
- 東大の化学25カ年[第9版] 改
- 東大の生物25カ年[第9版] 改
- 東工大の英語20カ年[第8版] 改
- 東工大の数学20カ年[第9版] 改
- 東工大の物理20カ年[第5版] 改
- 東工大の化学20カ年[第5版] 改
- 一橋大の英語20カ年[第9版] 改
- 一橋大の数学20カ年[第9版] 改
- 一橋大の国語20カ年[第6版] 改
- 一橋大の日本史20カ年[第6版] 改
- 一橋大の世界史20カ年[第6版] 改
- 筑波大の英語15カ年 新
- 筑波大の数学15カ年 新
- 京大の英語25カ年[第12版]
- 京大の文系数学25カ年[第12版]
- 京大の理系数学25カ年[第12版]
- 京大の現代文25カ年[第2版]
- 京大の古典25カ年[第2版]
- 京大の日本史20カ年[第3版]
- 京大の世界史20カ年[第3版]
- 京大の物理25カ年[第9版]
- 京大の化学25カ年[第9版]
- 北大の英語15カ年[第8版]
- 北大の理系数学15カ年[第8版]
- 北大の物理15カ年[第2版]
- 北大の化学15カ年[第2版]
- 東北大の英語15カ年[第8版]
- 東北大の理系数学15カ年[第8版]
- 東北大の物理15カ年[第2版]
- 東北大の化学15カ年[第2版]
- 名古屋大の英語15カ年[第8版]
- 名古屋大の理系数学15カ年[第8版]
- 名古屋大の物理15カ年[第2版]
- 名古屋大の化学15カ年[第2版]
- 阪大の英語20カ年[第9版]
- 阪大の文系数学20カ年[第3版]
- 阪大の理系数学20カ年[第9版]
- 阪大の国語15カ年[第3版]
- 阪大の物理20カ年[第8版]
- 阪大の化学20カ年[第6版]
- 九大の英語15カ年[第8版]
- 九大の理系数学15カ年[第7版]
- 九大の物理15カ年[第2版]
- 九大の化学15カ年[第2版]
- 神戸大の英語15カ年[第9版]
- 神戸大の数学15カ年[第5版]
- 神戸大の国語15カ年[第3版]

私立大学

- 早稲田の英語[第11版] 改
- 早稲田の国語[第9版] 改
- 早稲田の日本史[第9版] 改
- 早稲田の世界史[第2版] 改
- 慶應の英語[第11版] 改
- 慶應の小論文[第3版] 改
- 明治大の英語[第9版] 改
- 明治大の国語[第2版] 改
- 明治大の日本史[第2版] 改
- 中央大の英語[第9版] 改
- 法政大の英語[第9版] 改
- 同志社大の英語[第10版]
- 立命館大の英語[第10版]
- 関西大の英語[第10版]
- 関西学院大の英語[第10版]

DL リスニング音声配信
新 2024年 新刊
改 2024年 改訂

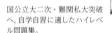

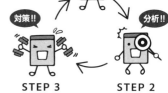

大学赤本シリーズ

別冊問題編

2025